Marcus Bysikiewicz

Unternehmensbewertung bei der Spaltung

GABLER EDITION WISSENSCHAFT

Moderne Finanzwirtschaft & Unternehmensbewertung

Herausgegeben von
Professor Dr. Manfred Jürgen Matschke

In dieser Schriftenreihe werden betriebswirtschaftliche Forschungsergebnisse zu aktuellen Fragestellungen der betrieblichen Finanzwirtschaft im ganzen und der Unternehmensbewertung im besonderen präsentiert. Die Reihe richtet sich an Leser in Wissenschaft und Praxis. Sie ist als Veröffentlichungsplattform für alle herausragenden Arbeiten auf den genannten Gebieten offen, unabhängig davon, wo sie entstanden sind.

Marcus Bysikiewicz

Unternehmensbewertung bei der Spaltung

Entscheidung – Argumentation – Vermittlung

Mit einem Geleitwort von
Prof. Dr. Manfred Jürgen Matschke

GABLER EDITION WISSENSCHAFT

Bibliografische Information der Deutschen Nationalbibliothek
Die Deutsche Nationalbibliothek verzeichnet diese Publikation in der Deutschen Nationalbibliografie; detaillierte bibliografische Daten sind im Internet über <http://dnb.d-nb.de> abrufbar.

Dissertation Universität Greifswald, 2008

1. Auflage 2008

Lektorat: Frauke Schindler / Stefanie Loyal

Gabler ist Teil der Fachverlagsgruppe Springer Science+Business Media.
www.gabler.de

Umschlaggestaltung: Regine Zimmer, Dipl.-Designerin, Frankfurt/Main
Gedruckt auf säurefreiem und chlorfrei gebleichtem Papier
Printed in Germany

ISBN 978-3-8349-0988-6

Geleitwort

Der Autor hat sich eine anspruchsvolle Aufgabe gesetzt. Er möchte mit Blick auf die Konfliktsituation der Spaltung ein auf der funktionalen Unternehmensbewertung basierendes Konzept der Entscheidungs- und Argumentationsunterstützung für Gesellschafter eines zu spaltenden Unternehmens entwickeln sowie der Hilfestellung für einen neutralen Gutachter bei der Vermittlung geben. Gegenstand der Arbeit sind damit alle drei Hauptfunktionen – Entscheidung, Argumentation und Vermittlung – bezogen auf eine bislang kaum behandelte, aber praktisch äußerst relevante Konfliktsituation. Dem Autor gelingt es, diese Themenstellung in beeindruckender Breite und Tiefe zu behandeln.

In der umfangmäßigen Darstellung und in der Reihenfolge der Behandlung der Hauptfunktionen spiegelt sich deren praktische Bedeutung sowie der Stand der theoretischen Durchdringung tendenziell wider. Erfreulicherweise wird der Argumentationsfunktion ein verhältnismäßig großes Gewicht beigemessen und auf diesem Gebiet auch eine große Forschungsleistung erbracht. Die gewählte Reihenfolge der Behandlung der drei Hauptfunktionen weicht von der in der Literatur üblichen etwas ab, da nicht auf den historischen Entwicklungsstand abgestellt wird, sondern zunächst die auf eine der Konfliktparteien bezogenen Hauptfunktionen (Entscheidung, Argumentation) und danach die auf alle Konfliktparteien bezogene Hauptfunktion (Vermittlung) behandelt wird. Dies ist mit Blick auf die zu behandelnde Konfliktsituation „Spaltung" auch unter dem Aspekt zweckmäßig, daß die Vermittlungsfunktion in Spaltungsfällen praktisch weniger bedeutsam ist.

Eine einheitliche betriebswirtschaftliche wie rechtliche Definition des Begriffs „Spaltung" gibt es weder in der einschlägigen betriebswirtschaftlichen und juristischen Literatur noch im besonders relevanten Umwandlungsgesetz. Die in dieser Arbeit verwendete Definition setzt lediglich voraus, daß ein vorher einheitliches ganzes Unternehmen in mindestens zwei Teile aufgespalten wird, an denen die Gesellschafter der Ausgangsgesellschaft (Ursprungsunternehmen) verhältniswahrend oder verhältnisändernd beteiligt werden. Dabei wird das Vermögen des Ursprungsunternehmens ganz oder teilweise auf ein (mehrere) bereits bestehendes (bestehende) oder neu zu gründendes (gründende) Unternehmen übertragen.

Die Untersuchung der Arten der Spaltung zeigt, daß sprachlich nur wenig voneinander abweichende Begriffe, die das Wort Spaltung enthalten oder aber an dieses Wort angelehnt sind, oft verschwommen abgegrenzt, synonym gebraucht oder gleiche Bezeichnungen mit unterschiedlichen Inhalten belegt werden. Daher ist es sehr verdienstvoll, die Arten der Spaltung nach verschiedenen Kriterien abzugrenzen und zu gliedern, um mit Hilfe dieser Systematik diejenigen Fälle abzugrenzen, für die eine Unternehmensbewertung erforderlich ist. Der Autor weist nach, daß für die Spaltungsfälle zur „Neugründung" gesonderte Spaltungsbewertungsmodelle aufgestellt werden müssen. Alle weiteren Fälle der Spaltung können hingegen eindeutig in aufeinanderfolgende Prozesse der Spaltung und Fusion unterteilt werden und benötigen den sukzessiven Einsatz von Spaltungs- und Fusionsbewertungsmodellen, erfordern also keine eigenständigen Modelle. Letztlich sind daher nur die Fälle der Spaltung zur „Neugründung“ bewertungstheoretisch von Interesse. Dies ist eine für die Bewertungstheorie wie auch -praxis sehr wichtige Erkenntnis.

Besonders erwähnenswert sind die Ausführungen zur Ermittlung mehrdimensionaler und jungierter Entscheidungswerte, aber auch zur Argumentations- sowie zur Arbitriumwertermittlung, die in dieser Form gänzlich neuartig sind.

Ich wünsche dem Buch viele Leser – gerade aus der Bewertungspraxis. Eine intensive Lektüre bringt intellektuellen Gewinn und nützliche Hinweise, auch wenn sich nicht alles unmittelbar praktisch umsetzen lassen sollte.

PROF. DR. MANFRED JÜRGEN MATSCHKE

Vorwort

Die vorliegende Arbeit entstand während meiner Tätigkeit als wissenschaftlicher Mitarbeiter am Lehrstuhl für Allgemeine Betriebswirtschaftslehre und Betriebliche Finanzwirtschaft, insbesondere Unternehmensbewertung an der Ernst-Moritz-Arndt-Universität Greifswald. Sie wurde im November 2007 als Dissertation eingereicht und im Frühjahr 2008 von der Rechts- und Staatswissenschaftlichen Fakultät angenommen.

Zu großem Dank fühle ich mich meinem verehrten Doktorvater und akademischen Lehrer Herrn Prof. Dr. Manfred Jürgen Matschke verpflichtet, der mir nicht nur die Gelegenheit zur Promotion gegeben hat, sondern bereits während des Studiums mein Interesse für betriebswirtschaftliche Fragestellungen – nicht nur im Rahmen der Unternehmensbewertung – geweckt und damit wesentlich zur Themenfindung beigetragen hat. Herrn Prof. Dr. Martin Steinrücke danke ich für die freundliche Übernahme des Zweitgutachtens.

Herrn Prof. Dr. Gerrit Brösel bin ich zu tiefstem Dank verpflichtet, weil er das gesamte Manuskript nicht nur gewohnt sorgfältig gelesen und kommentiert hat, sondern als Diskussionspartner jederzeit zur Verfügung stand. Weiterhin möchte ich Herrn Prof. Dr. Thomas Hering, Frau Dipl.-Kffr. Katrin Hofmann sowie Herrn Dipl.-Kfm. Michael Lerm für ihre stete Diskussions- und Hilfsbereitschaft danken. Mein Dank gilt zudem der Volks- und Raiffeisenbank Bad Bramstedt eG, insbesondere Herrn Dipl.-Bankbetriebswirt Willi Göttsche, für die finanzielle Unterstützung bei der Veröffentlichung dieser Arbeit.

Meinem Bruder, Herrn Dr. Axel Bysikiewicz, bin ich sowohl für die jederzeitige wissenschaftliche und berufliche als auch für die private Unterstützung und Hilfsbereitschaft überaus dankbar. Das Verfassen dieser Arbeit hat mir zu jedem Zeitpunkt derart viel Freude bereitet, daß diese „zweite Greifswalder Zeit“ mit der Unterstützung meiner Freundin, Frau Dipl.-Humanbiologin Anne Kruse, zu einer der schönsten Zeiten meines Lebens wurde.

Von ganzem Herzen danke ich meinen Eltern. Ihnen und meiner Familie sei diese Arbeit gewidmet.

Marcus Bysikiewicz

Inhaltsübersicht

Inhaltsverzeichnis

Abkürzungsverzeichnis

a. F.	alte Fassung
Abs.	Absatz
AG	Aktiengesellschaft, Die Aktiengesellschaft
AiB	Arbeitsrecht im Betrieb
AktG	Aktiengesetz
Art.	Artikel
Aufl.	Auflage
BB	Betriebsberater
Bd.	Band
ber.	berichtigt
BewG	Bewertungsgesetz
BFuP	Betriebswirtschaftliche Forschung und Praxis
BGB	Bürgerliches Gesetzbuch
BGBl.	Bundesgesetzblatt
BMF	Bundesministerium der Finanzen
bspw.	beispielsweise
BStBl.	Bundessteuerblatt
BuW	Betrieb und Wirtschaft
BVerfG	Bundesverfassungsgericht
BVerfGE	Entscheidungen des Bundesverfassungsgerichtes
ca.	circa
CW	Computer Woche
d. h.	das heißt
DB	Der Betrieb
DBW	Die Betriebswirtschaft
DCF	Discounted Cash Flow
DStR	Deutsches Steuerrecht
DStZ	Deutsche Steuer-Zeitung
DWiR	Deutsche Zeitschrift für Wirtschaftsrecht

e. V.	eingetragener Verein
EGAktG	Einführungsgesetz zum Aktiengesetz
EH	Ergänzungsheft
EStG	Einkommensteuergesetz
et al.	et alii
EU	Europäische Union
EuGH	Europäischer Gerichtshof
EWR	Europäischer Wirtschaftsraum
f.	folgende
FAZ	Frankfurter Allgemeine Zeitung
FB	Finanz Betrieb
Fn.	Fußnote
FR	Finanz-Rundschau
FS	Festschrift
FTD	Financial Times Deutschland
GE	Geldeinheit, Geldeinheiten
gem.	gemäß
GmbH	Gesellschaft mit beschränkter Haftung
GmbHR	GmbH-Rundschau
GmbH-StP	GmbH-Steuerpraxis
HFA	Hauptfachausschuß
HGB	Handelsgesetzbuch
Hrsg.	Herausgeber
i. d. R.	in der Regel
i. S.	im Sinne
i. V. m.	in Verbindung mit
IAS	International Accounting Standard(s)
IDW	Institut der Wirtschaftsprüfer in Deutschland e. V.
IDW S 1	IDW Standard: Grundsätze zur Durchführung von Unternehmensbewertungen
IFRS	International Financial Reporting Standard(s)

IGA	Zeitschrift für Klein- und Mittelunternehmen – Internationales Gewerbearchiv (nunmehr: Zeitschrift für KMU und Entrepreneurship ZfKE)
INF	Information für Steuerberater und Wirtschaftsprüfer
IOM	IO (Industrielle Organisation) Management (nunmehr: IO New Management)
IStR	Internationales Steuerrecht
Jg.	Jahrgang
KG	Kommanditgesellschaft
KGaA	Kommanditgesellschaft auf Aktien
KMU	kleine und mittlere Unternehmen
KuK	Kredit und Kapital
M&A	Mergers and Acquisitions
m. w. N.	mit weiteren Nennungen
max.	maximiere/maximaler
min.	minimiere/minimaler
MM	Manager Magazin
n. F.	neue Fassung
Nr.	Nummer
o. Verf.	ohne Verfasser
OHG	offene Handelsgesellschaft
p. a.	per annum oder pro anno
RdW	Österreichisches Recht der Wirtschaft
S.	Seite
SE	Societas Europaea
SEStEG	Gesetz über steuerliche Begleitmaßnahmen zur Einführung der Europäischen Gesellschaft und zur Änderung weiterer steuerrechtlicher Vorschriften
sog.	sogenannte, sogenannten, sogenannter, sogenanntes
StB	Die Steuerberatung
SZ	Süddeutsche Zeitung

u. a.	und andere, unter anderem
UM	Unternehmensbewertung & Management
UmwG	Umwandlungsgesetz
UmwStG 1994	Umwandlungssteuergesetz vom 28.10.1994
UmwStG 2006	Umwandlungssteuergesetz vom 7.12.2006
US	United States
USA	United States of America
USD	United States Dollar
v. a.	vor allem
VAG	Gesetz über die Beaufsichtigung der Versicherungsunternehmen
vgl.	vergleiche
WiPrO	Gesetz über eine Berufsordnung der Wirtschaftsprüfer
WiSt	Wirtschaftswissenschaftliches Studium
WISU	Das Wirtschaftsstudium
WM	Wertpapier Mitteilungen – Zeitschrift für Wirtschafts- und Bankrecht
WPg	Die Wirtschaftsprüfung
z. B.	zum Beispiel
ZEW	Zukunftserfolgswert
ZfB	Zeitschrift für Betriebswirtschaft
ZfbF	SCHMALENBACHS Zeitschrift für betriebswirtschaftliche Forschung
ZfCM	Zeitschrift für Controlling und Management
ZfhF	Zeitschrift für handelswissenschaftliche Forschung
ZfO	Zeitschrift für Führung und Organisation
ZGPM	Zustands-Grenzpreismodell
ZGQM	Zustands-Grenzquotenmodell
ZGR	Zeitschrift für Unternehmens- und Gesellschaftsrecht
ZHR	Zeitschrift für das gesamte Handelsrecht und Wirtschaftsrecht
ZIP	Zeitschrift für Wirtschaftsrecht und Insolvenzpraxis

Symbolverzeichnis

A	Anteilsquote; (langfristige) Anleihe
α	Anteilsquote
$\overline{\alpha_{U_f}^{h}}$	in den Spaltungsverhandlungen festgelegte Beteiligungsquote des Gesellschafters h am Spaltungsunternehmen U_f nach der Spaltung
$\alpha_{U_f}^{h\ Angebot\ t}$	Anteilsquotenvorschlag des Gesellschafters h für das Spaltungsunternehmen U_f im Zeitpunkt t
$\alpha_{U_f}^{h\ Einigung}$	Anteil des Gesellschafters h am Spaltungsunternehmen f nach erfolgter Einigung in den Spaltungsverhandlungen
$\alpha_{U_f}^{h\ MF}$	vom Anteilseigner h an den Gutachter zu übermittelnde Mindestforderung am Unternehmen f in Form einer Beteiligungsquote
$\alpha_{U_f}^{h\ Vermittlung}$	Anteil des Gesellschafters h am Spaltungsunternehmen f nach erfolgter Schiedsspruchlösung durch den Vermittler
$\alpha_{U_f}^{min\ h}$	minimale Beteiligungsquote (Mindestanteil, Grenzquote) des Gesellschafters h am Spaltungsunternehmen U_f nach der Spaltung
$\alpha_{U_f}^{min\ h}\left(K_q\right)$	minimale Beteiligungsquote des Gesellschafters h am Spaltungsunternehmen U_f nach der Spaltung in Abhängigkeit der Kombination q nicht beteiligungsbezogener konfliktlösungsrelevanter Sachverhalte
$\alpha_{U_f}^{verm.\ min\ h}$	dem Gesellschafter h zuzuordnende vermeintliche minimale Beteiligungsquote
$\mathfrak{A}$	Menge aller Alternativen a_i
a_i	Alternative i der Menge $\mathfrak{A}$
AF_k	beispielhafter Argumentationsfaktor k
$AF_k^{Einigung}$	in den Spaltungsverhandlungen nach einer Einigung festgelegter Argumentationsfaktor k
$ANG_k^{h,\ t}$	durch den Anteilseigner h abgegebene spezielle Angebotsausprägung des Argumentationsfaktors k im Zeitpunkt t
ARG_v	beispielhaftes Argument v

$AW_{U_f}^{h,t}$	(spezieller) Argumentationswert des Anteilseigners h für das Unternehmen f in Form einer Beteiligungsquote im Zeitpunkt t
β^h	Anteil des Gesellschafters h am Unternehmen U_{UG} ohne Spaltung
$\mathfrak{B}^*$	Bewertungsprogramm; Teilmenge der dem Entscheidungssubjekt nach einer Einigung auf die Konfliktlösung $(s_1, \ldots, s_n)$ offenstehenden Alternativen $\mathfrak{B}(s_1, \ldots, s_n)$, für die der Nutzwert $N(b_{opt}(s_1, \ldots, s_n))$ mit dem Nutzwert $N(a_{opt})$ des Basisprogramms gerade übereinstimmt oder minimal größer ist
b_s	fest vorgegebene Zahlung im Zustand $s = 0, \ldots, S$
$b_t^{U_f}$	(nicht vorzeichenbeschränkte) autonome Einzahlungsüberschüsse des Spaltungsunternehmens U_f im Zeitpunkt t
$\mathfrak{B}(s_1, \ldots, s_n)$	Menge aller Handlungsmöglichkeiten b_j bei Einigung auf die Konfliktlösung $(s_1, \ldots, s_n)$
$b_j(s_1, \ldots, s_n)$	Alternative j bei Einigung auf die Konfliktlösung $(s_1, \ldots, s_n)$
$b_{opt}(s_1, \ldots, s_n)$	optimale Alternative j bei Einigung auf die Konfliktlösung $(s_1, \ldots, s_n)$
Ba	Index für das Basisprogramm
Be	Index für das Bewertungsprogramm
d_s	Dualvariable der Liquiditätsrestriktion des Zustands $s = 0, \ldots, S$
deri	Index für einen derivativen Argumentationsfaktor
E_{Ge}	gesamter Einigungsbereich eines Spaltungsunternehmens
E_{U_f}	aus n originären Argumentationsfaktoren bestehende Einigungslösung der Konfliktsituation vom Typ der Spaltung für das Spaltungsunternehmen f
EM	(verfügbare) Eigenmittel
EN	Breite des Entnahmestroms für Konsumzwecke
$EN_{U_{UG}}^{max}$	maximale Breite des Entnahmestroms des Ursprungsunternehmens ohne Spaltung
$EN_{U_f}^{max}$	maximale Breite des Entnahmestroms aus dem durch die Spaltung entstehenden Unternehmen U_f
Entn	Breite des Entnahmestroms für Konsumzwecke
EW_{U_f}	jungierter Entscheidungswert des betrachteten Unternehmens U_f
f	Index für ein beispielhaftes Unternehmen f

F	maximale Anzahl der Spaltungsunternehmen
F_f	(zum Teilbetrieb U_f zuzuordnende) Finanzierungsmöglichkeiten
$g_{js}^{U_f}$	Einzahlungsüberschüsse der Investitions- und Finanzierungsobjekte j des Unternehmens U_f im Zustand s = 0, …, S
GA_t	kurzfristige Geldanlagen zum Habenzins im Zeitpunkt t
$GA_{t, red}^{priv}$	kurzfristige auflösbare (reduzierfähige) private Geldanlage zum privaten Habenzins im Zeitpunkt t
gl	Index für eine (gleichbleibende) unveränderte Entnahmestruktur
GF	Geschäftsführer
h	Index für einen beispielhaften Anteilseigner
H	maximale Anzahl der Anteilseigner ohne Spaltung am Ursprungsunternehmen sowie nach der Spaltung an den jeweiligen Spaltungsunternehmen
i	Kalkulationszinsfuß
I_f	(zum Teilbetrieb U_f zuzuordnende) Investitionsmöglichkeit f
i_t^{Ba}	endogener Grenzzinsfuß der Periode t im Basisprogramm
$i_t^{Sp\,U_f}$	endogener Grenzzinsfuß für das Unternehmen f der Periode t im Spaltungsprogramm
i_t^{Be}	endogener Grenzzinsfuß der Periode t im Bewertungsprogramm
IF	Innenfinanzierung des Unternehmens
KA_t	kurzfristige Betriebsmitteldarlehen zum Sollzins im Zeitpunkt t
$K_1, \ldots, K_8$	alternative Kombinationen der nicht beteiligungsbezogenen konfliktlösungsrelevanten Sachverhalte
KSV	Konfliktlösungsrelevante(r) Sachverhalt(e)
m	Anzahl (derivativer) Argumentationsfaktoren in den Spaltungsverhandlungen
M_h	Menge der zumutbaren Konfliktlösungen für den Anteilseigner h
n	Anzahl (originärer) Argumentationsfaktoren/konfliktlösungsrelevanter Sachverhalte
$N(a_i)$	Nutzen einer Alternative i
$N(a_{opt})$	Erfolg/Nutzen des Basisprogramms
$N(b_j(s_1, \ldots, s_n))$	Erfolg/Nutzen einer Alternative b_j bei Einigung auf die Konfliktlösung $(s_1, \ldots, s_n)$

$N(b_{opt}(s_1, \ldots, s_n))$	Erfolg/Nutzen der optimalen Alternative b_{opt} bei Einigung auf die Konfliktlösung $(s_1, \ldots, s_n)$
$OG^h_{U_f}$	Obergrenze der Menge der zumutbaren Konfliktlösungen für den Anteilseigner h am Spaltungsunternehmen f
orig	Index für einen originären Argumentationsfaktor
$P^{min}_{U_B}$	minimal zu fordernder Preis für das Unternehmen U_B
$P^{min}_{U_B}\left(\alpha^h_{U_f}\right)$	minimal zu fordernder Preis für das Unternehmen U_f in Abhängigkeit von der Beteiligungsquote des Anteilseigners h am Spaltungsunternehmen U_f im Fall der Spaltung
priv	Index, der das „private" Entscheidungsfeld kennzeichnet
ρ_s	zustandsspezifischer Abzinsungsfaktor
Q	Anteilsquote
S	Anzahl möglicher Zustände
$S^h_{U_f}$	Schiedsspruchwert/Arbitriumwert für den Anteilseigner h am Unternehmen f in Form einer Beteiligungsquote
$s_1, \ldots, s_n$	Ausprägungen der konfliktlösungsrelevanten Sachverhalte
$(s_1, \ldots, s_n)$	eine Konfliktlösung; mögliche Einigungslösung
$S_1, \ldots, S_n$	konfliktlösungsrelevante Sachverhalte
Sp	Index für das Spaltungsprogramm
SV^{max}	maximaler Spaltungsvorteil
$\mathfrak{S}$	Menge aller Konfliktlösungen $\{(s_1, \ldots, s_n)\}$
t	(betrachtete) Periode, Zeitpunkt
T	erwartete Länge des Planungszeitraums (Anzahl der Perioden)
U	zu bewertendes Unternehmen
u_j	Dualvariablen für die Kapazitätsrestriktionen mit $j = 1, \ldots, J$
UG	Index für die Ursprungsgesellschaft/das Unternehmen vor der Spaltung
v	Anzahl der Argumente in den Spaltungsverhandlungen
V	gesamter verteilbarer Vorteil eines Spaltungsunternehmens; Index für das nach einer Spaltung und einem Verkauf verbleibende (Mutter-)Unternehmen
V_h	Anteil des Gesellschafters h am gesamten verteilbaren Vorteil eines Spaltungsunternehmens

VD_{max}	maximale Verhandlungsdauer
ve	Index für eine veränderte Entnahmestruktur
vor	Index für eine vorläufige Bewertungssituation
W	Index für das nach einer Spaltung weiterhin bestehende Ursprungsunternehmen
$\mathfrak{W}$	mehrdimensionaler Entscheidungswert; Menge aller Konfliktlösungen $(s_1, \ldots, s_n)$, für die der Nutzwert $N(b_{opt}(s_1, \ldots, s_n))$ gleich dem oder minimal größer als der Nutzwert $N(a_{opt})$ des Basisprogramms ist
$\overline{w}_s^{U_f}$	Gewicht der Breite des Entnahmestroms des Unternehmens f im Zustand/Zeitpunkt s
X	beispielhafter Anteilseigner
x_j	Anzahl der zu realisierenden Investitions- und Finanzierungsobjekte
x_j^{max}	Kapazitätsbeschränkungen je Investitions- und Finanzierungsobjekt
x_j^{neg}	Verringerung der privaten Geschäfte j
x_j^{pos}	Erhöhungen der privaten Geschäfte j
Y	Zielfunktionswert des Dualproblems zum Bewertungsansatz; beispielhafter Anteilseigner
Z	beispielhafter Anteilseigner

Abbildungsverzeichnis

Tabellenverzeichnis

I Problemstellung und Gang der Untersuchung

Die *Spaltung* stellt einen Umstrukturierungsvorgang dar, bei dem ganze Unternehmensteile oder auch nur einzelne Wirtschaftsgüter, Vermögenswerte und Verbindlichkeiten eines Unternehmens auf mehrere hierzu neu gegründete oder bereits bestehende Gesellschaften übertragen werden. Die Gesellschafter der Ausgangsgesellschaft werden gegen Gewährung von Anteilen oder sonstigen Mitgliedschaftsrechten in dem gleichen oder einem veränderten Verhältnis wie vor der Spaltung an den Nachfolgegesellschaften beteiligt.

Eine *Unternehmensbewertung* wird durchgeführt, um einem ganzen Unternehmen oder Unternehmensanteilen einen Wert beizumessen. Dieser Wert wird ermittelt, indem ein künftiger, sich aus dem Unternehmen ergebender und i. d. R. in hohem Maße unsicherer Zahlungsstrom mit Hilfe investitions- und finanzierungstheoretischer Verfahren beurteilt wird.[1] Situationen, in denen Unternehmensbewertungen durchgeführt werden, sind solche, in denen es um die Lösung von interpersonalen Konflikten über die Bedingungen der durchzuführenden Unternehmenstransaktion mit oder ohne einer Änderung der Eigentumsverhältnisse wie bspw. dem Kauf, Verkauf sowie der Fusion oder Spaltung geht.[2]

Eine Zusammenführung der Begriffe „Spaltung“ und „Unternehmensbewertung“ erfolgt in denjenigen Spaltungsfällen, in denen die Gesellschafter eines zu spaltenden Unternehmens den Wert ihrer Anteile an diesem Ursprungsunternehmen mit dem Wert ihrer Anteile an den aus der Spaltung entstehenden Gesellschaften vergleichen möchten, um sich unter Zuhilfenahme dieser Informationen für oder gegen die Durchführung einer Spaltung zu entscheiden. Mit Hilfe einer Bewertung der an der Spaltung beteiligten Gesellschaften können sich die Anteilseigner folglich ein Urteil über die Angemessenheit der ihnen in den Spaltungsverhandlungen angebotenen Beteiligungsquoten an den Nachfolgegesellschaften bilden.

Die Relevanz der Problemstellung der „Unternehmensbewertung bei der Spaltung“ in der betriebswirtschaftlichen Praxis zeigt sich in jüngerer Zeit durch eine zunehmende Anzahl von Unternehmensspaltungen insbesondere seit Mitte der 1990er Jahre.[3] „Weltweit werden Großkonzerne in eigenständige Unternehmungen aufgespalten, einzelne Teileinheiten einer Unternehmung werden abgespalten, oder sie werden im Wege der Ausgliederung verselbständigt.“[4] Namhafte Beispiele sind derzeit die Spaltungsüberlegungen der DEUTSCHEN TELEKOM AG[5], der DAIMLERCHRYSLER AG[6]

---

[1] Vgl. *HERING*, Unternehmensbewertung (2006), S. 1.

[2] Vgl. *MATSCHKE*, Anlässe und Konzeptionen (2000), S. 971.

[3] Vgl. *SCHÖNE*, Spaltung (1998), S. 4, *ODENTHAL*, Unternehmensteilungen (1999), S. 1, *KASERER*, Unternehmensspaltungen (2002), S. 3, *OETTER*, Strukturveränderung durch Spaltung (2003), S. 1, *WEISER/UŽIK/RÖHRIG*, Equity Carve-Outs and Spin-Offs (2005), S. 571–576.

[4] *ODENTHAL*, Unternehmensteilungen (1999), S. 1.

[5] Beispielsweise kündigt TELEKOM Mitte 2007 die Verlagerung von 50.000 Mitarbeitern in eigens dafür ausgegliederte Kundendienstgesellschaften, in denen die Mitarbeiter mehr Arbeitsstunden

sowie des AIRBUS-Konzerns[7]. Spaltungen werden aber nicht nur von großen Publikumsgesellschaften durchgeführt,[8] sondern nehmen insbesondere auch in klein- und mittelständischen Betrieben – beispielsweise im Rahmen der Unternehmensnachfolge – eine bedeutende Stellung ein.[9]

Die Relevanz der „Unternehmensbewertung bei der Spaltung" in der unternehmerischen Praxis wird durch eine empirische Studie von BRÖSEL/HAUTTMANN bestätigt, in der 400 der größten Unternehmen Deutschlands, 50 der größten deutschen

---

pro Woche leisten sollen, ihnen jedoch nach einem anderen Rahmentarifvertrag weniger vergütet wird. Ziel dieser Ausgliederung sind Einsparungen von bis zu 900 Mio. Euro pro Jahr. Alternativ droht der Vorstand, die Kundendienstsparten zu verkaufen. Die Ängste der Arbeitnehmer machen sich durch wochenlange Streiks von bisher über 360.000 Streiktagen bemerkbar. Vgl. *FRÜHBRODT*, Was der Telekom droht (2007), S. 14, *FRÜHBRODT*, Telekom hart getroffen (2007), S. 13, *HEUZEROTH*, Telekom-Arbeitskampf (2007), S. 11, *O. VERF.*, Streit eskaliert (2007), S. 11, *O. VERF.*, Verkauf von Service-Sparten (2007), S. 11, *O. VERF.*, Verhandlungstisch (2007), S. 13.

6 Im Frühjahr 2007 prüfte der Automobilhersteller DAIMLERCHRYSLER die Trennung der beiden im Jahr 1998 fusionierten Autohersteller DAIMLER-BENZ und CHRYSLER. Neben den möglichen Umstrukturierungsmaßnahmen einer Sanierung von CHRYSLER, einem Börsengang, einem Verkauf oder auch einer strategischen Allianz wurde zudem die Möglichkeit der Abspaltung des amerikanischen Autoherstellers vom deutschen Mutterunternehmen geprüft. Vorteile einer Spaltung seien die einfache Handhabung, niedrige Kosten sowie keine aufwendige Suche nach Investoren. Letztlich wurde der CHRYSLER-Konzern im Mai 2007 verkauft, um sich endgültig vom verlustreichen Geschäft zu trennen. Käufer ist die private amerikanische Beteiligungsgesellschaft CERBERUS, die – um die hohen Sozialkosten für Pensionen und Gesundheitsfürsorge in Höhe von 14 Mrd. Euro tragen zu können – wiederum selbst über eine Aufspaltung des Unternehmens nachdenkt. Zum Beispiel könnte die CHRYSLER-Finanzsparte abgespalten werden, um diese dann anschließend mit der ebenfalls von CERBERUS erworbenen Finanzabteilung des Autoherstellers GENERAL MOTORS zu fusionieren. Um die Kosten zu senken, wird auch eine Ausgliederung von Teilen der Produktion geprüft. Vgl. *DALAN/SEIDLITZ*, Chrysler (2007), S. 15, *DALAN*, Scheidung (2007), S. 3, *DOWIDEIT*, Chrysler an die Spitze (2007), S. 9, *O. VERF.*, Daimler befreit sich von Chrysler (2007), S. 1.

7 Auch der europäische Flugzeughersteller AIRBUS prüfte Anfang 2007 im Rahmen des Sanierungsprogramms „Power 8" zur Konzentration auf die sog. Kernkompetenzen die Ausgliederung von Werken in eigenständige Gesellschaften, um anschließend einen Teil der Gesellschaften an Industriepartner oder Finanzinvestoren zu verkaufen, und die Abspaltung von Produktionsstätten, um im Anschluß eine Zusammenarbeit mit Zulieferern zu vollziehen. Diese Zusammenarbeit könne im Rahmen einer Kooperation durch Gemeinschaftsunternehmen (sog. Joint Venture), durch eine Übernahme seitens des Zulieferers oder durch eine Beteiligung der Unternehmensleitung oder von Mitarbeitern an der Gesellschaft (sog. Management- oder Mitarbeiter-Buyout) erfolgen. Vgl. *EHRENSBERGER/WÜPPER*, Sparprogramm (2007), S. 11, *KOPP*, Airbus verzichtet auf Kahlschlag (2007), S. 9, *NICOLAI/ET AL.* Blindflug (2007), S. 16, *WÜPPER/EHRENSBERGER*, Wahrheit für Airbus (2007), S. 12.

8 Zu weiteren bekannten deutschen Unternehmen, die eine Spaltung durchgeführt haben, zählen beispielsweise BAHLSEN, BMW, DEGUSSA, HOECHST, HYPOVEREINSBANK, INFINEON, LÖWENBRÄU, LUFTHANSA, METALLGESELLSCHAFT, SCHERING, SIEMENS, RAG sowie VARTA. Vgl. *BÜHNER*, Realteilung (1984), S. 948, *BÜHNER*, Unternehmensspaltung (1998), S. 834, *ODENTHAL*, Unternehmensteilungen (1999), S. 3.

9 Zum Problem der Unternehmensnachfolge im Rahmen der Unternehmensbewertung vgl. grundlegend *HERING/OLBRICH*, Unternehmensnachfolge (2003).

Banken und 30 der größten deutschen Versicherungen befragt wurden.[10] Demnach sehen sich fast 40 % „sehr häufig“ oder „häufig“ der Konfliktsituation vom Typ der Spaltung gegenübergestellt.[11] Die Ergebnisse der Studie haben gezeigt, daß die Bedeutung der Spaltung im Rahmen von Unternehmensbewertungen in der Praxis nicht zu unterschätzen ist.

Im Rahmen der Spaltung von Unternehmen ergibt sich Forschungsbedarf insbesondere bezüglich folgender Fragestellungen:

1) *Kann* eine Unternehmensspaltung durchgeführt werden?

2) *Soll* eine Unternehmensspaltung durchgeführt werden?

Die Beantwortung der *ersten Frage* ist vornehmlich *nicht* Aufgabe der Unternehmensbewertungstheorie. Hier treten Forschungsbereiche wie die Organisations- und Produktionstheorie oder die Rechtswissenschaft in den Vordergrund, die Lösungsmöglichkeiten bezüglich der Spaltungsfähigkeit betrieblicher Strukturen aufdekken sollen. „Im Einklang damit steht eine ausführliche Unternehmungsanalyse zur Erfassung der gegenwärtigen Schwächen und Stärken der Unternehmung sowie eine Umweltanalyse zur Ableitung der Chancen und Gefahren aus der voraussichtlichen Umweltentwicklung.“[12] Für die Beschaffung der Informationen und die Beantwortung dieses Fragenteils ist die Unternehmensleitung verantwortlich.[13] Die Literaturanalyse zeigt, daß sich die Forschung mit diesem Themengebiet bereits auseinandergesetzt hat.[14] Das Literaturstudium läßt darüber hinaus – v. a. seit Einführung des Umwandlungsgesetzes im Jahr 1994 – eine Vielzahl an umwandlungs(steuer)gesetzlichen Veröffentlichungen erkennen, die Unterstützung bei der Beantwortung der ersten Frage geben können.[15]

Die Beantwortung der *zweiten Frage* erfolgt durch die Gesellschafter des zu spaltenden Unternehmens mit Hilfe der Unternehmensbewertung. Eine Auseinandersetzung mit dem Fall der *Spaltung im Rahmen der Unternehmensbewertung* ist – bis auf wenige Ausnahmen[16] – in der Literatur bisher jedoch kaum erfolgt. Diese Tatsache

---

10 Zu den Ergebnissen dieser Studie vgl. *BRÖSEL/HAUTTMANN*, Unternehmensbewertungsverfahren (2007).

11 Vgl. *BRÖSEL/HAUTTMANN*, Unternehmensbewertungsverfahren (2007), S. 228 f.

12 *ODENTHAL*, Unternehmensteilungen (1999), S. 184.

13 Vgl. *ODENTHAL*, Unternehmensteilungen (1999), S. 184.

14 Vgl. *SCHNEIDER*, Unternehmungsaufspaltung (1977), *KOTTMANN*, Spaltung (1986), *BECKER*, Teilung (1994), *ODENTHAL*, Unternehmensteilungen (1999), *OETTER*, Strukturveränderung durch Spaltung (2003).

15 Neben zahlreichen Zeitschrift- und Buchbeiträgen seien an dieser Stelle stellvertretend nur folgende Schriften genannt: *HARTMANN*, Spaltung (1997), *EBEL*, Ausgliederung und Spaltung (1998), *SCHÖNE*, Spaltung (1998), *WEGENER*, Spaltung (1998), *SEIBOLD*, Spaltung (2001), *SCHWENZER*, Spaltungen (2003), *WUNSCH*, Spaltung (2003), *BRAUERS*, Spaltung von Kapitalgesellschaften (2004), *HUBER*, Anteilsgewährpflicht im Umwandlungsrecht (2005).

16 Überlegungen dazu finden sich bereits bei *BÜHNER*, Realteilung (1984), S. 948–953, *HEURUNG*, Spaltung (1997), S. 1304–1308, *ODENTHAL*, Unternehmensteilungen (1999), S. 250–297. Vgl.

verwundert – nicht nur aufgrund der großen Bedeutung der Spaltungen in der Praxis – um so mehr, weil der Gesetzgeber keinen Bewertungsmaßstab zur Ermittlung der „rechnerischen Beteiligungsquote" im Falle einer nicht verhältniswahrenden Spaltung vorgibt.[17] Aufgrund der Komplexität der an einer Spaltung beteiligten Unternehmen wird deutlich, daß im Hinblick auf die Bewertung in der Konfliktsituation der „Spaltung zumindest umfangreiche Anpassungsmaßnahmen vorliegender Bewertungsmethoden erforderlich sind"[18]. „Wird diese offenkundig sehr große Bedeutung der [...] [Konfliktsituation] vom Typ der Spaltung und der damit verbundenen Besonderheiten im Bewertungsprozess den diesbezüglich nur vereinzelten Forschungsleistungen gegenübergestellt, ergibt sich ein weites Forschungsfeld, welches es zu bestellen gilt."[19]

Die Beantwortung der *zweiten Frage* steht demzufolge auch im Mittelpunkt der vorliegenden Arbeit, denn die Zustimmung oder Ablehnung zur Durchführung einer Spaltung erfolgt durch die Gesellschafter, die ihre Beschlußfassung mit Hilfe der entscheidungsorientierten Unternehmensbewertung fällen.[20] Die Anteilseigner stimmen der Unternehmensspaltung bei rationalem Verhalten nur zu, wenn sie einen Vorteil aus der Unternehmensumstrukturierung erwarten.[21] Im Rahmen der Unternehmensbewertung bei der Spaltung ergeben sich folgende Fragen:

1) Welche Anteile an den Nachfolgeunternehmen muß ein Gesellschafter mindestens besitzen (Grenzquoten), um seine wirtschaftliche Situation durch die Spaltung nicht zu verschlechtern (Entscheidung)?
2) Wie kann der Gesellschafter in den Spaltungsverhandlungen argumentieren, um einen möglichst großen Vorteil für sich zu erreichen (Argumentation)?
3) Wie muß ein Gutachter vorgehen, um einen angemessenen Vorschlag für alle Gesellschafter zu ermitteln (Vermittlung)?

Ziel der Arbeit ist es, ein theoretisch fundiertes Konzept zur Unternehmensbewertung einer Spaltung als Entscheidungs- und Argumentationsunterstützung für die Gesellschafter eines zu spaltenden Unternehmens sowie als Hilfestellung bei der Vermittlung durch einen Gutachter zu entwickeln. Aufgabe des Bewerters ist es in dieser

---

auch *BYSIKIEWICZ/MATSCHKE/BRÖSEL*, Spaltung (2005), *BYSIKIEWICZ/MATSCHKE/BRÖSEL*, Unternehmensbewertung im Fall der Spaltung (2005), *MATSCHKE/BRÖSEL*, Unternehmensbewertung (2007), S. 403–428.

17 Vgl. *SAGASSER/SICKINGER*, Spaltungsrechtliche Regelungen (2002), S. 480 f.

18 *BRÖSEL/HAUTTMANN*, Unternehmensbewertungsverfahren (2007), S. 228.

19 *BRÖSEL/HAUTTMANN*, Unternehmensbewertungsverfahren (2007), S. 229.

20 Siehe *HARTMANN*, Spaltung (1997), S. 22.

21 Die ARISTOTELES zuzuordnende Behauptung [vgl. *SCHISCHKOFF/SCHMIDT*, Wörterbuch (1982), S. 211] – das Ganze sei mehr wert als die Summe seiner Teile – wird im Rahmen der Spaltung von Unternehmen umgekehrt: Die Teile sind mehr wert als das Ganze. Diese Behauptung bildet i. d. R. eine Grundvoraussetzung für eine erfolgreiche Spaltung. Vgl. dazu auch *BÜHNER*, Realteilung (1984), S. 947, *BÜHNER/SPINDLER*, Synergieerwartungen (1986), S. 601, *ODENTHAL*, Unternehmensteilungen (1999), S. 105, *OETTER*, Strukturveränderung durch Spaltung (2003), S. 19, *HERKENHOFF/STOCKER*, Übernahmefieber (2007), S. 17.

Situation nicht zu beurteilen, welche Spaltungsart nach dem Umwandlungsgesetz gewählt wird, sondern die von Unternehmensmitarbeitern und Fachleuten gelieferten quantitativen und qualitativen Informationen über zukünftige Zahlungsströme in die jeweiligen Unternehmenswerte der aus der Spaltung resultierenden Unternehmen zu transformieren.[22]

Zur Lösung der oben genannten Fragestellungen sowie der damit verbundenen Zielsetzung folgt die Untersuchung dem in *Abbildung 1* dargestellten Entwicklungspfad.

Die Analyse beginnt im *zweiten Kapitel* mit einer Zusammenführung der Begriffe „Spaltung" und „Unternehmensbewertung", indem zunächst eine Definition und Systematisierung sowie Erläuterung der Arten der „Spaltung" insbesondere nach dem Umwandlungsgesetz erfolgen und die praxisrelevante Fragestellung nach den Gründen für eine Unternehmensspaltung untersucht wird. Anschließend werden die Grundlagen der modernen Unternehmensbewertungstheorie dargestellt, um einen begrifflich-konzeptionellen Rahmen und eine theoretische Basis für die Unternehmensbewertung bei der Spaltung zu schaffen. Bei dieser Betrachtung wird zwischen den tatsächlichen Bewertungsanlässen – wie z. B. der Spaltung eines Unternehmens – und dem Auslöser für einen derartigen Unternehmensbewertungsanlaß, also den Motiven, die zu einem Unternehmensbewertungsanlaß führen, unterschieden.[23] Die Zusammenführung der Begriffe „Spaltung" und „Unternehmensbewertung" erfolgt letztlich, indem die „Spaltung" als Bewertungsanlaß interpretiert wird, die umwandlungsgesetzlich geregelten Arten der Spaltung sowie die Phasen der Spaltung auf ihre Bewertungsrelevanz überprüft und die im Rahmen einer Spaltung interessierenden, konfliktlösungsrelevanten Sachverhalte systematisiert und erläutert werden.

Im *dritten Kapitel* – dem Hauptteil der Arbeit – steht die Bewertung einer Spaltung als Entscheidungsunterstützung aus Sicht eines Anteilseigners des Ursprungsunternehmens im Mittelpunkt der Betrachtung. Der erste Teil bildet die Grundlage der Bewertung, die Ermittlung eines Entscheidungswerts, der sich im Fall der Spaltung als minimale Beteiligungsquote an den Nachfolgegesellschaften darstellt. Nach einer Erläuterung der theoretischen Grundlagen der Entscheidungswertermittlung bei der Spaltung und der Darstellung des hierbei verwendeten allgemeinen Grenzquotenmodells wird die Entscheidungswertermittlung an Zahlenbeispielen in verschiedenen Konfliktsituationen verdeutlicht. Hat der Anteilseigner seine Entscheidungsgrenze ermittelt, stellt sich unmittelbar die Frage, wie der Gesellschafter diesen Wert in den Spaltungsverhandlungen verwenden kann. Deren Beantwortung erfolgt im zweiten Teil des dritten Kapitels durch die Darstellung eines Einigungsmodells im Fall der Spaltung, das im Anschluß wiederum an einem praktischen Beispiel erläutert wird. Schlußendlich ist der Entscheidungswert nicht nur Ausgangspunkt für die Argumenta-

---

22 *PRIESTER*, Spaltungsvertrag (1995), S. 104, verdeutlicht die Komplexität der Unternehmensbewertung bei der Spaltung: „Die Bestimmung des Umtauschverhältnisses stellt [...] den schwierigsten Punkt des ganzen Vorganges dar".

23 Vgl. dazu bereits *SCHNEIDER*, Unternehmungsaufspaltung (1977), S. 40.

tionswertermittlung, sondern stellt auch die Grundlage für die Arbitriumwertermittlung dar: Der dritte Teil des dritten Kapitels stellt in allgemeiner und beispielhafter Weise ein Modell vor, mit dem ein unparteiischer Gutachter im Rahmen der Spaltung zwischen den Spaltungsparteien vermitteln kann.

Die Arbeit schließt im *vierten Kapitel* mit einer zusammenfassenden Darstellung der Ergebnisse.

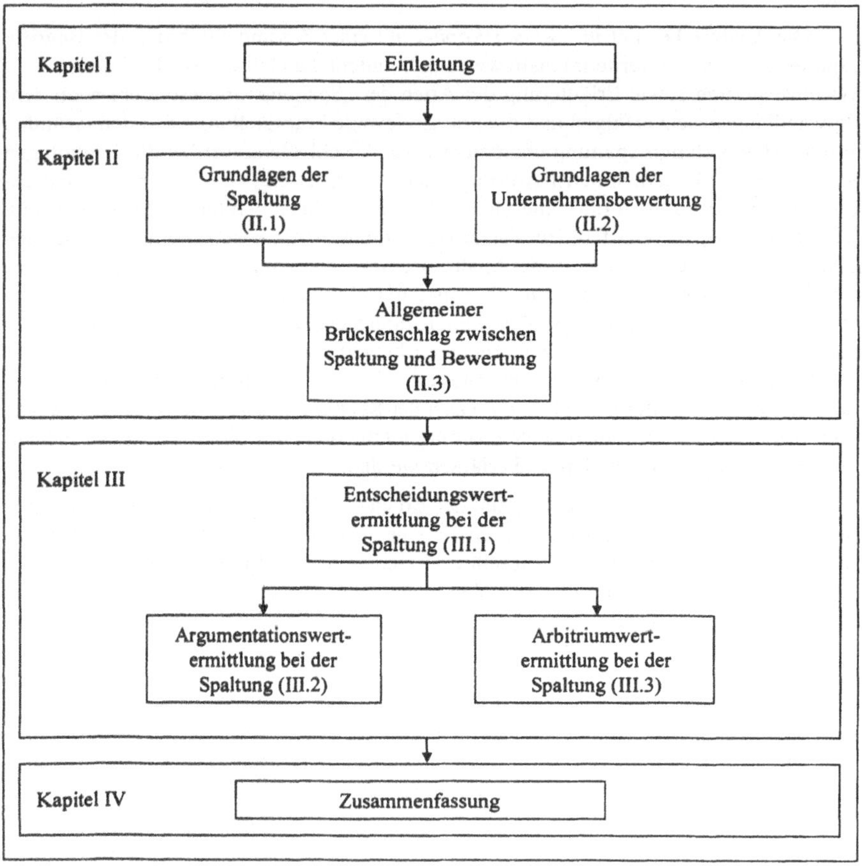

Abbildung 1: Entwicklungspfad der Untersuchung

II Einordnung der Spaltung in das Gefüge der Unternehmensbewertung

1 Grundlagen der Spaltung

1.1 Begriff der Spaltung

Die Spaltung stellt „einen ihrer Art nach einzigartigen Vorgang dar, bei dem Wirtschaftsgüter, Vermögenswerte und Verbindlichkeiten eines Rechtsträgers ohne Durchführung einer Liquidation auf mehrere hierzu neu gegründete oder bereits bestehende Unternehmensträger übertragen werden."[1] Da die Spaltung in der Literatur zur Unternehmensbewertung erst seit einiger Zeit zu den klassischen Bewertungsanlässen hinzugezählt wird,[2] sind – bevor geprüft wird, ob die Spaltung überhaupt einen Bewertungsanlaß im Sinne der funktionalen Unternehmensbewertung darstellt (Abschnitt II.3) – zunächst die Grundlagen der Spaltung (Abschnitt II.1) sowie die Grundlagen der Unternehmensbewertung (Abschnitt II.2) darzulegen.

Eine allgemeingültige betriebswirtschaftliche oder rechtliche Definition der Unternehmensspaltung findet sich weder in der Literatur noch im die einzelnen Spaltungsformen definierten Umwandlungsgesetz (UmwG).[3] Das Umwandlungsgesetz umschreibt unter dem Oberbegriff der Spaltung lediglich die drei in den §§ 123–173 UmwG konkretisierten Spaltungsarten *„Aufspaltung"*, *„Abspaltung"* und *„Ausgliederung"*, ohne dem Oberbegriff selbst eigene Merkmale zuzuweisen.[4]

Das herkömmliche Verständnis einer Spaltung besteht darin, daß ein vorher einheitliches ganzes Unternehmen (das Ursprungsunternehmen, die Ausgangsgesellschaft) in mindestens zwei Teile aufgespalten wird, „an denen in der Regel die Gesellschafter der Ausgangsgesellschaft [gegen Gewährung von Anteilen oder sonstigen Mitgliedschaftsrechten] verhältniswahrend oder verhältnisändernd beteiligt werden"[5],

---

1 *FREITAG*, Spaltungen (1998), S. 1. Vgl. auch *HEISS*, Spaltung (1995), S. 13.

2 „Die Teilung von Unternehmungen hat in der betriebswirtschaftlichen Literatur explizit wenig Berücksichtigung gefunden" [Quelle: *ODENTHAL*, Unternehmensteilungen (1999), S. 39]. Siehe außerdem *OPITZ*, Desinvestitionen (1993), S. 325, *MÜLLER*, Demerger-Management (2006), S. 1189. Zur Berücksichtigung der Spaltung in der Literatur zur Unternehmensbewertung vgl. Abschnitt III.1.2.1 (S. 147–153) dieser Arbeit.

3 Vgl. *KALLMEYER*, Umwandlungsgesetz (1994), S. 1748, *ODENTHAL*, Unternehmensteilungen (1999), S.39.

4 Vgl. § 1 Abs. 1 Nr. 2 und § 123 UmwG. Siehe weiterhin *TEICHMANN*, Möglichkeit der Spaltung (2004), S. 1367. Zu den Spaltungsarten nach dem Umwandlungsgesetz vgl. Abschnitt II.1.2.2 (S. 18–28) dieser Arbeit.

5 *BECHT*, Spaltung (1996), S. 327. Zu weiteren Definitionsmöglichkeiten des Spaltungsbegriffs vgl. auch *OTT*, Umwandlungs- und Umwandlungssteuerrecht (1996), S. 180, *HARTMANN*, Spaltung (1997), S. 5 f., *ODENTHAL*, Unternehmensteilungen (1999), S. 39–42. Die Anteilseigner des zu spaltenden Rechtsträgers müssen nicht in demselben Verhältnis an den übernehmenden Rechtsträgern beteiligt werden, wie sie es am übertragenden Rechtsträger waren (*verhältniswahrend*), sondern können in einem beliebigen anderen Verhältnis beteiligt werden (*verhältnisändernd* oder

so daß der ehemals einheitliche Betrieb von den Nachfolgegesellschaften jeweils in reduziertem Umfang fortgeführt wird.[6] Die Spaltung stellt einen Umstrukturierungsvorgang dar, bei dem das Vermögen des Ursprungsunternehmens ganz oder teilweise auf ein (mehrere) bereits bestehendes (bestehende) oder neu zu gründendes (gründende) Unternehmen übertragen wird.[7] Die Spaltung kann somit als „Spiegelbild oder eine Art Gegenstück zur Verschmelzung"[8] angesehen werden.[9]

Ausgangspunkt der Spaltung ist das ungeteilte Unternehmen im Anfangszustand, das Ursprungsunternehmen.[10] Dieses Unternehmen bedarf keiner konkreten Ausgestaltung, grundsätzlich kann es „jede beliebige Kombination aus der breiten Palette rechtlicher und betriebswirtschaftlicher Möglichkeiten annehmen"[11]. Einzige Voraussetzung für das Ursprungsunternehmen im Rahmen dieser Untersuchung soll das Bestehen von mindestens zwei *Teilunternehmen* (Teilbetrieben) sein.[12]

---

nichtverhältniswahrend). Vgl. dazu *KALLMEYER*, Umwandlungsgesetz (1994), S. 1748, *WOCHINGER*, Nichtverhältniswahrende Spaltung (2000), sowie die Abschnitte II.1.2.1 (S. 11 f.) und II.3.1.2 (S. 73–78) dieser Arbeit.

6 Vgl. *OTT*, Aufspaltung und Abspaltung I (1996), S. 46.

7 Vgl. *BECHT*, Spaltung (1996), S. 327.

8 *TEICHMANN*, Spaltungsvorschriften im UmwG (1995), S. 98.

9 Diese Auffassung, bei der die Spaltung als Umkehrung der Verschmelzung angesehen wird, vertreten auch *BECHT*, Spaltung (1996), S. 327, *HARTMANN*, Spaltung (1997), S. 10, *SCHÖNE*, Spaltung (1998), S. 2, *MEISTER*, Unternehmensverträge bei der Spaltung (1999), S. 1741, und *SAUTER*, Spaltungen (2000), S. 101. Der gravierende Unterschied zur Verschmelzung besteht jedoch darin, daß bei der Spaltung alle zu übertragenden Vermögenskomponenten – der steuerrechtliche Begriff des „Wirtschaftsguts", die Bezeichnung „Vermögensgegenstand" nach dem Handelsgesetzbuch (HGB) sowie der Ausdruck „Vermögenswert" nach den International Financial Reporting Standards (IFRS) werden im folgenden unter den allgemeinen Bezeichnungen „Vermögenskomponente", „Vermögensbestandteil" oder „Vermögenselement" zusammengefaßt – und Verbindlichkeiten im Spaltungsvertrag genau bezeichnet werden müssen, während bei der Verschmelzung das gesamte Vermögen verschiedener Rechtsträger durch Übertragung auf einen einzigen Rechtsträger zusammengeführt wird. Vgl. *FREITAG*, Spaltungen (1998), S. 12 f. Zu weiteren nachhaltigen Unterschieden zwischen Spaltung und Verschmelzung vgl. *HARTMANN*, Spaltung (1997), S. 11. *DEHMER*, Umwandlungsgesetz (1996), S. 466, und *FREITAG*, Spaltungen (1998), S. 13, weisen darauf hin, daß die Spaltung als spiegelbildliche Verschmelzung nur auf die Auf- und Abspaltung, nicht jedoch auf die Ausgliederung zutrifft. *RAISER/VEIL*, Kapitalgesellschaften (2006), S. 609, *GANSKE*, Wirtschaftsprüfer (1994), S. 157, *KALLMEYER*, Umwandlungsgesetz (1994), S. 1748, und *KUSSMAUL/ZABEL*, Unternehmensumstrukturierungen (2004), S. 486, erkennen nur die Aufspaltung als Spiegelbild der Verschmelzung an. Zur Deutung der Spaltung als umwandlungsrechtliches und umstrukturierungstechnisches Gegenstück zur Fusion vgl. Abschnitt II.3.1 (S. 80–86) dieser Arbeit.

10 Zur Definition des Ursprungsunternehmens vgl. *SCHNEIDER*, Unternehmungsaufspaltung (1977), S. 30, *BECKER*, Teilung (1994), S. 34, *ODENTHAL*, Unternehmensteilungen (1999), S. 42.

11 *SCHNEIDER*, Unternehmungsaufspaltung (1977), S. 30. Mit den synonym gebrauchten Bezeichnungen „Ursprungsunternehmen", „Ausgangsgesellschaft", „Basisunternehmen" und „aufzuteilende Gesellschaft" sind also keine weiteren Umschreibungen wie Rechtsform oder betriebswirtschaftliche Dimensionen (z. B. Branche, Unternehmensgröße oder Eigentumsverhältnisse) vorgegeben.

12 Das Ursprungsunternehmen kann sowohl in Form eines rechtlich und wirtschaftlich selbständigen Unternehmens mit mehreren Teilbetrieben als auch in Form eines Konzernunternehmens mit

Der im Rahmen der Unternehmensbewertung bei der Spaltung zur Disposition stehende *Teilbetrieb* sollte bestimmte Merkmale aufweisen, die es ihm ermöglichen, als eigenständiges, lebensfähiges Unternehmen am Markt auftreten zu können.[13] „Es kann sich dabei um eine funktionelle Einheit (z. B. Vertriebsabteilung), eine [..] [abrechnungstechnisch selbständige] Einheit (z. B. Profit Center), eine leistungswirtschaftliche Einheit (z. B. Produktgruppe, Sparte, Division oder Geschäftsbereich) oder bereits rechtliche Einheit (z. B. Tochtergesellschaft, Enkelgesellschaft) handeln."[14]

Neben der praktischen Bedeutung der Teilbetriebsabgrenzung ist es sinnvoll, daß sich der zu betrachtende Unternehmensteil am steuerlichen *Teilbetriebsbegriff* orientiert:[15] Danach stellen die Teilbetriebe organisatorisch geschlossene, selbständig lebensfähige Teile eines Unternehmens dar.[16] Bei Erfüllung der Voraussetzungen des

---

mehreren rechtlich und wirtschaftlich selbständigen Unternehmen auftreten. In der folgenden Untersuchung wird jeweils ein Unternehmen mit mehreren Teilbetrieben betrachtet. Zur Analyse von Konzernen im Rahmen der Spaltung vgl. *FRITZ*, Spaltung (1991), S. 32 f., *HERNLER*, Spaltung (1993), *BECKER*, Teilung (1994), S. 212 und S. 215, *HARTMANN*, Spaltung (1997), S. 15–19, *FEY/NEYER*, Spaltung eines Konzerns (1998), *ODENTHAL*, Unternehmensteilungen (1999), S. 42, *MENNER/BROER*, Alternativen zur Spaltung (2003), S. 1075–1080, *WUNSCH*, Spaltung (2003), S. 415–476. Zur Darstellung der Spaltung am Beispiel des Konzerns der HOECHST AG siehe *OETTER*, Spaltung im Konzern (2003).

13 Zu den betriebswirtschaftlichen Anforderungen an einen Teilbetrieb vgl. *SCHNEIDER*, Unternehmungsaufspaltung (1977), S. 30–32, *KUPFER*, Spaltung (2000), S. 13–34. Zu den steuerlichen Anforderungen an einen Teilbetrieb vgl. *BLUMERS/KRAMER*, Ausgliederung und Spaltung (1993), S. 852–857, *BLUMERS*, Spaltung (1995), S. 496–500, *BLUMERS/SIEGELS*, Zuordnung von Wirtschaftsgütern (1996), S. 7–11, *OTT*, Umwandlung (1996), S. 177, *HARTMANN*, Spaltung (1997), S. 61–64, *KREBS*, Zweifelsfragen zur Spaltung (1998), S. 2082 f., *WEGENER*, Spaltung (1998), S. 155–163, *BLUMERS*, Teilbetriebe (2001), S. 722–724, *BRAUERS*, Spaltung von Kapitalgesellschaften (2004), S. 45–57.

14 *ODENTHAL*, Unternehmensteilungen (1999), S. 43. *EBEL*, Ausgliederung und Spaltung (1998), S. 2, definiert den zu spaltenden Unternehmensteil noch allgemeiner als einen nach betriebswirtschaftlichen Kriterien abgegrenzten Komplex einzelner Vermögenskomponenten des Betriebsvermögens. Diese Abgrenzung berücksichtigt jedoch nicht den durchaus relevanten Fall, daß sich der Teilbetrieb nach der Spaltung nicht mit einem anderen bestehenden Unternehmen zusammenschließt, sondern daß der Unternehmensteil selbständig lebensfähig sein muß, was bei einzelnen Vermögensbestandteilen i. A. nicht gegeben ist. Im Rahmen der Spaltung wäre es sogar möglich, daß nur eine einzelne Vermögenskomponente übertragen wird; dieses schlichte Herauslösen einzelner Vermögenselemente ist aus Sicht der Unternehmensbewertung jedoch nicht bewertungsrelevant, weil hier nur einzelne Vermögenskomponenten und keine (Teil-)Unternehmen bewertet werden müßten. Zur Vermögensaufteilung vgl. *SCHWEDHELM/STRECK/MACK*, Spaltung I (1995), S. 9 f., *THIEL*, Spaltung I (1995), S. 240.

15 Die Darstellung der steuerlich relevanten Sachverhalte erfolgt im Abschnitt II.3.3.2.2.4 (S. 132–138) dieser Arbeit.

16 Der weder im Umwandlungsgesetz noch anderweitig gesetzlich definierte Begriff des *Teilbetriebs* kann im Sinne der Rechtsprechung zu § 16 Abs. 1 Nr. 1 EStG als ein mit einer gewissen Selbständigkeit ausgestatteter, organisatorisch geschlossener Teil des Gesamtbetriebs verstanden werden. Vgl. *HARTMANN*, Spaltung (1997), S. 144–151, *BECKER*, Teilung (1994), S. 35–41. Zur Bedeutung der Teilbetriebserfordernis aus steuerlicher Sicht vgl. *THIEL*, Spaltung I (1995), S. 240. Zu möglichen Problemen bei der Abgrenzung des Teilbetriebsbegriffs vgl. *FRITZ*, Spaltung (1991), S. 65–67, *HERZIG/FÖRSTER*, Problembereiche (1995), S. 342, mit weiterführenden

steuerlichen Teilbetriebsbegriffs für das übergehende und ggf. auch für das zurückbleibende Teilunternehmen[17] lassen sich erhebliche Steuerwirkungen – wie bspw. die Aufdeckung und Versteuerung stiller Reserven – im Rahmen der Spaltung vermeiden.[18]

1.2 Arten der Spaltung

1.2.1 Überblick

Die Arten der Spaltung werden in der Literatur auf unterschiedliche Weise dargestellt. Differierende Begriffe werden oft verschwommen abgegrenzt und synonym gebraucht, gleiche Bezeichnungen werden häufig mit abweichenden Inhalten belegt.[19] Dieser Abschnitt soll daher die Arten der Spaltung anhand unterschiedlicher Kriterien systematisieren, um so eine begriffliche Grundlage zur Untersuchung der Spaltung aus bewertungsrelevanter Sicht zu erhalten. Einen Überblick über die Systematisierungskriterien zur Darstellung der Arten der Spaltung gibt die *Abbildung 2*.[20]

Hinsichtlich der *Existenz des Ursprungsunternehmens* kann in Spaltungen mit Fortbestand der Ausgangsgesellschaft – bspw. bei der Abspaltung einer Tochtergesellschaft, wobei die Muttergesellschaft als Ursprungsunternehmen in reduziertem Umfang bestehen bleibt – und in Spaltungen mit Untergang des Basisunternehmens – z. B. bei der Aufteilung eines Einzelunternehmens auf die Erben im Wege der Unternehmensnachfolge[21] – unterschieden werden.[22]

Angaben zur Rechtsprechung. Zur Teilbetriebseigenschaft im Rahmen einer steuerneutralen Betriebsaufspaltung vgl. *RÖDDER*, Erfolgsneutrale Betriebsaufspaltung (1996), S. 414 f.

[17] Zu den vom Umwandlungsrecht – nach § 123 Abs. 2 UmwG brauchen die übergehenden Vermögensteile nicht den Charakter eines Teilbetriebs zu haben – abweichenden Voraussetzungen für eine steuer- oder erfolgsneutrale Spaltung nach § 15 Abs. 3 UmwStG n. F. vgl. *DÖTSCH*, Aufspaltung und Abspaltung (2003), S. 490–509, *MADL*, Umwandlungssteuerrecht (2005), S. 85 f. sowie Abschnitt II.3.3.2.2.4 (S. 132–138) dieser Arbeit.

[18] Vgl. *EBEL*, Ausgliederung und Spaltung (1998), S. 126.

[19] Vgl. *HARTMANN*, Spaltung (1997), S. 5, *ODENTHAL*, Unternehmensteilungen (1999), S. 43. So werden im allgemeinen Sprachgebrauch unterschiedliche Bewertungsanlässe – vgl. dazu Abschnitt II.2.2 (S. 60–63) dieser Arbeit – mit den gleichen Inhalten belegt. Beispielsweise finden sich zum Verkauf des Pharmageschäfts der ALTANA AG folgende Zitate aus *einem* Zeitungsartikel, der diese Vermischung der Begriffe veranschaulicht: Die beiden Zitate „Aufspaltung von Altana ist besiegelt" und „Die Aktionäre stimmten dem [...] Verkauf der Pharmasparte an das dänische Pharmaunternehmen Nycomed zu" [Quelle: *O. VERF.*, Aufspaltung von Altana (2006), S. 13] beschreiben zwei unterschiedliche Bewertungsanlässe, welche die Notwendigkeit einer klaren Begriffsabgrenzung verdeutlichen.

[20] Die Art der Darstellung der *Abbildung 2* erfolgt in Anlehnung an *ODENTHAL*, Unternehmensteilungen (1999), S. 44.

[21] Zur Unternehmensnachfolge vgl. *OLBRICH*, Unternehmungsverkauf (2005), *HERING/OLBRICH*, Unternehmensnachfolge (2003).

Systematisierungskriterien	Arten der Spaltung
➢ Existenz des Ursprungsunternehmens	➢ Spaltung mit Fortbestand/ Untergang des Ursprungsunternehmens
➢ Existenz der Folgeunternehmen	➢ Spaltung zur Aufnahme/Spaltung zur Neugründung
➢ Beteiligungsverhältnis	➢ verhältniswahrende/verhältnisändernde Spaltung
➢ Spaltungsebene oder Spaltungsrichtung	➢ Spaltung mittels Bildung von Schwestergesellschaften/ Tochtergesellschaften oder horizontale/vertikale Spaltung
➢ Grad der wirtschaftlichen Abhängigkeit der Unternehmen nach der Spaltung	➢ Spaltung mit wirtschaftlich abhängigen/ wirtschaftlich unabhängigen Folgeunternehmen
➢ Rechtsform	➢ rechtsformwahrende/rechtsformändernde Spaltung
➢ (internationaler) Standort	➢ inländische/ausländische/grenzüberschreitende Spaltung
➢ rechtliche Übertragungstechnik	➢ Spaltung mittels Einzelrechtsnachfolge/ Gesamtrechtsnachfolge
➢ umwandlungsrechtliche Regelung	➢ Spaltungen in Form der Aufspaltung/Abspaltung und Ausgliederung nach § 123 Abs. 1–3 UmwG
➢ Bewertungsrelevanz	➢ Fälle der Eigentumsstrukturänderung und Eigentumstrennung oder Fälle der Spaltung, der Spaltungsfusion und der vereinfachten Spaltungsfusion

Abbildung 2: Systematisierungskriterien zur Darstellung der Arten der Spaltung

Ähnlich zeigt sich die Unterscheidung im Hinblick auf die *Existenz der Folgeunternehmen.* Dabei bestehen nach § 123 UmwG die Möglichkeiten einer Spaltung durch Übertragung eines Teilbetriebs auf einen bereits bestehenden Rechtsträger (Spaltung zur Aufnahme), durch Übertragung auf neu gegründete Rechtsträger (Spaltung

[22] Diese Unterscheidung wird auch als *Spaltung ohne Liquidation* des Ursprungsunternehmens (Spaltung mit Fortbestand der Ursprungsgesellschaft) und als *Spaltung mit Liquidation* der Ausgangsgesellschaft (Spaltung mit Untergang der Ursprungsgesellschaft) bezeichnet. Vgl. *KOTTMANN*, Spaltung (1986), S. 2. Die im Abschnitt II.1.2.2 (S. 18–28) dieser Arbeit beschriebenen Arten der Spaltung nach dem Umwandlungsgesetz – die Unterteilung in Aufspaltung, Abspaltung und Ausgliederung – lassen sich ebenfalls unter diesem Kriterium zusammenfassen: Bei den Fällen der Aufspaltung wird das Ursprungsunternehmen aufgelöst, bei den Fällen der Abspaltung und Ausgliederung bleibt das übertragende Unternehmen auch nach der Spaltung bestehen.

zur Neugründung) sowie durch Kombination der beiden Möglichkeiten, also durch gleichzeitige Übertragung auf bestehende und neue Rechtsträger.[23]

Das Unterscheidungskriterium hinsichtlich des *Beteiligungsverhältnisses* der Anteilsinhaber vor und nach der Unternehmensspaltung ist im Rahmen der Unternehmensbewertung bei der Spaltung von großer Bedeutung: Für die Gesellschafter ist es wichtig zu wissen, ob sie an den Folgeunternehmen nach der Spaltung in dem gleichen Verhältnis wie vor der Spaltung (verhältnis-oder beteiligungswahrende Spaltung, pro-rata-Spaltung, quotale Spaltung, Spaltung ohne Änderung der Beteiligungsverhältnisse) oder in einem veränderten Verhältnis (verhältnis- oder beteiligungsändernde oder nicht verhältniswahrende Spaltung, non-pro-rata-Spaltung, disquotale Spaltung, Spaltung mit Änderung der Beteiligungsverhältnisse) beteiligt sind,[24] um die Rückflüsse aus den Unternehmen nach der Spaltung mit denen vor der Spaltung vergleichen zu können.[25]

Die Unterscheidung der Spaltung nach der *Spaltungsebene* – die Bildung von Schwestergesellschaften (Nebenordnung) oder Tochterunternehmen (Unterordnung) – entspricht dem Kriterium nach der Spaltungsrichtung – der horizontalen oder der vertikalen Spaltung. Kommt es zur Bildung von Schwestergesellschaften, bilden sich diese auf einer *horizontalen* Ebene, die Nachfolgeunternehmen sind gleichberechtigte Partner nebeneinander.[26] Erfolgt eine Spaltung in *vertikaler* Richtung von oben nach unten oder von unten nach oben, entstehen regelmäßig Mutter-Tochterverhältnisse, indem zwei unterschiedliche Ebenen von Unternehmen angesprochen werden.[27]

---

23 Die Spaltung zur Aufnahme ist in den §§ 126–134 UmwG, die Spaltung zur Neugründung in den §§ 135–137 UmwG und die Möglichkeit der Kombination beider Spaltungsarten ist im § 123 Abs. 4 UmwG geregelt. Vgl. auch *DEHMER*, Umwandlungsgesetz (1996), S. 465 f., *FREITAG*, Spaltungen (1998), S. 13, *SCHWENZER*, Spaltungen (2003), S. 344, *KALLMEYER*, Spaltung (2006), S. 592. Bei der Spaltung zur Neugründung ist insbesondere § 136 UmwG zu beachten, der an Stelle eines Spaltungsvertrags die Aufstellung eines einseitigen Spaltungsplans verlangt. Vgl. auch Abschnitt II.3.3.2.2.3 (S. 131 f.) dieser Arbeit.

24 Vgl. *FRITZ*, Spaltung (1991), S. 30–32, *KALLMEYER*, Umwandlungsgesetz (1994), S. 1748, *OTT*, Umwandlungs- und Umwandlungssteuerrecht (1996), S. 180, *ODENTHAL*, Unternehmensteilungen (1999), S. 44, *SAGASSER/SICKINGER*, Spaltungsrechtliche Regelungen (2002), S. 478–481. Zur verhältniswahrenden Spaltung vgl. explizit *SCHÖNE*, Spaltung (1998), S. 110–145, zur nichtverhältniswahrenden Spaltung siehe *EISELE/RENNER*, Umwandlungsbilanzierung (1996), S. 269, *SCHÖNE*, Spaltung (1998), S. 146–150, *WOCHINGER*, Nichtverhältniswahrende Spaltung (2000), S. 642–644, *NAGEL/THIES*, Nichtverhältniswahrende Abspaltung (2004). Die verhältniswahrende Spaltung wird auch als *unechte Teilung* und die verhältnisändernde Spaltung als *echte Teilung* bezeichnet. Vgl. *KOTTMANN*, Spaltung (1986), S. 5, m. w. N.

25 Zur Darstellung der Beteiligungsverhältnisse aus unternehmensbewertungsrelevanter Sicht vgl. Abschnitt II.3.1 (S. 71–86) und Kapitel III (S. 139–254) dieser Arbeit.

26 Die horizontale Spaltung wird von *KRÖGER*, Demerger (2006), S. 1215 und S. 1217, auch als „lateraler Demerger" bezeichnet.

27 Vgl. *DUDEN/SCHILLING*, Spaltung (1974), S. 203, *FISCHER*, Teilung (1983), S. 8, *HIMMELREICH*, Unternehmensteilung (1987), S. 12–19, *FRITZ*, Spaltung (1991), S. 10, *HEISS*, Spaltung (1995), S. 25–28, *EBEL*, Ausgliederung und Spaltung (1998), S. 2, *ODENTHAL*, Unternehmensteilungen (1999), S. 44 f. HAMMER ordnet hingegen der horizontalen Spaltung die Entstehung von Tochtergesellschaften und der vertikalen Spaltung die Bildung von Schwestergesellschaften zu. Vgl. *HAMMER*, Teilung (1978), S. 10 und S. 14.

Der *Grad der wirtschaftlichen Abhängigkeit der Unternehmen nach der Spaltung* unterscheidet die Spaltungen danach, ob die nach der Spaltung verbleibenden Rechtsträger voneinander wirtschaftlich abhängig oder unabhängig sind.[28] Wird ein Unternehmen beispielsweise in zwei regional unabhängige Bereiche geteilt, könnten diese beiden Bereichsunternehmen auch wirtschaftlich voneinander unabhängig sein.[29] Gliedert ein Unternehmen risikobehaftete Unternehmensteile in ein selbständiges Unternehmen aus, ist dieses z. B. aufgrund weiterführender geschäftlicher Beziehungen nicht wirtschaftlich unabhängig von der Muttergesellschaft.[30]

---

[28] Nach *HARTMANN*, Spaltung (1997), S. 9, Fn. 16, sind die Fälle der wirtschaftlichen Abhängigkeit in der Spaltungspraxis häufiger anzutreffen, weil sich die Nachfolgeunternehmen Vorteile durch die bestehenden wirtschaftlichen Beziehungen erhoffen. Andererseits erwarten die Unternehmen vor allem auch durch die Spaltung und wirtschaftliche Unabhängigkeit – bspw. im Fall der Trennung verfeindeter Gesellschafterstämme – positive Effekte. Zu den Motiven der Spaltung vgl. Abschnitt II.1.3 (S. 32–50), zu den erhofften Auswirkungen der Spaltung siehe Abschnitt II.3.2.2.1.3 (S. 98–103) dieser Arbeit.

Im Zusammenhang mit der Unterscheidung nach dem Grad der wirtschaftlichen Abhängigkeit der Unternehmen nach der Spaltung ist oftmals auch noch von der *rechtlichen* Abhängigkeit die Rede. Vgl. *ODENTHAL*, Unternehmensteilungen (1999), S. 43 f. Diese kann hier jedoch vernachlässigt werden, weil die rechtliche Unabhängigkeit der Folgeunternehmen zwingende Voraussetzung für eine Spaltung ist.

Bei der Abgrenzung nach dem Grad der wirtschaftlichen Unabhängigkeit der Unternehmen nach der Spaltung werden in der Literatur teilweise die Begriffe der *echten* und *unechten Teilung* für die Begriffe wirtschaftlich unabhängige (echte) und abhängige (unechte) Spaltung verwendet. Die Definition wird dann noch zusätzlich mit der Unterscheidung nach dem Beteiligungsverhältnis vermischt, so daß in diesem Zusammenhang von den Begriffen der echten und unechten Teilung abstrahiert werden sollte. Diese Abgrenzung benutzen gleichermaßen *HAMMER*, Teilung (1978), S. 9, *FISCHER*, Teilung (1983), S. 14, *HIMMELREICH*, Unternehmensteilung (1987), S. 13 f., *ODENTHAL*, Unternehmensteilungen (1999), S. 43 f. Bei *BECKER*, Teilung (1994), S. 24, finden die Begriffe der echten und unechten Teilung sachgerechterweise auch keine Berücksichtigung. Statt dessen benutzt BECKER für die rechtliche und wirtschaftliche Verselbständigung der Unternehmen nach der Spaltung den Begriff der *Teilung im engeren Sinne* (analog zur echten Teilung i. S. der Definition in dieser Fußnote) und für die ausschließlich rechtliche Verselbständigung den Begriff der *Teilung im weiteren Sinne* (analog zur unechten Teilung i. S. der Definition in dieser Fußnote). Vgl. *BECKER*, Teilung (1994), S. 17 f.

[29] So fand bereits in den 1960er Jahren die regionale Spaltung in die – später so benannten – Unternehmen der Gebrüder THEO (ALDI NORD) und KARL (ALDI SÜD) ALBRECHT statt, die – obwohl die beiden Konzerne gelegentlich noch gemeinsame Handelsmarken und gemeinsame Lieferanten besitzen – rechtlich, organisatorisch, finanziell und wirtschaftlich voneinander unabhängig sind. Vgl. *BRANDES*, Geheimnisse (2003).

[30] So gliederte der Halbleiterplattenhersteller INFINEON TECHNOLOGIES AG (INFINEON) seine Speicherchipsparte, in der „das schwankungsanfällige Geschäft mit Speicherprodukten gebündelt" [Quelle: *FROMM*, Chip-Chi (2006), S. 4] ist, in ein eigenständiges Unternehmen, die QIMONDA AG, aus. Die Speicherchipsparte trug vor der Spaltung ca. 40 % zum Konzernumsatz von INFINEON bei. Nicht nur aus diesem Grund planen die beiden Unternehmen auch zukünftig wirtschaftlich miteinander zu arbeiten. Vgl. *EHRENSBERGER*, Perspektive (2005), S. 18, *EHRENSBERGER*, Infineon an die Börse (2006), S. 13, *EHRENSBERGER*, Infineon (2006), S. 14, *O. VERF.*, Infineon-Aufspaltung (2006), S. 22. Zur wirtschaftlichen Abhängigkeit vgl. *ODENTHAL*, Unternehmensteilungen (1999), S. 59.

In Abhängigkeit von der *Rechtsform* kann in rechtsformwahrende und rechtsformändernde Spaltungen unterschieden werden.[31] Die Spaltungsfälle können so konstruiert sein, daß die Rechtsform des Ursprungsunternehmens mit derjenigen der Folgeunternehmen identisch ist (rechtsformwahrende Spaltung), daß die Rechtsformen der Unternehmen vor und nach der Spaltung unterschiedlich sind (rechtsformübergreifende, rechtsformändernde oder formumwandelnde Spaltung) oder daß eine Mischung der beiden Fälle eintrifft, so daß in einem Spaltungsfall sowohl mit dem Ursprungsunternehmen identische als auch unterschiedliche Rechtsformen auftreten können.[32]

Für jeden mit einer bestimmten Rechtsform behafteten, übertragenden Rechtsträger stehen nur ausgewählte Rechtsformen für den übernehmenden Rechtsträger zur Verfügung.[33] Grundsätzlich können nach § 124 i. V. m. § 3 UmwG folgende Rechtsformen als übertragende und übernehmende Rechtsträger für die Spaltung gewählt werden: Personenhandelsgesellschaften (OHG, KG, GmbH & Co. KG[34]), Kapitalgesellschaften (GmbH, AG, KGaA), eingetragene Genossenschaften, eingetragene Vereine, genossenschaftliche Prüfungsverbände, Versicherungsvereine auf Gegenseitigkeit und Partnerschaftsgesellschaften[35].[36] Als übertragende Rechtsträger können

---

[31] Vgl. *TEICHMANN*, Spaltung (1980), S. 87 f., *KOTTMANN*, Spaltung (1986), S. 3, *HIMMELREICH*, Unternehmensteilung (1987), S. 15, *HERZIG/FÖRSTER*, Problembereiche (1995), S. 339, *SCHAUMBURG/RÖDDER*, UmwG (1995), S. 207–210, *DEHMER*, Umwandlungsgesetz (1996), S. 481 f., *SCHÖNE*, Spaltung (1998), S. 26 f., *SAGASSER/SICKINGER*, Spaltungsrechtliche Regelungen (2002), S. 474–478.

[32] Zu den Mischformen der Spaltung nach § 124 Abs. 2 i. V. m. § 3 Abs. 4 UmwG vgl. auch *ENGELMEYER*, Spaltung (1995), S. 5, *KALLMEYER*, Spaltung (2006), S. 602 f.

Im Falle einer *Spaltung zur Neugründung* kommt der Wahl der Rechtsform – ähnlich wie bei der Unternehmensgründung – erhebliche Bedeutung zu. Vgl. *BECKER*, Teilung (1994), S. 80–85, *SAUTER*, Spaltungen (2000), S. 103.

[33] Zur detaillierten Darstellung der Rechtsformen der übertragenden Rechtsträger und der diesen Rechtsträgern zugewiesenen Rechtsformen der übernehmenden Rechtsträger siehe *SCHWEDHELM*, Unternehmensumwandlung (2006). Vgl. außerdem *BUCHNA*, Fragen (1995), S. 451, *MADL*, Umwandlungssteuerrecht (2005), S. 14–17. Weiterhin besteht grundsätzlich die Möglichkeit der rechtsformwahrenden Spaltung.

[34] Zur besonderen Behandlung der Rechtsform der GmbH & Co. KG im Rahmen der Spaltung vgl. *SCHULZE ZUR WIESCHE*, GmbH & Co. KG im neuen Umwandlungssteuerrecht (1996), S. 1542–1544.

[35] Der Kreis der spaltungs- und aufnahmefähigen Rechtsträger ist durch Einführung der Partnerschaftsgesellschaften erweitert worden. Vgl. Art. 1 Nr. 3 des Gesetzes zur Änderung des Umwandlungsgesetzes, des Partnerschaftsgesellschaftsgesetzes und anderer Gesetze vom 22. Juli 1998. Siehe auch *SCHERRER*, Spaltung (1999), S. 393.

[36] Vgl. zu den möglichen Rechtsträgern im Umwandlungsfall der Spaltung *GANSKE*, Umwandlungsrecht (1995), S. 150–152, *NEYE*, Umwandlungsgesetz (1995), S. 249–251, *DEHMER*, Umwandlungsgesetz (1996), S. 470–481, *OTT*, Umwandlungs- und Umwandlungssteuerrecht (1996), S. 57–59, S. 82–89 und S. 182–190, *WEGENER*, Spaltung (1998), S. 17–19, *WIRTH*, Spaltungen (1998), S. 76–84, *DÖTSCH*, Aufspaltung und Abspaltung (2003), S. 476 f., *BRAUERS*, Spaltung von Kapitalgesellschaften (2004), S. 28–29, *MADL*, Umwandlungssteuerrecht (2005), S. 13, *KALLMEYER*, Spaltung (2006), S. 598–603. Die Möglichkeiten der Spaltung europäischer Rechtsformen – wie bspw. der Societas Europaea (SE) – sind z. Zt. noch umstritten. Vgl. *VOSSIUS*, Umwandlung (2005), S. 741, Fn. 6, *SCHWEDHELM*, Unternehmensumwandlung (2006), S. 411.

zusätzlich noch wirtschaftliche Vereine beteiligt sein. Außerdem können im Spaltungsfall der Ausgliederung auch Einzelkaufleute, Stiftungen, Gebietskörperschaften und deren Zusammenschlüsse als übertragende Rechtsträger auftreten.[37]

Das Kriterium des *(internationalen) Standorts* unterteilt die Spaltung in diejenigen Formen, bei denen das Ursprungs- und die Folgeunternehmen im Inland (inländische Spaltung), im Ausland (ausländische Spaltung) oder im In- und Ausland (grenzüberschreitende oder transnationale Spaltung) gelegen sind.[38]

Nach dem Merkmal der *rechtlichen Übertragungstechnik* können Unternehmensteile mittels Einzelrechtsnachfolge oder mit Hilfe der Gesamtrechtsnachfolge übertragen werden.

Die bis zur Umwandlungsrechtsreform 1995 als alleinige Grundlage für Unternehmensspaltungen in Deutschland geltende *Einzelrechtsnachfolge* stellt die kompliziertere Art der Übertragung dar, weil die zu übertragenden Vermögenskomponenten und Verbindlichkeiten jeweils einzeln nach den für diese geltenden Regeln des Zivilrechts auf die Folgeunternehmen übertragen werden.[39]

---

37 Die Darstellung der Ausgliederung erfolgt im Abschnitt II.1.2.2.3 (S. 24–27) dieser Arbeit.

38 Vgl. *ODENTHAL*, Unternehmensteilungen (1999), S. 47, m. w. N. Zur grenzüberschreitenden Spaltung vgl. *HERZIG/FÖRSTER*, Spaltung (1992), *HERZIG*, Grenzüberschreitende Spaltung (1993), *MOMEN*, Spaltung von Kapitalgesellschaften (1993), *DÖTSCH*, Umwandlungssteuerrecht (1995), S. 403–413, *KALLMEYER*, Grenzüberschreitende Spaltungen (1996). Siehe außerdem *KALLMEYER*, Umwandlungen (2006), S. 8–12, der die grenzüberschreitende Spaltung noch weiter in „Heraus-Spaltung" (Spaltung vom Ausland ins Inland) und „Herein-Spaltung" (Spaltung vom Inland ins Ausland) unterteilt. *ODENTHAL*, Unternehmensteilungen (1999), S. 47, gliedert die grenzüberschreitende Spaltung sogar in vier Gruppen. In Zuge dieser Arbeit werden nur die nationalen Spaltungen betrachtet.

39 Vgl. *SCHULZE-OSTERLOH*, Probleme einer Spaltung (1985), S. 616–625, *HERZIG*, Realteilung (1986), S. 1403–1405, *FRITZ*, Spaltung (1991), S. 33–35, *HERZIG/FÖRSTER*, Problembereiche (1995), S. 338, *SPIROLKE*, Umwandlungsgesetz (1998), S. 5 f., *MADL*, Umwandlungssteuerrecht (2005), S. 2. Zur ausführlichen Darstellung der Spaltung ohne Hilfe des Umwandlungsgesetzes – also mittels Einzelrechtsnachfolge – vgl. *SCHWENZER*, Spaltungen (2003), S. 343–479. Hierbei benutzt SCHWENZER wiederum eine weitere Definition der unechten Spaltung: demnach sind *unechte Spaltungen* – im Vergleich zu *echten Spaltungen* mittels Gesamtrechtsnachfolge – Spaltungen mittels Einzelrechtsnachfolge. Vgl. *SCHWENZER*, Spaltungen (2003), S. 5 f. Diese bisher (siehe auch die Fußnoten 24 und 28 dieses Abschnitts) dargestellten, unterschiedlichen Definitionen der echten und unechten Spaltung machen nochmals deutlich, daß gleiche Begriffe teilweise mit unterschiedlichen Inhalten belegt sind, so daß eine klare Abgrenzung der Spaltungsarten unabdingbar ist. Dies belegt auch die Übersicht der verschiedenen Arten der Spaltung im Anhang von *BECKER*, Teilung (1994), S. 283–294. Zur weiteren Kritik an den in der Literatur verwendeten Begriffen vgl. *FRITZ*, Spaltung (1991), S. 31, *HARTMANN*, Spaltung (1997), S. 5, insbesondere Fußnote 1.

Die Spaltung mittels Einzelrechtsnachfolge wird auch als *wirtschaftliche Spaltung, Teilschrittmodell* oder *Umwegmodell* bezeichnet. Vgl. *KALLMEYER*, Umwandlungsgesetz (1994), S. 1749, *KAROLLUS*, Ausgliederung (1995), S. 192–195, *ACHLEITNER/BASSEN/WAHL*, Instrumente des Corporate Restructuring (2003), S. 440.

Die einfachere Form der rechtlichen Übertragungstechnik stellt die Spaltung mittels *Gesamtrechtsnachfolge* dar.[40] Bei dieser Form der Übertragung nach dem Umwandlungsgesetz werden sämtliche „Gegenstände des Aktiv- und Passivvermögens, die an jeden der übernehmenden Rechtsträger übertragen werden, sowie [..] die übergehenden Betriebe und Betriebsteile“[41] unmittelbar (uno actu) durch die Eintragung der Spaltung im zuständigen Register des übertragenden Rechtsträgers[42] auf die Folgeunternehmen übertragen.

Das Systematisierungskriterium der *umwandlungsrechtlichen Regelung* läßt eine gesetzlich genau fixierte Definition der drei in den §§ 123–173 UmwG[43] beschriebenen und im folgenden Abschnitt dargestellten Spaltungsarten „Aufspaltung“, „Abspaltung“ und „Ausgliederung“ zu. „Haben sich hinter diesen Bezeichnungen bis [..] [zur Veröffentlichung des Umwandlungsgesetzes] noch unterschiedliche Begriffsinhalte

---

40 Die Gesamtrechtsnachfolge wird auch als *teilweise* oder *partielle Gesamtrechtsnachfolge*, *partielle Universalsukzession*, *Sonderrechtsnachfolge*, *Spezialsukzession* oder *gesamthafte Vermögensübertragung* bezeichnet. Vgl. ENGELMEYER, Spaltung (1995), S. 333–336, GECK, Spaltung (1995), S. 416, HEIDENHAIN, Sonderrechtsnachfolge bei der Spaltung (1995), KALLMEYER, Kombination von Spaltungsarten (1995), S. 81, SCHWEDHELM/STRECK/MACK, Spaltung I und II (1995), S. 7 und S. 100, TEICHMANN, Spaltungsvorschriften im Umwandlungsgesetz (1995), S. 96–98, OTT, Umwandlungs- und Umwandlungssteuerrecht (1996), S. 179, SCHÖNE, Spaltung (1998), S. 30–32, KUSSEROW/PRÜM, Gesamtrechtsnachfolge (2005), S. 633–641, MADL, Umwandlungssteuerrecht (2005), S. 2 f. Die Vorteile der Spaltung mittels Gesamtrechtsnachfolge sind einerseits erhebliche – nicht nur durch die Steuerneutralität erzielte – Kostenersparnisse und liegen andererseits im Ausschluß von Störfaktoren, die bei der Einzelübertragung auftreten können. Vgl. KAROLLUS, Ausgliederung (1995), S. 195 f., TEICHMANN, Spaltungsvorschriften im Umwandlungsgesetz (1995), S. 97, FREITAG, Spaltungen (1998), S. 11, HOHLFELDT, Gesamtrechtsnachfolge (1998), S. 9–19. Aufgrund der Vorteile der Spaltung mittels Gesamtrechtsnachfolge wurde „die Aufnahme der Spaltung als Umwandlungsform in das neue Umwandlungsrecht [..] [gar] als *sensationelles Ereignis* bezeichnet“ [Quelle: SAUTER, Spaltungen (2000), S. 99, Hervorhebungen im Original sind hier kursiv dargestellt]. Zu den Störfaktoren bei der Einzelrechtsnachfolge siehe TEICHMANN, Wirkungen der Spaltung (1995), S. 141–146. Zum Vergleich von Einzel- und Gesamtrechtsnachfolge siehe NAGL, Spaltung (1996). Siehe zu den Grenzen der Gesamtrechtsnachfolge FUHRMANN/SIMON, Ausgliederung (2000), S. 55–58.

41 § 126 Abs. 1 Nr. 9 UmwG.

42 Vgl. § 130 Abs. 1 UmwG. Siehe auch OETTER, Spaltung im Konzern (2003), S. 13.

43 Das heute geltende Umwandlungsgesetz trat am 1.1.1995 in Kraft. Vgl. Art. 1 des Gesetzes zur Bereinigung des Umwandlungsrechts, BGBl. I 1994, S. 3210. Die bisherigen Regelungen zur Spaltung von Unternehmen waren auf fünf Gesetze verteilt: das Umwandlungsgesetz von 1969, das Aktiengesetz, das Kapitalerhöhungsgesetz, das Genossenschaftsgesetz und das Versicherungsaufsichtsgesetz. Vgl. ENGELMEYER, Spaltung (1995), S. 3, HEISS, Spaltung (1995), S. 13 f., FREITAG, Spaltungen (1998), S. 8, SPIROLKE, Betriebsübergang (1998), S. 1. Zur ausführlichen Darstellung der historischen Entwicklung des Umwandlungsgesetzes vgl. WEGENER, Spaltung (1998), S. 27–30, LUTTER, Umwandlungsrecht (2004), S. 88–94. Siehe außerdem SEIBOLD, Spaltung (2001), S. 7, OETTER, Spaltung im Konzern (2003), S. 11 f. Zu den Änderungen seit Bestehen des Umwandlungsgesetzes vgl. LUTTER, Umwandlungsrecht (2004), S. 95. Zur Rechtfertigung der Einführung des Dritten Buchs „Spaltung“ im Umwandlungsgesetz vgl. die Begründung des Regierungsentwurfs, abgedruckt in NEYE, Umwandlungsgesetz (1995), S. 247.

verborgen, so erlauben die durch das Umwandlungsgesetz normierten Terminologien dieser drei Varianten ein nunmehr einheitliches Verständnis."[44]

Neben der Spaltung zur Neugründung lassen sich die Spaltungsarten „Aufspaltung", „Abspaltung" und „Ausgliederung" im Hinblick auf die Spaltung zur Aufnahme jeweils in vier weitere Arten untergliedern (vgl. *Abbildung 3*):[45]

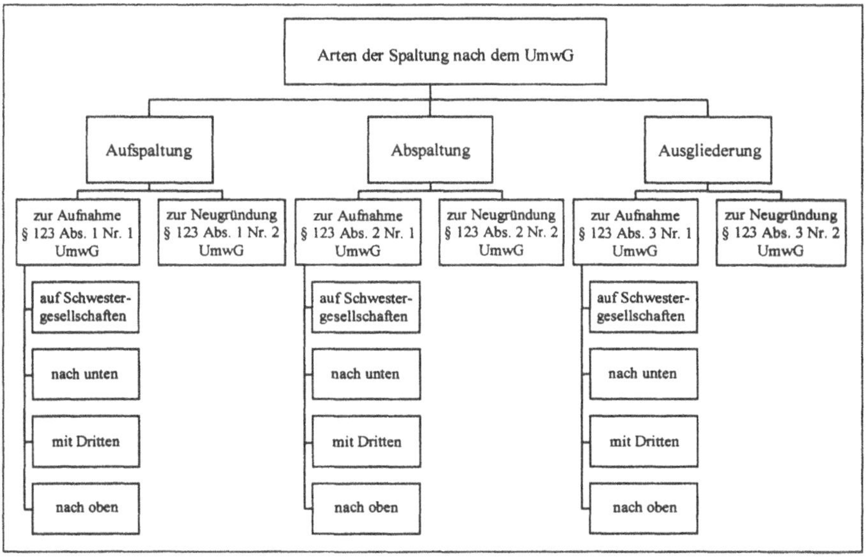

Abbildung 3: Arten der Spaltung nach dem Umwandlungsgesetz

1. Ein Unternehmen überträgt sein Vermögen auf Unternehmen der gleichen Hierarchieebene (*Spaltung zur Aufnahme auf Schwestergesellschaften*),
2. ein Unternehmen überträgt sein Vermögen auf Unternehmen, die einen Rang unter dem übertragenden Unternehmen stehen (*Spaltung zur Aufnahme „nach unten"*),

---

[44] *ODENTHAL*, Unternehmensteilungen (1999), S. 49. Bei der Festlegung der Begriffe *„Aufspaltung"*, *„Abspaltung"* und *„Ausgliederung"* sind zwei grundsätzliche Richtungen zu verzeichnen: bis zur Ausarbeitung und Veröffentlichung der Umwandlungsrechtsreform 1995 wurden die Begriffe in vielfältiger Weise und unterschiedlich definiert. Vgl. dazu die – aus heutiger Sicht teilweise nicht sachgerechten – Darstellungen der Spaltungsarten im Anhang von *BECKER*, Teilung (1994), S. 283–294. Seit der Inkraftsetzung des Umwandlungsgesetzes am 1.1.1995 herrscht jedoch Einigkeit über die Arten der Spaltung nach dem Umwandlungsgesetz.

[45] Vgl. dazu *SAGASSER/SICKINGER*, Spaltungsrechtliche Regelungen (2002), S. 466–473.

3. ein Unternehmen überträgt sein Vermögen auf Unternehmen, die nicht mit dem Ausgangsunternehmen verbunden sind (*Spaltung zur Aufnahme mit Dritten*), oder
4. ein Unternehmen überträgt sein Vermögen auf Rechtsträger, die im Rang über dem Ursprungsunternehmen stehen (*Spaltung zur Aufnahme „nach oben"*).

Diese klare Abgrenzung der Spaltungsarten nach dem Umwandlungsgesetz ist notwendig, um zunächst alle tatsächlich vorkommenden und rechtlich zugelassenen Spaltungsarten zu erläutern und um sodann die Fälle der Aufspaltung, Abspaltung und Ausgliederung auf ihre Bewertungsrelevanz für die Unternehmensbewertung bei der Spaltung zu überprüfen.

Das zuletzt aufgeführte Unterscheidungskriterium teilt die Arten der Spaltung nach dem *Grad ihrer Bewertungsrelevanz* in die Fälle der Eigentumsstrukturänderung und der Eigentumstrennung[46] sowie in die Fälle vom Typ der Spaltung, vom Typ der Spaltungsfusion sowie vom Typ der vereinfachten Spaltungsfusion.[47]

1.2.2 Arten der Spaltung nach dem Umwandlungsgesetz

1.2.2.1 Aufspaltung

Im folgenden werden die Arten der Spaltung nach dem Umwandlungsgesetz in Verbindung mit der Unterscheidung nach den im vorigen Abschnitt beschriebenen Kriterien der *Existenz des Ursprungsunternehmens, der Existenz der Folgeunternehmen* und der *Spaltungsebene* dargestellt. Das Umwandlungsgesetz enthält zwar keine Definition der Bezeichnung „Spaltung", aber Begriffsbestimmungen der drei in den §§ 123–173 UmwG beschriebenen Spaltungsarten „Aufspaltung", „Abspaltung" und „Ausgliederung".

Unter der *Aufspaltung* eines Unternehmens versteht das Umwandlungsgesetz „die Übertragung des gesamten Vermögens eines Rechtsträgers auf mindestens zwei bestehende oder dadurch gegründete Rechtsträger jeweils als Gesamtheit gegen Gewährung von Anteilen der übernehmenden Rechtsträger an die Anteilsinhaber des übertragenden Rechtsträgers und unter Erlöschen des übertragenden Rechtsträgers"[48]. Die Aufspaltung nach § 123 Abs. 1 UmwG ist daher gekennzeichnet:

1. durch die vollkommene Vermögensübertragung eines aufzuspaltenden Rechtsträgers,
2. durch die Übertragung dieses Vermögens auf mindestens zwei übernehmende Rechtsträger, die schon bestehen oder neu gegründet werden, und

---

[46] Vgl. dazu im folgenden Abschnitt II.3.1.2 (S. 73–78) dieser Arbeit.

[47] Siehe hierzu nachstehenden Abschnitt II.3.1.3 (S. 78–86) dieser Arbeit.

[48] *FREITAG*, Spaltungen (1998), S. 14. Vgl. auch *SAGASSER/SICKINGER*, Spaltungsrechtliche Regelungen (2002), S. 466 f.

3. durch die Gewährung von Anteilen oder Mitgliedschaften an den übernehmenden Rechtsträgern, die die Anteilseigner des untergehenden (aufgespaltenen) Rechtsträgers erhalten.[49]

Die Arten der Aufspaltung zur Aufnahme nach § 123 Abs. 1 Nr. 1 UmwG werden in *Abbildung 4*[50] graphisch dargestellt und im folgenden erläutert.

Bei der *Aufspaltung zur Aufnahme auf Schwestergesellschaften* (Fall 1) überträgt das Unternehmen B sein gesamtes Vermögen[51] auf die Unternehmen A und C der gleichen Hierarchieebene. Die Unternehmen A und C gewähren Anteile[52] an die Muttergesellschaft M, die vorherige Anteilseignerin des Unternehmens B.

Die *Aufspaltung zur Aufnahme „nach unten"*[53] (Fall 2) ist durch die Übertragung des gesamten Vermögens des Unternehmens U auf die einen Rang unter dem übertragenden Unternehmen stehen Unternehmen A und B gekennzeichnet. Die Unternehmen A und B gewähren dabei Anteile an die Muttergesellschaft M, die nun alleinige Anteilseignerin der Unternehmen A und B ist.

Wird das gesamte Vermögen des Unternehmens A auf die nicht mit ihm verbundenen Unternehmen B und C übertragen, stellt dies eine *Aufspaltung zur Aufnahme mit Dritten* (Fall 3) dar, wenn die Gesellschaften B und C Anteile an das mit diesen Gesellschaften nicht verbundene Unternehmen M 1 – die ehemalige Muttergesellschaft des Unternehmens A – gewähren, so daß beide Muttergesellschaften M 1 und M 2 Anteilseignerinnen der Unternehmen B und C sind.

---

49 Vgl. *KALLMEYER*, Umwandlungsgesetz (1994), S. 1748, *NEYE*, Umwandlungsgesetz (1995), S. 249, *RÖDDER*, Umstrukturierungen bei Personengesellschaften (1995), S. 309 f., *SCHWEDHELM/STRECK/MACK*, Spaltung I (1995), S. 8–15, *DEHMER*, Umwandlungsgesetz (1996), S. 466, *EBEL*, Ausgliederung und Spaltung (1998), S. 51–53, *SCHÄFER*, Aufspaltung (1999), S. 143–145, *SAUTER*, Spaltungen (2000), S. 100 f., *PICOT/MÜLLER-EISING*, Gesellschaftsrecht (2004), S. 421, *KALLMEYER*, Spaltung (2006), S. 590. Ein Beispiel für eine *Aufspaltung* stellt die Spaltung von DORLASTAN dar: Der – selbst von der BAYER AG zum 31. Januar 2005 abgespaltene – Chemiekonzern LANXESS teilte seine Faser-Tochter DORLASTAN durch Aufspaltung in zwei Gesellschaften, weil die beiden Segmente unterschiedliche Produkte und Kunden aufweisen. Vgl. *O. VERF.*, Lanxess (2005), S. 10, *WEISER/UŽIK/RÖHRIG*, Equity Carve-Outs and Spin-Offs (2005), S. 571, *DIERIG*, Übernahmekandidaten (2006), S. 15.

50 In Anlehnung an *SAGASSER/SICKINGER*, Spaltungsrechtliche Regelungen (2002), S. 467 f.

51 Die Auflösung eines Unternehmens oder Teilbetriebs wird hier und im folgenden durch ein das jeweilige Unternehmen darstellendes Kästchen mit *gestrichelter Umrandung* kenntlich gemacht. Die Vermögensübertragung wird durch *gestrichelte Pfeile* verdeutlicht.

52 Die Anteilsgewährung wird hier und im folgenden durch *einfache Pfeile* dargestellt.

53 Diese Art der Aufspaltung wird auch als „Aufspaltung durch Aufnahme down-stream" bezeichnet. Vgl. *SAGASSER/SICKINGER*, Spaltungsrechtliche Regelungen (2002), S. 467.

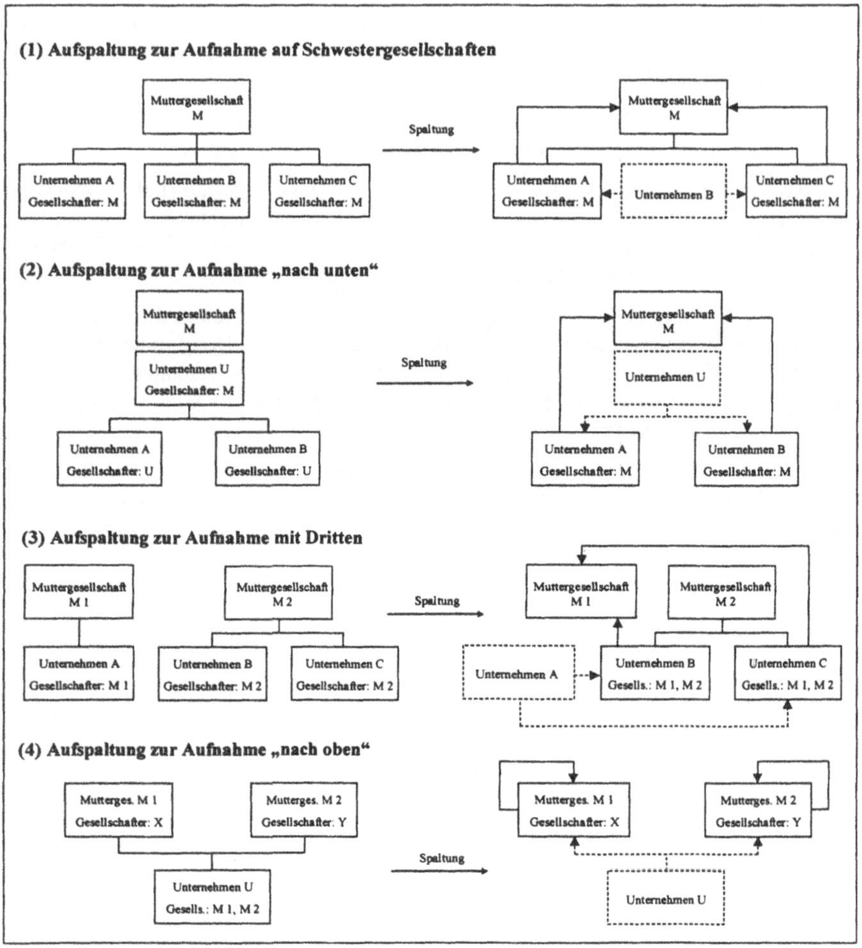

Abbildung 4: Arten der Aufspaltung zur Aufnahme nach § 123 Abs. 1 Nr.1 UmwG

Überträgt das Unternehmen U sein gesamtes Vermögen auf die beiden Mutterunternehmen M 1 und M 2, liegt der Fall einer *Aufspaltung zur Aufnahme „nach oben"*[54]

---

[54] Diese Aufspaltungsart wird auch „Aufspaltung durch Aufnahme up-stream" genannt. Vgl. *SAGASSER/SICKINGER*, Spaltungsrechtliche Regelungen (2002), S. 468.

(Fall 4) vor. „Bei dieser Konstellation müßten sich [...] [M 1 und M 2] gemäß § 123 I Nr. 1 UmwG eigene Anteile gewähren."[55]

Neben den Möglichkeiten der Aufspaltung zur Aufnahme besteht weiterhin noch die Möglichkeit der *Aufspaltung zur Neugründung* (Fall 5) gemäß § 123 Abs. 1 Nr. 2 UmwG, bei der das Ursprungsunternehmen U mit den beiden Gesellschaftern X und Y, in die neu zu gründenden Unternehmen A und B aufgespalten wird. Anteilseigner an den neuen Unternehmen werden die Gesellschafter X und Y (vgl. *Abbildung 5*[56]).

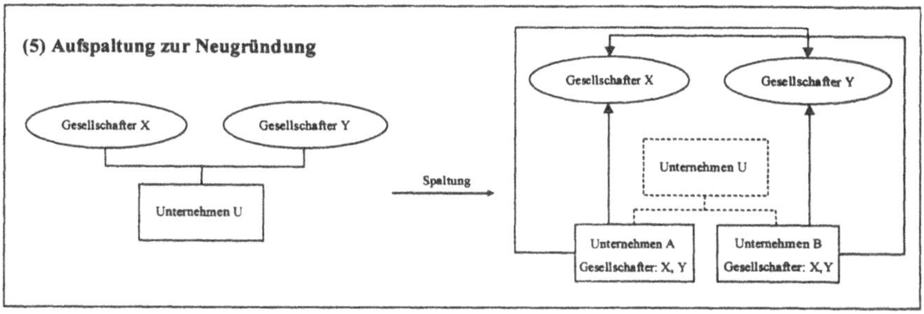

Abbildung 5: Aufspaltung zur Neugründung nach § 123 Abs. 1 Nr. 2 UmwG

1.2.2.2 Abspaltung

Die Abspaltung nach § 123 Abs. 2 UmwG unterscheidet sich von der Aufspaltung dadurch, daß der zu spaltende (ursprüngliche) Rechtsträger mit einem Teil seines Vermögens bestehen bleibt. Die übrigen Teile werden in einem Vorgang auf einen oder mehrere bestehende oder im Rahmen der Spaltung gegründete, übernehmende Rechtsträger übertragen. Als Gegenleistung erhalten die Anteilsinhaber des übertragenden Rechtsträgers wiederum Anteile oder Mitgliedschaften an dem oder den übernehmenden oder neu gegründeten Rechtsträger(n).[57]

---

[55] SAGASSER/SICKINGER, Spaltungsrechtliche Regelungen (2002), S. 468. Bei Kapitalgesellschaften ist die Anteilsgewährung an sich selbst bei entsprechender Anwendung der §§ 54 und 68 UmwG unzulässig. Steuerrechtlich stellt dieser Fall eine gemäß § 16 EStG steuerwirksame *Betriebsaufgabe* oder *Realteilung* dar. Vgl. SAGASSER/SICKINGER, Spaltungsrechtliche Regelungen (2002), S. 463 und S. 467. Zum Vergleich von Aufspaltung und Realteilung vgl. KALLMEYER, Spaltung (2006), S. 597 f., sowie zum Begriff der Realteilung Abschnitt II.1.2.3 (S. 29) dieser Arbeit.

[56] In Anlehnung an SAGASSER/SICKINGER, Spaltungsrechtliche Regelungen (2002), S. 468. Siehe auch ERHART/OSTERMAYER, Spaltungs-Praxis (2005), S. 46–52.

[57] Vgl. SCHWEDHELM/STRECK/MACK, Spaltung I (1995), S. 8, DEHMER, Umwandlungsgesetz (1996), S. 467, OTT, Umwandlungs- und Umwandlungssteuerrecht (1996), S. 188 f., EBEL, Ausgliederung und Spaltung (1998), S. 53–58, FREITAG, Spaltungen (1998), S. 14, JESCH, Abspaltung (1999), S. 148 f., KALLMEYER, Spaltung (2006), S. 590. Eine *Abspaltung* fand bspw. bei der Neuordnung des Beratungsgeschäfts des US-Finanzkonzerns AMERICAN EXPRESS statt: Die Aktionä-

Die Arten der Abspaltung nach dem Umwandlungsgesetz lassen sich in gleicher Weise wie die Aufspaltung in fünf Fälle untergliedern.[58] Die Abspaltungen zur Aufnahme nach § 123 Abs. 2 Nr. 1 UmwG werden in *Abbildung 6*[59] graphisch dargestellt und im folgenden erläutert:

Die *Abspaltung zur Aufnahme auf Schwestergesellschaften* (Fall 6) ist durch die Übertragung eines Teils des Vermögens des Unternehmens A auf dessen Schwestergesellschaft B gekennzeichnet. Das Unternehmen B gewährt im Gegenzug Anteile an die Muttergesellschaft M, die Anteilseignerin beider Unternehmen A und B.

Bei der *Abspaltung zur Aufnahme „nach unten“*[60] (Fall 7) überträgt das Unternehmen U einen Vermögensteil auf ihre Tochtergesellschaft A, die dafür Anteile an die Muttergesellschaft M gewährt, so daß sowohl das Unternehmen U als auch das Unternehmen M als Gesellschafter des Unternehmens A auftreten.

Überträgt das Unternehmen A einen Teil seines Vermögens auf das mit ihr nicht verbundene Unternehmen B, stellt dies eine *Abspaltung zur Aufnahme mit Dritten* (Fall 8) dar, wenn die Gesellschaft B dabei Anteile an die mit ihr nicht verbundene Gesellschaft M 1 – die Muttergesellschaft des Unternehmens A – gewährt, so daß beide Muttergesellschaften M 1 und M 2 Anteilseignerinnen des Unternehmens B sind.

Überträgt das Unternehmen U einen Vermögensteil auf seine Muttergesellschaft M, liegt der Fall einer *Abspaltung zur Aufnahme „nach oben“*[61] (Fall 9) vor. Analog der Aufspaltung zur Aufnahme „nach oben“ müßte sich die Muttergesellschaft M selbst als Gegenleistung eigene Anteile gewähren.[62]

---

re von AMERICAN EXPRESS erhielten die Aktien am Beratungsgeschäft, das in die unabhängige Finanzberatungssparte AMERIPRISE FINANCIAL abgespalten wurde. Vgl. *BUCHTER*, American Express (2005), S. 17.

[58] Der organisatorische Ablauf der Abspaltung erscheint insgesamt einfacher als bei der Aufspaltung, weil mindestens eine Vermögensübertragung und die Auflösung eines Rechtsträgers erspart bleiben. Vgl. *KALLMEYER*, Umwandlungsgesetz (1994), S. 1748.

[59] In Anlehnung an die Abbildungen von *SAGASSER/SICKINGER*, Spaltungsrechtliche Regelungen (2002), S. 469 f. Siehe auch *OETTER*, Spaltung im Konzern (2003), S. 14.

[60] Diese Art der Abspaltung wird auch als „Abspaltung durch Aufnahme down-stream“ bezeichnet. Vgl. *SAGASSER/SICKINGER*, Spaltungsrechtliche Regelungen (2002), S. 467. Zur „Abspaltung durch Aufnahme down-stream“ am Beispiel der Abspaltung der CELANESE AG von der HOECHST AG vgl. *OETTER*, Spaltung im Konzern (2003), S. 30–35.

[61] Diese Abspaltungsart wird auch „Abspaltung durch Aufnahme up-stream“ genannt. Vgl. *SAGASSER/SICKINGER*, Spaltungsrechtliche Regelungen (2002), S. 470.

[62] Vgl. *SAGASSER/SICKINGER*, Spaltungsrechtliche Regelungen (2002), S. 470. Bei Kapitalgesellschaften ist wegen des Verbots der Kapitalerhöhung gemäß der §§ 54, 68 und 125 S. 1 UmwG die Anteilsgewährung an sich selbst unzulässig. Siehe auch *OETTER*, Spaltung im Konzern (2003), S. 14.

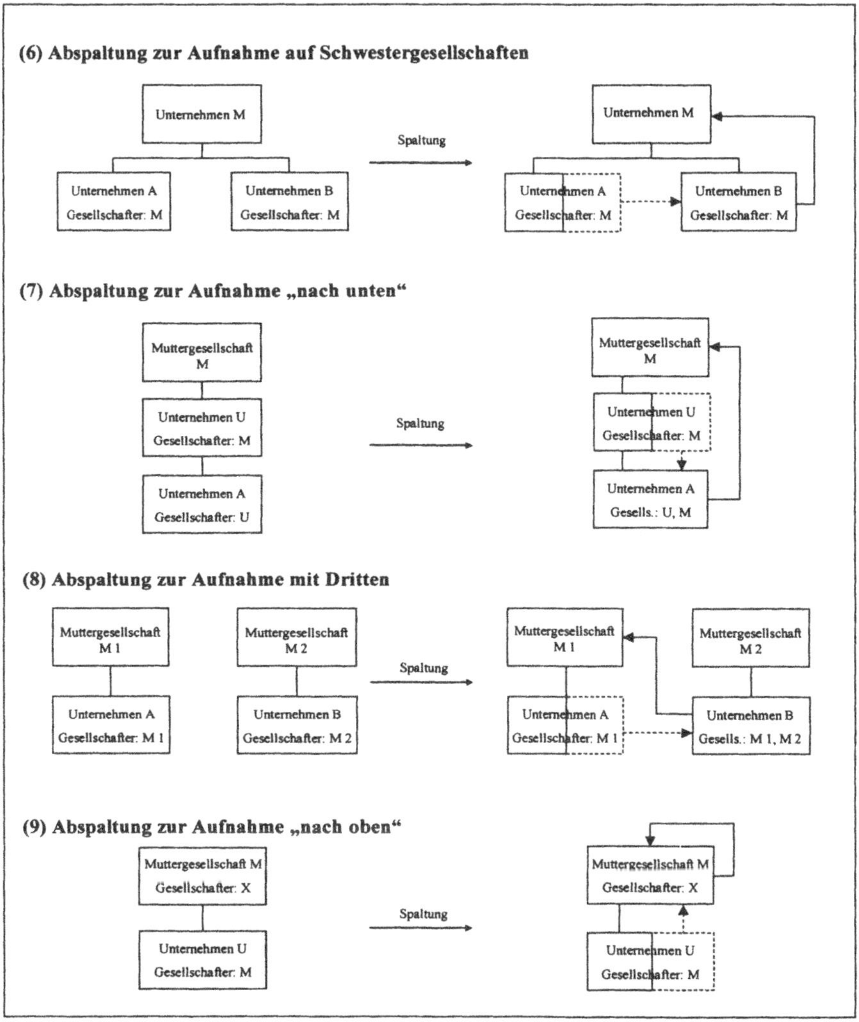

Abbildung 6: Arten der Abspaltung zur Aufnahme nach § 123 Abs. 2 Nr. 1 UmwG

Neben den Möglichkeiten der Abspaltung zur Aufnahme besteht weiterhin noch die Möglichkeit der *Abspaltung zur Neugründung* (Fall 10) gemäß § 123 Abs. 2 Nr. 2 UmwG, bei der das Ursprungsunternehmen U mit dem Gesellschafter X einen Teil seines Vermögens auf die neu zu gründende Gesellschaft A überträgt. Anteilseigner des neuen Unternehmens ist der Gesellschafter X (vgl. *Abbildung 7*[63]).

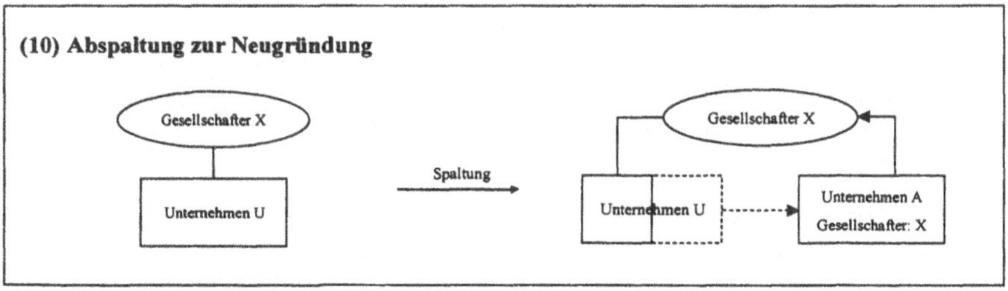

Abbildung 7: Abspaltung zur Neugründung nach § 123 Abs. 2 Nr. 2 UmwG

1.2.2.3 Ausgliederung

Bei der Ausgliederung nach § 123 Abs. 3 UmwG bleibt der zu spaltende Rechtsträger – wie bei der Abspaltung – bestehen; nur ein Teil des Vermögens wird auf eine oder mehrere bestehende oder neu gegründete Gesellschaft(en) übertragen. Insoweit besteht kein Unterschied zur Abspaltung. Als Gegenleistung wird jedoch nicht den Anteilsinhabern des übertragenden Rechtsträgers, sondern dem übertragenden Rechtsträger selbst eine Beteiligung am übernehmenden Rechtsträger gewährt.[64] Die Anteile an dem übernehmenden Rechtsträger stehen also dem übertragenden Rechtsträger zu,[65] so daß der übernehmende Rechtsträger eine Tochtergesellschaft der übertragenden Gesellschaft wird.[66] Für den übertragenden Rechtsträger kommt es zu einem Tausch von Vermögen gegen Anteile. Die Position der Anteilseigner des übertragenden Rechtsträgers bleibt hingegen unberührt, die Gesellschafter bleiben unverändert am übertragenden Rechtsträger beteiligt und werden somit mittelbar Anteilseigner am übernehmenden Rechtsträger.[67] „Mit einer Ausgliederung ist daher nicht wie bei der

63 In Anlehnung an *SAGASSER/SICKINGER*, Spaltungsrechtliche Regelungen (2002), S. 470.

64 Die Ausgliederung wird somit auch folgerichtig als „Seitenstück der Abspaltung" bezeichnet. Vgl. *KALLMEYER*, Kombination von Spaltungsarten (1995), S. 81.

65 Ein Beispiel für eine *Ausgliederung* stellt der folgende Umstrukturierungsvorgang dar: Die Investmentbank CREDIT SUISSE FIRST BOSTON gliederte ihre zwei größten Hedge-Fonds aus; die Anteile an diesen beiden Fonds gingen an die Investmentbank. Vgl. *ATZLER*, CSFB (2004), S. 23.

66 Vgl. *KALLMEYER*, Umwandlungsgesetz (1994), S. 1749. „Während die Abspaltung i. d. R. zur Entstehung von Schwestergesellschaften führt, ist [das] Ergebnis einer Ausgliederung eine Beteiligung des ausgliedernden am übernehmenden Rechtsträger und damit die Entstehung einer neuen Tochtergesellschaft" [Quelle: *SAGASSER/SICKINGER*, Spaltungsrechtliche Regelungen (2002), S. 471]. Siehe auch *VEIL*, Ausgliederungsrecht (1998), S. 361, *SAUTER*, Spaltungen (2000), S. 101.

67 Vgl. *KALLMEYER*, Kombination von Spaltungsarten (1995), S. 81, *KAROLLUS*, Ausgliederung (1995), S. 159, *DEHMER*, Umwandlungsgesetz (1996), S. 467, *OTT*, Umwandlungs- und Um-

Abspaltung eine Vermögensverringerung des übertragenden Rechtsträgers, sondern nur eine Vermögensumschichtung verbunden."[68]

Die Arten der Ausgliederung nach dem Umwandlungsgesetz lassen sich wiederum – wie die Aufspaltung und die Abspaltung zuvor – in fünf Fälle untergliedern. Die Arten der Ausgliederung zur Aufnahme nach § 123 Abs. 3 Nr. 1 UmwG werden in *Abbildung 8*[69] graphisch dargestellt und im folgenden erläutert:

Die *Ausgliederung zur Aufnahme auf Schwestergesellschaften* (Fall 11) ist durch die Übertragung eines Teils des Vermögens des Unternehmens A auf seine Schwestergesellschaft B gekennzeichnet. Das Unternehmen B gewährt im Gegenzug Anteile an die übertragende Gesellschaft A, so daß sowohl das Mutterunternehmen M als auch die Schwestergesellschaft A Gesellschafter des Unternehmens B sind.[70]

Bei der *Ausgliederung zur Aufnahme „nach unten"*[71] (Fall 12) überträgt das Unternehmen U einen Vermögensteil auf ihre Tochtergesellschaft A, die im direkten Gegenzug dafür Anteile an die übertragende Gesellschaft U gewährt.

Überträgt das Unternehmen A einen Teil seines Vermögens auf das mit ihr nicht verbundene Unternehmen B, stellt dies eine *Ausgliederung zur Aufnahme mit Dritten* (Fall 13) dar, wenn die Gesellschaft B im Gegenzug Anteile an die übertragende und mit ihr nicht verbundene Gesellschaft A gewährt. Damit stellt sich das Unternehmen B als Tochterunternehmen seiner ursprünglichen Muttergesellschaft M 2 und der übertragenden Gesellschaft A dar.

Überträgt das Unternehmen U einen Vermögensteil auf ihre Muttergesellschaft M, liegt der Fall einer *Ausgliederung zur Aufnahme „nach oben"*[72] (Fall 14) vor, wenn die übernehmende Muttergesellschaft M dem übertragenden Unternehmen U Anteile gewährt.[73]

---

wandlungssteuerrecht (1996), S. 190 und S. 204, *EBEL*, Ausgliederung und Spaltung (1998), S. 17 und S. 36–45, *FREITAG*, Spaltungen (1998), S. 15, *REICHERT*, Ausgliederungsvoraussetzungen (1999), S. 26–29, *SCHMIDT*, Ausgliederung (1999), S. 15–18, *STEDING*, Ausgliederung (2002), *TEICHMANN*, Möglichkeit der Spaltung (2004), S. 1369–1373, *KALLMEYER*, Spaltung (2006), S. 591.

68 *OETTER*, Spaltung im Konzern (2003), S. 15.

69 In Anlehnung an *SAGASSER/SICKINGER*, Spaltungsrechtliche Regelungen (2002), S. 471–473.

70 Diese Anteilsgewährung an den übertragenden Rechtsträger selbst – im Gegensatz zur Abspaltung, bei der die *Anteilseigner* des übertragenden Unternehmens die Anteile erhalten – stellt jeweils also den gravierenden Unterschied zwischen der Abspaltung und der Ausgliederung dar.

71 Diese Art der Ausgliederung wird auch als „Ausgliederung durch Aufnahme down-stream" bezeichnet. Vgl. *SAGASSER/SICKINGER*, Spaltungsrechtliche Regelungen (2002), S. 471.

72 Diese Ausgliederungsart wird auch „Ausgliederung durch Aufnahme up-stream" genannt. Vgl. *SAGASSER/SICKINGER*, Spaltungsrechtliche Regelungen (2002), S. 472.

73 Die Kapitalerhöhung beim Mutterunternehmen M ist nicht durch die §§ 54 und 68 UmwG ausgeschlossen, weil hier – anders als in den Fällen der Auf- und Abspaltung zur Aufnahme „nach oben" – keine eigenen Anteile geschaffen werden, sondern eine *wechselseitige Beteiligung*. Vgl. *SAGASSER/SICKINGER*, Spaltungsrechtliche Regelungen (2002), S. 472.

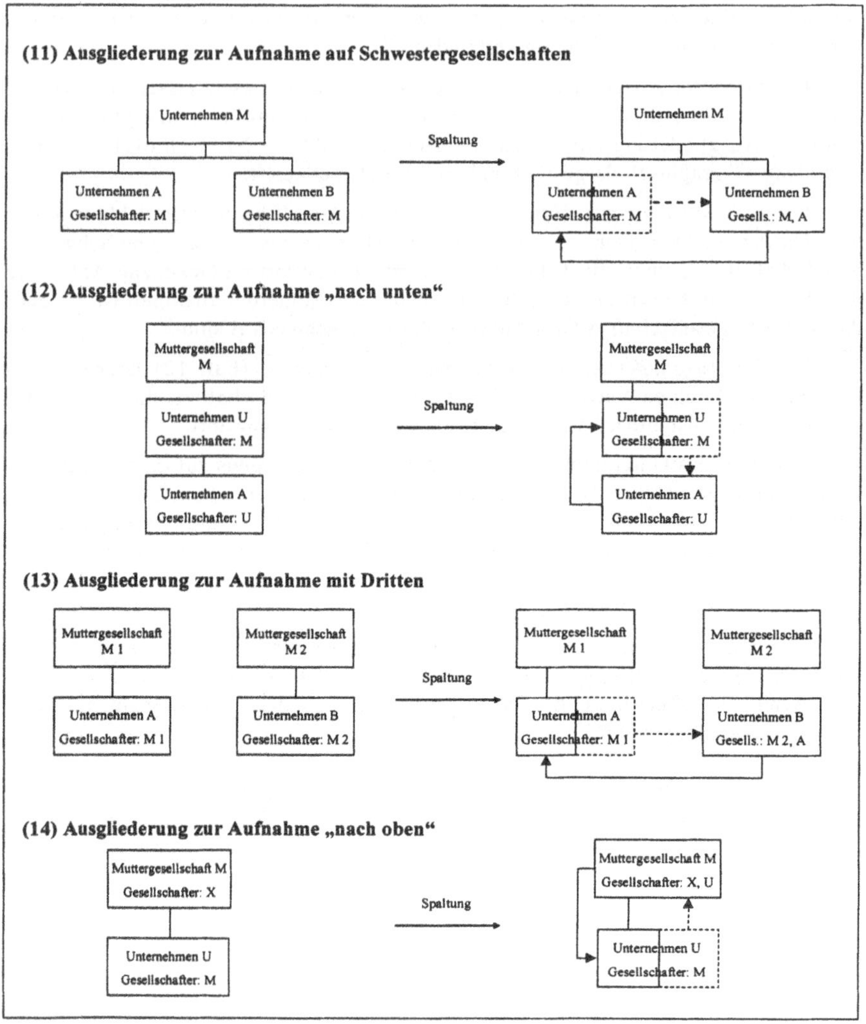

Abbildung 8: Arten der Ausgliederung zur Aufnahme nach § 123 Abs. 3 Nr. 1 UmwG

Neben den Möglichkeiten der Ausgliederung zur Aufnahme besteht weiterhin noch die Möglichkeit der *Ausgliederung zur Neugründung* (Fall 15) gemäß § 123 Abs. 3 Nr. 2 UmwG, bei der das Ursprungsunternehmen U mit dem Gesellschafter X einen Teil seines Vermögens auf die neu zu gründende Gesellschaft A überträgt, die ihre Anteile dem übertragenden Unternehmen U gewährt (vgl. *Abbildung 9*[74]).

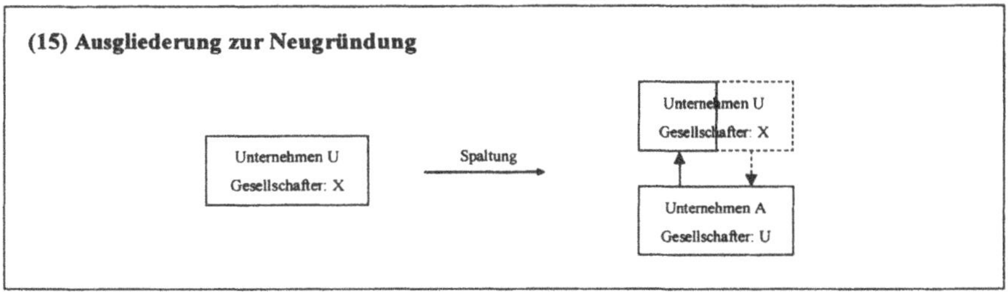

Abbildung 9: Ausgliederung zur Neugründung nach § 123 Abs. 3 Nr. 2 UmwG

1.2.2.4 Kombinationsmöglichkeiten

Neben der bereits beschriebenen Kombinationsmöglichkeit, daß die Arten der Spaltung gleichzeitig zur Aufnahme und zur Neugründung durchgeführt werden können,[75] stellt sich noch die Frage, ob es möglich ist, die einzelnen Spaltungsarten „Aufspaltung", „Abspaltung" und „Ausgliederung" miteinander zu kombinieren. Die gesetzlich nicht geregelte Antwort zeigt, daß für die drei Spaltungsarten unterschiedliche Regelungen gelten:

Die *Aufspaltung* kann mit keiner weiteren Spaltungsart nach dem Umwandlungsgesetz kombiniert werden, weil bei der Aufspaltung das Ursprungsunternehmen erlischt, während bei der Abspaltung und Ausgliederung das Ausgangsunternehmen weiterhin bestehen bleibt.[76]

Durch die Verwendung des Oberbegriffs „Spaltung" im Text des § 123 Abs. 4 UmwG wird jedoch auch deutlich, daß einzelne Spaltungsvorgänge – also die *Abspaltung* und die *Ausgliederung* – miteinander kombiniert werden können.[77]

---

[74] In Anlehnung an *SAGASSER/SICKINGER*, Spaltungsrechtliche Regelungen (2002), S. 472 f.

[75] Vgl. dazu die Darstellung der Arten der Spaltung im Abschnitt II.1.2.1 (S. 10–18) dieser Arbeit. Daß die *Spaltung zur Aufnahme* eine Kombination von *Spaltung* und *Verschmelzung* ist, zeigt Abschnitt II.3.1.3 (S. 80–86).

[76] Vgl. *ODENTHAL*, Unternehmensteilungen (1999), S.58, *TEICHMANN*, Möglichkeit der Spaltung (2004), S. 1374. Anders *KUSSMAUL/ZABEL*, Unternehmensumstrukturierungen (2004), S. 487.

[77] Das bedeutet, daß Teile des Ursprungsunternehmens gleichzeitig auf bestehende und neue Rechtsträger transferiert und entsprechende Anteile der aufnehmenden Rechtsträger entweder auf die übertragenden Rechtsträger selbst (Fall der Ausgliederung) oder auf die dahinterstehenden Gesellschafter – bspw. das Mutterunternehmen – (Fall der Abspaltung) übertragen werden können. Vgl. *KALLMEYER*, Kombination von Spaltungsarten (1995), S. 82 f., *SAGASSER/SICKINGER*, Spaltungsrechtliche Regelungen (2002), S. 473, *OETTER*, Spaltung im Konzern (2003), S. 15,

Eine Beteiligung mehrerer übertragender Rechtsträger kann aufgrund der Eintragungswirkung im zuständigen Register nach § 130 UmwG nicht gleichzeitig erfolgen. Sollte ein solches Vorhaben – bspw. bei der Gründung eines Gemeinschaftsunternehmens durch Ausgliederung mehrerer Betriebsteile unterschiedlicher Mutterunternehmen – dennoch realisiert werden, ist dieses nur durch ein Hintereinanderschalten der einzelnen Vorgänge möglich.[78]

1.2.3 Abgrenzung verwandter Begriffe

In der betriebswirtschaftlichen und juristischen Literatur werden Begriffe verwendet, die vom Wortlaut her mit den umwandlungsgesetzlich geregelten Spaltungsarten verwandt erscheinen, jedoch von der Bedeutung her nicht immer diesen Spaltungsarten zugeordnet werden können. Um im Rahmen der Unternehmensbewertung bei der Spaltung nicht nur über die begrifflichen Grundlagen der bereits beschriebenen Spaltungsarten nach dem Umwandlungsgesetz verfügen zu können, sondern um diese Begriffe nicht mit verwandten Erscheinungsformen zu verwechseln, werden daher im folgenden die wichtigen Begriffe „Teilung", „Realteilung", „Betriebsaufspaltung", „Outsourcing", „Split-Up", „Split-Off" und „Spin-Off" kurz definiert sowie von den Begriffen „Aufspaltung", „Abspaltung" und „Ausgliederung" abgegrenzt.[79]

Der häufigste in der Literatur teilweise synonym zur Spaltung verwendete Begriff ist die Bezeichnung der *Teilung* eines Unternehmens. Dabei ist jedoch der Terminus der Teilung der allgemeinere Begriff.[80] Beispielsweise lassen sich die verschiedenen Arten der Spaltung nach dem Umwandlungsgesetz, der Verkauf eines Unter-

---

TEICHMANN, Möglichkeit der Spaltung (2004), S. 1374. Anderer Ansicht ist *KAROLLUS*, Ausgliederung (1995), S. 162, der eine Kombination der Spaltungsarten grundsätzlich verneint.

78 Vgl. *MAYER*, Zweifelsfragen (1995), S. 862, *VEIL*, Ausgliederungsrecht (1998), S. 363, *TEICHMANN*, Möglichkeit der Spaltung (2004), S. 1374 f. Entscheidend dabei ist, daß sich der Gesamtvorgang der Kombinationsgestaltung in mehrere Grundspaltungsformen zerlegen läßt. Vgl. dazu *DEHMER*, Umwandlungsgesetz (1996), S. 468.

79 Beispielsweise grenzt *ODENTHAL*, Unternehmensteilungen (1999), S. 60–73, zusätzlich noch die Begriffe „*Demerger*", „*Scission*", „*Zerschlagung*", „*Entflechtung*", „*Asset-Stripping*", „*Buy-out*", „*Stillegung/Liquidation*" ab und *BECKER*, Teilung (1994), S. 210–224, unterteilt weiterhin noch die Bezeichnungen „*Kooperationsspaltung*", „*übertragende Sanierung*", „*Teilfusion*" und „*Ausgründung*". Diese Bezeichnungen stellen einerseits englisch- oder französichsprachige Übersetzungen der Spaltung dar und werden andererseits bei der Darstellung der Motive der Spaltung im nächsten Abschnitt erläutert, so daß hier auf eine Definition dieser Begriffe verzichtet wird.

80 Diese Ansicht vertreten auch *FRITZ*, Spaltung (1991), S. 30–32, und *HARTMANN*, Spaltung (1997), S. 5. *BECKER*, Teilung (1994), S. 13–18, S. 190 f. und S. 197 f., und *ODENTHAL*, Unternehmensteilungen (1999), S. 39–42, vertreten hingegen die Ansicht, daß der Begriff der Teilung als Oberbegriff für die einzelnen Spaltungsarten Verwendung finden sollte.

HARTMANN, Spaltung (1997), S. 5, definiert darüber hinaus noch den Begriff der „*Trennung*". Eine Trennung kann jedoch in einer mehr oder minder losen Form erfolgen, so daß z. B. die örtliche Abgrenzung einer Geschäftseinheit bereits der Trennung subsumiert werden kann. Deshalb findet dieser Begriff im Rahmen dieser Untersuchung keine Anwendung.

nehmensteils, die Betriebsaufspaltung oder das „Outsourcing" unter dem Oberbegriff der Teilung zusammenfassen. Die Teilung besagt lediglich, daß sich Unternehmenszweige teilen; wie jedoch der Ausgleich für das übergehende Vermögen im Rahmen der Teilung erfolgt, wird dabei nicht zwingend festgelegt. So erhalten die Anteilseigner nach einer Aufspaltung Anteile an den übernehmenden Gesellschaften, beim Verkauf eines Unternehmensteils wird der Gegenwert i. d. R. in Form eines Kaufpreises vergütet. Demzufolge erfordern aus Sicht der Unternehmensbewertung die Anlässe des Verkaufs und der Spaltung unterschiedliche entscheidungsorientierte Bewertungsmodelle, so daß im Rahmen dieser Untersuchung der Begriff der Teilung keine Anwendung findet.[81]

Keine Einigkeit besteht auch bei der Definition der Bezeichnung *„Realteilung"*: Die Begriffe „Realteilung" und „Spaltung" werden häufig synonym gebraucht, oftmals werden die Termini aber auch mit unterschiedlichen Inhalten belegt.[82] Gesetzlich ist die Realteilung nicht geregelt,[83] so daß auch diese Form der Teilung von Unternehmen hier keine Berücksichtigung findet.[84]

Der dem Gebiet des Steuerrechts entstammende Begriff der *Betriebsaufspaltung* bezeichnet die Teilung eines Unternehmens in zwei rechtlich selbständige Unternehmen unter Wahrung der wirtschaftlichen Einheit. Charakteristisch sind die *sachliche Verflechtung* – eine Personen- oder Kapitalgesellschaft (Besitzunternehmen) verpachtet einem gewerblich tätigen, rechtlich selbständigen Unternehmen (Betriebsunternehmen) Wirtschaftsgüter, die eine wesentliche Betriebsgrundlage darstellen, oder überläßt diese auf eine andere Art zur gewerblichen Nutzung – und die *personelle Verflechtung* – es herrscht ein einheitlicher Betätigungswille sowohl in der Besitz- als auch in der Betriebsgesellschaft, das bedeutet, daß eine Person oder Personengruppe

---

81 Wird im folgenden der Ausdruck der zu *teilenden* Unternehmensbereiche verwendet, ist damit die *Spaltung* der Bereiche gemeint. Der Bewertungsanlaß des Verkaufs wird also nicht zu den Spaltungsarten gezählt. Der Verkauf wird jedoch in der Situation relevant, in der die Wahl zwischen der Abspaltung und dem Verkauf eines Unternehmensteils untersucht wird. Vgl. dazu den Bereich der jungierten Unternehmensbewertung im Rahmen der Spaltung im Abschnitt III.1.3.2.2 (S. 205–254) dieser Arbeit. Zur Definition des Unternehmensbewertungsanlasses *„Verkauf"* vgl. Abschnitt II.2.2 (S. 61) dieser Arbeit.

82 Vgl. *FRITZ*, Spaltung (1991), S. 26 f.

83 Vgl. *WOCHINGER*, Realteilung (1992), S. 163, *WEGENER*, Spaltung (1998), S. 8. Der Begriff der Realteilung hat seinen Ursprung in der Landwirtschaft; dort wurde mit der Realteilung die gegenständliche Aufteilung eines Betriebs bezeichnet. Vgl. dazu und zur weiteren Entwicklung der Bezeichnung der Realteilung *WEGENER*, Spaltung (1998), S. 7–13.

84 Ausführliche Darstellungen der Realteilung finden sich bei *FRITZ*, Spaltung (1991), S. 26–29, *WOCHINGER*, Realteilung (1992), *SCHÖNE*, Spaltung (1998), S. 13–21. Zu weiteren Definitionen der Realteilung siehe *HERZIG*, Realteilung (1986), S. 1401 f., *KOTTMANN*, Spaltung (1986), S. 3, *BECKER*, Teilung (1994), S. 112–114, *DEHMER*, Umwandlungssteuergesetz II (1994), S. 1758 f. und S. 1761, *ODENTHAL*, Unternehmensteilungen (1999), S. 45 und S. 62, *SCHULZE ZUR WIESCHE*, Spaltungs- und Ausgliederungsvorgänge (2004), S. 368 f., *MADL*, Umwandlungssteuerrecht (2005), S. 121–126.

ihren Willen in beiden Unternehmen durchsetzen kann.[85] Obwohl das Verpachtungselement bei den Arten der Spaltung nach dem Umwandlungsgesetz nicht auftaucht, ist gleichwohl eine Betriebsaufspaltung i. S. der Arten der Abspaltung und Ausgliederung denkbar.[86] Aufgrund des unverwechselbaren Merkmals der Betriebsaufspaltung – des Verpachtungselements – bedarf es jeweils noch einer genaueren Beschreibung, so daß im Rahmen dieser Untersuchung auf die Verwendung des Betriebsaufspaltungsbegriffs verzichtet wird.[87]

Die Auslagerung von i. d. R.[88] nicht zu den Kernaktivitäten eines Unternehmens zählenden Aufgabenbereichen, das *„Outsourcing"*, kann nicht zu den Arten der Spaltung nach dem Umwandlungsgesetz gezählt werden, weil bei der im Zuge der Auslagerung erfolgenden Fremdvergabe an externe Anbieter keine Übertragung von Vermögensteilen gegen Gewährung von Beteiligungsrechten stattfindet.[89]

In jüngster Zeit werden die anglo-amerikanischen Spaltungsbegriffe „Split-Up", „Split-Off" und „Spin-Off" als Instrumente des „Corporate Restructuring" interpretiert. Dabei stellen diese sog. Restrukturierungsinstrumente keineswegs Neuerungen dar, sondern sind lediglich Spaltungstermini aus dem englischen Sprachgebrauch.[90] Probleme bei der Abgrenzung dieser Restrukturierungsinstrumente ergeben sich durch die unterschiedliche Verwendung der Begriffe in Wissenschaft und Praxis sowie durch Definitionsunterschiede in der deutschsprachigen und anglo-amerikanischen Literatur.[91] Im folgenden werden die in der Literatur im wesentlichen übereinstimmenden Merkmale dieser Begriffe dargestellt und mit den Spaltungsarten nach dem Umwandlungsgesetz verglichen.

---

85 Vgl. *DRYGALA*, Betriebsaufspaltung (1991), S. 3–11, *WOCHINGER*, Realteilung (1992), S. 163, *BECKER*, Teilung (1994), S. 219–221, *RÖDDER*, Erfolgsneutrale Betriebsaufspaltung (1996), S. 414, *EBEL*, Ausgliederung und Spaltung (1998), S. 69–82, *ODENTHAL*, Unternehmensteilungen (1999), S. 62 f., *SCHNEELOCH*, Betriebsaufspaltung (1999), S. 439, *PIETSCH/HOTTMANN/FANCK*, Besteuerung (2004), S. 490–550. Vgl. explizit zur personellen Verflechtung bei der Betriebsaufspaltung *SCHULZE ZUR WIESCHE*, Betriebsaufspaltung (2004), *MADL*, Umwandlungssteuerrecht (2005), S. 147–155, *SÖFFING*, Betriebsaufspaltung (2006).

86 Vgl. *BECKER*, Teilung (1994), S. 218–221, *PATT*, Betriebsaufspaltung (1994), *ODENTHAL*, Unternehmensteilungen (1999), S. 62 f., *TEICHMANN*, Möglichkeit der Spaltung (2004), S. 1375 f. Die Ursprungsgesellschaft als Besitzgesellschaft bleibt nach der Betriebsaufspaltung bestehen, so daß der Begriff der Betriebs*aufspaltung* irreführend ist und somit eine Aufspaltung nach § 123 Abs. 1 UmwG im Zuge der Betriebsaufspaltung unzulässig ist.

87 Zur Analyse der Vor- und Nachteile der Betriebsaufspaltung vgl. *SCHNEELOCH*, Betriebsaufspaltung (1999).

88 Ausnahmen von dieser Regel bestehen z. B. im Bankenbereich. So können nach § 25 a Abs. 2 KWG auch „wesentliche Bereiche" ausgelagert werden.

89 Zum Begriff des „Outsourcing" und der Abgrenzung zur Spaltung vgl. *ODENTHAL*, Unternehmensteilungen (1999), S. 72 f., m. w. N.

90 Vgl. dazu bereits *DUDEN/SCHILLING*, Spaltung (1974), S. 207.

91 Vgl. *CHARIFZADEH*, Corporate Restructuring (2002), S. 89.

Der Begriff des *„Split-Up"* kann mit der verhältniswahrenden Aufspaltung nach § 123 Abs. 1 UmwG verglichen werden, wobei die Aufspaltung zur Aufnahme und zur Neugründung erfolgt.[92]

Die Bezeichnung *„Split-Off"* wird weitgehend als Abspaltung zur Aufnahme oder zur Neugründung interpretiert, die auch verhältniswahrend, normalerweise aber verhältnisändernd durchgeführt wird.[93]

Die Zuordnung des Begriffs *„Spin-Off"* zu den Spaltungsarten des Umwandlungsgesetzes stellt sich als problematisch dar, weil es keine einheitliche Spaltungsvariante dafür im Umwandlungsgesetz gibt. So beschreibt diese Variante weitgehend die Spaltungsformen der Abspaltung[94] oder Ausgliederung[95], die im allgemeinen verhältniswahrend und zur Neugründung erfolgen.[96]

Aufgrund der nicht eindeutigen Festlegung der einzelnen anglo-amerikanischen Begriffe und der eingeschränkten Möglichkeiten der Ausgestaltungen dieser Restrukturierungsbegriffe im Hinblick auf die Kriterien der Existenz der Folgeunternehmen (Spaltung zur Aufnahme/Spaltung zur Neugründung) und des Beteiligungsverhältnisses (verhältniswahrende Spaltung/verhältnisändernde Spaltung) eignen sich diese Bezeichnungen in Deutschland nicht, um die Arten der Spaltung nach unternehmensbewertungsrelevanten Aspekten zu untersuchen. Insofern werden im Rahmen dieser Arbeit nachfolgend die deutschsprachigen Bezeichnungen verwandt.

---

92 Vgl. *DUDEN/SCHILLING*, Spaltung (1974), S. 207, *NADIG*, Spin Offs (1992), S. 26, *ODENTHAL*, Unternehmensteilungen (1999), S. 66, *CHARIFZADEH*, Corporate Restructuring (2002), S. 99–101, *ACHLEITNER/BASSEN/WAHL*, Instrumente des Corporate Restructuring (2003), S. 443, *ACHLEITNER/WAHL*, Corporate Restructuring (2003), S. 32–35.

93 Vgl. *NADIG*, Spin Offs (1992), S. 26, *ODENTHAL*, Unternehmensteilungen (1999), S. 66 f., *CHARIFZADEH*, Corporate Restructuring (2002), S. 97–99, *ACHLEITNER/BASSEN/WAHL*, Instrumente des Corporate Restructuring (2003), S. 442 f., *ACHLEITNER/WAHL*, Corporate Restructuring (2003), S. 30–32.

94 Zum „Spin-Off" i. S. der Abspaltung vgl. *BOHNENBLUST*, Spin-off (1990), S. 296, *LUIPPOLD*, Buy-Outs (1991), S. 16, *NADIG*, Spin Offs (1992), S. 20, *WALDECKER*, Unternehmensentwicklung (1995), S. 37.

95 Zum „Spin-Off" i. S. der Ausgliederung vgl. *GEILINGER*, Spin-off (1991), S. 96, *FROMMANN*, Finanzierung (1992), S. 118, *WALDECKER*, Unternehmensentwicklung (1995), S. 35 f.

96 Vgl. *ODENTHAL*, Unternehmensteilungen (1999), S. 67–69, *CHARIFZADEH*, Corporate Restructuring (2002), S. 95–97, *ACHLEITNER/BASSEN/WAHL*, Instrumente des Corporate Restructuring (2003), S. 441 f., *ACHLEITNER/WAHL*, Corporate Restructuring (2003), S. 28–30, *WEISER/UŽIK/RÖHRIG*, Equity Carve-Outs and Spin-Offs (2005), S. 574 f. Ausgründungen von öffentlichen Forschungseinrichtungen zu wirtschaftlich selbständigen Organisationen werden auch als „akademische Spin-Offs" bezeichnet. Vgl. *RIESENHUBER/WALTER/AUER*, Akademische Spin-Offs (2006), S. 117.

1.3 Motive der Spaltung

1.3.1 Überblick

Der Umstrukturierungsvorgang vom Typ der Spaltung[97] kann auf eine große Anzahl möglicher Motive zurückgeführt werden,[98] deren Vielfältigkeit mit derjenigen der Verschmelzung zu vergleichen ist. Die wichtigsten Gründe für Unternehmenszusammenschlüsse sind die Steigerung der Wirtschaftlichkeit (Rationalisierung), die Verminderung von Risiken (Diversifikation) und die Steigerung der Verhandlungsmacht (Konzentration).[99] Daß Unternehmenszusammenschlüsse jedoch nicht in einer unermeßlichen Größe enden können, zeigt die bereits im Jahre 1937 von COASE gestellte Frage: „Why is not all production carried on by one big firm?“[100] Bereits aus dieser Fragestellung läßt sich schließen, daß es eine bestimmte kritische Unternehmensgröße geben muß, ab der es sinnvoll erscheint, nicht mehr nur in einem Unternehmen zu produzieren, sondern die Unternehmensgröße zu verringern.[101] So ist es auch nicht ver-

---

[97] Zur Darstellung des Zusammenhangs zwischen den einzelnen Anlässen der Unternehmensbewertungen sowie zu deren Motiven vgl. Abschnitt II.2.2 (S. 62–65) dieser Arbeit.

[98] Vgl. *GECK*, Spaltung (1995), S. 416, *HARTMANN*, Spaltung (1997), S. 30, *EBEL*, Ausgliederung und Spaltung (1998), S. 3, *BRAUERS*, Spaltung von Kapitalgesellschaften (2004), S. 24. Nicht nur wissenschaftstheoretisch lassen sich die Motive der Spaltung herausarbeiten, auch der Wirtschaftspresse sind zahlreiche Beispiele und Motive einer Spaltung zu entnehmen. Vgl. dazu im folgenden diverse Fußnoten dieses Abschnitts sowie *EBEL*, Ausgliederung und Spaltung (1998), S. 10. Weitere Beispiele aus der Spaltungspraxis finden sich bei *ODENTHAL*, Unternehmensteilungen (1999), S. 74–82.

[99] Zu den zahlreichen Motiven, die zu Unternehmenszusammenschlüssen führen, vgl. exemplarisch *OSSADNIK*, Synergieeffekte (1995), S. 7 f., *OSSADNIK/MAUS*, Verschmelzung (1995), S. 107–109, *SAGASSER/KÖDDERITZSCH*, Beweggründe für die Verschmelzung (2002), S. 131–135, *BUDZINSKI/KERBER*, Megafusionen (2003), S.42–55, *KÖPPEN*, Synergieermittlung (2004), S. 15–23, *BERENS/MERTES/STRAUCH*, Unternehmensakquisitionen (2005), S. 41–50, *HERING/OLBRICH*, Unternehmensnachfolge (2003), S. 22–36, *WÖHE/DÖRING*, Betriebswirtschaftslehre (2005), S. 287–292, *FRANCK/MEISTER*, Unternehmenszusammenschlüsse (2006), *LINDSTÄDT*, Motive für Unternehmenszusammenschlüsse (2006).

[100] “Warum wird die gesamte Produktion nicht von einem großen Unternehmen durchgeführt?” *COASE*, Nature of the Firm (1937), S. 394.

[101] Zum Problem der optimalen Unternehmensgröße vgl. *SCHNEIDER*, Unternehmungsaufspaltung (1977), S. 42, *BECKER*, Teilung (1994), S. 100–103, *HARTMANN*, Spaltung (1997), S. 30. Das Problem der optimalen Unternehmensgröße spiegelt sich auch in der im nächsten Abschnitt behandelten Fragestellung wider, ob ein Unternehmen eher auf diversifizierte Unternehmen setzen oder sich lieber auf die Kernkompetenzen beschränken sollte. Vgl. *MARTIN/SAYRAK*, Corporate diversification (2003), S. 40–42, *ACHLEITNER/WAHL*, Corporate Restructuring (2003), S. 59, *OETTER*, Spaltung im Konzern (2003), S. 16. Das Beispiel der DEUTSCHEN TELEKOM AG, die ihre Netzwerksparte T-ONLINE AG zunächst im Jahre 2000 abgespalten hat, um dann im Jahre 2006 wieder mit der Tochter zu fusionieren, zeigt, daß sich sowohl für große Unternehmen als auch für kleinere Unternehmenseinheiten Gründe finden und daß eine Entscheidung über ein eher diversifiziertes oder ein eher „schlankeres“ Unternehmen auch von der aktuellen Unternehmenspolitik und sowie von der technischen und wirtschaftlichen Entwicklung abhängig sein kann. Vgl. *FRÜHBRODT*, Tochter kehrt zur Mutter zurück (2005), S. 15, *WEISER/UŽIK/RÖHRIG*, Equity Carve-Outs and Spin-Offs (2005), S. 574, *O. VERF.*, Verschmelzung (2006).

wunderlich, daß die positiven Synergieeffekte bei der Fusion weitgehend die Gegenargumente im Hinblick auf die Spaltung und die positiven Spaltungseffekte die negativen Synergieeffekte bei der Verschmelzung darstellen.[102]

Die Motive der Spaltung beantworten die Frage, welche Gründe es für die Durchführung einer Spaltung geben könnte.[103] Dabei ist eine „krisenbehaftete Unternehmenssituation" nicht zwingend die Grundlage für eine Spaltung.[104] Wie im folgenden gezeigt wird, stellen Problemsituationen bei der Spaltung sogar den geringeren Teil der Ausgangssituationen für die Motive der Spaltung dar.[105]

Eine mögliche Unterteilung der Spaltungsmotive ist die *funktionsbezogene Gliederung* nach Unternehmensbereichen. Dabei werden die Motive in beschaffungspolitische, produktionspolitische, absatzpolitische, finanzpolitische, EDV-politische, verwaltungspolitische sowie sozialpolitische und andere Gründe unterteilt.[106] Diese Art der Darstellung beinhaltet häufige Überschneidungen sowie auslegungsfähige Spaltungsmotive und ist somit nicht geeignet, die Bewertungsrelevanz der einzelnen Motive im Rahmen dieser Untersuchung hervorzuheben.[107] Deshalb werden die Motive der Spaltung anhand der Unterteilung in betriebswirtschaftliche, persönliche und ge-

---

102 Vgl. *CHARIFZADEH*, Corporate Restructuring (2002), S. 58–78. An dieser Stelle soll außerdem darauf aufmerksam gemacht werden, daß sich auch Nachteile kleinerer Unternehmenseinheiten gegenüber Großunternehmen ergeben können. Vgl. *BECKER*, Teilung (1994), S. 101 f., *OETTER*, Spaltung im Konzern (2003), S. 18, *ANGERMAYER/OSER*, Synergieeffekte (2005), S. 765. So reagierte auch die Unternehmensleitung der BAYER AG auf das Angebot eines US-Investors: Dieser hatte den Vorschlag unterbreitet, den Konzern in eigenständige Chemie-, Pharma- und Agrarchemieunternehmen aufzuspalten, damit der Konzern nicht weiterhin einen Abschlag bei der Bewertung an der Börse gegenüber den reinen Pharma- oder Chemieunternehmen hinnehmen müsse. Die BAYER AG lehnte diesen Vorschlag jedoch mit der Begründung erheblicher Risiken bei der Aufspaltung des Konzerns ab. Vgl. *BEIN*, Aktionäre wollen Bayer ganz (2001), S. 8.

103 Diese Gründe werden auch als „Auslöser" für eine Unternehmensspaltung bezeichnet. Vgl. *BECKER*, Teilung (1994), S. 93.

104 Vgl. dazu *ODENTHAL*, Unternehmensteilungen (1999), S. 177, der die Wahrnehmung einer krisenbehafteten Unternehmenssituation als Anstoß für einen Teilungsprozeß empfindet. Solche Umstände sind jedoch keineswegs zwingende Voraussetzung für eine Spaltung. Vgl. dazu *CHARIFZADEH*, Corporate Restructuring (2002), S. V des Geleitworts.

105 Vgl. auch *BECKER*, Teilung (1994), S. 97. Zu solchen Krisensituationen können nur die – im folgenden dargestellten – *gesetzlichen Motive* und die betriebswirtschaftlich veranlaßten, *erzwungenen Motive* gezählt werden.

106 Vgl. *BECKER*, Teilung (1994), S. 114–183. An dieser Gliederung orientiert sich weitgehend *ODENTHAL*, Unternehmensteilungen (1999), S. 74–88.

107 Vgl. auch *ODENTHAL*, Unternehmensteilungen (1999), S. 74, Fußnote 199. Grundsätzlich könnte jede Unternehmensfunktion als spaltungsfähig angesehen werden. Vgl. *BECKER*, Teilung (1994), S. 153. So lassen sich bspw. zwar Gründe für die Schulung und Weiterbildung des Personals in jeweils rechtlich selbständigen Betriebsteilen finden, jedoch sind diese im Gegensatz zur Bildung einer eigenen Abteilung oder zur Auslagerung dieser Arbeit sehr gering. Deshalb wird eine funktionsbezogene Gliederung im folgenden nicht weiter betrachtet. Vgl. zu diesem Beispiel *BECKER*, Teilung (1994), S. 159 f.

setzliche Motive im nächsten Abschnitt dieser Arbeit dargestellt (vgl. *Abbildung 10*).[108]

Wirtschaftliche Überlegungen spielen bei der Spaltung – gleich aus welcher dieser drei Kategorien ein Motiv stammt – grundsätzlich eine Rolle.[109] Bei der Darstellung und Bewertung der einzelnen Motive der Spaltung steht keines davon im Vordergrund;[110] häufig ist nicht nur ein einzelnes Motiv ausschlaggebend für eine Spaltung, sondern ein „ganzes Bündel zum Teil interdependenter Gründe"[111]. Dabei können Motive – wie bspw. der sog. *Mitmach-Effekt*[112], die *Verlustübertragung*[113] oder

---

108 Zu dieser Aufteilung der Motive siehe *HERING*, Unternehmensbewertung (2006), S. 15. Ähnlich teilen auch *EISELE/RENNER*, Grundzüge (1996), S. 170, die Motive zu Unternehmensumwandlungen ein. Demnach können die Beweggründe betriebswirtschaftlicher, gesellschaftsrechtlicher, steuerrechtlicher oder familienrechtlicher Natur sein. Vgl. im folgenden *BYSIKIEWICZ/KEUPER*, Motive (2006), S. 308–323.

109 Vgl. *BECKER*, Teilung (1994), S. 94. Somit stellt die *Verbesserung der Gewinn- und Renditesituation* ein übergeordnetes Ziel der Spaltung dar. Als Spaltungsmotiv explizit erwähnt hat diesen Grund *SCHNEIDER*, Unternehmungsaufspaltung (1977), S. 43.

110 Auch in der unternehmerischen Praxis ist bisher kein dominierendes Motiv zu erkennen, weil die Wirkung einzelner Spaltungsmotive nur schwer festzustellen ist; gezielte empirische Erhebungen zu den Motiven der umwandlungsgesetzlichen Spaltungsvarianten liegen bisher nicht vor. Vgl. *DRYGALA*, Betriebsaufspaltung (1991), S. 14, *ODENTHAL*, Unternehmensteilungen (1999), S. 80.

111 *BECKER*, Teilung (1994), S. 93. Vgl. auch *BECKER*, Teilung (1994), S. 119, *HARTMANN*, Spaltung (1997), S. 30, *ODENTHAL*, Unternehmensteilungen (1999), S. 85. Ein Beispiel für eine solche Vielfalt an Motiven dürfte das *Sanierungsprogramm* der HYPOVEREINSBANK AG sein: Im Rahmen eines weitreichenden Umstrukturierungsprogramms wurde die HYPOVEREINSBANK AG in zwei getrennte Unternehmen aufgespalten: durch *Konzentration auf das Kerngeschäft* soll auf der einen Seite das Geschäft mit Privatkunden und mittelgroßen Firmen bei der HYPOVEREINSBANK AG verbleiben, die Immobilienfinanzierung auf der anderen Seite wird hingegen auf die Tochter HYPO REAL ESTATE HOLDING AG übertragen, die im Anschluß an der Frankfurter Börse notierte und dann als *Holding* für die drei selbständigen Geschäftsbereiche der HYPO REAL ESTATE BANK INTERNATIONAL – das Auslandgeschäft in Dublin, die WÜRTTEMBERGISCHE HYPO in Stuttgart und die HYPO REAL ESTATE BANK AG in München – dient. Vgl. *HEISMANN*, Rampl spaltet HypoVereinsbank auf (2002), S. 19, *HEGMANN*, HVB-Immobilienkonzern (2003), S. 18, *HEGMANN*, Hypo Real Estate (2003), S. 17, *HEGMANN*, Hypo Real Estate verkauft Immobilientochter (2003), S. 16, *HEGMANN*, Münchener Rück (2003), S. 17, *MAIER/SCHMID*, HypoVereinsbank (2005), S. 19. Die durch die Spaltung eingeleitete Sanierung der HYPOVEREINSBANK und der HYPO REAL ESTATE HOLDING AG wurde durch die Trennung von weiteren Sparten fortgeführt. Vgl. dazu exemplarisch *HEGMANN/REPPERT*, HypoVereinsbank wirft Ballast ab (2003), S. 17, *HÖLLER/HEGMANN/WANNER*, Bank Austria hilft HVB (2003), S. 18, *RÖSSING/HEGMANN/GASSMANN*, HVB stoppt Verkauf (2003), S. 3, *WANNER/HEGMANN*, HypoVereinsbank stößt Tochter ab (2003), S. 19, *HEGMANN/HÖLLER*, Verkauf von Kreditinstitut (2004), S. 17, *O. VERF.*, Milliarden-Mandat (2005), S. 18, *WANNER/HEGMANN*, HVB verkauft mit Gewinn (2005), S. 21.

Ebenso stehen dem italienischen FIAT-Konzern mehrere Handlungsmöglichkeiten nach der Umstrukturierung im Zuge der *Sanierung* im Jahre 2003 zur Verfügung: Nach der Abspaltung der Autosparte könnte diese mit dem Sportwagenbauer Ferrari fusionieren und/oder an der Börse plaziert werden. Vgl. *FROMM*, Fiat-Autosparte (2003), S. 3, *FROMM*, Zerschlagung des Konzerns (2003), S. 3, *EDER*, Börsenpläne (2006), S. 7.

112 Eine bei einem Konkurrenzunternehmen erfolgreich durchgeführte Unternehmensspaltung kann der Auslöser sein, eine Prüfung der Vor- und Nachteile einer Spaltung durchzuführen. Eine Spaltung zu vollziehen, nur weil sich ein anderes Unternehmen gespalten hat, ist nicht einsichtig. Vgl.

die *Standortwahl*[114] – keine alleinigen Auslöser für eine Spaltung darstellen, aber bei der Entscheidungsfindung für eine Spaltung förderlich sein.[115]

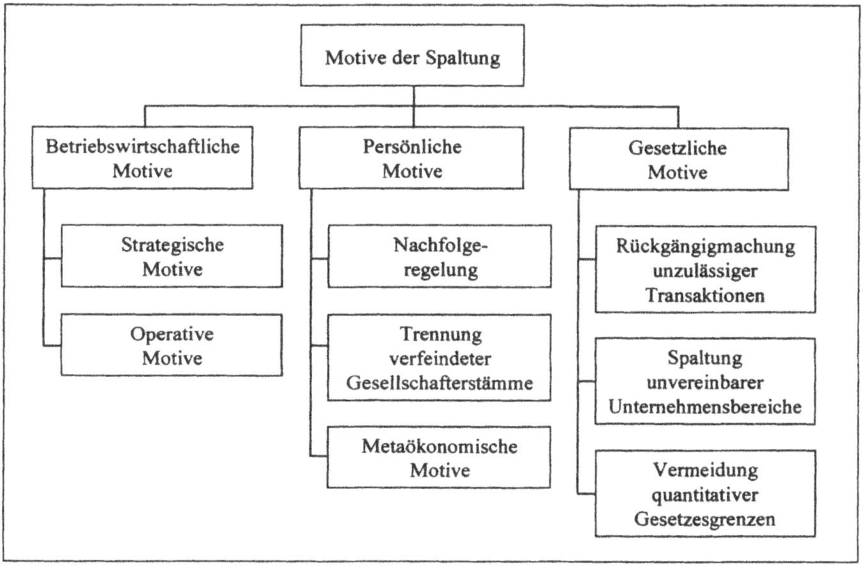

Abbildung 10: Motive der Spaltung

BECKER, Teilung (1994), S. 113, *ODENTHAL*, Unternehmensteilungen (1999), S. 85. Nachdem in Deutschland der Chemiekonzern LANXESS seine Faser-Tochter DORLASTAN durch Aufspaltung in zwei Gesellschaften geteilt hatte, spaltete auch der französische Ölkonzern TOTAL seine Chemiesparte ab. Vgl. *SMOLKA/FISCHER*, Total (2004), S. 8.

113 Unter bestimmten Voraussetzungen können bei der Spaltung von Kapitalgesellschaften ein bei der übertragenden Gesellschaft vorhandener körperschaftssteuerlicher und gewerbesteuerlicher Verlustabzug auf einen übernehmenden Rechtsträger übertragen und weiterhin steuerlich genutzt werden. Dies muß kein wesentlicher Grund für die Durchführung einer Spaltung sein; sollte die Verlustübertragung jedoch nicht gelingen, könnte es ein Grund dafür sein, eine Spaltung *nicht* durchzuführen. Vgl. hierzu *BLUMERS/MARQUARDT*, Anteilserwerb (1994), S. 1871 f., *HÖRGER*, Spaltung (1994), S. 769, *THIEL*, Spaltung II (1995), S. 277, *OTT*, Umwandlungs- und Umwandlungssteuerrecht (1996), S. 217, *HIERSTETTER/SCHWARZ*, Übertragung durch Spaltung (2002), S. 1963–1966.

114 Die Vorteile unterschiedlicher Standorte lassen sich mit einer Spaltung verwirklichen; aber auch ohne eine Spaltung – bspw. durch Zweigstellenniederlassungen – ist dies möglich. Vgl. *SCHNEIDER*, Unternehmungsaufspaltung (1977), S. 46, *BECHT*, Spaltung (1996), S. 325.

115 Diese Gründe stellen im Rahmen der Unternehmensbewertung bei der Spaltung nicht zwingend Motive, aber *konfliktlösungsrelevante Sachverhalte* dar, über die sich im Zuge der Spaltungsverhandlungen geeinigt werden muß. Vgl. dazu Abschnitt II.3.3 (S. 109–138) dieser Arbeit.

1.3.2 Darstellung der Motive der Spaltung

1.3.2.1 Betriebswirtschaftliche Motive

1.3.2.1.1 Strategische Motive

Die *betriebswirtschaftlichen Motive der Spaltung* zeigen die Gründe auf, die bei rationaler Handlungsweise sowohl aufgrund strategischer als auch aufgrund operativer, insbesondere finanzwirtschaftlicher Motive zu einer Unternehmensspaltung führen (vgl. *Abbildung 11*).

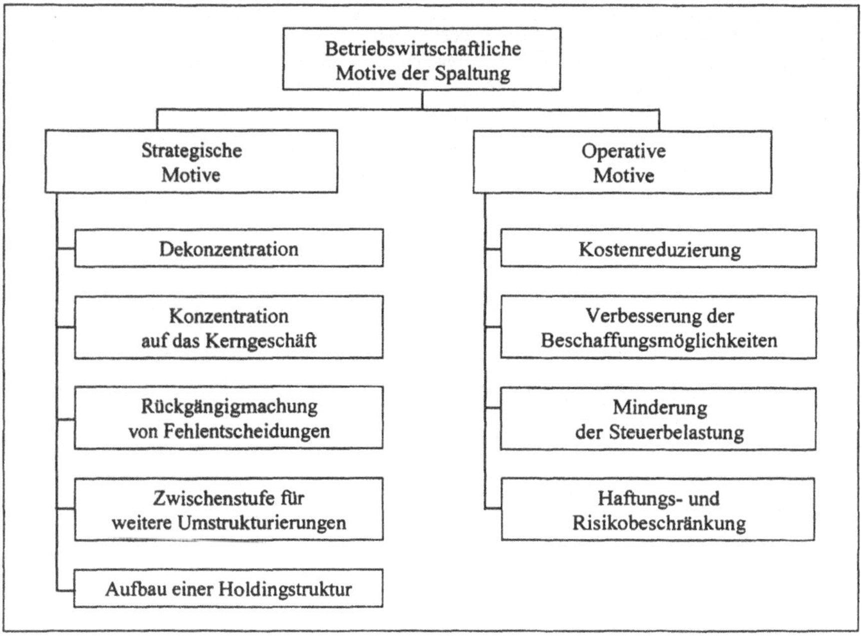

Abbildung 11: Betriebswirtschaftliche Motive der Spaltung

Die Dekonzentration von Unternehmenskonglomeraten, die Konzentration auf die Kernkompetenzen, die Rückgängigmachung von Fehlentscheidungen, die Zwischenstufe für weitere Umstrukturierungen sowie der Aufbau einer Holdingstruktur stellen *strategische Motive* der Unternehmensspaltung dar.

Unter dem Begriff der *Dekonzentration* mehrspartiger Unternehmen lassen sich Bezeichnungen wie z. B. die Auflösung konglomerater Unternehmensstrukturen,[116] die

[116] Vgl. *ACHLEITNER/WAHL*, Corporate Restructuring (2003), S. 59.

Rückführung der Diversifikation,[117] die Divisionalisierung von Organisationsstrukturen,[118] die Dezentralisierung von Unternehmen,[119] die Umstrukturierungsmaßnahmen von Unternehmensverbänden im Rahmen der Spaltung,[120] die Teilvermögensübertragungen innerhalb eines Unternehmensverbundes[121] und die Komplexitätsreduktion[122] zusammenfassen.[123]

Die Gründe für eine solche strategische Neuausrichtung sind vielfältig: In diversifizierten Unternehmen besteht die Gefahr, aufgrund mangelnder Transparenz, aufgrund von Koordinations- und Überwachungsschwierigkeiten sowie aufgrund des Aufkommens von Bürokratisierungserscheinungen unwirtschaftlich zu handeln.[124] Kleinere Unternehmenseinheiten dagegen bieten Spezialisierungsvorteile und eine bessere Überschaubarkeit, besitzen folglich geringere Reaktionszeiten und können eine größenbedingt höhere Flexibilität gewährleisten.[125] Sie stehen generell näher am Markt, können somit Marktnischen besser erkennen und ausfüllen, leichter in neue Märkte einsteigen, allgemein aktiver auf dem Markt agieren und Produkte dementsprechend schneller zur Marktreife führen.[126]

Obwohl vom Wortlaut her widersprüchlich ähneln sich die Motive der Dekonzentration von Unternehmen und der Strategie der *Konzentration auf das Kerngeschäft*.[127] Diese auch als Fokussierungsstrategie[128] bezeichnete strategische Neuausrichtung basiert auf flachen Hierarchien, kurzen Entscheidungswegen und einfachen

---

[117] Vgl. *BÜHNER*, Realteilung (1984), S. 947, *BÜHNER*, Unternehmensspaltung (1998), S. 815 f., *ACHLEITNER/WAHL*, Corporate Restructuring (2003), S. 59. Die Rückführung der Diversifikation wird auch als „Entdiversifikation" bezeichnet. Vgl. *BLEICHER*, Restrukturierung (1982), S. 314.

[118] Vgl. *HIMMELREICH*, Unternehmensteilung (1987), S. 13, *EBEL*, Ausgliederung und Spaltung (1998), S. 10.

[119] Vgl. *DÖTSCH*, Umwandlungssteuerrecht (1995), S. 224.

[120] Vgl. *TEICHMANN*, Möglichkeit der Spaltung (2004), S. 1367.

[121] Vgl. *EBEL*, Ausgliederung und Spaltung (1998), S. 18.

[122] Vgl. *ACHLEITNER/WAHL*, Corporate Restructuring (2003), S. 77.

[123] Vgl. *WOCHINGER*, Realteilung (1992), S. 165, *BECKER*, Teilung (1994), S. 94, S. 97 f. und S. 103 f., *ODENTHAL*, Unternehmensteilungen (1999), S. 78, *BRAUERS*, Spaltung von Kapitalgesellschaften (2004), S. 25.

[124] Vgl. *BLEICHER*, Restrukturierung (1982), S. 317, *BÜHNER*, Realteilung (1984), S. 948, *BÜHNER/SPINDLER*, Synergieerwartungen (1986), S. 601, *BECKER*, Teilung (1994), S. 103.

[125] Vgl. *BÜHNER*, Realteilung (1984), S. 947, *OTT*, Aufspaltung und Abspaltung I (1996), S. 48, *MÜLLER*, Demerger-Management (2006), S. 1191 f.

[126] Vgl. *BECKER*, Teilung (1994), S. 101, S. 104, S. 131 f. und S. 163, *GECK*, Spaltung (1995), S. 417, *HARTMANN*, Spaltung (1997), S. 30 f., *ODENTHAL*, Unternehmensteilungen (1999), S. 75, *OETTER*, Spaltung im Konzern (2003), S. 17.

[127] Der Begriff „Dekonzentration" wird dabei aus der Sicht aller nach der Spaltung bestehenden Unternehmen gesehen, die Bezeichnung „Konzentration" wird vom Standpunkt des Ursprungsunternehmens, das als Kernunternehmen zurückbleibt, betrachtet.

[128] Vgl. *ODENTHAL*, Unternehmensteilungen (1999), S. 83–85. Siehe auch *NAGEL/THIES*, Nichtverhältniswahrende Abspaltung (2004), S. 83.

Strukturen.[129] Eine verbesserte und flexiblere Unternehmensführung sowie eine eindeutigere Zuordnung von Verantwortlichkeiten[130] führen zu einer Erhöhung der Wettbewerbsfähigkeit der gespaltenen Unternehmen.[131]

„Expansion und Wachstum waren – und sind es zum Teil heute noch – grundlegende Ziele in der modernen Wirtschaft."[132] Die große Anzahl der Übernahmen und Fusionen in jüngster Zeit belegt diese Auffassung,[133] so daß sich die Frage stellt, ob in Zeiten der Bildung von Unternehmenskonglomeraten überhaupt noch Anlässe bestehen, Unternehmen durch Spaltungen zu verkleinern. Gerade aber die vorstehend genannten Gründe für kleinere, flexiblere Unternehmenseinheiten machen deutlich, warum über die Hälfte der Unternehmensakquisitionen und Verschmelzungen die Erwartungen nicht erfüllt haben.[134] Deshalb ist auch die *Rückgängigmachung von Fehl-*

---

129 Beispielsweise übertrug im Jahr 1999 die Gehe AG einen Teil ihres Vermögens auf die TAKKT AG, um so den Versandhandel vom Kerngeschäft des Pharma- und Gesundheitsbereichs abzutrennen. Vgl. *O. VERF.*, Geschäftsbericht Gehe AG (1999), S. 3, *OETTER*, Spaltung im Konzern (2003), S. 301.

130 Vgl. *SCHNEIDER*, Unternehmungsaufspaltung (1977), S. 45, *BÜHNER*, Realteilung (1984), S. 957, *FRITZ*, Spaltung (1991), S. 11, *BECKER*, Teilung (1994), S. 183, *BECHT*, Spaltung (1996), S. 325 f. Die Entlastung der Unternehmensführung ist nicht nur aufgrund der natürlichen Grenzen der Leistungsfähigkeit der Unternehmensleitung wichtig, sondern auch, um eine klare Kompetenzabgrenzung zu gewährleisten und um Führungsprobleme innerhalb der Unternehmensleitung zu beseitigen. Vgl. *KOTTMANN*, Spaltung (1986), S. 7, *BECHT*, Spaltung (1996), S. 327, *HARTMANN*, Spaltung (1997), S. 30, *MADL*, Umwandlungssteuerrecht (2005), S. 5.

131 Aufgrund des Abbaus organisatorischer Innovationsbarrieren wird die Spaltung auch als „Innovationselement" bezeichnet. Vgl. *HIMMELREICH*, Unternehmensteilung (1987), S. 68, *BECKER*, Teilung (1994), S. 95–97. Siehe dazu auch *BÜHNER*, Realteilung (1984), S. 957, *HARTMANN*, Spaltung (1997), S. 32 f., *BÜHNER*, Unternehmensspaltung (1998), S. 811.

Beispielhaft für eine strategische Neuausrichtung ist die Umstrukturierung des – ursprünglich (1999) selbst vom SIEMENS-Konzern abgespaltenen – Halbleiterplattenherstellers INFINEON. Zum 1. Mai 2006 wurde deren Speicherplattensparte als neues Unternehmen QIMONDA AG ausgegliedert und am 9. August 2006 in den USA an der Börse plaziert. Somit spaltete sich INFINEON in den Kernbereich der weniger konjunkturabhängigen Logikplatten und in das schwankungsanfällige, sehr kapitalintensive Speicherplattengeschäft. Als Gründe für die Spaltung wurden grundsätzliche strategische Motive – wie die Konzentration auf das Kerngeschäft sowie das Abstoßen von Randaktivitäten und Verlustgeschäften – und darüber hinaus Kostenreduktion, Verschlankung des Unternehmens und flexiblere Strukturen genannt. Vgl. *BALSER*, Infineon (2005), S. 19, *EHRENSBERGER*, Perspektive (2005), S. 18, *EHRENSBERGER*, Infineon an die Börse (2006), S. 13, *EHRENSBERGER*, Infineon überrascht mit Zwischenhoch (2006), S. 13, *EHRENSBERGER*, Siemens trennt sich endgültig (2006), S. 14, *FROMM*, Chip-Chi (2006), S. 4, *KEIDEL*, Erfolg (2006), S. 13, *O. VERF.*, Infineon-Aufspaltung (2006), S. 22, *O. VERF.*, Infineon-Ableger (2006), S. 15. Siehe auch Fußnote 30 (S. 13) dieses Abschnitts.

132 *SCHNEIDER*, Unternehmungsaufspaltung (1977), S. 17.

133 Vgl. *O. VERF.*, Rekordjahr für Unternehmensfusionen (2006), S. 1, *WETZEL*, Fusions- und Übernahmefieber (2006), S. 9, *ZSCHÄPITZ*, Rekord bei Fusionen (2006), S. 19, *SEIBEL*, Übernahmewelle (2007), S. 11.

134 „Die Ergebnisse dieser Akquisitionsfälle, oft mit dem erklärten Ziel, Synergiepotentiale auszuschöpfen, sind ernüchternd, denn es zeigt sich, daß die Zahl der Fehlschläge die der Erfolge weit übersteigt" [Quelle: *ARBEITSKREIS DIE UNTERNEHMUNG IM MARKT (ARBEITSKREIS HAX)*: Synergie (1992), S. 971]. Eine im Jahre 2006 veröffentlichte Studie von ERNST & YOUNG offenbart, daß

entscheidungen ein wichtiges Motiv für Unternehmensspaltungen. „Wenn sich Unternehmenszusammenschlüsse nachträglich als Fehlentscheidung erweisen, ist schnelles Handeln notwendig, um Verluste zu begrenzen."[135] Die Vermeidung negativer Synergien (aus einem gewünschten 2+2 = 5-Effekt[136] wird ein unerwünschter 2+2 = 3-Effekt) bei Fusionen und Unternehmenskäufen führt somit zur Rückgängigmachung fehlerhafter Fusionen und zur Aufhebung unzweckmäßiger Unternehmensakquisitionen.[137]

---

etwa die Hälfte aller durch deutsche Unternehmen getätigten Unternehmenstransaktionen scheitert. Vgl. *ERNST & YOUNG*, Transaktionen scheitern (2006), S. 16–19. Siehe auch *BÜHNER/SPINDLER*, Synergieerwartungen (1986), S. 601, *COENENBERG/SAUTTER*, Unternehmensakquisitionen (1988), S. 692 f., *NIEHUES*, Unternehmensbewertung (1993), S. 2241, *ANGERMAYER/OSER*, Synergieeffekte (2005), S. 763.

135 *BÜHNER/SPINDLER*, Synergieerwartungen (1986), S. 606.

136 Vgl. *KÜTING*, Verbundeffekte (1981), S. 175, *NIEHUES*, Unternehmensbewertung (1993), S. 2245, *OSSADNIK*, Synergieeffekte (1995), S. VII, *HABECK/KRÖGER/TRÄM*, Fusionsfieber (2002), S. 13–26.

137 Vgl. *SCHNEIDER*, Unternehmungsaufspaltung (1977), S. 42 f., m. w. N., *ZAPF*, Unternehmensbewertung (1977), S. 41, *BAETGE/KRUMBHOLZ*, Unternehmensbewertung (1991), S. 7, *BECKER*, Teilung (1994), S. 133, *GECK*, Spaltung (1995), S. 417, *HEISS*, Spaltung (1995), S. 16, *BECHT*, Spaltung (1996), S. 326, *SCHÖNE*, Spaltung (1998), S. 11, *ACHLEITNER/BASSEN/WAHL*, Instrumente des Corporate Restructuring (2003), S. 432, m. w. N., *ACHLEITNER/WAHL*, Corporate Restructuring (2003), S. 106–108, *ANGERMAYER/OSER*, Synergieeffekte (2005), S. 763. In diesem Zusammenhang wird häufig auch der nicht einheitlich definierte Begriff des „Demerger" verwendet, der zum einen nur die Übersetzung aus dem anglo-amerikanischen Sprachgebrauch für den Begriff „Spaltung" darstellt, dem zum anderen aber auch eine Akquisition oder Fusion vorausgegangen sein sollte. Außerdem wird der Begriff noch für die Spaltung einer börsennotierten Publikumsgesellschaft verwendet. Vgl. *ODENTHAL*, Unternehmensteilungen (1999), S. 65 f., *BLUMERS*, Demerger (2000), S. 589, *FASSBENDER/KILLAT*, Demerger (2006), S. 1241, *MÜLLER*, Demerger-Management (2006), S. 1189. Oftmals wird aber auch der Verkauf eines Unternehmens in den Demergerbegriff mit einbezogen, so daß dieser Begriff dem des „Corporate Restrukturing" ähnelt. Vgl. *WIRTZ/WECKER*, Demerger-Management (2006), S. 1169 f.

Nachdem im Jahre 2000 die beiden US-amerikanischen Medienkonzerne VIACOM und CBS fusionierten, kündigte der gemeinsame Medienkonzern im Sommer 2006 aufgrund mangelnder Synergien die Aufspaltung der beiden zuvor fusionierten Unternehmen an. Vgl. *OLDAG*, Ende der Giganten (2005), S. 26, *O. VERF.*, Viacom-Konzern spaltet sich in zwei Teile (2005), S. 7, *O. VERF.*, Viacom spaltet sich auf (2005), S. 11.

Ähnlich verhält es sich beim Technologiekonzern HEWLETT-PACKARD (HP): Nach der Entlassung der ehemaligen HP-Chefin CARLY FIORINA, die 2002 durch die Fusion des Druckerherstellers HP und des Computerproduzenten COMPAQ neue Märkte erschließen wollte, spaltete der neue Vorstandsvorsitzende MARK HURD drei Jahre später im Rahmen seines Sanierungskonzepts den Konzern in die drei Sparten „Großrechner", „Drucker" und „Computer", um Kosten zu sparen und die Divisionen wettbewerbsfähiger zu machen. Vgl. *KLIMM/OTTOMEIER/LAUBE*, Grenzen (2005), S. 4, *LAUBE*, Aufspaltung (2005), S. 4, *LAUBE*, Konzernstrategie (2005), S. 5, *OLDAG*, Ende der Giganten (2005), S. 26, *VIRTEL/WILHOFSZKI*, Hewlett-Packard (2005), S. 1.

Die Unternehmensspaltung kann auch Vorstufe oder *Zwischenstufe für weitere Umstrukturierungen* sein.[138] So stellt sich die Spaltung als Maßnahme zur Vorbereitung für vorausgehende oder nachfolgende[139]

- Fusions-[140],
- Beteiligungs-[141],
- Verkaufs-[142],
- Sanierungs-[143],

---

138 Vgl. *BECKER*, Teilung (1994), S. 97 f. und S. 181 f., *HARTMANN*, Spaltung (1997), S. 5 f. und S. 34, *EBEL*, Ausgliederung und Spaltung (1998), S. 3, *ODENTHAL*, Unternehmensteilungen (1999), S. 76 f. und S. 80 f., *OETTER*, Spaltung im Konzern (2003), S. 21.

139 In einer Vielzahl der Fälle ist die Spaltung ein vorgelagertes Umstrukturierungsinstrument, um danach weitere Unternehmenstransaktionen folgen zu lassen. Aber auch die entgegengesetzte Konstellation ist möglich: So *fusionierte* der Autozulieferer CONTINENTAL zunächst mit dem Autozulieferer PHOENIX, um diese Gesellschaft im direkten Anschluß zusammen mit der CONTINENTAL-Sparte für Förderbänder und Kühlflüssigkeit *auszugliedern*. Vgl. *RUCH*, Continental (2004), S. 17.

140 Vgl. *SCHNEIDER*, Unternehmungsaufspaltung (1977), S. 42, *HEISS*, Spaltung (1995), S. 16.

141 Beispielsweise plädierte die DEUTSCHE POST AG nach einer Beteiligung am US-Expressdienst DHL AIRWAYS für eine Spaltung der Gesellschaft in zwei selbständige Unternehmen, ein Luftexpress- und ein Bodenkurierunternehmen, um die Vorgaben des US-Verkehrsministeriums zu umgehen, nach denen ausländische Investoren lediglich 49 % des Kapitals und 25 % der Stimmrechte an einer US-Fluggesellschaft halten dürfen. Vgl. *PATERAK/PELDA*, Post (2001), S. 9.

142 Vgl. *SCHNEIDER*, Unternehmungsaufspaltung (1977), S. 42, *KOTTMANN*, Spaltung (1986), S. 2, *FRITZ*, Spaltung (1991), S. 11 f., *DEHMER*, Umwandlungssteuergesetz II (1994), S. 1756 f., *BECHT*, Spaltung (1996), S. 326, *OTT*, Aufspaltung und Abspaltung I (1996), S. 48, *HARTMANN*, Spaltung (1997), S. 34, *KREBS*, Veräußerung nach der Spaltung (1997), *KALLMEYER*, Umwandlung (2002), S. 570 f., *DIETERLEN/GOLÜCKE*, Veräußerung nach Spaltung (2004), *MADL*, Umwandlungssteuerrecht (2005), S. 85. So spaltete bspw. der ARAG-Konzern seine IT-Dienstleistungsabteilung in die Tochter ALLDATA SYSTEMS ab, um diese anschließend zu verkaufen. Vgl. *O. VERF.*, ARAG (2005), S. 60 f. Auch der Technologiekonzern JENOPTIK AG, der die Gebäudeverwaltung und den Bau von Reinräumen für Elektronikfabriken zur Vorbereitung auf einen Börsengang – gebündelt in der Tochter M+W ZANDER – abgespalten hat, mußte nach einem gescheiterten Börsengang den Bereich M+W ZANDER an den Finanzinvestor SPRINGWATER CAPITAL verkaufen. Vgl. *BÖSCHEN*, Jenoptiks Zerschlagung (2005), S. 3, *FROMM*, Jenoptik (2005), S. 4, *MAIER*, Jenoptik speckt ab (2005), S. 4, *O. VERF.*, Jenoptik will Konzern aufspalten (2005), S. 11, *KRÜMPEL*, Jenoptik verspricht Wende (2006), S. 4, *KRÜMPEL*, Jenoptik spaltet Tochter ab (2006), S. 4.

Zu den Mißbrauchsvorschriften zur Vermeidung einer steuerwirksamen Spaltung mit anschließendem Verkauf eines Teilunternehmens vgl. *THIEL*, Spaltung I und II (1995), *NEYER*, Steuerneutrale Spaltung (2002), *HARITZ/WISNIEWSKI*, Abspaltung (2003), sowie Abschnitt II.3.3.2.2.4 (S. 132–138) dieser Arbeit.

143 Bei der sog. übertragenden Sanierung wird ein noch funktionsfähiger Unternehmensteil mit den erforderlichen Vermögenskomponenten aus einem im Konkurs befindlichen Unternehmen herausgelöst und auf eine Betriebsübernahmegesellschaft mit dem Ziel einer weiterführenden Sanierung und Fortführung der Gesellschaft übertragen. Vgl. dazu *BECKER*, Teilung (1994), S. 223 f., *ODENTHAL*, Unternehmensteilungen (1999), S. 64. Siehe außerdem *SCHNEIDER*, Unternehmungsaufspaltung (1977), S. 43, *WOCHINGER*, Realteilung (1992), S. 165, *LOHSE*, Restruktu-

- Liquidations-[144] oder
- Kooperationsaktivitäten[145] sowie zur
- Portfoliobereinigung[146] und zur
- Vorbereitung auf einen möglichen Börsengang eines Tochterunternehmens[147]

---

rierung (1994), S. 409 f., *NAGL*, Spaltung (1996), S. 1221, *OTT*, Umwandlungs- und Umwandlungssteuerrecht (1996), S. 191, *HEGMANN/MAIER*, HVB (2005), S. 20.

Im Rahmen des Sanierungskonzepts „Power 8" des angeschlagenen Flugzeugherstellers AIRBUS wurde im Frühjahr 2007 analysiert, ob es sinnvoll ist, ganze Werke auszugliedern und an Investoren oder die eigene Belegschaft (Management-Buyout) zu verkaufen. Vgl. *NICOLAI/EHRENSBERGER*, Ausgliederung von Werken (2007), S. 16, *WÜPPER/EHRENSBERGER*, Wahrheit für Airbus (2007), S. 12.

144 Vgl. *BECKER*, Teilung (1994), S. 97 f., *OETTER*, Spaltung im Konzern (2003), S. 21.

145 Unter dem Begriff „Kooperationsspaltung" wird die Abspaltung oder Ausgliederung von zwei oder mehreren Unternehmensteilen mit dem Ziel einer gemeinsamen Kooperation verstanden. Als Beispiel für eine solche Kooperationsform sei das Gemeinschaftsunternehmen genannt, das nicht nur im internationalen Wirtschaftsverkehr als „Joint Venture" bezeichnet wird. Vgl. *HERZIG*, Realteilung (1986), S. 1401, *FRITZ*, Spaltung (1991), S. 12, *BECKER*, Teilung (1994), S. 222 f., *GOLDENBAUM/STRUNK*, UmwStG (1995), S. 1774, *BECHT*, Spaltung (1996), S. 326, *OTT*, Umwandlungs- und Umwandlungssteuerrecht (1996), S. 180, *HARTMANN*, Spaltung (1997), S. 35, *ODENTHAL*, Unternehmensteilungen (1999), S. 65. So gliederte auch der Halbleiterplattenhersteller INFINEON seine Datenverarbeitungsprogramm-Sparte in ein eigenständiges Unternehmen CIRCUIT VERIFICATION ENVIRONMENT aus und bildete aus diesem Bereich zusammen mit dem Finanzinvestor APAX PARTNERS ein Joint Venture mit dem Namen ONESPIN SOLUTIONS. Vgl. *O. VERF.*, Infineon gliedert Sparte aus (2005), S. 28. Zur Spaltung von INFINEON siehe auch die Fußnoten 30 und 131 dieses Abschnitts.

146 Bei der Portfoliobereinigung wird eine bei einer Fusion erworbene „unerwünschte Mitgift" veräußert, oder es werden beim Kauf von ganzen Unternehmenspaketen erhaltene uninteressante Geschäftsbereiche nach einer Spaltung verkauft. Vgl. *TEICHMANN*, Spaltungsvorschriften im UmwG (1995), S. 92, *ACHLEITNER/WAHL*, Corporate Restructuring (2003), S. 105 f., *WIRTZ/WECKER*, Demerger-Management (2006), S. 1169.

147 Vgl. *BÜHNER*, Realteilung (1984), S. 959, *TEICHMANN*, Spaltungsvorschriften im UmwG (1995), S. 92 f., *KALLMEYER*, Spaltung von Familienunternehmen (1996), S. 29 f. Zur internationalen Eigenkapitalbeschaffung börsennotierter Unternehmen ist die jeweilige Börsenzulassung in den einzelnen Ländern notwendig, die durch eine grenzüberschreitende Spaltung einfacher erreicht werden kann. Vgl. *BECKER*, Teilung (1994), S. 139 f. Im Rahmen des „Corporate Restructuring" wird dieses Vorgehen auch als „Equity Carve-out" bezeichnet. Vgl. *HORNUNG/WULLENKORD*, Equity Carve-Outs (2001), *ACHLEITNER/BASSEN/WAHL*, Instrumente des Corporate Restructuring (2003), S. 439, *WEISER/UŽIK/RÖHRIG*, Equity Carve-Outs and Spin-Offs (2005), S. 573 f. Auch in der ersten Fußball-Bundesliga sind die ersten Spaltungshandlungen zu verzeichnen. Als erster Club gliederte BAYER 04 LEVERKUSEN seine Lizenzspielerabteilung aus und führt sie über die neu gegründete BAYER 04 FUSSBALL GMBH weiter, um sich u. a. neue Finanzquellen zu erschließen. Auch der Champions-League-Sieger aus dem Jahr 1998, BORUSSIA 09 E.V. DORTMUND, gliederte den gesamten bisherigen steuerpflichtigen wirtschaftlichen Geschäftsbetrieb in die BORUSSIA DORTMUND GMBH & CO. KGAA aus, die dann als Holding für die einzelnen Tochterunternehmen, die sich aus den ehemaligen Abteilungen – wie Merchandising oder Stadionverwaltung – gebildet haben, auftritt. Im Oktober 2000 vollzog BORUSSIA DORTMUND als erster Fußball-Club in Deutschland den Gang an die Börse. Vgl. *MAYER*, Umstrukturierung (2000), S. 85, *SCHIESSL*, Ausgliederung (2007), S. 495–497. Zu den einzelnen Aspekten der Finanzierung durch einen Börsengang vgl. *MATSCHKE/BRÖSEL/BYSIKIEWICZ*, Finanzierungsalternativen (2006), S. 418–425.

dar.[148] Oftmals werden Spaltungen auch durchgeführt, ohne vorher genau festzulegen, welche weiterführenden Maßnahmen darauf folgen könnten. Ziel dieser Strategie ist es, sich möglichst viele Optionen offen zu halten.[149]

Die gleichzeitige Inanspruchnahme der synergetischen Vorteile großer Unternehmenseinheiten im Rahmen von Verschmelzungen mit den Vorteilen dezentraler Unternehmenseinheiten im Rahmen der Spaltung kann durch den *Aufbau einer Holdingstruktur* verwirklicht werden. Dabei kann die Holding als konzernleitende Dachgesellschaft die Verwaltungs-, Finanzierungs- und Führungsfunktionen übernehmen.[150]

In jüngster Zeit befassen sich auch Pharma- und Chemiekonzerne mit der Spaltung und anschließendem Börsengang eines Teilunternehmens. So plant bspw. die – selbst durch Aufspaltung im Jahre 1977 aus der *VARTA* AG hervorgegangene – ALTANA AG die Abspaltung der Chemiesparte mit anschließendem Börsengang. Vgl. *BÜHNER*, Realteilung (1984), S. 954, *ECKERT/ZSCHÄPITZ*, Dax-Chefs (2006), S. 17, *O. VERF.*, Börsengang der Chemietochter (2006), S. 13. Der niederländische AKZO NOBEL-Konzern rechnet mit bis zu neun Milliarden Euro Einnahmen durch den Börsengang des abgespaltenen Pharmageschäfts ORGANON BIOSCIENCES. Vgl. *O. VERF.*, Akzo Nobel wird zerschlagen (2006), S. 14. Die SIEMENS AG gliederte ihre Halbleitersparte nicht nur aufgrund des hohen Risikos in die INFINEON TECHNOLOGIES AG aus, sondern auch, um diesen Bereich dann anschließend an die Börse zu bringen. Zur Spaltung von INFINEON siehe die Fußnoten 30, 131 und 145 dieses Abschnitts.

148 Außerdem können Spaltungen im Zusammenhang mit den Transaktionen des *„Management-Buy-Outs"*, des *„Asset-Stripping"* und der *„Zerschlagung"* benutzt werden. Zur Definition der Begriffe und zu weiterführenden Literaturhinweisen vgl. *BECKER*, Teilung (1994), S. 181, *BÜHNER*, Unternehmensspaltung (1998), S. 810, *ODENTHAL*, Unternehmensteilungen (1999), S. 69–71, *WIRTZ/WECKER*, Demerger-Management (2006), S. 1169. Nachdem der Handelskonzern METRO zahlreiche Tochterunternehmen – wie ADLER, VOBIS, MAXDATA und RENO – in die Verwertungsgesellschaft DIVACO ausgegliedert hat, um diese anschließend zu verkaufen, wurde ein „Management Buy-Out" durchgeführt, weil sich keine externen Käufer für die Unternehmen fanden. Vgl. *REPPERT/RONKE/FROMME*, Wiedereingliederung (2005), S. 7, *RONKE/HÜLSEN*, Altlasten (2004), S. 3, *WASSENER/RONKE*, Metro (2005), S. 3.

149 So gliederte der Elektronikkonzern PHILIPS im Rahmen einer strategischen Neuausrichtung seine Halbleitersparte aus. Das sei der erste Schritt vor einem möglichen Börsengang, einem Verkauf oder einer weiterführenden Fusion mit einem Branchenkonkurrenten. Vgl. *HETZEL*, Philips gliedert Chip-Sparte aus (2005), S. 14, *O. VERF.*, Chipsparte (2006), S. 15.

150 „Konzernstrukturen mit rechtlich selbständigen Tochtergesellschaften scheinen mehr Chancen für eine Teilautonomisierung zu bieten als das Abteilungsprinzip im Rahmen einer Einheitsgesellschaft" [Quelle: *BLEICHER*, Restrukturierung (1982), S. 316]. Vgl. auch *BECKER*, Teilung (1994), S. 171 und S. 178–181, *KALLMEYER*, Kombination von Spaltungsarten (1995), S. 81, *HARTMANN*, Spaltung (1997), S. 34, *EBEL*, Ausgliederung und Spaltung (1998), S. 11, *ODENTHAL*, Unternehmensteilungen (1999), S. 80 und S. 105 f. Die sich aus der Holdingstruktur ergebenden „Profit Center" ermöglichen eine vollständige, abgetrennte Ergebnisrechnung mittels eigenständiger Bilanz- und Finanzrechnung. Vgl. *BLEICHER*, Restrukturierung (1982), S. 316, *KOTTMANN*, Spaltung (1986), S. 174, *BECKER*, Teilung (1994), S. 175–178, *GOLDENBAUM/STRUNK*, UmwStG (1995), S. 1773 f., *BECHT*, Spaltung (1996), S. 325, *ODENTHAL*, Unternehmensteilungen (1999), S. 78 und S. 106, *SAGASSER/SICKINGER*, Spaltungsrechtliche Regelungen (2002), S. 461. So gliederte bspw. der Schreibgerätehersteller SCHWAN-STABILO Mitte 1996 seine Geschäftsbereiche in selbständige Tochtergesellschaften aus, weil für diese Bereiche eigene Jahresabschlüsse und damit klare Rechnungsabgrenzungen der Teilbereiche angestrebt wurden. Vgl. *O. VERF.*, Holding-Konzept (1996), S. 18.

1.3.2.1.2 Operative Motive

Obwohl wirtschaftliche Motive hinter fast allen Gründen für Unternehmensspaltungen stehen, sollen hier die operativen, insbesondere die finanzwirtschaftlichen Motive für eine Spaltung hervorgehoben werden. Denn gerade die Bedeutung der finanziellen Motive in den unternehmensinternen Verhandlungen über eine Spaltung kann aufgrund der in Zahlen präsentierbaren – und somit anschaulichen – Ergebnisse besonders hoch sein. *Operative Motive* gliedern sich in Motive der Kostenreduzierung, der Verbesserung der Beschaffungsmöglichkeiten, der Steuerlastminderung sowie der Haftungs- und Risikobeschränkung (vgl. *Abbildung 10*).

Das spezielle Spaltungsmotiv der *Kostenreduzierung* ist indirekt in vielen Gründen für eine Unternehmensspaltung enthalten. Direkte Kostenreduzierungen bei den Nachfolgeunternehmen ergeben sich dann, wenn eine bestimmte Funktion in den Spaltungsunternehmen mit niedrigeren Kosten ausgeführt werden kann oder eine vorteilhaftere Durchführung bei gleichen Kosten erfolgt.[151] Weiterhin ergeben sich eine verbesserte Kontrolle, die Verringerung von sog. Overheadkosten, die verbesserte Bewertung und Verrechnung vormals innerbetrieblicher Leistungen[152] sowie die Verminderung von Publizitätspflichten[153] als Kostengründe für eine Spaltung.[154]

Die *Verbesserung der Beschaffungsmöglichkeiten* von Rohstoffen, Kapital und Personal stellt ein weiteres finanzwirtschaftliches Motiv dar. Durch die Abspaltung oder Ausgliederung des Bereichs der Rohstoffbeschaffung[155], durch die verbesserte Aufnahme neuer Gesellschafter oder Investorengruppen in kleineren Unternehmen[156]

---

151 Vgl. *BECKER*, Teilung (1994), S. 98.

152 Vormals innerbetrieblich erbrachte Leistungen werden nun in realen Geldeinheiten bewertet, was durch eine Vergleichbarkeit mit anderen Anbietern zu einem gesteigerten Wirtschaftlichkeitsstreben bei den Nachfolgeunternehmen führen kann. Vgl. *BECKER*, Teilung (1994), S. 143.

153 Zum Motiv der Verringerung der Publizitätspflichten vgl. Abschnitt II.1.3.2.3 (S. 50) dieser Arbeit.

154 Vgl. *BECKER*, Teilung (1994), S. 98 und S. 143 f., *BECHT*, Spaltung (1996), S. 326, *HARTMANN*, Spaltung (1997), S. 33 f., *OETTER*, Spaltung im Konzern (2003), S. 18 und S. 33. So gliederte der angeschlagene US-amerikanische Kopiererhersteller XEROX sein Privatkundengeschäft aus, um durch Verschlankungsmaßnahmen jährliche Kosteneinsparungen in Höhe von ca. 200 Mio. USD zu erreichen. Vgl. *SANCHANTA*, Xerox (2001), S. 4.

155 Durch die Abtrennung des Bereichs der Rohstoffbeschaffung können z. B. optimale (internationale) Beschaffungsmöglichkeiten am Zielort genutzt werden, ohne den Standort des Ursprungsunternehmens verlegen zu müssen. Vgl. *BECKER*, Teilung (1994), S. 119 f., *HARTMANN*, Spaltung (1997), S. 36.

156 Vgl. *SCHNEIDER*, Unternehmungsaufspaltung (1977), S. 46, *BECKER*, Teilung (1994), S. 139–142, *OETTER*, Spaltung im Konzern (2003), S. 33. Zum Motiv der verbesserten Aufnahme neuer Gesellschafter vgl. auch das Motiv der *Vorbereitung auf den Börsengang* zur einfacheren Kapitalbeschaffung im Abschnitt II.1.3.2.1.1 (S. 41 f.) dieses Kapitels.

Das Motiv der verbesserten Kapitalbeschaffungsmöglichkeit bei übersichtlichen Unternehmenseinheiten kann auch zur Begründung sog. Tracking Stocks führen, die es ermöglichen, die Eigenkapitalbeteiligung eines Gesellschafters in wirtschaftlicher Sicht nicht mit dem Gesamtunternehmen, sondern mit einem spezifisch abgegrenzten Teil – bspw. einer Geschäftseinheit – zu verknüpfen. Zu den Motiven der Begründung von „Tracking Stocks" vgl. weiterhin *BRAUER*, Trasowie durch ein verbessertes personalpolitisches Anreizsystem mit einer eindeutigeren Identifizierung mit den Nachfolgeunternehmen[157] lassen sich finanzwirtschaftliche Vorteile erzielen.

„In der Bundesrepublik Deutschland stehen in der Literatur zur Unternehmensaufspaltung die steuerlichen Gründe im Vordergrund."[158] Dieses Zitat zeigt, daß auch die *Minderung der Steuerbelastung* ein weiteres Spaltungsmotiv darstellt. Um den Stellenwert der steuerlichen Motive zu beurteilen, ist zwischen dem *Ziel* der Durchführung einer steuerneutralen Spaltung und dem *Motiv* der Minderung der Steuerbelastung zu unterscheiden. Während auf der einen Seite eine Vermeidung der Besteuerung stiller Reserven eine Unternehmensspaltung aufgrund der Auswirkungen auf finanzielle, zentrale unternehmerische Zielgrößen – wie z. B. den Gewinn, die Rentabilität oder die Liquidität – zwar nicht rechtfertigt, jedoch verhindern kann,[159]

---

cking Stocks (1993), S. 324, *BAUMS*, Tracking Stock (1996), S. 24–26, *MÜLLER*, Tracking Stock (1997), S. 57, *NATUSCH*, Neue Wege der Beteiligungsfinanzierung (1997), S. 1143–1145, *NATUSCH*, Tracking Stocks (1997), S. 613–616, *PRINZ*, Tracking Stock-Strukturen (2001), S. 285 f., *SIEGER/HASSELBACH*, Tracking Stock im deutschen Aktienrecht (1999), S. 1277 f., *SIEGER/HASSELBACH*, Tracking Stock (2001), S. 391. So überlegte auch der Flugzeughersteller BOING Ende 2003 bestimmte schnellwachsende Geschäftsbereiche auszugliedern oder für diese Bereiche „Tracking Stocks" einzuführen. Vgl. *HEGMANN*, Boing (2000), S. 3.

Auch die Bewertung der gespaltenen Unternehmen am Aktienmarkt sowie die Wirtschaftspresse honorieren die Spaltung von Geschäftsbereichen, weil für eine bessere Geltendmachung der Interessen der Aktionäre und eine höhere Akzeptanz bei den Investoren eine eindeutige Zuordnung einer Unternehmenssparte zu einem Teilbetrieb notwendig sei. Diese Ansicht führt sogar zu Diversifikationsabschlägen bei der Bewertung konglomerater Unternehmenszusammenschlüsse. Vgl. *KASERER*, Unternehmensspaltungen (2002), S. 15. So folgte der Mobiltelefon- und Halbleiterplattenhersteller MOTOROLA mit der Ausgliederung der Halbleitersparte in ein eigenständiges Unternehmen der Forderung der Investoren. Vgl. *LAUBE/LIEBERT*, Motorola (2003), S. 4. Siehe weiterhin *BÜHNER*, Realteilung (1984), S. 953–956, *ODENTHAL*, Unternehmensteilungen (1999), S. 82–85, *CHARIFZADEH*, Corporate Restructuring (2002), S. 191 und S. 193, *KASERER*, Unternehmensspaltungen (2002), S. 6, *ACHLEITNER/WAHL*, Corporate Restructuring (2003), S. 71–73, *OETTER*, Spaltung im Konzern (2003), S. 26–30. So hat auch BÜHNER in einer empirischen Untersuchung der Aktienmarktreaktionen auf die Spaltungsankündigung von 34 Unternehmensspaltungen der Jahre 1993 bis 1997 positive Kursreaktionen festgestellt. Vgl. *BÜHNER*, Unternehmensspaltung (1998), S. 821–830. Der Technologiekonzern SIEMENS hat durch die Ausgliederungen des Halbleiterplattenherstellers INFINEON und des Bauelementeherstellers EPCOS mit den anschließenden Börsengängen insgesamt mehrere Milliarden Euro eingenommen. Vgl. *EHRENSBERGER*, Ableger (2006), S. 15, *O. VERF.*, Siemens zieht sich zurück (2006), S. 15.

157 Vgl. *BECKER*, Teilung (1994), S. 121, S. 152 und S. 156–159, *HARTMANN*, Spaltung (1997), S. 36 f., *OETTER*, Spaltung im Konzern (2003), S. 33. Zu beachten ist hierbei, daß eine Unternehmensleitung im Angestelltenverhältnis teilweise nicht (nur) im Interesse der Eigentümer, sondern nach eigenen Risiko- und Nutzenvorstellungen handeln und somit möglicherweise nur an einer Diversifikationspolitik interessiert sind, die ihr eigenes Arbeitsplatzrisiko mindert. Vgl. *BÜHNER*, Realteilung (1984), S. 959. Siehe weiterführend zum Prinzipal-Agenten-Problem *KLEINE*, Principal-Agent-Theorie (1995), S. 48–130, *MEINHÖVEL*, Principal-Agent-Theorie (1999), S. 7–106.

158 *SCHNEIDER*, Unternehmungsaufspaltung (1977), S. 44. Vgl. auch *EBEL*, Ausgliederung und Spaltung (1998), S. 3.

159 Vgl. *SCHNEIDER*, Unternehmungsaufspaltung (1977), S. 45, *OTT*, Aufspaltung und Abspaltung I (1996), S. 48, *EBEL*, Ausgliederung und Spaltung (1998), S. 3. Die steuerneutrale Spaltung stellt somit einen konfliktlösungsrelevanten Sachverhalt im Rahmen der Unternehmensbewertung bei

können steuerliche Aspekte – wie bspw. die Verlagerung der Leistungserstellung in sog. Niedrigsteuerländer, steuerliche Vorteile gegenüber der Verkaufsalternative oder die Umgehung der regelmäßigen steuerlichen Betriebsprüfung durch Einstufung in die Klasse der Klein- und Mittelbetriebe aufgrund der Spaltung – wesentliche Motive für Unternehmensspaltungen darstellen.[160]

Eine Abspaltung oder Ausgliederung risikobehafteter Unternehmensbereiche kann die Haftung des übertragenden Rechtsträgers mindern,[161] ganz dem übernehmenden Rechtsträger übertragen oder auf mehrere Gesellschaften verteilen (Motiv der *Haftungs- und Risikobeschränkung*).[162] Risikobehaftete Unternehmensteile sind üblicherweise die Forschungs- und Entwicklungsabteilungen, in denen besondere Risiken die Existenz des Ursprungsunternehmens gefährden können, diejenigen Unternehmensbereiche, die Großprojekte betreuen, sowie die Unternehmensteile, deren Erfolg besonders ungewiß ist.[163] Durch eine Verlagerung der Leistungserstellung ins Ausland

---

der Spaltung dar. Ähnlich verhält es sich mit dem Kriterium der Übertragung von Verlustvorträgen. Vgl. *OTT*, Umwandlungs- und Umwandlungssteuerrecht (1996), S. 45 und S. 68, sowie *BRAUERS*, Spaltung von Kapitalgesellschaften (2004), S. 27. Vgl. zum Themenkomplex der steuerlichen Behandlung der Spaltung Abschnitt II.3.3.2.2.4 (S. 132–138) dieser Arbeit.

160 Vgl. *HERZIG*, Grenzüberschreitende Spaltung (1993), *BECKER*, Teilung (1994), S. 99 und S. 144–149, *OTT*, Umwandlungs- und Umwandlungssteuerrecht (1996), S. 41–46, *ODENTHAL*, Unternehmensteilungen (1999), S. 83. Nach heute weitgehend unstrittiger Auffassung stellt eine rein steuerlich motivierte Spaltung keinen Grund für die Anwendung der Mißbrauchsvorschriften des § 42 AO dar. Vgl. *BRAUERS*, Spaltung von Kapitalgesellschaften (2004), S. 26 f. Wird im Rahmen der Spaltungsarten auch die „Betriebsaufspaltung" betrachtet, stellt diese Form der Spaltung eine rein steuerlich motivierte Spaltung dar und wird somit zu einem wesentlichen Motiv der Spaltung. Vgl. *ODENTHAL*, Unternehmensteilungen (1999), S. 91 f., sowie Abschnitt II.1.2.3 (S. 29 f.) dieser Arbeit.

161 So gliederte die SIEMENS AG im Jahre 1999 ihre in bezug auf den Erfolg stark schwankende Halbleitersparte in eine eigene Gesellschaft, die INFINEON TECHNOLOGIES AG, aus. Vgl. *O. VERF.*, Halbleiter-Ausgliederung perfekt (1999), S. 18. Zur Spaltung der SIEMENS AG vgl. auch die Fußnoten 131 und 147 dieses Abschnitts. Ebenso gliederte der Mobiltelefon- und Halbleiterplattenhersteller MOTOROLA die instabile Halbleitersparte aus und brachte diese dann unter dem Namen FREESCALE AG an die Börse, um das Risiko des Mutterunternehmens zu verringern. Vgl. *LAUBE/LIEBERT*, Motorola (2003), S. 4, *WIHOFSZKI*, Motorola (2004), S. 4.

162 Vgl. *TEICHMANN*, Spaltung (1980), S. 86, *KOTTMANN*, Spaltung (1986), S. 8, *GÄBELEIN*, Unternehmensspaltung (1989), S. 1421, *DRYGALA*, Betriebsaufspaltung (1991), S. 14–21, *BECKER*, Teilung (1994), S. 113 f., S. 132 und S. 138 f., *GOLDENBAUM/STRUNK*, UmwStG (1995), S. 1774, *OTT*, Aufspaltung und Abspaltung I (1996), S. 48, *ODENTHAL*, Unternehmensteilungen (1999), S. 81–83, *SAGASSER/SICKINGER*, Spaltungsrechtliche Regelungen (2002), S. 461 f., *MADL*, Umwandlungssteuerrecht (2005), S. 5, *BINZ/HAGEDORN*, Spaltung (2007), S. 765. Allerdings wird die Haftungsminderung durch die fünfjährige Mithaftung aller beteiligten Rechtsträger nach § 133 UmwG beschränkt. Siehe dazu auch *SCHÖNE*, Spaltung (1998), S. 75–85, *OETTER*, Spaltung im Konzern (2003), S. 20.

163 Vgl. *SCHNEIDER*, Unternehmungsaufspaltung (1977), S. 43 f., *HEISS*, Spaltung (1995), S. 16, *OTT*, Umwandlungs- und Umwandlungssteuerrecht (1996), S. 191, *HARTMANN*, Spaltung (1997), S. 32 f. Auch bei der steuerlichen Betriebsaufspaltung läßt sich eine außerordentlich weitgehende Haftungsbeschränkung erreichen. Vgl. *SCHNEELOCH*, Betriebsaufspaltung (1999), S. 443–445, sowie die in Abschnitt II.1.2.3 (S. 29 f.) dieser Arbeit angegebene Literatur zur Betriebsaufspaltung. Auch bei der Abwendung eines negativen Imagetransfers kann durch die Spaltung eines Großunternehmens das Risiko, daß die Kritik der Öffentlichkeit über eine Unternehmenssparte

können ggf. konkrete Erscheinungsformen des politischen Risikos – wie bspw. Importverbote oder Importkontingentierungen – umgangen werden.[164]

1.3.2.2 Persönliche Motive

Unter *persönlichen Motiven* sind solche Beweggründe für eine Spaltung zu verstehen, die in der Person des Eigentümers des Ausgangsunternehmens ihren Ursprung haben. Dazu gehören die Motive der Nachfolgeregelung, der Trennung verfeindeter Gesellschafterstämme sowie metaökonomische Motive (vgl. *Abbildung 10*).[165]

Probleme bei der (vorweggenommenen) Erbfolge oder *Nachfolgeregelung* sind bei kleineren Familienunternehmen und mittelständischen Einzelunternehmen wohl die am häufigsten anzutreffenden Spaltungsmotive.[166] Kommen beim Ausscheiden des leitenden Eigentümers mehrere Nachfolger in Frage, stellt die (verhältnisändernde) Spaltung ein geeignetes Mittel dar, um Konflikte zwischen den Nachfolgern zu vermeiden, weil nach der Spaltung jeder der Nachfolger mit der Führung einer der Nachfolgegesellschaften betraut werden kann. Dabei können die Nachfolger schrittweise an die Übernahme der Führungsverantwortung herangeführt werden, indem der Unternehmensinhaber schon zu Lebzeiten Teile des Unternehmens auf seine Nachfolger überträgt.[167] Bietet sich als Nachfolger nur ein fremder Dritter an, kann dieser durch

---

auf das Ursprungsunternehmen ausstrahlt, gemindert werden. Vgl. *BECKER*, Teilung (1994), S. 104 und S. 160 f., *ACHLEITNER/WAHL*, Corporate Restructuring (2003), S. 111–113.

164 Vgl. *BECKER*, Teilung (1994), S. 99.

165 Anders grenzt *BECKER*, Teilung (1994), S. 110, die persönlichen Motive ab. Die Aufnahme und Trennung von Gesellschaftern, die nicht aus persönlichen Gründen, sondern aus Vorteilsgründen für das Unternehmen erfolgen, gehören jedoch eher zur Kategorie der betriebswirtschaftlichen Motive.

166 Vgl. *FRITZ*, Spaltung (1991), S. 14 f., *WASSERMEYER*, Spaltung bei der Unternehmensnachfolge (1993), *BECKER*, Teilung (1994), S. 110, *HEISS*, Spaltung (1995), S. 16, *TEICHMANN*, Spaltungsvorschriften im UmwG (1995), S. 92, *BECHT*, Spaltung (1996), S. 325, *OTT*, Aufspaltung und Abspaltung I (1996), S. 48, *HARTMANN*, Spaltung (1997), S. 41, *ACHLEITNER/WAHL*, Corporate Restructuring (2003), S. 108–110, *OETTER*, Spaltung im Konzern (2003), S. 22. „Sind eindeutige testamentarische oder gesellschaftsvertragliche Regelungen vorhanden, so erübrigt sich die Ermittlung von Entscheidungswerten aus Sicht des die Unternehmung fortführenden Erben und der auszuzahlenden Erben oder aus der Sicht der Mitgesellschafter des Erblassers und dessen Erben" [Quelle: *MATSCHKE*, Entscheidungswert (1975), S. 33]. Das bedeutet, daß es in diesem Fall zwar zu keiner notwendigen Unternehmensbewertung im Fall der Spaltung kommt, das Motiv zur Spaltung des Unternehmens – die Nachfolgeregelung – bleibt jedoch auch in diesem Fall bestehen.

167 So übertrug HERBERT QUANDT seinen Familienkonzern bereits zu Lebzeiten auf seine Kinder: SUSANNE KLATTEN (geb. QUANDT) erhielt die ALTANA-Sparte, STEFAN QUANDT erhielt die DELTON AG, die Geschwister SONJA, SABINA und SVEN QUANDT erhielten den VARTA-Konzern. Die Aufspaltung des QUANDT-Konzerns schreitet auch aktuell immer weiter: So steht der Pharma- und Chemiekonzern ALTANA vor der Entscheidung, die Spezialchemiesparte abzuspalten oder/und den Teilbereich an der Börse zu plazieren. Außerdem wurde Ende 2006 der Verkauf der Pharmasparte beschlossen. Vgl. *O. VERF.*, Börsengang der Chemietochter (2006), S. 13, *O. VERF.*,

eine Beteiligung an das Unternehmen gebunden werden, wobei es in vielerlei Hinsicht vorteilhaft sein kann, wenn diese Beteiligung auf einen Unternehmensteil beschränkt ist.[168]

Auch bei der *Trennung verfeindeter Gesellschafterstämme* sowie zerstrittener Mitinhaber[169] aufgrund unterschiedlicher Ansichten über die Ausrichtung der Unternehmenspolitik ist die Spaltung ein geeignetes Mittel.[170] Durch eine verhältnisändern-

---

Aufspaltung von Altana (2006), S. 13, *SCHWARZER/STUDENT*, Erben (2006), S. 36, *SEIDLITZ*, Kapitalmärkte (2006), S. 13. Vgl. weiterhin *OLBRICH*, Unternehmungsverkauf (2005), S. 102–105.

168 Vgl. *SCHNEIDER*, Unternehmungsaufspaltung (1977), S. 41 f., *KOTTMANN*, Spaltung (1986), S. 7, *BECKER*, Teilung (1994), S. 110–112, *OTT*, Umwandlungs- und Umwandlungssteuerrecht (1996), S. 191 f., *HARTMANN*, Spaltung (1997), S. 41, *ODENTHAL*, Unternehmensteilungen (1999), S. 82, *HERING/OLBRICH*, Unternehmensnachfolge (2003), S. 196 f., *TEICHMANN*, Möglichkeit der Spaltung (2004), S. 1375, *OLBRICH*, Unternehmungsverkauf (2005), S. 119–128. Auch das Problem des Liquiditätsabflusses durch Erbschaftssteuerzahlungen kann mit der Spaltung gelöst werden. Vgl. *KALLMEYER*, Spaltung von Familienunternehmen (1996), S. 28. Siehe auch *BRAUERS*, Spaltung von Kapitalgesellschaften (2004), S. 25.

169 Zur Unternehmensbewertung bei der Scheidung des Unternehmers vgl. *OLBRICH*, Scheidung (2005).

170 Vgl. *SCHNEIDER*, Unternehmungsaufspaltung (1977), S. 41, *FRITZ*, Spaltung (1991), S. 13 f., *GECK*, Spaltung (1995), S. 417, *HEISS*, Spaltung (1995), S. 16, *BECHT*, Spaltung (1996), S. 325, *KALLMEYER*, Spaltung von Familienunternehmen (1996), S. 28 f., *OTT*, Umwandlungs- und Umwandlungssteuerrecht (1996), S. 214 f., *HEURUNG*, Unternehmensbewertung bei Spaltungsprozessen (1998), S. 202, *ODENTHAL*, Unternehmensteilungen (1999), S. 82, *THIES*, Spaltung (1999), S. 2182 f., *OETTER*, Spaltung im Konzern (2003), S. 22, *RÜCKLE/HENCKEL*, Unternehmensumwandlungen (2005). Einigen sich die verfeindeten Gesellschaftergruppen nicht, so droht die Aufgabe und Zerschlagung des Unternehmens. Vgl. *HARTMANN*, Spaltung (1997), S. 40 f.

Die Trennung der Gebrüder THEO und KARL ALBRECHT, die zur Spaltung des Discountkonzerns in die beiden Gesellschaften ALDI NORD und ALDI SÜD führte, fand angeblich deshalb statt, weil sich die Brüder nicht über die Aufnahme von Tabakwaren in das Sortiment einigen konnten. Vgl. *BRANDES*, Konsequent (1999), S. 27–44, *BRANDES*, Geheimnisse (2003), S. 11–32, sowie Fußnote 29 dieses Kapitels. Auch bei der Familie HERZ, den Eignern des TCHIBO-Konzerns, kam es zu Familienstreitigkeiten. Bei den fünf HERZ-Geschwistern wäre eine Spaltung – bspw. die Aufspaltung in die Kaffeesparte und in die BEIERSDORF-Sparte – möglich gewesen, letztlich wurden aber die Geschwister GÜNTER und DANIELA HERZ mit insgesamt ca. vier Milliarden Euro ausgezahlt, so daß noch MICHAEL, WOLFGANG und JOACHIM HERZ sowie deren Mutter im Konzern verblieben. Vgl. *O. VERF.*, Familienzwist (2001), S. 7, *CLAUSEN*, Streit zwischen den Eignern (2003), S. 1, *CLAUSEN*, Familienfehde (2003), S. 1, *DE PAOLI/FISCHER*, Tchibo-Familie (2003), S. 7, *DE PAOLI/CLAUSEN/FISCHER*, Familienstreit (2003), S. 3. Anders fiel das Ergebnis der Erbschaftsstreitigkeiten der Familie BAHLSEN aus: die Erben des Gründers HERMANN BAHLSEN führten das Unternehmen gemeinsam bis in die 1980er Jahre. Die Beziehungen der Enkel wurden jedoch fortwährend getrübt, so daß der Enkel HERMANN BAHLSEN mit der amerikanischen Tochtergesellschaft AUSTIN QUALITY FOODS abgefunden wurde und bei der BAHLSEN KG als Gesellschafter ausschied. Die Querelen zwischen den Geschwistern LORENZ, WERNER MICHAEL und ANDREA BAHLSEN hielten jedoch an, so daß der Gebäckhersteller schließlich im Zuge einer verhältnisändernden Spaltung in drei Teile zerlegt wurde: Der Ehemann von ANDREA BAHLSEN übernahm die Unternehmen KELLY in Österreich und WERNLI in der Schweiz sowie Immobilien und Finanzdienstleistungsgesellschaften. Das Kerngeschäft „Süßgebäck" steht weiter unter der Leitung des jüngeren Bruders WERNER MICHAEL BAHLSEN. LORENZ BAHLSEN übernahm das „Snackgeschäft" und firmierte es in LORENZ BAHLSEN SNACK WORLD um. Vgl. *RÖSSING*, Zwist (2005), S. 2.

de Spaltung können sich die leitenden Unternehmenseigentümer auch von sog. lästigen Gesellschaftern oder Gesellschaftergruppen entledigen.[171]

Metaökonomische Motive, wie Macht und Prestige, können ebenfalls Auslöser einer Spaltung sein, wenn bspw. zwei Gesellschafter jeweils die alleinige Unternehmensführung eines Nachfolgeunternehmens anstreben.[172]

1.3.2.3 Gesetzliche Motive

Die *gesetzlichen Motive* der Spaltung von Unternehmen bestehen in staatlichen Zwangsmaßnahmen[173] – wie bspw. die Rückgängigmachung unzulässiger Transaktio-

---

171 Vgl. *MATSCHKE*, Unternehmensbewertung in dominierten Konfliktsituationen (1981), S. 117–129, *KOTTMANN*, Spaltung (1986), S. 8, *BECKER*, Teilung (1994), S. 112, *KALLMEYER*, Spaltung von Familienunternehmen (1996), S. 30, *SAGASSER/SICKINGER*, Spaltungsrechtliche Regelungen (2002), S. 478, *TEICHMANN*, Spaltung (1980), S. 86 f.

172 Vgl. dazu auch *ZIMMERER*, Unternehmensakquisitionen (1991), S. 54. Siehe auch *ODENTHAL*, Unternehmensteilungen (1999), S. 179, *KASERER*, Unternehmensspaltungen (2002), S. 19 f. So wurde der Vorstand der Sparte „Petrochemie" nach der Ausgliederung des Bereichs aus dem Ölkonzern BP Vorstandsmitglied des neu gegründeten Unternehmens INNOVENCE. Vgl. *GASSMANN*, BP (2005), S. 7. Auch ein ehemaliger Spartenvorstand von INFINEON, KIN WAH LOH, wurde nach der Abspaltung QIMONDAS von INFINEON zum Vorstandvorsitzenden des weltweit viertgrößten DRam-Unternehmens, QIMONDA. Mag das folgende Zitat ein wenig überspitzt formuliert sein, so versteckt sich wohl doch ein wenig Wahrheit – wenn auch nicht zwingend im Fall der Abspaltung von QIMONDA – darin. Auf der Hauptversammlung von INFINEON ließ ein Aktionär seinem Unmut freien Lauf und meinte unter großem Beifall der 2500 Aktionäre, die Abspaltung diene nur dazu, neue „Vorstands- und Aufsichtsratspöstchen" zu kreieren. Vgl. dazu *EHRENSBERGER/KEIDEL*, Mitsprache beim Konzernumbau (2006), S. 14. Siehe weiterhin *FROMM*, Chip-Chi (2006), S. 4, *KEIDEL*, Siemens-Lebenslauf (2006), S. 13. Jedoch kann durch eine Spaltung auch die Position der Unternehmensführung des Ursprungsunternehmens gefährdet werden. Vgl. *BÜHNER*, Realteilung (1984), S. 959. Beispielsweise plädiert der Großaktionär CARL ICAHN für die Aufspaltung des Medienkonzerns TIME WARNER in vier Bereiche: den Internetdienst AOL, dessen Abspaltung bereits 2003 durch den Großaktionär TED TURNER gefordert worden war, den Buch- und Zeitschriftenverlag TIME, die Kabelsparte sowie das Film- und Fernsehgeschäft. Bisher konnten laut ICAHN in dem Großkonzern keine Synergieeffekte realisiert werden; anderseits würden die auf ihr Kerngeschäft fokussierten Teilunternehmen an der Börse grundsätzlich höher bewertet werden. Hingegen startet der Konzernchef RICHARD PARSONS eine Gegenoffensive zur Verteidigung des Konzerns. Vgl. *LARSEN*, Abspaltung von American Online (2003), S. 6, *DOWIDEIT*, Time Warner unter Druck (2005), S. 14, *CLARK/VAN DUYN*, Zerschlagung von Time Warner (2005), S. 5, *CLARK*, Investor zerpflückt Time Warner (2006), S. 5, *DOWIDEIT*, Time Warner (2006), S. 14. Zur Behauptung, die Motivation für kleinere Unternehmen zu arbeiten, sei höher als für größere Gesellschaften, vgl. *BECHT*, Spaltung (1996), S. 326, *ACHLEITNER/WAHL*, Corporate Restructuring (2003), S. 75.

173 Eine Unternehmensspaltung bietet zum einen die Möglichkeit, sich einer zwangsweisen Anordnung einer Aufsichtsbehörde zu entziehen, zum anderen ist sie eine Alternative, um eine bereits angeordnete Zwangsmaßnahme durchzuführen, weil gem. § 41 Abs. 3 GWB die Auflösung eines vollzogenen Zusammenschlusses nicht allein dadurch erreicht werden kann, daß die Verschmelzung für unwirksam erklärt wird. Vgl. *HERZIG*, Realteilung (1986), S. 1401, *BECKER*, Teilung (1994), S. 104.

nen und die Spaltung unvereinbarer Unternehmensbereiche – und aus der freiwilligen Beachtung quantitativer Gesetzesgrenzen (vgl. *Abbildung 10*).

Die *Rückgängigmachung unzulässiger Transaktionen* – wie bspw. mißbräuchliche Fusionen und gesetzeswidrige Unternehmensakquisitionen – wird von Aufsichtsbehörden zur Verhinderung monopolähnlicher Stellungen durchgesetzt. Nach geltendem Recht werden bereits vollzogene Unternehmenszusammenschlüsse vom Bundeskartellamt gem. § 36 Abs. 1 des Gesetzes gegen Wettbewerbsbeschränkungen (GWB) dann untersagt, wenn die durch den Zusammenschluß eingetretenen Verbesserungen der Wettbewerbsbedingungen durch die Nachteile der Marktbeherrschung kompensiert werden.[174] Die staatlich veranlaßten Rückgängigmachungen unzulässiger Transaktionen werden auch als Instrument der *Entflechtung* bezeichnet.[175]

Aufgrund gesetzlich festgelegter branchenspezifischer Normen kann die Zusammenfassung bestimmter Geschäfte in einer Gesellschaft untersagt werden, wenn der Gesetzgeber diese für unvereinbar hält (Motiv der *Spaltung unvereinbarer Unternehmensbereiche*). So ist es bspw. nach § 8 Abs. 1 a des Gesetzes über die Beaufsichtigung der Versicherungsunternehmen (VAG) der Versicherungswirtschaft verboten, versicherungsfremde Geschäfte zu betreiben und bestimmte Versicherungsgeschäfte in einer Gesellschaft zusammenzufassen. Weiter ist es nach § 43 des Gesetzes über eine Berufsordnung der Wirtschaftsprüfer (WiPrO) festgeschrieben, welche Aufgaben ein Wirtschaftsprüfer zu erfüllen hat und welche Tätigkeiten mit dem Beruf eines Wirtschaftsprüfers unvereinbar sind.[176] Auch auf europäischer Gesetzgebungsebene können

---

[174] Vgl. *SCHNEIDER*, Unternehmungsaufspaltung (1977), S. 41, *BECKER*, Teilung (1994), S. 104, *ACHLEITNER/WAHL*, Corporate Restructuring (2003), S. 51–58, *OETTER*, Spaltung im Konzern (2003), S. 21.

[175] Vgl. *KOTTMANN*, Spaltung (1986), S. 11–13, *GECK*, Spaltung (1995), S. 417, *ODENTHAL*, Unternehmensteilungen (1999), S. 62. Zur Entflechtung gehören auch die beiden großen Bereiche der Entflechtung der deutschen Wirtschaft in der Nachkriegszeit und die Spaltung von Unternehmen der sog. neuen Bundesländer im Rahmen der Wiedervereinigung Deutschlands. Zur Entflechtung in der Nachkriegszeit vgl. *BÜHNER*, Realteilung (1984), S. 947 und S. 956, *HIMMELREICH*, Unternehmensteilung (1987), S. 139–141, *HEISS*, Spaltung (1995), S. 29 f. Zur Entflechtung von landwirtschaftlichen Produktionsgenossenschaften und von Unternehmen der Treuhandanstalt im Rahmen der Wiedervereinigung vgl. *GANSKE*, Spaltung (1991), *MAYER*, Spaltung (1991), *WELTER*, Spaltung (1992), *HEISS*, Spaltung (1995), S. 17–25, *BURCHERT*, Transformation (1996).

[176] Durch die Spaltung können diese gesetzlichen Anforderungen erfüllt werden, indem unvereinbare Geschäftsbereiche in selbständige getrennte Unternehmen aufgespalten werden. Vgl. dazu auch *BECKER*, Teilung (1994), S. 107–109 und S. 160 f. Beispielsweise firmiert das Beratungsunternehmen, die KPMG-Tochter KPMG-CONSULTING, seit 2002 unter dem Namen BEARINGPOINT, um die Trennung des Wirtschaftsprüfungsgeschäfts von der Beratungssparte deutlich zu machen. Da die Unternehmen bereits vorher getrennt waren, führte es zu keiner Unternehmensspaltung, jedoch ist diese Konstellation charakteristisch für eine *Spaltung unvereinbarer Bereiche*. Eine vergleichbare Vorgehensweise wurde auch bei der PRICEWATERHOUSECOOPERS AG (PWC) gewählt: Um den (weltweiten) Vorwurf, die Verknüpfung der deutlich besser vergüteten Beratungsaufträge schränke die Unabhängigkeit der Wirtschaftsprüfer ein, zu entkräften, verkaufte die Wirtschaftsprüfungsgesellschaft PwC im Jahr 2002 ihre abgespaltene Beratungssparte PWC CONSULTING an den Computer-Konzern IBM. Zuvor waren bereits Mitte 2000 Pläne gescheitert, die Beratungssparte an den IBM-Konkurrenten HEWLETT-PACKARD zu verkaufen. Vgl. *MICHAELS*, Chef (2000), S. 17, *RÖSSING*, Abspaltung (2000), S. 21, *RÖSSING*, Beratung (2000), S. 22,

Beschlüsse erlassen werden, die auf nationaler Ebene zu einer Spaltung von Unternehmen führen können.[177]

Sowohl die Einhaltung gesetzlicher Publizitätsgrenzen durch Veränderung der Größenklassen der Unternehmen,[178] die Einhaltung gesetzlicher Vorschriften zur Eigenkapitalaufbringung im Bereich der Kreditinstitute[179] als auch die Verringerung der Arbeitnehmerzahlen zur Vermeidung der Mitbestimmung[180] führen mit Hilfe der Spaltung zur *Vermeidung* der Überschreitung *quantitativer Gesetzesgrenzen.*[181]

O. VERF., BearingPoint (2002), S. 1–3, *RÖSSING*, Kritik (2002), S. 23, *WIHOFSZKI/NUTTALL*, Kaufziel (2003), S. 4. Im Rahmen des geplanten Börsengangs der DEUTSCHEN BAHN AG stellt sich die Frage, ob ein integrierter Konzern (Bahnbetrieb und Schienennetz) oder die verschiedenen Bahntransportarten eines gespaltenen Konzerns, wobei die Verantwortung für Ausbau und Instandhaltung des Schienennetzes beim Bund bliebe, ganz oder teilweise an die Börse geht. Fraglich ist weiterhin, ob ein Börsengang mit Schienennetz mit dem Grundgesetz und dem EU-Recht vereinbar wäre. Vgl. dazu *DOLL*, Aufspaltung der Bahn (2006), S. 10, *DOLL*, Zurück auf Start (2006), S. 11, *DOLL*, Bahn-Börsengang (2006), S. 10, *DOLL/FRÜHBRODT*, Bahn soll sich trennen (2006), S. 11, *FRÜHBRODT*, Teilung der Bahn (2006), S. 11.

177 So gilt ab Juli 2007 die sog. Beschleunigungsrichtlinie der EUROPÄISCHEN UNION, die es allen Strom- und Gasverbrauchern ermöglichen soll, ihren Lieferanten frei wählen und wechseln zu können. Zur Umsetzung dieser Richtlinie müssen die Stromkonzerne den Netzbetrieb in eigenständige Gesellschaften auslagern. Vgl. *CROLLY/WETZEL*, Zerschlagung (2007), S. 10, *O. VERF.*, Energiekonzern gliedert Netzgeschäft aus (2007), S. 15, *O. VERF.*, EU will Energiekonzerne aufspalten (2007), S. 1.

178 Zur Verminderung der Publizitätspflichten vgl. *HERZIG*, Realteilung (1986), S. 1401, *FRITZ*, Spaltung (1991), S. 15 f., *OTT*, Umwandlungs- und Umwandlungssteuerrecht (1996), S. 192, *SCHÖNE*, Spaltung (1998), S. 11, *ODENTHAL*, Unternehmensteilungen (1999), S. 79. Zu beachten ist jedoch, daß bei einem durch eine Spaltung entstehenden Unterordnungsverhältnis die Voraussetzungen für die Erstellung eines Konzernabschlusses erfüllt werden. Vgl. *HARTMANN*, Spaltung (1997), S. 41.

179 So kann durch eine Spaltung von traditionell im Banken- und Warenbereich tätigen Kreditgenossenschaften eine erhöhte Eigenkapitalaufbringung aufgrund gesetzlicher Vorgaben nach dem Gesetz über das Kreditwesen bei in den letzten Jahren stark wachsenden Warenbereichen erleichtert werden. Vgl. *VON WALDOW/POLS*, Steuerneutrale Spaltung einer Kreditgenossenschaft (2001), S. 1334–1337.

180 Zur Vermeidung der Mitbestimmung der Arbeitnehmer im Aufsichtsrat nach dem Mitbestimmungs- oder dem Betriebsverfassungsgesetz vgl. *MATSCHKE*, Mitbestimmung auf Unternehmungsebene (1975), S. 1–13, *KOTTMANN*, Spaltung (1986), S. 8, *GÄBELEIN*, Unternehmensspaltung (1989), S. 1420, *BECKER*, Teilung (1994), S. 105–107, *BECHT*, Spaltung (1996), S. 325, *OTT*, Aufspaltung und Abspaltung I (1996), S. 48, *SCHÖNE*, Spaltung (1998), S. 11, *ODENTHAL*, Unternehmensteilungen (1999), S. 78 f., *ACHLEITNER/WAHL*, Corporate Restructuring (2003), S. 205–209. Nach § 325 UmwG können jedoch die vor der Spaltung geltenden Vorschriften auch noch bis zu fünf Jahren nach Wirksamwerden der Spaltung zur Anwendung gelangen. Siehe auch *OTT*, Umwandlungs- und Umwandlungssteuerrecht (1996), S. 192. Um die Mitbestimmung der mächtigen französischen Gewerkschaft CGT zu verhindern, gliederte der Nahrungsmittelkonzern NESTLÉ die Mineralwassersparte PERRIER aus, um den Weg für weitere Umstrukturierungsmaßnahmen frei zu machen. Die Ausgliederung des Teilbereichs führe zu mehr Flexibilität und könnte einen Verkauf der Wassermarke oder eine Fusion mit anderen Wassermarken erleichtern. Vgl. *FISCHER*, Nestlé (2004), S. 8, *FISCHER*, Hoffnung bei Perrier (2004), S. 7.

181 Diese teils mit großen Kosteneinsparungen verbunden Motive der Spaltung werden von *OETTER*, Spaltung im Konzern (2003), S. 22, nur als „positiver Nebeneffekt“ bezeichnet.

2 Grundlagen der Unternehmensbewertung

2.1 Zwecksetzung der Unternehmensbewertung

Die Zwecksetzung der Unternehmensbewertung stellt sich vielgestaltig dar, weil der Unternehmenswert – nach heute zumindest in der theoretisch fundierten Literatur herrschenden Auffassung – vom Bewertungszweck abhängig ist.[181] Die nachfolgend beschriebenen, unterschiedlichen Unternehmenswerte, die sich aus der jeweiligen Bewertungszielsetzung ergeben (Abschnitt II 2.1), werden jeweils in einer ganz bestimmten Situation – den Anlässen der Unternehmensbewertung, die im folgenden Abschnitt dargestellt werden (Abschnitt II 2.2) – ermittelt. Ein Überblick über die historische Entwicklung der Unternehmensbewertung zeigt, daß der Bewertungszweck erst im Laufe der Zeit in der Unternehmensbewertungstheorie berücksichtigt wurde (Abschnitt II 2.3).

Im Rahmen der Unternehmensbewertung wird das zu bewertende Unternehmen als *Bewertungsobjekt* bezeichnet. Prototypen solcher Bewertungsobjekte sind ganze Unternehmen oder abgrenzbare Unternehmensteile.[182] Derjenige, der die Bewertung durchführt, wird *Bewertungssubjekt* genannt. Prototypen für die Bewertungssubjekte sind die Käufer und Verkäufer eines Unternehmens, die das Preisangebot oder die Preisforderung mit ihrem subjektiven Wert für die Gesellschaft vergleichen müssen,[183] oder die einzelnen Anteilseigner im Rahmen der in dieser Arbeit untersuchten Spaltung eines Unternehmens, die den Wert ihrer Anteile am Unternehmen vor der Spaltung mit der Summe der einzelnen Anteilswerte an den gespaltenen Unternehmen nach der Spaltung vergleichen (müssen).

„Basisfunktion" der Unternehmensbewertung ist die Entscheidungsfunktion zur Ermittlung von *Entscheidungswerten*.[184] „Der Entscheidungswert zeigt einem Entscheidungssubjekt bei gegebenem Ziel- oder Präferenzsystem und bei gegebenem Entscheidungsfeld an, unter welcher Bedingung oder unter welchem Komplex von Bedin-

---

181 Zum *Zweckadäquanzprinzip* der Unternehmensbewertung vgl. *MOXTER*, Unternehmensbewertung (1983), S. 5–8. Siehe auch *MANDL/RABEL*, Unternehmensbewertung (1997), S. 12, *BALLWIESER*, Unternehmensbewertung (2007), S. 1 f., *DRUKARCZYK/SCHÜLER*, Unternehmensbewertung (2007), S. 100–105, *MATSCHKE/BRÖSEL*, Unternehmensbewertung (2007), S. 84 und S. 761.

182 Vgl. *MATSCHKE/BRÖSEL*, Unternehmensbewertung (2007), S. 4.

183 Zum Verhältnis von Wert und Preis vgl. bereits *ENGELS*, Bewertungslehre (1962), S. 37–39, *MÜNSTERMANN*, Wert und Bewertung (1966), S. 151. Siehe zudem *HERING*, Unternehmensbewertung (2006), S. 3, *MATSCHKE/BRÖSEL*, Unternehmensbewertung (2007), S. 6–11 und S. 25–33.

184 Vgl. *KRAG/KASPERZAK*, Unternehmensbewertung (2000), S. 5, *OLBRICH*, Bedeutung des Börsenkurses (2000), S. 458 f., *HERING*, Unternehmensbewertung (2006), S. 5, *MATSCHKE/BRÖSEL*, Unternehmensbewertung (2007), S. 51 und 128. Der Begriff „Entscheidungswert" wird erstmalig von *ENGELS*, Bewertungslehre (1962), S. 110, genutzt und von *MATSCHKE*, Kompromiß (1969), S. 59, als spezielle Grenze der Konzessionsbereitschaft in die Unternehmensbewertungsliteratur eingeführt.

gungen die Durchführung einer bestimmten vorgesehenen Handlung das ohne diese Handlung erreichbare Niveau der Zielerfüllung gerade noch nicht mindert."[185]

Neben dem „Basiszweck" der Unternehmensbewertung – der Ermittlung von Entscheidungswerten – existieren noch zwei weitere grundlegende Bewertungsfunktionen – die Argumentations- und die Vermittlungsfunktion,[186] die allesamt zu den drei *Hauptfunktionen* der funktionalen Unternehmensbewertung zusammengefaßt werden.[187] Die übliche Reihenfolge bei der Aufzählung – Entscheidung, Vermittlung, Argumentation – wird für den Bewertungsfall der Spaltung nicht gewählt, weil es im Rahmen der Konfliktsituation der Spaltung in jedem Fall zur Ermittlung von Entscheidungswerten und zum Gebrauch von Argumentationswerten kommt, die Anwendung eines Vermittlungswerts jedoch nur in Ausnahmefällen zum Tragen kommt.[188]

Die *Tabelle 1* stellt den Zusammenhang zwischen Bewertungszweck oder Bewertungsaufgabe, Bewertungsfunktion und Wertart der Hauptfunktionen im Überblick dar, wobei sich der ermittelte Unternehmenswert nach dem mit der Rechnung verfolgten Zweck richtet, der gleichermaßen die Funktion der Bewertung widerspiegelt.[189]

Da die drei Hauptfunktionen der Unternehmensbewertung die Grundlage für weitergehende Untersuchungen bei der Unternehmensbewertung im Konfliktfall der Spaltung bilden, werden die Hauptfunktionen der Unternehmensbewertung im folgenden kurz erläutert.[190] Bezogen auf den im Falle eines Erwerbs oder einer Veräußerung

---

185 *MATSCHKE*, Gesamtwert als Entscheidungswert (1972), S. 147.

186 Dabei können Argumentations- und Arbitriumwerte nur unter Berücksichtigung des Entscheidungswerts entwickelt werden. Vgl. *HERING*, Unternehmensbewertung (2006), S. 14.

187 Gemein ist den drei Hauptfunktionen, daß diese sich auf eine Änderung der Eigentumsverhältnisse am zu bewertenden Unternehmen beziehen. Siehe auch *MATSCHKE/BRÖSEL*, Unternehmensbewertung (2007), S. 51, Fn. 121 m. w. N. Vgl. überblicksartig zu den drei Hauptfunktionen der Unternehmensbewertung *MATSCHKE*, Wertarten (2000).

188 Diese Reihenfolge spiegelt sich auch im Ergebnis der – von BRÖSEL/HAUTTMANN durchgeführten – Erhebung unter 480 Unternehmen mit einer Rücklaufquote von knapp 12 % wider, in der die Unternehmen befragt wurden, welche Hauptfunktionen der Unternehmensbewertung bei diesen Unternehmen überwiegend zum Einsatz gelangen. Danach setzen 89 % der Unternehmen eine Bewertung zur Ermittlung von Entscheidungswerten, 84 % zur Bestimmung von Argumentationswerten und nur 14 % der Gesellschaften zur Bestimmung von Arbitriumwerten ein. Vgl. *BRÖSEL/HAUTTMANN*, Unternehmensbewertungsverfahren (2007), S. 226–228. Die Beschreibung der Hauptfunktionen, die auch der Gliederung dieser Arbeit entspricht, orientiert sich demnach nicht an der historischen Entwicklung und nicht an ihrer theoretischen Durchdringung. Vgl. dazu *MATSCHKE/BRÖSEL*, Unternehmensbewertung (2007), S. 23 f.

189 Zu den Hauptfunktionen der funktionalen Unternehmensbewertung vgl. *MATSCHKE*, Wertarten (2000). Durch diese Darstellung wird deutlich, daß es im Rahmen der Kategorisierung der Hauptfunktionen keinen Unterschied in der Einteilung nach Bewertungszwecken oder Bewertungsfunktionen gibt. Vgl. im Gegensatz dazu *MANDL/RABEL*, Unternehmensbewertung (1997), S. 16, oder *PEEMÖLLER*, Wert (2005), S. 13, die eine Trennung der Begriffe „Bewertungszweck" und „Bewertungsfunktion" fordern, diese Begriffe jedoch mit dem Ausdruck „Motiv einer Bewertung" vermischen. Zu den „Motiven der Unternehmensbewertung" vgl. Abschnitt II.2.2 (S. 64 f.) dieser Arbeit.

190 Zur detaillierten Darstellung der Hauptfunktionen im Rahmen der Unternehmensbewertung bei der Spaltung vgl. Abschnitt III.1 (S. 139–254) für die Darstellung der Entscheidungsfunktion so-

eines Unternehmens betrachteten Preis als einzigem konfliktlösungsrelevanten Sachverhalt ist der Entscheidungswert – aus Sicht eines potentiellen Käufers – der maximal zahlbare Preis oder – aus Sicht eines potentiellen Verkäufers – der minimal zu fordernde Preis.[191] Treffen diese subjektiven Grenzpreise als „äußerste Schranke der Konzessionsbereitschaft"[192], die mit Rücksicht auf die eigene Verhandlungsposition als Wert hinter „vorgehaltener Hand" der anderen Konfliktpartei nicht bekannt werden sollte,[193] auf zu hohe Preisforderungen oder zu geringe Preisangebote, kommt statt des Unternehmenskaufs oder -verkaufs die Unterlassung dieser Handlung zum Tragen, das Unternehmen wechselt seine Eigentümer nicht.[194]

Bewertungszweck/ Bewertungsaufgabe	**Bewertungsfunktion**	**Wertart**
Ermittlung eines Entscheidungswerts	Entscheidungsfunktion	Entscheidungswert
Ermittlung eines Argumentationswerts	Argumentationsfunktion	Argumentationswert
Ermittlung eines Arbitriumwerts	Vermittlungsfunktion	Arbitriumwert

Tabelle 1: Hauptfunktionen der funktionalen Unternehmensbewertung[195]

wie Abschnitt III.2 (S. 255–324) für die Argumentationsfunktion und Abschnitt III.3 (S. 325–358) dieser Arbeit für die Arbitriumfunktion.

191 Diese Grenzpreise werden nicht zwangsweise nur in Geldeinheiten ausgedrückt, sondern können auch zusammengefaßt in einem Bündel konfliktlösungsrelevanter Sachverhalte dargestellt werden. Der Entscheidungswert gibt also an, unter welchen Bedingungen entscheidungsrelevanter Sachverhalte die Durchführung eines Kaufs oder eines Verkaufs den Nutzwert vor Durchführung der Handlung gerade noch nicht mindert. Vgl. *MATSCHKE/BRÖSEL*, Unternehmensbewertung (2007), S. 51.

192 *HERING*, Unternehmensbewertung (2006), S. 5. Zur Einführung der Umschreibung des *Entscheidungswerts* als „Grenze der Konzessionsbereitschaft" vgl. *SIEBEN/LÖCHERBACH/MATSCHKE*, Bewertungstheorie (1974), Sp. 842.

193 Vgl. *SIEBEN*, Unternehmensstrategien (1988), S. 86. Die Entscheidungswerte stellen also vertrauliche Selbstinformationen dar. Siehe *MATSCHKE/BRÖSEL*, Unternehmensbewertung (2007), S. 52.

194 Gegenstand des Verhandlungs- und Einigungsprozesses zwischen den Konfliktparteien bilden dabei nicht die Nutzwerte an sich, sondern die konfliktlösungsrelevanten Sachverhalte, deren Veränderung auch eine Änderung der Nutzwerte nach sich ziehen kann. Aufgrund der in der Realität vorherrschenden Unsicherheit über zukünftige entscheidungsrelevante Sachverhalte ist es also nicht möglich, einen eindeutigen Entscheidungswert zu ermitteln. Vgl. auch *MATSCHKE/BRÖSEL*, Unternehmensbewertung (2007), S. 130, sowie die Ausführungen im Abschnitt III.1.1 (S. 140–143) dieser Arbeit.

195 Vgl. zur Darstellung der Funktionen der Unternehmensbewertung und ihren Wertarten *MATSCHKE/BRÖSEL*, Unternehmensbewertung (2007), S. 50–83, und zur Kombination der Funktionen der Bewertung mit den Bewertungszwecken *MANDL/RABEL*, Unternehmensbewertung (1997), S. 12.

Im Mittelpunkt der zu lösenden interpersonalen Konfliktsituation vom Typ der Spaltung steht die Verteilung der Einflußrechte (*Eigentumsanteile* oder *Anteilsquoten*) an den mit der Spaltung entstehenden neuen Unternehmen und damit letztlich die Verteilung der Zukunftserfolge auf die Konfliktparteien. Deshalb werden die minimalen Beteiligungsquoten ermittelt, welche die Eigentümer an den durch Spaltung entstehenden Unternehmen erhalten müssen, wenn diese ihre wirtschaftliche Position durch die Spaltung der Ursprungsgesellschaft nicht verschlechtern wollen. Der Entscheidungswert ergibt sich dabei als *Grenzquote der Beteiligung* an einem Spaltungsunternehmen bei vorheriger Einigung über alle Anteilsquoten und weiteren zu klärenden Sachverhalte hinsichtlich der übrigen Spaltungsunternehmen.

Übersteigt die Summe der minimalen Anteilsforderungen der Gesellschafter an den Unternehmenswerten nach der Spaltung die Summe der insgesamt zu verteilenden Anteile der Anteilseigner an den Unternehmenswerten nach der Spaltung nicht, ergibt sich ein insgesamt zu verteilender Vorteil, der im Rahmen der Spaltungsverhandlungen aufgedeckt und auf die Gesellschafter verteilt werden kann. *Abbildung 12* zeigt den einfachen Fall einer Spaltung eines Ursprungsunternehmens in zwei Unternehmen.

Nachdem zu Beginn der letzten Runde der Spaltungsverhandlungen[196] die Anteile am Unternehmen U_2 zwischen den Spaltungsparteien aufgeteilt wurden, ergibt sich – unter der Voraussetzung eines vorhandenen Einigungsbereichs – ein gesamter verteilbarer Vorteil V am Unternehmen U_1. Dabei muß der beispielhafte Anteilseigner X mindestens einen Anteil in Höhe von $\alpha_{U_1}^{\min X}$ am Unternehmen U_1 erhalten, damit er inklusive seines Anteils $\alpha_{U_2}^{X}$ am Unternehmen U_2 mindestens genauso gut gestellt ist wie mit seinem Anteil $\alpha_{U_{UG}}^{X}$ am Ursprungsunternehmen U_{UG}. Die minimale Grenzquote $\alpha_{U_1}^{\min X}$ stellt dabei den Entscheidungswert des Anteilseigners X dar.[197]

Dabei fügen (nicht nur) MANDL/RABEL der Ermittlung von Entscheidungswerten die Beratungsfunktion zu, die jedoch allen Hauptfunktionen zugeordnet werden kann. Vgl. *HERING*, Unternehmensbewertung (2006), S. 5, Fn. 2. Zum Verhältnis von Wert und Zweck siehe *HELBLING*, Unternehmensbewertung (1998), S. 25. In der funktionalen Unternehmensbewertungslehre werden – wie auch im folgenden – die Bezeichnungen „Zweck", „Funktion" und „Aufgabe" der Bewertung in bezug auf jeweils eine Ebene der Hauptfunktionen synonym gebraucht. So auch bei *MATSCHKE/BRÖSEL*, Unternehmensbewertung (2007), S. 23, Fn. 67.

196 Die Darstellung der Spaltungsverhandlungen erfolgt im Abschnitt III.2.2 (S. 280–303) dieser Arbeit.

197 Voraussetzung für diesen (positiven) Einigungsbereich ist, daß die Summe der Anteilsforderungen an einem Spaltungsunternehmen die insgesamt zu verteilenden Anteile dieses Spaltungsunternehmens nicht übersteigt.

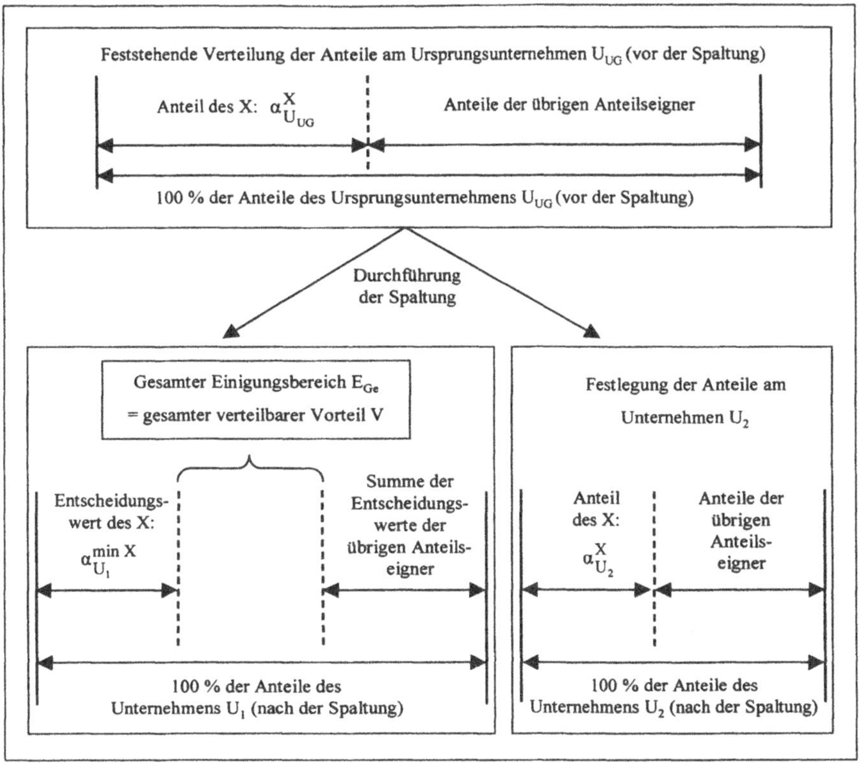

Abbildung 12: Entscheidungssituation in der Konfliktsituation vom Typ der Spaltung

Im folgenden werden überblicksartig die Merkmale beschrieben, die den Entscheidungswert charakterisieren, weil in den weiteren Untersuchungen auf diese Eigenschaften bezug genommen wird:[198]

1. *Merkmal des Grenzwerts oder der Konzessionsgrenze*: Der Entscheidungswert wird als kritische Größe ermittelt.
2. *Merkmal der Handlungsbezogenheit*: Der Entscheidungswert wird unter Bezugnahme auf eine bestimmte Handlung ermittelt.
3. *Merkmal der Subjekt- und Zielsystembezogenheit*: Der Entscheidungswert wird in Beziehung zu einem bestimmten Bewertungssubjekt und dessen Zielsystem ermittelt.

[198] Vgl. dazu *MATSCHKE*, Gesamtwert als Entscheidungswert (1972), S. 147, *MATSCHKE*, Entscheidungswert (1975), S. 26, und *SIEBEN/SCHILDBACH*, Entscheidungstheorie (1994), S. 15–45.

4. *Merkmal der Entscheidungsfeldbezogenheit*: Der Entscheidungswert ist nur für ein konkretes, zum Bewertungssubjekt gehörendes Entscheidungsfeld und die daraus ableitbaren Handlungsmöglichkeiten gültig.

Die *zweite* zu betrachtende *Hauptfunktion* der Unternehmensbewertung stellt die Argumentationsfunktion dar, die einen *Argumentationswert* ermittelt, der in Verhandlungen zur Begründung der eigenen Preis- oder Beteiligungsquotenvorstellungen genutzt wird.[199] Dabei stellt sich der Argumentationswert nicht als „eine einzelne Wertgröße, sondern [als] Gesamtheit von Begründungen (Argumente)"[200] dar. Ziel der Konfliktparteien ist es, ein Verhandlungsergebnis zu erzielen, das möglichst weit weg vom eigenen Entscheidungswert liegt, um einen möglichst großen Nutzen zu erzielen.

Der Argumentationswert wird durch drei Merkmale und deren Ausprägungen charakterisiert:[201]

1. *Merkmal der Tarnung*: Es entspricht dem Grundsatz einer rationalen Verhandlungsführung, der gegnerischen Konfliktpartei nicht zu zeigen, wie der tatsächliche eigene Entscheidungswert ausgestaltet ist.
2. Das *Merkmal der Parteienbezogenheit* wird durch die folgenden Merkmale konkretisiert:
   a) *Merkmal der Bezogenheit auf Entscheidungswerte*: Dieses Merkmal begründet sich durch den Entscheidungswert der eigenen Partei als äußerste Rückzugsgrenze für den Argumentationswert sowie durch die Ausrichtung des Argumentationswerts auf den Entscheidungswert der gegnerischen Partei.
   b) *Merkmal der Beeinflussung*: Dieses Merkmal macht deutlich, daß sich der Argumentationswert in einer bestimmten Verhandlungssituation auf eine konkrete Verhandlungspartei bezieht, die durch den Argumentationswert beeinflußt werden soll.
3. *Merkmal der Konfliktlösungsorientierung*: Dieses Merkmal zielt auf die Lösung eines interpersonalen Konflikts – i. S. einer Einigung oder Nicht-Einigung – durch Abstimmung im Hinblick auf bestimmte konfliktlösungsrelevante Sachverhalte.
   a) *Merkmale der Information*: Die Verhandlungsparteien versuchen, ihre Argumentationswerte mit bestimmten ausgesuchten Informationen zu begründen.

---

199 Vgl. grundlegend zum Argumentationswert *MATSCHKE*, Argumentationswert (1976), *MATSCHKE*, Argumentationsfunktion (1977), *MATSCHKE*, Argumentationsbasis (1977). Siehe weiterhin *GORNY*, Unternehmensbewertung (2002), *BRÖSEL*, Argumentationsfunktion (2004), *HERING/BRÖSEL*, Argumentationswert (2004), *BARTHEL*, Argumentationsfunktion (2005), *MATSCHKE/BRÖSEL*, Unternehmensbewertung (2007), S. 571–716.

200 *MATSCHKE/BRÖSEL*, Unternehmensbewertung (2007), S. 573.

201 Eine ausführliche Darstellung der Merkmale des Argumentationswerts findet sich bei *BRÖSEL*, Argumentationsfunktion (2004), S. 518–521.

b) *Merkmal der Flexibilität*: Argumentationswerte sollen die Fähigkeit besitzen, neue Informationen und Zwischenergebnisse aus Verhandlungen zu berücksichtigen und diese im Rahmen der Unternehmensbewertungsverfahren anzuwenden.

c) *Merkmal der Glaubwürdigkeit*: Ein Argumentationswert erweist sich nur dann als brauchbar, wenn mit diesem wenig angreifbare, aus Sicht der gegnerischen Partei realistische Werte vorgeschlagen werden.

Der Argumentationswert dient also als Instrument zur Beeinflussung des Verhandlungspartners,[202] wobei die Kenntnis des eigenen Entscheidungswerts unabdingbar, eine Vermutung über den gegnerischen Entscheidungswert zweckdienlich und eine Vorstellung über das anzustrebende Verhandlungsresultat förderlich ist.[203]

Die *dritte* zu betrachtende *Hauptfunktion* der funktionalen Unternehmensbewertung ist die Vermittlungsfunktion zur Ermittlung eines *Arbitriumwerts*, der auch als *Schiedsspruch-* oder *Vermittlungswert* bezeichnet wird.[204] Im Rahmen der Ermittlung von Arbitriumwerten ist es Aufgabe des Vermittlers, aus den Intervallen zwischen den Entscheidungswerten der einen Konfliktpartei und den Entscheidungswerten der gegnerischen Konfliktpartei einen Vermittlungswert zu finden, der die wirtschaftlichen Vorteile der Unternehmenstransaktion möglichst gerecht auf die Konfliktparteien verteilt. Dieser als unparteiischer Gutachter auftretende Vermittler soll als Dritter neben

---

202 Die Wirtschaftsprüfer – vertreten durch das INSTITUT DER WIRTSCHAFTSPRÜFER (IDW), Düsseldorf – erkennen die Argumentationsfunktion als nicht mit dem Berufsstand vereinbar an. Nach Ansicht der Wirtschaftsprüfer soll der Gutachter einen „objektivierten“ Wert ermitteln, der jedoch das grundlegende Merkmal der Bezogenheit auf Entscheidungswerte vermissen läßt, weil der „objektivierte“ Wert – wie es die Merkmale des Entscheidungswerts hingegen erfordern – von einer bestimmten Handlung, von einem bestimmten Bewertungssubjekt und dessen Zielsystem sowie von einem konkreten Entscheidungsfeld abstrahiert. Vgl. dazu *HELBLING*, Unternehmensbewertung (1998), S. 51 f., *SIEPE*, Unternehmensbewertung (2002), S. 11, und *PEEMÖLLER*, Wert (2005), S. 8. Zur Kritik am objektivierten Unternehmenswert, der sich durch die Verlautbarungen des IDW – von der Stellungnahme des Hauptfachausschusses HFA 2/1983, über den Standard „IDW S 1“, bis hin zum neuesten Ansatz des IDW, der Fassung „IDW S 1 n. F.“ – wie ein roter Faden zieht, vgl. *MATSCHKE/BRÖSEL*, Unternehmensbewertung (2007), S. 52–59, und die dort angegebene Literatur. Auch in jüngster Zeit ebbt die Kritik nicht ab. Siehe *FISCHER-WINKELMANN*, Unternehmensbewertung (2006), *HENSELMANN*, Unternehmensbewertung (2006). Daß die Argumentationsfunktion in der Unternehmensbewertung – auch im Fall der Spaltung – von Bedeutung ist, zeigt Abschnitt III.2 (S. 255–324) dieser Arbeit.

203 Vgl. *MATSCHKE*, Argumentationswert (1976), S. 521 f. Die Ergebnisse der Argumentationsfunktion sind also an den Verhandlungspartner gerichtete Informationen, bei deren Ermittlung allerdings sowohl die eigene Zielsetzung und das eigene Entscheidungsfeld als auch die Bedingungen der anderen Konfliktpartei in den Bewertungskalkül mit einbezogen werden müssen.

204 Vgl. grundlegend zum Arbitriumwert *MATSCHKE*, Arbitriumwert (1979). Siehe außerdem *MATSCHKE*, Kompromiß (1969), *MATSCHKE*, Arbitrium- oder Schiedsspruchwert (1971), *KÖNIG*, Vermittlungsfunktion (1977).

den Konfliktparteien eine (Kompromiß-)Lösung finden, die allen Parteien zumutbar ist und deren Interessen angemessen wahrt.[205]

Der Arbitriumwert wird durch vier Merkmale charakterisiert:

1. *Merkmal der Rationalität des Handelns*: Bei der Arbitriumwertermittlung ist es für den Schiedswertermittler zwingende Voraussetzung, daß er die jeweiligen vermeintlichen Entscheidungswerte der Konfliktparteien ermittelt, um die Grenzen der Konzessionsbereitschaft der Beteiligten nicht zu verletzen.[206] Liegen in dominierten Bewertungssituationen[207] keine Einigungsbereiche vor, weil bspw. der Entscheidungswert des Verkäufers den Entscheidungswert des Käufers übersteigt, hat dies „zur Konsequenz, daß der Unparteiische auch dann einen Arbitriumwert vorzuschlagen hat, wenn unter gleichberechtigten Parteien keine Einigung möglich gewesen wäre, weil eine alle Parteien zufriedenstellende Konfliktlösung nicht existiert."[208] Die herrschende Meinung in der Literatur geht dann von einem Schutz derjenigen Partei aus, der die Transaktion „aufgezwungen" werden kann.[209]

2. *Merkmal der parteienbezogenen Angemessenheit*: Die Vermittlungsfunktion ist demnach auf alle Konfliktparteien ausgerichtet, wobei der Gutachter keine subjektive, sondern eine auf einem bestimmten Gerechtigkeitspostulat basierende Sichtweise einnehmen sollte.[210]

3. *Merkmal der Nachprüfbarkeit*: Die einer Bewertung zugrundegelegten Informationen und die aus diesen Informationen gezogenen Schlüsse sollten überprüfbar sein, um etwaigen Manipulationsmöglichkeiten aus der Informationspolitik der Parteien und/oder aus einer parteilichen Ausnutzung des Bewerterermessens vorzubeugen.[211]

4. *Merkmal der Berücksichtigung rechtlicher Vorgaben*: Eine rechtlich vorgeschriebene Methode zur Bewertung von Unternehmen im Rahmen der Schieds-

---

205 Vgl. *MATSCHKE*, Kompromiß (1969), S. 57 f., und *HERING/OLBRICH*, Börsengang junger Unternehmen (2002), S. 148 f. Der Gutachter nennt also die Bedingungen, auf deren Basis er eine Konfliktlösung zwischen den Parteien für möglich hält.

206 Vgl. *MATSCHKE*, Arbitriumwert (1979), S. 48 f.

207 Die Darstellung der dominierten und nicht dominierten Konfliktsituationen erfolgt im Abschnitt II.2.2 (S. 64) dieses Kapitels.

208 *MATSCHKE/BRÖSEL*, Unternehmensbewertung (2007), S. 470, Hervorhebungen im Original.

209 Vgl. *MATSCHKE*, Kompromiß (1969), *MATSCHKE*, Arbitriumwert (1979), S. 49, S. 309 und S. 316–333, *MOXTER*, Unternehmensbewertung (1983), *HERING*, Unternehmensbewertung (2006), S. 6, *DRUKARCZYK/SCHÜLER*, Unternehmensbewertung (2007), S. 104 f., *MATSCHKE/BRÖSEL*, Unternehmensbewertung (2007), S. 470. Siehe zur Berücksichtigung des Entscheidungswerts bei der Arbitriumwertermittlung auch *HENSELMANN*, Unternehmensbewertung (2006), S. 148–150.

210 Vgl. *MATSCHKE*, Arbitrium- oder Schiedsspruchwert (1971), S. 519, und *MATSCHKE*, Arbitriumwert (1979), S. 112.

211 Vgl. *SCHILDBACH*, Gutachter (1981), S. 197, *MANDL/RABEL*, Unternehmensbewertung (1997), S. 396.

spruchwertermittlung existiert nicht. Allerdings hat sich die Bewertung an der Zwecksetzung derjenigen Normen zu orientieren, die für den konkreten gesetzlichen oder vertraglichen Bewertungsanlaß relevant sind. Ergeben sich aus dem rechtlichen Umfeld keine eindeutigen Vorgaben für die Unternehmensbewertung, sollte sich die Unternehmensbewertung an betriebswirtschaftlichen Grundsätzen orientieren.[212]

Somit ist der Arbitriumwert als Ergebnis einer Vermittlung durch die beiden soeben beschriebenen Merkmale in zweifacher Hinsicht parteienabhängig.[213]

Außer den Hauptfunktionen „Entscheidung", „Argumentation" und „Vermittlung" bestehen noch eine Reihe weiterer Funktionen, die sog. *Nebenfunktionen der Unternehmensbewertung*, denen jene Anlässe zugerechnet werden, in denen „Unternehmungen nicht primär zum Zwecke von Entscheidungen bewertet werden, mit denen eine Veränderung der Eigentumsverhältnisse der zu bewertenden Unternehmung beabsichtigt ist"[214], sondern denen jene Anlässe zugeordnet werden, in denen es um Funktionen wie Kommunikation, Steuerbemessung oder Vertragsgestaltung geht. Es handelt sich also um solche Anlässe, mit denen keine Veränderung der Eigentumsverhältnisse verbunden ist. Derzeit bestehen kaum Systematisierungen der Nebenfunktionen. Lediglich Aufzählungen in Form von – sicher noch nicht endgültig abgeschlossenen – Nebenfunktionenkatalogen sind vorhanden.[215] Exemplarisch seien die *Kreditierungsunterstützungsfunktion* zur Ermittlung von Unternehmenswerten im Rahmen der Kreditwürdigkeitsprüfung und -sicherung der externen Fremdfinanzierung, die *Steuerungsfunktion* zur Unterstützung der wertorientierten Unternehmensführung, die *Vertragsgestaltungsfunktion* zur Hilfestellung bei Vertragsgestaltungen im Rahmen der pretialen Lenkung des Verhaltens von Gesellschaftern über Erfolgsbeteiligungen oder Abfindungen, die *Motivationsfunktion* zur Anregung arbeitsbezogenen Verhaltens durch Unternehmensbewertungen, die *Krisenbewältigungsunterstützungsfunktion* zur Ermittlung von Unternehmenswerten im Zuge der Sanierungs- oder Insolvenzprüfungen sowie die *Gesetzes- oder Standardsauslegungsfunktionen*, zu denen die *Steuerbemessungsfunktion*, die *Ausschüttungsbemessungsfunktion* und die *Informationsfunktion* zählen, genannt.[216]

---

212 Vgl. *MOXTER*, Grundsätze (1980), S. 456, *MANDL/RABEL*, Unternehmensbewertung (1997), S. 396.

213 Vgl. dazu *MATSCHKE/BRÖSEL*, Unternehmensbewertung (2007), S. 469.

214 *MATSCHKE*, Arbitriumwert (1979), S. 17.

215 Eine ausführliche Darstellung und Würdigung der verschiedenen Nebenfunktionenkataloge und eine Systematisierung der Nebenfunktionen bietet *BRÖSEL*, Nebenfunktionen (2006). Vgl. zu ausgewählten Ausprägungen der Bewertungssituationen der Nebenfunktionen *MATSCHKE/BRÖSEL*, Unternehmensbewertung (2007), S. 104–106.

216 Vgl. *MATSCHKE/BRÖSEL*, Unternehmensbewertung (2007), S. 59–77, m. w. N.

2.2 Anlässe der Unternehmensbewertung und deren Ausprägungen

Die Anlässe der Unternehmensbewertung stellen diejenigen Konfliktsituationen dar, in denen Unternehmensbewertungen durchgeführt werden. Aufgrund der Fülle zu beachtender Sachverhalte stellen sich die Bewertungssituationen, in denen Unternehmen gekauft, verkauft, zusammengeschlossen oder geteilt werden, vielgestaltig dar. Eine Systematisierung der Bewertungsanlässe, die für eine modelltheoretische Analyse unabdingbar ist, um adäquate Bewertungsmodelle ableiten zu können,[217] erfolgt in die vier *Grundbewertungsanlässe*[218] Kauf, Verkauf, Fusion und Spaltung.[219] Diese Anlässe, die im Zusammenhang mit einer Änderung der Eigentumsverhältnisse stehen,[220] lassen sich nach MATSCHKE weiterhin klassifizieren in ein- und mehrdimensionale, disjungierte und jungierte sowie dominierte und nicht dominierte Konfliktsituationen.[221] Die Motive für die Bewertungsanlässe werden in der Literatur bisher nicht gesondert betrachtet, sondern mit den Bewertungsanlässen vermischt und in der Kategorie der Bewertungsanlässe behandelt. Deshalb ist im folgenden eine genaue Abgrenzung der Anlässe der Hauptfunktionen, der Ausprägungen der Bewertungsanlässe[222] und der Motive der Bewertungsanlässe – wie in *Abbildung 13* dargestellt – erforderlich.[223]

---

217 Vgl. dazu auch *REICHERTER*, Fusionsentscheidung (2000), S. 119.

218 Vgl. *HERING*, Unternehmensbewertung (2006), S. 15.

219 MATSCHKE unterscheidet die beiden Gruppen „Kauf/Verkauf" und „Fusion". Vgl. *MATSCHKE*, Entscheidungswert (1975), S. 31. Der Typ der Spaltung wurde ergänzt durch *MANDL/RABEL*, Unternehmensbewertung (1997), S. 14.

220 Im weiteren werden nur die *Anlässe der Hauptfunktionen* – die Anlässe mit einer angestrebten Änderung der Eigentumsverhältnisse – betrachtet.

221 Vgl. im Hinblick auf die Systematisierungsvorschläge in ein- und mehrdimensionale sowie jungierte und disjungierte Konfliktsituationen *MATSCHKE*, Entscheidungswert (1975), S. 30–75. Zur Differenzierung in dominierte und nicht dominierte Konfliktsituationen siehe *MATSCHKE*, Arbitriumwert (1979), S. 30–42.

222 Die Abgrenzung der Ausprägungen der Bewertungsanlässe kann auch als eine Differenzierung nach „abstrakten Konfliktsituationen" bezeichnet werden. Vgl. *HERING*, Unternehmensbewertung (2006), S. 15.

223 Zu einer weiteren graphischen Darstellungsmöglichkeit der Ausprägungen der Konfliktsituationen, die im Zusammenhang mit einer Änderung der Eigentumsverhältnisse stehen, vgl. *OLBRICH*, Unternehmungswert (1999), S. 13.

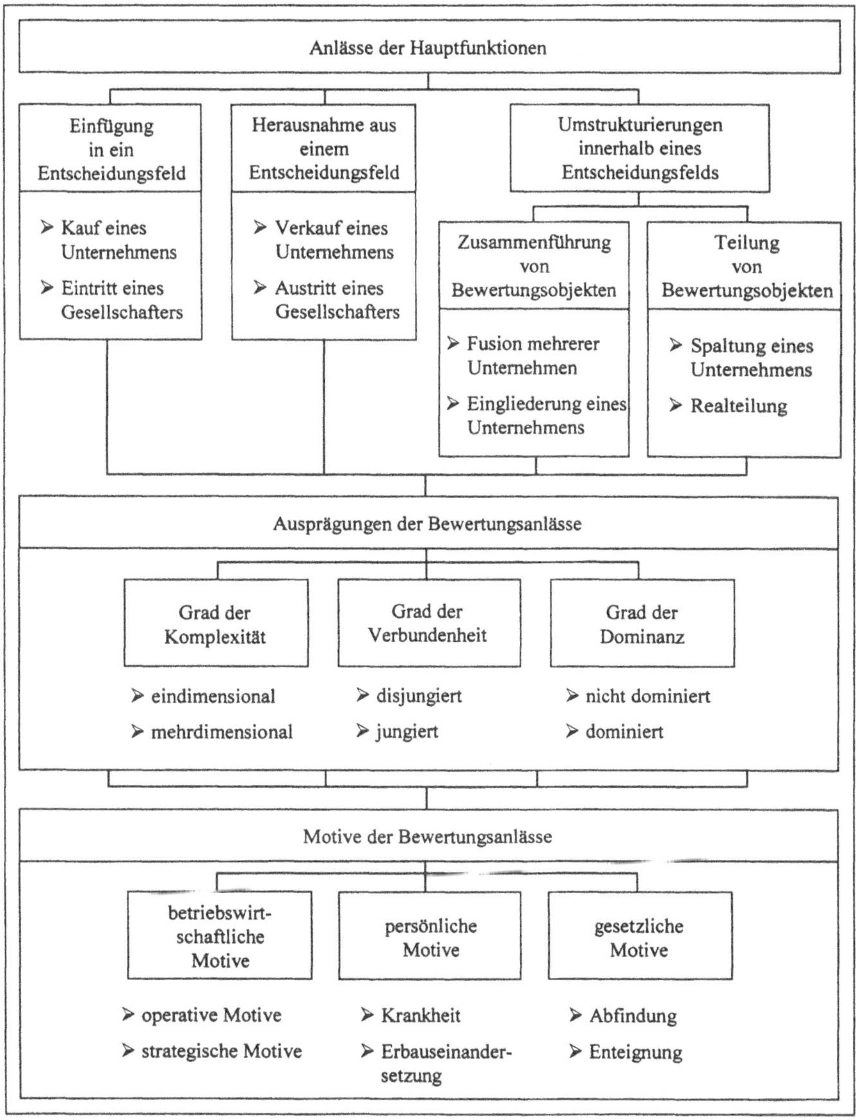

Abbildung 13: Anlässe der Unternehmensbewertung sowie deren Ausprägungen und Motive

Die Anlässe der Unternehmensbewertung sind nicht nur auf die vier grundlegenden Bewertungsanlässe „Kauf", „Verkauf", „Fusion" und „Spaltung" beschränkt; in der

Literatur zur Unternehmensbewertung finden sich ganze Kataloge von Bewertungsanlässen.[224] Um die Bewertungsanlässe zu systematisieren, wird im folgenden eine im Vergleich zu den Grundbewertungsanlässen etwas allgemeinere Klassifizierung gewählt, wobei danach unterschieden wird, wie sich ein bestehendes Entscheidungsfeld[225] verändert und ob Bewertungsobjekte zusammengeführt oder geteilt werden.[226]

In der *ersten Kategorie* der Anlässe der Unternehmensbewertung werden ein Bewertungsobjekt – ein (Teil-)Unternehmen im Falle des Kaufs – oder die Möglichkeiten und Restriktionen, die sich durch ein weiteres Bewertungssubjekt – ein Anteilseigner im Falle des Eintritts eines Gesellschafters in ein bestehendes Unternehmen – ergeben, in ein vorhandenes Entscheidungsfeld – die Handlungsmöglichkeiten des Käufers im Falle des Kaufs oder die Handlungsmöglichkeiten der Gesellschafter im Falle des Eintritts eines Gesellschafters – aufgenommen. Dabei ändert sich im Falle des *Kaufs eines Unternehmens* das Entscheidungsfeld des Käufers: Dieser erhält das Eigentum am Unternehmen und zahlt für diesen Erwerb eine Gegenleistung. Ebenso ändern sich beim *Eintritt eines Gesellschafters* in ein Unternehmen die Entscheidungsfelder der ursprünglichen Anteilseigner des Unternehmens, indem der neue Gesellschafter Eigenkapital in Form von Kapitaleinlagen oder Sacheinlagen in das Unternehmen einbringt und dafür Anteile am Unternehmen erhält.

Analog können die Entscheidungsfelder der Gesellschafter bei den Bewertungsanlässen *Verkauf eines Unternehmens* und *Austritt eines Gesellschafters* betrachtet werden (*zweite Kategorie*). Der Verkäufer verliert sein Eigentum am Unternehmen und erhält eine Gegenleistung dafür. Der austretende Gesellschafter erhält seinen Anteil am Zukunftserfolg des Unternehmens vergütet und verliert im Gegenzug seine Eigentumsrechte am Unternehmen.[227]

In der *dritten Kategorie* der Unternehmensbewertungsanlässe werden jene Anlässe – wie die *Fusion*[228] oder *Eingliederung eines Unternehmens* – zusammengefaßt, in

---

[224] Die Bewertungsanlässe werden in der Literatur innerhalb solcher Kataloge gewöhnlich in *dominierte* und *nicht dominierte Konfliktsituationen* unterschieden. Innerhalb dieser Abgrenzung findet jedoch gewöhnlich wieder eine katalogmäßige Aufzählung statt. Vgl. bspw. *MANDL/RABEL*, Unternehmensbewertung (1997), S. 14, *SCHULTZE*, Unternehmensbewertung (2003), S. 6, *KUHNER/MALTRY*, Unternehmensbewertung (2006), S. 8 f., *DRUKARCZYK/SCHÜLER*, Unternehmensbewertung (2007), S. 95.

[225] Zum Begriff des Entscheidungsfelds – als Abbild der Handlungsmöglichkeiten und -restriktionen sowie Güterausstattungen des Entscheidungssubjekts, der sonstigen (Umwelt-)Zustände und der diesen Handlungsmöglichkeiten und Umständen zugeordneten Ausprägungen der interessierenden Sachverhalte – vgl. Abschnitt II.3.2.2.1.2 (S. 92–96) dieser Arbeit.

[226] Im folgenden werden nur ausgewählte exemplarische Bewertungsanlässe dargestellt. Eine umfassende Darstellung findet sich bei *PEEMÖLLER*, Anlässe (2005), S. 17–24, *MATSCHKE/BRÖSEL*, Unternehmensbewertung (2007), S. 63–97.

[227] Zur Definition des Bewertungsanlasses Kauf/Verkauf vgl. *MATSCHKE*, Entscheidungswert (1975), S. 31 f.

[228] Zu den Verfahren der Unternehmensbewertung im Rahmen der Fusion vgl. *MATSCHKE*, Entscheidungswert (1975), S. 327–336, *MATSCHKE*, Bewertung ertragsschwacher Unternehmungen

denen sich mehrere Bewertungsobjekte vereinigen und die Gesellschafter Eigentum am neu entstehenden Unternehmen erhalten. Spiegelbildlich dazu verhalten sich die Bewertungsanlässe *Spaltung* und *Realteilung* von Unternehmen, bei denen sich das ursprüngliche Bewertungsobjekt teilt und die Anteilseigner des Ursprungsunternehmens an den nach der Teilung entstehenden Bewertungsobjekten beteiligt werden können.[229]

Für jeden Anlaß dieser vier Bewertungskategorien lassen sich – wie in *Abbildung 13* dargestellt und im folgenden erläutert – sowohl unterschiedliche Ausprägungen der Bewertungsanlässe nach dem Grad der Komplexität, der Verbundenheit und der Dominanz ermitteln als auch verschiedenartige Motive für die einzelnen Bewertungsanlässe finden.

Die Einigung zwischen den Konfliktparteien in einer Verhandlungssituation ist von der Vereinbarung bestimmter Bedingungen – den *konfliktlösungsrelevanten Sachverhalten* – abhängig. Verhandeln die konfligierenden Parteien lediglich über einen konfliktlösungsrelevanten Sachverhalt – bspw. über den Preis beim Kauf/Verkauf eines Unternehmens oder über die Verteilung der Eigentumsanteile bei der Fusion oder der Spaltung, ist von *eindimensionalen Konfliktsituationen* die Rede.[230] Es entwickelt sich eine *mehrdimensionale Konfliktsituation*, sobald noch weitere Sachverhalte – wie z. B. der Unternehmensumfang, die Zusammensetzung der Geschäftsleitung oder die Übernahme des vorhandenen Personals – hinzukommen. Somit wird aus dem eindimensionalen Entscheidungswert durch noch offene Gestaltungsmöglichkeiten im Entscheidungsfeld eine bedingte Größe mit mehreren konfliktlösungsrelevanten Sachverhalten.[231]

Diese Sachverhalte lassen sich in originäre und in derivative konfliktlösungsrelevante Sachverhalte unterteilen. „Die eine ein- oder mehrdimensionale Situation begründenden Sachverhalte heißen *originär*. Dagegen stehen *derivative* konfliktlösungsrelevante Sachverhalte wie etwa die Wahl der Bewertungsmethode oder die Bemessung des Zinsfußes nur in einem Mittel-Zweck-Zusammenhang zu einem originären Sachverhalt, beispielsweise dem Kaufpreis."[232]

(1984), *REICHERTER*, Fusionsentscheidung (2000), *HERING*, Fusion (2004), *MATSCHKE/WITT*, Entscheidungswertermittlung bei der Vereinigung (2004).

229 Alle weiteren Unternehmensbewertungsanlässe – siehe hierzu die Aufzählungen der in den Fn. 224 und 226 dieses Abschnitts angegebenen Literatur – lassen sich in diese vier Kategorien der Bewertungsanlässe der *Abbildung 13* einfügen oder zählen zu den noch zu erläuternden Motiven der Bewertungsanlässe. Vgl. dazu die nachfolgenden Ausführungen dieses Abschnitts.

230 Vgl. *MATSCHKE*, Entscheidungswert (1975), S. 38–55.

231 Vgl. *MATSCHKE*, Entscheidungswert (1975), S. 55–69, *HAFNER*, Unternehmensbewertung (1988), *MATSCHKE*, Mehrdimensionale Entscheidungswerte (1993), *HERING*, Unternehmensbewertung (2006), S. 132.

232 *HERING*, Unternehmensbewertung (2006), S. 16 f., Hervorhebungen aus dem Original übernommen. Vgl. dazu bereits *MATSCHKE*, Entscheidungswert (1975), S. 56–69. Die derivativen konfliktlösungsrelevanten Sachverhalte verändern das Entscheidungsfeld einer Konfliktpartei nur mittelbar und dienen der Herleitung und Begründung der originären Sachverhalte. Vgl. *MATSCHKE/BRÖSEL*, Unternehmensbewertung (2007), S. 102.

Die modelltheoretischen Überlegungen in der wissenschaftlichen Unternehmensbewertung sind überwiegend unverbundene oder *disjungierte* Betrachtungen, in denen sich die Konfliktparteien zeitgleich nur in Verhandlungen über *eine* Transaktion, die in keinerlei Beziehungen zu anderen Verhandlungen steht, befinden. In der Unternehmensbewertungspraxis ist hingegen auch die verbundene oder *jungierte* Konfliktsituation, in der mindestens eine Verhandlungspartei gleichzeitig noch in anderen Kauf-, Verkauf-, Fusions- oder Spaltungsverhandlungen involviert ist, häufig zu finden,[233] woraus sich Auswirkungen auf den betrachteten Entscheidungswert, der dann eine bedingte Größe darstellt, ergeben können.[234]

Das oftmals in der Unternehmensbewertungsliteratur verwendete Systematisierungskriterium der Bewertungsanlässe in nicht dominierte und dominierte Konfliktsituationen beantwortet die Frage, ob die Konfliktsituation einseitig durchsetzbar ist oder nicht.[235] In einer *nicht dominierten Konfliktsituation* kann keine der beteiligten Konfliktparteien eine Veränderung der Eigentumsverhältnisse ohne Zustimmung der jeweils anderen Partei realisieren. Eine Veränderung der Eigentumsverhältnisse auf dem Verhandlungswege kommt in dieser Situation nur bei einem alle Parteien zufriedenstellenden Einigungsvorschlag zustande.[236] Demgegenüber können in einer *dominierten Konfliktsituation* die Eigentumsverhältnisse an dem zu bewertenden Unternehmen auch gegen den erklärten Willen mindestens einer Partei durchgesetzt werden.[237]

---

233 Dieses Ergebnis ermittelte bereits *MATSCHKE*, Entscheidungswert (1975), S. 34–38, in einer Erhebung der Jahre 1970 und 1971. Bestätigt wurde die Bedeutung der jungierten Konfliktsituationen durch die Untersuchung von *BRÖSEL/HAUTTMANN*, Unternehmensbewertungsverfahren (2007), S. 229 f.

234 Vgl. *MATSCHKE*, Entscheidungswert (1975), S. 34–38 und S. 336–356. Gerade im Fall der (Ab-) Spaltung eines Teilunternehmens ist die *jungierte* Konfliktsituation – die Möglichkeiten der Abspaltung eines Geschäftszweiges oder die Option des Verkaufs einer Teilgesellschaft in einem Entscheidungsmodell – zu prüfen. Vgl. dazu Abschnitt III.1.3.2.2 (S. 205–254) dieser Arbeit. Zur *disjungierten* Betrachtung im Rahmen der Entscheidungswertermittlung bei der Spaltung vgl. Abschnitt III.1.3.1 (S. 168–188) dieser Arbeit. Zur Darstellung bedingter Entscheidungswerte vgl. *HERING*, Unternehmensbewertung (2006), S. 127–134.

235 Die Differenzierung in dominierte und nicht dominierte Konfliktsituationen erfolgte erstmals durch *MATSCHKE*, Arbitriumwert (1979), S. 31–42.

236 Vgl. *MATSCHKE/BRÖSEL*, Unternehmensbewertung (2007), S. 90.

237 Vgl. *MATSCHKE*, Arbitriumwert (1979), S. 31–42. Vgl. auch *MATSCHKE*, Unternehmensbewertung in dominierten Konfliktsituationen (1981). *Dominierte Konfliktsituationen* lassen sich darüber hinaus wie folgt systematisieren: (1) Eine Partei kann die Eigentumsänderung allein – also *unmittelbar* – durchführen (dominierte Konfliktsituation *der ersten Art*) oder *mittelbar* (dominierte Konfliktsituation *der zweiten Art*), d. h. mit Hilfe von Gerichten, vornehmen. Vgl. *MATSCHKE*, Arbitriumwert (1979), S. 33–42, *MATSCHKE/BRÖSEL*, Unternehmensbewertung (2007), S. 90–97. (2) *HERING/OLBRICH*, Bewertung von Mehrstimmrechten (2001), S. 23–25, unterscheiden weiter nach dem Grad der Fragmentierung durch eindeutige Zuordnung der Konfliktparteien in dominierende und dominierte Parteien. (3) Weiterhin unterscheidet *OLBRICH*, Unternehmensverkauf (2005), S. 227 f., nach der Herkunft des Anlasses, der zu einer Änderung der Eigentumsverhältnisse führt, in dominierte Konfliktsituationen aufgrund transaktionsinternen und -externen Zwangs.

Während im Rahmen der Systematisierung der Unternehmensbewertungsanlässe die Frage nach den verschiedenen Konfliktsituationen der Unternehmensbewertung gestellt wird,[238] ergibt sich im Rahmen der Systematisierung der Motive der Bewertungsanlässe das Problem der Aufdeckung der *Gründe* für die Anlässe der Unternehmensbewertung. Die Lösung dieses Problems, die *Motive* der Bewertungsanlässe, läßt sich in betriebswirtschaftliche, persönliche und gesetzliche Motive gliedern.[239] *Betriebswirtschaftliche Motive* ergeben sich bspw. aus finanzwirtschaftlichen oder strategischen Vorteilhaftigkeitsüberlegungen. *Persönliche Gründe* in Form von Krankheit oder Erbauseinandersetzungen können ebenfalls zu einem Bewertungsanlaß führen. Letztlich gibt es *gesetzlich festgeschriebene Motive* für eine Unternehmensbewertung wie Abfindungsregelungen oder Vorschriften im Wege von Enteignungen. Dabei ist zu beachten, daß sowohl ein Motiv zu verschiedenen Bewertungsanlässen als auch verschiedene Motive zu einem Bewertungsanlaß führen können. So kann bspw. das persönliche Motiv der Erbauseinandersetzung zu einem Verkauf des Unternehmens des verstorbenen Unternehmenseigentümers und damit zu einer Aufteilung des Verkaufserlöses auf die Erben oder zu einer Spaltung des Ursprungsunternehmens führen, so daß jeder Erbe die Leitungsbefugnis eines Spaltungsunternehmens erhält. Demgegenüber kann der Anlaß einer Unternehmensspaltung auf betriebswirtschaftlichen Motiven wie die strategische Neuausrichtung des Mutterunternehmens oder bspw. aufgrund persönlicher Motive wie die Krankheit des Alleingesellschafters, indem die Arbeitsbelastung der Unternehmensleitung mit Hilfe der Spaltung durch Aufteilung des Verantwortungsbereichs verringert wird, basieren.[240]

2.3 Konzeptionen der Unternehmensbewertung

Die Konzeptionen der Unternehmensbewertung lassen sich anhand verschiedener Kriterien abgrenzen.[241] Um den aktuellen Stand der Forschung zur Unternehmensbewertung zu verdeutlichen, ist ein Überblick der *historischen Entwicklung* der einzelnen Werttheorien hilfreich.[242] Im folgenden werden deshalb auf die sich im Zeitablauf entwickelten Wertkonzeptionen der objektiven, subjektiven und funktionalen Unternehmensbewertungstheorie – hier als These, Antithese und Synthese der Werttheorie

---

[238] Die Darstellung der Ausprägungen der Bewertungsanlässe nach dem Grad der Komplexität, der Verbundenheit und der Dominanz erfolgt im Kapitel III grafisch unterstützt durch den von REICHERTER entwickelten Konfliktwürfel. Vgl. *REICHERTER*, Fusionsentscheidung (2000), S. 122.

[239] Vgl. zu dieser Systematisierung *HERING*, Unternehmensbewertung (2006), S. 14 f.

[240] Vgl. zur Darstellung weiterer Motive des Bewertungsanlasses der Spaltung Abschnitt II.1.3 (S. 32–50) dieser Arbeit.

[241] Nach *HERING*, Bewertungstheorie (2004), S. 107, „lassen sich zum Beispiel investitions- und finanzierungstheoretische, subjektive und objektive, individualistische und marktorientierte sowie deutsche und angelsächsische Hauptrichtungen gegenüberstellen."

[242] Vgl. zu den Konzeptionen der Unternehmensbewertung nach ihrer historischen Entwicklung *MATSCHKE*, Anlässe und Konzeptionen (2000).

bezeichnet – eingegangen sowie ein kurzer Überblick über die „marktwertorientierte“ Bewertung gegeben.

Im Zentrum der bis in die 1960er Jahre herrschenden *objektiven Unternehmensbewertung* steht die Ermittlung eines objektiven Werts des Unternehmens.[243] Diese hier als *These* betrachtete, objektive Werttheorie „wollte dem Anspruch genügen, einen unparteiischen Wert zu bestimmen, um Interessengegensätze zwischen konfligierenden Parteien zu überwinden, ohne dabei jedoch Bezug auf die Interessen der Parteien zu nehmen.“[244] Die Bestimmung des Unternehmenswerts in Form eines *Substanzwerts*[245] oder *Ertragswerts*[246] soll objektiv, d. h. *entpersonifiziert* – der für „jedermann“ realisierbare Wert wird losgelöst von subjektiven Interessen ermittelt[247] –, *aufgabenunabhängig* – der Unternehmenswert wird abstrahiert von der jeweiligen Aufgabenstellung ermittelt – und *substanzorientiert* – der Wert des Unternehmens ist an vergangenen und gegenwärtigen Verhältnissen orientiert – erfolgen und bietet insofern keine hinreichende Entscheidungsunterstützung.

Als *Antithese* zur objektiven Bewertungskonzeption kann die *subjektive Unternehmensbewertungstheorie*[248] bezeichnet werden,[249] weil die Vertreter dieser Lehre einen – auf die Vorstellungen und Planungen eines konkreten Bewertungsinteressenten

---

243 Vgl. dazu z. B. *MELLEROWICZ*, Wert der Unternehmung (1952), *VIEL*, Unternehmensbewertung (1955), *LACKMANN*, Unternehmensbewertung (1962). Zur kritischen Auseinandersetzung mit der objektiven Unternehmensbewertung vgl. *MATSCHKE*, Arbitriumwert (1979), S. 22–29. Zur Darstellung der objektiven Unternehmensbewertung vgl. *MATSCHKE/BRÖSEL*, Unternehmensbewertung (2007), S. 14–17.

244 *BRÖSEL*, Medienrechtsbewertung (2002), S. 55. Der *objektive Unternehmenswert* darf nicht mit dem von einem unparteiischen Gutachter ermittelten *Arbitriumwert* verwechselt werden, weil der Arbitriumwert alle Konfliktparteien berücksichtigt. Vgl. dazu auch *MATSCHKE*, Arbitriumwert (1979), S. 22. Zugleich wird der objektive Wert vom „objektivierten“ Unternehmenswert aus der Sicht des INSTITUTS DER WIRTSCHAFTSPRÜFER, der nach *BORN*, Unternehmensbewertung (2003), S. 20, gar eine „Abart des objektiven Wertes“ darstellt, abgegrenzt. Vgl. zur Kritik am „objektivierten“ Unternehmenswert *MATSCHKE/BRÖSEL*, Unternehmensbewertung (2007), S. 52–58, m. w. N.

245 Zum Substanzwert vgl. *SIEBEN*, Substanzwert (1963), *MATSCHKE*, Substanzwert (2004).

246 Zum Ertragswert vgl. *SCHMALENBACH*, Werte von Unternehmungen (1917/18), S. 1–5, *LIEBERMANN*, Ertragswert (1923), *SIEBEN*, Unternehmensbewertung (1993), Sp. 4323–4325, *MATSCHKE*, Ertragswert (2004).

247 So müßten nach *MELLEROWICZ*, Wert der Unternehmung (1952), S. 13, „alle Momente, die in der besonderen Stellung des [..] [Bewertungssubjekts] zum Unternehmen liegen, eliminiert werden“. Vgl. dazu auch *MELLEROWICZ*, Wert der Unternehmung (1952), S. 60.

248 Zur Darstellung der subjektiven Unternehmensbewertung vgl. *MATSCHKE*, Anlässe und Konzeptionen (2000), S. 973, sowie *MATSCHKE/BRÖSEL*, Unternehmensbewertung (2007), S. 18–21.

249 Einen wesentlichen Anteil an der Entwicklung der subjektiven Wertlehre hatten neben MÜNSTERMANN vor allem BUSSE VON COLBE und KÄFER. Vgl. *BUSSE VON COLBE*, Zukunftserfolg (1957), *MÜNSTERMANN*, Wert und Bewertung (1966) sowie den Nachdruck der Aufsätze von *KÄFER*, Bewertung der Unternehmung (1996). Siehe auch *ENGELS*, Bewertungslehre (1962), *SIEBEN*, Substanzwert (1963), *JAENSCH*, Wert und Preis (1966), *VON WAHL*, Bewertung (1966).

bezogenen – *subjektiven Wert* in Form eines *Zukunftserfolgswerts*[250] in den Fokus ihrer Betrachtungen stellten. Die subjektive Bewertungskonzeption ist neben dem *Prinzip der Subjektivität* – die durch das Entscheidungssubjekt beeinflußbare Zielsystem-, Entscheidungsfeld- und Handlungsbezogenheit des Unternehmenswerts – durch die *Prinzipien der Zukunftsbezogenheit* – die Bewertungsrelevanz des zukünftigen Nutzens für das Entscheidungssubjekt – und *der Gesamtbewertung* – der Bewertung des Unternehmens als wirtschaftliche Einheit mit allen Synergieeffekten – charakterisiert.[251] Das Unternehmen kann insofern für jeden konkreten Bewertungsinteressenten einen grundsätzlich verschiedenen, spezifischen Wert besitzen, der den subjektiven Grenzpreis des Unternehmens aus Sicht des jeweiligen Bewertungssubjekts widerspiegelt,[252] der jedoch immer noch unabhängig von der jeweiligen Aufgabenstellung der Bewertung ermittelt wird.[253]

Die kontroversen[254] Anschauungen objektiver und subjektiver Theorie wurden mit dem Konzept der *funktionalen Unternehmensbewertung* überwunden.[255] Diese *Synthese* beider Konzepte nimmt dabei die Vorteile der jeweiligen Leitgedanken auf und berücksichtigt die noch im Hinblick auf die subjektive Wertlehre bestehende Kritik, indem das Prinzip der *Zweckabhängigkeit*[256] des Unternehmenswerts – die Abhängigkeit des Unternehmenswerts von der jeweiligen Aufgabenstellung – in der seit Mitte der siebziger Jahre des letzten Jahrhunderts als unumstritten geltenden Wertlehre der Unternehmensbewertungstheorie[257] verankert wird. Der Wert des Unternehmens wird unter Bezugnahme auf die Vorstellungen und Planungen des konkreten Bewertungssubjekts unter expliziter Berücksichtigung der verfolgten Aufgabenstellung der Unternehmensbewertung ermittelt. Ein Unternehmen kann nicht nur für jeden Bewertungsinteressenten, sondern auch bei jeder Aufgabenstellung einen grundsätzlich ver-

---

250 Zur Darstellung spezieller Varianten des Zukunftserfolgswerts als Entscheidungswert vgl. *MATSCHKE/BRÖSEL*, Unternehmensbewertung (2007), S. 302–329.

251 Vgl. zu den Prinzipien der subjektiven Unternehmensbewertung *MÜNSTERMANN*, Wert und Bewertung (1966).

252 Die Folgerung daraus ist, daß ein Unternehmen somit so viele Werte haben könnte, wie es Investoren gibt. Vgl. dazu auch *PEEMÖLLER*, Wert (2005), S. 6. Tatsächlich kann es nicht nur für jeden Investor, sondern auch für jede Aufgabenstellung einen unterschiedlichen Wert geben. Vgl. dazu im folgenden die Darstellung der funktionalen Unternehmensbewertung.

253 Der Subjektbezug, der das Fundament der „modernen Bewertungstheorie der Kölner und Greifswalder Schule" darstellt, bleibt bisher in der angelsächsischen Bewertungslehre weitgehend unberücksichtigt. Vgl. *OLBRICH*, Bedeutung des Börsenkurses (2000), S. 458.

254 Zur teilweise harten und rigiden Diskussion über die Bewertungskonzeptionen vgl. bspw. die bei *REICHERTER*, Fusionsentscheidung (2000), S. 125, Fn. 30, zitierte Literatur.

255 Die grundlegenden Arbeiten dieser auch als „Kölner Funktionenlehre" bekannten funktionalen Unternehmensbewertung bilden v. a. die Ausführungen von MATSCHKE und SIEBEN. Vgl. dazu *MATSCHKE*, Kompromiß (1969), *MATSCHKE*, Gesamtwert als Entscheidungswert (1972), *MATSCHKE*, Entscheidungswert (1975), *SIEBEN*, Entscheidungswert (1976), *GOETZKE/SIEBEN*, Moderne Unternehmensbewertung (1977), *SIEBEN*, Erfolgseinheiten (1968).

256 Zum Zweckadäquanzprinzip siehe oben S. 51, Fn. 203.

257 Vgl. *MANDL/RABEL*, Unternehmensbewertung (1997), S. 12.

schiedenen, spezifischen, subjektiven und funktionalen Wert besitzen.[258] Dabei unterscheidet die funktionale Unternehmensbewertung in die bereits bekannten Haupt- und Nebenfunktionen.[259]

Neben der soeben dargestellten (älteren) objektiven Unternehmensbewertung hat sich in den letzten Jahren eine jüngere objektive, sog. *marktwertorientierte Unternehmensbewertung* entwickelt,[260] die insofern einen Rückschritt in der Unternehmensbewertungstheorie bedeutet, als daß – wie schon bei der älteren objektiven Unternehmensbewertung – die Ermittlung eines für jeden Marktteilnehmer zu erzielenden objektiven Unternehmenswerts im Mittelpunkt dieser Konzeption steht und diese Konzeption – im Gegensatz zur älteren objektiven Lehre – den Unterschied zwischen Wert und Preis negiert.[261]

Auf Basis restriktiver finanzierungstheoretischer Modellannahmen – der Annahme eines vollständigen und vollkommenen Kapitalmarkts bei Vollständigkeit des Wettbewerbs und der Vorgabe bestimmter Zielkapitalstrukturen[262] – wird der *Marktwert* in einem *Gleichgewichtsmodell* ermittelt.[263] Gleichgewichtsmodelle können aufgrund ihrer idealisierten, auf ein Marktergebnis im Kapitalmarktgleichgewicht bezo-

---

[258] Vgl. *MATSCHKE*, Anlässe und Konzeptionen (2000), S. 973. Die Bewertung erfolgt somit zweckabhängig. *Der* (allgemeingültige) Unternehmenswert und *das* (in jeder Situation anwendbare) Unternehmensbewertungsverfahren existieren nicht. Die funktionale Bewertungstheorie stützt sich also auf die – aus der subjektiven Wertlehre übernommenen – Grundsätze der Subjektivität, der Zukunftsbezogenheit und der Gesamtbewertung, hier ergänzt durch den Grundsatz der Zweckabhängigkeit.

[259] Vgl. dazu Absatz II.2.1 dieser Arbeit (S. 51–59).

[260] Vgl. *MATSCHKE*, Unternehmensbewertung (2004), S. 683. Vertreter dieser Richtung sind neben Anhängern der anglo-amerikanischen Kapitalmarkttheorie – wie bspw. *SPREMANN*, Unternehmensbewertung (2002), *BALLWIESER*, Unternehmensbewertung (2007) und *DRUKARCZYK/ SCHÜLER*, Unternehmensbewertung (2007) – zunehmend Unternehmensberatungen, Banken und weitere Praktiker. Vgl. dazu auch *HERING*, Konzeptionen der Unternehmensbewertung (2000), S. 433, sowie *HERING*, Unternehmensbewertung (2006), S. VIII.

[261] Vgl. *HERING*, Konzeptionen der Unternehmensbewertung (2000), S. 433 und S. 441, *HERING*, IDW-S 1 (2004), S. 510. HERING führt weiter aus, daß nur unter sehr engen, realitätsfernen Voraussetzungen – wie bspw. der Abstraktion von allen produktions- und finanzwirtschaftlichen Synergieeffekten sowie von allen spezifischen Kompetenzen und Geschäftsideen – der am Markt erzielbare Preis dem subjektiven Unternehmenswert als Grenzpreis entspricht. Vgl. *HERING*, Konzeptionen der Unternehmensbewertung (2000), S. 441.

[262] Vgl. zu den Modellannahmen *HERING*, Unternehmensbewertung (2006), S. 157 und 167.

[263] Vgl. *HERING*, Konzeptionen der Unternehmensbewertung (2000), S. 443, *MATSCHKE*, Unternehmensbewertung (2004), S. 683, *MATSCHKE/BRÖSEL*, Unternehmensbewertung (2007), S. 25. Daß sich ein Unternehmenswert nicht als Marktwert (oder -preis) in einem Gleichgewichtsmodell ermitteln läßt, zeigt *LEUTHIER*, Interdependenzproblem (1988), S. 1: „Die Bewertung von Unternehmen erweist sich als besonders schwierig, da sich aufgrund der Individualität der Wert nicht wie der einer Handelsware von einem *Marktpreis* ableiten läßt, der sich durch das Aufeinandertreffen einer Vielzahl von Anbietern und Nachfragern bildet" [Hervorhebungen aus dem Original übernommen].

genen Annahmen[264] jedoch nicht die Aufgabe von Entscheidungsmodellen – die Ermittlung eines subjektiven Grenzpreises für ein Unternehmen – übernehmen. Die finanzierungstheoretische Bewertung mit Hilfe verschiedener Varianten der sog. Discounted Cash Flow-Verfahren[265] ist lediglich innerhalb der Argumentationsfunktion anwendbar.[266]

Da die Bewertung der finanzierungstheoretischen Verfahren auf unrealistischen Annahmen beruht, es sich aber insbesondere in der Konfliktsituation vom Typ der Spaltung um reale, tatsächlich im Wirtschaftsgeschehen angewendete Umstrukturierungsmaßnahmen handelt, ist die kapitalmarkttheoretische Marktwertermittlung (nicht nur) für die Spaltungsbewertung ungeeignet.[267]

---

264 Das neoklassische Fundament der Finanzierungstheorie bilden die Theorien (1) der Kapitalstruktur (MODIGLIANI-MILLER-Modellwelt), (2) des Rendite-Risiko-Zusammenhangs (MARKOWITZ-Modell, Capital Asset Pricing Model) sowie (3) der arbitragefreien Bewertung (ARROW-DEBREU-Preise, Binomial-Modell, BLACK-SCHOLES-Modell). Vgl. dazu *HERING*, Konzeptionen der Unternehmensbewertung (2000), S. 443, sowie die dort angeführten Literaturangaben.

265 Zur Darstellung der Discounted Cash Flow-Verfahren (DCF-Verfahren) vgl. bspw. *BALLWIESER*, Discounted Cash Flow-Verfahren (1998), *DRUKARCZYK/SCHÜLER*, Unternehmensbewertung (2007), S. 199–447, *MATSCHKE/BRÖSEL*, Unternehmensbewertung (2007), S. 658–695.

Zur Kritik insbesondere an den DCF-Verfahren vgl. *SIEBEN*, Discounted Cash Flow-Verfahren (1995), *SCHMIDT*, Discounted Cash-flow-Methode (1995), *BALLWIESER*, Discounted Cash Flow-Verfahren (1998), *SCHILDBACH*, Discounted Cash-Flow-Verfahren (1998), *HERING*, Konzeptionen der Unternehmensbewertung (2000), S. 441–451, *HERING*, Bewertungstheorie (2004), *HERING*, Unternehmensbewertung (2006), S. 153–243, *MATSCHKE/BRÖSEL*, Unternehmensbewertung (2007), S. 25–49. Zur fortwährenden Auseinandersetzung zwischen den Verfechtern der kapitalmarktorientierten Unternehmensbewertung und der funktionalen Unternehmensbewertung vgl. jüngst *HOMBURG/STEPHAN/WEISS*, Unternehmensbewertung (2004), die Stellungnahme von *HERING*, Atmende Finanzierung (2005), und die Replik auf diese Stellungnahme *HOMBURG/STEPHAN/WEISS*, DCF-Bewertungen (2005).

266 Vgl. *HERING*, Konzeptionen der Unternehmensbewertung (2000), S. 450 f. So veranschaulicht *SCHNEIDER*, Klumpfuß (1998), S. 1475: „Hätte Odysseus, statt in fernen Meeren zu segeln, Unternehmensrechnung praktiziert, die Sirenen hätten ihn anzulocken versucht mit: Marktwerte verkörperten in einer auf Wettbewerb gerichteten Wirtschaftsordnung eine von allen Marktteilnehmern akzeptierte Bewertung".

Weiterhin lassen sich die finanzierungstheoretischen Verfahren neben den kapitalmarkttheoretischen DCF-Varianten in die Verfahren der strategischen Bewertung auf Basis der Realoptionstheorie klassifizieren. Vgl. *OLBRICH*, Unternehmungsverkauf (2005), S. 156 f., *MATSCHKE/BRÖSEL*, Unternehmensbewertung (2007), S. 658 und 695–704.

Neben diesen finanzierungstheoretisch fundierten Verfahren existiert noch eine Klasse „theoretisch unfundierter Verfahren", zu denen z. B. die Multiplikatorenverfahren zählen. Vgl. *HERING*, Unternehmensbewertung (2006), S. 18–20.

267 Vgl. dazu auch *HERING*, Unternehmensbewertung (2006), S. 155.

3 Allgemeiner Brückenschlag zwischen Spaltung und Bewertung

3.1 Spaltung als Bewertungsanlaß

3.1.1 Merkmale des Bewertungsanlasses

Nach einer Darstellung der Grundlagen der Spaltung (Abschnitt II.1) und der Grundlagen der Unternehmensbewertung (Abschnitt II.2) werden diese beiden Abschnitte im folgenden miteinander verbunden, indem geprüft wird, ob der umwandlungsgesetzlich geregelte Umstrukturierungsvorgang der Spaltung einen Bewertungsanlaß im Sinne der entscheidungsorientierten, funktionalen Unternehmensbewertung darstellt. Diese hat nach der in dieser Arbeit vertretenen Auffassung die Aufgabe, „die Extensionen der konfliktlösungsrelevanten Sachverhalte zu bestimmen, denen das Entscheidungssubjekt in einer auf Veränderung der Eigentumsverhältnisse der Unternehmung gerichteten interpersonalen Konfliktsituation gerade noch zustimmen könnte“[268].

Somit ergeben sich folgende auf die Hauptfunktionen der Unternehmensbewertung bezogene Merkmale eines Bewertungsanlasses:[269]

1. Ein Bewertungsanlaß ist mit der *Veränderung von Eigentumsverhältnissen* oder der *Änderung von Eigentumsstrukturen* verbunden.[270]
2. Es entsteht eine *interpersonale Konfliktsituation*.[271]
3. Es besteht ein *Einigungsbedarf* über Extensionen verschiedener konfliktlösungsrelevanter Sachverhalte.

Neben den bereits in der Literatur anerkannten Bewertungsanlässen „Kauf“, „Verkauf“ und „Fusion“ ist demnach auch die Spaltung als Bewertungsanlaß zu kennzeichnen, weil sich

1. bei Spaltungen die *Eigentumsverhältnisse und -strukturen* in der Weise ändern können, daß die vor der Spaltung lediglich am Ursprungsunternehmen beteiligten Eigentümer nach der Spaltung Anteile an *mehreren* Unternehmen besitzen,

---

268 *MATSCHKE*, Entscheidungswert (1975), S. 30. Vgl. dazu auch *MATSCHKE*, Grundsätze (2003), S. 7. Die Ermittlung dieser Ausprägungen der konfliktlösungsrelevanten Sachverhalte bildet auch die Grundlage für die Argumentations- und Arbitriumwertermittlung. Vgl. *SIEBEN*, Entscheidungswert (1976), S. 504.

269 Vgl. dazu *MATSCHKE*, Entscheidungswert (1975), S. 28–31, *REICHERTER*, Fusionsentscheidung (2000), S. 119 f., *HERING*, Unternehmensbewertung (2006), S. 14.

270 Zur Unterscheidung der Begriffe *„Eigentumsverhältnisse“* und *„Eigentumsstrukturen“* vgl. den nächsten Abschnitt dieser Arbeit. Zu den – im folgenden nicht näher betrachteten – Bewertungsanlässen ohne eine (beabsichtigte) Veränderung der Eigentumsverhältnisse, den Anlässen der Nebenfunktionen der Unternehmensbewertung, vgl. Abschnitt II.2.2 (S. 59) dieser Arbeit.

271 Vgl. *MATSCHKE/BRÖSEL*, Unternehmensbewertung (2007), S. 755.

2. die Spaltungsparteien wenigstens über die Verteilung der Eigentumsanteile an den Nachfolgeunternehmen einigen müssen, so daß eine *interpersonale Konfliktsituation* entsteht, sowie
3. in einer interpersonalen Konfliktsituation *Einigungsbedarf* über die Verteilung der Eigentumsanteile und weiterer konfliktlösungsrelevanter Sachverhalte ergibt.

Grundsätzlich kann die Spaltung nach dem Umwandlungsgesetz folglich als Bewertungsanlaß im Sinne einer entscheidungsorientierten „Konfliktsituation vom Typ der Spaltung" der funktionalen Unternehmensbewertung bezeichnet werden.[272] Zu überprüfen ist jedoch noch, ob diese grundlegende Feststellung auch für alle umwandlungsgesetzlich geregelten Arten der Spaltung gilt. Deshalb werden im Abschnitt II.3.1.2 (S. 73–78) zunächst die Arten der Spaltung aus unternehmensbewertungsrelevanter, entscheidungsorientierter Sicht dargestellt, um anschließend im Abschnitt II.3.1.3 (S. 78–86) die – im Abschnitt II.1.2 (S. 10–31) dargestellten und in der *Tabelle 2* zusammengefaßten – Arten der Spaltung nach dem Umwandlungsgesetz auf ihre Bewertungsrelevanz zu überprüfen.[273]

Ausprägungen	Aufspaltung § 123 Abs. 1 UmwG	Abspaltung § 123 Abs. 2 UmwG	Ausgliederung § 123 Abs. 3 UmwG
• zur Aufnahme auf Schwestergesellschaften	Fall 1	Fall 6	Fall 11
• zur Aufnahme „nach unten"	Fall 2	Fall 7	Fall 12
• zur Aufnahme mit Dritten	Fall 3	Fall 8	Fall 13
• zur Aufnahme „nach oben"	Fall 4	Fall 9	Fall 14
• zur Neugründung	Fall 5	Fall 10	Fall 15

Tabelle 2: Matrix der Spaltungsarten

[272] Vgl. auch *MANDL/RABEL*, Unternehmensbewertung (1997), S. 14, *ODENTHAL*, Unternehmensteilungen (1999), S. 251.

[273] Zur Verdeutlichung werden die Arten der Spaltung bereits an dieser Stelle zusammenfassend in 15 Fällen dargestellt. Die Analyse dieser Spaltungsarten erfolgt im Abschnitt II.3.1.3 (S. 78–86) dieser Arbeit. Kombinationsmöglichkeiten dieser 15 Spaltungsvarianten bedürfen keiner weiteren Untersuchung, weil sich der Gesamtvorgang einer kombinierten Spaltung grundsätzlich in mehrere Grundspaltungsformen zerlegen lassen muß. Vgl. *DEHMER*, Umwandlungsgesetz (1996), S. 468, und Abschnitt II.1.2.2.4 (S. 28) dieser Arbeit.

3.1.2 Bewertungsrelevanz der Arten der Spaltung aus entscheidungsorientierter Sicht

3.1.2.1 Allgemeiner Fall der Eigentumsstrukturänderung bei einer verhältniswahrenden Spaltung

Im Falle der Konfliktsituation vom Typ der Spaltung geht es aus unternehmensbewertungsrelevanter Sicht – ähnlich wie im Fall der Konfliktsituation vom Typ der Fusion[274] – um die Verteilung der Einflußrechte (direkte oder indirekte Eigentumsanteile an den Unternehmen) und damit letztlich um die Verteilung der Anteile an den Zukunftserfolgen an den aus der Spaltung hervorgehenden Unternehmen. Sollen im Konfliktfall der Fusion die Eigentümer der zu vereinigenden Objekte Eigentum an der ökonomisch neuen Ergebniseinheit erhalten,[275] erlangen die Gesellschafter des Ursprungsunternehmens in der Bewertungssituation der Spaltung Eigentum an den ökonomisch neuen, durch die Spaltung entstehenden Ergebniseinheiten. Im folgenden wird eine *eindimensionale* Konfliktsituation vom Typ der Spaltung betrachtet, in der die Verteilung der Zukunftserfolge an den durch Spaltung entstehenden Unternehmen den einzigen konfliktlösungsrelevanten Sachverhalt darstellt.[276]

Eine interpersonelle Konfliktsituation vom Typ der Spaltung liegt nur dann vor, wenn sich die Verteilung der Eigentumsrechte an den durch Spaltung entstehenden Unternehmen von derjenigen vor der Spaltung unterscheidet (Eigentumsstrukturänderung). Eine Eigentumsstrukturänderung kann i. d. R. folgende Ausprägungen annehmen:[277]

1. *Allgemeiner Fall der Eigentumsstrukturänderung bei einer verhältniswahrenden Spaltung aufgrund veränderter Zukunftserfolge:* Bei gleichem Beteiligungsverhältnis der Eigentümer vor und nach der Spaltung kann es aufgrund veränderter Einkommensströme zu einer Eigentumsstrukturänderung kommen.
2. *Spezieller Fall der Eigentumsstrukturänderung bei einer verhältnisändernden oder nicht-verhältniswahrenden Spaltung aufgrund veränderter Beteiligungs-*

---

[274] Vgl. zur allgemeinen Darstellung der Konfliktsituation vom Typ der Fusion *MATSCHKE/BRÖSEL*, Unternehmensbewertung (2007), S. 87 f., m. w. N.

[275] Vgl. *MATSCHKE*, Entscheidungswert (1975), S. 32.

[276] In der Praxis kommen für gewöhnlich weitere konfliktlösungsrelevante Sachverhalte hinzu, so daß eine mehrdimensionale Konfliktsituation entsteht. Weitere konfliktlösungsrelevante Sachverhalte bei der Konfliktsituation vom Typ der Spaltung können beispielsweise der Unternehmensumfang, die Verteilung der Leitungsbefugnis oder die Haftung sein. Zur Analyse und Darstellung der Spaltung aus unternehmensbewertungsrelevanter und entscheidungsorientierter Sicht kann hier jedoch die eindimensionale Konfliktsituation gewählt werden. Die folgenden Ausführungen sind gleichwohl auch auf eine mehrdimensionale Konfliktsituation anwendbar, werden jedoch – wie in der Unternehmensbewertungsliteratur üblich – anhand einer eindimensionalen Konfliktsituation erläutert. Zur Darstellung weiterer konfliktlösungsrelevanter Sachverhalte im Fall der Spaltung vgl. Abschnitt II.3.3 (S. 109–138) dieser Arbeit.

[277] Vgl. *BYSIKIEWICZ/MATSCHKE/BRÖSEL*, Spaltung (2005), S. 4–6.

quoten: Die bisherigen Eigentümer sind in einem anderen als dem bisherigen Anteilsverhältnis an den neuen Gesellschaften beteiligt.

3. *Sonderfall der Eigentumstrennung bei einer verhältnisändernden oder nicht-verhältnis-wahrenden Spaltung aufgrund veränderter Beteiligungsquoten.* Die bisherigen Eigentümer des Ursprungsunternehmens werden so an den neuen Gesellschaften beteiligt, daß die Eigentümer getrennt werden und jeder Anteilseigner alleiniger Eigentümer eines Nachfolgeunternehmens wird.

Sind die bisherigen Eigentümer in dem gleichen Anteilsverhältnis wie bisher an den neuen Gesellschaften beteiligt (vgl. *Abbildung 14*), kann es zu einer Eigentumsstrukturänderung kommen, weil der kumulierte Einkommensstrom der entstehenden Unternehmen etwa hinsichtlich Höhe und/oder Struktur von dem zu spaltenden Unternehmen abweicht (*allgemeiner Fall der Eigentumsstrukturänderung bei einer verhältniswahrenden Spaltung aufgrund veränderter Zukunftserfolge*).[278] Diese Art der Eigentumsstrukturänderung ist unternehmensbewertungsrelevant, weil sich zwar nicht die Beteiligungsverhältnisse ändern, jedoch eine Eigentumsstrukturänderung aufgrund veränderter, zukünftiger Einzahlungsüberschüsse erfolgen kann.[279]

Insbesondere bei der Abspaltung und Ausgliederung von Unternehmensteilen sowie der Bildung von Tochtergesellschaften ist der allgemeine Fall der Eigentumsstrukturänderung häufig vertreten. Vorrangiges Ziel ist dabei i. d. R. nicht eine Veränderung der Beteiligungsquoten, sondern die Verselbständigung eines Teilbetriebs. Somit werden die Anteilseigner an den Nachfolgeunternehmen in dem gleichen Verhältnis wie am Ursprungsunternehmen beteiligt. Sind bspw. X mit 64,5 % und Y mit den übrigen 35,5 % am übertragenden Ursprungsunternehmen U_{UG} beteiligt, erhält X jeweils 64,5 % an den beiden Spaltungsunternehmen U_1 und U_2, und Y erhält jeweils 35,5 % an den Unternehmen U_1 und U_2. Folglich findet keine Veränderung der Eigen-

---

278 „Verhältniswahrend" ist hier im Sinne der gleichbleibenden Quoten zu sehen. Selten (wenn überhaupt) entsprechen die kumulierten Zukunftserfolge der entstehenden Unternehmen denen des zu spaltenden Unternehmens, so daß es auch bei gleichbleibenden Quoten zu Eigentumsstrukturänderungen kommt, weil die Bewertungssubjekte nunmehr mit dem gleichen Prozentsatz an einer anderen Basis (sei es im Hinblick auf die Höhe und/oder auf die Struktur der Zukunftserfolgsströme) beteiligt sind. Somit sind auch jene Situationen bewertungsrelevant, in denen die Gesellschafter der Ausgangsgesellschaft in demselben Verhältnis an den übernehmenden Rechtsträgern beteiligt werden, wie sie es am übertragenden Rechtsträger schon waren. In der Praxis werden jedoch verhältniswahrende Spaltungen auch ohne eine Unternehmensbewertung durchgeführt: „Das Umtausch- oder Bezugsverhältnis bei der Spaltung der Hoechst AG musste nicht auf einer Unternehmensbewertung beruhen, da die Hoechst AG im Wege der Spaltung sämtliche Anteile an ihrer Tochtergesellschaft, der Celanese AG, an ihre Anteilsinhaber übertrug, um so eine wertmäßig verhältniswahrende Spaltung durchzuführen. Diese Durchführungsvariante garantiert, dass die Beteiligungsverhältnisse vor der Spaltung auch nach der Spaltung sowohl bei der Hoechst AG wie auch bei der Celanese AG unverändert fortgesetzt werden" [Quelle: *OETTER*, Spaltung im Konzern (2003), S. 315].

279 Zentrale Aufgabe ist hier – wie bei fast allen Unternehmensbewertungen – die Ermittlung, d. h. Abgrenzung und Quantifizierung der relevanten Zahlungen, für die jedoch nicht die Unternehmensbewertungs*theorie*, sondern die Unternehmensbewertungs*praxis* verantwortlich ist. Vgl. dazu auch *HERING*, Unternehmensbewertung (2006), S. 4, m. w. N.

tumsverhältnisse aufgrund veränderter Beteiligungsquoten statt. Gewöhnlich ergibt sich jedoch eine Eigentumsstrukturänderung bei einer verhältniswahrenden Spaltung aufgrund veränderter Zukunftserfolge.

Eine in diesen Konfliktsituationen notwendige Unternehmensbewertung kann mit Hilfe der für die beiden folgenden besonderen Fälle der nicht verhältniswahrenden Spaltung durchgeführt werden.

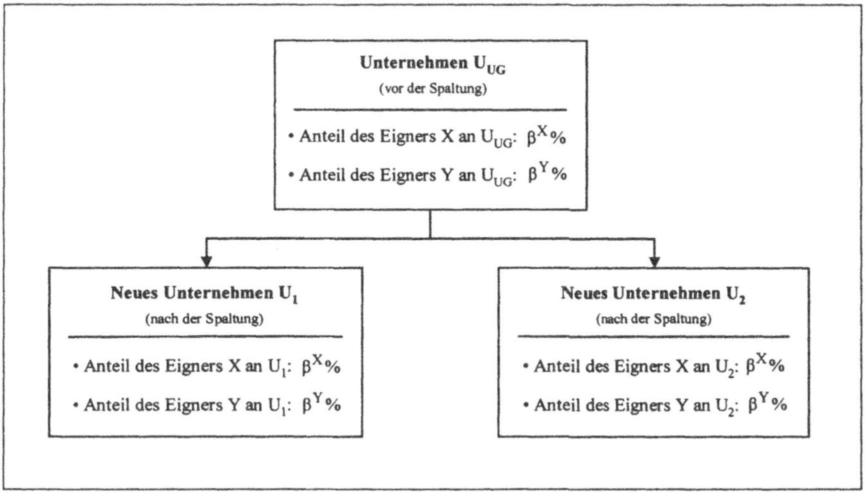

Abbildung 14: Allgemeiner Fall der Eigentumsstrukturänderung

3.1.2.2 Besondere Fälle der Eigentumsstrukturänderung bei einer nicht verhältniswahrenden Spaltung

3.1.2.2.1 Spezieller Fall der Eigentumsstrukturänderung

Sind die bisherigen Eigentümer in einem anderen als dem bisherigen Anteilsverhältnis an den neuen Gesellschaften beteiligt (vgl. *Abbildung 15*: $\beta^X\% \neq \alpha^X_{U_1}\%$ und/oder $\beta^X\% \neq \alpha^X_{U_2}\%$ sowie $\beta^Y\% \neq \alpha^Y_{U_1}\%$ und/oder $\beta^Y\% \neq \alpha^Y_{U_2}\%$), ergibt sich eine unternehmensbewertungsrelevante Konfliktsituation, weil die Anteilseigner nach der Spaltung mindestens den gleichen Nutzen aus ihren Anteilen an den einzelnen durch die Spaltung entstehenden Unternehmen erreichen sollten wie am Ursprungsunternehmen vor der Spaltung. Zur Erreichung dieses Ziels ermitteln die Anteilseigner die einzelnen minimalen Beteiligungsquoten, welche sie an den durch Spaltung entstehenden neuen Unternehmen erwerben sollten, wenn sie ihre wirtschaftliche Position durch die Spaltung der Ursprungsgesellschaft nicht verschlechtern wollen. Die ermittelten minimalen

Beteiligungsquoten können die Gesellschafter schließlich als Grenze der Konzessionsbereitschaft in den Spaltungsverhandlungen verwenden.[280]

Dieser spezielle Fall der Eigentumsstrukturänderung soll an einem einfachen Beispiel verdeutlicht werden (vgl. dazu auch *Abbildung 15*).

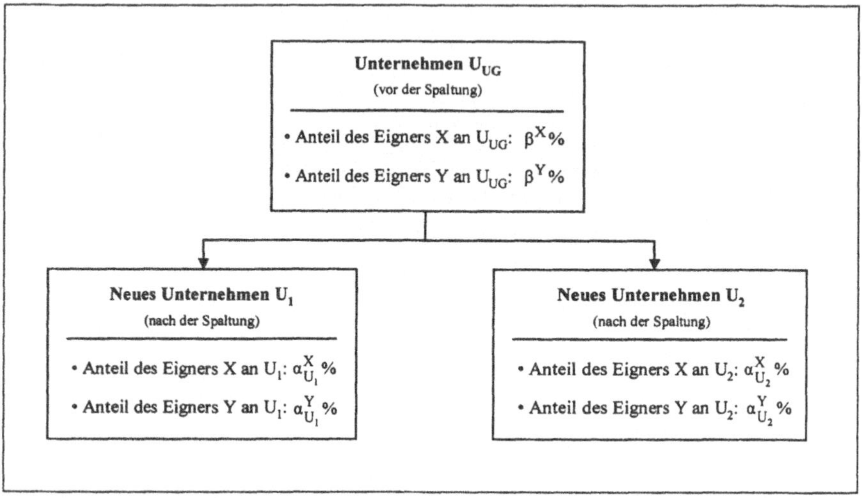

Abbildung 15: Spezieller Fall der Eigentumsstrukturänderung

Das Ursprungsunternehmen U_{UG}, an dem X mit 70 % und Y mit den restlichen 30 % beteiligt sind, wird in die übernehmenden Unternehmen U_1 und U_2 in bezug auf das Vermögen und die Schulden hälftig geteilt. Werden X mit 60 % und Y mit 40 % an U_1 sowie X mit 80 % und Y mit 20 % an U_2 beteiligt, liegt eine Spaltung vor, bei der die Anteilseigner an den Nachfolgeunternehmen in einem anderen als dem bisherigen Verhältnis beteiligt sind. Erzielen die Nachfolgeunternehmen in der Summe einen gleich hohen und gleich strukturierten Zukunftserfolgsstrom wie das Ursprungsunternehmen, verschieben sich durch die veränderten Beteiligungsquoten i. d. R. die Vermögenspositionen der Anteilseigner. Ändern sich bspw. aufgrund positiver Spaltungseffekte auch noch die Zukunftserfolgsströme, führt auch diese Veränderung zu einer Verschiebung der Vermögensverhältnisse. Deshalb ist es bspw. aus Sicht des Anteilseigners X notwendig, nachdem die Anteilsverhältnisse an einem der Spaltungsunter-

[280] Die Ermittlung solcher *Entscheidungswerte* in der Konfliktsituation der Spaltung erfolgt im ersten Abschnitt des dritten Kapitels dieser Arbeit. Zur Verwendung dieser Entscheidungswerte im Rahmen der Spaltungsverhandlungen und den daraus abgeleiteten Argumentationswerten vgl. Abschnitt III.2 (S. 255–324) dieser Arbeit.

nehmen festgelegt wurden (hier bspw. $\alpha_{U_1}^{X} = 60\%$, $\alpha_{U_1}^{Y} = 40\%$), diejenige minimale Beteiligungsquote am Unternehmen U_2 zu ermitteln, die den beispielhaften Anteilseigner X inklusive seines bereits festgelegten Anteils am Unternehmen U_1 mindestens genauso gut stellt, wie mit seinem Anteil am Ursprungsunternehmen U_{UG}.[281]

3.1.2.2.2 Sonderfall der Eigentumstrennung

Eine Sonderform des speziellen Falls der Eigentumsstrukturänderung ist die *Eigentumstrennung*.[282] Bei dieser Variante erfolgt eine vollständige Trennung der Gesellschafter, d. h., eine Spaltungspartei erhält die gesamten Anteile an einem Spaltungsunternehmen, die andere Spaltungspartei erhält sämtliche Anteile des anderen Spaltungsunternehmens (vgl. *Abbildung 16*).[283] Die wesentlichen konfliktlösungsrelevanten Sachverhalte können in diesem Sonderfall aus Sicht des jeweiligen Bewertungssubjekts entweder die Größe des dem Anteilseigner verbleibenden Unternehmensteils und der daraus resultierenden Zukunftserfolge oder aber auch die Höhe einer zu zahlenden oder zu fordernden Ausgleichszahlung sein. Ist geplant, eine Ausgleichszahlung zu vereinbaren, dann liegt wiederum eine Konfliktsituation vor, die dem Typ des Kaufs/Verkaufs zuzuordnen ist.

Daß die Eigentumstrennung eine Sonderform des speziellen Falls der Eigentumsstrukturänderung ist, soll an einem einfachen Beispiel gezeigt werden (vgl. dazu auch *Abbildung 16*): Ein übertragendes Unternehmen U_{UG}, an dem X und Y mit jeweils 50 % beteiligt sind, wird in die übernehmenden Unternehmen U_X und U_Y geteilt. Werden der Anteil des Anteilseigners X am Unternehmen U_X auf 100 % erhöht und die Beteiligung des Eigners Y auf 0 % gesenkt sowie der Anteil des Gesellschafters X auf 0 % am Unternehmen U_Y herabgesetzt und die Beteiligung des Eigentümers Y auf 100 % angehoben, liegt eine Spaltung vor, bei der sich die quotalen Verhältnisse derart geändert haben, daß eine Eigentumstrennung vorliegt.

Gemeinsam ist allen soeben dargestellten bewertungsrelevanten Konfliktsituationen folgende Wirkung: Die bisherigen Gesellschafter sind zukünftig in unterschiedlicher Weise an den Chancen und Risiken der neu entstandenen Unternehmen beteiligt. Für den einzelnen Anteilseigner stellt sich bei der nicht verhältniswahrenden Spaltung die Frage, wie groß sein Anteil an den einzelnen gespaltenen Unternehmen sein muß, damit er nicht schlechter als mit seinem Anteil am Ursprungsunternehmen gestellt ist. Im Hinblick auf die verhältniswahrende Spaltung stellt sich – weil die Quoten an den nach der Spaltung entstehenden Unternehmen schon feststehen – die Frage, ob das

---

281 Zur Ermittlung dieses „Entscheidungswerts" vgl. ausführlich Abschnitt III.1 (S. 139–254) dieser Arbeit.

282 Vgl. *KALLMEYER*, Umwandlungsgesetz (1994), S. 1748.

283 Vgl. *MATSCHKE/BRÖSEL*, Unternehmensbewertung (2007), S. 88 f. Dieser Sonderfall der Eigentumstrennung wird auch „zu Null-Beteiligung" genannt. Vgl. *WOCHINGER*, Nichtverhältniswahrende Spaltung (2000), S. 643.

Bewertungssubjekt sich auf diese Quoten einlassen kann, ohne sich dadurch schlechter zu stellen als ohne Spaltung. Grundsätzlich ist hierbei in einer nicht dominierten Konfliktsituation eine Einigung nicht ausgeschlossen, wenn die kumulierten Zukunftserfolge der übernehmenden Rechtsträger jene des übertragenden Rechtsträgers übersteigen (oder bspw. zeitlich-strukturelle Unterschiede aufweisen).

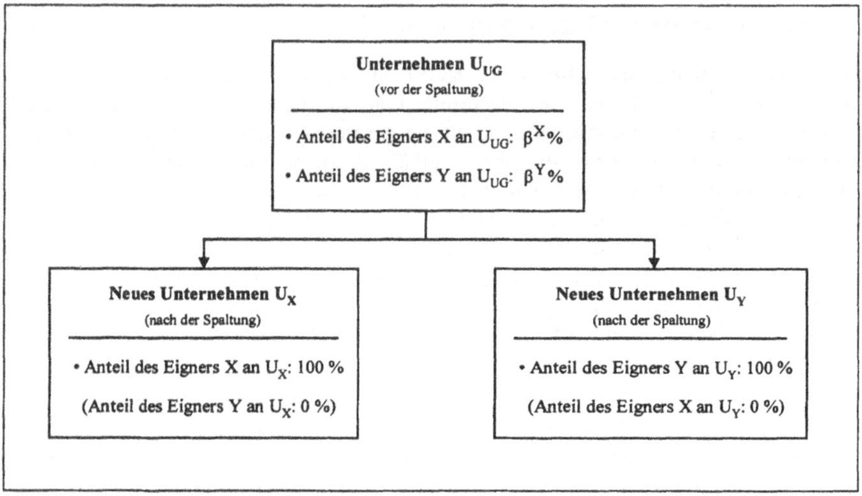

Abbildung 16: Sonderfall der Eigentumstrennung

3.1.3 Bewertungsrelevanz der Arten der Spaltung aus Sicht des Umwandlungsgesetzes

3.1.3.1 Überblick

Im folgenden werden die Arten der Spaltung nach dem Umwandlungsgesetz auf ihre Bewertungsrelevanz überprüft. Hierbei wird die bereits in den vorigen Abschnitten zugrunde gelegte *eindimensionale* Konfliktsituation vom Typ der Spaltung betrachtet, in der die Verteilung der Zukunftserfolge an den durch Spaltung entstehenden Unternehmen den einzigen konfliktlösungsrelevanten Sachverhalt darstellt. Wie bereits gezeigt wurde, stellt die Konfliktsituation vom Typ der Spaltung einen Bewertungsanlaß im Sinne der funktionalen Unternehmensbewertungstheorie dar.[284] Zu prüfen ist jedoch im folgenden, inwiefern die drei umwandlungsgesetzlich geregelten Kategorien „Aufspaltung", „Abspaltung" und „Ausgliederung" sowie deren Ausprägungen bewer-

284 Vgl. Abschnitt II.3.1.1 (S. 71 f.) dieser Arbeit.

tungsrelevant im Sinne der funktionalen Unternehmensbewertungstheorie sind.[285] Die Spaltungsarten nach dem Umwandlungsgesetz lassen sich dabei in folgende drei Gruppen unterteilen (vgl. *Tabelle 3*).

Ausprägungen	Aufspaltung § 123 Abs. 1 UmwG	Abspaltung § 123 Abs. 2 UmwG	Ausgliederung § 123 Abs. 3 UmwG
• zur Aufnahme auf Schwestergesellschaften	Fall 1	Fall 6	Fall 11
• zur Aufnahme „nach unten"	Fall 2	Fall 7	Fall 12
• zur Aufnahme mit Dritten	Fall 3	Fall 8	Fall 13
• zur Aufnahme „nach oben"	Fall 4	Fall 9	Fall 14
• zur Neugründung	Fall 5	Fall 10	Fall 15

(dick umrandet)	Bewertungsrelevante Fälle vom Typ der klassischen Spaltung
(weiß)	Bewertungsrelevante Fälle vom Typ der Spaltungsfusion mit Dritten
(grau)	Bewertungsrelevante Fälle vom Typ der vereinfachten Spaltungsfusion

Tabelle 3: Matrix der bewertungsrelevanten Spaltungsarten

1. *Bewertungsrelevante Fälle vom Typ der klassischen Spaltung*: Eine Gruppe bilden diejenigen Arten der Spaltung nach dem Umwandlungsgesetz, für die Bewertungsmodelle aufgestellt werden müssen, um den einzelnen Anteilseigner bei der Entscheidungsfindung zu unterstützen.
2. *Bewertungsrelevante Fälle vom Typ der Spaltungsfusion mit Dritten*: Eine weitere Kategorie der Arten der Spaltung nach dem Umwandlungsgesetz bilden die Fälle, in denen in einer umwandlungsgesetzlich geregelten Handlung sowohl die Bewertungsmodelle der Spaltung als auch die Modelle zur Bewertung von Fusionen angewendet werden müssen, wobei zu den ohnehin beteiligten Spaltungsparteien noch weitere außenstehende Konfliktparteien zu berücksichtigen sind.
3. *Bewertungsrelevante Fälle vom Typ der vereinfachten Spaltungsfusion*: Die letzte Gruppe der auf ihre Bewertungsrelevanz zu überprüfenden Arten der Spaltung nach dem Umwandlungsgesetz bestehen aus denjenigen Fällen, in denen wiederum die Bewertungsmodelle der Spaltung und die der Fusion angewendet werden müssen, wobei hier jedoch nur die ursprünglichen Spaltungsparteien an den Spaltungsverhandlungen beteiligt sind.

---

[285] Zu den Arten der Spaltung nach dem Umwandlungsgesetz vgl. Abschnitt II.1.2.2 (S. 18–31) dieser Arbeit.

3.1.3.2 Bewertungsrelevante Fälle vom Typ der klassischen Spaltung

Die klassische Konfliktsituation vom Typ der Spaltung im Sinne der funktionalen Bewertungstheorie bilden die umwandlungsgesetzlich geregelten Spaltungsfälle der Untergruppe „zur Neugründung“ (Fälle 5, 10 und 15 in *Tabelle 3*) ab, die im Rahmen dieser Untersuchung als „bewertungsrelevante Fälle vom Typ der klassischen Spaltung“ bezeichnet werden.

Bewertungsrelevant ist dabei insbesondere die „Aufspaltung zur Neugründung“ (Fall 5), weil in diesem Fall das *gesamte Vermögen* des Ursprungsunternehmens auf mindestens zwei neu zu gründende Spaltungsunternehmen aufgeteilt werden muß. Das bedeutet, daß

1. bei dieser Umwandlung das Ausgangsunternehmen untergeht (Spaltung mit Untergang der Ursprungsgesellschaft[286]),
2. alle Vermögensgegenstände sowie Schulden den einzelnen Spaltungsunternehmen zugeteilt werden müssen,
3. der ursprüngliche Rechtsträger für spätere (Haftungs-)Fragen somit nicht mehr zur Verfügung steht und
4. zwei Unternehmen neu gegründet werden müssen.

Wird die Spaltung verhältnisändernd durchgeführt, entspricht dieser Spaltungsfall der *Eigentumsstrukturänderung aufgrund einer nicht verhältniswahrenden Spaltung.*[287] Prototypen einer solchen nicht verhältniswahrenden Spaltung sind die Regelung der (vorweggenommenen) Erbfolge oder die Unternehmensnachfolge insbesondere bei kleineren Familienunternehmen und mittelständischen Einzelunternehmen.[288] Maßgebliche Voraussetzung für eine bewertungsrelevante Konfliktsituation i. S. der funktionalen Unternehmensbewertung bei der Spaltung ist, daß zumindest zwei Anteilseigner am Ursprungsunternehmen beteiligt sind oder daß mindestens zwei Anteilseigner an den nachfolgenden Unternehmen beteiligt werden sollen. Bei der *Aufspaltung zur Neugründung* sind in der bewertungsrelevanten Konfliktsituation am aufzuspaltenden Unternehmen mehrere Eigner beteiligt, die nach der Spaltung die Anteile oder Mitgliedschaften an den übernehmenden Rechtsträgern erhalten.[289] Dieser Spaltungsfall stellt das exakte Gegenteil zur *Verschmelzung mittels Gründung einer Neugesellschaft* nach § 2 Nr. 2 UmwG dar.[290] Bei dieser Fusionsart werden zwei unterge-

---

286 Zur Darstellung der Spaltung nach dem Systematisierungskriterium der *Existenz des Ursprungsunternehmens* vgl. bereits Abschnitt II.1.2.1 (S. 10 f.) dieser Arbeit.

287 Zu den *besonderen Fällen der Eigentumsstrukturänderung aufgrund einer nicht verhältniswahrenden Spaltung* vgl. Abschnitt II.3.1.2.2 (S. 75–78) dieser Arbeit.

288 Zu den Motiven der Spaltung vgl. Abschnitt II.1.3 (S. 32–50) dieser Arbeit.

289 Die *Aufspaltung zur Neugründung* dient daher als Grundlage der im Abschnitt III.1.3.1 (S. 168 f.) untersuchten Konfliktsituation im Rahmen der Entscheidungswertermittlung bei der Spaltung.

290 Die Arten der Verschmelzung lassen sich unterteilen in die *Verschmelzung mittels Aufnahme* nach § 2 Nr. 1 UmwG, bei der ein in der Regel wirtschaftlich kleineres, untergehendes Unternehmen mit einer größeren, weiterhin bestehenden Gesellschaft fusioniert, und in die *Verschmel-*

hende Unternehmen miteinander verschmolzen, es entsteht ein neues, aus den zwei Ursprungsunternehmen resultierendes Fusionsunternehmen. Bei der *Aufspaltung zur Neugründung* ist es umgekehrt: Ein untergehendes Ursprungsunternehmen teilt sich in mindestens zwei neu zu gründende Unternehmen auf.[291]

Bewertungsrelevant i. S. der Hauptfunktionen der funktionalen Bewertungstheorie sind die – meist im Konzernverbund stattfindenden – anderen Fälle der ersten Untergruppe (Fälle 10 und 15) ebenfalls nur dann, wenn mehrere Gesellschafter (bspw. auch Minderheiten oder Streubesitz) hieran beteiligt sind.

Auch im Fall der *Abspaltung zur Neugründung* kann es dann zu einer *Eigentumsstrukturänderung aufgrund einer nicht verhältniswahrenden Spaltung* kommen, so daß die Eigentumsanteile am Ursprungsunternehmen und am vom Ausgangsunternehmen abgespaltenen, gerade gegründeten Unternehmen neu verteilt werden.[292] Die *Abspaltung zur Neugründung* stellt das Gegenstück zur *Verschmelzung mittels Aufnahme* nach § 2 Nr. 1 UmwG dar. Bei dieser Verschmelzungsart bleibt jeweils eines der zu fusionierenden Unternehmen weiterhin bestehen, die anderen zu fusionierenden, untergehenden Unternehmen verlieren ihre rechtliche Selbstständigkeit. Bei der *Abspaltung zur Neugründung* wird entsprechend umgekehrt verfahren: Das Ursprungsunternehmen bleibt in verkleinerter Form bestehen, zusätzlich wird eine neue, aus dem Ursprungsunternehmen entstandene Gesellschaft gegründet.

Bei der *Ausgliederung zur Neugründung* wird ebenfalls ein Unternehmen neu gegründet. Auf diese Gesellschaft überträgt das Ursprungsunternehmen einen Teil seines Vermögens. Somit ergeben sich auch hier die Probleme der Vermögenszuordnung zu den einzelnen Gesellschaften. Jedoch werden die Anteile am neu gegründeten Unternehmen nicht den Anteilseignern des Ursprungsunternehmens, sondern dem übertragenden Unternehmen selbst gewährt. Somit ist nur die Ursprungsgesellschaft am neuen Spaltungsunternehmen beteiligt. Gewöhnlich gibt es deshalb keinen Anlaß, eine Ausgliederung zur Neugründung verhältnisändernd durchzuführen, weil sich in diesem Fall nur die Anteilsverhältnisse am verbleibenden Rumpfunternehmen verändern würden. Dennoch ist eine verhältniswahrende Spaltung in den Fällen denkbar, in denen die durch die verhältnisändernde Spaltung entstehende Anteilsquoteneinbuße bspw. durch Ausgleichszahlungen oder Zugeständnisse bei anderen konfliktlösungsrelevanten Sachverhalten – z. B. der Besetzung der Führungspositionen der nach Spaltung bestehenden Unternehmen – kompensiert werden. Wird eine Ausgliederung zur

---

zung mittels Gründung einer Neugesellschaft nach § 2 Nr. 2 UmwG. Zur Darstellung der Arten der Verschmelzung vgl. *MATSCHKE/BRÖSEL*, Unternehmensbewertung (2007), S. 370–372.

291 Zur Interpretation der Spaltung als „Spiegelbild der Fusion" in der Literatur vgl. Abschnitt II.1.1 (S. 8) dieser Arbeit. Es zeigt sich also, daß Spaltung und Fusion nicht pauschal miteinander vergleichbar sind, sondern daß nur die speziellen Spaltungs- und Fusionsarten einander gegenübergestellt werden können.

292 Die *Abspaltung zur Neugründung* dient daher als Grundlage der im Abschnitt III.1.3.2.2 (S. 205–254) untersuchten Konfliktsituation im Rahmen der jungierten Entscheidungswertermittlung bei der Spaltung.

Neugründung verhältnisändernd durchgeführt, ist dieser Spaltungsfall somit in die Gruppe der „bewertungsrelevanten Fälle vom Typ Spaltung" zu kategorisieren.

3.1.3.3 Bewertungsrelevante Fälle vom Typ der Spaltungsfusion mit Dritten

Die Fälle der *Spaltung zur Aufnahme* (Fälle 1 bis 4, 6 bis 9 und 11 bis 14) stellen vornehmlich eine Kombination aus Spaltung und Verschmelzung (Fusion) dar.[293] Dabei wird ein Vermögensteil, z. B. ein Betrieb oder Teilbetrieb, vom übertragenden Rechtsträger getrennt (Spaltung) und dann auf einen anderen Rechtsträger übertragen (Fusion).[294] Hierbei wird die sog. „Januskopfigkeit der Spaltung"[295] mit einem teils konzentrativen (Fusion) und einem teils dekonzentrativen Charakter (Spaltung) deutlich: Die Fälle der *Spaltung zur Aufnahme* besitzen allesamt einen Verschmelzungs- und einen Spaltungscharakter.[296] Dieser Vorgang wird auch als „Teilfusion"[297] oder „Teilverschmelzung"[298] bezeichnet, weil hier ein auf- oder abgespaltener oder ausgegliederter Unternehmensteil mit einer anderen Gesellschaft fusioniert wird. Diese Bezeichnung weist jedoch auf einen Fusions- und gerade nicht auf einen Spaltungsvorgang hin, so daß dieser Begriff eher ungeeignet ist.[299] Passender sind die Termini der „verschmelzenden Spaltung"[300] oder der „Fusionsspaltung"[301], weil in diesen Bezeichnungen beide Begriffe auftauchen. Damit deutlich wird, daß es sich bei diesen Fällen in erster Linie um eine Spaltung und erst in zweiter Linie um eine Fusion handelt. Daher wird hier der Begriff „Spaltungsfusion" präferiert.

Eine besondere Rolle im Hinblick auf die Bewertung haben bei diesen Kombinationen aus Spaltung und Verschmelzung die drei Formen der „Spaltung durch Aufnahme mit Dritten" (Fälle 3, 8 und 13 in *Tabelle 3*), weil bei dieser Spaltungsart – mit den „Dritten" – weitere Konfliktparteien zu berücksichtigen sind. Anhand der *Abbildung 17* werden die Formen der Spaltung zur Aufnahme mit Dritten am Beispiel der

293 Siehe auch *HEISS*, Spaltung (1995), S. 27, *KALLMEYER*, Kombination von Spaltungsarten (1995), S. 81. Die Begriffe der Verschmelzung und der Fusion werden sowohl hier als auch weitgehend in der Literatur synonym gebraucht.

294 Vgl. *HEISS*, Spaltung (1995), S. 27, *BLUMERS/KRAMER*, Ausgliederung und Spaltung (1993), S. 852 f.

295 *SCHÖNE*, Spaltung (1998), S. V.

296 Vgl. zum Begriff der „Januskopfigkeit der Spaltung" und deren Interpretation *SCHÖNE*, Spaltung (1998), S. 3 f. und S. 8, *SEIBOLD*, Spaltung (2001), S. 1.

297 *BECHT*, Spaltung (1996), S. 327. Siehe auch *BECKER*, Teilung (1994), S. 218.

298 Begründung des Regierungsentwurfs zum Umwandlungsgesetz, abgedruckt in *SCHAUMBURG/RÖDDER*, UmwG (1995), S. 200, sowie *NEYE*, Umwandlungsgesetz (1995), S. 247.

299 Vgl. auch *FRITZ*, Spaltung (1991), S. 31.

300 *SCHÖNE*, Spaltung (1998), S. 24.

301 *DUVINAGE*, Spaltung 1984, S. 33. Vgl. weiter *SCHULZE-OSTERLOH*, Probleme einer Spaltung (1985), S. 625.

Aufspaltung zur Aufnahme mit Dritten nach § 123 Abs. 1 Nr. 1 UmwG (Fall 3) verdeutlicht.

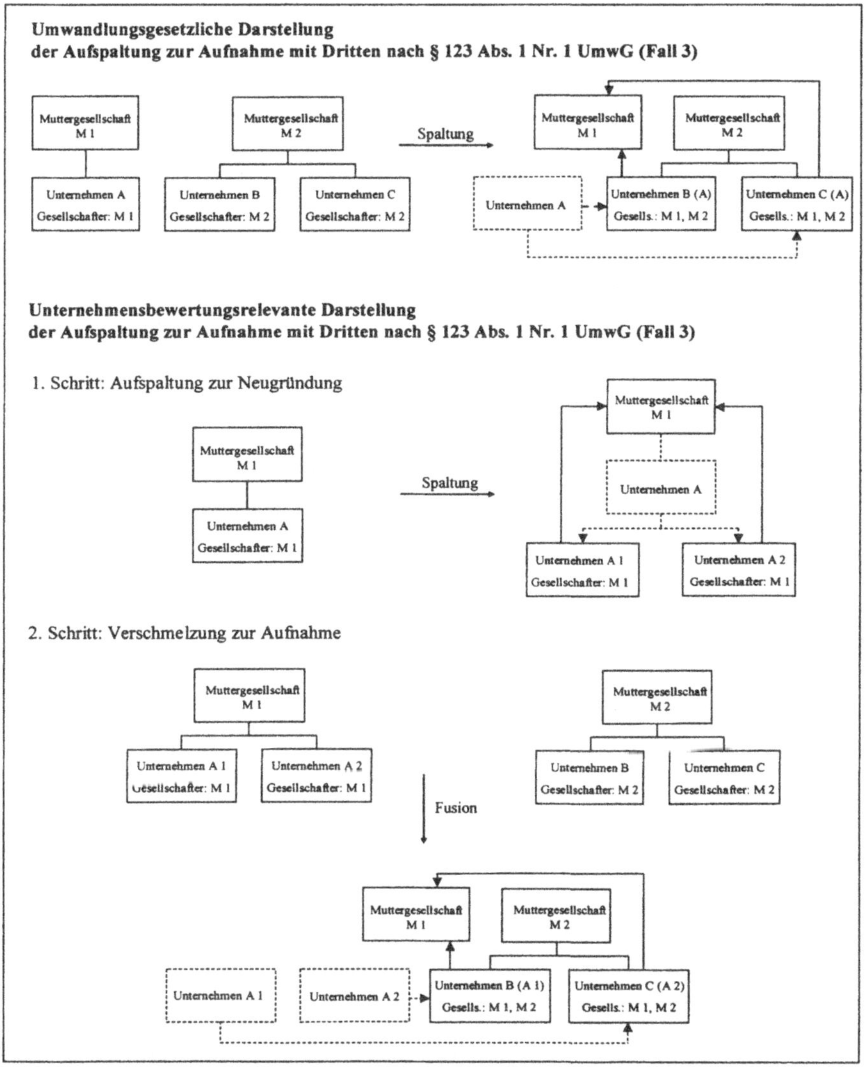

Abbildung 17: Bewertungsrelevanter Fall vom Typ der Aufspaltungsfusion zur Aufnahme mit Dritten

Es wird ersichtlich, daß sich der *bewertungsrelevante Fall vom Typ „Aufspaltungsfusion mit Dritten"* in zwei organisatorische Schritte zerlegen läßt:[302] In einem *ersten Schritt* wird eine Aufspaltung zur Neugründung vollzogen. Dabei spaltet sich das Unternehmen A (imaginär) in die neu zu gründenden Unternehmen A 1 und A 2 auf. Die eigentliche Spaltung ist bereits an dieser Stelle beendet. Das bedeutet, daß die Entscheidung der Muttergesellschaft M 1, ob sie das Unternehmen A aufspalten will, zu diesem Zeitpunkt bereits gefallen sein muß. Die bewertungsrelevanten Modelle einer *Eigentumsstrukturänderung aufgrund einer nicht verhältniswahrenden Spaltung* kommen hier zur Anwendung. Im *zweiten Schritt* dieses Spaltungsfalls wird eine (imaginäre) Verschmelzung zur Aufnahme durchgeführt. Im Zuge dieser Verschmelzung gehen die beiden Spaltungsunternehmen A 1 und A 2 unter; die Unternehmen B und C behalten ihre rechtliche Selbständigkeit und fusionieren mit den beiden Spaltungsunternehmen A 1 und A 2.[303]

Letztlich werden bei den Fällen der Spaltung zur Aufnahme mit Dritten (Fälle 3, 8 und 13 in *Tabelle 3*) die Bewertungsmodelle für eine *Eigentumsstrukturänderung aufgrund einer nicht verhältniswahrenden Spaltung* sowie für eine Verschmelzung zur Aufnahme benötigt.[304] Das bedeutet, daß die *bewertungsrelevanten Fälle vom Typ der Spaltungsfusion mit Dritten* nicht weiter untersucht werden müssen, weil für diese Spaltungsfälle die Bewertungsmodelle der nicht verhältniswahrenden Spaltung sowie die Modelle der Fusion kombiniert zur Anwendung gelangen.

3.1.3.4 Bewertungsrelevante Fälle vom Typ der vereinfachten Spaltungsfusion

Die Bewertungsrelevanz der übrigen – meist im Konzernverbund stattfindenden – Fälle der Spaltung (Fälle 1, 2, 4, 6, 7, 9, 11, 12 und 14 in *Tabelle 3*) wird anhand der

---

302 Zwar vollzieht sich die Aufspaltung zur Aufnahme mit Dritten nach § 123 Abs. 1 Nr. 1 UmwG rechtlich in einer Handlung (*uno actu*), jedoch lassen sich organisatorisch zwei Handlungen erkennen: eine Spaltung und eine nachfolgende Fusion.

303 Dieser Fall der „Spaltungsfusion mit Dritten" wurde auch bei der HOECHST AG vollzogen, die nach der Abspaltung der CELANESE AG im Jahr 1999 mit RHÔNE POULONC zur AVENTIS S. A. fusionierte. In bezug auf die an die Spaltung anschließende Fusion erläutert *OETTER*, Spaltung im Konzern (2003), S. 299: „Diese weitere Umstrukturierung müsste aus der Betrachtung des wirtschaftlichen Erfolgs der Spaltung der Hoechst AG ausgeschlossen werden, da die Unternehmensentwicklung der Aventis S. A. aufgrund der vielfältigen Einflüsse durch die Verschmelzung nicht als exakter Maßstab für den wirtschaftlichen Erfolg der Spaltung der Hoechst AG dienen kann."

304 Zu den Bewertungsmodellen und der Problemstellung der Ermittlung eines Entscheidungswerts in der Konfliktsituation vom Typ der Fusion vgl. *MATSCHKE*, Entscheidungswert (1975), S. 327–336, *MATSCHKE*, Bewertung ertragsschwacher Unternehmungen (1984), S. 544–565, *REICHERTER*, Fusionsentscheidung (2000), S. 183–248, *HERING*, Fusion (2004), S. 148–165, *MATSCHKE/WITT*, Entscheidungswertermittlung bei der Vereinigung (2004), S. 249–271, *MATSCHKE/BRÖSEL*, Unternehmensbewertung (2007), S. 370–403.

Abbildung 18 am Beispiel der Abspaltung zur Aufnahme auf Schwestergesellschaften nach § 123 Abs. 2 Nr. 1 UmwG (Fall 6) verdeutlicht.[305]

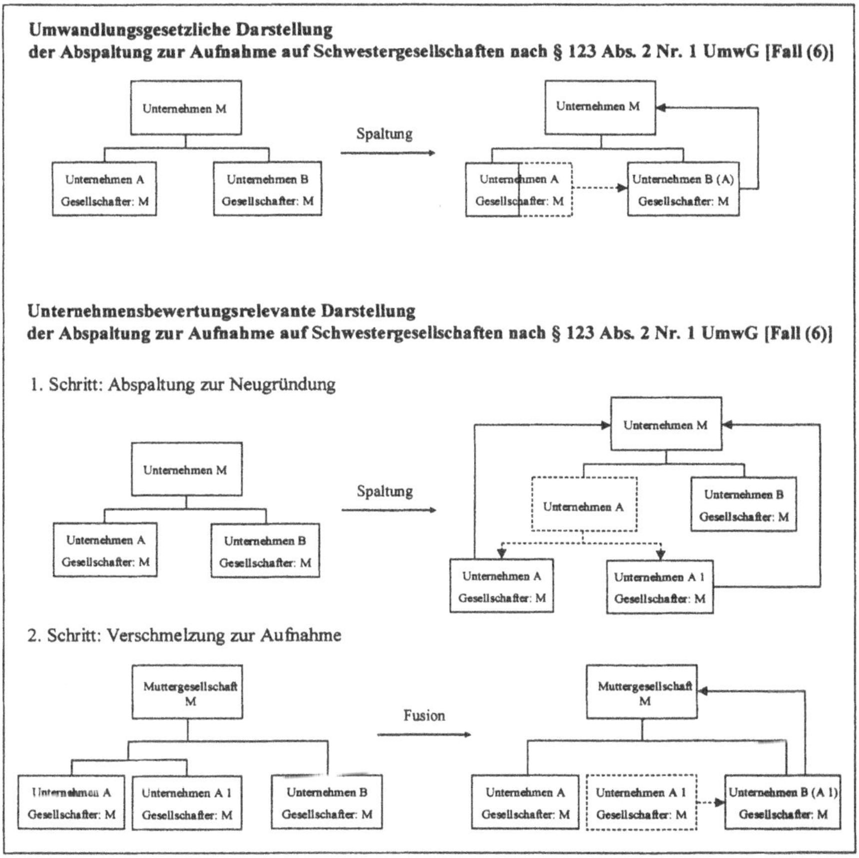

Abbildung 18: Bewertungsrelevanter Fall vom Typ der vereinfachten Abspaltungsfusion zur Aufnahme auf Schwestergesellschaften

Auch der *bewertungsrelevante Fall vom Typ der vereinfachten Abspaltungsfusion zur Aufnahme auf Schwestergesellschaften* kann in zwei organisatorische Schritte zerlegt werden: In einem *ersten Schritt* wird eine Abspaltung zur Neugründung vollzogen.

---

[305] Die weiteren angesprochenen, hier nicht explizit aufgezeigten Fälle der vereinfachten Spaltungsfusion lassen sich nach dem gleichen – im folgenden beschriebenen – Schema einfach untersuchen und werden deshalb nicht jeweils einzeln vorgestellt.

Dabei wird vom Unternehmen A (imaginär) ein neu zu gründendes Unternehmen A 1 abgespalten. Die bewertungsrelevanten Modelle einer *Eigentumsstrukturänderung aufgrund einer nicht verhältniswahrenden Spaltung* gelangen hierbei zur Anwendung. Im *zweiten Schritt* dieses Spaltungsfalls kommt wiederum eine (imaginäre) Verschmelzung zur Aufnahme zur Anwendung. Dabei geht das Spaltungsunternehmen A 1 unter; das Unternehmen B behält seine rechtliche Selbständigkeit und fusioniert mit dem Spaltungsunternehmen A 1, so daß auch hier die Bewertungsmodelle für die Konfliktsituation vom Typ der Fusion angewendet werden können.[306]

Wie schon im vorangegangenen Abschnitt dieses Kapitels werden auch hier keine weiteren Modelle zur Bewertung der Spaltung benötigt. Im Vergleich zu den bewertungsrelevanten Fällen der Spaltungsfusion mit Dritten vereinfachen sich diese Situationen außerdem noch dadurch, daß keine weiteren, dritten Konfliktparteien in den Verhandlungsprozeß eintreten.

Bei den drei Kategorien der bewertungsrelevanten Fälle vom Typ der Spaltung, vom Typ der Spaltungsfusion mit Dritten und vom Typ der vereinfachten Spaltungsfusion gelangen die Bewertungsmodelle für eine *Eigentumsstrukturänderung aufgrund einer nicht verhältniswahrenden Spaltung* sowie für eine Verschmelzung zur Aufnahme zur Anwendung. Das Bewertungsmodell der Spaltung wird im Abschnitt III.1 (S. 139–254) dieser Arbeit dargestellt.

3.2 Spaltung im Rahmen des Bewertungsprozesses

3.2.1 Überblick

Das theoretische Fundament der Unternehmensbewertung bildet die entscheidungsorientierte Investitionstheorie, die es vermag, „dem Einzelfall angepaßte Entscheidungshilfen zur Lösung realer betriebswirtschaftlicher Bewertungsprobleme zu geben“[307]. Vor einem investitionstheoretischen Hintergrund können Entscheidungswerte ermittelt werden, die dem Entscheidungssubjekt dabei helfen, eine Auswahl zwischen Investitionsdurchführung oder -ablehnung zu treffen. Auch die Aufgabenstellung der Unternehmensbewertung im Rahmen der Spaltung beinhaltet eine Investitionsentscheidung.[308]

---

306 Zur „nicht verhältniswahrenden Abspaltung als Gestaltungsinstrument im Rahmen von Unternehmenszusammenschlüssen“ vgl. *NAGEL/THIES*, Nicht verhältniswahrende Abspaltung (2004).

307 *HERING*, Unternehmensbewertung (2006), S. 248. Zur Bedeutung der Investitionstheorie in der Unternehmensbewertung siehe auch *KUSSMAUL*, Gesamtbewertung (1996), *MATSCHKE/BRÖSEL*, Unternehmensbewertung (2007), S. 119.

308 „Die Entscheidung über die Durchführung der Spaltung kann [...] als Investitionsentscheidung aufgefaßt werden“ [Quelle: *KOTTMANN*, Spaltung (1986), S. 14]. Obwohl die Spaltung einen Teilungscharakter besitzt, ist die Durchführung der Spaltung eine *Investitions*entscheidung und keine *Desinvestitions*entscheidung. In der Literatur befindet sich keine einheitliche Definition des Begriffs „Desinvestition“. Dem Wortursprung nach kann der Begriff „Desinvestition“ als Gegensatz zum Terminus „Investition“, also als Beendigung oder Auflösung einer Investition, bezeichnet werden. Die Spaltung stellt jedoch gerade den Anfang eines neuen Investitionsprozesses dar. Diese durchweg als zu allgemein angesehene Erklärung des Desinvestitionsbegriffs wird in zahlrei-

Für die Spaltungsparteien stellt sich die Frage, ob es sinnvoll ist, weiterhin in das Ursprungsunternehmen oder eher in mehrere gespaltene Gesellschaften zu investieren, d. h. also der Spaltung zuzustimmen. Die Entscheidung für oder gegen die Durchführung der Spaltung ist dabei – wie bei einer klassischen Investitionsentscheidung auch – Teil eines Investitionsprozesses. „Trotz der Individualität einer jeden entscheidungsorientierten [..] Unternehmensbewertung kann [auch im Bewertungsfall der Spaltung] ein idealtypisches Ablaufschema für den Bewertungsprozeß entwickelt werden."[309] Dieser Investitionsprozeß, der im Rahmen der Unternehmensbewertung auch als *Bewertungsprozeß* bezeichnet werden kann,[310] teilt sich in mehrere Phasen, die auf den Bewertungsprozeß bei der Spaltung übertragen werden können (vgl. *Abbildung 19*).[311] In erster Linie handelt es sich dabei um eine didaktische Ordnung der er-

---

chen Arbeiten konkretisiert und abgewandelt. Einigkeit besteht bei den Definitionen in der Literatur darüber, daß Desinvestitionen vollständige oder bedeutende Reduktionen des Mehrheitsanteils an einem klar abgegrenzten Unternehmensteil durch den Verkauf darstellen, wobei ein aktives Rumpfgebilde bestehen bleiben kann. Zur Begriffsdefinition der Desinvestition vgl. *JANSEN*, Desinvestitionen (1986), S. 28, *MENSCHING*, Desinvestitionen (1986), S. 2–6, *BRÜGGERHOFF*, Desinvestitionen (1992), S. 7–10, *LÖFFLER*, Desinvestitionen (2001), S. 5–7, *STIENEMANN*, Desinvestitionen (2003), S. 19–21, *MITTNACHT*, Desinvestitionen (2006), S. 5 f. Eindeutiges Merkmal der Spaltung ist, daß die Spaltungsunternehmen unter den Anteilseignern verhältniswahrend oder -ändernd aufgeteilt werden. Dabei kann zwar die Spaltung für einzelne Anteilseigner im Fall der Eigentumstrennung zum Verlust eines Mehrheitsanteils an einem der Spaltungsunternehmen führen, jedoch erfolgt der Ausgleich durch Anteile an den übrigen Spaltungsunternehmen und nicht – wie beim Verkauf eines Unternehmens – durch Zahlung eines Kaufpreises. Auch die Spaltungsform des „Equity-Carve-Outs", der Spaltung des Ursprungsunternehmens mit anschließendem Börsengang eines Tochterunternehmens, besteht aus zwei unterschiedlichen Bewertungssituationen. In diesem Fall ist jedoch ggf. nur der Börsengang, nicht aber die Spaltung zu den Desinvestitionen hinzuzurechnen. Siehe auch *SCHIERECK/STIENEMANN*, Desinvestitionen (2004), S. 353. Somit muß bei der Darstellung des Bewertungsprozesses im Rahmen der Spaltung von einem Investitionsprozeß gesprochen werden. Siehe dazu auch *ODENTHAL*, Unternehmensteilungen (1999), S. 123. Sprachlich treffender für den Begriff der Desinvestition wäre der Terminus „Devestition", vgl. *KLINGELHÖFER*, Umweltschutzinvestitionen (2004), S. 1, *HERING*, Unternehmensbewertung (2006), S. 14.

309 *MEICHELBECK*, Unternehmensbewertung (2005), S. 447.

310 Vgl. zur Interpretation der Spaltung als Bewertungsprozeß auch *SCHNEIDER*, Unternehmensaufspaltung (1977), S. 25, *BECKER*, Teilung (1994), S. 16 f. ODENTHAL beschreibt diesen Investitionsprozeß als „Teilungsmanagementprozeß". Vgl. *ODENTHAL*, Unternehmensteilungen (1999), S. 175–228. OTT unterteilt hingegen nur nach den umwandlungsgesetzlich erforderlichen Schritten in die Vorbereitungs-, Beschluß- und Vollzugsphase. Vgl. *OTT*, Umwandlungs- und Umwandlungssteuerrecht (1996), S. 64 f. und S. 194–202. Die Darstellungen der idealtypischen Phasen des Desinvestitionsprozesses stimmen mit denen des Investitionsprozesses weitgehend überein. Vgl. *BRÜGGERHOFF*, Desinvestitionen (1992), S. 49–56, *OPITZ*, Desinvestitionen (1993), S. 326 f., *DIECKHAUS*, Desinvestitionsprozeß (1995), S. 331.

311 Die folgende Darstellung erfolgt in Anlehnung an die Phasen eines klassischen Investitionsprozesses. Vgl. dazu *ULRICH*, Unternehmung (1970), S. 204–209, *MATSCHKE*, Investitionsplanung (1993), S. 45. Siehe außerdem ausführlich zur Darstellung des Investitionsprozesses mit acht einzelnen Phasen *IRLE*, Entscheidungen (1971), S. 45–52 sowie S. 95–140, *SZYPERSKI/WINAND*, Entscheidungstheorie (1974), S. 6–11. Einen Überblick über die in der Literatur dargestellten Phasen des Investitionsprozesses gibt *BRÜGGERHOFF*, Desinvestitionen (1992), S. 20–27.

forderlichen Handlungen. In der Realität ist dieser Bewertungsprozeß hingegen durch ständige „Vor- und Rückkopplungsvorgänge“[312] gekennzeichnet.

Der Bewertungsprozeß der Spaltung teilt sich in die Phasen der Willensbildung und in die Phasen der Willensdurchsetzung. Im Mittelpunkt der für die Entscheidungsfindung relevanten – im Rahmen dieser Arbeit untersuchten und im folgenden näher dargestellten – Phase der *Willensbildung* steht schließlich die Bewertung des zu spaltenden Unternehmens und der durch Spaltung entstehenden Unternehmen im Sinne der Entscheidungsfunktion.[313] Dieser Bewertungsprozeß bei der Spaltung kann grundsätzlich in vier Schritte unterteilt werden:[314]

1. Anregung und Prüfung des Bewertungsanlasses der Spaltung (Anbahnungsphase),
2. Abgrenzung und Quantifizierung der relevanten Zukunftserfolge des Ursprungsunternehmens und der Spaltungsunternehmen (Suchphase),
3. Transformation der Zukunftserfolge in Unternehmenswerte und Berechnung der Grenzquote der Beteiligung (Beurteilungsphase),
4. Abwägung von subjektiven Grenzquoten und angebotenen Beteiligungsquoten (Verhandlungs- und Entscheidungsphase).

---

312 *ODENTHAL*, Unternehmensteilungen (1999), S. 175. Dabei können einzelne Bewertungsphasen auch mehrmals durchlaufen werden.

313 Zum Begriff der Willensbildung vgl. *HEINEN*, Betriebswirtschaftslehre (1985), S. 22, *MATSCHKE*, Investitionsplanung (1993), S. 45. Die Phase der Willensbildung könnte auch mit dem Begriff der „Planung“ umschrieben werden. Vgl. *FRIEDL*, Controlling (2003), S. 182–191.

314 Vgl. dazu *HERING*, Unternehmensbewertung (2006), S. 4 und S. 41 f. Siehe weiterhin *BRÖSEL/ DECHANT*, Bewertung von Telekommunikationsunternehmungen (2003), S. 135. Bei dieser Einteilung sind lediglich die Eigentumsverhältnisse von Bedeutung. Weitere konfliktlösungsrelevante Sachverhalte werden in der weiteren Darstellung erläutert und in die Phasen des Spaltungsprozesses einbezogen.

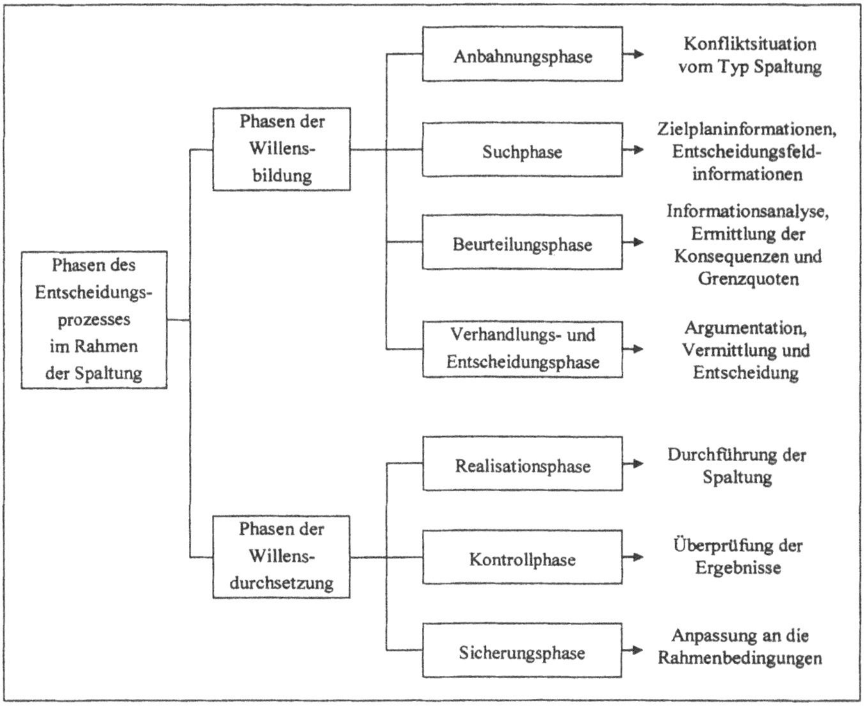

Abbildung 19: Darstellung der Phasen des Entscheidungsprozesses im Rahmen der Spaltung[315]

Am Anfang des Bewertungsprozesses wird herausgefunden, ob überhaupt der Bewertungsanlaß der Spaltung besteht (Anbahnungsphase).[316] Besteht der Anlaß der Spaltung, werden die konfliktlösungsrelevanten Sachverhalte festgelegt, die verschiedenen Handlungsalternativen ermittelt, die Entnahmezielsetzung bestimmt und das Bewertungsverfahren ausgewählt (Suchphase). Sind die Zielpläne und Entscheidungsfelder abgesteckt, wird in der Beurteilungsphase ein die eigene Grenze der Konzessionsbereitschaft fixierender Entscheidungswert ermittelt. In der Verhandlungs- und Entscheidungsphase treffen die Anteilseigner unter zu Hilfenahme von Argumentationswerten und ggf. durch Hilfestellung von durch einen neutralen Gutachter bereitgestellten Arbitriumwerten in den Spaltungsverhandlungen die Entscheidung für oder gegen die Durchführung einer Spaltung.

---

315 In Anlehnung an *MATSCHKE*, Investitionsplanung (1993), S. 45. Erweitert wird das Modell des Bewertungsprozesses um die *Sicherungsphase*. Vgl. dazu *FRIEDL*, Controlling (2003), S. 257 f.

316 An dieser Stelle wird die Spaltung bereits zu den Bewertungsanlässen hinzugezählt. Siehe dazu Abschnitt II.3.1.1 (S. 71 f.) dieser Arbeit.

Die *Phasen der Willensdurchsetzung*[317] folgen auf die Phasen der Willensbildung, sofern sich die Anteilseigner in der Entscheidungsphase dazu entschließen, die Spaltung des Ursprungsunternehmens durchzuführen. Hierbei können drei weitere Phasen unterteilt werden:

1. *Realisationsphase*: In dieser Phase erfolgt die Durchführung der Spaltung.
2. *Kontrollphase*: Die Ergebnisse, die sich aus der Spaltung ergeben, werden in dieser Phase überprüft.[318]
3. *Sicherungsphase*: In dieser Phase kann eine Anpassung der Rahmenbedingungen zur langfristigen Erhaltung der Ertragskraft der Spaltungsunternehmen erfolgen.

Im folgenden werden zunächst die für die Bewertung entscheidenden Phasen der Willensbildung erläutert. Anschließend werden die Phasen der Willensdurchsetzung beschrieben. Die Darstellung der Bewertungsphasen erfolgt nachstehend stets unter dem Aspekt der Bewertungsrelevanz. Das bedeutet, daß im Zuge des Bewertungsprozesses bei der Spaltung nicht die Frage, ob eine Unternehmensspaltung durchgeführt werden *kann*, im Vordergrund steht, denn die Beantwortung dieser Frage ist Aufgabe der Unternehmensführung,[319] sondern ob eine Spaltung durchgeführt werden *soll*. Letztere Fragestellung wird durch die Anteilseigner beantwortet.

3.2.2 Darstellung der einzelnen Phasen des Entscheidungsprozesses

3.2.2.1 Phasen der Willensbildung

3.2.2.1.1 Anbahnungsphase

„In der ersten Phase, der Anregungsphase, die das Ingangsetzen des Entscheidungsprozesses zur Folge hat, wird sich das Entscheidungssubjekt [..] des Problems bewußt, daß die Struktur seines Unternehmens nicht mehr den veränderten Gegebenheiten gerecht wird. [..] [Es] erkennt die Notwendigkeit, Umstrukturierungen vornehmen zu müssen, um sein Unternehmen den veränderten Voraussetzungen anpassen zu können."[320] Erfolgt eine Diskussion über mögliche Umstrukturierungen (Anregung) oder wird das Thema zumindest erkannt (Problem), ist die erste Stufe zur Willensbildung

---

[317] Zum Begriff der Willensdurchsetzung vgl. *HEINEN*, Betriebswirtschaftslehre (1985), S. 22, *MATSCHKE*, Investitionsplanung (1993), S. 47. Die Phase der Willensdurchsetzung könnte auch mit dem Begriff der „Steuerung" umschrieben werden. Vgl. *FRIEDL*, Controlling (2003), S. 256 f.

[318] Auch während des Spaltungsvorgangs gibt es laufende Durchführungskontrollen, die hier jedoch keiner eigenen Phase zugeordnet werden.

[319] Beispielsweise wird in der ersten Phase, der Anbahnungsphase, auch die Spaltungsfähigkeit betrieblicher Strukturen geprüft. Die Beantwortung dieser Frage liegt primär jedoch nicht im Aufgabenbereich der Unternehmensbewertung, sondern vielmehr im Bereich der Organisations- und Produktionswirtschaft sowie der Rechtswissenschaft. Siehe auch S. 3 dieser Arbeit sowie nachfolgend Fn. 327 dieses Abschnitts.

[320] *BECKER*, Teilung (1994), S. 89.

„erklommen".[321] Gerade dieser *Anbahnungsphase*, die auch Anregungs- und Problemstellungsphase genannt wird,[322] kommt eine entscheidende Bedeutung zu. In dieser Phase wird der Grundstein für das weitere Vorgehen gelegt: Erkennt der Unternehmer oder der Anteilseigner diesen Bedarf zur Veränderung im Zuge der Strategieentwicklung nicht,[323] werden potentielle Umstrukturierungen nicht analysiert. Letztlich kommt es zu keiner Bewertungssituation.[324]

In der Anbahnungsphase werden folglich die Gründe erkannt, die nicht zwingendermaßen auf eine Spaltung, jedoch zumindest auf eine Verkleinerung der Unternehmenseinheiten – wie bspw. den Verkauf eines Unternehmensteils, das „Outsourcing" oder aber auch auf die Unternehmensspaltung – hindeuten.[325] Im günstigsten Fall erkennt das Entscheidungssubjekt oder die Unternehmensleitung also unmittelbar, daß ein Bewertungsanlaß vom Typ der Spaltung vorliegt.[326] Zur Anbahnungsphase gehört neben der Problemerkennung auch das Feststellen der Ausgangslage und der Umweltbedingungen. Dazu zählt – bei der Vermutung, es könnte sich um eine Verkleinerung der Unternehmenseinheiten handeln – auch die Prüfung der Spaltungsfähigkeit betrieblicher Strukturen.[327]

3.2.2.1.2 Suchphase

Die sich an die Anbahnungsphase anschließende zweite Phase, die *Suchphase*[328], dient der Informationsbeschaffung, dem Suchen und Ausformulieren von alternativen

---

321 „Jeder Entscheidungsprozeß beginnt mit dem Bewußtwerden eines Problems und dem Erkennen einer Entscheidungsnotwendigkeit; das Problem ist identifiziert" [Quelle: *BECKER*, Teilung (1994), S. 73].

322 So bezeichnet MATSCHKE diese erste Phase als Anregungs- und Problemstellungsphase. Vgl. *MATSCHKE*, Investitionsplanung (1993), S. 45. Kürzer kann sie auch als „Anbahnungsphase" umschrieben werden. Vgl. *BRÖSEL/BURCHERT*, Akquisition (2004), S. 347.

323 Da eine mögliche Spaltung grundsätzlich als strategischer Schritt bezeichnet werden kann, muß diese Phase – neben der Anregung und Problemstellung – eine Strategieentwicklung oder Strategieanpassung beinhalten. Vgl. *BRÖSEL/KEUPER*, Unternehmensakquisitionen (2006), S. 150.

324 Ausgenommen sind hier dominierte Konfliktsituationen, bei denen eine Spaltung – bspw. aufgrund gesetzlicher Vorgaben – zwangsweise durchgeführt werden muß. Vgl. dazu die Motive der Spaltung in Abschnitt II.1.3 (S. 32–50) dieser Arbeit.

325 Die Aufgabe der Anbahnungsphase wird von ODENTHAL auch als „Analyse der Teilungsbedürftigkeit" bezeichnet. Vgl. *ODENTHAL*, Unternehmensteilungen (1999), S. 176.

326 Zur Einteilung der Bewertungsanlässe vgl. *MATSCHKE*, Entscheidungswert (1975), S. 31, *MANDL/RABEL*, Unternehmensbewertung (1997), S. 14 f., sowie Abschnitt II.2.2 (S. 60–63) dieser Arbeit.

327 Vgl. *BECKER*, Teilung (1994), S. 35, *HARTMANN*, Spaltung (1997), S. 23–29. Da es sich bei diesem Punkt zwar um ein notwendiges Kriterium handelt, die Lösung jedoch eher bspw. im Bereich der Produktions- und Organisationswirtschaft als im Bereich der Unternehmensbewertung zu suchen ist, wird hier auf eine detaillierte Darstellung verzichtet. Siehe ausführlich dazu *ODENTHAL*, Unternehmensteilungen (1999), S. 177–190.

328 Vgl. *MATSCHKE*, Investitionsplanung (1993), S. 46 f.

Lösungsmöglichkeiten und deren Konsequenzen.[329] Diese zur späteren Entscheidungswertermittlung notwendigen Informationen teilen sich in Informationen über das vom Entscheidungssubjekt „Gewollte", die Zielplaninformationen, und in Informationen über das für das Bewertungssubjekt „Mögliche", die Entscheidungsfeldinformationen (vgl. *Abbildung 20*). Nachstehend erfolgt eine Darstellung dieser bewertungsrelevanten Informationen im Rahmen der Spaltung.[330]

Der *Zielplan* stellt ein Abbild des Entscheidungssubjekts dar. Er enthält Informationen über die das Entscheidungssubjekt interessierenden Sachverhalte (Ziele) und die sie charakterisierenden Merkmale (Ergebnisdefinition) einerseits sowie Informationen über die Intensität des Strebens danach (Präferenzen) andererseits.[331] Die *Ergebnisdefinition* gibt an, welche Ziele das Bewertungssubjekt verfolgt.[332] Häufig wird dabei nur ein Ziel zugrunde gelegt, die Gewinnerzielung (*homogene Ergebnisdefinition*).[333] Sind im Fall der Spaltung gleichzeitig noch weitere Ziele – wie bspw. die Aufteilung von Produktfeldern (technische Ziele), die Sicherung von Arbeitsplätzen oder sogar die Arbeitsplatzgarantie für die Zeit nach der Spaltung (soziale Ziele), die Verringerung der Umweltbelastung (ökologische Ziele) oder die Risikominimierung durch mehrere Unternehmenseinheiten (strategische Ziele) – entscheidungsrelevant, so handelt es sich um eine *heterogene* Ergebnisdefinition.[334]

---

329 Dabei ist nicht auszuschließen, daß Informationen aufgedeckt werden, die zu einer Umformulierung des Problems und somit zu einer Rückkopplung zur Anbahnungsphase führen. Vgl. *BECKER*, Teilung (1994), S. 73 und S. 89. Siehe weiterhin *SCHNEIDER*, Unternehmensaufspaltung (1977), S. 25, *SIEBEN/SCHILDBACH*, Entscheidungstheorie (1994), S. 189–191, *ODENTHAL*, Unternehmensteilungen (1999), S. 177–180.

330 Vgl. *SIEBEN*, Erfolgseinheiten (1968), S. 14. Hierbei sei nochmals daraufhin gewiesen, daß im folgenden lediglich die *bewertungs*relevanten Informationen, nicht deren Ermittlung dargestellt werden. Zur Darstellung der Informationsbeschaffung vgl. *ODENTHAL*, Unternehmensteilungen (1999), S. 177–190.

331 Zur Einführung der Begriffe „Zielplan" und „Ergebnisdefinition" in die Unternehmensbewertungstheorie vgl. *SIEBEN*, Erfolgseinheiten (1968), S. 10 f. Siehe auch *MATSCHKE/BRÖSEL*, Unternehmensbewertung (2007), S. 135 f. Unter den Informationen des Zielplans sind grundsätzlich *wertende* Aussagen über die vom Entscheidungssubjekt erstrebten Sachverhalte und die diese charakterisierenden Merkmale (Ergebnisdefinition) und die Intensität (Präferenzen), mit der er diese Sachverhalte anstrebt, zu verstehen. Den interessierenden Sachverhalten der einzelnen Handlungsmöglichkeiten und Umweltzuständen werden dabei Nutzwerte zugeordnet. Der Zielplan ist somit „Ausdruck des Könnens" des Bewertungssubjekts. Vgl. *SIEBEN*, Erfolgseinheiten (1968), S. 12, *SZYPERSKI/WINAND*, Entscheidungstheorie (1974), S. 47 f., *MATSCHKE/BRÖSEL*, Unternehmensbewertung (2007), S. 135–141. Siehe hierzu (und im folgenden zur Darstellung des Entscheidungsfelds) auch das Grundmodell der praktisch-normativen Entscheidungstheorie von *SIEBEN/SCHILDBACH*, Entscheidungstheorie (1994), S. 15–31.

332 Vgl. dazu *SIEBEN*, Erfolgseinheiten (1968), S. 11–18 , *MATSCHKE*, Entscheidungswert (1975), S. 80–83.

333 Vgl. hierzu und im folgenden *SIEBEN*, Erfolgseinheiten (1968), S. 40–49, *SIEBEN/SCHILDBACH*, Entscheidungstheorie (1994), S. 162 f., *MATSCHKE/BRÖSEL*, Unternehmensbewertung (2007), S. 136.

334 Vgl. *SIEBEN*, Erfolgseinheiten (1968), S. 40–49. Zur inhaltlichen Kategorisierung der Ergebnisdefinition vgl. *ZELEWSKI*, Grundlagen (1999), S. 14–16, sowie *MATSCHKE/BRÖSEL*, Unternehmens-

Die *Präferenzen* zeigen das Ergebnis der Planungen von relativen Vorziehenswürdigkeiten des Entscheidungssubjekts zur Zielerreichung, wobei die Ausprägungen der Ziele hinsichtlich Höhe, Art, zeitlichem Anfall und/oder Sicherheit unterschiedlich sein können.[335]

Mit der *Höhenpräferenz* legt das Entscheidungssubjekt die Rangfolge unterschiedlicher Extensionen von Zielerreichungsgraden fest. So kann in der Konfliktsituation der Spaltung für das Bewertungssubjekt die Gewinnmaximierung i. S. der langfristigen Erzielung angemessener Gewinne oder auch die Sicherung möglichst vieler Arbeitsplätze erstrebenswert sein.[336]

Die *Artenpräferenz* drückt die relative Vorteilhaftigkeit aus, die Ergebnisse ausschließlich aufgrund unterschiedlicher Artenmerkmale für das Bewertungssubjekt haben.[337] Hinsichtlich der Anzahl der konfliktlösungsrelevanten Sachverhalte lassen sich im Rahmen der Spaltung eindimensionale Konfliktsituationen mit der Grenzquote der Beteiligung als einzigem konfliktlösungsrelevanten Sachverhalt sowie mehrdimensionale Konfliktsituationen mit weiteren Sachverhalten wie Unternehmensumfang, Leitungsbefugnis oder steuerlichen Folgen der Spaltung unterscheiden.[338]

Die *Zeitpräferenz* ist erforderlich, wenn das Entscheidungssubjekt Auswirkungen allein wegen des jeweiligen Zeitpunkts des Eintritts der Ergebnisse unterschiedlich gewichtet. Diesem Aspekt kann das Bewertungssubjekt durch unterschiedliche Gewichtungen in den einzelnen Zeitpunkten Rechnung tragen.[339]

---

bewertung (2007), S. 136. Vgl. zu weiteren Zielen, die sich aus den Motiven der Spaltung ergeben können, Abschnitt II.1.3 (S. 32–50) dieser Arbeit.

335 Vgl. allgemein zur Darstellung der Präferenzen im Rahmen der Entscheidungstheorie *SIEBEN/SCHILDBACH*, Entscheidungstheorie (1994), S. 23–30. Zur Erläuterung der Präferenzen im Rahmen der Unternehmensbewertung siehe *SIEBEN*, Erfolgseinheiten (1968), *MATSCHKE*, Entscheidungswert (1975), S. 83–100, *SIEBEN/SCHILDBACH*, Entscheidungstheorie (1994), S. 163–165, *MATSCHKE/BRÖSEL*, Unternehmensbewertung (2007), S. 137–140.

336 Im Rahmen der Unternehmensbewertung lassen sich im Zuge der finanziellen Zielsetzung die *Vermögensmaximierung* – die Maximierung einer Geldausschüttung am Anfang eines Planungszeitraums (Barwertmaximierung) oder am Ende eines Planungszeitraums (Endwertmaximierung) – und die *Einkommensmaximierung* – die Maximierung der Breite des Entnahmestroms mit gegebener Struktur in jeder Periode – als Ausprägungen der *Wohlstandsmaximierung* unterscheiden. Vgl. *HERING*, Investitionstheorie (2003), S. 19–22, *HERING*, Unternehmensbewertung (2006), S. 24 f., *MATSCHKE/BRÖSEL*, Unternehmensbewertung (2007), S. 162 f.

337 Vgl. *SIEBEN*, Erfolgseinheiten (1968), S. 140–239, *SIEBEN/SCHILDBACH*, Entscheidungstheorie (1994), S. 26.

338 Zu unterscheiden ist in diesem Zusammenhang folglich zwischen homogenen und heterogenen Ergebnisdefinitionen (Ebene der Zielerfüllung) sowie ein- und mehrdimensionalen Konfliktsituationen (Ebene des Entscheidungsfeldes) im Rahmen der Spaltung. Vgl. dazu Abschnitt II.2.2 (S. 62) sowie Abschnitt III.1 (S. 139–254) dieser Arbeit. Zur Darstellung der *konfliktlösungsrelevanten Sachverhalte* im Rahmen der Spaltung vgl. Abschnitt II.3.3 (S. 109–138) dieser Arbeit.

339 Vgl. dazu die jeweilige Gewichtung der Entnahmen in den einzelnen Zeitpunkten des Zustands-Grenzpreismodells in Abschnitt III.1 (S. 139–254) dieser Arbeit.

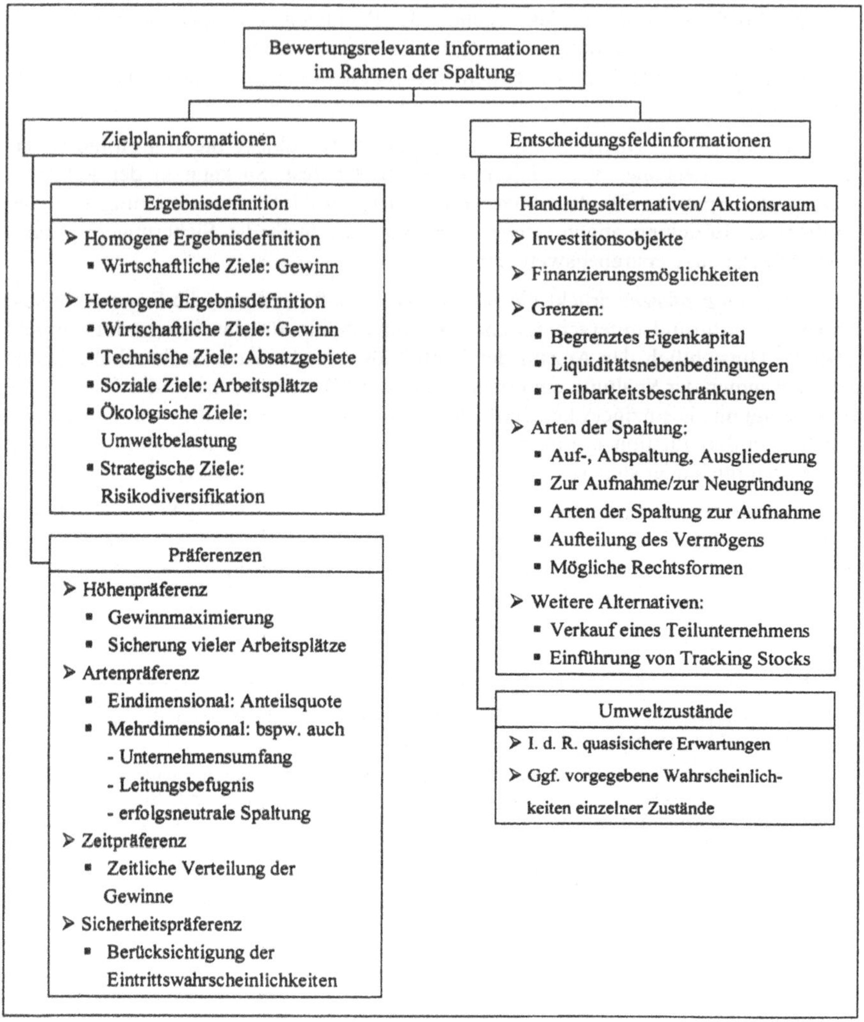

Abbildung 20: Bewertungsrelevante Informationen im Rahmen der Spaltung

Die *Sicherheitspräferenz* spiegelt die subjektive Einstellung des Bewertungssubjekts zu der Tatsache wider, daß als Konsequenz der Wahl einer Aktion jeweils eine Menge verschiedener möglicher Ereignisse (Ergebniskombinationen) erwartet werden muß. Sie beschreibt die relative Vorziehenswürdigkeit, die den zu vergleichenden Mengen möglicher Ergebnisse (Ergebniskombinationen) einzig aufgrund der Ungewißheit ihres Eintritts für den Entscheidungsträger zukommt.[340] Die Sicherheitspräferenz findet Berücksichtigung durch die Schätzung von Eintrittswahrscheinlichkeiten bestimmter Ergebnisse und Handlungsmöglichkeiten sowie durch Unsicherheit verdichtende und aufdeckende Methoden.[341]

Das offene, individuelle *Entscheidungsfeld*[342] ist ein Abbild der finanz- und realwirtschaftlichen Handlungsmöglichkeiten und Güterausstattungen des Entscheidungssubjekts, der sonstigen (Umwelt-)Zustände und der diesen Handlungsmöglichkeiten und Zuständen zugeordneten Ausprägungen der interessierenden Sachverhalte.[343] Grundsätzlich sind dabei zwei Entscheidungsfelder zu unterscheiden: Für den Anteilseigner ergibt sich das Basisentscheidungsfeld in der Ausgangssituation ohne Spaltung einerseits und das Entscheidungsfeld mit Anteilen an mehreren gespaltenen Unternehmen nach Durchführung der Spaltung andererseits. Die Entscheidungsfelder werden durch den Aktionsraum – die Menge aller Handlungsalternativen – und die Umweltzustände – diejenigen Zustände, die sich einerseits der Einflußnahme und Beherrschung des Entscheidenden entziehen, andererseits aber die Konsequenzen seiner Handlungsmöglichkeiten beeinflussen – determiniert.[344] Der *Aktionsraum* besteht aus verschiedenen, häufig nur beschränkt teilbaren und meist nur bis zu spezifischen Obergrenzen realisierbaren Investitionsobjekten und Finanzierungsmöglichkeiten.[345] Als weitere Investitionsmöglichkeit steht die Spaltung des Ursprungsunternehmens zur Verfügung. Dabei kann aus den verschiedenen Arten der Spaltung nach dem Umwandlungsgesetz gewählt werden (Aufspaltung, Abspaltung, Ausgliederung; Formen der Spaltung zur Aufnahme, Spaltung zur Neugründung). Außerdem müssen in dieser Phase Entwürfe zur Verteilung der Vermögenskomponenten des Ursprungsunternehmens auf die neuen

---

340 Vgl. *SIEBEN*, Erfolgseinheiten (1968), S. 240–283, *SIEBEN/SCHILDBACH*, Entscheidungstheorie (1994), S. 26.

341 Zur ausführlichen Darstellung unsicherheitsverdichtender und unsicherheitsaufdeckender Verfahren vgl. *ROLLBERG*, Simultane Planung (1999), S. 106–110, *HERING*, Investitionstheorie (2003), S. 266–341. Siehe weiter Abschnitt III.1.3.2.2.4 (S. 246–249) dieser Arbeit.

342 Vgl. zum offenen Entscheidungsfeld *ADAM*, Planung und Entscheidung (1996), S. 16–25.

343 „Aus Sicht der finanzwirtschaftlichen Unternehmensbewertung entspricht das Entscheidungsfeld dem finanziellen Aktionsraum, der in erster Linie durch die strikte Nebenbedingung der jederzeitigen Zahlungsfähigkeit (Liquidität) begrenzt wird. Zusätzlich können von Fall zu Fall weitere Restriktionen wirken, z. B. Kreditbeschränkungen, Ausschlußbedingungen bei Wahlproblemen, Ganzzahligkeitsforderungen, Grundsatz-I-Beschränkungen bei Kreditinstituten, freiwillige Kapitalstrukturrestriktionen oder steuerliche Limitierungen" [Quelle: *HERING*, Unternehmensbewertung (2006), S. 27]. Bei den Informationen des Entscheidungsfeldes handelt es sich grundsätzlich um *wertfreie* Aussagen über die Handlungsmöglichkeiten des Entscheidungsträgers und die daraus zu erwartenden Konsequenzen (Ergebnisse). Das Entscheidungsfeld beschreibt also den individuellen Möglichkeitsraum des Bewertungssubjekts und ist somit „Ausdruck des Könnens" des jeweiligen Bewertungssubjekts. Vgl. *SIEBEN*, Erfolgseinheiten (1968), S. 14, *SIEBEN*, Unternehmensstrategien (1988), S. 86, und *SIEBEN/SCHILDBACH*, Entscheidungstheorie (1994), S. 15.

344 Vgl. *SIEBEN/SCHILDBACH*, Entscheidungstheorie (1994), S. 16–20.

345 Vgl. *SIEBEN/SCHILDBACH*, Entscheidungstheorie (1994), S. 165 f., *MATSCHKE/BRÖSEL*, Unternehmensbewertung (2007), S. 137.

Spaltungsunternehmen erstellt werden.[346] Auch die Rechtsformwahl stellt eine Auswahlmöglichkeit dar.[347] Darüber hinaus bestehende, sinnvolle Alternativen zur Unternehmensspaltung, wie bspw. der Verkauf eines Teilunternehmens oder die Einführung von „Tracking Stocks"[348], sollten ins Entscheidungsfeld mit einbezogen werden. Die einzelnen *Umweltzustände* werden durch vorgegebene, verschiedene Eintrittswahrscheinlichkeiten bei unterschiedlichen Handlungsmöglichkeiten im Aktionsraum des Entscheidungssubjekts oder durch die Unterstellung „quasisicherer Erwartungen" berücksichtigt.[349]

3.2.2.1.3 Beurteilungsphase

Die dritte Phase der Willensbildung, die *Beurteilungsphase*, teilt sich in zwei miteinander verbundene Bewertungsschritte (vgl. *Abbildung 21*): Der *erste Schritt* beinhaltet die Analyse der in der Suchphase beschafften oder in der nächsten Phase, der Verhandlungs- und Entscheidungsphase, hinzukommenden Zielplan- und Entscheidungsfeldinformationen sowie die Ermittlung der Konsequenzen der Spaltung (Konsequenzenermittlung). Dabei handelt es sich um einen Vorgang der ständigen Rückkopplung zwischen Beurteilungs- und Suchphase einerseits sowie Beurteilungs- und Entschei-

---

346 Vgl. *SAUTER*, Spaltungen (2000), S. 102. Der Aufwand, der für die Verteilung der Vermögenskomponenten zu betreiben ist, sollte dabei nicht unterschätzt werden. „Ein wesentlicher Teil der Vorbereitungszeit sollte hierbei auf die Zuordnung der Vermögensgegenstände gem. § 126 Abs. 1 Nr. 9 UmwG verwandt werden. Es sind die Vermögensgegenstände genau zu bezeichnen und unter den beteiligten Rechtsträgern aufzuteilen"[Quelle: *SAUTER*, Spaltungen (2000), S. 102]. Dabei können die Beteiligten in der gewünschten Aufteilung des Vermögens frei wählen. Vgl. *BRAUERS*, Spaltung von Kapitalgesellschaften (2004), S. 45, *PICOT/MÜLLER-EISING*, Gesellschaftsrecht (2004), S. 424. Die Zuordnung der Vermögensbestandteile wird i. d. R. in dieser Phase nicht abschließend erfolgen. Vielmehr werden hier nur Entwürfe möglicher Verteilungen entwickelt; die *Zuordnung der Vermögenskomponenten* bleibt als konfliktlösungsrelevanter Sachverhalt Gegenstand der Verhandlungen bis zur endgültigen Festlegung in der Verhandlungs- und Entscheidungsphase.

347 Zur Rechtsformwahl im Rahmen der Spaltung vgl. *BECKER*, Teilung (1994), S. 80–85, *SAUTER*, Spaltungen (2000), S. 103.

348 Zum Begriff der „Tracking Stocks" vgl. Abschnitt II.3.2.1.2 (S. 43 f.) dieser Arbeit. Werden weitere Konfliktsituationen betrachtet, befindet sich das Bewertungssubjekt in einer *verbundenen* Entscheidungssituation. Zur Entscheidungswertermittlung in *jungierten* Konfliktsituationen vgl. Abschnitt III.1.3.2.2 (S. 205–254) dieser Arbeit. Dabei ist zu beachten, daß weitere Konfliktsituationen auch tatsächliche Handlungsalternativen zur Konfliktsituation vom Typ der Spaltung darstellen. Zur Begründung, warum alternative Konfliktsituationen geeignet sein müssen, vgl. das Beispiel bei *SIEBEN/SCHILDBACH*, Entscheidungstheorie (1994), S. 165 f.

349 Vgl. *SIEBEN/SCHILDBACH*, Entscheidungstheorie (1994), S. 166. Auch wenn Entscheidungsfeldinformationen eine objektive Bestandsaufnahme des Entscheidungsfelds hervorbringen sollen, lassen sich doch subjektive Einflüsse – bspw. bei der Verwendung subjektiver Wahrscheinlichkeiten bei der Prognose – nicht leugnen. Vgl. dazu auch *SIEBEN/SCHILDBACH*, Entscheidungstheorie (1994), S. 15. Eine ausführliche Darstellung der Auswirkungen auf den Entscheidungswert durch Änderungen im Entscheidungsfeld findet sich bei *BRÖSEL/MATSCHKE*, Sicht des präsumptiven Verkäufers (2003), S. 2241–2244, *MATSCHKE/BRÖSEL*, Bewertung kleiner und mittlerer Unternehmungen (2003), S. 157–181.

dungsphase andererseits, weil diese Bewertungsschritte teilweise zeitgleich nebeneinander ablaufen.[350] Ziel ist dabei insbesondere, die aus dem Ursprungsunternehmen und den Spaltungsgesellschaften resultierenden Zukunftserfolge zu ermitteln. Der *zweite Schritt* beinhaltet die tatsächliche Unternehmenswertermittlung: Aus den im ersten Schritt ermittelten Zukunftserfolgen und weiteren Informationen werden die Unternehmenswerte des Ursprungsunternehmens und der Spaltungsgesellschaften ermittelt. Mit diesen Werten werden dann bestimmte kritische Beteiligungsquoten für die einzelnen Bewertungsfunktionen „Entscheidung", „Argumentation" und „Vermittlung" ermittelt. Kommen weitere konfliktlösungsrelevante Sachverhalte hinzu, entstehen ganze Bündel kritischer Ausprägungen konfliktlösungsrelevanter Sachverhalte.

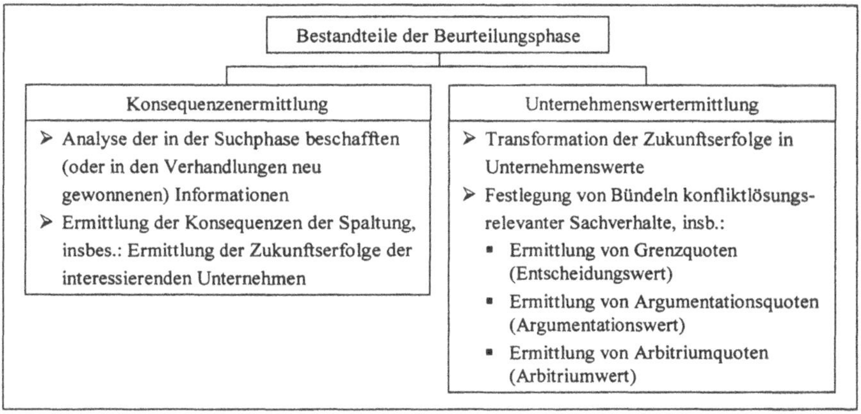

Abbildung 21: Bestandteile der Beurteilungsphase

Um in einem *ersten Schritt* die zahlreichen *Auswirkungen der Unternehmensspaltung* identifizieren und quantifizieren zu können,[351] kommt es methodisch darauf an, die

[350] Es kann einerseits der Fall sein, daß sich in der Beurteilungsphase Konsequenzen ergeben, die eine Rückkopplung zur Suchphase notwendig werden lassen, weil neue Informationen zur Beurteilung beschafft werden müssen, die in der Suchphase aufgrund fehlender Ergebnisse noch nicht berücksichtigt wurden; andererseits kann es der Fall sein, daß in der Entscheidungsphase Informationen bekannt werden, über die der Bewerter zuvor keine Kenntnis hatte, die jedoch für die Berechnung des Unternehmenswerts unerläßlich sind, so daß eine erneute Beurteilung, also eine Entscheidungswertermittlung, erfolgen muß. Aufgrund dieser Vor- und Rückkopplungsvorgänge können die Bewertungsphasen auch zusammenhängend dargestellt werden: So können die Phasen auch als „Beurteilungs- und Entscheidungsphase" [siehe *MATSCHKE*, Investitionsplanung (1993), S. 45] oder als „Phase der Suche und Beurteilung des Akquisitionsobjektes" [vgl. *OLBRICH*, Unternehmungswert (1999), S. 52] bezeichnet werden. Um die Bedeutung jeder einzelnen dieser drei Phasen hervorzuheben, werden diese getrennt voneinander dargestellt.

[351] Die Begriffe (Aus-)Wirkungen, Effekte oder Konsequenzen der Unternehmensspaltung werden im folgenden synonym gebraucht. Dabei wird nicht weiter zwischen Spaltungs*effekten* – dem rea-

Spaltungseffekte in die Kategorien einer Planungsrechnung zu überführen und den zusätzlichen Erfolg, der bei der Durchführung der Spaltung ausgeschöpft werden kann, zu quantifizieren. Daher ist es aus Sicht des Bewertungssubjekts unerläßlich, über die vielfältigen Erscheinungsformen von Spaltungseffekten informiert zu sein.[352] Mittels einer Systematisierung können die Auswirkungen der Spaltung nach der Art ihrer Entstehung, nach ihrer Meßbarkeit, nach dem Ausmaß der Wirkung und nach dem Ort der Auswirkung unterschieden werden (vgl. *Abbildung 22*).[353]

Nach der *Art der Entstehung* lassen sich die Auswirkungen der Spaltung nochmals in die Kriterien Ursprung der Entstehung und Beeinflußbarkeit der Auswirkungen unterscheiden. Der *Ursprung der Entstehung* zeigt an, welcher Bewertungseffekt für die Auswirkungen der Spaltung verantwortlich ist. Dabei lassen sich die Auswirkungen der Spaltung in *Spaltungseffekte* und *Kombinationseffekte* unterscheiden. Diese Effekte wurden bereits im Rahmen der Darstellung der Arten der Spaltung aus bewertungsrelevanter Sicht erläutert.[354] Demnach lassen sich drei Gruppen unterscheiden: Die *bewertungsrelevanten Fälle vom Typ der klassischen Spaltung* bilden diejenigen Arten der Spaltung nach dem Umwandlungsgesetz, bei denen nur Spaltungseffekte auftreten. Für diese Fälle müssen Bewertungsmodelle aufgestellt werden, um den einzelnen Anteilseigner bei der Entscheidungsfindung im Fall der Spaltung zu unterstützen. Die *bewertungsrelevanten Fälle vom Typ der Spaltungsfusion mit Dritten* bilden eine weitere Kategorie der umwandlungsgesetzlich geregelten Spaltung, bei denen sowohl Spaltungseffekte als auch Kombinationseffekte (Fusionseffekte) auftreten.[355] In Abgrenzung zum letzten Fall wird hier ein Teilunternehmen des Ursprungsunternehmens mit einem nicht verbundenen Unternehmen zusammengefügt, so daß bei der Ermittlung der Auswirkungen der Spaltung auch die Zielplan- und Entscheidungsfeldinformationen weiterer außenstehender Konfliktparteien zu berücksichtigen sind. In der letzten Gruppe der *bewertungsrelevanten Fälle vom Typ der vereinfachten Spaltungsfusion* entstehen wiederum Spaltungs- und Kombinationseffekte, wobei die Kombi-

---

lisierten Ergebnis einer Spaltung – und Spaltungs*potentialen* – das latente Vorhandensein möglicher Effekte – unterschieden. Vgl. zur Abgrenzung von Effekten und Potentialen im Rahmen der Darstellung von Synergieeffekten *WEBER*, Synergieeffekte (1991), S. 104.

352 Siehe auch *BECKER*, Teilung (1994), S. 184. Um die Zukunftserfolge des Ursprungsunternehmens und der durch Spaltung entstehenden Unternehmen möglichst genau zu ermitteln, müssen nach Möglichkeit detaillierte Informationen über die Unternehmen und deren wirtschaftliches, rechtliches und soziales Umfeld sowie deren Entwicklungspotentiale – im Sinne von Chancen und Risiken sowie Stärken und Schwächen – erlangt werden. Vgl. auch *BRÖSEL/BURCHERT*, Akquisition (2004), S. 347 f. Diese ganzheitlichen Unternehmensanalysen werden auch als „Due Diligence" bezeichnet. Siehe ausführlich *KOCH/WEGMANN*, Due Diligence (2002).

353 Eine erste *Aufzählung* der Spaltungskonsequenzen findet sich bei *SCHNEIDER*, Unternehmensaufspaltung (1977), S. 54. Eine Systematisierung von Verbundeffekten im Konzern findet sich bei *MEICHELBECK*, Unternehmensbewertung (2005), S. 446 f.

354 Vgl. Abschnitt II.3.1.3 (S. 78–86) dieser Arbeit.

355 Zur Darstellung der Spaltungseffekte im Rahmen der Spaltung siehe auch *HEURUNG*, Spaltung (1997), S. 1341 f. und zur Bedeutung der Kombinationseffekte *HEURUNG*, Spaltung (1997), S. 1342–1344.

nationseffekte im Rahmen der Spaltung hier nur aufgrund von Zusammenschlüssen miteinander verbundener Unternehmen auftreten.

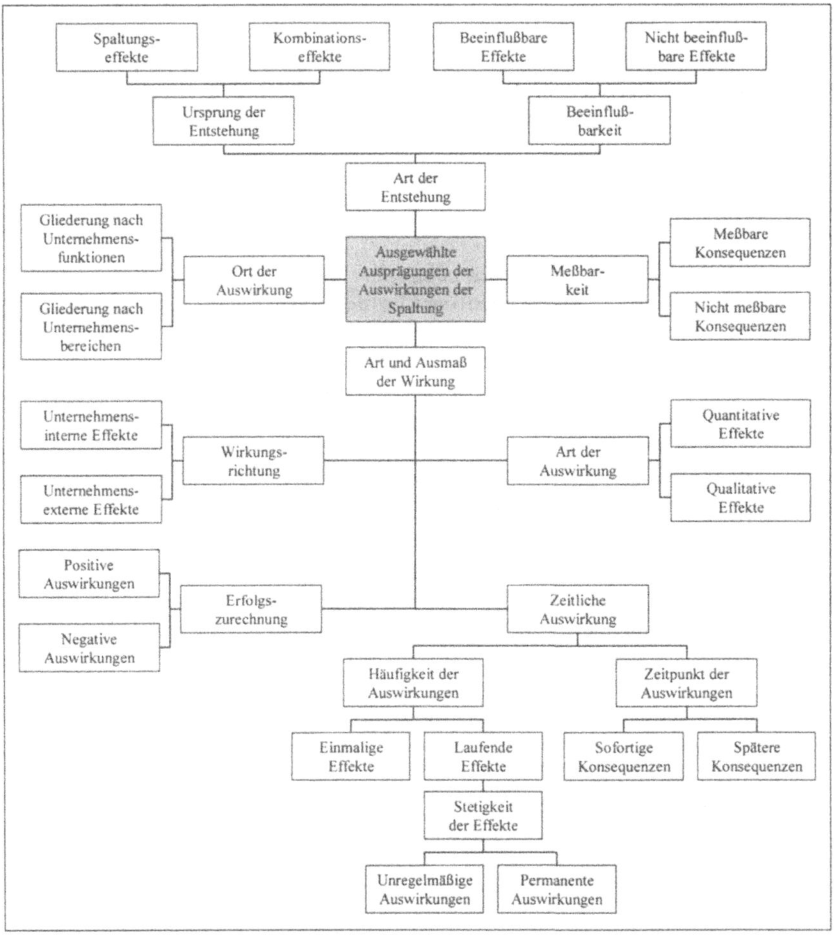

Abbildung 22: Ausgewählte Ausprägungen der Auswirkungen der Spaltung

Die Auswirkungen der Spaltung in bezug auf die *Beeinflußbarkeit* lassen sich in beeinflußbare Effekte und in nicht beeinflußbare Effekte unterscheiden.[356] *Beeinfluß-*

356 Vgl. *SCHNEIDER*, Unternehmensaufspaltung (1977), S. 53–58.

bare Effekte sind bspw. durch die Unternehmensleitung erzielbare Kosteneinsparungen durch eine gezielte Planung der Spaltung und einer damit verbundenen Festlegung der Spaltungsstrategie. *Nicht beeinflußbare Effekte* können Marktentwicklungen sein, die auch durch von den Interessengruppen gezielte (Gegen-)Maßnahmen nicht verhindert oder unterstützt werden können.[357]

Nach dem Kriterium der *Meßbarkeit* der Spaltungseffekte lassen sich meßbare und nicht meßbare Konsequenzen unterscheiden. *Meßbare Konsequenzen* können in Zahlen oder Geldeinheiten – wie z. B. die Rendite des zuvor ins Ursprungsunternehmen investierten Eigenkapitals verglichen mit den Verzinsungen aus den Beteiligungen an den Spaltungsunternehmen – ausgedrückt werden. Nicht meßbare Konsequenzen sind bspw. die Prestigewirkungen, die sich aus einer Unternehmensspaltung ergeben.[358]

Hinsichtlich der *Art und des Ausmaßes der Wirkung einer Spaltung* lassen sich die Konsequenzen der Spaltung nach der Art der Auswirkung, nach der zeitlichen Auswirkung, nach der Erfolgszurechnung sowie nach der Wirkungsrichtung unterscheiden. Die Effekte der Spaltung können nach der *Art ihrer Auswirkung* in quantitative Effekte und qualitative Effekte differenziert werden. *Quantitative Effekte* sind dabei Auswirkungen der Spaltung, die in kardinalen Rechengrößen – wie bspw. Umsatzwachstum oder Anzahl der Mitarbeiter vor und nach der Spaltung – dargestellt werden können. *Qualitative Effekte* hingegen werden i. d. R. in ordinalen Größen wie Produktqualität vor und nach der Spaltung beschrieben.[359]

Die *zeitlichen Auswirkungen* der Spaltung werden hinsichtlich der Häufigkeit des Auftretens und hinsichtlich des Zeitpunkts unterschieden. So können einmalige – bspw. die Aufdeckung und Versteuerung stiller Reserven im Zuge der Unternehmensspaltung[360] – oder laufende Effekte – z. B. die Wirkungen der Verkleinerung der Un-

---

357 Die Maßnahmen, die zu beeinflußbaren Effekten der Unternehmensspaltung führen, werden von BECKER als „selbstinduzierte Aktionen", die Handlungen, die zu nicht beeinflußbaren Konsequenzen führen, als „fremdinduzierte Reaktionen" bezeichnet. Vgl. *BECKER*, Teilung (1994), S. 65. Das Kriterium der Beeinflußbarkeit kann noch ergänzt werden durch die verwandte Unterscheidung in aktive und passive Spaltungseffekte. *Aktive Spaltungseffekte* sind die Folge des aktiven Eingreifens der Unternehmensleitung, wobei nur beeinflußbare Effekte gesteuert werden können, *passive Spaltungseffekte* erfolgen durch unterlassene Handlungen bei beeinflußbaren Effekten oder auch bei nicht beeinflußbaren Ereignissen. Zur Abgrenzung der aktiven und passiven Effekte im Rahmen von Synergieeffekten vgl. *MOXTER*, Konzernunternehmen (1961), S. 646, *MEICHELBECK*, Unternehmensbewertung (2005), S. 445.

358 Diese nicht meßbaren Konsequenzen werden auch als „qualitative Konsequenzen" bezeichnet, die jedoch – wie im folgenden gezeigt wird – auf andere Weise abzugrenzen sind. Vgl. *SCHNEIDER*, Unternehmensaufspaltung (1977), S. 54, *ANGERMAYER/OSER*, Synergieeffekte (2005), S. 764.

359 Dabei können einer Ordinalskala – gut, mittel, schlecht – auch kardinale Meßgrößen zugefügt werden, wobei auf der Skala von „eins bis zehn" die „eins" sehr gut und die „zehn" schlecht bedeuten würde. Unabhängig davon können qualitativen Ergebnisgrößen jedoch nur durch verhältnisanzeigende Rangordnungen gemessen werden. Zur Erläuterung der Ordinal- und Kardinalskala vgl. *SIEBEN/SCHILDBACH*, Entscheidungstheorie (1994), S. 46–48.

360 Zum konfliktlösungsrelevanten Sachverhalt der „steuerneutralen Spaltung" vgl. Abschnitt II.3.3.2.2.4 (S. 132–138) dieser Arbeit.

ternehmenseinheiten durch die Spaltung und die damit verbundene Motivation der Mitarbeiter, aufgrund kürzerer Hierarchiewege Vorschläge zur Optimierung der Arbeitsabläufe zu unterbreiten – auftreten (*Häufigkeit der Auswirkungen*);[361] diese Effekte können sofort oder später eintreten (*Zeitpunkt der Auswirkungen*).[362] Im Hinblick auf die *Stetigkeit* des Auftretens der laufenden Effekte können diese in unregelmäßige und in permanente laufende Effekte unterteilt werden. Die Konsequenzen aufgrund kürzerer Hierarchiewege bilden dabei *permanente Effekte*, während positive oder negative Auswirkungen auf kleinere Unternehmenseinheiten bspw. im Bereich Forschung und Entwicklung zu unregelmäßigen Effekten führen können.[363]

Werden die Auswirkungen der Spaltung hinsichtlich ihrer *Erfolgszurechnung* abgegrenzt, können *positive Auswirkungen* – Konsequenzen, die den Erfolg der Spaltungsunternehmen erhöhen[364] – und negative Auswirkungen – Konsequenzen, die sich auf den Aufwand der gespaltenen Unternehmen beziehen[365] – unterschieden werden.[366] So viele Spaltungseffekte und Vorteile bei Spaltungen es auch gibt, bei der

---

361 Ein weiteres Kriterium könnte die Abgrenzung nach der *Dauer der Auswirkungen* sein. Dabei könnten *zeitlich begrenzte* und *fortlaufende Effekte* unterteilt werden. Werden die Handlungen der Phase der Spaltungsdurchführung (Realisation) jedoch als einmalige Aktionen betrachtet, lassen sich diese beiden Kriterien ähnlich der Häufigkeit des Auftretens abgrenzen: Alle Effekte, die in direktem Zusammenhang mit der unmittelbaren Durchführung der Spaltung stehen, sind demnach einmalige (zeitlich begrenzte) Effekte, alle weiteren Effekte sind laufende (fortlaufende) Auswirkungen. Vgl. zur Abgrenzung nach der Dauer der Auswirkungen *MEICHELBECK*, Unternehmensbewertung (2005), S. 446 f.

362 Zur zeitlichen Abgrenzung von Verbundeffekten vgl. *KÜTING*, Verbundeffekte (1981), S. 178.

363 Zu den zeitlichen Auswirkungen der Spaltung vgl. *SCHNEIDER*, Unternehmensaufspaltung (1977), S. 54. Vgl. die Einteilung der zeitlichen Auswirkungen im Rahmen der Darstellung von Synergieeffekten *ANGERMAYER/OSER*, Synergieeffekte (2005), S. 764, *MEICHELBECK*, Unternehmensbewertung (2005), S. 446 f.

364 Ein auf den gesamten Vorgang der Spaltung bezogener positiver Spaltungseffekt ergibt sich dann, wenn die Entnahmeerwartungen der Anteilseigner an den aus der Spaltung hervorgehenden Spaltungsunternehmen die Entnahmeerwartungen des ursprünglichen Unternehmens vor Vollzug der Spaltung übertreffen. Vgl. *ODENTHAL*, Unternehmensteilungen (1999), S. 252.

365 Eine Gruppe negativer Konsequenzen sei hier aufgrund der Wichtigkeit explizit erwähnt: Die Hemmnisse und Widerstände der einzelnen an der Spaltung beteiligten Interessengruppen können wesentliche Barrieren im Rahmen der Entscheidungsfindung darstellen und bedürfen großer Anstrengungen, um dieselben zu vermindern oder ganz abzubauen. Zu den Hemmnissen, die die einzelnen Anspruchsgruppen hervorrufen können, vgl. *ODENTHAL*, Unternehmensteilungen (1999), S. 195–200 und S. 344.

366 Dieses Kriterium der Erfolgszurechnung könnte ebenso in Vorteile und Nachteile der Unternehmensspaltung unterteilt werden: Vorteile können sich positiv auf die Unternehmensspaltung auswirken (Ertrag) und erhöhen die Lebens- und Entwicklungsfähigkeit der Spaltungsunternehmen nachhaltig; das bedeutet, daß die Unternehmenswerte der Spaltungsunternehmen in der Summe mehr wert sind als der Unternehmenswert des Ursprungsunternehmens. Nachteile können zu negativen Auswirkungen führen (Aufwand), also zu einer Verringerung der addierten Unternehmenswerte und damit zu einer Verringerung der Lebensfähigkeit der Spaltungsunternehmen. Vgl. dazu *SCHNEIDER*, Unternehmensaufspaltung (1977), S. 54, *ODENTHAL*, Unternehmensteilungen (1999), S. 186 f. Zum Nachweis der Vorteile einer Unternehmensspaltung für die Anteilseigner anhand einer empirischen Analyse vgl. *BÜHNER*, Realteilung (1984). Spiegelbildlich zu den Spaltungseffekten vgl. die Einteilung der Synergieeffekte hinsichtlich ihrer Wirkungsrichtung sowie

Ermittlung der bestehenden Chancen, Spaltungseffekte zu erschließen, dürfen diese Möglichkeiten nicht überbewertet werden und die Risiken einer Spaltung nicht übersehen werden.[367] Auch bei der Unternehmensbewertung vom Typ der Spaltung ist es von essentieller Bedeutung, ob Unternehmenswertsteigerungen oder -minderungen das Ergebnis einer Spaltung sind. Denn während bei einer Fusion die Erfolge oder aber insbesondere auch die negativen Effekte von allen Fusionsparteien im vereinten Fusionsunternehmen getragen werden, müssen die Spaltungsparteien bspw. im Fall der Eigentumstrennung die Auswirkungen der Spaltung allein tragen.[368]

Das Gliederungskriterium der *Wirkungsrichtung* unterteilt Spaltungseffekte, die nur für unternehmensinterne Zwecke bestimmt sind, und Effekte, die auch nach außen sichtbar sind. Beispielswiese kann eine Umstrukturierung der Mitarbeiter im Rechnungswesen der Spaltungsunternehmen zu positiven *unternehmensinternen Spaltungseffekten* führen; die Gründe für diese Umstrukturierung und die Effekte, die sich aus der Neubesetzung der Stellen ergeben, bleiben für die Unternehmensumwelt jedoch häufig verborgen. Erhalten Vertriebsmitarbeiter aufgrund der Unternehmensspaltung neue Vertriebsgebiete, ergibt sich hierdurch eine Wirkung, die auch für die Kunden der Spaltungsunternehmen sichtbar wird (*unternehmensexterne Effekte*).

Ein letztes Kriterium nach dem *Ort der Auswirkung* unterscheidet in eine Gliederung nach Unternehmensfunktionen und eine Gliederung nach Unternehmensbereichen. Bei der von SCHNEIDER vorgenommenen Systematisierung findet sich eine umfangreiche Aufzählung der einzelnen Effekte in den jeweiligen Unternehmensbereichen und -funktionen.[369] Dabei erfolgt sowohl eine *Gliederung nach Unternehmensbereichen* in Konsequenzen im Führungsbereich, im Potenzbereich und im Aktivitätsbereich als auch eine *Gliederung nach Unternehmensfunktionen*, die SCHNEIDER bspw. im Aktivitätsbereich in die Funktionen „Absatz", „Produktion", „Einkauf/Lagerhaltung", „Rechnungswesen" sowie in „Forschung und Entwicklung" unterteilt.[370]

---

ihrer Rechnungswirkung bei *KÜTING*, Verbundeffekte (1981), S. 179–184, *WEBER*, Synergieeffekte (1991), S. 109–112, *ANGERMAYER/OSER*, Synergieeffekte (2005), S. 763–765, *MEICHELBECK*, Unternehmensbewertung (2005), S. 446. *Negative Synergieeffekte* im Rahmen der Unternehmensbewertung von Konzernen – also eine höhere Bewertung mehrerer Einzelunternehmen in einer Summe im Verhältnis zu deren Bewertung nach einem Zusammenschluß im Konzern – stellen im Rahmen der Spaltung i. d. R. die *positiven Spaltungseffekte* dar. Zu negativen Synergieeffekten bei der Konzernbewertung vgl. *ANGERMAYER/OSER*, Synergieeffekte (2005), S. 765.

367 Vgl. dazu im Rahmen der Berücksichtigung von Synergieeffekten *NIEHUES*, Unternehmensbewertung (1993), S. 2246, *WEBER*, Synergieeffekte (1991), S. 115.

368 Zur Berücksichtigung des Aspekts der Verteilung negativer Synergieeffekte im Rahmen der Fusion vgl. *OSSADNIK/MAUS*, Verschmelzung (1995), S. 107 f.

369 Vgl. hierzu und im folgenden *SCHNEIDER*, Unternehmensaufspaltung (1977), S. 54–58. Auch bei KOTTMANN ist diese Einteilung angewendet worden und zusätzlich noch nach laufenden und einmaligen Konsequenzen differenziert worden. Vgl. ausführlich *KOTTMANN*, Spaltung (1986), S. 97–172 (einmalige Konsequenzen) und S. 172–299 (laufende Konsequenzen).

370 Die Analyse der *Konsequenzen* ist eng verwandt mit der Darstellung der *Motive* einer Spaltung: Die Verwirklichung der Ziele einer Spaltung (Motive) wird durch die Ergebnisse (Konsequenzen), die sich daraus ergeben, abgebildet. Somit wird deutlich, daß sowohl eine Klassifizierung der Motive der Spaltung nach Unternehmensbereichen als auch eine Einteilung der Auswirkun-

Jeder der in dieser Aufzählung erwähnten Effekte bedarf noch einer ausführlichen Detailanalyse; in Anbetracht der in dieser Arbeit verfolgten Zielsetzung, der Analyse der Unternehmens*bewertung* bei der Spaltung, wird hier auf eine ausführliche Konsequenzenanalyse verzichtet.[371]

Werden die Konsequenzen der Spaltung abschließend betrachtet, ist festzuhalten, daß der Grundsatz der Berücksichtigung von Synergieeffekten (Verbundberücksichtigungsprinzip)[372] im Rahmen der Unternehmensbewertung von klassischen Unternehmensbewertungsanlässen wie dem Kauf eines Unternehmens oder der Fusion mehrerer Unternehmen im Rahmen der Konfliktsituation vom Typ der Spaltung noch um den *Grundsatz der Berücksichtigung von Spaltungseffekten* (Verbundberücksichtigungsprinzip im Rahmen der Spaltung) ergänzt werden muß, um eine ordnungsgemäße Unternehmensbewertung im Rahmen der Spaltung durchführen zu können. Berücksichtigung finden diese i. d. R. positiven Spaltungseffekte in den zusätzlichen Einzahlungsüberschüssen der Spaltungsunternehmen, die den Anteilseignern nach der Spaltung zufließen können. Im Ergebnis heißt dies, daß der *Wert der Spaltungseffekte* der Erhöhung der summierten Unternehmenswerte der Spaltungsunternehmen im Vergleich zum Unternehmenswert des Ursprungsunternehmens, der sich bei unveränderter Fortführung ergeben würde, entspricht.[373]

Der *zweite Schritt* der Beurteilungsphase, die *Unternehmenswertermittlung*, wird detailliert im dritten Kapitel dieser Arbeit dargestellt. Dabei werden aus den im ersten Schritt ermittelten Konsequenzen und Zukunftserfolgen Unternehmenswerte des Ursprungsunternehmens und der Spaltungsgesellschaften ermittelt. Mit diesen Werten wird zunächst als Grenze der Konzessionsbereitschaft die minimale Anteilsquote als *Entscheidungswert* ermittelt (Abschnitt III.1), es werden zur Argumentation in den Spaltungsverhandlungen *Argumentationswerte* ermittelt (Abschnitt III.2) und ggf. noch *Arbitriumwerte* durch einen neutralen Gutachter bestimmt (Abschnitt III.3). Wer-

---

gen nach Unternehmensbereichen sinnvoll ist. Zur Darstellung der Motive der Spaltung vgl. Abschnitt II.1.3 (S. 32–50) dieser Arbeit. KÜTING stellt im Rahmen von Verbundeffekten die Ursachen (Motive) der positiven und negativen Verbundeffekte dar. Diese Ursachen sind zwar einerseits die Gründe für die Verbundeffekte, andererseits sind es genau jene Gründe, die für größere Unternehmenseinheiten durch Fusionen oder Käufe von Unternehmen sprechen. Vgl. *KÜTING*, Verbundeffekte (1981), S. 181–184.

371 Die Beschaffung der Informationen und die Herausarbeitung solcher Spaltungseffekte werden – nicht nur im Bewertungsfall der Spaltung – im Rahmen der Unternehmensbewertungsliteratur bisher vernachlässigt. In der Bewertungspraxis wird deshalb auch auf staatliche und verbandspolitische Institutionen sowie Makler, Banken, Rechtsanwälte, Unternehmensberater und Wirtschaftsprüfer zurückgegriffen. Vgl. *HERING*, Unternehmensbewertung (2006), S. 5, *BRÖSEL/ BURCHERT*, Akquisition (2004), S. 348 und S. 351. Zur Vorgehensweise der Ermittlung von Synergieeffekten im Falle von Fusionen oder Unternehmensakquisitionen vgl. *WEBER*, Synergieeffekte (1991), S. 106–115, *ANGERMAYER/OSER*, Synergieeffekte (2005), S. 769–772.

372 Zum Verbundberücksichtigungsprinzip im Rahmen der Grundsätze ordnungsmäßiger Unternehmensbewertung vgl. *MOXTER*, Unternehmensbewertung (1983), S. 91, *MATSCHKE*, Grundsätze (2003), S. 25 f., sowie allgemein zu den Grundsätzen der Unternehmensbewertung *MATSCHKE/ BRÖSEL*, Unternehmensbewertung (2007), S. 755–768.

373 Vgl. zur spiegelbildlichen Definition der Synergieeffekte *WEBER*, Synergieeffekte (1991), S. 99 f.

den dieser eindimensionalen Betrachtung auf Ebene der Anteilsquoten noch weitere konfliktlösungsrelevante Sachverhalte – wie bspw. der Unternehmensumfang oder die Leitungsbefugnis der Spaltungsunternehmen – hinzugefügt, ergeben sich mehrere Bündel kritischer Ausprägungen konfliktlösungsrelevanter Sachverhalte.

Am Ende der Beurteilungsphase sollte auch eine Spaltungsprüfung gem. § 125 i. V. m. §§ 9 bis 12 UmwG stattgefunden haben. „Der schriftliche Prüfungsbericht des Spaltungsprüfers soll den Anteilseignern vor den Beschlußfassungen über die Spaltung vorliegen."[374] Gegenstand der Spaltungsprüfung ist der Entwurf des Spaltungs- und Übernahmevertrags und Spaltungsplans, wobei hier eine Rechtmäßigkeitskontrolle und keine Zweckmäßigkeitskontrolle stattfindet.[375]

3.2.2.1.4 Verhandlungs- und Entscheidungsphase

Das Ziel der letzten und vierten Phase der Willensbildung, der *Verhandlungs- und Entscheidungsphase*, ist es, eine Entscheidung für oder gegen eine Spaltung zu fällen.[376] Die Entscheidung wird jedoch in mehrere Verhandlungsrunden und Einzelentscheidungen aufgeteilt:[377] So ist die Entscheidung für eine Spaltung häufig nicht Ergebnis eines zeitpunktbezogenen Auswahlvorgangs, sondern ein Entscheidungsprozeß schrittweiser Zugeständnisse und Einigungen über bestimmte konfliktlösungsrelevante Sachverhalte.[378] „Der Entscheidungsprozeß setzt sich aus einer Reihe von Teilentscheidungen zusammen, die [..] sukzessiv die Lösung des Entscheidungsproblems aufbauen"[379], so daß eine ständige Abwechslung zwischen Verhandlung und Entscheidung erfolgt (vgl. *Abbildung 23*).[380]

---

374 *SAUTER*, Spaltungen (2000), S. 102. Der Inhalt des Spaltungsvertrags und Spaltungsplans wird im Abschnitt II.3.3.2.2.3 (siehe S. 131 f.) dieser Arbeit erläutert.

375 Nach § 126 Abs. 1 UmwG müssen die Entwürfe den gleichen Mindestinhalt wie die späteren Verträge enthalten.

376 Diese Phase beinhaltet somit die Vertragsverhandlungen, die Vertragsgestaltung sowie den Vertragsabschluß. Vgl. auch *BRÖSEL/BURCHERT*, Akquisition (2004), S. 351. Die Entscheidungsphase wird auch „Beschlußphase" [*SAUTER*, Spaltungen (2000), S. 104] oder „Auswahl- und Optimierungsphase" [*BECKER*, Teilung (1994), S. 75] genannt.

377 Diese Verhandlungsrunden können auch im direkten zeitlichen Anschluß nacheinander erfolgen. Nur durch eine Einteilung in mehrere Verhandlungsschritte kann eine Einigung über die einzelnen konfliktlösungsrelevanten Sachverhalte der einzelnen Spaltungsunternehmen sinnvoll gelingen. Vgl. zur Begründung der Einführung mehrerer Verhandlungsrunden Abschnitt III.2.2 (S. 280–303) dieser Arbeit.

378 So beschreibt auch KERN den Vorgang der Spaltung als Entwicklung der Willensbildung im Zeitablauf. Vgl. *KERN*, Aufspaltung (1987), S. 26. Zur Reihenfolge der in den Spaltungsverhandlungen zur Disposition stehenden einzelnen konfliktlösungsrelevanten Sachverhalte vgl. Abschnitt III.2.2 (S. 280–303) dieser Arbeit.

379 *BECKER*, Teilung (1994), S. 75. Vgl. auch *HOFFMANN*, Organisationsforschung (1976), S. 174, *ABEL*, Informationsverhalten (1977), S. 92.

380 Auch die bereits angesprochene Rückkopplung zur Beurteilungsphase ist hier jederzeit möglich: Erhalten die Anteilseigner im Verhandlungsprozeß neue Erkenntnisse über die in Rede stehenden

Nicht nur im Hinblick auf die Unternehmensbewertungstheorie sondern auch in bezug auf die praktische Umsetzung spielen im Rahmen der Spaltungsverhandlungen die Funktionen der Argumentation und ggf. auch die der Vermittlung eine bedeutende Rolle. So werden zur Begründung der eigenen Position Argumentationswerte in den Verhandlungsprozeß eingebracht. Erzielen die Anteilseigner allein keine Einigung, können zusätzlich auch Arbitriumwerte im Verhandlungsprozeß zur Anwendung gelangen.[381] Für die Entscheidung selbst – die Zustimmung zur Spaltung oder die Ablehnung der Spaltung – ist der Entscheidungswert der relevante Beurteilungsmaßstab.

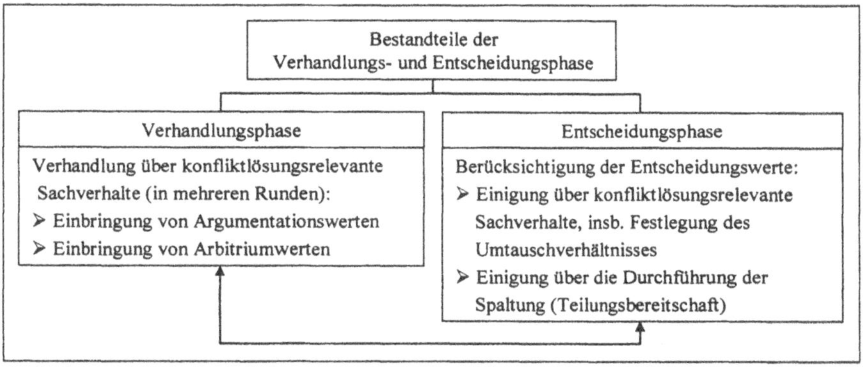

Abbildung 23: Bestandteile der Verhandlungs- und Entscheidungsphase

Der zuletzt in den Spaltungsverhandlungen in Rede stehende Sachverhalt ist die Festlegung des Umtauschverhältnisses.[382] Voraussetzung einer Einigung ist dabei die

Spaltungsunternehmen, die nicht schon in den Unsicherheitsberechnungen enthalten sind, kann eine erneute Beurteilung notwendig werden. „Die Ermittlung des Entscheidungswertes und der Menge der zumutbaren Konfliktlösungen ist daher realistischerweise nicht als ein vor Verhandlungsbeginn schon abgeschlossener Vorgang zu verstehen" [Quelle: *MATSCHKE/BRÖSEL*, Unternehmensbewertung (2007), S. 148]. Vgl. dazu auch *BRÖSEL/BURCHERT*, Akquisition (2004), S. 351. Damit wird deutlich, daß es sich bei der Entscheidung für oder gegen eine Spaltung letztlich nicht um einen punktuellen Wahlakt handelt, sondern daß die Entscheidung das Ergebnis eines Entscheidungs- und Verhandlungsprozesses ist. Vgl. dazu *BECKER*, Teilung (1994), S. 71 f.

381 An dieser Stelle können auch vermeintliche Arbitriumwerte – bspw. in Form von Gutachten – als Argumentationswerte in den Verhandlungsprozeß eingebracht werden. Vgl. *MATSCHKE/BRÖSEL*, Unternehmensbewertung (2007), S. 574.

382 Zur Definition des Umtauschverhältnisses im Rahmen der Konfliktsituation der Spaltung vgl. *SEIBOLD*, Spaltung (2001), S. 9–12, *BRAUERS*, Spaltung von Kapitalgesellschaften (2004), S. 39–42.

grundsätzliche Teilungsbereitschaft[383] der Anteilseigner sowie die Berücksichtigung der Entscheidungswerte als äußerste Grenze der Konzessionsbereitschaft.[384]

Die Entscheidungsphase endet folglich mit einer *Entscheidung*. Dieser Wahlakt der Beschlußfassung[385] kann in der Durchführung der Spaltung – mit einer beliebigen Verteilung der Anteilsquoten – oder auch in der Unterlassung der Spaltung[386] – dem Verbleiben in der ursprünglichen Situation – liegen.

Der Spaltungsbeschluß bedarf grundsätzlich nach § 125 i. V. m. § 43 Abs. 1 UmwG der Zustimmung aller Gesellschafter oder je nach Satzung nach § 125 i. V. m. § 43 Abs. 2 UmwG einer Zustimmung mit mindestens einer Dreiviertelmehrheit der Gesellschafter der übertragenden Gesellschaft.[387] Im Fall der nicht-verhältniswahrenden Spaltung ist nach § 128 UmwG die Zustimmung aller Gesellschafter der übertragenden Gesellschaft *zwingende* Voraussetzung für die Durchführung der Spaltung. Außerdem ist der Vertrag nach § 125 i. V. m. § 6 UmwG notariell zu beurkunden.[388]

3.2.2.2 Phasen der Willensdurchsetzung

3.2.2.2.1 Realisationsphase

Entschließen sich die Anteilseigner für die Durchführung der Spaltung, so folgen auf die Willensbildung die *Phasen der Willensdurchsetzung*. Nun tritt die Aufgabenstellung der Unternehmensbewertung bei der Spaltung in den Hintergrund. Da die Spaltung jedoch nicht mit der Entscheidungsfindung endet, erfolgt nachstehend eine Übersicht über die auf die abgeschlossene Willensbildung folgenden Phasen.

---

383 Zum Begriff der „Teilungsbereitschaft“ vgl. *ODENTHAL*, Unternehmensteilungen (1999), S. 176 f. und S. 190.

384 Mit Rücksicht auf die Stärke der eigenen Verhandlungsposition muß der Entscheidungswert in der Verhandlung ein „Wert hinter vorgehaltener Hand“ sein. Siehe *SIEBEN*, Unternehmensstrategien (1988), S. 86.

385 Vgl. zur Beschlußfassung *SCHÖNE*, Spaltung (1998), S. 49–52. Zur rechtlichen Entscheidungskompetenz der Gesellschafterversammlung sowie zu den formellen und materiellen Beschlußerfordernissen der Spaltung siehe ausführlich *SCHÖNE*, Spaltung (1998), S. 155–437.

386 Zum Begriff der „Unterlassungsalternative“ vgl. *SIEBEN/SCHILDBACH*, Entscheidungstheorie (1994), S. 17.

387 Im übrigen kann die Zustimmungsmehrheit im Gesellschaftsvertrag festgelegt werden. Vgl. auch *PRIESTER*, Spaltungsvertrag (1995), S. 115, *SAGASSER/SICKINGER*, Spaltungsrechtliche Regelungen (2002), S. 480 f. und S. 522 f.

388 Zum Inhalt des Spaltungs- und Übernahmevertrags – oder im Fall der Spaltung zur Neugründung zum Inhalt des Spaltungsplans – vgl. *OTT*, Umwandlungs- und Umwandlungssteuerrecht (1996), S. 195–197, *SCHÖNE*, Spaltung (1998), S. 47–49, *WEGENER*, Spaltung (1998), S. 33–41, *PICOT/MÜLLER-EISING*, Gesellschaftsrecht (2004), S. 422–427.

Die erste Phase der Willensdurchsetzung, die *Realisationsphase*, beinhaltet die Durchführung der Spaltung, also die Überführung des Plans in die Wirklichkeit.[389] In dieser Phase lassen sich zwei Aktivitätsschwerpunkte unterscheiden, die vorbereitenden Aktivitäten der Planausführung [Information der Planempfänger über die Teilziele und -pläne sowie Details der Durchführung der Spaltung (Wissen), Schaffung der sachlichen, organisatorischen und persönlichen Voraussetzungen zur Spaltungsverwirklichung (Können) sowie die Mitarbeitermotivation zur Spaltungsrealisation durch entsprechende Anreize[390] (Wollen)] und die unmittelbaren Aktivitäten der Willensdurchsetzung.[391]

Zu den unmittelbaren Aktivitäten der Willensdurchsetzung gehören zunächst die formalrechtlichen Schritte – wie bspw. die Anmeldung und Eintragung beim Handelsregister[392] (insbesondere bei der Spaltung zur Neugründung[393]) sowie die Erstellung der Schlußbilanz des Ursprungsunternehmens[394] – und weiterhin der praktische Vollzug der in der Willensbildung geplanten Maßnahmen durch die tatsächliche Aufteilung

---

389 IRLE und BECKER stellen der Realisationsphase noch eine weitere Phase, die „Anregungsphase", voran, die der Anregung zur Ausführung der Entscheidung dienen soll. Diese Phase ergebe sich jedoch nur dann, wenn der Entscheidungsträger nicht identisch mit dem Ausführenden ist. Vgl. *IRLE*, Entscheidungen (1971), S. 123–130, *BECKER*, Teilung (1994), S. 75. Diese Informationsweitergabe und Anordnung zur Durchführung der Spaltung wird hier jedoch aufgrund seines Zeitpunktbezugs als einmaliger Akt in die Phase der Realisation einbezogen.

Die Realisationsphase kann auch „Phase der Zielrealisierung" [*OLBRICH*, Unternehmungswert (1999), S. 52] oder „Vollzugsphase" [*OTT*, Umwandlungs- und Umwandlungssteuerrecht (1996), S. 65, *SAUTER*, Spaltungen (2000), S. 104] genannt werden. Die Begriffe der „Wertschöpfungsphase" und „Gewinnrealisierungsphase" [*BRÖSEL/BURCHERT*, Akquisition (2004), S. 357] beschreiben auch die Durchführung der Spaltung, sind jedoch weniger auf den Akt der Spaltungsdurchführung, sondern eher langfristig ausgerichtet. Vgl. *BAETGE/KRUMBHOLZ*, Unternehmensbewertung (1991), S. 24.

390 Solche Anreize fordern bspw. die Arbeitnehmer der DEUTSCHEN BAHN im Zuge einer möglichen Spaltung des Konzerns mit anschließendem Börsengang des Mutterunternehmens. So solle der Beschäftigungssicherungspakt auch dann seine Gültigkeit behalten, wenn die Bahn bei einem Börsengang in mehrere Gesellschaften aufgespalten wird. Vgl. *GRABITZ*, Tarifkonflikt bei der Bahn (2006), S. 13, *O. VERF.*, Beschäftigungspakt (2006), S. 12.

391 Vgl. allgemein *MATSCHKE*, Investitionsplanung (1993), S. 47 f., sowie für den Fall der Spaltung *SCHNEIDER*, Unternehmensaufspaltung (1977), S. 190.

392 Gemäß § 130 Abs. 1 UmwG hat die Eintragung der Spaltung zuerst im Register jedes übernehmenden Rechtsträgers zu erfolgen – bei der Spaltung zur Neugründung hat erst die Eintragung des neuen Spaltungsunternehmens nach § 137 Abs. 3 UmwG zu erfolgen – bevor die Spaltung bei dem übertragenden Ursprungsunternehmen eingetragen werden kann. Der Vermögensübergang erfolgt nach § 131 Abs. 1 Nr. 1 S. 1 UmwG mit Eintragung der Spaltung in das Handelsregister der Ursprungsgesellschaft. Gemäß § 125 i. V. m. § 19 Abs. 3 UmwG erfolgt schließlich die Bekanntmachung der Eintragung. Vgl. dazu auch *BAYER/WIRTH*, Spaltung (1996), S. 817–825, *OTT*, Umwandlungs- und Umwandlungssteuerrecht (1996), S. 65, *SCHÖNE*, Spaltung (1998), S. 56–58, *WILKEN*, Gründungsphase bei der Spaltung (1999), S. 677–680, *SAUTER*, Spaltungen (2000), S. 104, *PICOT/MÜLLER-EISING*, Gesellschaftsrecht (2004), S. 430 f.

393 Vgl. *BRUSKI*, Gründungsphase bei der Spaltung (1997), S. 17–26.

394 Zum Begriff, der Aufgabe und zum Inhalt sowie zum Stichtag der Schlußbilanz vgl. *SCHERRER*, Spaltung (1999), S. 394–407, *SAUTER*, Spaltungen (2000), S. 105–115.

der Vermögensgegenstände und des Kapitals sowie durch die faktische Zuordnung der Mitarbeiter zu den einzelnen Spaltungsunternehmen.[395]

3.2.2.2.2 Kontrollphase

In der *Kontrollphase* wird untersucht, ob die geplanten Werte mit den tatsächlichen Ist-Daten übereinstimmen.[396] Ziel dabei ist es, die aktuelle Situation der gespaltenen Unternehmen, zukünftige Unternehmensspaltungsplanungen, Unternehmensbewertungsprozesse im Rahmen der Spaltung sowie Spaltungsrealisationen zu verbessern.[397] Um diesen Zweck zu erreichen, erfolgt sowohl ein Vergleich der in die Entscheidungswertermittlung eingehenden Daten mit den tatsächlich eingetretenen Resultaten, als auch eine Analyse des Verhandlungsablaufs.[398] Wie bereits ausgeführt, ist das Phasenschema nicht als unabänderliche Aufeinanderfolge zeitlicher Ereignisse zu sehen; Kontrollen stehen somit zeitlich nicht unbedingt am Ende des Spaltungsprozesses, sondern sollten jederzeit den Bewertungsprozeß der Spaltung begleiten, um frühzeitig Sicherungsmaßnahmen einzuleiten zu können.[399]

3.2.2.2.3 Sicherungsphase

Grundlegend endet der Bewertungsprozeß der Spaltung mit der Kontrollphase. Insbesondere im Zuge sich schnell verändernder Marktbedingungen ist es jedoch notwendig, nicht nur den Bewertungsprozeß zu kontrollieren, sondern auch die in den Abweichungsanalysen herausgefundenen Unstimmigkeiten zu beheben und die Spaltungsunternehmen an die veränderten Rahmenbedingungen[400] anzupassen.[401] Die *Siche-*

---

395 Zur Kapitalaufbringung sowie zum Erfordernis einer Kapitalerhöhung oder -herabsetzung vgl. *SEIBOLD*, Spaltung (2001), S. 166–209, *OETTER*, Spaltung im Konzern (2003), S. 90–105.

396 Zum Begriff, zu Formen und Aufgaben der Kontrolle sowie zu den einzelnen Aktivitäten in der Kontrollphase vgl. *FRIEDL*, Controlling (2003), S. 256–266.

397 Vgl. *MATSCHKE*, Investitionsplanung (1993), S. 48, *BRÖSEL/KEUPER*, Unternehmensakquisitionen (2006), S. 150. Gerade bei großen Konzernen zeigt sich, daß die Durchführung einer Spaltung kein einmaliger Akt bleibt, sondern fester Bestandteil der Handlungsalternativen im Rahmen der Festlegung einer Unternehmensstrategie geworden ist, so z. B. bei der strategischen Neuausrichtung des SIEMENS-Konzerns mit zahlreichen Spaltungen. Vgl. dazu die Praxis-Beispiele im Abschnitt II.1.3 (S. 32–50) dieser Arbeit.

398 Vgl. *BRÖSEL/BURCHERT*, Akquisition (2004), S. 357 f. Zu den Problemen der „Vorher-Nachher-Vergleiche" im Rahmen der Ergebniskontrolle bei der Spaltung vgl. *ODENTHAL*, Unternehmensteilungen (1999), S. 223–225.

399 So teilt ODENTHAL bspw. in die *Ergebniskontrolle*, die Durchführung von Kontrollaktivitäten nach Realisierung der Spaltung, und in die *Prozeßkontrolle*, die Durchführung von Kontrollaktivitäten vor Abschluß der Realisation und somit während der Phasen der Willensbildung und während der Phase der Realisation. Vgl. *ODENTHAL*, Unternehmensteilungen (1999), S. 223. Siehe weiter *BRÜGGERHOFF*, Desinvestitionen (1992), S. 24.

400 Die Anpassung an veränderte Rahmenbedingungen kann durch *sachorientierte Sicherungsmaßnahmen* – z. B. der Ausbau von Produktvariationen, weil sich die Produktpalette im Vergleich

rungsphase kann somit der Beginn eines neuen Entscheidungsprozesses sein.[402] Die in der Kontrollphase gewonnenen Erkenntnisse können Motiv und Auslöser für weitere Bewertungsprozesse bilden. Das würde bedeuten, daß in bezug auf die ursprüngliche Spaltung ein neuer Bewertungsprozeß angeregt wird. Die Anbahnungsphase des neuen Bewertungsprozesses fällt jedoch als Abschluß des Ursprungsprozesses der Ausgangsspaltung in die letzte Phase der ursprünglichen Spaltung, der Sicherungsphase.[403]

3.3 Konfliktlösungsrelevante Sachverhalte der Unternehmensspaltung

3.3.1 Überblick

Gegenstand der Verhandlungs- und Entscheidungsphase zwischen den Spaltungsparteien sind die sog. *konfliktlösungsrelevanten Sachverhalte*. Konfliktlösungsrelevante Sachverhalte sind diejenigen Einigungsbedingungen, die der „Schlüssel zur Lösung“[404] des Konflikts sind. Gewöhnlich werden in der Unternehmensbewertungstheorie eindimensionale Konfliktsituationen unterstellt,[405] wobei in den Konfliktsituationen des Kaufs/Verkaufs meist nur der Preis oder in der Konfliktsituation der Spaltung die minimale Anteilsquote als einziger konfliktlösungsrelevanter Sachverhalt angesehen wird.[406] Realistischerweise ist die Bewertungssituation der Spaltung jedoch eine sehr komplexe, mehrdimensionale Konfliktsituation, bei der die Einigung über die Durchführung der Spaltung nicht nur von den Beteiligungsquoten, sondern auch von weiteren konfliktlösungsrelevanten Sachverhalten – wie bspw. dem Umfang der Spaltungsunternehmen oder der Besetzung der Führungspositionen nach der Spaltung – abhängig ist. Vor allem bei der Spaltung sind Gestaltungen denkbar, die dazu führen, daß sich einzelne Gesellschafter oder ganze Gesellschaftergruppen vollständig von Unter-

---

zum Ursprungsunternehmen verringert hat – oder *personenorientierte Sicherungsmaßnahmen* – bspw. Aktivitäten zur Qualifikation und Motivation von Trägern der Planrealisation – erfolgen. Vgl. *FRIEDL*, Controlling (2003), S. 258. So erweitert sich bspw. bei der Konfliktsituation vom Typ der Fusion der Entscheidungsprozeß um die „Integrationsphase“, die dem Zusammenwachsen der einzelnen Teilunternehmen zum Fusionsunternehmen auf unterschiedlichen Ebenen dienen soll. Vgl. *JANSEN*, Mergers (2001), S. 227–239.

401 Vgl. *ODENTHAL*, Unternehmensteilungen (1999), S. 225, *FRIEDL*, Controlling (2003), S. 257 f.

402 Vgl. *SCHNEIDER*, Unternehmensaufspaltung (1977), S. 191, *BECKER*, Teilung (1994), S. 75.

403 So wurde bspw. die Spaltung der DEUTSCHEN TELEKOM in die Muttergesellschaft TELEKOM und die Internettochter T-ONLINE AG aus dem Jahre 2000 im Jahre 2006 wieder rückgängig gemacht, indem beide Unternehmen miteinander fusionierten. Dieses Fusionsvorhaben ist ein eigenständiger Bewertungsprozeß mit seinen einzelnen Phasen. Der Bewertungsprozeß der Fusion gehört aber im Ganzen in die Sicherungsphase aus der ursprünglichen Spaltung. Vgl. *FRÜHBRODT*, Tochter kehrt zur Mutter zurück (2005), S. 15, *O. VERF.*, Verschmelzung (2006).

404 *REICHERTER*, Fusionsentscheidung (2000), S. 121.

405 Vgl. *BRÖSEL*, Medienrechtsbewertung (2002), S. 80.

406 Vgl. *MATSCHKE*, Mehrdimensionale Entscheidungswerte (1993), S. 4. Zur Einteilung der Bewertungsanlässe nach dem Grad der Komplexität der konfliktlösungsrelevanten Sachverhalte siehe Abschnitt II.2.2 (S. 62) dieser Arbeit.

nehmensteilen trennen, so daß die Bedeutung einzelner konfliktlösungsrelevanter Sachverhalte im Gegensatz zum Bewertungsfall der Fusion besonders zum Tragen kommt.[407] Um einen Überblick über die Fülle konfliktlösungsrelevanter Sachverhalte zu erhalten, bedarf es einer Systematisierung dieser Sachverhalte. Konfliktlösungsrelevante Sachverhalte im Rahmen der Spaltung lassen sich dabei nach drei Kriterien systematisieren (vgl. *Abbildung 24*).

Im Hinblick auf die *Entscheidungsfeldveränderung* lassen sich die konfliktlösungsrelevanten Sachverhalte in die beiden folgenden Gruppen unterteilen:[408]

1. *Originäre konfliktlösungsrelevante Sachverhalte*: Diese Sachverhalte – wie z.B. die Anteilsquoten oder der Unternehmensumfang – verändern das Entscheidungsfeld des Bewertungssubjekts *unmittelbar*. Damit es zu einer Spaltung des Ursprungsunternehmens kommt, ist eine Einigung über diese Parameter unverzichtbar. Deshalb stehen die originären konfliktlösungsrelevanten Sachverhalte in einem Komplementaritäts- und Ergänzungsverhältnis.

2. *Derivative konfliktlösungsrelevante Sachverhalte*: Solche Sachverhalte – wie bspw. die einzelnen Parameter eines Unternehmensbewertungsverfahrens zur Berechnung der Unternehmenswerte – dienen dazu, die Extensionen der originären konfliktlösungsrelevanten Sachverhalte zu begründen oder aus ihnen herzuleiten. Die derivativen Sachverhalte wirken somit nur *mittelbar* entscheidungsfeldverändernd. Es ist möglich, originäre Sachverhalte durch mehrere derivative konfliktlösungsrelevante Sachverhalte zu substituieren.[409]

Nach ihrer *gesetzlichen Vorgabe* lassen sich die konfliktlösungsrelevanten Sachverhalte im Rahmen der Spaltung weiterhin in *gesetzlich* genau im § 126 Abs. 1 UmwG *vorgeschriebene konfliktlösungsrelevante Sachverhalte* wie bspw. die Angabe des Umtauschverhältnisses und in gesetzliche nicht festgelegte, *fakultative konfliktlösungsrelevante Sachverhalte* wie z. B. die Erläuterungen zur Kostenverteilung unterteilen.

---

407 Bei der Fusion werden die Vermögensmassen aller Ausgangsunternehmen vereinigt und alle Gesellschafter sind am Verschmelzungsunternehmen beteiligt, so daß – im Gegensatz zur Spaltung – alle Anteilseigner sowohl an den Chancen als auch an den Risiken des Fusionsunternehmens teilhaben. Vgl. *HARTMANN*, Spaltung (1997), S. 11.

408 Vgl. dazu *MATSCHKE*, Entscheidungswert (1975), S. 57–69, *MATSCHKE/BRÖSEL*, Unternehmensbewertung (2007), S. 101 f., m. w. N.

409 Durch die Dekomposition eines originären Sachverhalts in weitere derivative Variablen wird der Einigungsprozeß nicht erschwert, sondern auf eine breitere Basis gestellt, so daß es den Spaltungsparteien ermöglicht wird, ihre Standpunkte sukzessive anzunähern und somit einen ersten Schritt zur Lösung des Konflikts zu vollziehen. In dieser Substitution kann also eine Möglichkeit der Komplexitätsreduktion liegen. Vgl. *MATSCHKE*, Entscheidungswert (1975), S. 70–74, *MATSCHKE/BRÖSEL*, Unternehmensbewertung (2007), S. 596 f.

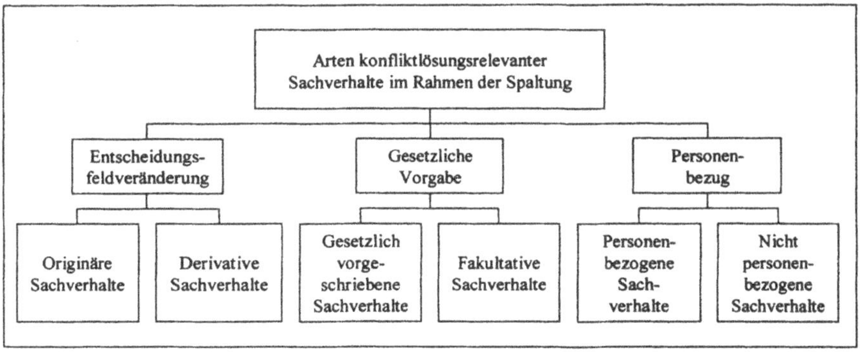

Abbildung 24: Arten konfliktlösungsrelevanter Sachverhalte im Rahmen der Spaltung

„Welche Ausprägungen der konfliktlösungsrelevanten Sachverhalte ein Entscheidungssubjekt gerade noch akzeptieren kann, gibt sein Entscheidungswert an. Dabei ist es durchaus möglich, daß es viele Kombinationen hinsichtlich der konfliktlösungsrelevanten Sachverhalte gibt, für die dies gilt. In diesem Fall würde die Menge solcher kritischen Kombinationen den Entscheidungswert bilden.“[410] Die Bewertungssituation der Spaltung ist bereits von ihrer Eigenart her eine von zumindest zwei konfliktlösungsrelevanten Sachverhalten abhängige Bewertungssituation: Im Fall der Spaltung eines Ursprungsunternehmens in zwei Spaltungsunternehmen geht es für die einzelnen Anteilseigner um die Höhe ihrer Anteilsquoten an den beiden Spaltungsunternehmen. Diese sind – wie noch gezeigt wird – substitutiv voneinander abhängig, so daß bereits in dieser nur die Anteilsquoten als einzigen konfliktlösungsrelevanten Sachverhalt umfassenden Konfliktsituation der Spaltung mehrere Kombinationen kritischer Anteilsquoten den Entscheidungswert bilden können.[411] In der Realität kommen jedoch noch weitere konfliktlösungsrelevante Sachverhalte hinzu, die in personenbezogene und nicht direkt personenbezogene konfliktlösungsrelevante Sachverhalte unterteilt werden können (vgl. *Abbildung 25*).

Die *personenbezogenen konfliktlösungsrelevanten Sachverhalte* unterscheiden sich nach Sachverhalten, die sich direkt auf den Gesellschafter beziehen (Gesellschafterbezogene Sachverhalte), und auf Sachverhalte, die sich auf weitere Personengruppen beziehen (Nicht-gesellschafterbezogene, personenbezogene Sachverhalte). Letztere lassen sich wiederum in Parameter unterteilen, die sich auf die Geschäftsleitung, die Arbeitnehmer, die Gläubiger oder sonstige Personengruppen wie bspw. die Lieferanten und Kunden des Unternehmens beziehen. Die Einteilung in gesellschafterbezogene und nicht-gesellschafterbezogene konfliktlösungsrelevante Sachverhalte dient dabei nur der Systematisierung dieser Einigungsparameter; die Beschlußfassung über die

410 MATSCHKE/BRÖSEL, Unternehmensbewertung (2007), S. 130.

411 Vgl. Abschnitt III.1.3.2.1 (S.188–190) dieser Arbeit.

einzelnen konfliktlösungsrelevanten Sachverhalte wird ausschließlich durch die Gesellschafter der Ursprungsgesellschaft getroffen.

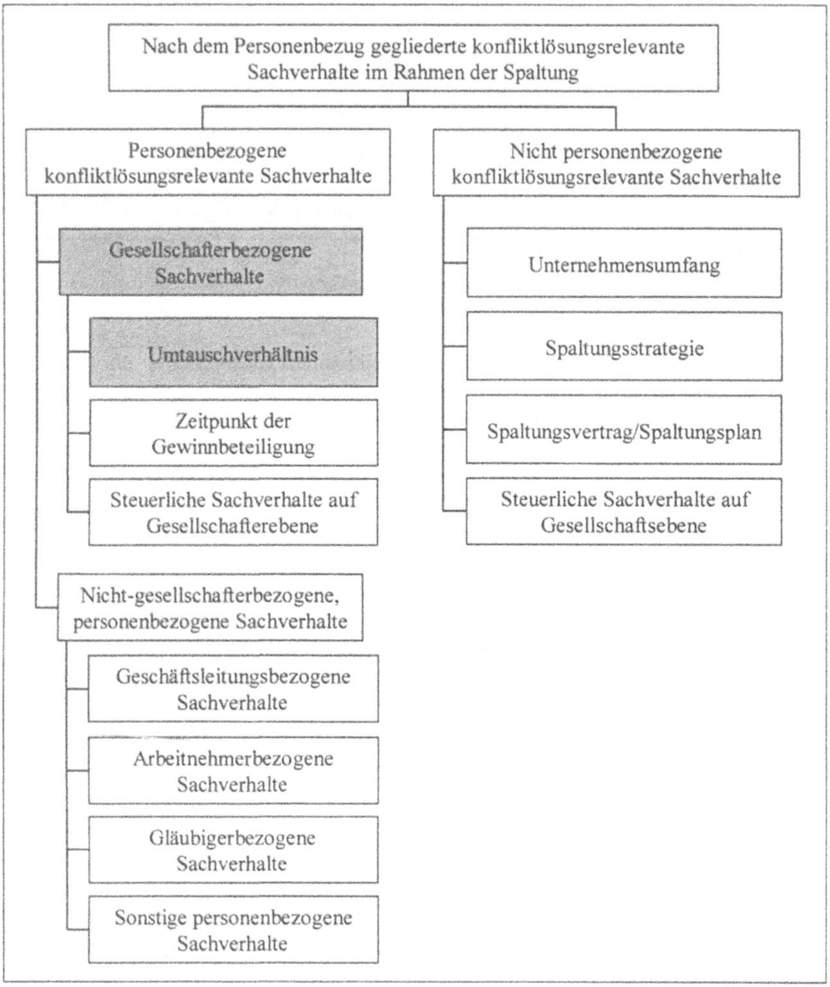

Abbildung 25: Nach dem Personenbezug gegliederte konfliktlösungsrelevante Sachverhalte im Rahmen der Spaltung

Die nicht direkt personenbezogenen *konfliktlösungsrelevanten Sachverhalte* beziehen sich auf Parameter wie den Unternehmensumfang der Spaltungsunternehmen, die Spaltungsstrategie, den Spaltungsvertrag/Spaltungsplan oder die steuerliche Behandlung der Spaltung auf Gesellschaftsebene, die speziell in der Entscheidungssituation der Spaltung von Bedeutung sind.

Im folgenden werden die konfliktlösungsrelevanten Sachverhalte nach personenbezogenen und nicht personenbezogenen Kriterien gegliedert und unter besonderer Berücksichtigung ihrer entscheidungsfeldverändernden Bedeutung in den Spaltungsverhandlungen und ihrer gesetzlichen Fixierung dargestellt.

3.3.2 Darstellung konfliktlösungsrelevanter Sachverhalte im Rahmen der Spaltung

3.3.2.1 Personenbezogene konfliktlösungsrelevante Sachverhalte

3.3.2.1.1 Gesellschafterbezogene Sachverhalte

Die *gesellschafterbezogenen Sachverhalte* sind diejenigen konfliktlösungsrelevanten Parameter, welche die Gesellschafter unmittelbar berühren. Dazu gehören als originäre konfliktlösungsrelevante Sachverhalte die Festlegung des *Umtauschverhältnisses* der Unternehmensanteile vom Ursprungsunternehmen zu den Spaltungsunternehmen durch die Bestimmung der einzelnen *Anteilsquoten* an den Spaltungsunternehmen,[412] die Festlegung des *Zeitpunkts der Gewinnbeteiligung* und die Feststellung der Anschaffungskosten der auf die Nachfolgeunternehmen übergehenden Anteile, die bei einer späteren Aufdeckung und Besteuerung der in den Anteilen enthaltenen stillen Reserven an Bedeutung erlangen (*steuerliche Sachverhalte auf Gesellschafterebene*), sowie als derivative konfliktlösungsrelevante Sachverhalte bspw. diejenigen bewertungsrelevanten Parameter,[413] wie die anzuwendenden Bewertungsverfahren oder der

---

412 Im folgenden werden nur die *bewertungsrelevanten Fälle der Spaltung* betrachtet. Vgl. zur Abgrenzung dieser Konfliktsituationen Abschnitt II.3.1.3 (S. 78–86) dieser Arbeit. Somit bleiben im Rahmen der Betrachtung der gesellschafterbezogenen Sachverhalte bspw. die verhältniswahrenden Spaltungen unberücksichtigt, weil hier das Umtauschverhältnis aufgrund eines fehlenden Interessengegensatzes nicht Gegenstand von Verhandlungen ist. Um die Bedeutung der gesellschafterbezogenen Sachverhalte – mit der Bestimmung des Umtauschverhältnisses als wichtigstem Einzelsachverhalt – hervorzuheben, sind die entsprechenden Beschriftungen in der *Abbildung 25* grau unterlegt.

413 Diese bewertungsrelevanten Parameter stellen somit derivative konfliktlösungsrelevante Sachverhalte des originären konfliktlösungsrelevanten Sachverhalts „Umtauschverhältnis" dar. „Die der Festlegung des Umtauschverhältnisses zugrundeliegende Unternehmensbewertung ist durch eine Zusicherung [im Spaltungsvertrag] abzusichern, dass alle der Unternehmensbewertung des übertragenden Geschäftsbereichs zugrunde liegenden Auskünfte richtig und vollständig sind" [Quelle: *KALLMEYER*, Spaltung (2006), S. 660]. Das bedeutet also, daß die gesetzlich im § 126 Abs. 1 Nr. 3 UmwG vorgeschriebene Angabe des Umtauschverhältnisses als originärer konfliktlösungsrelevanter Sachverhalt durch die fakultativ im Spaltungsvertrag anzugebenden unternehmensbewertungsrelevanten Sachverhalte als derivative Sachverhalte ergänzt werden. Vgl. zu einem Muster einer Klausel zur Absicherung der Bewertungsgrundlagen *KALLMEYER*, Spaltung (2006), S. 662.

bei der Bewertung angesetzte Zeithorizont, die zur Berechnung der Unternehmenswerte notwendig sind.[414]

Nach § 126 Abs. 1 Nr. 3 UmwG ist als zwingender Bestandteil des Spaltungsvertrags ein *Umtauschverhältnis* zu bestimmen.[415] Das Umtauschverhältnis gibt an, in welchem Umfang den Anteilseignern des Ursprungsunternehmens für die durch die Spaltung untergehende Unternehmensbeteiligung Anteile an den übernehmenden Gesellschaften zu gewähren sind.[416]

Der Zweck des Umtauschverhältnisses liegt also darin, den Anteilseignern des übertragenden Rechtsträgers eine Gegenleistung in Form einer Anteilsgewährung an den Spaltungsunternehmen für den Verlust oder die Verringerung des Werts ihrer Anteile am Ursprungsunternehmen zu gewähren.[417] Der Spaltungsbeschluß bedarf minde-

---

414 Ist die Verhandlung über das Umtauschverhältnis der einzige konfliktlösungsrelevante Sachverhalt, liegt eine eindimensionale Konfliktsituation der Spaltung vor. Die Ermittlung des Umtauschverhältnisses ist nicht im Umwandlungsgesetz geregelt, weil eine rechtlich vorgeschriebene Methode zur Bewertung von Unternehmen nicht existiert. Zur Wahl der Bewertungsverfahren vgl. Abschnitt II.2.3 (S. 67–69) dieser Arbeit. Zur Berechnung der minimalen Anteilsquoten als Entscheidungswerte in dieser Konfliktsituation vgl. Abschnitt III.1 (S. 139–254) dieser Arbeit.

Weiterhin ergibt sich auch für die Gesellschafter das Problem der Haftung. Durch die Spaltung besteht die Gefahr, „daß auf der einen Seite zukunftsträchtige Unternehmensteile in selbständige Gesellschaften verpackt und mit diesen Anteilen nur bestimmte, ‚erwünschte' Anlegerkreise bedient werden sollen, auf der anderen Seite ‚andere' Gesellschaftergruppen auf weniger lukrative oder sogar eigens dafür geschaffene Nachfolgegesellschaften abgeschoben werden" [Quelle: *KÜBLBÖCK*, Spaltung (1989), S. 9]. Diese rechtsformabhängige Haftung der Anteilseigner mit ihrer Gesellschaftseinlage oder evtl. auch mit dem Privatvermögen ist ein Kriterium, das die Anteilseigner mit in ihre Risikobeurteilung einbeziehen müssen, wenn diese sich für oder gegen eine Spaltung entscheiden. Zum Umfang der Haftung vgl. die Darstellung zu den gläubigerbezogenen Sachverhalten im nächsten Abschnitt dieser Arbeit.

415 Die Angabe des Umtauschverhältnisses ist nicht erforderlich, wenn bei der Spaltung zur Aufnahme die übernehmende Gesellschaft alleinige Gesellschafterin der übertragenden Gesellschaft ist oder bei den Fällen der Ausgliederung, weil hier kein Anteilstausch auf Ebene der Gesellschafter stattfindet. Vgl. *PRIESTER*, Spaltungsvertrag (1995), S. 104, *KÖSTER/PRINZ*, Verlustverwertung durch Spaltung (1997), S. 339, *WEGENER*, Spaltung (1998), S. 52, *SAGASSER/SICKINGER*, Spaltungsrechtliche Regelungen (2002), S. 517.

416 Vgl. *PRIESTER*, Spaltungsvertrag (1995), S. 103 f., *BRAUERS*, Spaltung von Kapitalgesellschaften (2004), S. 39. Für *HEURUNG*, Unternehmensbewertung bei Spaltungsprozessen (1998), S. 202 f., ist deshalb die Fixierung des Umtauschverhältnisses für die an der Spaltung beteiligten Anteilseigner „die delikateste Entscheidung", weil das Umtauschverhältnis angibt, für wie viele Anteile des Ursprungsunternehmens dessen Anteilseigner einen Anteil des übernehmenden Rechtsträgers als Gegenleistung erhalten. „Es erscheint deshalb bei der Durchführung einer nichtverhältniswahrenden Spaltung nicht nur geboten, auf eine angemessene Ermittlung der Relation der Unternehmenswerte der an der Spaltung beteiligten Rechtsträger bzw. Teilbetriebe abzustellen, sondern darüber hinaus [...] eine angemessene Ermittlung der absoluten Unternehmenswerte der beteiligten Rechtsträger bzw. Teilbetriebe zu fordern" [Quelle: *HEURUNG*, Unternehmensbewertung bei Spaltungsprozessen (1998), S. 203]. Siehe auch *KÖSTER/PRINZ*, Verlustverwertung durch Spaltung (1997), S. 339 f., welche die Festlegung des Umtauschverhältnisses für besonders bedeutsam halten, weil das Vermögen der Anteilseigner dadurch unmittelbar betroffen ist.

417 Die Behauptung, daß die Spaltung für die Gesellschafter dabei ein „Null-Summen-Spiel" – also die wertmäßige Erhaltung der Entnahmeerwartungen vor und nach der Spaltung – sein soll und

stens einer Dreiviertelmehrheit der Gesellschafter der übertragenden Gesellschaft, so daß es grundsätzlich möglich ist, einen derart gravierenden Eingriff in die Unternehmensstruktur, wie ihn die Spaltung darstellt, gegen den Willen von Minderheitsgesellschaftern durchzuführen.[418] Erklärt ein Anteilseigner der Ursprungsgesellschaft gegen den Spaltungsbeschluß Widerspruch zur Niederschrift, muß nach § 125 i. V. m. § 29 Abs. 1 und § 36 UmwG der übernehmende Rechtsträger den Erwerb der Gesellschaftsanteile gegen eine angemessene Barabfindung anbieten.[419] Nimmt der Anteilseigner das Angebot an, scheidet der Gesellschafter aus dem übernehmenden Rechtsträger aus.

Liegt der Wert der neuen Anteile eines Gesellschafters unter dem Wert seiner untergehenden Anteile oder ist der Wert seiner neuen Anteilsrechte größer als der Wert der ursprünglichen Anteile, besteht die Möglichkeit der unentgeltlichen Übertragung von Anteilen durch andere Gesellschafter[420] oder aber der Barzahlung zum Ausgleich von Wertunterschieden.[421] Ausgleichszahlungen können verhindert werden, indem vor Festlegung des Umtauschverhältnisses Vermögensbestandteile, die keine wesentliche

---

daß die Spaltung nicht in die Vermögenssphäre der Anteilseigner einwirken soll, stimmt so nur bedingt. Grundsätzlich sollte danach der Wert sämtlicher Anteile vor und nach der Spaltung unverändert bleiben. Dabei kann von einem unveränderten Wert sämtlicher Anteile an den Spaltungsunternehmen im Vergleich zu sämtlichen Anteilen am Ursprungsunternehmen nur dann ausgegangen werden, wenn keine Spaltungseffekte auftreten. Das Rechtsinstitut der Spaltung wird jedoch vor allem deshalb zum Einsatz gelangen, weil die Gesellschafter mit positiven Spaltungseffekten rechnen. Der ausgleichende Zustand vor und nach der Spaltung bei unveränderten Anteilswerten ist also nur die Mindestforderung, welche die Anteilseigner an die Spaltung stellen sollten. Diese Forderung gibt dann auch diejenige Situation wieder, die zur Bestimmung der Grenzumtauschverhältnisse oder -quoten notwendig ist. Vgl. *HEURUNG*, Spaltung (1997), S. 1304 f., *HUBER*, Anteilsgewährpflicht im Umwandlungsrecht (2005), S. 13, sowie zur Ermittlung der Grenzquoten bei der Spaltung Abschnitt III.1 (S. 139–254) dieser Arbeit. Insbesondere im Fall der Spaltung zur Aufnahme ist das Umtauschverhältnis von Bedeutung, weil diese Spaltungsformen die Gefahr der Verwässerung der Unternehmensanteile in sich tragen. Vgl. dazu auch *HEISS*, Spaltung (1995), S. 38, sowie Abschnitt II.3.1 (S. 71–78) dieser Arbeit.

418 Das bedeutet, daß maximal ein Viertel der stimmberechtigten Gesellschafter der Spaltung widersprechen können, weil anderenfalls die für die Reorganisationsmaßnahme erforderliche Mehrheit nicht gewährleistet ist. Vgl. dazu die im Abschnitt II.3.2.2.1.4 (S. 106) dieser Arbeit dargestellten umwandlungsgesetzlichen Regelungen zur Beschlußfassung sowie *WEGENER*, Spaltung (1998), S. 317.

419 Vgl. *HARTMANN*, Spaltung (1997), S. 13, *WEGENER*, Spaltung (1998), S. 317, *KALLMEYER*, Spaltung (2006), S. 620 f. Zur Prüfung der Angemessenheit der Barabfindungen im Rahmen der Spaltungs- und Kombinationseffekte vgl. *HEURUNG*, Spaltung (1997), S. 1341–1344.

420 Vgl. *WOCHINGER*, Nichtverhältniswahrende Spaltung (2000), S. 645.

421 Werden Ausgleichszahlungen vereinbart, ist die Angabe der Höhe der baren Zuzahlungen nach § 126 Abs. 1 Nr. 3 UmwG ebenso wie die Angabe des Umtauschverhältnisses zwingender Bestandteil des Spaltungsvertrags. Der Umfang dieses Ausgleichs von Spitzenbeträgen ist jedoch nach § 125 i. V. m. § 54 Abs. 4 und § 68 Abs. 3 UmwG auf 10 % des Gesamtnennbetrags der gewährten Anteile begrenzt. Die Ausgleichszahlung kann zwischen den Gesellschaftern oder zwischen einem Anteilseigner und den übernehmenden Gesellschaften erfolgen. Vgl. *OTT*, Aufspaltung und Abspaltung II (1996), S. 82 f., *SCHÖNE*, Spaltung (1998), S. 125, *WEGENER*, Spaltung (1998), S. 35 f., *ODENTHAL*, Unternehmensteilungen (1999), S. 196 und S. 252.

Betriebsgrundlage sind, und Verbindlichkeiten so auf die nach Spaltung beteiligten Unternehmen verteilt werden, daß das Wertverhältnis der Spaltungsunternehmen den geplanten Beteiligungsverhältnissen nach der Spaltung entspricht.[422]

Der *Zeitpunkt der Gewinnbeteiligung* – derjenige Zeitpunkt, ab dem die Gesellschafter am Erfolg der aus der Spaltung hervorgehenden Unternehmen teilhaben – bildet einen weiteren gesellschafterbezogenen, originären konfliktlösungsrelevanten Sachverhalt.[423] „Die Festlegung dieses Zeitpunktes ist deshalb von erheblicher Bedeutung, weil er von den beteiligten Rechtsträgern beliebig festgelegt werden kann."[424] So kann unter Ausnutzung der Komplementarität der originären Sachverhalte die Gewinnberechtigung bspw. erst später als der Spaltungsstichtag[425] erfolgen, wenn mit diesem späteren Gewinnbeginn ein ansonsten zu günstiges Umtauschverhältnis korrigiert werden soll.[426]

„Ein wichtiger Bestandteil der Vorüberlegungen bei einem Spaltungsvorhaben ist die Berücksichtigung der steuerrechtlichen Vorgaben. Da der Umfang der Transaktionskosten und damit der anfallenden Steuerpflichten für den Erfolg eines Spaltungsvorhabens entscheidend ist, müssen die beteiligten Rechtsträger die Spaltung auf eine Art und Weise durchführen, bei der auf Gesellschafts- und Gesellschafterebene [im Einklang mit den weiteren Zielen der Anteilseigner] die wenigsten Steuertatbestände erfüllt werden."[427] Die *steuerlichen* konfliktlösungsrelevanten *Sachverhalte* lassen sich dabei aus zwei Sichtweisen betrachten:

1. *Steuerliche Sachverhalte auf Gesellschafterebene*: Die in den Anteilen der Gesellschafter enthaltenen stillen Reserven werden grundsätzlich steuerneutral übertragen. Bei der Verteilung der ursprünglichen Anschaffungskosten auf die Spaltungsunternehmen können jedoch Bewertungsunterschiede auftreten, die somit zu einem weiteren bewertungsrelevanten Sachverhalt führen.

---

422 Vgl. *HERZIG/MOMEN*, Spaltung I (1994), S. 2160 f., *HERZIG/FÖRSTER*, Problembereiche (1995), S. 343, *THIEL*, Spaltung I (1995), S. 239 f., *BLUMERS/SIEGELS*, Zuordnung von Wirtschaftsgütern (1996), S. 7, *OTT*, Umwandlungs- und Umwandlungssteuerrecht (1996), S. 240. Notwendig können die baren Zuzahlungen jedoch werden, um praktikable Umtauschverhältnisse zu schaffen. Vgl. *WEGENER*, Spaltung (1998), S. 35, sowie für den Fall der Fusion *NONNENMACHER*, Verschmelzung (1982), S. 156.

423 Vgl. § 126 Abs. 1 Nr. 5 UmwG sowie *PRIESTER*, Spaltungsvertrag (1995), S. 106 f., *PRIESTER*, Spaltungs- und Übernahmevertrag (2004), S. 1403 f.

424 *SAGASSER/SICKINGER*, Spaltungsrechtliche Regelungen (2002), S. 173, Hervorhebungen im Original. Siehe dazu weiter *SAGASSER/SICKINGER*, Spaltungsrechtliche Regelungen (2002), S. 518.

425 Zur Erläuterung des Spaltungsstichtags vgl. Abschnitt II.3.3.2.2.3 (S. 131 f.) dieser Arbeit.

426 Vgl. *BARZ*, Verschmelzung (1972), S. 3, *PRIESTER*, Spaltungsvertrag (1995), S. 106 f., *SAGASSER/SICKINGER*, Spaltungsrechtliche Regelungen (2002), S. 518 i. V. m. S. 173.

427 *OETTER*, Spaltung im Konzern (2003), S. 36. Bei der Betrachtung der steuerlichen konfliktlösungsrelevanten Sachverhalte ist zu berücksichtigen, „dass die Steuer nur ein Baustein im Gebäude der Entscheidung sein kann und dass die Steuerplanung nur als Teil der Gesamtplanung verstanden werden darf. Anzustreben ist nicht die Variante mit den besten steuerlichen Konsequenzen, sondern die Variante mit den optimalen Gesamt-Konsequenzen" [Quelle: *SCHNEIDER*, Unternehmensaufspaltung (1977), S. 37, Hervorhebungen im Original].

2. *Steuerliche Sachverhalte auf Gesellschaftsebene*: Anzustreben ist grundsätzlich die Vermeidung der Realisierung stiller Reserven, also die sog. „steuerneutrale Spaltung", für die es eine Reihe von Voraussetzungen gibt. Weiterhin kann es jedoch auch Gründe für eine Aufdeckung der stillen Reserven geben. Auch die Übertragung von Verlustvorträgen[428] auf die Nachfolgeunternehmen ist ein in den Spaltungsverhandlungen zu diskutierender steuerlicher konfliktlösungsrelevanter Sachverhalt.[429]

Diese beiden Sichtweisen liefern jeweils *originäre konfliktlösungsrelevante Sachverhalte*, weil durch eine Steuerzahlung, deren Vermeidung oder deren Aufschub in die Zukunft die Entscheidungsfelder der Gesellschafter unmittelbar berührt werden.[430]

Bei der Darstellung der steuerlichen Sachverhalte auf Gesellschafter- und Gesellschaftsebene wird im folgenden zwischen der bisherigen – und teilweise noch anzuwendenden – Gesetzeslage nach dem Umwandlungsgesetz vom 28.10.1994 (UmwStG a. F.) und der – aufgrund sowohl inländischer als auch insbesondere europarechtlicher Anforderungen[431] – neu gefaßten Rechtslage nach dem Umwandlungsgesetz vom 7.12.2006 (UmwStG n. F.) unterschieden.[432]

Eine Betrachtung der *steuerlichen Sachverhalte auf Gesellschafterebene* zeigt zunächst, daß eine Übertragung der in den Anteilen der Gesellschafter enthaltenen stillen Reserven im Zuge der Spaltung nach § 13 Abs. 1 UmwStG a. F. grundsätzlich steuerneutral (zum Buchwert) erfolgt und somit kein Gegenstand der Spaltungsver-

---

428 Zur Bedeutung von Verlustvorträgen beim Kauf einer Mantelgesellschaft vgl. *OLBRICH*, Kauf mit Verlustvortrag (2001), S. 1326–1331.

429 Die Darstellung dieser Sichtweise erfolgt in der Kategorie der „nicht personenbezogenen konfliktlösungsrelevanten Sachverhalte" im Abschnitt II.3.3.2.2.4 (S. 132–138) dieser Arbeit.

430 Zur Berücksichtigung von Steuern im Rahmen der Unternehmensbewertung vgl. *WAMELING*, Unternehmensbewertung (2004).

431 Das Umwandlungssteuergesetz wurde im Rahmen des Gesetzes über steuerliche Begleitmaßnahmen zur Einführung der Europäischen Gesellschaft und zur Änderung weiterer steuerrechtlicher Vorschriften (SEStEG) grundlegend neu verfaßt. „Ziel des SEStEG ist insbesondere die Anpassung der steuerrechtlichen Vorschriften an die aktuellen EU-rechtlichen Vorgaben, die vor allem mit der Rechtsform der SE zusammenhängen, aber auch darüber hinaus auf Grund der Rechtsprechung des EuGH und der aktuellen umwandlungsrechtlichen Entwicklung zu vergegenwärtigen sind" [Quelle: *RÖDDER/SCHUMACHER*, Das SEStEG (2007), S. 369]. Darüber hinaus bestand die Absicht, die Möglichkeit der betrieblichen Umstrukturierung ohne Aufdeckung stiller Reserven auf den Raum der Europäischen Union und des Europäischen Wirtschaftsraums auszuweiten. Vgl. *DAMAS*, Umwandlungssteuerrecht (2007), S. 129.

432 „Noch eines wird die Praxis sowohl der Finanzämter als auch die der Unternehmen und steuerberatenden Berufe stark belasten, und zwar das künftige Nebeneinander zweier hochkomplizierter Regelungskonzepte [...]. Es erscheint nicht undenkbar, dass das künftige Nebeneinander von altem und neuem Recht Konkurrenzprobleme aufwerfen wird" [Quelle: *DÖTSCH/PUNG*, Änderungen des UmwStG (2006), S. 2764]. Zur erstmaligen Anwendung des neuen Umwandlungssteuerrechts vgl. § 27 Abs. 1 UmwStG n. F.

handlungen ist.[433] Aufgrund der Europäisierung des Umwandlungssteuerrechts wird die Besteuerung der Stillen Reserven nach § 13 Abs. 1 UmwStG n. F. jedoch – nicht wie nach altem Recht durch den Buchwert, sondern – durch einen grundsätzlichen Ansatz der Anteile mit dem „gemeinen Wert"[434] gesichert.[435] Für inländische Spaltungen gilt nach § 13 Abs. 2 UmwStG n. F. hingegen, daß auf Ebene des Anteilseigners auf Antrag eine Verknüpfung mit dem Wertansatz der untergehenden Anteile hergestellt wird, indem die Anteile an der Nachfolgegesellschaft mit dem Buchwert der Anteile des Ursprungsunternehmens angesetzt werden, so daß auch nach neuem Umwandlungssteuerrecht weiterhin steuerneutrale Spaltungen möglich sind.[436]

Ein steuerlicher konfliktlösungsrelevanter Sachverhalt entsteht sowohl nach altem als auch nach neuem Umwandlungssteuerrecht jedoch durch die Feststellung der Werte der auf die Spaltungsunternehmen übergehenden Anteile. Diese Feststellung hat zwar keine unmittelbare Wirkung bei der Durchführung der Spaltung, wird jedoch bei einer späteren Realisierung der in den Anteilen enthaltenen stillen Reserven – bspw. bei einem Verkauf der Gesellschaftsanteile – zur Berechnung der Höhe der zu versteuernden stillen Reserven herangezogen.[437] Problematisch sind dabei diejenigen Fälle, in

---

[433] Für die Steuerneutralität auf Gesellschafterebene spielt es daher keine Rolle, ob auf Gesellschaftsebene eine Buchwertfortführung gewählt wurde. Steuerpflichtig – und damit nach altem Umwandlungssteuerrecht die einzige Ausnahme von der grundsätzlichen Steuerneutralität – können nur bare Zuzahlungen an die Gesellschafter des übertragenden Unternehmens werden. Vgl. *OTT*, Umwandlungs- und Umwandlungssteuerrecht (1996), S. 233, *HARTMANN*, Spaltung (1997), S. 121, *BMF*, UmwStG (1998), S. 305, *DÖTSCH*, Aufspaltung und Abspaltung (2003), S. 494, *OETTER*, Spaltung im Konzern (2003), S. 66.

[434] Der „gemeine Wert" der Anteile ist nach § 9 Abs. 2 BewG derjenige Preis, der im gewöhnlichen Geschäftsverkehr für die Beteiligung zu erzielen wäre. Dabei sind alle preisbeeinflussenden Umstände – außer die ungewöhnlichen oder persönlichen Umstände – zu berücksichtigen. Siehe auch *BMF*, UmwStG (1998), S. 306, *RÖDDER/SCHUMACHER*, SEStEG (2006), S. 1527.

[435] Diese Regelung soll bei grenzüberschreitenden Spaltungen, also bei Spaltungen, bei denen das deutsche Besteuerungsrecht durch die Umwandlung entfällt oder eingeschränkt wird, die Versteuerung der in den Anteilen enthaltenen stillen Reserven sichern. Eine grenzüberschreitende Spaltung ist derzeit nach § 1 Abs. 1 Nr. 2 UmwG jedoch nicht möglich. Vgl. *DÖTSCH/PUNG*, Änderungen des UmwStG (2006), S. 2705 und S. 2713, *RÖDDER/SCHUMACHER*, SEStEG (2006), S. 1526 und S. 1534. Die Regelungen für grenzüberschreitende Spaltungen existieren jedoch bereits im Umwandlungssteuergesetz, weil sich die Regelungen für die im § 13 UmwStG n. F. beschriebenen Auf- und Abspaltungen auf die §§ 11–13 UmwStG n. F. beziehen, die grundsätzlich auch für die Verschmelzung und den Formwechsel gelten. *KALLMEYER/KAPPES*, Spaltungen (2006), S. 234, fordern dementsprechend die Anerkennung einer grenzüberschreitenden Spaltung. Aufgrund dieser noch zu klärenden Gesetzeslage werden im folgenden nur inländische Spaltungen betrachtet.

[436] „Inlandsumwandlungen können künftig wie bisher in aller Regel ohne Gewinnrealisierung zum Buchwert erfolgen" [Quelle: *DÖTSCH/PUNG*, Änderungen des UmwStG (2006), S. 2708]. Voraussetzung ist jedoch, daß das Besteuerungsrecht Deutschlands nicht ausgeschlossen oder beschränkt wird. Vgl. § 13 Abs. 2 UmwStG n. F. sowie *DAMAS*, Umwandlungssteuerrecht (2007), S. 134.

[437] Somit liegt bei einer steuerneutralen Spaltung keine Steuerbefreiung vor. Die Erfassung der stillen Reserven wird lediglich bis zu jenem Zeitpunkt aufgeschoben, in dem die weitergeführten stillen Reserven bspw. durch eine Veräußerung aufgedeckt werden. Vgl. *HARTMANN*, Spaltung (1997), S. 120.

denen sich die steuerliche Qualität der Anteile im Wege der Spaltung ändert.[438] *Tabelle 4* zeigt die vier möglichen Fallgruppen, die sich bei der Beurteilung der steuerlichen Qualität der Anteile im Rahmen der Spaltung nach § 13 i. V. m. § 15 Abs. 1 Satz 1 UmwStG n. F. zur Sicherstellung der in den Gesellschaftsanteilen verhafteten stillen Reserven ergeben können.[439]

Fallgruppe	**Qualität der Anteile**		**Beurteilung**
	vor der Spaltung	nach der Spaltung	
1	steuerverhaftet	steuerverhaftet	unproblematisch
2	nicht steuerverhaftet	nicht steuerverhaftet	unproblematisch
3	nicht steuerverhaftet	steuerverhaftet	problematisch
4	steuerverhaftet	nicht steuerverhaftet	problematisch

Tabelle 4: Fallkonstellationen zur Beurteilung der steuerlichen Qualität von Anteilen im Rahmen der Spaltung[440]

Die *Fallgruppe 1* betrachtet Anteile, die vor und nach der Spaltung steuerverhaftet sind.[441] Diese Beteiligungen werden in Anteile im Betriebsvermögen und in Anteile im Privatvermögen unterteilt. Die Sicherung der stillen Reserven der Anteile mit Betriebsvermögenscharakter erfolgt, indem die Anteile an den Spaltungsunternehmen gem. § 13 Abs. 1 UmwStG n. F. als zum „gemeinen Wert“ oder auf Antrag zum Buchwert der untergehenden Anteile angeschafft gelten.[442] Bei Anteilen im Privatvermögen – wie wesentlichen Beteiligungen nach § 17 EStG oder Anteilen, die der Spekulations-

[438] Die steuerliche Qualität der Anteile wird dabei dadurch geprägt, ob die Anteile zum Betriebs- oder Privatvermögen gehören oder ob es sich bei den Anteilen um wesentliche oder unwesentliche Beteiligungen nach § 17 EStG handelt. Danach ist eine wesentliche Beteiligung dann erreicht, wenn der Gesellschafter innerhalb der letzten fünf Jahre zu mindestens einem Prozent am Kapital der Gesellschaft beteiligt war. Vgl. hierzu und im folgenden *DEHMER*, Umwandlungssteuergesetz I (1994), S. 1722, *HERZIG/MOMEN*, Spaltung I (1994), S. 2161 f., *SCHWEDHELM/STRECK/MACK*, Spaltung II (1995), S. 104, *WEGENER*, Spaltung (1998), S. 144–154, *SAGASSER/FAHRENBERG*, Steuerliche Regelungen (2002), S. 645 f. und S. 664 f., *DÖTSCH*, Aufspaltung und Abspaltung (2003), S. 488 f.

[439] Siehe ebenso § 13 i. V. m. § 15 Abs. 1 Satz 1 UmwStG a. F.

[440] Entnommen aus *WEGENER*, Spaltung (1998), S. 144.

[441] Ab dem Zeitpunkt der „Steuerverhaftung“ unterliegen Wertsteigerungen der Anteile der Besteuerung.

[442] Bei Inlandsspaltungen kann also die Buchwertverknüpfung beantragt werden, die nach § 13 Abs. 1 UmwStG a. F. grundsätzlich galt.

frist des § 23 EStG unterliegen – erfolgt die Sicherung der stillen Reserven nach § 13 Abs. 2 Satz 3 UmwStG n. F. durch die Fortführung der Anschaffungskosten.[443]

Bei den vor und nach der Spaltung im Privatvermögen gehaltenen unwesentlichen Beteiligungen (*Fallgruppe 2*) entfällt eine Sicherung der Besteuerung der in den Anteilen enthaltenen stillen Reserven, weil die Anteile vor und nach der Spaltung nicht der Besteuerung unterliegen.[444]

Werden im Privatvermögen gehaltene, nicht wesentliche – und damit nicht steuerverhaftete – Beteiligungen im Zuge der Spaltung zu einer wesentlichen – und damit steuerverhafteten – Beteiligung nach § 17 EStG (*Fallgruppe 3*), ist gem. § 13 Abs. 2 Satz 3 UmwStG (a. F. und n. F.) der „gemeine Wert" der Beteiligung am steuerlichen Übertragungsstichtag als Anschaffungskosten heranzuziehen. Ziel dieser Regelung ist, die in der Zeit der steuerlichen Unbeachtlichkeit der Anteile in diesen gesammelten stillen Reserven endgültig von der Besteuerung freizustellen. Ab diesem Zeitpunkt sind die Anteile über § 17 EStG steuerverhaftet.[445]

Die sog. „spaltungsgeborenen Anteile" (*Fallgruppe 4*) – solche Anteile, die sich im Privatvermögen befinden und vor der Spaltung eine wesentliche Beteiligung sowie nach der Spaltung eine unwesentliche Beteiligung darstellen – werden weiter als steuerverhaftete Beteiligungen i. S. des § 17 EStG behandelt, damit die Sicherstellung der stillen Reserven gewährleistet ist.[446]

---

443 Siehe auch *DAMAS*, Umwandlungssteuerrecht (2007), S. 134. Die bisherige Regelung unterschied nach § 13 Abs. 2 Satz 1 UmwStG a. F. noch in Anteile i. S. der §§ 17 und 23 EStG sowie nach § 13 Abs. 3 Satz 1 UmwStG in „einbringungsgeborene Anteile", die ebenso mit den Anschaffungskosten angesetzt wurden. Siehe auch *HERZIG/MOMEN*, Spaltung I (1994), S. 2161, *HARTMANN*, Spaltung (1997), S. 121 f., *WEGENER*, Spaltung (1998), S. 144 f., *BRAUERS*, Spaltung von Kapitalgesellschaften (2004), S. 122–126. Zum Zusammenhang der Bewertung der Anschaffungskosten nach dem Umwandlungsgesetz und dem Umwandlungssteuergesetz vgl. *KNOP/KÜTING*, Anschaffungskosten (1995), S. 1023–1030, *KUSSMAUL/ZABEL*, Unternehmensumstrukturierungen (2004), S. 488–492. „Unter einbringungsgeborenen Anteilen sind solche Anteile zu verstehen, die dem Anteilseigner im Rahmen eines Einbringungsvorgangs in eine Kapitalgesellschaft für eine unter dem Teilwert bewertete Sacheinlage gewährt wurden; sie sind zum Ausgleich dafür, daß die Besteuerung der stillen Reserven in dem eingebrachten Betriebsvermögen aufgeschoben ist, steuerverhaftet; vgl. § 21 Abs. 1 Satz 1 UmwStG" [Quelle: *WEGENER*, Spaltung (1998), S. 145]. Siehe auch *OTT*, Umwandlungs- und Umwandlungssteuerrecht (1996), S. 235, *DÖTSCH/PUNG*, Änderungen des UmwStG (2006), S. 2712, *RÖDDER/SCHUMACHER*, Das SEStEG (2007), S. 375, *SCHWEDHELM/OLBING/BINNEWIES*, Aktuelles rund um die GmbH (2006), S. 1229 f., *BAUERNSCHMITT/BLÖCHLE*, Umwandlung (2007), S. 744, *HARITZ*, Langlebigkeit einbringungsgeborener Anteile (2007).

444 Dabei ist lediglich die einjährige Spekulationsfrist des § 23 Abs. 1 Nr. 2 EStG zu berücksichtigen. Vgl. dazu auch *WEGENER*, Spaltung (1998), S. 145.

445 Vgl. *HERZIG/MOMEN*, Spaltung I (1994), S. 2161, *HARTMANN*, Spaltung (1997), S. 123, *WEGENER*, Spaltung (1998), S. 145 f.

446 Vgl. *DAMAS*, Umwandlungssteuerrecht (2007), S. 134. Siehe auch § 13 Abs. 2 Satz 2 i. V. m. § 15 Abs. 1 Satz 1 UmwStG a. F. sowie bereits *HERZIG*, Realteilung (1986), S. 1407. Vgl. weiter *HARTMANN*, Spaltung (1997), S. 122, *WEGENER*, Spaltung (1998), S. 146, *HAHN*, Spaltungsgeborene Anteile (2006), S. 462–465.

Wird abschließend die Ebene der Gesellschafter betrachtet, zeigt sich, daß durch den Vollzug einer Inlandsspaltung eine unmittelbare steuerliche Wirkung durch in den Beteiligungen enthaltene stille Reserven nicht erfolgt. Für den Anteilseigner ergeben sich jedoch dann konfliktlösungsrelevante Sachverhalte, wenn die Anschaffungskosten von Gesellschaftsanteilen am Ursprungsunternehmen auf die Spaltungsunternehmen aufgeteilt werden und somit gewissermaßen die „Anschaffungskosten der Gesellschaftsanteile an den Nachfolgeunternehmen" festgestellt werden. Dann müssen die vier Fälle – wie soeben beschrieben – jeweils individuell von den Anteilseignern geprüft werden.[447]

3.3.2.1.2 Nicht-gesellschafterbezogene Sachverhalte

Die im folgenden dargestellten konfliktlösungsrelevanten Sachverhalte betrachten zwar die Position nicht entscheidungsbefugter Personengruppen in der Bewertungssituation der Spaltung, sie stellen jedoch trotzdem konfliktlösungsrelevante Sachverhalte dar. Diese Personengruppen – wie Arbeitnehmer oder Gläubiger – haben ein berechtigtes Interesse, daß sich ihre Position durch die Spaltung nicht verschlechtert.[448] Diese Personengruppen können deshalb im Zuge des Spaltungsprozesses einen nicht unerheblichen Einfluß auf die Anteilseigner ausüben. Die Positionen der Nicht-Gesellschafter – bspw. die Besetzung der Geschäftsleitung oder das Verhalten der Arbeitnehmer – können zudem für die Anteilseigner selbst – z. B. für die zukünftige Entwicklung der Spaltungsunternehmen – von besonderem Nutzen sein. Die wichtigsten *nicht-gesellschafterbezogenen*, personenbezogenen *Sachverhalte* beziehen sich auf die Geschäftsleitung, die Arbeitnehmer, die Gläubiger sowie sonstige Personengruppen, wie bspw. die Kunden und Lieferanten (vgl. *Abbildung 25*).

Die *geschäftsleitungsbezogenen Sachverhalte* sind für die Anteilseigner aus zweierlei Gründen von strategischer Bedeutung. Auf der einen Seite ist der Erfolg einer Spaltung in hohem Maße vom Engagement und der Zustimmung der Führungspositionen abhängig.[449] Dabei können die Vorstände und Geschäftsführer gegenläufige Standpunkte einnehmen: Eine Unternehmensleitung im Angestelltenverhältnis handelt

---

447 Für den einzelnen Anteilseigner können sich dann Probleme bei der Aufteilung der originären Anschaffungskosten oder des ursprünglichen Buchwerts auf die einzelnen Nachfolgegesellschaften ergeben. Zur Lösung dieses Problems lassen sich grundsätzlich zwei in der Literatur diskutierte Aufteilungsmaßstäbe finden. Die Anschaffungskosten oder Buchwerte können nach dem Verhältnis der Unternehmenswerte – also dem Umtauschverhältnis – oder nach dem Verhältnis der „gemeinen Werte" der Beteiligungen an den Nachfolgegesellschaften aufgeteilt werden. In der Praxis wird aus Vereinfachungsgründen regelmäßig auf das Umtauschverhältnis der Anteile zurückgegriffen. Siehe dazu die Darstellung der Übertragung von Verlustvorträgen in Fn. 534 (S. 138) dieses Abschnitts. Vgl. außerdem *HERZIG/MOMEN*, Spaltung II (1994), S. 2210, *HERZIG/FÖRSTER*, Problembereiche (1995), S. 348 f., *THIEL*, Spaltung II (1995), S. 279, *OTT*, Umwandlungs- und Umwandlungssteuerrecht (1996), S. 218, *HARTMANN*, Spaltung (1997), S. 123–127, sowie ausführlich mit Beispielen *WEGENER*, Spaltung (1998), S. 146–154.

448 Vgl. *HEISS*, Spaltung (1995), S. 37.

449 Siehe auch *PRIESTER*, Spaltungsvertrag (1995), S. 114.

möglicherweise nicht im besten Interesse der Eigentümer, sondern nach eigenen Risiko- und Nutzenvorstellungen. Die Unternehmensführung ist somit möglicherweise nur an einer Diversifikationspolitik interessiert, die ihr eigenes Arbeitsplatzrisiko mindert.[450] In diesem Fall wird sich die Unternehmensleitung also nicht um ein Voranschreiten des Spaltungsprozesses bemühen. Die Spaltung kann sich aber auch positiv auf die Unternehmensführung auswirken, wenn bspw. zwei Führungspersonen jeweils die alleinige Unternehmensführung eines Nachfolgeunternehmens anstreben; in diesem Fall können die Anteilseigner mit der Unterstützung der Unternehmensführung rechnen.[451]

Auf der anderen Seite ist die Ausrichtung der Nachfolgeunternehmen in hohem Maße auch von der Besetzung der Führungspositionen abhängig.[452] Wählen die Anteilseigner die strategische Umstrukturierung mittels Spaltung, müssen sie auf eine Unternehmensführung setzen, der sie weitgehend vertrauen können. Die Besetzung der Führungspositionen ist also ein wichtiger strategischer konfliktlösungsrelevanter Sachverhalt bei den Spaltungsverhandlungen, die im Rahmen der Spaltung als derivativer konfliktlösungsrelevanter Sachverhalt interpretiert wird.[453]

Die *arbeitnehmerbezogenen Sachverhalte* sind sowohl aus Sicht der Anteilseigner als auch aus Sicht der Arbeitnehmer selbst von großer Bedeutung für den Spaltungsprozeß.[454] „Für den Arbeitnehmer geht es um die Erhaltung seiner Existenzgrundlage und den Status quo seines Arbeitsverhältnisses sowie die freie Wahl seines Arbeitgebers und Arbeitsplatzes."[455] Die Arbeitnehmer sind also daran interessiert, daß sich ihre Stellung nach der Spaltung im Gegensatz zur Ursprungssituation nicht verschlechtert; zumindest muß der grundlegende Übergang des Arbeitsverhältnisses im

---

450 Zumal sich durch eine Unternehmensspaltung die Unternehmensgröße verringert und sich vordergründig betrachtet damit die Ertragskraft und Repräsentationswirkung der nach Spaltung bestehenden Unternehmen verkleinert. Vgl. dazu auch *BÜHNER*, Realteilung (1984), S. 959, *ODENTHAL*, Unternehmensteilungen (1999), S. 198 f.

451 Vgl. dazu das Motiv der metaökonomischen Anlässe im Anschnitt II.1.3.2.2 (S. 48) dieser Arbeit.

452 Vgl. dazu die Ausführungen zur „Spaltungsstrategie" im Abschnitt II.3.3.2.2.2 (S. 129 f.) dieser Arbeit.

453 So verändert die Besetzung der Geschäftsleitung das Entscheidungsfeld der Anteilseigner nicht unmittelbar, sondern nur indirekt, weil sich bspw. bei einer nicht gewünschten Besetzung der Leitungsebene zuvor gesetzte Ziele nicht mehr direkt verwirklichen lassen (unter Bezugnahme auf den originären Sachverhalt „Spaltungsplan"), so daß die ersehnten finanziellen Vorteilsströme zur Bewertung der Spaltungsunternehmen beeinflußt werden (unter Bezugnahme auf den originären Sachverhalt „Umtauschverhältnis"). Das bedeutet, daß der geschäftsleitungsbezogene Parameter einen derivativen Sachverhalt für gleichzeitig mehrere originäre Sachverhalte darstellen kann. Siehe auch *MATSCHKE*, Mehrdimensionale Entscheidungswerte (1993), S. 5, *ODENTHAL*, Unternehmensteilungen (1999), S. 113.

454 Zur ausführlichen Diskussion der verschiedenen Aspekte der Bedeutung der Arbeitnehmer im Rahmen der Spaltung vgl. die bei *ODENTHAL*, Unternehmensteilungen (1999), S. 197, Fn. 58, angegebenen Literaturhinweise.

455 Vgl. *HEISS*, Spaltung (1995), S. 40.

Falle der Spaltung gesichert sein.[456] Die Übertragung von Arbeitsverhältnissen, die direkt einem Teilbetrieb zugeordnet werden können, ist in § 613a BGB geregelt, der nach § 324 UmwG auch im Spaltungsrecht anzuwenden ist.[457] Demnach gehen zusammen mit der Übertragung eines Betriebs oder Teilbetriebs die zugehörigen Arbeitsverhältnisse automatisch auf die neuen Spaltungsunternehmen über.[458] Eine Zustimmung der einzelnen Arbeitnehmer ist somit nicht erforderlich. Auch eine zusätzliche Nennung der übergehenden Arbeitsverhältnisse im Spaltungsvertrag hat nur deklaratorischen Charakter.[459] Anders verhält es sich bei der Übertragung von Anstellungsverhältnissen wie bspw. leitender Angestellter in Stabsstellen oder des Pförtners eines gemeinsamen Verwaltungsgebäudes, die nicht direkt einem Teilbetrieb zugeordnet werden können. Die Zuordnung dieser Arbeitsverhältnisse ist von der Zustimmung der Arbeitnehmer abhängig.[460] Für die Dienstverhältnisse der Organmitglieder – wie der Vorstände und Geschäftsführer – gilt § 613a BGB nicht. Diese müssen genau zugewiesen werden.[461]

Für die Anteilseigner ist es für den Verlauf des Spaltungsprozesses von besonderer Bedeutung, welchen öffentlichen oder betriebsinternen Druck die Arbeitnehmer allein oder gemeinsam auf die Gesellschafter ausüben können.[462] Nach § 126 Abs. 1

---

456 So fordern die SIEMENS-Mitarbeiter und die Gewerkschaft IG METALL, die Beschäftigungsbedingungen und die Tarifbindungen auch für den Fall der Umstrukturierung des SIEMENS-Konzerns mittels Spaltungen zu erhalten oder zu garantieren. Vgl. *O. VERF.*, Betriebsrat (1999), S. 28, *O. VERF.*, Ausgliederung (1999), S. L 1, *O. VERF.*, Protestaktionen (1999), S. 27. Allerdings kann es auch unterschiedliche Meinungen im Arbeitnehmerlager zu Spaltungen geben: So befürwortet der INFINEON-Gesamtbetriebsrat die Abtrennung der Speichersparte, während die IG-METALL strikt gegen eine Spaltung ist, vgl. *EHRENSBERGER*, Perspektive (2005), S. 18.

457 Vgl. *HENNRICHS*, Spaltung (1995), S. 799 f., *ROHDE*, Teile und herrsche (2005), S. 22 f.

458 Die automatisch übergehenden Arbeitsverhältnisse dürfen nach § 613a Abs. 1 Satz 2 BGB nicht vor Ablauf eines Jahres nach dem Zeitpunkt des Übergangs zum Nachteil des Arbeitnehmers geändert werden. Eine auf die Spaltung zurückzuführende Kündigung eines Arbeitsverhältnisses ist nach § 613a Abs. 4 BGB unwirksam. Zur Behandlung der Konsequenzen für die betriebliche Altersvorsorge im Rahmen der Spaltung vgl. *LANGOHR-PLATO*, Unternehmensspaltung (2001), S. 593–596.

459 Vgl. *OETTER*, Spaltung im Konzern (2003), S. 173.

460 Vgl. *BECKER*, Teilung (1994), S. 56–58, *OETTER*, Spaltung im Konzern (2003), S. 173, *KALLMEYER*, Spaltung (2006), S. 657.

461 Vgl. *PRIESTER*, Spaltungs- und Übernahmevertrag (2004), S. 1413 und S. 1420, *KALLMEYER*, Spaltung (2006), S. 668 f. Beispielsweise wurden im Rahmen der Spaltung der HOECHST AG die Dienstverhältnisse von Vorstandmitgliedern bei der HOECHST AG beendet und bei der CELANESE AG neu begründet. Vgl. *OETTER*, Spaltung im Konzern (2003), S. 196 f.

462 „Bedrohung, Furcht, Skepsis und Ungewißheit sind die vermeintlich vorherrschenden Empfindungen, wenn die Betroffenen mit der Bekanntgabe der Teilungsmaßnahme konfrontiert werden." [Quelle: *ODENTHAL*, Unternehmensteilungen (1999), S. 198]. Siehe auch *ODENTHAL*, Unternehmensteilungen (1999), S. 188, *O. VERF.*, Arbeitsplätze (1999), S. 27, *EHRENSBERGER/KEIDEL*, Infineon prüft Aufspaltung (2005), S. 14. Das bedeutet, daß nicht nur die Anteilseigner der Spaltung in den Spaltungsverhandlungen zustimmen müssen, sondern daß für das Gelingen der Spaltung – also die Realisierung der Spaltung und den Fortbestand der Nachfolgeunternehmen – auch die Arbeitnehmer überzeugt werden müssen. Vgl. auch *O. VERF.*, Betriebsrat (1999), S. 28. In diesem Fall stellt der arbeitnehmerbezogene Sachverhalt einen originären konfliktlösungsrelevanten

Nr. 11 UmwG muß der Spaltungs- und Übernahmevertrag die Angaben der Folgen für die Arbeitnehmer und ihre Vertretungen enthalten.[463] Demnach sind im Spaltungsvertrag[464] Angaben über die Auswirkungen der Aufteilung und Neuzuordnung von Betrieben und Betriebsteilen auf die Existenz und den Fortbestand der Betriebsräte, auf das Schicksal von Tarifverträgen und Betriebsvereinbarungen sowie die Unternehmensmitbestimmung zu tätigen.[465]

Bei der Darstellung der *gläubigerbezogenen Sachverhalte* sind zwei Kategorien konfliktlösungsrelevanter Sachverhalte zu unterscheiden: Es gibt erstens solche Sachverhalte, die gesetzlich festgelegt sind und über die folglich nicht verhandelt werden muß, und zweitens Sachverhalte, über die in den Verhandlungen eine Einigung erzielt werden muß. Diese zweite Gruppe der konfliktlösungsrelevanten Sachverhalte teilt sich in Sachverhalte, für die es gesetzlich zwar Vorgaben gibt, die jedoch nicht zwingend von den Rechtsträgern gewählt werden müssen (fakultative gläubigerbezogene Sachverhalte), sowie in solche Sachverhalte, die überhaupt nicht gesetzlich geregelt sind (gestaltungsfähige gläubigerbezogene Sachverhalte). Über die fakultativen und gestaltungsfähigen gläubigerbezogenen Sachverhalte muß in den Spaltungsverhandlungen Einigung erzielt werden; sie gehören zu den gläubigerbezogenen, originären konfliktlösungsrelevanten Sachverhalten, weil sich durch eine Änderung der Beziehungen zu den Gläubigern unmittelbare Veränderungen des Entscheidungsfelds ergeben.

Der im *Umwandlungsgesetz* betont freundlich *geregelte Gläubigerschutz*[466] basiert auf zwei Säulen, der gesamtschuldnerischen Haftung und dem Recht auf Sicherheitsleistung.[467] Nach § 133 Abs. 1 Satz 1 UmwG haften die an der Spaltung beteilig-

---

Sachverhalt dar, weil das Entscheidungsfeld der Anteilseigner durch mögliche Arbeitsniederlegungen der Arbeitnehmer unmittelbar beeinflußt wird.

463 Vgl. *PRIESTER*, Spaltungsvertrag (1995), S. 112 f., *SAGASSER/SICKINGER*, Spaltungsrechtliche Regelungen (2002), S. 518.

464 Nach § 126 Abs. 3 UmwG ist der Spaltungsvertrag oder sein Entwurf mindesten einen Monat vor den Gesellschafterversammlungen, die über die Zustimmung zur Spaltung beschließen, den zuständigen Betriebsräten der beteiligten Unternehmen zur Kenntnisnahme zuzuleiten. Der Verstoß gegen diese Verpflichtung führt unweigerlich zum Scheitern der Spaltung. Vgl. *SAUTER*, Spaltungen (2000), S. 104.

465 Vgl. *PRIESTER*, Spaltungsvertrag (1995), S. 112, *ODENTHAL*, Unternehmensteilungen (1999), S. 197, *SAUTER*, Spaltungen (2000), S. 104, *KALLMEYER*, Spaltung (2006), S. 659 f. Zur Möglichkeit der Reduzierung oder gar Vermeidung der Mitbestimmung vgl. Abschnitt II.1.3.2.3 (S. 50) dieser Arbeit.

466 Siehe *HOMMELHOFF*, Spaltungen (1995), S. 118, *SCHÖNE*, Spaltung (1998), S. 59, *HUBER*, Anteilsgewährpflicht im Umwandlungsrecht (2005), S. 66.

467 Der Gläubigerschutz des Umwandlungsgesetzes läßt sich grundsätzlich in einen individuellen – rechtsformneutralen und somit allgemeinen, direkt im Umwandlungsgesetz in den §§ 133 und 134 UmwG geregelten – und in einen institutionellen – rechtsformabhängigen, aus der Systematik des Umwandlungsgesetzes folgenden – Gläubigerschutz unterteilen. Um den allgemeingültigen Anspruch zu wahren, wird deshalb im folgenden der individuelle Gläubigerschutz dargestellt. Zur Unterteilung des Gläubigerschutzes in die beiden Formen im Rahmen der Spaltung vgl. *SCHMIDT*, Gläubigerschutz (1993), S. 367–383, *SCHÖNE*, Spaltung (1998), S.60–101, *HUBER*, Anteilsgewährpflicht im Umwandlungsrecht (2005), S. 63 f.

ten Rechtsträger als *Gesamtschuldner* für sämtliche, vor dem Wirksamwerden[468] der Spaltung begründete Verbindlichkeiten der übertragenden Gesellschaft,[469] so daß sich der Gläubiger nach Belieben an jeden der Beteiligten Rechtsträger wenden kann und nicht gehalten ist, den Hauptschuldner – die Gesellschaft, der die Verbindlichkeit im Spaltungs- und Übernahmevertrag zugewiesen wurde – vor den Mithaftern – denjenigen Unternehmen, denen die Verbindlichkeit nicht zugewiesen wurde[470] – in Anspruch zu nehmen.[471] Allerdings erfolgt die Spaltung ungeachtet der uneingeschränkt freien Zuordnung der Aktiva und Passiva auf die Spaltungsunternehmen ohne Zustimmungsvorbehalt oder Widerspruchsrecht der Gläubiger.[472] *Konfliktlösungsrelevante, gläubigerbezogene Sachverhalte* ergeben sich dadurch, daß die gesamtschuldnerische Haftung der Mithafter nach Ablauf von fünf Jahren ab dem Wirksamwerden der Spaltung erlischt.[473] Wünschen die einzelnen Gesellschafter oder Gläubiger eine Regelung über diese Zeit hinaus, kann dieser Sachverhalt Gegenstand der Spaltungsverhandlungen werden (gestaltungsfähiger gläubigerbezogener Sachverhalt).

---

468 Das bedeutet, daß die Verbindlichkeiten vor der Eintragung der Spaltung im Register des Sitzes des übertragenden Unternehmens begründet wurden.

469 Zur Beantwortung der Frage, ob auch „angelegte Verbindlichkeiten" oder „vergessene Verbindlichkeiten" – also Verbindlichkeiten, die zwar vor der Spaltung beim Ursprungsunternehmen bereits angelegt waren, die jedoch erst nach der Spaltung zutage treten, wie bspw. Altlasten oder Produkthaftungsansprüche – zur gesamtschuldnerischen Haftung hinzuzuzählen sind, existieren unterschiedliche Meinungen, wobei die überwiegende Meinung für die Beibehaltung der gesamtschuldnerischen Haftung auch für diese Fälle ist. Vgl. dazu *HOMMELHOFF*, Spaltungen (1995), S. 125 f., *NARASCHEWSKI*, Haftung bei der Spaltung (1995), S. 1265, *PRIESTER*, Spaltungsvertrag (1995), S. 111, *SCHÖNE*, Spaltung (1998), S. 77 f., m. w. N., *SAGASSER/SICKINGER*, Spaltungsrechtliche Regelungen (2002), S. 516. Zu Altlastenaspekten im Rahmen der Bewertung siehe z. B. *TILLMANN*, Unternehmensbewertung (1998).

470 Zu den Begriffen „Hauptschuldner" und „Mithafter" vgl. *HOMMELHOFF/SCHWAB*, Gläubiger (2004), S. 1510 f., *HUBER*, Anteilsgewährpflicht im Umwandlungsrecht (2005), S. 67.

471 So soll mißbräuchlichen Gestaltungen vorgebeugt werden, die z. B. vorsehen, einem der Spaltungsunternehmen den überwiegenden Teil der Aktiva und einem anderen die Mehrheit der Passiva zuzuweisen. Vgl. *WEGENER*, Spaltung (1998), S. 62. Lediglich der Zuweisungsempfänger, also der Hauptschuldner, hat die Verbindlichkeit in seiner Bilanz zu passivieren. Bei den Mithaftern genügen ein Unterstrichvermerk oder eine Anhangsangabe im Jahresabschluß. Vgl. *HOMMELHOFF*, Spaltungen (1995), S. 120–122. Zur Beantwortung bilanzieller Fragen der gesamtschuldnerischen Haftung vgl. *WEGENER*, Spaltung (1998), S. 112–114, *TRIES*, Haftung (1999), S. 97–109.

472 Somit liegt die Entscheidung über die Spaltung – im Gegensatz zur Zeit vor Einführung des Umwandlungsgesetzes als die Spaltung rechtlich noch mittels Einzelrechtsnachfolge durchgeführt wurde – nur noch im Kompetenzbereich der betroffenen Gesellschaften und ihrer Gesellschafter. Vgl. *HARTMANN*, Spaltung (1997), S. 11, sowie zur Einführung der partiellen Gesamtrechtsnachfolge Abschnitt II.1.2.1 (S. 15 f.) dieser Arbeit. Zur Zuordnungsfreiheit der Vermögensgegenstände und Schulden siehe den nächsten Abschnitt dieser Arbeit zum Unternehmensumfang. Vgl. weiterhin *SCHÖNE*, Spaltung (1998), S. 73, *IHRIG*, Spaltung (1999), S. 80 f.

473 Vgl. § 133 Abs. 3 UmwG sowie *MÜLLER*, Haftung bei der Spaltung (2001), S. 2637, *HUBER*, Anteilsgewährpflicht im Umwandlungsrecht (2005), S. 67 f. Der Ablauf der gesamtschuldnerischen Haftung nach fünf Jahren verbindet die beteiligten Rechtsträger zu einer „Risiko- und Schicksalsgemeinschaft auf Zeit". Vgl. *SCHMIDT*, Gläubigerschutz (1993), S. 389.

Ein weiterer konfliktlösungsrelevanter, gläubigerbezogener Sachverhalt entsteht durch die zweite Säule des Gläubigerschutzes, den Anspruch der Gläubiger auf *Sicherheitsleistung* nach § 133 Abs. 1 Satz 2 und § 125 i. V. m. § 22 Abs. 1 UmwG, wenn die Gläubiger die Gefährdung ihrer Forderung durch die Teilung glaubhaft machen (fakultativer gläubigerbezogener Sachverhalt).[474] Diese Regelung gilt besonders für die ansonsten nicht geschützten Altgläubiger eines übernehmenden Rechtsträgers, die nicht in den Genuß der gesamtschuldnerischen Haftung kommen, sich aber den Auswirkungen der Spaltung ausgesetzt sehen, sowie für die Gläubiger des Ursprungsunternehmens, weil die Spaltung trotz der – auf fünf Jahre begrenzten – gesamtschuldnerischen Haftung der anderen beteiligten Unternehmen bspw. aufgrund einer verringerten Haftungsmasse[475] eine Gefährdung der Forderungen der ursprünglichen Gläubiger bewirken kann.[476]

Die *sonstigen personenbezogenen Sachverhalte* beziehen sich auf die beiden für das zu spaltende Unternehmen wichtigen Kooperationspartner, die Lieferanten (Beschaffungsmarkt) und die Kunden (Absatzmarkt). Grundsätzlich haben diese beiden Gruppen kein Mitspracherecht bei den Spaltungsverhandlungen. Besitzen die Lieferanten oder Kunden jedoch eine solche Marktmacht, daß ein Abbruch der Lieferbeziehungen oder der Ausfall eines bedeutenden Absatzmarktes die Existenz eines Spaltungsunternehmens gefährdet, sind diese Anspruchsgruppen schnellstmöglich über eventuelle Spaltungspläne zu informieren. Aus den Ansprüchen dieser beiden Gruppen können somit weitere konfliktlösungsrelevante Sachverhalte im Rahmen der Unternehmensspaltung entstehen.[477]

---

474 Vgl. auch *NARASCHEWSKI*, Kapitalherabsetzung bei der Spaltung (1995), S. 698 f., *SAGASSER/ SICKINGER*, Spaltungsrechtliche Regelungen (2002), S. 499 f.

475 Die Frage, ob und in welchem Maße die Gläubiger durch die Spaltung tatsächlich erhöhten Risiken ausgesetzt werden, ist genau die gleiche Frage, die sich die Anteilseigner im Rahmen der Entscheidung für oder gegen eine Spaltung stellen müssen. Eine pauschale Beantwortung, daß verkleinerte Unternehmenseinheiten aufgrund einer verringerten Haftungsmasse einem erhöhten Risiko ausgesetzt sind, kann angesichts vieler positiver Spaltungseffekte nicht aufrechterhalten werden. Vgl. dazu die Motive der Spaltung in Abschnitt II.1.3 (S. 32–50) und die Auswirkungen der Spaltung in Abschnitt II 3.2.2.1.3 dieser Arbeit. Siehe außerdem *HEISS*, Spaltung (1995), S. 38 f., *HUBER*, Anteilsgewährpflicht im Umwandlungsrecht (2005), S. 59. Anderer Meinung ist *HOMMELHOFF*, Spaltungen (1995), S. 118.

476 Bei der Spaltung ist zu beachten, daß sich der Anspruch auf Sicherheitsleistung nur gegen den Hauptschuldner richtet. Vgl. auch *HOMMELHOFF*, Spaltungen (1995), S. 124, *ODENTHAL*, Unternehmensteilungen (1999), S. 196, *HUBER*, Anteilsgewährpflicht im Umwandlungsrecht (2005), S. 69–72.

477 Vgl. auch *OETTER*, Spaltung im Konzern (2003), S. 172 f.

3.3.2.2 Nicht-personenbezogene konfliktlösungsrelevante Sachverhalte

3.3.2.2.1 Unternehmensumfang

Im folgenden werden die nicht direkt personenbezogen, jedoch für den Bewertungsanlaß der Spaltung typischen konfliktlösungsrelevanten Sachverhalte dargestellt.[478] Die Abgrenzung des Bewertungsobjekts stellt unzweifelhaft bereits bei Unternehmenskäufen und Fusionen einen Verhandlungsgegenstand dar, obwohl vordergründig angenommen werden könnte, daß hierbei kein Problem auftritt, weil ganze Unternehmen gekauft oder miteinander verschmolzen werden.[479] Dieser Aspekt verdeutlicht, daß gerade im Fall der Unternehmensspaltung der *Unternehmensumfang* einen originären konfliktlösungsrelevanten Sachverhalt darstellt, weil hier Verbindlichkeiten und Vermögensgegenstände auf die Spaltungsunternehmen verteilt werden müssen[480] sowie bei der Zuordnung aller Aktiva und Passiva auf die Spaltungsunternehmen eine grundsätzliche *Spaltungsfreiheit* besteht.[481] Nach § 126 Abs. 1 Nr. 9 UmwG bedarf es lediglich einer genauen „Bezeichnung und Aufteilung der Gegenstände des Aktiv- und Passivvermögens, die an jeden der übernehmenden Rechtsträger übertragen werden, sowie der übergehenden Betriebe und Betriebsteile unter Zuord-

---

478 So stellt bspw. der konfliktlösungsrelevante Sachverhalt „Umtauschverhältnis" einen bewertungsanlaßspezifischen Sachverhalt dar, er wurde jedoch im Rahmen der Systematisierung der konfliktlösungsrelevanten Sachverhalte zu den personenbezogenen Sachverhalten gegliedert. Auf der anderen Seite ist der „Unternehmensumfang" zwar für das Entscheidungsfeld des Anteilseigners von Bedeutung; er steht jedoch in keinem direkten Verhältnis zu den einzelnen Gesellschaftern und ist deshalb zu den nicht-personenbezogenen konfliktlösungsrelevanten Sachverhalten zu gliedern.

479 Vgl. dazu *MATSCHKE*, Entscheidungswert (1975), S. 42, *MATSCHKE*, Mehrdimensionale Entscheidungswerte (1993), S. 5 und S. 14–20.

480 Ergibt sich aus der Umstrukturierung ein Mißerfolg, wird dieser im Fall der Fusion von allen Verschmelzungspartnern getragen. Im Fall einer verhältnisändernden Spaltung kann es jedoch sein, daß einzelne Spaltungsparteien den Mißerfolg allein – im Spezialfall der Eigentumstrennung – oder zumindest stärker als andere Gesellschafter tragen müssen. Vgl. *OSSADNIK/MAUS*, Verschmelzung (1995), S. 108. Zur genauen Darstellung einzelner Aktiva und Passiva bei der Übertragung – wie bspw. Grundstücke, Dauerschuldverhältnisse, Finanzverbindlichkeiten, Betriebe und Betriebsteile – vgl. *SAGASSER/SICKINGER*, Spaltungsrechtliche Regelungen (2002), S. 514–516, *OETTER*, Spaltung im Konzern (2003), S. 150–185, *PRIESTER*, Spaltungs- und Übernahmevertrag (2004), S. 1406–1413, *KALLMEYER*, Spaltung (2006), S. 648–659. Zum Übergang von Unternehmensverträgen und -pflichten im Rahmen der Spaltung vgl. *KALLMEYER*, Spaltung: § 132 UmwG (1996), S. 242–244, *RIEBLE*, Spaltung und Schuldverhältnisse (1997), S. 304–314, *MEISTER*, Unternehmensverträge bei der Spaltung (1999), S. 1741–1743, *FUHRMANN/SIMON*, Ausgliederung (2000), S. 57 f., *SCHALL/HORN*, Spaltung (2003), S. 327–336.

481 Dabei bestehen weder umfangmäßige noch inhaltliche Grenzen. Vgl. *HEISS*, Spaltung (1995), S. 38, *HOMMELHOFF*, Spaltungen (1995), S. 119, *HARTMANN*, Spaltung (1997), S. 13, *SCHÖNE*, Spaltung (1998), S. 35. Zur Behandlung des Datenschutzes im Rahmen der Spaltung vgl. *MARSCH-BARNER/MACKENTHUN*, Schicksal gespeicherter Daten (2001), S. 426–439. Die Zuordnungen der einzelnen Vermögenskomponenten und Verbindlichkeiten stellen bei der Festlegung des Unternehmensumfangs jeweils für sich betrachtet originäre konfliktlösungsrelevante Sachverhalte dar, die in dem Oberbegriff „Unternehmensumfang" zusammengefaßt werden.

nung zu den übernehmenden Rechtsträgern“[482]. Die grundsätzliche Spaltungsfreiheit wird jedoch durch vier Einschränkungen begrenzt:

1. Im Hinblick darauf, daß nach § 15 Abs. 1 UmwStG die Buchwertfortführung nur dann gestattet ist, wenn Gegenstand der Spaltung ein Betrieb, ein Teilbetrieb, ein Mitunternehmeranteil oder eine 100-%-ige Beteiligung an einer Kapitalgesellschaft ist, und daß grundsätzlich von einer Vermeidung der Aufdeckung von stillen Reserven ausgegangen wird, erfährt die Spaltungsfreiheit eine elementare Einschränkung, so daß im Rahmen von Spaltungsvorgängen gewöhnlich Betriebe oder Teilbetriebe übertragen werden.[483] Diese Einschränkung wird sowohl im Steuerrecht als auch im Rahmen dieser Arbeit durch die Bedingung einer eigenständigen Lebensfähigkeit des Teilbetriebs spezifiziert, um bspw. die Aufspaltung eines Unternehmens zur Neugründung mit zwei lebensfähigen Teilunternehmen darstellen zu können und um die Bewertung ganzer Unternehmen – und nicht einzelner Vermögensgegenstände – zu gewährleisten.[484] Logische Konsequenz dieser Spaltungsregelungen zum Unternehmensumfang wird in der Realität gemeinhin sein, daß eine wohlüberlegte Aufteilung der Aktiva und Passiva auf die aus der Spaltung hervorgehenden Unternehmen erfolgt, um deren Überleben langfristig zu sichern.[485]

2. Aufgrund der im vorigen Abschnitt angesprochenen gesamtschuldnerischen Haftung erfährt die „grundsätzlich bestehende Freiheit der Aufteilung des zu übertragenden Vermögens auf einzelne Nachfolgegesellschaften sozusagen durch die Hintertür des Gläubigerschutzes eine empfindliche – und sinnvolle – Einschränkung, werden die Übernehmerinnen doch bemüht sein, im Zuge einer Spaltung

---

[482] § 126 Abs. 1 Nr. 9 UmwG. Nach § 126 Abs. 2 Satz 3 kann dabei auf Bilanzen und Inventare bezug genommen werden. Auch teils nicht bilanzierungsfähige Gegenstände – wie bspw. immaterielle Werte wie Fertigungsverfahren, Know-how oder Kundenbeziehungen – sind im Spaltungsvertrag anzugeben. Siehe auch *PRIESTER*, Spaltungsvertrag (1995), S. 108–111, *EBEL*, Ausgliederung und Spaltung (1998), S. 199–202, *SAUTER*, Spaltungen (2000), S. 100, *SAGASSER/SICKINGER*, Spaltungsrechtliche Regelungen (2002), S. 515 f., *KALLMEYER*, Spaltung (2006), S. 648 f. In der Literatur werden die Angaben gemäß § 126 Abs. 1 Nr. 9 UmwG als Kern des Spaltungsvertrags bezeichnet. Vgl. *PICKHARDT*, Kernproblem der Spaltung (1999), S. 729–733, *SAGASSER/SICKINGER*, Spaltungsrechtliche Regelungen (2002), S. 514–518. Verständlicherweise ist die Festlegung des Umfangs der Unternehmen ein wichtiger konfliktlösungsrelevanter Sachverhalt, jedoch darf dieser Sachverhalt – bspw. bei der Spaltung klar abgrenzbarer Teilunternehmen, bei denen nur auf die zum Betrieb zugehörigen Vermögensgegenstände und Verbindlichkeiten verwiesen wird – auch nicht überbewertet werden. Vgl. *PRIESTER*, Spaltungsvertrag (1995), S. 110, *SCHÖNE*, Spaltung (1998), S. 41.

[483] Vgl. *PRIESTER*, Spaltungsvertrag (1995), S. 109, *PRIESTER*, Spaltungs- und Übernahmevertrag (2004), S. 1414. Zur steuerlichen Behandlung der Spaltung vgl. Abschnitt II.3.3.2.2.4 (S. 132–138) dieser Arbeit.

[484] Zur Definition des Teilbetriebsbegriffs im Rahmen dieser Untersuchung vgl. Abschnitt II.1.1 (S. 8–10) dieser Arbeit.

[485] Vgl. auch *WEGENER*, Spaltung (1998), S. 114. Spekulationsabsichten, bei denen nicht überlebensfähige Teilunternehmen mit verhältnismäßig überhöhten Verbindlichkeiten ausgestattet sind, seien von dieser Betrachtung ausgenommen, weil diese eine nicht wünschenswerte Ausnahme bilden.

neu entstehende Gesellschaften so mit Aktiven und Passiven auszustatten, daß deren langfristiges Überleben gesichert erscheint"[486].

3. Die Spaltungsfreiheit erfährt auch durch die Zuweisung von Arbeitsverhältnissen beim Übergang von Betrieben oder Teilbetrieben eine Einschränkung, weil nach § 613a BGB die Arbeitsverhältnisse bei der Spaltung ganzer Teilunternehmen automatisch auf die Spaltungsunternehmen übergehen.[487]
4. Eine weitere Einschränkung der Aufteilungsfreiheit kann sich aus der Kapitalaufbringung bei der übernehmenden Gesellschaft und dem damit einhergehenden Verbot der Unterpari-Emission ergeben. Bei einer Spaltung zur Neugründung muß das Nennkapital durch den Saldo aus Aktivpositionen und Verbindlichkeiten abgedeckt sein.[488]

Eine weitere Konfliktlösungsrelevanz kommt dem Sachverhalt Unternehmensumfang zu, indem durch die Festlegung der Verteilung von Vermögensbestandteilen, die keine wesentliche Betriebsgrundlage sind, und von Verbindlichkeiten die Notwendigkeit der Barzuzahlung zum Ausgleich von Wertunterschieden verhindert wird. Ausgleichszahlungen können folglich verhindert werden, indem die Vermögenskomponenten und Verbindlichkeiten vor Festlegung des Umtauschverhältnisses so auf die nach Spaltung beteiligten Unternehmen verteilt werden, daß das Wertverhältnis der Spaltungsunternehmen den geplanten Beteiligungsverhältnissen nach der Spaltung entspricht.[489]

3.3.2.2.2 Spaltungsstrategie

Unternehmen, die vor der Durchführung einer möglichen Spaltung stehen, sehen sich einer strategischen Neuorientierung ausgesetzt;[490] der originäre, konfliktlösungsrelevante Sachverhalt „Spaltungsstrategie" ist deshalb ein wesentlicher Bestandteil der Spaltungsverhandlungen.[491] Eine *Spaltungsstrategie* umfaßt die Ausführungen zur betriebswirtschaftlichen Gestaltung des Geschäftsbetriebs der aus der Spaltung entste-

486 *WEGENER*, Spaltung (1998), S. 118. Siehe auch *PRIESTER*, Spaltungs- und Übernahmevertrag (2004), S. 1415.

487 Vgl. dazu Abschnitt II.3.3.2.1.2 (S. 122–124) dieser Arbeit sowie *PRIESTER*, Spaltungsvertrag (1995), S. 112, *PRIESTER*, Spaltungs- und Übernahmevertrag (2004), S. 1413.

488 Vgl. § 135 Abs. 2 UmwG sowie *PRIESTER*, Spaltungs- und Übernahmevertrag (2004), S. 1414, *KALLMEYER*, Spaltung (2006), S. 654 f.

489 Vgl. dazu Abschnitt II.3.3.2.1.1 (S. 113–116) dieser Arbeit.

490 Siehe auch *ODENTHAL*, Unternehmensteilungen (1999), S. 127.

491 Nur im Fall der Eigentumstrennung findet dieser konfliktlösungsrelevante Sachverhalt keine Bedeutung in den Spaltungsverhandlungen, weil die jeweiligen Anteilseignergruppen unabhängig von den anderen Spaltungsparteien über die zukünftige Entwicklung ihres Spaltungsunternehmens beraten können. Die im folgenden dargestellten einzelnen Eckpunkte des originären Sachverhalts „Spaltungsstrategie" stellen dabei jeweils für sich betrachtet derivative konfliktlösungsrelevante Sachverhalte dar.

henden Unternehmen.[492] Unter Bezugnahme auf die vorgenommenen Untersuchungen zu den grundlegenden Motiven der Spaltung[493] und der damit einhergehenden generellen Wirkung und Vorteilhaftigkeit von Spaltungen[494] sind unter diesem konfliktlösungsrelevanten Sachverhalt daher alle Pläne und Maßnahmen zu fassen, die notwendig sind, um die beschriebenen Entwicklungspotentiale nach Vollzug der Spaltung zu realisieren. Betroffen sind davon – je nachdem, in welchem Bereich die positiven Spaltungseffekte entstehen sollen – die möglichen Funktionsbereiche „Absatz", „Produktion", „Finanzierung", „Einkauf/Lagerhaltung", „Rechnungswesen" sowie „Forschung und Entwicklung".[495] Hinzu kommt noch der mehrere Bereiche umfassende originäre Sachverhalt „Festlegung der geplanten Ausschüttungspolitik".[496] Eine vollständige Aufnahme aller Einzelheiten in den Spaltungsvertrag ist jedoch nicht zweckmäßig, um eine ausreichende Bewegungsfreiheit für eine aktive Geschäftspolitik nach der Spaltung zu erhalten.[497] Es sollten besser *Spaltungsleitlinien* schriftlich fixiert werden, welche die Intentionen des Spaltungsvorhabens dokumentieren und die beabsichtigten Spaltungseffekte und weitere Ziele der Spaltung sowie Hinweise auf die den Maßnahmen zugrundeliegenden Konzepten für die Spaltungsunternehmen wiedergeben.[498]

---

492 Der Begriff „Spaltungsstrategie" erfolgt in Anlehnung an den Begriff „Fusionsstrategie". Vgl. hierzu und im folgenden *REICHERTER*, Fusionsentscheidung (2000), S. 179–183.

493 Vgl. Abschnitt II.1.3 (S. 32–50) dieser Arbeit.

494 Vgl. Abschnitt II.3.2.2.1.3 (S. 98–103) dieser Arbeit.

495 ODENTHAL plädiert in diesem Zusammenhang sogar für die Einführung eines „strategischen Katalogs", der die grundsätzlichen Strategiealternativen für die durch die Spaltung entstehenden Unternehmen systematisieren soll. Vgl. *ODENTHAL*, Unternehmensteilungen (1999), S. 156–163.

496 Die Anteilseigner können sich bereits vor der Spaltung über eine Ausschüttungspolitik für jedes einzelne Spaltungsunternehmen entscheiden oder die Entscheidung aufschieben und den jeweiligen Anteilseignern der Nachfolgeunternehmen überlassen. Entscheiden sich die Anteilseigner für die zweite Variante, verliert der konfliktlösungsrelevante Sachverhalt „Festlegung der geplanten Ausschüttungspolitik" jedoch an Bedeutung, weil die Ausprägungen dieses Sachverhalts nicht mehr Gegenstand der Spaltungsverhandlungen sind.

497 Eine Darstellung aller Einzelheiten ist aufgrund der Abhängigkeit von einer ganzen Reihe von Faktoren – wie bspw. Branche, Rechtsform, Unternehmensgröße und Besetzung der Organmitglieder – an dieser Stelle nicht möglich.

498 In Anlehnung an REICHERTER, der für den Konfliktfall der Fusion sogar eine dem Vertragswerk vorangestellte – und die Intention der Fusion wiedergebende – Präambel fordert. Siehe *REICHERTER*, Fusionsentscheidung (2000), S. 179. So wird auch in der Praxis eine Einleitungspassage in den Spaltungsvertrag eingefügt, in der die Zielsetzung der Spaltung dargestellt und erläutert wird. Vgl. *PRIESTER*, Spaltungs- und Übernahmevertrag (2004), S. 1420.

3.3.2.2.3 Spaltungsvertrag und Spaltungsplan

Den Inhalt des Spaltungsvertrags[499] und des Spaltungsplans, der den Spaltungsvertrag bei der Spaltung zur Neugründung darstellt,[500] bilden die gesetzlich vorgeschriebenen Mindestinhalte nach § 126 Abs. 1 UmwG sowie eine Reihe fakultativer Bestandteile. Die einzelnen Elemente des Spaltungsvertrags geben jeweils konfliktlösungsrelevante Sachverhalte wieder, wobei auch in diesem Zusammenhang zwischen originären und derivativen konfliktlösungsrelevanten Sachverhalten unterschieden werden kann.

Die in der bisherigen Darstellung noch nicht beschriebenen konfliktlösungsrelevanten Sachverhalte, die im Spaltungsvertrag angegeben werden müssen (*gesetzliche Mindestinhalte*), sind die Angabe des Namens oder der Firma und des Sitzes der an der Spaltung beteiligten Unternehmen sowie der Spaltungsstichtag.[501]

Nach § 126 Abs. 1 Nr. 1 UmwG wird zunächst die *Bezeichnung der Beteiligten* – als originärer konfliktlösungsrelevanter Sachverhalt – durch die Angabe des *Namens* oder der *Firma* und des *Sitzes* des Ursprungs- und der Spaltungsunternehmen – als derivative konfliktlösungsrelevante Sachverhalte – verlangt. Gerade im Fall der Spaltung zur Neugründung sind die neuen Firmen sowie deren Sitz stets festzulegen.[502]

In Abgrenzung zum Zeitpunkt der Gewinnbeteiligung[503] – dem Zeitpunkt, ab dem die Gesellschafter am Erfolg der aus der Spaltung hervorgehenden Unternehmen teilhaben – ist der *Spaltungsstichtag* der Beginn der Rechnungslegung, also der Zeit-

[499] Der Spaltungsvertrag nach § 126 UmwG, der auch Übernahmevertrag genannt wird, findet seine Anwendung bei den Formen der Spaltung zur Aufnahme. Der Begriff „Spaltungsvertrag" wird im folgenden stellvertretend für die Begriffe „Spaltungsvertrag" und „Spaltungsplan" verwendet.

[500] Der Spaltungsplan nach § 136 UmwG ist aufgrund der fehlenden Rechtsträger noch kein Vertrag und tritt somit bei den Fällen der Spaltung zur Neugründung an die Stelle des Spaltungsvertrags. Vgl. *MAYER*, Zweifelsfragen (1995), S. 862, *PRIESTER*, Spaltungsvertrag (1995), S. 99.

[501] Die weiteren im § 126 Abs. 1 Nr. 1 bis 11 UmwG geforderten konfliktlösungsrelevanten Sachverhalte – wie bspw. die Festlegung des Umtauschverhältnisses oder die Höhe der baren Zuzahlungen – wurden im Verlauf der Untersuchung bereits dargestellt, so daß auf eine erneute Aufzählung an dieser Stelle verzichtet werden kann. Eine Übersicht der Mindestinhalte nach § 126 Abs. 1 UmwG findet sich bei *ODENTHAL*, Unternehmensteilungen (1999), S. 205 f.

[502] Somit dürfte diese Norm auch nur deklaratorischen Charakter besitzen, ist die Feststellung der beteiligten Rechtsträger doch eine Selbstverständlichkeit. Kommt es aus wirtschaftlichen Gründen zu einer Sitzverlegung im Zuge der Spaltung, so ist diese ebenfalls stets anzugeben. Vgl. *PRIESTER*, Spaltungsvertrag (1995), S. 102, *SAGASSER/SICKINGER*, Spaltungsrechtliche Regelungen (2002), S. 517 i. V. m. S. 153, *PRIESTER*, Spaltungs- und Übernahmevertrag (2004), S. 1398. An dieser Stelle sollte auch die Art der Spaltung nach dem Umwandlungsgesetz angegeben werden. Wenn die Angabe dieses Sachverhalts im Spaltungsvertrag auch nicht gesetzlich vorgeschrieben ist, so ist die Klärung dieses wichtigen Tatbestands jedoch Aufgabe der Spaltungsverhandlungen. Zu den Arten der Spaltung nach dem Umwandlungsgesetz vgl. Abschnitt II.1.2.2 (S. 18–28) dieser Arbeit.

[503] Vgl. Abschnitt II.3.3.2.1.1 (S. 116) dieser Arbeit.

punkt, von dem an die Handlungen der übertragenden Gesellschaft als für Rechnung jeder der übernehmenden Gesellschaften vorgenommen gelten.[504]

Die in der obigen Darstellung der konfliktlösungsrelevanten Sachverhalte noch nicht angesprochenen, im Spaltungsvertrag wahlweise enthaltenen Sachverhalte (*fakultative Bestandteile*[505]) sind *Satzungsänderungen* und *Firmenänderungen*[506], z. B. wegen der Änderung des Unternehmensgegenstands,[507] eventuelle *Wettbewerbsverbote* bei der Spaltung von Unternehmen, die den gleichen Markt beliefern,[508] und die entsprechenden Kompensationsregelungen, mögliche *kartellrechtliche Angaben*, bspw. bei rückgängig zu machenden Unternehmenszusammenschlüssen, Erläuterungen der *Kostenübernahme* sowie die *Rechtsformwahl*[509].

3.3.2.2.4 Steuerliche Sachverhalte

Eine Betrachtung der *steuerlichen* konfliktlösungsrelevanten *Sachverhalte auf Gesellschaftsebene* zeigt, daß grundsätzlich zwei Möglichkeiten zur Durchführung der Spaltung bestehen: Einerseits kann bei Spaltungen die steuerneutrale Spaltung, also die Vermeidung der Realisierung stiller Reserven, anzustreben sein; andererseits kann es jedoch auch Gründe für eine Aufdeckung der stillen Reserven geben. Die steuerlichen Sachverhalte werden im folgenden – wie bereits bei der Betrachtung der Gesellschaf-

---

[504] Der Spaltungsstichtag ist demnach mit dem Stichtag der Schlußbilanz identisch. Vgl. *PRIESTER*, Spaltungsvertrag (1995), S. 106, m. w. N. Der Beginn der Gewinnberechtigung wird gewöhnlich aus Praktikabilitätsgründen mit dem Spaltungsstichtag wirtschaftlich zusammenfallen. Zu den praktischen Problemen, die sich daraus ergeben können vgl. *MAYER*, Zweifelsfragen (1995), S. 864, *SAGASSER/SICKINGER*, Spaltungsrechtliche Regelungen (2002), S. 518 i. V. m. S. 173, *PRIESTER*, Spaltungs- und Übernahmevertrag (2004), S. 1404, *KALLMEYER*, Spaltung (2006), S. 646 f. Während der Zeitpunkt der Gewinnbeteiligung einen originären Sachverhalt darstellt, kann der Spaltungsstichtag als derivativer Sachverhalt interpretiert werden, weil er als Zeitpunkt des Inkrafttretens der Spaltung zwar den tatsächlichen Beginn der Spaltung darstellt, jedoch nicht den für die Anteilseigner maßgeblichen Beginn der Gewinnberechtigung widerspiegelt.

[505] Diese fakultativen Bestandteile *können* im Spaltungsvertrag angegeben werden, in den Spaltungsverhandlungen *muß* jedoch eine Einigung über diese originären konfliktlösungsrelevanten Sachverhalte – soweit sie im einzelnen Fall der Spaltung zu beachten sind – erzielt werden. Zu den fakultativen Sachverhalten vgl. *SAGASSER/SICKINGER*, Spaltungsrechtliche Regelungen (2002), S. 520 f., *PRIESTER*, Spaltungs- und Übernahmevertrag (2004), S. 1419–1423, *KALLMEYER*, Spaltung (2006), S. 660–669. Weitere bereits im Rahmen dieser Untersuchung erläuterte konfliktlösungsrelevante Sachverhalte, die in den Spaltungsvertrag aufgenommen werden können, sind bspw. genauere Angaben zur Haftung, die Bestellung der Geschäftsleitung und der Aufsichtsgremien oder die Festlegung der Spaltungsstrategie.

[506] So kann bspw. bei der Aufspaltung festgelegt werden, welche der übernehmenden Unternehmen die Firma der übertragenden Gesellschaft übernimmt. Vgl. *PRIESTER*, Spaltungs- und Übernahmevertrag (2004), S. 1420, *KALLMEYER*, Spaltung (2006), S. 668.

[507] Vgl. *PRIESTER*, Spaltungs- und Übernahmevertrag (2004), S. 1398 und S. 1420.

[508] Siehe auch *MATSCHKE*, Mehrdimensionale Entscheidungswerte (1993), S. 5 und S. 12 f.

[509] Zur Rechtsformwahl im Rahmen der Spaltung vgl. *BECKER*, Teilung (1994), S. 80–85.

terebene – nach den Regelungen des bisherigen Umwandlungssteuergesetzes 1994 und nach den Vorschriften des aktuellen Umwandlungssteuergesetzes 2006 betrachtet.[510]

Ein steuerlicher konfliktlösungsrelevanter Sachverhalt bei der Spaltung ist somit die Vermeidung der Realisierung der stillen Reserven auf *Ebene der Ursprungsgesellschaft*. Beim Umstrukturierungsvorgang der Spaltung werden mit den zu übertragenden Gegenständen ggf. auch stille Reserven übergeleitet, wenn das übergebende Unternehmen die Gegenstände in der steuerlichen Schlußbilanz für das letzte Wirtschaftsjahr zu Buchwerten erfaßt.

Nach § 15 Abs. 1 i. V. m. § 11 Abs. 1 und 2 UmwStG n. F. kann das Ursprungsunternehmen die übergehenden Wirtschaftsgüter zum „gemeinen Wert" oder auf Antrag zu Buchwerten ansetzen.[511] Ein Zwischenwertansatz nach § 11 Abs. 1 UmwStG a. F. ist nach neuem Umwandlungssteuerrecht nicht mehr zulässig.[512] Eine freiwillige Auflösung der stillen Reserven führt auf Ebene der übertragenden Kapitalgesellschaft hinsichtlich des übergehenden Vermögens zum Entstehen eines steuerpflichtigen Übertragungsgewinns.[513]

Das Umwandlungssteuergesetz enthält für solch eine *steuerneutrale Spaltung* eine Reihe von Voraussetzungen (vgl. *Abbildung 26*).[514] Die Erfolgsneutralität der Spal-

---

510 „Die Änderungen durch das SEStEG bei den §§ 11 bis 15 UmwStG sind […] moderat ausgefallen" [Quelle: *DÖTSCH/PUNG*, Änderungen des UmwStG (2006), S. 2713], so daß im folgenden wiederum im Text die Angaben zum UmwStG n. F. und in den Fußnoten die Angaben zum UmwStG a. F. erfolgen.

511 Nach § 15 Abs. 1 UmwStG (a. F. und n. F.) finden auf die Spaltung die Regeln für die Verschmelzung nach den §§ 11 bis 13 UmwStG (a. F. und n. F.) entsprechend Anwendung. Vgl. *HERZIG/MOMEN*, Spaltung I (1994), S. 2157, *HERZIG/FÖRSTER*, Problembereiche (1995), S. 347, *THIEL*, Spaltung I (1995), S. 239, *BMF*, UmwStG (1998), S. 300, *WEGENER*, Spaltung (1998), S. 139, *SAGASSER/FAHRENBERG*, Steuerrechtliche Regelungen (2002), S. 652, *DÖTSCH*, Vermögensübertragung (2003), S. 349–352, *OETTER*, Spaltung im Konzern (2003), S. 40–43, *RÖDDER/SCHUMACHER*, SEStEG (2006), S. 1533.

512 Vgl. *DÖTSCH/PUNG*, Änderungen des UmwStG (2006), S. 2714. Nach § 15 Abs. 1 i. V. m. § 11 Abs. 1 UmwStG a. F. ist dem Ursprungsunternehmen freigestellt, die übergehenden Wirtschaftsgüter zu Buchwerten, mit einem höheren Zwischenwert oder höchstens mit dem Teilwert anzusetzen. Der Teilwert ist nach § 6 Abs. 1 Nr. 1 Satz 3 EStG der Betrag, den ein Erwerber des gesamten Betriebs im Rahmen des Gesamtkaufpreises für das einzelne Wirtschaftsgut zahlen würde, wenn er den Betrieb fortführt.

513 Im folgenden werden die steuerlichen Auswirkungen der Aufspaltungen und Abspaltungen bei Kapitalgesellschaften erläutert. Nach § 16 UmwStG (a. F. und n. F.) gelten die nachstehend beschriebenen Vorschriften grundlegend auch für die Spaltung von Personengesellschaften. Da es sich bei der Ausgliederung steuerrechtlich um eine Sacheinlage handelt, finden auf die Ausgliederung die §§ 20 ff. UmwStG (a. F. und n. F.) Anwendung. Vgl. *DEHMER*, Umwandlungssteuergesetz II (1994), S. 1757, *RÖDDER*, Umstrukturierungen bei Personengesellschaften (1995), S. 295–318, *SCHWEDHELM/STRECK/MACK*, Spaltung I (1995), S. 14 f., *THIEL*, Spaltung II (1995), S. 280, *OTT*, Umwandlungs- und Umwandlungssteuerrecht (1996), S. 193, *EBEL*, Ausgliederung und Spaltung (1998), S. 36–51, *FUHRMANN/SIMON*, Ausgliederung (2000), S. 50 f., *EILERS/RÖDDING*, Steuerrecht (2004), S. 756–758 und S. 765 f., *SCHULZE ZUR WIESCHE*, Spaltungs- und Ausgliederungsvorgänge (2004), S. 366–372.

514 Die im folgenden zu erläuternden Mißbrauchsvorschriften des § 15 Abs. 2 UmwStG a. F. wurden durch den § 15 Abs. 3 UmwStG n. F. unverändert übernommen. Deshalb werden im nachstehenden

tung basiert dabei auf dem Grundgedanken, daß eine Spaltung im Wege der Sonderrechtsnachfolge[515] ohne Aufdeckung stiller Reserven möglich ist, wenn das unternehmerische Engagement in veränderter Hinsicht fortgeführt wird und die Besteuerung der stillen Reserven zu einem späteren Zeitpunkt sichergestellt ist.[516] Die *Fortführung des unternehmerischen Engagements* teilt sich wiederum in ein sachliches und ein personelles Element auf.[517]

Das *sachliche Element* beruht auf der Qualität des übergehenden und verbleibenden Vermögens und auf einer Mißbrauchsklausel bezüglich dieses Vermögens. Eine steuerneutrale Spaltung wird nach § 15 Abs. 1 Satz 2, 1. Halbsatz, UmwStG n. F. zugelassen, wenn im Zuge der Spaltung ganze *Teilbetriebe*[518] übertragen werden.[519] Nach § 15 Abs. 1 Satz 3 UmwStG (a. F. und n. F.) gilt als Teilbetrieb auch ein Mitunternehmeranteil[520] oder eine 100-%-ige Beteiligung[521] an einer Kapitalgesellschaft,[522] wobei für diese beiden Formen der Beteiligung die im folgenden beschriebene Mißbrauchsklausel nach § 15 Abs. 2 Satz 1 UmwStG gilt.[523]

Text die aktuell gültigen Gesetzesangaben wiedergegeben und die Fußnoten verweisen lediglich auf die entsprechenden Gesetzespassagen des alten Umwandlungssteuergesetzes. Vgl. *DÖTSCH/PUNG*, Änderungen des UmwStG (2006), S. 2707, *RÖDDER/SCHUMACHER*, SEStEG (2006), S. 1535.

515 Zum Begriff der Sonderrechtsnachfolge vgl. Abschnitt II.1.1 (S. 16) dieser Arbeit.

516 Diese Ansicht vertrat bereits – lange vor Einführung des Umwandlungssteuergesetzes a. F. – *HERZIG*, Realteilung (1986), S. 1405 f. Siehe auch *HERZIG/MOMEN*, Spaltung I (1994), S. 2159, *OTT*, Aufspaltung und Abspaltung (1996), S. 77, *OETTER*, Spaltung im Konzern (2003), S. 38 f.

517 Zur Begründung der Fortführung des unternehmerischen Engagements als Ausprägung des Prinzips der Leistungsfähigkeit vgl. *THIEL*, Spaltung I (1995), S. 241.

518 Zur Definition des Teilbetriebs aus steuerrechtlicher Sicht vgl. Abschnitt II.1.1 (S. 8–10) dieser Arbeit.

519 Vgl. zur bisherigen Regelung § 15 Abs. 1 Satz 1 UmwStG a. F. Nach § 15 Abs. 1 Satz 2, 2. Halbsatz, UmwStG n. F. (§ 15 Abs. 1 Satz 2 UmwStG a. F.) muß im Fall der Abspaltung ebenfalls das der übertragenden Gesellschaft verbleibende Vermögen ein Teilbetrieb sein.

520 „Ein Mitunternehmeranteil ist entsprechend dem Begriff in § 16 EStG jeder Anteil an Personengesellschaften, Beteiligungen an Innengesellschaften ohne gesamthänderisch gebundenem Vermögen (Unterbeteiligung, atypisch stille Gesellschaft) und Erbengemeinschaften, soweit die Gemeinschaft einen Gewerbebetrieb nach § 15 Abs. 1 S. 1 Nr. 1, Abs. 2 EStG betreibt“ [Quelle: *OETTER*, Spaltung im Konzern (2003), S. 45]. Siehe auch *GOLDENBAUM/STRUNK*, UmwStG (1995), S. 1773–1778, *OTT*, Umwandlungs- und Umwandlungssteuerrecht (1996), S. 241 f., *HARTMANN*, Spaltung (1997), S. 64 f., *BMF*, UmwStG (1998), S. 307.

521 Eine 100-%-ige Beteiligung ist eine Unternehmensbeteiligung, die das gesamte Nennkapital der Gesellschaft umfaßt. Vgl. *OTT*, Umwandlungs- und Umwandlungssteuerrecht (1996), S. 242 f., *HARTMANN*, Spaltung (1997), S. 65 f., *BMF*, UmwStG (1998), S. 307, *OETTER*, Spaltung im Konzern (2003), S. 47 f. Zur Abwandlung der Voraussetzung der 100-%-igen Beteiligung im Rahmen der Abspaltung eines Unternehmens vgl. *HARITZ/WIESNIEWSKI*, Abspaltung (2003), S. 549–552.

522 Diese beiden Formen des Teilbetriebs werden in der Literatur auch als „fiktive Teilbetriebe“ bezeichnet. Vgl. *HERZIG/FÖRSTER*, Problembereiche (1995), S. 342, *WEGENER*, Spaltung (1998), S. 154 und S. 163–615.

523 Siehe auch § 15 Abs. 3 Satz 1 UmwStG a. F.

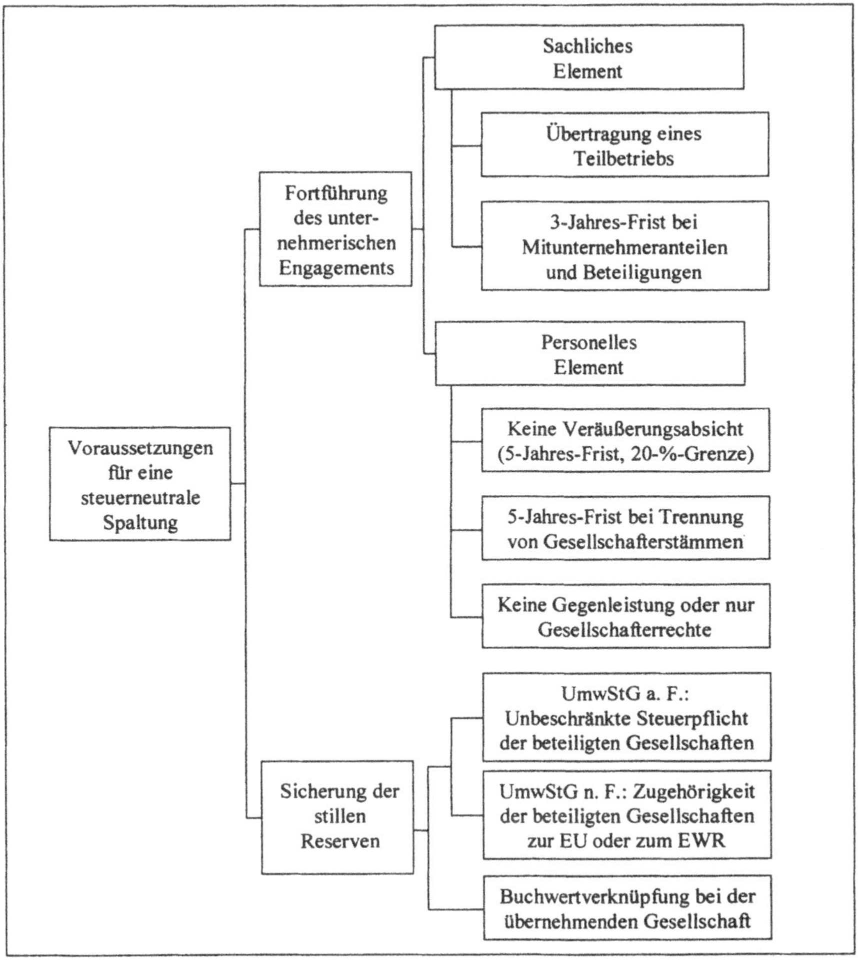

Abbildung 26: Voraussetzungen für eine steuerneutrale Spaltung[524]

Um zu verhindern, daß auch einzelne Wirtschaftsgüter steuerbegünstigt – also ohne Aufdeckung der in diesen enthaltenen stillen Reserven und damit steuerneutral – abgespalten und letztlich veräußert werden können, sind solche Mitunternehmeranteile und 100-%-ige Beteiligungen nach § 15 Abs. 2 Satz 1 UmwStG n. F. nicht begünstigt, wenn diese

[524] In Anlehnung an *HERZIG/MOMEN*, Spaltung I (1994), S. 2159.

innerhalb eines *Zeitraums von drei Jahren* vor der Spaltung durch Übertragung von Wirtschaftsgütern, die keinen Teilbetrieb darstellen, erworben oder aufgestockt worden sind.[525]

Das *personelle Element* der Fortführung des unternehmerischen Engagements teilt sich in drei weitere Punkte auf:

1. Voraussetzung für eine steuerneutrale Spaltung ist, daß durch die Spaltung keine *Veräußerung* an außenstehende Personen vollzogen wird oder die *Voraussetzungen für eine Veräußerung* geschaffen werden (§ 15 Abs. 2 Satz 2 und 3 UmwStG n. F.).[526] Wären die Käufer der Anteile steuerbefreit oder nicht steuerpflichtig, würde die Versteuerung der stillen Reserven nach der Spaltung nicht mehr gewährleistet sein. Deshalb gibt es auch hier eine Mißbrauchsregelung, wonach eine nachträgliche Versteuerung der stillen Reserven zu vollziehen ist, wenn innerhalb von fünf Jahren nach der Spaltung mehr als 20 % der Anteile – bezogen auf die Anteile an der übertragenden Kapitalgesellschaft vor der Spaltung – veräußert werden (§ 15 Abs. 2 Satz 4 UmwStG n. F.).[527]

2. Bei der *Trennung von Gesellschafterstämmen* setzt die Anwendung von § 15 Abs. 1 Satz 1 UmwStG (a. F. und n. F.) i. V. m. der steuerneutralen Behandlung der Spaltung nach § 11 Abs. 1 UmwStG (a. F. und n. F.) außerdem voraus, daß die Beteiligung an der übertragenden Kapitalgesellschaft mindestens *fünf Jahre* bestanden hat (§ 15 Abs. 2 Satz 5 UmwStG n. F.).[528]

3. Eine steuerneutrale Spaltung ist außerdem möglich, wenn für die Übertragung von Wirtschaftsgütern eine *Gegenleistung* nicht gewährt wird oder die Gegenleistung

---

525 Vgl. auch § 15 Abs. 3 Satz 1 UmwStG a. F. Siehe weiterhin *HERZIG/MOMEN*, Spaltung I (1994), S. 2160, *HERZIG/FÖRSTER*, Problembereiche (1995), S. 343–345, *THIEL*, Spaltung I (1995), S. 240 f., *OTT*, Umwandlungs- und Umwandlungssteuerrecht (1996), S. 212, *BMF*, UmwStG (1998), S. 308 f., *WEGENER*, Spaltung (1998), S. 165–168, *OETTER*, Spaltung im Konzern (2003), S. 54–57, *BRAUERS*, Spaltung von Kapitalgesellschaften (2004), S. 62–65, *DAMAS*, Umwandlungssteuerrecht (2007), S. 135.

526 Vgl. auch § 15 Abs. 3 Satz 2 und 3 UmwStG a. F.

527 Siehe zur bisherigen Regelung § 15 Abs. 3 Satz 4 UmwStG a. F. Vgl. *DEHMER*, Umwandlungssteuergesetz II (1994), S. 1755, *HERZIG/MOMEN*, Spaltung I (1994), S. 2160, *HERZIG/FÖRSTER*, Problembereiche (1995), S. 345 f., *HARTMANN*, Spaltung (1997), S. 59 und S. 91–98, *KREBS*, Veräußerung nach der Spaltung (1997), S. 1817–1820, *MOMEN*, Veräußerung durch Spaltung (1997), S. 355–357, *WIESE*, Spaltung (1997), S. 60–63, *BMF*, UmwStG (1998), S. 309 f., *FEY/NEYER*, Spaltung eines Konzerns (1998), S. 164 f., *WEGENER*, Spaltung (1998), S. 190–210, *FEY/NEYER*, Steuerneutrale Spaltung (1999), S. 274–278, *THIES*, Spaltung (1999), S. 2179–2182, *NEYER*, Steuerneutrale Spaltung (2002), S. 2200–2204, *DÖTSCH*, Aufspaltung und Abspaltung (2003), S. 510–524, *OETTER*, Spaltung im Konzern (2003), S. 57–65, *OHO/REMMEL*, Abspaltung eines Teilbetriebes (2003), S. 2542–2544, *BRAUERS*, Spaltung von Kapitalgesellschaften (2004), S. 65–70, *DIETERLEN/GOLÜCKE*, Veräußerung nach Spaltung (2004), S. 1264–1268, *O. VERF.*, Wegfall der Buchwertverknüpfung bei Spaltung (2004), S. 1293 f., *BREUNINGER/SCHADE*, Spaltung (2006), S. 218–220.

528 Vgl. auch § 15 Abs. 3 Satz 5 UmwStG a. F. Vgl. *HERZIG/MOMEN*, Spaltung I (1994), S. 2160, *HERZIG/FÖRSTER*, Problembereiche (1995), S. 346, *OTT*, Umwandlungs- und Umwandlungssteuerrecht (1996), S. 214 f., *HARTMANN*, Spaltung (1997), S. 98–100, *BMF*, UmwStG (1998), S. 310 f., *WEGENER*, Spaltung (1998), S. 211 f., *DÖTSCH*, Aufspaltung und Abspaltung (2003), S. 524–528, *BRAUERS*, Spaltung von Kapitalgesellschaften (2004), S. 71–75, *DAMAS*, Umwandlungssteuerrecht (2007), S. 135.

in Gesellschaftsrechten besteht (§ 15 Abs. 1 Satz 1 i. V. m. § 11 Abs. 2 Satz 1 Nr. 3 UmwStG n. F.).[529]

Der zweite Grundgedanke, die *Sicherung der stillen Reserven* auf der Ebene der Gesellschaft, wird durch die Bedingungen der unbeschränkten Steuerpflicht der beteiligten Gesellschaften respektive durch die Zugehörigkeit zur Europäischen Union (EU) oder zum europäischen Wirtschaftsraum (EWR) sowie der Buchwertverknüpfung erfüllt.

Demnach kann nach bisherigem Recht eine steuerneutrale Unternehmensspaltung nur bei inländischen (§ 1 Abs. 1 Nr. 2 UmwG) und *unbeschränkt steuerpflichtigen* (§ 1 Abs. 5 i. V. m. § 1 Abs. 1 Satz 1 UmwStG a. F.) Kapitalgesellschaften – als übertragende oder übernehmende Rechtsträger – erfolgen.[530] Nach derzeitigem Recht wurde die unbeschränkte Steuerpflicht aufgrund der Europäisierung des Umwandlungssteuergesetzes aufgehoben. Nach § 1 Abs. 1 i. V. m. § 1 Abs. 2 UmwStG n. F. finden Spaltungen nur mit beteiligten Rechtsträgern statt, die nach den Rechtsvorschriften eines Mitgliedstaates der Europäischen Union oder eines Staates, auf den das Abkommen über den europäischen Wirtschaftsraum Anwendung findet, behandelt werden.[531]

Außerdem wird die Sicherstellung der späteren Besteuerung auf Gesellschaftsebene durch die *Buchwertverknüpfung* bei den übernehmenden Gesellschaften gewährleistet [§ 15 Abs. 1 Satz 1 i. V. m. § 11 UmwStG (a. F. und n. F.)]. „Die Buchwertverknüpfung ist das technische Hilfsmittel zum Transport der stillen Reserven von der Ursprungs- zu der [Nachfolgegesellschaft] oder den Nachfolgegesellschaften."[532]

Grundsätzlich bringt die Aufdeckung und Versteuerung der stillen Reserven im Rahmen der Spaltung keine steuerlichen Vorteile mit sich, so daß i. d. R. davon auszugehen ist, daß sich die Gesellschafter für eine steuerneutrale Spaltung aussprechen werden.[533] Zu einem tatsächlich zu verhandelnden konfliktlösungsrelevanten Sachver-

---

[529] Vgl. § 15 Abs. 1 Satz 1 i. V. m. § 11 Abs. 1 Satz 1 Nr. 2 UmwStG a. F. Wird ein Spitzenausgleich durch die Gesellschaften geleistet, findet für den Teil der Ausgleichszahlung eine Gewinnrealisierung statt. Barabfindungen und bare Zuzahlungen sind folglich nach § 20 Abs. 1 EStG zu versteuern. Vgl. *HERZIG/MOMEN*, Spaltung I (1994), S. 2160 f., *THIEL*, Spaltung I (1995), S. 239, *HARTMANN*, Spaltung (1997), S. 76–79, *BMF*, UmwStG (1998), S. 300 f., *WEGENER*, Spaltung (1998), S. 187–190, *DÖTSCH*, Vermögensübertragung (2003), S. 355–365, *OETTER*, Spaltung im Konzern (2003), S. 66, *DAMAS*, Umwandlungssteuerrecht (2007), S. 135.

[530] Vgl. *DEHMER*, Umwandlungssteuergesetz II (1994), S. 1755, *HERZIG/MOMEN*, Spaltung I (1994), S. 2161, *WEGENER*, Spaltung (1998), S. 143.

[531] Vgl. auch *DÖTSCH/PUNG*, Änderungen des UmwStG (2006), S. 2704.

[532] *HERZIG/MOMEN*, Spaltung I (1994), S. 2161. Durch die Möglichkeit der Buchwertverknüpfung auf Antrag wird die derzeitige Anforderung der Zugehörigkeit der beteiligten Gesellschaften zur EU oder zum EWR mit der bisher geltenden Regelung, der unbeschränkten Steuerpflicht, harmonisiert, weil eine Buchwertverknüpfung nur für Unternehmen gilt, bei denen sichergestellt ist, daß die Gesellschaft der Besteuerung unterliegt, und bei denen das Recht hinsichtlich der Besteuerung bei der Bundesrepublik Deutschland liegt. Vgl. § 15 Abs. 1 i. V. m. § 11 Abs. 2 Satz 1 Nr. 1 und 2 UmwStG n. F.

[533] Vgl. *HERZIG/MOMEN*, Spaltung I (1994), S. 2158 f.

halt wird die prinzipiell zu befürwortende Vermeidung der Aufdeckung und Besteuerung stiller Reserven dann, wenn die Besteuerung stiller Reserven auch zu steuerlichen Vorteilen führen kann, d. h., daß sich nicht alle Anteilseigner für eine steuerneutrale Spaltung aussprechen. „Eine Aufdeckung stiller Reserven kann steuerlich i. d. R. nur dann vorteilhaft sein, wenn Aufwandsverrechnungspotential geschaffen wird und die Steuerzahlung, die bei der Aufdeckung der stillen Reserven anfällt, geringer ist als der Barwert der Steuerentlastung infolge der Verrechnung des erhöhten Aufwandspotentials. Aufwandsverrechnungspotential wird bei einer Aufdeckung stiller Reserven vor allem dann geschaffen, wenn stille Reserven in abnutzbaren Wirtschaftsgütern aufgedeckt werden. Die aufgedeckten stillen Reserven führen in den Folgejahren zu einer erhöhten Abschreibungsverrechnung, wodurch das steuerliche Einkommen und folglich auch die Ertragssteuerzahlungen gemindert werden."[534]

Ein weiterer steuerlicher konfliktlösungsrelevanter Sachverhalt auf Ebene der Gesellschaft ist die *Übertragung von Verlustvorträgen* auf die Spaltungsunternehmen. Erzielt ein übernehmender Teilbetrieb in Zukunft Gewinne, während die positiven Ergebnisse des verbleibenden Teilbetriebs nicht ausreichen, den anteiligen Verlustabzug abzubauen, ist eine Übertragung der Verlustvorträge sinnvoll. Im Zuge einer verhältnisändernden Spaltung können die einzelnen Anteilseigner daher ein besonderes Interesse an einem möglichst großen Verlustvortrag für dasjenige Spaltungsunternehmen haben, an dem diese den Großteil der Anteile besitzen.[535]

---

534 *HERZIG/MOMEN*, Spaltung I (1994), S. 2159. Um jedoch keiner Liquiditätsbelastung bei Durchführung der Spaltung ausgesetzt zu sein, wird i. d. R. die Buchwertfortführung bei der Spaltung die anzustrebende Alternative sein. Die Ausschöpfung von Verlustvorträgen im Zusammenhang mit der Aufdeckung und Versteuerung stiller Reserven kann gewöhnlich nicht als Vorzug der Gewinnrealisierung angeführt werden, weil Verlustvorträge auf die Spaltungsunternehmen übertragen werden können. Vgl. dazu Fn. 447 (S. 121) sowie *HERZIG/FÖRSTER*, Problembereiche (1995), S. 338.

535 Ein Verlustvortrag ist nach § 15 Abs. 3 UmwStG n. F. (§ 15 Abs. 4 Satz 1 UmwStG a. F.) grundsätzlich im Verhältnis der „gemeinen Werte" der übergehenden Vermögensteile zu dem bei der übertragenden Gesellschaft vor der Spaltung bestehenden Vermögen aufzuteilen. „Dabei ist zu berücksichtigen, daß sich das Verhältnis der übergehenden Vermögensteile zu dem bei der übertragenden Kapitalgesellschaft vor der Spaltung bestehenden Vermögen in der Regel aus den Angaben zum Umtauschverhältnis der Anteile im Spaltungs- und Übernahmevertrag oder im Spaltungsplan ergibt" [Quelle: *HERZIG/MOMEN*, Spaltung II (1994), S. 2210]. Vgl. *HERZIG/MOMEN*, Spaltung I (1994), S. 2159, *HÖRGER*, Spaltung (1994), S. 769, *THIEL*, Spaltung II (1995), S. 277, *OTT*, Umwandlungs- und Umwandlungssteuerrecht (1996), S. 218, *HARTMANN*, Spaltung (1997), S. 127–138, *KÖSTER/PRINZ*, Verlustverwertung durch Spaltung (1997), S. 336–343, *BMF*, UmwStG (1998), S. 311 f., *KREBS*, Berücksichtigung von Verlusten (1998), S. 1921–1925, *WEGENER*, Spaltung (1998), S. 245–265, S. 295–304 und S. 329, *HIERSTETTER/SCHWARZ*, Übertragung durch Spaltung (2002), S. 1963–1966, *SAGASSER/FAHRENBERG*, Steuerrechtliche Regelungen (2002), S. 643–645, *DÖTSCH*, Aufspaltung und Abspaltung (2003), S. 528–533, *BRAUERS*, Spaltung von Kapitalgesellschaften (2004), S. 93–113, *EILERS/RÖDDING*, Steuerrecht (2004), S. 764 f.

III Hauptfunktionen der Unternehmensbewertung bei der Spaltung

1 Entscheidungswertermittlung bei der Spaltung

1.1 Grundlagen

1.1.1 Bewertungsschritte im Rahmen der Entscheidungsfunktion bei der Spaltung

Die Basisfunktion der Unternehmensbewertung ist die *Entscheidungsfunktion*, in deren Rahmen ein *Entscheidungswert* ermittelt werden soll.[1] Der Entscheidungswert gibt diejenige minimale Beteiligungsquote wieder, die ein Anteilseigner an einem bestimmten durch Spaltung entstehenden Unternehmen erhalten muß, damit er – gegebenenfalls zuzüglich der Anteile an den weiteren Spaltungsunternehmen – seine wirtschaftliche Position durch die Spaltung der Ursprungsgesellschaft nicht verschlechtert. In der eindimensionalen Betrachtung der Konfliktsituation vom Typ der Spaltung ergibt sich dieser als *Grenzquote der Beteiligung* an einem bestimmten Spaltungsunternehmen bei vorheriger Einigung über alle Anteilsquoten und weiteren zu klärenden Sachverhalte der übrigen Spaltungsunternehmen. In der mehrdimensionalen Bewertungssituation vom Typ der Spaltung ergibt sich für einen spezifischen Anteilseigner ein Bündel mindestens zu fordernder Ausprägungen konfliktlösungsrelevanter Sachverhalte wie bspw. die Ausprägungen minimaler Beteiligungsquoten an *allen* Spaltungsunternehmen, die Aufteilung des Vermögens oder die Besetzung der Führungspositionen aller durch die Spaltung entstandenen Unternehmen, die allesamt erfüllt sein müssen, damit der Anteilseigner mindestens genauso gut gestellt ist wie vor der Spaltung.

Um im eindimensionalen Fall den Entscheidungswert als minimale Konzessionsgrenze in den Spaltungsverhandlungen verwenden zu können, bedarf es mehrerer Bewertungsschritte. Unter Rückgriff auf die von MATSCHKE/BRÖSEL entwickelte *„Matrix der funktionalen Unternehmensbewertung“* ergeben sich folgende drei Bewertungsschritte im Rahmen der Entscheidungswertermittlung bei der Spaltung:[2]

Schritt 1: Im ersten Schritt werden die Ziele und das Entscheidungsfeld des Bewertungssubjekts analysiert sowie die relevanten Zukunftserfolge abgegrenzt und quantifiziert.

---

[1] Literaturhinweise zu den Grundlagen der Entscheidungswertermittlung finden sich im Abschnitt II.2.1 (S. 51–56) dieser Arbeit.

[2] Vgl. zur Darstellung der „Matrix der funktionalen Unternehmensbewertung“ sowie zur Beschreibung der einzelnen Bewertungsschritte im Rahmen der Entscheidungsfunktion *MATSCHKE/ BRÖSEL*, Unternehmensbewertung (2007), S. 114–116 und S. 161–174.

Schritt 2: Im zweiten Schritt werden auf Basis der in Schritt 1 ermittelten Zukunftserfolge sowie mit Hilfe der weiteren Zielplan- und Entscheidungsfeldinformationen Entscheidungswerte in Form minimaler Grenzquoten berechnet.

Schritt 3: Im dritten Schritt werden die in Schritt 2 ermittelten Entscheidungswerte zur Abwägung von (subjektivem) Entscheidungswert und (objektivem) Einigungsangebot sowie als Basiswerte zur Ermittlung von Argumentationswerten im Rahmen der Argumentationsfunktion und/oder zur Ermittlung von Arbitriumwerten im Rahmen der Arbitriumfunktion verwendet.[3]

Die Abgrenzung und Quantifizierung der relevanten Zukunftserfolge im *ersten Schritt* steht für gewöhnlich nicht im Mittelpunkt der Bewertungstheorie, sondern obliegt vielmehr den Fachleuten der jeweiligen Branchen.[4] Deshalb ist die Ermittlung der relevanten Zukunftserfolge nicht Gegenstand dieser Arbeit; vielmehr werden die Zukunftserfolge der im Rahmen dieser Arbeit verwendeten Beispielrechnungen als gegeben betrachtet.[5] Welche Zukunftserfolge der einzelne Anteilseigner dabei als relevant betrachtet, ist abhängig von seinem Zielplan; welche Erfolge der Gesellschafter zukünftig realisieren kann, wird hingegen durch sein Entscheidungsfeld determiniert.[6]

Im *zweiten Schritt*, der Ermittlung der Entscheidungswerte, werden die im ersten Schritt ermittelten zukünftigen Erfolge mit Hilfe geeigneter Bewertungsverfahren in einen Wert transformiert, der als Entscheidungsgrundlage dienen soll. „Hierzu eignen sich nur Verfahren, welche darauf ausgerichtet sind, die Vorteilhaftigkeit von Zahlungsströmen unter realen, also unvollkommenen Bedingungen zu beurteilen und dabei die Ziele und das Entscheidungsfeld des Entscheidungssubjekts weitestgehend zu berücksichtigen. Zur Transformation ist somit ausschließlich der Rückgriff auf die investitionstheoretischen Verfahren [...] gerechtfertigt, weil nur innerhalb dieser Verfahren das Zielsystem und das Entscheidungsfeld des Bewertungssubjekts hinreichend berücksichtigt werden“[7]. Grundsätzlich besteht dabei die Möglichkeit, ein Partialmodell

[3] Zur Darstellung der Unternehmensbewertung im Rahmen der Argumentationsfunktion vgl. Abschnitt III.2 (S. 255–324) dieser Arbeit, zur Darstellung im Rahmen der Vermittlungsfunktion siehe Abschnitt III.3 (S. 325–358) dieser Arbeit.

[4] Vgl. *HERING*, Unternehmensbewertung (2006), S. 4, sowie *MATSCHKE/BRÖSEL*, Unternehmensbewertung (2007), S. 161 f., m. w. N.

[5] Als Rechengröße in der Unternehmensbewertung dienen Zahlungen in Form von Geldausschüttungen wie Dividenden des Unternehmens an die Anteilseigner. Vgl. *HERING*, Unternehmensbewertung (2006), S. 30. Entsprechend dem LÜCKE-Theorem könnten bei sachgerechter Berechnung auch Erfolgsgrößen verwendet werden. Vgl. dazu *LÜCKE*, Investitionsrechnungen (1955), sowie weiterführend *HAX*, Investitionstheorie (1985), S. 149–151, und *HERING*, Investitionstheorie (2003), S. 236 f.

[6] Zur Darstellung der Ziele und des Entscheidungsfelds des Bewertungssubjekts vgl. Abschnitt II.3.2.2.1.2 (S. 92–96) dieser Arbeit.

[7] *MATSCHKE/BRÖSEL*, Unternehmensbewertung (2007), S. 169 f.

oder ein Totalmodell zur Ermittlung von Unternehmenswerten zu verwenden.[8] Das *Zukunftserfolgswertverfahren* als Partialmodell ermittelt einen Unternehmenswert, der dem Barwert der mit den Kalkulationszinsfüßen abgezinsten zukünftigen Erfolge des Unternehmens entspricht.[9] Das *Zustands-Grenzpreismodell* (ZGPM) als ein alle Zustände umfassendes Totalmodell[10] ermittelt in seiner Grundform mit Hilfe der linearen Optimierung einen Unternehmenswert in einem zweistufigen Verfahren mittels Basis- und Bewertungsansatz.[11] Der Vorteil dieses Totalmodells liegt darin begründet, daß keine Kalkulationszinssätze zur Abzinsung der Zukunftserfolge benötigt werden; im Gegensatz dazu sind zur Berechnung von Unternehmenswerten im Partialmodell die Kalkulationszinsfüße unverzichtbar. „Als Kalkulationszinsfüße auf dem unvollkommenen Kapitalmarkt kommen für das Zukunftserfolgswertverfahren die theoretisch richtigen Lenkpreise im Sinne der endogenen Grenzzinsfüße des Basisprogramms des ZGPM in Betracht."[12] Die Ermittlung der Kalkulationszinsfüße erfordert demzufolge einen Rückgriff auf das Totalmodell. Dadurch wird unmittelbar deutlich, daß die theoretisch richtigen Kalkulationszinsfüße des Partialmodells erst nach Lösung des Totalmodells vorliegen und die Berechnung des Partialmodells somit überflüssig wird. Demzufolge wird im Rahmen der Ermittlung von Unternehmenswerten bei der Spaltung im dritten Kapitel dieser Arbeit das Totalmodell verwendet.[13]

Im Zuge der Ermittlung der Unternehmenswerte sieht sich das Entscheidungssubjekt in der Realität stets dem Problem der *Unsicherheit* hinsichtlich zukünftiger

---

8 Zur Erläuterung des Zusammenhangs zwischen Total- und Partialmodell vgl. *HERING*, Unternehmensbewertung (2006), S. 50–57, und *MATSCHKE/BRÖSEL*, Unternehmensbewertung (2007), S. 243–254.

9 Vgl. *MATSCHKE/BRÖSEL*, Unternehmensbewertung (2007), S. 235–243.

10 Zwar können mit einem Totalmodell unterschiedliche Zustände, Zielsetzungen und Entscheidungsfelder abgebildet werden, die Abbildung der Realität in einem Totalmodell wird letztlich jedoch immer unvollkommen sein, weil es ein „alle betrieblichen Zusammenhänge erschöpfend abbildendes Totalmodell [..] aufgrund der beschränkten menschlichen Informationsgewinnungs- und -verarbeitungskapazität nicht [gibt] und [..] es auch niemals geben" wird [Quelle: *ROLLBERG*, Unternehmensplanung (2001), S. 123].

11 Zum Zustands-Grenzpreismodell vgl. *HERING*, Zustands-Grenzpreismodell (2000), *HERING*, Unternehmensbewertung (2006), S. 43–69 und S. 247–254, sowie die Ausführungen und Literaturhinweise zum Zustands-Grenzpreismodell im Abschnitt II.1.2.1 (S. 150 f.) dieser Arbeit. Zum *Zustands-Grenzquotenmodell* (ZGQM) im Rahmen der Fusion vgl. *HERING*, Fusion (2004). Zum Grenzquotenmodell im Rahmen der Unternehmensbewertung bei der Spaltung siehe nachfolgend Abschnitt III.1.2 (S. 146–167) dieser Arbeit.

12 *MATSCHKE/BRÖSEL*, Unternehmensbewertung (2007), S. 218.

13 Vgl. zum auch als *Dilemma der Lenkpreistheorie* bezeichneten Problem der Ermittlung der theoretisch richtigen Kalkulationszinssätze bereits *SCHMALENBACH*, Verrechnungspreise (1909). Siehe weiterhin *HIRSHLEIFER*, Investment Decision (1958), S. 340, *HAX*, Lineare Programmierung (1964), S. 441, *SIEBEN/SCHILDBACH*, Bewertung ganzer Unternehmungen (1979), S. 461, *MATSCHKE*, Lenkungspreise (1993), Sp. 2588 f., *ROLLBERG*, Unternehmensplanung (2001), S. 136–143, *HERING*, Investitionstheorie (2003), S. 136–142, *HERING*, Unternehmensbewertung (2006), S. 44 f.

entscheidungsrelevanter Sachverhalte gegenübergestellt.[14] So sind die Erwartungen im Hinblick auf die aus dem Unternehmen fließenden zukünftigen Zahlungsströme mehrwertig, weil diese aufgrund ihres Zukunftsbezugs nicht exakt vorausgesagt, sondern lediglich geschätzt werden können. Weiterhin sind dem Bewertungssubjekt die Entscheidungsvariablen und deren Nebenbedingungen sowie der Planungshorizont nur unvollständig bekannt.[15]

Aus diesem Grund haften dem Bewertungsproblem bei offenem Entscheidungsfeld Wirkungs-, Bewertungs-, Zielsetzungs-, Komplexitätshandhabungs- und Lösungsdefekte an.[16] Um unter diesen Voraussetzungen überhaupt planen zu können, sind umfangreiche heuristische *Komplexitätsreduktionen*[17] unvermeidlich. Die in diesem Zusammenhang getroffenen Entscheidungen – wie bspw. die pragmatische Wahl eines Planungshorizonts – beeinflussen unmittelbar die Ergebnisse des Bewertungsmodells. Der Unternehmenswert als Entscheidungswert ergibt sich als Bandbreite unterschiedlicher Werte, die selbst bei der umfassendsten theoretischen Analyse ex ante zu keiner einzigen Zahl verdichtet werden können.[18] Im Rahmen der entscheidungsorientierten Unternehmensbewertung muß diese Unsicherheit daher eine entsprechende Berücksichtigung finden. Die dem Bewertungssubjekt hierfür zur Verfügung stehenden Methoden können in *unsicherheitsverdichtende*[19] und *unsicherheitsaufdeckende*[20] Ver-

---

14 Vgl. hierzu und im folgenden *ADAM*, Planung und Entscheidung (1996), S. 16–25, *ADAM*, Investitionscontrolling (2000), S. 336–340, und S. 353 f., *ROLLBERG*, Unternehmensplanung (2001), S. 3 f. und S. 189–193, *HERING*, Investitionstheorie (2003), S. 11 f. und S. 255–261, *HERING/OLBRICH*, Unsicherheitsproblem bei der Entschädigung (2003), *OLBRICH*, Unternehmungsverkauf (2005), S. 169–174.

15 Vgl. *HERING*, Unternehmensbewertung (2006), S. 7.

16 Vgl. zur Beschreibung dieser Defekte, die mit denen eines „schlecht strukturierten Planungsproblems" übereinstimmen, und im folgenden *ADAM*, Planung und Entscheidung (1996), S. 10–15, *HERING*, Unternehmensbewertung (2006), S. 7 f. Siehe auch *OLBRICH*, Unternehmungswert (1999), S. 82 f. Die Wirkungs-, Bewertungs-, Zielsetzungs- und Lösungsdefekte wurden von *KEUPER/BRÖSEL*, Controlling-Instrumente (2005), S. 16–25, um den Komplexitätshandhabungsdefekt erweitert.

17 Die Notwendigkeit einer Komplexitätsreduktion wird besonders von *BALLWIESER*, Komplexitätsreduktion (1990), betont.

18 Demnach wird auch deutlich, daß es in der Unternehmensbewertung unmöglich ist, alle erforderlichen Informationen zur Beurteilung unsicherer Zahlungsströme zu erlangen. Vgl. *LEUTHIER*, Interdependenzproblem (1988), S. 123–125, *HERING*, Unternehmensbewertung (2006), S. 8 f.

19 *Unsicherheitsverdichtende Verfahren* komprimieren die zur Entscheidungswertermittlung notwendigen Informationen – entweder auf der Ebene der Eingangsdaten oder auf der Ebene des Zielwerts – in eine einzelne Punktgröße, was einen erheblichen Informationsverlust zur Folge hat; das eigentliche Unsicherheitsproblem wird durch solche Verfahren nicht gelöst, sondern lediglich künstlich „weggerechnet". Zur ausführlichen Darstellung dieser Verfahren vgl. *HERING*, Investitionstheorie (2003), S. 266–307. Weitere zusammenfassende Darstellungen finden sich z. B. in *ROLLBERG*, Simultane Planung (1999), S. 106–110, und *ROLLBERG*, Unternehmensplanung (2001), S. 189–193, jeweils m. w. N.

20 *Unsicherheitsaufdeckende Verfahren* beschränken sich darauf, die denkbaren Auswirkungen der Unsicherheit auf die Zielgröße transparent zu machen, indem der Grenzpreis auf der Basis möglicher Chancen und Risiken als Bandbreite oder Verteilung dargestellt wird. Dabei wird die Unsi-

fahren unterteilt werden. Zu den geeigneten Analyseverfahren der unsicherheitsaufdeckenden Methoden zählen sowohl die *Sensitivitätsanalyse*[21] als auch die *Risikoanalyse*[22].[23]

Der *dritte Schritt* zielt auf die Verwendung des im zweiten Schritt ermittelten Entscheidungswerts ab; dieser dient als Ausgangsbasis zur Ermittlung von Argumentationswerten im Rahmen der Argumentationsfunktion oder zur Ermittlung von Arbitriumwerten im Rahmen der Arbitriumfunktion.

1.1.2 Allgemeines Modell des Entscheidungswerts nach MATSCHKE

Der Entscheidungswert ist somit nicht nur das Ergebnis der Bewertung im Rahmen der Entscheidungsfunktion, sondern auch Grundlage und unverzichtbares Element der Vermittlungs- und der Argumentationsfunktion.[24] Die Grundidee des allgemeinen Modells des Entscheidungswerts nach MATSCHKE[25] ist ein zweistufiges Vorgehen, in

---

cherheit ohne Informationseinbußen sichtbar gemacht, so daß das Entscheidungssubjekt die Abwägung des Entscheidungswerts mit dem Angebot des Verhandlungspartners auf der Grundlage seiner subjektiven Risikobeurteilung der Ergebnisse der Unsicherheitsaufdeckung vornimmt. Zur ausführlichen Darstellung dieser Verfahren vgl. *HERING*, Investitionstheorie (2003), S. 308–341.

Vgl. allgemein zur Berücksichtigung von Unsicherheit im Rahmen der Unternehmensbewertung *MATSCHKE/BRÖSEL*, Unternehmensbewertung (2007), S. 169–173, S. 227–233, S. 259–263 und S. 281–284, jeweils m. w. N.

21 Zur Sensitivitätsanalyse vgl. *DINKELBACH*, Parametrische Programmierung (1969), *MÜLLER-MERBACH*, Operations Research (1973), S. 150–153, *DINKELBACH*, Sensitivitätsanalysen (1979), *ALTROGGE*, Investition (1996), S. 385–389, *BITZ*, Investition (1998), S. 138–142, *ADAM*, Investitionscontrolling (2000), S. 354–356, *HERING*, Investition (2000), S. 484–486, *ROLLBERG*, Unternehmensplanung (2001), S. 192 f., *HERING*, Investition und Unternehmensbewertung (2002), S. 50–52, *HERING*, Investitionstheorie (2003), S. 308–320, *KRUSCHWITZ*, Investitionsrechnung (2007), S. 326–331.

22 Zur Risikoanalyse vgl. *HERTZ*, Risk Analysis (1964), *DIRUF*, Risikoanalyse (1972), *KRUSCHWITZ*, Risikoanalyse aus theoretischer Sicht (1980), *SIEGEL*, Unsicherheit und Komplexitätsreduktion (1994), S. 468–474, *ADAM*, Planung und Entscheidung (1996), S. 265–280, *ALTROGGE*, Investition (1996), S. 391–398, *ROTHE*, Simulative Risikoanalyse (1999), *HERING*, Investition (2000), S. 486–490, *HERING*, Investition und Unternehmensbewertung (2002), S. 52–54, *MATSCHKE/HERING/KLINGELHÖFER*, Finanzanalyse (2002), S. 223–225, *HERING*, Investitionstheorie (2003), S. 320–325, *KRUSCHWITZ*, Investitionsrechnung (2007), S. 346–351. Vgl. zudem insb. zur Monte-Carlo-Simulation *COENENBERG*, Monte-Carlo-Simulation (1970), *FRANKE/HAX*, Finanzwirtschaft (2004), S. 252–279, *DOMSCHKE/DREXL*, Operations Research (2007), S. 226.

23 *HERING*, Unternehmensbewertung (2006), S. 42, stellt klar: „Sensitivitäts- und Risikoanalysen verschaffen dem Bewerter so weit wie möglich Transparenz hinsichtlich der denkbaren finanzwirtschaftlichen Erfolgskonsequenzen des Bewertungsobjekts. Die Unsicherheit wird nicht künstlich unter Informationsverlust hinweggerechnet, sondern in vollem Umfang aufgedeckt."

24 Vgl. *SIEBEN*, Entscheidungswert (1976), S. 504.

25 Dieses für die funktionale Unternehmensbewertung zentrale Konzept des mehrdimensionalen Entscheidungswerts wurde von *MATSCHKE*, Entscheidungswert (1975), S. 387–390, entwickelt. Siehe weiterhin *MATSCHKE*, Mehrdimensionale Entscheidungswerte (1993), S. 8–11. Eine aus-

dessen Rahmen zunächst das für das Bewertungssubjekt erreichbare Zielniveau ohne eine Einigung über die Veränderung der Eigentumsverhältnisse des Unternehmens bestimmt wird. Das Ergebnis dieses ersten Schritts – der Ermittlung des Vergleichsmaßstabs – wird als *Basisprogramm*[26] bezeichnet.[27]

In einem zweiten Schritt werden die aus Sicht der konfligierenden Partei vorzuziehenden, abzulehnenden oder als indifferent zu beurteilenden Extensionen der konfliktlösungsrelevanten Sachverhalte bestimmt, weil bei der Einigung auf diese Ausprägungen ein gleich hohes, geringeres oder höheres Nutzenniveau aus Sicht des Bewertungssubjekts erreicht werden kann. Als Grenze der Konzessionsbereitschaft – also als Entscheidungswert des Bewertungssubjekts – werden dabei diejenigen Extensionen der konfliktlösungsrelevanten Sachverhalte bezeichnet, deren Nutzenniveau im Falle einer Einigung dem Nutzenniveau des Basisprogramms entspricht oder bei unstetiger Nutzenfunktion zum kleinstmöglich höheren Nutzenniveau führt.[28] Das Ergebnis dieses zweiten Schritts wird als *Bewertungsprogramm*[29] bezeichnet.[30] Im Bewertungsfall der Spaltung wird also der sich aus dem Basisprogramm ergebende Nutzwert, den die Spaltungspartei ohne Durchführung der Spaltung erzielt, denjenigen Extensionen der konfliktlösungsrelevanten Sachverhalte gegenübergestellt, die der Spaltungspartei[31] nach der Einigung einen Nutzwert sichern, welcher mindestens das Niveau ohne Einigung erreicht.[32]

---

führliche Darstellung des mehrdimensionalen Entscheidungswerts als zweistufiges Kalkül findet sich zudem in *MATSCHKE/BRÖSEL*, Unternehmensbewertung (2007), S. 142–146.

26 Die erstmalige Verwendung des Begriffs „Basisprogramm" erfolgte in *MATSCHKE*, Bewertung aus entscheidungstheoretischer Sicht (1967/68), S. 27, wobei inhaltlich auf *JAENSCH*, Unternehmungsbewertung (1966), S. 664 f., der allerdings nicht von der Ermittlung des Basisprogramms, sondern von der Bestimmung des Mindestrentenstroms spricht, und auf *SIEBEN*, Bewertungsmodelle (1967), S. 126–134, der vom Vergleichsprogramm, Optimalprogramm und optimalen Programm, statt vom Basisprogramm spricht, Bezug genommen wurde.

27 Vgl. *MATSCHKE*, Kompromiß (1969), S. 59.

28 Mit der Einigung wollen die beteiligten Konfliktparteien eine Verbesserung ihrer Situation gegenüber der Nicht-Einigung erreichen. Bei rationalem Verhalten wird der erwartete Nutzen bei Nicht-Einigung deshalb zum Vergleichsmaßstab für jede erdenkliche Konstellation der konfliktlösungsrelevanten Sachverhalte.

29 Die erstmalige Einführung des Begriffs „Bewertungsprogramm" in die Literatur erfolgte durch *SIEBEN*, Bewertungsmodelle (1967), S. 126–134, der vom Bewertungsprogramm, aber auch vom Alternativprogramm spricht.

30 Dieses zweistufige Vorgehen wird von *MEICHELBECK*, Unternehmensbewertung (2005), S. 455, ohne Bezugnahme auf die tatsächliche Herkunft bei der Bewertung von Konzernen auch als „Mit-ohne-Bewertung" bezeichnet.

31 Eine Spaltungspartei – die im folgenden auch mit den Begriffen „Bewertungssubjekt", „Entscheidungssubjekt" oder „Konfliktpartei" bezeichnet wird – kann dabei sowohl aus einem Gesellschafter als auch aus einer bestimmten Anzahl von Anteilseignern, die eine einheitliche Meinung vertreten, bestehen.

32 Vgl. dazu entsprechend für die Konfliktsituation vom Typ der Fusion *REICHERTER*, Fusionsentscheidung (2000), S. 183–187, *HERING*, Fusion (2004), S. 149–152.

Im ersten Schritt – der Ermittlung des Basisprogramms – wählt das Entscheidungssubjekt zwischen den Handlungsmöglichkeiten aus der Alternativenmenge $\mathfrak{A} = \{a_1, \ldots, a_i, \ldots, a_k\}$, die ohne eine Einigung – also ohne Einigung über die Spaltung eines Unternehmens – über die Veränderung der Eigentumsverhältnisse zur Verfügung steht.[33] Das Entscheidungssubjekt wird jeder Alternative $a_i \in \mathfrak{A}$ aufgrund der erwarteten Ergebniskonstellationen und seiner Präferenzen einen bestimmten Nutzwert $N(a_i)$ zuordnen.[34] Bei rationaler Handlungsweise wird es diejenige Handlungsmöglichkeit auswählen, die den maximalen Nutzen verspricht. Für die optimale Alternative a_{opt} gilt daher: $N(a_{opt}) = \max \{N(a_i) \mid a_i \in \mathfrak{A}\}$, d. h., es handelt sich um die Alternative mit dem größten Nutzen. Die optimale Alternative a_{opt} mit dem Nutzwert $N(a_{opt})$ wird als Basisprogramm bezeichnet. Der Erfolg (Nutzwert) des Basisprogramms ist bei rationalem Handeln des Entscheidungssubjekts nach einer Einigung mindestens wieder zu erreichen und wird somit zum Vergleichsmaßstab für jede Einigungslösung. In der Konfliktsituation der Spaltung bilden folglich die optimale Alternative a_{opt} und der Nutzwert $N(a_{opt})$ das zu ermittelnde Basisprogramm des Bewertungssubjekts, welches das nach der Spaltung mindestens wieder zu erreichende Nutzenniveau markiert.

Die Grundlage einer Einigung zwischen den Konfliktparteien ist die Verständigung über die originären[35] konfliktlösungsrelevanten Sachverhalte $S_1, \ldots, S_n$, welche die konkreten Ausprägungen $s_1, \ldots, s_n$ annehmen können. Jede der sich gegenseitig ausschließenden Kombinationen $(s_1, \ldots, s_n) \in S_1 \times \ldots \times S_n$ der Extensionen der konfliktlösungsrelevanten Sachverhalte stellt eine mögliche Einigungslösung in der betrachteten Konfliktsituation dar, die durch die konfliktlösungsrelevanten Sachverhalte $S_1, \ldots, S_n$ näher beschrieben wird. Die Menge aller möglichen Konfliktlösungen ist definiert durch: $\mathfrak{S} = \{(s_1, \ldots, s_n) \mid (s_1, \ldots, s_n) \in S_1 \times \ldots \times S_n\}$. Einigen sich die Konfliktparteien auf eine ganz bestimmte Konfliktlösung $(s_1, \ldots, s_n) \in \mathfrak{S}$, steht dem Entscheidungssubjekt die Alternativenmenge $\mathfrak{B}(s_1, \ldots, s_n) = \{b_1, \ldots, b_j, \ldots, b_p\}$ von Handlungsmöglichkeiten $b_j(s_1, \ldots, s_n)$ zur Verfügung, denen es wiederum aufgrund der erwarteten Ergebniskonstellationen und seiner Präferenzen einen bestimmten Erfolg $N(b_j(s_1, \ldots, s_n))$ zuordnet. Bei rationaler Handlungsweise entscheidet sich das Entscheidungssubjekt für diejenige Handlungsmöglichkeit $b_j(s_1, \ldots, s_n)$ aus der Menge $\mathfrak{B}(s_1, \ldots, s_n)$ der – nach einer Einigung auf die Konfliktlösung $(s_1, \ldots, s_n)$ – verfügbaren Handlungsmöglichkeiten, deren Nutzwert am größten ist. Der Nutzwert $N(b_j(s_1, \ldots, s_n))$ dieser – bezogen auf die betrachtete Konfliktlösung – optimalen Alternative $b_{opt}(s_1, \ldots, s_n)$ ist gemäß der Gleichung

---

33 Es wird bei der weiteren Darstellung zur Vereinfachung jeweils von endlichen Alternativenmengen ausgegangen. Die folgenden Ausführungen erfolgen in starker Anlehnung an *MATSCHKE*, Entscheidungswert (1975), S. 387–390 sowie *MATSCHKE/BRÖSEL*, Unternehmensbewertung (2007), S. 143–145.

34 *MATSCHKE*, Entscheidungswert (1975), S. 75–113, erläutert das Problem, bestimmten Handlungsmöglichkeiten eindeutige Erfolge zuzuordnen.

35 Originäre Sachverhalte können durch derivative konfliktlösungsrelevante Sachverhalte substituiert werden. Vgl. dazu ausführlich Abschnitt III.2.2.2 (S. 284–290) dieser Arbeit.

$N(b_{opt}(s_1, \ldots, s_n)) = \max\{N(b_j(s_1, \ldots, s_n)) \mid b_j(s_1, \ldots, s_n) \in \mathfrak{B}(s_1, \ldots, s_n)\}$ oder

$N(b_{opt}(s_1, \ldots, s_n)) =: f(s_1, \ldots, s_n)$

eine Funktion f der Konfliktlösung $(s_1, \ldots, s_n)$. Ob eine Konfliktlösung $(s_1, \ldots, s_n)$ aus der Sicht des Entscheidungssubjekts gleichwohl akzeptabel ist, d. h., als Einigungslösung aus dessen Sicht überhaupt in Frage kommt, hängt vom Vergleich der Höhe des Nutzwerts $N(b_{opt}(s_1, \ldots, s_n))$ mit dem Nutzwert $N(a_{opt})$ seines Basisprogramms ab. Dabei sind alle Konfliktlösungen $(s_1, \ldots, s_n)$, für die $N(b_{opt}(s_1, \ldots, s_n)) \geq N(a_{opt})$ gilt, für das Entscheidungssubjekt akzeptabel.

Das Bewertungsprogramm $\mathfrak{B}^*$ des Entscheidungssubjekts wird durch die hinsichtlich einer Konfliktlösung $(s_1, \ldots, s_n)$ nicht dominierten Handlungsmöglichkeiten $b_{opt}(s_1, \ldots, s_n)$ gebildet, die dazu führen, daß der Nutzwert $N(b_{opt}(s_1, \ldots, s_n))$ mit dem Nutzwert $N(a_{opt})$ des Basisprogramms gerade übereinstimmt oder, wenn die Funktion $N(b_{opt}(s_1, \ldots, s_n)) = f(s_1, \ldots, s_n)$ unstetig ist, minimal größer als der Erfolg des Basisprogramms ist:[36]

$$\begin{aligned}\mathfrak{B}^* := \{b_{opt}(s_1, \ldots, s_n) \mid N(b_{opt}(s_1, \ldots, s_n)) = \min\{N(b_{opt}(s'_1, \ldots, s'_n)) \mid \\ N(b_{opt}(s'_1, \ldots, s'_n)) \geq N(a_{opt}) \text{ sowie } (s'_1, \ldots, s'_n) \in \mathfrak{S}, \\ b_{opt}(s'_1, \ldots, s'_n) \in \mathfrak{B}(s'_1, \ldots, s'_n) \text{ und } a_{opt} \in \mathfrak{A}\}\}.\end{aligned}$$

Im Rahmen der Konfliktsituation vom Typ der Spaltung ist das in Rede stehende Unternehmen in gespaltener Form (Eigentumsstrukturänderung) oder mit mindestens einem der aus diesem durch Spaltung neu entstandenen Unternehmen (Eigentumstrennung) im Bewertungsprogramm des Bewertungssubjekts enthalten. Dabei ist das Nutzenniveau $N(a_{opt})$ des Basisprogramms mindestens wieder zu erreichen.[37]

Der Entscheidungswert $\mathfrak{W}$ des Bewertungsobjekts, der die Grenze der Konzessionsbereitschaft aus der Sicht des Entscheidungssubjekts in der Konfliktsituation angibt, ist diejenige Menge aller Konfliktlösungen $(s_1, \ldots, s_n)$, für die der Nutzwert $N(b_{opt}(s_1, \ldots, s_n))$ gleich dem oder minimal größer als der Nutzwert $N(a_{opt})$ des Basisprogramms ist:

$$\begin{aligned}\mathfrak{W} := \{(s_1, \ldots, s_n) \mid N(b_{opt}(s_1, \ldots, s_n)) = \min\{N(b_{opt}(s'_1, \ldots, s'_n)) \mid \\ N(b_{opt}(s'_1, \ldots, s'_n)) \geq N(a_{opt}) \text{ sowie } (s'_1, \ldots, s'_n) \in \mathfrak{S}, \\ b_{opt}(s'_1, \ldots, s'_n) \in \mathfrak{B}(s'_1, \ldots, s'_n) \text{ und } a_{opt} \in \mathfrak{A}\}\}.\end{aligned}$$

---

36 Das Bewertungsprogramm $\mathfrak{B}^*$ ist eine mehrelementige, aus allen optimalen Alternativen bestehende Menge, die zugleich eine Teilmenge der dem Entscheidungssubjekt in Abhängigkeit von den Konfliktlösungen $\mathfrak{S}$ insgesamt offenstehenden Handlungsmöglichkeiten darstellt. Es wird im Rahmen der Entscheidungswertermittlung bei der Spaltung – analog zur Fusion, bei der das Bewertungsprogramm nach HERING Fusionsprogramm genannt wird – Spaltungsprogramm genannt. Vgl. *HERING*, Fusion (2004), S. 150 f., sowie die Ausführungen im nächsten Abschnitt.

37 Dieses Vorgehen wird – wie im Abschnitt III.1.2 (S. 146–167) noch zu zeigen ist – bei der Bewertung der Spaltung in ein dreistufiges Verfahren abgewandelt. Dennoch gilt das von MATSCHKE entwickelte, zweistufige allgemeine Modell des Entscheidungswerts als Basis für das Grenzquotenmodell im Bewertungsfall der Spaltung.

1.2 Darstellung des allgemeinen Grenzquotenmodells

1.2.1 Darstellung der Konfliktsituation

„Die Entscheidungswertermittlung im Rahmen der Spaltung steckt noch in den Kinderschuhen. Sind die Quellen zur Fusion schon dünn gesät, so handelt es sich bei modelltheoretischen Überlegungen zu Grenzquoten im Spaltungsfall erst recht um Raritäten."[38] Deshalb wird in diesem Abschnitt zunächst ein allgemeines Modell zur Ermittlung von Entscheidungswerten in der Konfliktsituation vom Typ der Spaltung aufgestellt. Anschließend wird dieses Modell dann im Abschnitt III.1.3 (S. 168–254) dieser Arbeit beispielhaft angewendet.[39]

Die Entscheidungswertermittlung im Rahmen der klassischen Konfliktsituationen der Unternehmensbewertung – dem Kauf oder Verkauf eines Unternehmens – beinhaltet die Ermittlung von Preisobergrenzen (aus der Sicht eines Käufers) oder die Ermittlung von Preisuntergrenzen (aus der Sicht eines Verkäufers). Diese Art der Ermittlung der *Grenze der Konzessionsbereitschaft* ist – wie auch schon im Rahmen der Bewertung einer Fusion – im Falle der Spaltung von Unternehmen nicht anwendbar, weil hier kein Eigentumswechsel stattfindet.[40] Statt Grenzpreisen müssen im Rahmen der Spaltung – wie auch im Rahmen der Fusionsbewertung – *Grenzquoten* mit Hilfe des Zustands-Grenzquotenmodells ermittelt werden.[41] Jedoch ist eine Grenzquote an einem Spaltungsunternehmen – anders als im Bewertungsfall der Fusion, bei dem sich mehrere Unternehmen zu einem Ganzen zusammenschließen – von den Grenzquoten der anderen Spaltungsunternehmen abhängig, so daß in der Konfliktsituation der Spaltung grundsätzlich ein *mehrdimensionales* Entscheidungsproblem vorliegt.[42] Um dieses Bewertungsproblem lösen zu können, werden die Anteilsquoten an den einzelnen Spaltungsunternehmen nacheinander in den Spaltungsverhandlungen festgelegt, bis

---

38 *HERING*, Unternehmensbewertung (2006), S. 122.

39 Die Ausführungen des Abschnitts III.1.2 dieser Arbeit beruhen teilweise auf Vorarbeiten des Verfassers, die gemeinsam mit MATSCHKE und BRÖSEL veröffentlich wurden [vgl. *BYSIKIEWICZ/MATSCHKE/BRÖSEL*, Spaltung (2005), *BYSIKIEWICZ/MATSCHKE/BRÖSEL*, Unternehmensbewertung im Fall der Spaltung (2005), *MATSCHKE/BRÖSEL*, Unternehmensbewertung (2007), S. 409–428]. Die Ausführungen erfolgen mit deren Zustimmung in enger Anlehnung an diese Veröffentlichungen.

40 Im Sonderfall der Eigentumstrennung kommt es zu einer Aufteilung des Eigentums auf die Gesellschafter, nicht aber zu einem Eigentumswechsel. Zur Bewertung im Rahmen der Fusion vgl. *HERING*, Fusion (2004), S. 148–165.

41 Zur Anwendung dieses Grenzquotenmodells vgl. Abschnitt III.1.3 (S. 168–254) dieser Arbeit. Im folgenden werden die Begriffe „Grenzquote der Beteiligung", „minimale Anteilsquote" und „kritische Beteiligungsquote" synonym verwendet. Nach *HEURUNG*, Spaltung (1997), S. 1305 und S. 1344, können diese Anteile auch als „Mindest-Beteiligungsquoten" oder auch „Mindest-Umtauschverhältnisse" bezeichnet werden.

42 Da sich durch die Spaltung mehrere Unternehmen ergeben, müssen sich die Konfliktparteien auch auf mehrere Beteiligungsquoten einigen, welche originäre konfliktlösungsrelevante Sachverhalte darstellen. Deshalb liegt bei der Spaltung grundsätzlich eine *mehrdimensionale* Entscheidungssituation vor. Vgl. dazu Abschnitt III.1.3.2.1 (S. 188–204) dieser Arbeit.

eine Konfliktsituation entsteht, in der es lediglich noch um die Festlegung *einer* Grenzquote an dem letzten noch zu verhandelnden Unternehmen geht.[43]

Zugrunde gelegt sei deshalb im folgenden eine *nicht dominierte*, *disjungierte* und *eindimensionale* Konfliktsituation vom *Typ der Spaltung i. S. einer Aufspaltung durch Neugründung*[44] (vgl. *Abbildung 27*), in der im Bewertungszeitpunkt ausschließlich die Höhe der (nicht gleichbleibenden) Beteiligungsquoten an den nach der Aufspaltung neuen Unternehmen für die einzelnen Konfliktparteien relevant sind (*Fall der Eigentumsstrukturänderung bei einer verhältnisändernden oder nicht-verhältniswahrenden Spaltung aufgrund veränderter Beteiligungsquoten*).[45]

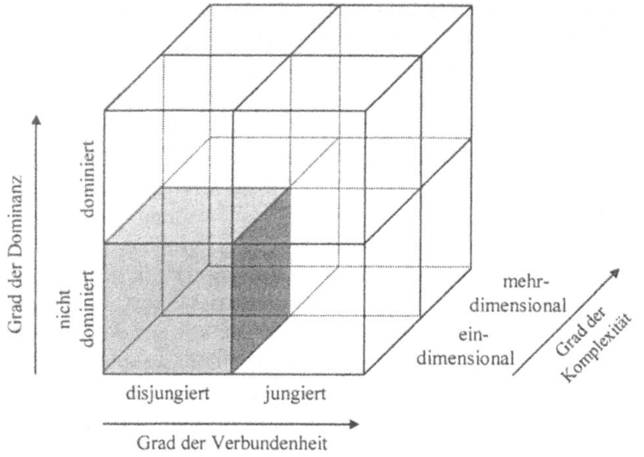

Abbildung 27: Konfliktwürfel für eine nicht dominierte, disjungierte und eindimensionale Konfliktsituation vom Typ der Spaltung

Nicht dominiert bedeutet, daß kein Eigentümer eine Spaltung durch einseitige Handlungen herbeiführen kann. Eine Eigentumsänderung wird demnach nur durchgeführt,

---

43 In der eindimensionalen Konfliktsituation vom Typ Kauf/Verkauf werden – ähnlich der hier betrachteten Entscheidungssituation – alle konfliktlösungsrelevanten Sachverhalte in den Verhandlungen festgelegt, so daß es sich schließlich nur noch um einen relevanten Sachverhalt, den Kaufpreis, handelt, für den dann aus Sicht des Käufers und des Verkäufers ein Grenzpreis berechnet werden muß.

44 Vgl. dazu Fall (5) im Abschnitt II.3.1.3.2 (S. 80 f.) dieser Arbeit.

45 Vgl. hierzu und im folgenden BYSIKIEWICZ/MATSCHKE/BRÖSEL, Spaltung (2005), S. 11–20. Die in den Abschnitten II.1.2.1 (S. 12) und II.3.1.2.2 (S. 75–78) dieser Arbeit dargestellte nicht verhältniswahrende Spaltung, bei der auf die ursprüngliche Verteilung der Anteilsquoten vor der Spaltung verzichtet wird, „führt natürlich zu differenzierten Vermögensermittlungsfragen und damit auch zu komplexen Unternehmensbewertungsproblemen" [Quelle: HEURUNG, Unternehmensbewertung bei Spaltungsprozessen (1998), S. 201].

wenn alle Parteien der Ansicht sind, Vorteile aus der Spaltung gewinnen zu können.[46] Das bedeutet wiederum, daß die Summe der Einzelwerte der gespaltenen Unternehmen mehr wert ist, als das Ursprungsunternehmen als Ganzes.[47] *Disjungiert* bedeutet, daß sich die Spaltungsparteien in keiner weiteren Konfliktsituation vom Typ des Kaufs/Verkaufs oder der Fusion befinden. *Eindimensional* besagt, daß die Ermittlung *einer* Grenzquote den einzigen interessierenden konfliktlösungsrelevanten Sachverhalt darstellt. Die wohl praxisrelevanteste Art einer solchen Aufspaltung ist der Fall, daß sich ein Unternehmen in zwei Gesellschaften aufspaltet. Wie *Abbildung 28* zeigt, kann sich ein Unternehmen aber auch in eine endliche Anzahl von Unternehmen aufteilen: Das Unternehmen U_{UG} (Ursprungsgesellschaft) vor der Spaltung wird in F übernehmende Unternehmen (Spaltungsunternehmen) U_f aufgeteilt.[48]

Die Anzahl der Eigner vor der Spaltung beträgt H Gesellschafter. Nach der Spaltung können diese H Gesellschafter wiederum an allen F Spaltungsunternehmen beteiligt sein.[49] Bei der nicht-verhältniswahrenden Spaltung müssen die Anteile β^h der Gesellschafter am Unternehmen U_{UG} vor der Spaltung nicht den Anteilen $\alpha^h_{U_f}$ an den Spaltungsunternehmen U_f nach der Spaltung entsprechen.[50] Aufgrund geänderter Mehrheitsverhältnisse kann es sein, daß in einem der durch die Spaltung entstandenen Unternehmen U_f ein anderer Ausschüttungsstrom präferiert wird als in der Ursprungsgesellschaft U_{UG}. Deshalb müssen die Gewichtungsfaktoren $\overline{w}_s^{U_f}$ der Entnahmen, welche die Ausschüttungsstruktur festlegen, bei der Entscheidungswertermittlung berücksichtigt werden.[51]

---

46 „Bei der Spaltung kann [...] nur dann von einem angemessenen Umtauschverhältnis die Rede sein, wenn die Vermögensposition sämtlicher am Spaltungsprozeß beteiligter Gesellschafter nicht verschlechtert wird" [Quelle: HEURUNG, Unternehmensbewertung bei Spaltungsprozessen (1998), S. 210].

47 Siehe CHARIFZADEH, Corporate Restructuring (2002), S. 186. Dabei wird im Rahmen der Bewertung bei der Spaltung der ansonsten in der Unternehmensbewertung ebenfalls geltende *Gesamtbewertungsansatz* angewendet: Nicht die Summe der Einzelwerte der Vermögensteile der Unternehmen ist bewertungsrelevant, sondern das zu betrachtende Ursprungs- oder Spaltungsunternehmen ist als wirtschaftliche Einheit zu betrachten. Vgl. dazu HERING, Unternehmensbewertung (2006), S. 26, m. w. N., MATSCHKE/BRÖSEL, Unternehmensbewertung (2007), S. 20.

48 Die Indexierung für die nach der Spaltung bestehenden Unternehmen U erfolgt nachstehend mit dem Index „U_f" und nicht nur mit dem Index „f", um eine leichtere Abgrenzung mit den Zeitpunkt- und Anteilseignerindizes zu gewährleisten; „U_f" steht dabei für ein beliebiges Spaltungsunternehmen.

49 Das bedeutet, daß sich die Anzahl der Gesellschafter nach der Spaltung auf *maximal* H Gesellschafter beläuft. Somit kann auch der Fall eintreten, daß einige Gesellschafter keinen Anteil an einem oder mehreren der Spaltungsunternehmen erhalten.

50 Der Anteil β^h ist der Anteil, den der Eigner oder die Spaltungspartei h ohne Spaltung am Zukunftserfolg des Unternehmens U_{UG} erhält. Die Anteilsquote $\alpha^h_{U_f}$ ist diejenige Beteiligungsquote, welche die Spaltungspartei h nach der Spaltung am gespaltenen Unternehmen U_f erhält.

51 Nachfolgend sei angenommen, daß die Gewichtungen $\overline{w}_s^{U_f}$ in den Zuständen (Zeitpunkten) s für die mit der Spaltung entstehenden Unternehmen bereits vereinbart worden sind. In der realen

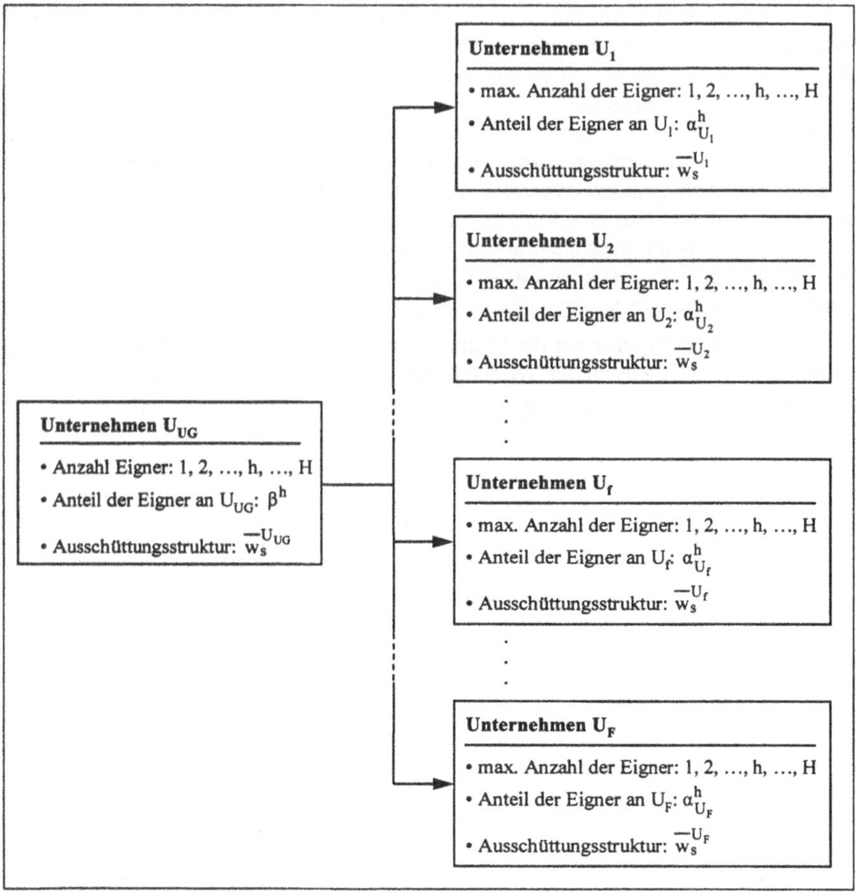

Abbildung 28: Allgemeiner Fall der Eigentumsstrukturänderung

Zur Lösung des Entscheidungsproblems in der Konfliktsituation der Spaltung sei auf folgendes Bewertungsmodell zurückgegriffen: HERING formuliert für den Konfliktfall des Kaufs/Verkaufs basierend auf dem zweistufigen Grundkonzept des Entschei-

---

Konfliktsituation handelt es sich hierbei um originäre konfliktlösungsrelevante Sachverhalte, welche Ergebnisse des Verhandlungsprozesses sind. Je nach Verhandlungsergebnis hinsichtlich dieser Gewichtungsfaktoren $\overline{w}_s^{U_f}$ ist eine entsprechende minimale Grenzquote zu bestimmen. Hier wird die Komplexität zunächst reduziert und unterstellt, daß die Gewichtungen für die restlichen durch die Spaltung entstehenden Unternehmen bereits festgelegt worden sind.

dungswerts nach MATSCHKE[52] ein allgemeines Zustands-Grenzpreismodell[53]. Dieses dient als Grundlage für das ebenfalls von HERING formulierte dreistufige Zustands-Grenzquotenmodell[54], das – wie auch das Zustands-Grenzpreismodell – auf den mehrperiodigen, simultanen Planungsansätzen von WEINGARTNER und HAX basiert und mit Hilfe der linearen Optimierung gelöst wird.[55]

Das Zustands-Grenzquotenmodell dient auch hier als Grundlage für die Ermittlung eines Entscheidungswerts bei der Spaltung. Hiermit werden die einzelnen minimalen Beteiligungsquoten, welche die Eigentümer an den durch Spaltung entstehenden neuen Unternehmen erwerben müssen, wenn sie ihre wirtschaftliche Position durch die Spaltung der Ursprungsgesellschaft nicht verschlechtern wollen, ermittelt.

Das Vorgehen zur Ermittlung der minimalen Beteiligungsquoten kann dabei in drei Schritte unterteilt werden (vgl. *Abbildung 29*):

1. *Ermittlung der maximal möglichen Entnahmen* $EN_{U_{UG}}^{max}$ *des Ursprungsunternehmens* U_{UG} *ohne Spaltung (Basisprogramm oder auch Vor-Spaltungsprogramm):* Welchen Nutzen – im Sinne seines Anteils β^h an $EN_{U_{UG}}^{max}$ – kann das Bewertungssubjekt h bei Verzicht auf die Spaltung in der Konfliktsituation maximal aus dem Unternehmen U_{UG} ziehen? Dieser Erfolg ist nach der Spaltung aus der Summe der Anteile an den Einzelerfolgen der Spaltungsunternehmen U_f mindestens wieder zu erreichen, so daß sich das Bewertungssubjekt nicht schlechter stellt als ohne Spaltung. Der anteilige Erfolg des Bewertungssubjekts am Vor-Spaltungsprogramm wird so zur Nebenbedingung für die zu fordernden Anteilsquoten nach einer Spaltung.

---

52 Vgl. *MATSCHKE*, Entscheidungswert (1975), S. 387–390, sowie die Ausführungen in den Abschnitten II.2.1 (S. 51–56) und III.1.1.2 (S. 143–146) dieser Arbeit.

53 Zum *Zustands-Grenzpreismodell* vgl. *HERING*, Finanzwirtschaftliche Unternehmensbewertung (1999), S. 27–57. Siehe auch *HERING*, Konzeptionen der Unternehmensbewertung (2000), S. 437–439, *HERING*, Zustands-Grenzpreismodell (2000), S. 363–370, *MIRSCHEL/KLINGELHÖFER/LERM*, Bewertung (2004), S. 8–27, *HERING*, Unternehmensbewertung (2006), S. 43–84. Erweiterungen des Modells um nichtfinanzielle Aspekte finden sich bei *BRÖSEL*, Medienrechtsbewertung (2002), S. 91–98, *HERING*, Produktionsfaktoren (2002), S. 74–78, und um nichtlineare Aspekte *PFAFF/PFEIFFER/GATHGE*, Zustands-Grenzpreismodelle (2002). Zur Anwendung des Zustands-Grenzpreismodells siehe bspw. *OLBRICH*, Kauf mit Verlustvortrag (2001), S. 1329–1331, *OLBRICH*, Unternehmensnachfolge (2002), S. 686–688, *BRÖSEL/MATSCHKE*, Sicht des präsumtiven Verkäufers (2003), *BRÖSEL/MATSCHKE*, Ermittlung des Entscheidungswertes (2004), S. 61–65, *MIRSCHEL/KLINGELHÖFER/LERM*, Bewertung (2004), S. 8–24, *WITT*, Bewertung (2006), S. 150–158 und S. 165–207.

54 Zum *Zustands-Grenzquotenmodell* im Bewertungsfall der Fusion vgl. *HERING*, Fusion (2004), S. 148–160, *HERING*, Unternehmensbewertung (2006), S. 85–122. Zu dessen Anwendung siehe *REICHERTER*, Fusionsentscheidung (2000), S. 190–250. Zum Zustands-Grenzquotenmodell im Bewertungsfall der Spaltung siehe *BYSIKIEWICZ/MATSCHKE/BRÖSEL*, Spaltung (2005), S. 15–35, *BYSIKIEWICZ/MATSCHKE/BRÖSEL*, Unternehmensbewertung im Fall der Spaltung (2005), S. 720–728.

55 Vgl. *WEINGARTNER*, Mathematical Programming (1963), *HAX*, Lineare Programmierung (1964).

Ermittlung des BASISPROGRAMMS (VOR-SPALTUNGSPROGRAMMS)

Unternehmen U_{UG}
- Anzahl Eigner: 1,2, .., h, .., H
- Anteil von h an U_{UG}: β^h

max. $Entn_{U_{UG}}$; $Entn_{U_{UG}} := EN^{max}_{U_{UG}}$ → $EN^{max}_{U_{UG}}$

Der Anteil des Eigners h an den Entnahmen des Unternehmens U_{UG} beträgt $\beta^h \cdot EN^{max}_{U_{UG}}$.

Ermittlung des SPALTUNGSPROGRAMMS

Die Anzahl der Eigner an den F gespaltenen Unternehmen U_f beträgt H Gesellschafter.

Unternehmen U_1
- Anteil von h an U_1: $\alpha^h_{U_1}$

max. $Entn_{U_1}$; $Entn_{U_1} := EN^{max}_{U_1}$ →

⋮

Unternehmen U_f
- Anteil von h an U_f: $\alpha^h_{U_f}$

max. $Entn_{U_f}$; $Entn_{U_f} := EN^{max}_{U_f}$ →

⋮

Unternehmen U_F
- Anteil von h an U_F: $\alpha^h_{U_F}$

max. $Entn_{U_F}$; $Entn_{U_F} := EN^{max}_{U_F}$ →

$$\sum_{f=1}^{F} EN^{max}_{U_f}$$

Die Anteile des Eigners h an den Entnahmen der F Unternehmen U_F betragen insgesamt $\sum_{f=1}^{F} \alpha^h_{U_f} \cdot EN^{max}_{U_f}$.

Ermittlung des BEWERTUNGSPROGRAMMS (bei unveränderter Entnahmestruktur)

Im Bewertungsprogramm findet ein Vergleich der Anteile an den Entnahmen von Basis- und Spaltungsprogramm statt.

U_{UG}		$U_1, U_2, \ldots, U_F$
$\beta^h \cdot EN^{max}_{U_{UG}}$	$\leq$	$\sum_{f=1}^{F} \alpha^h_{U_f} \cdot EN^{max}_{U_f}$

Als Lösung ergibt sich ein *Entscheidungswert* mit Hilfe der *Grenzquotenformel* für das Unternehmen U_1 als speziell betrachtete Gesellschaft:

$$\alpha^h_{U_1} = \frac{\beta^h \cdot EN^{max}_{U_{UG}} - \sum_{f=2}^{F} \overline{\alpha^h_{U_f}} \cdot EN^{max}_{U_f}}{EN^{max}_{U_1}}.$$

Abbildung 29: Die dreistufige Ermittlung des Entscheidungswerts im Überblick

2. *Ermittlung der maximal möglichen Entnahmen der einzelnen durch die Spaltung neu entstehenden Unternehmen U_f (Spaltungsprogramm):* Welchen maximal

möglichen Nutzen können alle Konfliktparteien aus den Spaltungsunternehmen U_f ziehen?

3. *Ermittlung der minimalen Grenzquote* $\alpha_{U_f}^{min\ h}$ *(und des Bewertungsprogramms):*

   Zur Ermittlung des Bewertungsprogramms findet ein Vergleich der Anteile an den Entnahmen vom Basis- und Spaltungsprogramm statt. Mit welchem Anteil $\alpha_{U_f}^{min\ h}$ muß das Bewertungssubjekt h an den jeweiligen Nutzen EN_{U_f} der einzelnen durch die Spaltung entstehenden Unternehmen U_f mindestens beteiligt werden, ohne daß es sich dabei schlechter stellt als bei Unterlassung dieser Handlung (also ohne Spaltung)?[56]

1.2.2 Basisansatz (Vor-Spaltungsansatz)

Der Basisansatz zeigt den linearen Optimierungsansatz, der die Situation des Unternehmens U_{UG} ohne Spaltung – also bei Verzicht auf die Spaltung – wiedergibt. Für diesen *ersten Schritt* gelten folgende modellspezifische Annahmen: Das Unternehmen plane über S zukünftige Zustände s (oder alternativ über S Zeitpunkte s). Dem Unternehmen stehen insgesamt J Investitions- und Finanzierungsobjekte j zur Verfügung. Die Zahlungsreihe des Investitions- oder Finanzierungsobjekts j sei $g_j := (g_{j0}, g_{j1}, ..., g_{js}, ..., g_{jS})$ mit g_{js} als Zahlungsüberschuß im Zustand (Zeitpunkt) s. Die Struktur- oder Entscheidungsvariable x_j gibt an, wie oft das Objekt j durchgeführt wird. Für jedes x_j kann eine Obergrenze x_j^{max} existieren. Vordisponierte Zahlungen sind in einem festen Zahlungssaldo b_s zu berücksichtigen. Diese können – wie die Größen g_{js} – positiv, null oder negativ sein. Das Bewertungssubjekt h, welches mit einem Anteil von β^h am Unternehmen U_{UG} beteiligt ist, verfolgt das Ziel der Einkommensmaximierung[57] und strebt deshalb nach einem möglichst breiten Entnahmestrom $EN_{U_{UG}}$ zu Konsum-

---

[56] Die Ermittlung der einzelnen minimalen Grenzquote $\alpha_{U_1}^{min\ h}$ des Gesellschafters h für ein Unternehmen U_1 kann mit dem nachfolgend präsentierten Modell erfolgen. Wenn für die anderen Unternehmen $U_f \neq U_1$ in der Verhandlung zu erreichende Beteiligungsquoten als Ceteris-paribus-Bedingungen festgelegt werden, d. h., wenn sich in den Verhandlungen hinsichtlich der Durchführung der Spaltung sukzessiv über die Anteile an den gespaltenen Unternehmen U_f geeinigt wird, reduziert sich die Situation schließlich – wenn nur noch die Anteile für das letzte Unternehmen zu bestimmen sind – auf eine *eindimensionale* Konfliktsituation. Zur beispielhaften eindimensionalen Betrachtungsweise vgl. Abschnitt III.1.3.1 (S. 168–188) dieser Arbeit.

[57] Die hier verwendete Einkommensmaximierung ist, abhängig von den individuellen Präferenzen des Bewertungssubjekts und unter der Voraussetzung, daß das Bewertungsobjekt eine jederzeitige Kreditwürdigkeit genießt, durch die Zielsetzung Vermögensmaximierung austauschbar. Vgl. dazu *HERING*, Fusion (2004), S. 150, *MATSCHKE/BRÖSEL*, Unternehmensbewertung (2007), S. 163, m. w. N. In diesem Zusammenhang sollte nach *KLINGELHÖFER*, Investitionsbewertung (2003), S. 286 f., die Gefahr der „Flaschenhalsproblematik" beachtet werden.

zwecken, wobei in jedem Zustand s eine Ausschüttung in Höhe von $\overline{w}_s^{U_{UG}} \cdot EN_{U_{UG}}^{max}$ erfolgen soll.[58] Der lineare Ansatz zur Bestimmung des *Basisprogramms* lautet schließlich wie folgt:

$$\max.\ Entn_{U_{UG}};\ Entn_{U_{UG}} := EN_{U_{UG}}$$

unter den

1. Liquiditätsnebenbedingungen:

$$-\sum_{j=1}^{J} g_{js} \cdot x_j + \overline{w}_s^{U_{UG}} \cdot EN_{U_{UG}} \leq b_s \qquad \forall\, s \in \{0, 1, 2, ..., S\}$$

2. Kapazitätsrestriktionen:[59]

$$x_j \leq x_j^{max} \qquad \forall\, j \in \{1, 2, ..., J\}$$

3. Nichtnegativitätsnebenbedingungen:

$$x_j \geq 0 \qquad \forall\, j \in \{1, 2, ..., J\}$$

$$EN_{U_{UG}} \geq 0.$$

Dieser Basisansatz kann mit Hilfe des Simplexalgorithmus gelöst werden. Die Lösung liefert die maximale Breite $EN_{U_{UG}}^{max}$ des Entnahmestroms aus dem Unternehmen U_{UG}. Die zugehörige optimale Lösung heißt Basisprogramm, an welcher das betrachtete Entscheidungssubjekt h mit seinem Anteil β^h beteiligt ist. Diese anteilige Entnahme muß das Entscheidungssubjekt nach der Spaltung mindestens wieder erreichen, um sich durch diese nicht schlechter zu stellen als ohne Spaltung.

1.2.3 Spaltungsansatz

Im *zweiten Schritt*, der Ermittlung des *Spaltungsprogramms*, wird für die durch die Spaltung entstehenden Unternehmen U_f jeweils die maximal mögliche Entnahme $EN_{U_f}^{max}$ ermittelt. Der hierzu erforderliche und mit dem Simplexalgorithmus lösbare

---

58 Generiert ein Ursprungsunternehmen – bspw. im Fall der Sanierung – negative Entnahmen, müßte der Entnahmestrom $EN_{U_{UG}}$ im linearen Optimierungsansatz in einen positiven Entnahmestrom $EN_{U_{UG}}^{pos}$ und in einen negativen Entnahmestrom $EN_{U_{UG}}^{neg}$ aufgeteilt werden. Dann wird $EN_{U_{UG}}$ durch $EN_{U_{UG}}^{pos} - EN_{U_{UG}}^{neg}$ ersetzt. Vgl. für dieses Vorgehen bei der Bewertung von Stimmrechtsänderungen MIRSCHEL/KLINGELHÖFER/LERM, Bewertung (2004), S. 8–24.

59 Diese Bedingung entfällt für alle x_j mit $x_j^{max} = \infty$.

(Spaltungs-)Ansatz[60], der aus Sicht des Bewertungssubjekts für jedes durch die Spaltung entstehende Unternehmen U_f mit $f \in \{1, 2, \ldots, F\}$ aufgestellt werden muß, an denen das Bewertungssubjekt zukünftig beteiligt sein könnte,[61] unterscheidet sich vom Basisansatz formal nur durch den Index „f", der das jeweilige aus der Spaltung entstandene Unternehmen U_f kennzeichnet. Materiell, d. h. in bezug auf Variablenanzahl, Variablenobergrenzen, Entnahmegewichte und Zahlungsüberschüsse, handelt es sich um ein vom Basisansatz abweichendes lineares Modell, das die einzelnen aus dem Ursprungsunternehmen U_{UG} entstandenen Unternehmen U_f abbildet:

$$\max . \, Entn_{U_f}; \; Entn_{U_f} := EN_{U_f}$$

unter den

1. Liquiditätsnebenbedingungen:

$$-\sum_{j=1}^{J^{U_f}} g_{js}^{U_f} \cdot x_j^{U_f} + \overline{w}_s^{U_f} \cdot EN_{U_f} \leq b_s^{U_f} \qquad \forall \, s \in \{0, 1, 2, \ldots, S\}$$

2. Kapazitätsrestriktionen:[62]

$$x_j^{U_f} \leq x_j^{U_f \max} \qquad \forall \, j \in \left\{1, 2, \ldots, J^{U_f}\right\}$$

3. Nichtnegativitätsnebenbedingungen:

$$x_j^{U_f} \geq 0 \qquad \forall \, j \in \left\{1, 2, \ldots, J^{U_f}\right\}$$

$$EN_{U_f} \geq 0.$$

Die mit Hilfe des Simplexalgorithmus ermittelbaren maximalen Zielfunktionswerte der einzelnen Spaltungsunternehmen U_f des Spaltungsansatzes betragen $Entn_{U_f}^{\max} = EN_{U_f}^{\max} \geq 0$. Im Zuge der Aufstellung der linearen Optimierungsansätze für die Spaltungsunternehmen ist dabei zu beachten, daß – wie im nächsten Abschnitt ausführlich beschrieben – die von den Anteilseignern der Unternehmen vor und nach der Spaltung angestrebte Struktur der Entnahmen unterschiedlich sein kann.

---

60 Der Begriff „Spaltungsansatz" wurde in Anlehnung an den Begriff „Fusionsansatz" gewählt. Vgl. *HERING*, Fusion (2004), S. 150.

61 Der beispielhafte Anteilseigner h muß nicht an allen Spaltungsunternehmen U_f beteiligt sein.

62 Diese Bedingung entfällt für alle $x_j^{U_f}$ mit $x_j^{U_f \max} = \infty$.

1.2.4 Bewertungsansatz

1.2.4.1 Unveränderte Entnahmestruktur

Nach Ermittlung der maximal möglichen Entnahme $EN_{U_{UG}}^{max}$ aus der Ursprungsgesellschaft U_{UG} und der maximal möglichen Entnahmen $EN_{U_f}^{max}$ aus den jeweiligen Spaltungsunternehmen U_f muß in einem *dritten Schritt* die *Grenzquote* $\alpha_{U_f}^{min\ h}$ *für das Entscheidungssubjekt h an einem konkreten Unternehmen* U_f ermittelt werden.

Die Durchführung der Spaltung ist dabei aus Sicht des Entscheidungssubjekts h nur dann ökonomisch vertretbar, wenn dessen jeweilige Anteile an den Ausschüttungen $EN_{U_f}^{max}$ der Spaltungsunternehmen U_f kumuliert mindestens seinen Anteil β^h am Basiszielwert $EN_{U_{UG}}^{max}$ ergeben. Grundsätzlich liegt hierbei ein *mehrdimensionales* Entscheidungsproblem vor, weil eine Änderung im Hinblick auf eine vereinbarte Anteilsquote (und damit eine Änderung des dem Bewertungssubjekt zustehenden Anteils am Zukunftserfolgsstrom) für ein nach der Spaltung entstehendes Unternehmen schließlich eine Änderung der Grenzquoten der anderen Spaltungsunternehmen nach sich zieht:

$$\alpha_{U_f}^{min\ h} = f\left(\alpha_{U_1}^{h}, \alpha_{U_2}^{h}, ..., \alpha_{U_{f-1}}^{h}, \alpha_{U_{f+1}}^{h}, ..., \alpha_{U_F}^{h}\right).$$

Eine einzelne Grenzquote ergibt sich somit in Abhängigkeit von den anderen vereinbarten Anteilsquoten. Aufgrund des vorliegenden Lösungsdefekts – der Unmöglichkeit, die Anteilsquoten an allen Spaltungsunternehmen gleichzeitig festlegen zu können – ist zu empfehlen, den dritten Schritt der Bewertung heuristisch zu lösen, indem eine jeweilige Grenzquote $\alpha_{U_f}^{min\ h}$ unter systematisch zu variierenden Ceteris-paribus-Bedingungen, also unter systematisch zu variierenden möglichen Anteilsquoten der anderen in Rede stehenden Spaltungsunternehmen, berechnet wird.[63]

Sind die Anteilsquoten für die gerade nicht betrachteten Spaltungsunternehmen vorgegeben, vereinfacht sich das Entscheidungsproblem zu einer *eindimensionalen* Betrachtungsweise, so daß eine minimal zu fordernde Anteilsquote (im Sinne einer Grenzquote) für das gerade betrachtete Spaltungsunternehmen bestimmt werden kann.

Bei der Bewertung der Spaltungssituation lassen sich zwei differierende Fälle unterscheiden: Die von den Anteilseignern angestrebte Struktur der Entnahmen der Spaltungsunternehmen U_f kann gleich der Struktur der Entnahmen (gleichbleibende Ent-

---

[63] Zur beispielhaften Ermittlung mehrdimensionaler Entscheidungswerte, bei der gezeigt wird, wie sich die einzelnen Grenzquoten verändern, wenn einzelne Anteilsquoten noch nicht festgelegt wurden, siehe Abschnitt III.1.3.2.1 (S. 188–204) dieser Arbeit. Zu diesem Vorgehen vgl. bereits HERING, Finanzwirtschaftliche Unternehmensbewertung (1999), S. 69–74, im Fall einer *jungierten* Konfliktsituation.

nahmestruktur) oder anders (veränderte Entnahmestruktur) als die Struktur der Entnahmen des Ursprungsunternehmens U_{UG} sein.

Wenn unterstellt wird, daß die angestrebte Struktur $\overline{w_S}^{U_{UG}} = \overline{w_S}^{U_f}$ der Entnahmen bei allen Spaltungsunternehmen U_f *gleich* ist und dabei derjenigen der Ursprungsgesellschaft U_{UG} entspricht,[64] ergibt sich für den exemplarischen Gesellschafter h bezogen auf das erste Spaltungsunternehmen U_1 folgender Bewertungsansatz zur Ermittlung der minimalen Anteilsquote (wobei die anderen Quoten $\sum_{f=2}^{F} \overline{\alpha^h_{U_f}}$ vorzugeben sind und bestenfalls systematisch zu variierende Ceteris-paribus-Bedingungen darstellen):[65]

$$\min .\, A;\ A := \alpha^h_{U_1}$$

unter den Nebenbedingungen:

$$\alpha^h_{U_1} \cdot EN^{max}_{U_1} \geq \beta^h \cdot EN^{max}_{U_{UG}} - \sum_{f=2}^{F} \overline{\alpha^h_{U_f}} \cdot EN^{max}_{U_f}$$

$$1 \geq \alpha^h_{U_f} \geq 0 \qquad \forall\, f \in \{1,\ 2,\ \ldots,\ F\}.$$

Der vorstehende Bewertungsansatz minimiert die Zielvariable $\alpha^{min\,h}_{U_1}$ für den Anteilseigner h unter Einhaltung der Nebenbedingung, daß die Summe der Zahlungsüberschüsse aus den f = (1, 2, ..., F) Spaltungsunternehmen U_f mindestens genauso groß wie der Zahlungsüberschuß des Anteilseigners h aus der Ursprungsgesellschaft ist:

$$\underbrace{\underbrace{\alpha^{min\,h}_{U_1} \cdot EN^{max}_{U_1}}_{\substack{\text{Zahlungsüberschuß des}\\ \text{Anteilseigners h aus dem}\\ \text{Unternehmen } U_1}} + \underbrace{\sum_{f=2}^{F} \overline{\alpha^h_{U_f}} \cdot EN^{max}_{U_f}}_{\substack{\text{Zahlungsüberschuß des}\\ \text{Anteilseigners h aus den}\\ \text{Spaltungsunternehmen } f = 2, \ldots, F}}}_{\substack{\text{Zahlungsüberschuß des Anteilseigners h}\\ \text{aus allen Spaltungsunternehmen } U_f\\ \text{(nach der Spaltung)}}} \geq \underbrace{\beta^h \cdot EN^{max}_{U_{UG}}}_{\substack{\text{Zahlungsüberschuß des}\\ \text{Anteilseigners h aus der}\\ \text{Ursprungsgesellschaft } U_{UG}\\ \text{(vor der Spaltung)}}} .$$

---

64 Das bedeutet, daß durch die Spaltung keine Änderungen der privaten Investitions-, Finanzierungs- und Konsumentscheidungen der Anteilseigner ausgelöst werden. Das gleiche Ergebnis wird aus der Sicht einer Spaltungspartei erzielt, die sich mit ihren Präferenzen in den Spaltungsverhandlungen durchsetzen kann. Vgl. dazu für den Fall der Fusion *REICHERTER*, Fusionsentscheidung (2000), S. 199, Fn. 262.

65 Ohne Einschränkung der Allgemeinheit wird hier aufgrund der einfacheren Darstellungsweise das Spaltungsunternehmen U_1 zur Ermittlung einer Grenzquote ausgewählt. Äquivalent ließen sich auch die Grenzquoten für alle weiteren f = 2, 3, ..., F Spaltungsunternehmen U_f ermitteln.

Durch Umformung ergibt sich schließlich die *einfache Grenzquotenformel*:[66]

$$\alpha_{U_1}^{\min h} = \frac{\beta^h \cdot EN_{U_{UG}}^{\max} - \sum_{f=2}^{F} \overline{\alpha_{U_f}^h} \cdot EN_{U_f}^{\max}}{EN_{U_1}^{\max}}.$$

Im folgenden wird die Bestimmung der minimalen Beteiligungsquote für den Fall der Spaltung des Ursprungsunternehmens U_{UG} in zwei Unternehmen U_1 und U_2 dargestellt.[67] Wurde sich über die Höhe der Anteilsquote $\overline{\alpha_{U_2}^h}$, die der Anteilseigner h am Unternehmen U_2 erhalten soll, verständigt, läßt sich auf Basis dieser Einigung die kritische Anteilsquote $\alpha_{U_1}^{\min h}$ der Konfliktpartei h an dem Unternehmen U_1 ermitteln. Für die Partei h ergibt sich dann folgende Grenzquote der Beteiligung $\alpha_{U_1}^{\min h}$ am Unternehmen U_1 bei Vorgabe einer Anteilsquote $\overline{\alpha_{U_2}^h}$ am Unternehmen U_2:[68]

$$\alpha_{U_1}^{\min h} = \frac{\beta^h \cdot EN_{U_{UG}}^{\max} - \overline{\alpha_{U_2}^h} \cdot EN_{U_2}^{\max}}{EN_{U_1}^{\max}}.$$

Im Falle der *Eigentumstrennung* als Sonderfall der betrachteten Situation, d. h., wenn das Entscheidungssubjekt h nicht an dem Unternehmen U_2 nach der Spaltung beteiligt ist, bestimmt sich die kritische Anteilsquote $\alpha_{U_1}^{\min h}$ schließlich wegen $\alpha_{U_2}^h = 0$ wie folgt:

$$\alpha_{U_1}^{\min h} = \beta^h \cdot \frac{EN_{U_{UG}}^{\max}}{EN_{U_1}^{\max}}.$$

Da der Anteilseigner h im Falle der *Eigentumstrennung* alleiniger Gesellschafter des Unternehmens U_1 ist ($\alpha_{U_1}^h = 100\ \%$), resultiert folgende Grenzbedingung:

$$\beta^h \cdot EN_{U_{UG}}^{\max} = EN_{U_1}^{\max}.$$

---

66 *HERING*, Unternehmensbewertung (2006), S. 93, bezeichnet diese *einfache Grenzquotenformel* analog zum Bewertungsfall der Fusion als „triviale Bewertungsformel".

67 Zur Darstellung der Grenzquote der Beteiligung bei der Spaltung eines Ursprungsunternehmens in zwei Nachfolgeunternehmen vgl. auch *HEURUNG*, Spaltung (1997), S. 1306.

68 Durch Umstellung dieser Formel ist bei Vorgabe einer Anteilsquote am Unternehmen U_1 entsprechend die Grenzquote des Unternehmens U_2 ermittelbar. Für den Fall der Spaltung eines Unternehmens in zwei Gesellschaften vgl. auch *HEURUNG*, Spaltung (1997), S. 1302–1308.

Das bedeutet für den Anteilseigner h, daß der Wert des Unternehmens U_1 bei einer Eigentumstrennung mindestens so groß sein muß, wie sein Anteil β^h am Wert des Ursprungsunternehmens U_{UG}.

1.2.4.2 Veränderte Entnahmestruktur

Bei der Konfliktsituation vom Typ der Spaltung kann es – beispielsweise aufgrund geänderter Mehrheitsverhältnisse in einem (oder mehreren) der Spaltungsunternehmen U_f – zu einer vom Ursprungsunternehmen U_{UG} *abweichenden* Entnahmezielsetzung oder zumindest zu einer abweichenden Entnahmestruktur kommen, d. h., für mindestens einen Zustand s und für mindestens ein Unternehmen U_f gilt dann:[69]

$$\overline{w}_s^{U_{UG}} \neq \overline{w}_s^{U_f}.$$

Bestehen also vor und nach der Spaltung zeit- oder zustandsmäßig anders verteilte Zahlungsströme, so muß im Bewertungsansatz auf das private Entscheidungsfeld der Gesellschafter zurückgegriffen werden, um einen Vergleich des Ausschüttungsstroms des Unternehmens U_{UG} ohne Spaltung mit der Summe der zeitlich anders verteilten Zahlungsströme, die aus den einzelnen Unternehmen U_f nach der Spaltung resultieren, zu ermöglichen.[70]

Das Bewertungssubjekt muß dann durch ergänzende private Finanzumschichtungen, d. h. durch Erhöhungen x_j^{pos} oder Verminderungen x_j^{neg} der privaten Geschäfte j des Eigners, die Summe der neuen Ausschüttungsströme aus den Unternehmen U_f in den ursprünglichen Dividendenstrom des Unternehmens U_{UG} umwandeln.[71] Weiterhin können Obergrenzbedingungen x_j^{max} bestehen.[72] Zu den Umschichtungen im privaten

---

69 Im Rahmen der komplexen Bewertung der Konfliktsituation vom Typ *Fusion* kann es bei einem Zusammenschluß zweier Unternehmen zu einem weiteren konfliktlösungsrelevanten Sachverhalt kommen, wenn die beiden Gesellschaften vor der Fusion unterschiedliche Entnahmezielsetzungen verfolgten. Dann müssen die Konfliktparteien in den Fusionsverhandlungen auch noch über die Entnahmestruktur des neuen Unternehmens Einigung erzielen. Vgl. *REICHERTER*, Fusionsentscheidung (2000), S. 199, *HERING*, Fusion (2004), S. 150. Da sich bei der *Unternehmensspaltung* ein Unternehmen mit einer einheitlichen Ausschüttungspolitik aufspaltet, kann es ebenso der Fall sein, daß die Unternehmen nach Durchführung der Spaltung unterschiedliche Entnahmestrukturen verfolgen. Insbesondere im Fall der Eigentumstrennung wird deutlich, daß die einzelnen Spaltungsparteien ihre Dividendenpolitik selbst bestimmen können. Vgl. nachfolgend für den Bewertungsfall der Fusion *HERING*, Fusion (2004), S. 152–156.

70 Zur Erweiterung des Ansatzes durch Einbezug der privaten Zielfunktionen vgl. für die Konfliktsituation der Fusion *MATSCHKE/BRÖSEL*, Unternehmensbewertung, S. 377–385.

71 Das bedeutet, daß der Gesellschafter in seiner privaten Entscheidungssituation vorkommende Kredite und Geldanlagen erhöhen oder vermindern kann. Der Index „priv" verweist auf das private Entscheidungsfeld der Anteilseigner.

72 Diese Obergrenzbedingungen ergeben sich daraus, daß bspw. ein Objekt maximal in dem Umfang reduziert werden kann, den es im Basisprogramm des Privatanlegers einnimmt, d. h. es kann nur in dem Rahmen vermindert werden, in dem es im Privatprogramm des Eigners vorhanden ist.

Entscheidungsfeld gehören in den einzelnen Zuständen s entsprechende Zahlungsüberschüsse g_{js}^{priv}. Ein beispielhafter Anteilseigner h hat dann den folgenden linearen Optimierungsansatz (*Bewertungsansatz*) zu lösen:

$$\min . A; A := \alpha_{U_1}^{h}$$

unter den

1. Liquiditätsnebenbedingungen:

$$\sum_{j=1}^{J^{priv}} g_{js}^{priv} \cdot x_j^{pos} - \sum_{j=1}^{J^{priv}} g_{js}^{priv} \cdot x_j^{neg} + \alpha_{U_1}^{h} \cdot \overline{w}_s^{U_1} \cdot EN_{U_1}^{max} \geq$$

$$\beta^h \cdot \overline{w}_s^{U_{UG}} \cdot EN_{U_{UG}}^{max} - \sum_{f=2}^{F} \overline{\alpha_{U_f}^{h}} \cdot \overline{w}_s^{U_f} \cdot EN_{U_f}^{max} \qquad \forall\ s \in \{0,\ 1,\ 2,\ ...,\ S\}$$

2. Beschränkungen der Erhöhung der Geschäfte:

$$-x_j^{pos} \geq -\left(x_j^{max} - x_j\right) \qquad \forall\, j \in \left\{1, 2, \ldots, J^{priv}\right\}$$

3. Beschränkungen der Verminderung der Geschäfte:

$$-x_j^{neg} \geq -x_j \qquad \forall\, j \in \left\{1, 2, \ldots, J^{priv}\right\}$$

4. Nichtnegativitätsbedingungen:

$$x_j^{pos}, x_j^{neg} \geq 0 \qquad \forall\, j \in \left\{1,\ 2, \ldots, J^{priv}\right\}$$

$$1 \geq \alpha_{U_f}^{h} \geq 0 \qquad \forall\, f \in \{1,\ 2, \ldots, F\}.$$

Der vorstehende Bewertungsansatz minimiert die Zielvariable $\alpha_{U_1}^{h}$ für den Anteilseigner h unter Einhaltung der Nebenbedingung, damit in jedem Zustand s der dem Eigner h aus den gespaltenen Unternehmen zufließende Ausschüttungsstrom einschließlich möglicher Umstrukturierungen im privaten Bereich seine Ausschüttung $\beta^h \cdot \overline{w}_s^{U_{UG}} \cdot EN_{U_{UG}}^{max}$ vor der Spaltung nicht unterschreitet:

Obergrenzen für eine ausgedehnte Verschuldung im privaten Bereich ergeben sich z. B. aus der persönlichen Kreditwürdigkeit des Eigners. Vgl. *HERING*, Fusion (2004), S. 152, *MATSCHKE/WITT*, Entscheidungswertermittlung bei der Vereinigung (2004), S. 262 f.

$$\underbrace{\underbrace{\sum_{j=1}^{J^{priv}} g_{js}^{priv} \cdot x_j^{pos} - \sum_{j=1}^{J^{priv}} g_{js}^{priv} \cdot x_j^{neg}}_{\begin{array}{c}\text{Umschichtungen}\\ \text{der privaten Kredite}\\ \text{und Geldanlagen}\end{array}} + \underbrace{\sum_{f=1}^{F} \alpha_{U_f}^{h} \cdot \overline{w}_s^{U_f} \cdot EN_{U_f}^{max}}_{\begin{array}{c}\text{Ausschüttungen gemäß}\\ \text{den Anteilen } \alpha_{U_f}^{h} \text{ am maximalen}\\ \text{Entnahmestrom } EN_{U_f}^{max}\\ \text{der Spaltungsunternehmen } U_f\end{array}}}_{\begin{array}{c}\text{Zahlungsüberschuß des Anteilseigners h aus allen}\\ \text{Spaltungsunternehmen } U_f \text{ unter Berücksichtigung der}\\ \text{erforderlichen Umstrukturierungen im privaten Bereich}\\ \text{(nach der Spaltung)}\end{array}} \geq \underbrace{\beta^{h} \cdot \overline{w}_s^{U_{UG}} \cdot EN_{U_{UG}}^{max}}_{\begin{array}{c}\text{Zahlungsüberschuß des}\\ \text{Anteilseigners h}\\ \text{aus der Ursprungs-}\\ \text{gesellschaft } U_{UG}\\ \text{(vor der Spaltung)}\end{array}}$$

$$\forall\, s\{0, 1, 2, ..., S\}.$$

Um eine allgemeine Grenzquotenformel formulieren und interpretieren zu können, wird ein zu dem oben dargestellten Bewertungsansatz gehörendes Dualproblem[73] aufgestellt:

$$\text{max. } Y;\ Y := \sum_{s=0}^{S} \beta^{h} \cdot \overline{w}_s^{U_{UG}} \cdot EN_{U_{UG}}^{max} \cdot d_s^{priv} - \sum_{s=0}^{S} \sum_{f=2}^{F} \overline{\alpha_{U_f}^{h}} \cdot \overline{w}_s^{U_f} \cdot EN_{U_f}^{max} \cdot d_s^{priv}$$

$$- \sum_{j=0}^{J^{priv}} \left(x_j^{max} - x_j\right) \cdot u_j^{priv} - \sum_{j=0}^{J^{priv}} x_j \cdot u_j^{priv}$$

$$\sum_{s=0}^{S} g_{js}^{priv} \cdot d_s^{priv} - u_j^{priv} \leq 0 \qquad \forall j \in \left\{0,\ 1,\ 2,\ ...,\ J^{priv}\right\}$$

$$\sum_{s=0}^{S} \overline{w}_s^{U_1} \cdot EN_{U_1}^{max} \cdot d_s^{priv} \leq 1$$

$$d_s^{priv} \geq 0 \qquad \forall\, s \in \{0, 1, 2, \ldots, S\}$$

$$u_j^{priv} \geq 0 \qquad \forall\, j \in \left\{1,\ 2, \ldots,\ J^{priv}\right\}.$$

Im folgenden werden zur Herleitung der Grenzquotenformeln die Kapitalwerte vor und nach der Spaltung dargestellt.

---

73 Vgl. zur Dualitätstheorie *COLLATZ/WETTERLING*, Optimierungsaufgaben (1971), S. 55–59, *DANTZIG*, Lineare Programmierung (1966), S. 144–158, und *DOMSCHKE/DREXL*, Operations Research (2007), S. 31–35, *HERING*, Investitionstheorie (2003), S. 145–156. Zur Einführung der Dualitätstheorie in die Theorie der Unternehmensbewertung siehe *HERING*, Finanzwirtschaftliche Unternehmensbewertung (1999), S. 34–56. Zur Anwendung der Dualitätstheorie in der Unternehmensbewertung vgl. *HERING*, Zustands-Grenzpreismodell (2000), S. 365–366, *HERING*, Fusion (2004), S. 152–156, *REICHERTER*, Fusionsentscheidung (2000), S. 219–220, *BRÖSEL*, Medienrechtsbewertung (2002), S. 150–157, *HERING*, Unternehmensbewertung (2006), S. 73–76 sowie 82 f.

Zur Analyse des dualen Paars „min. A"/„max. Y" sei unterstellt, daß eine optimale Lösung mit $\alpha_{U_1}^{\min h} > 0$ existiert. Aufgrund des Satzes vom komplementären Schlupf ist dann die $\alpha_{U_1}^{\min h}$ zugeordnete Dualrestriktion bindend:[74]

$$\sum_{s=0}^{S} \overline{w}_s^{U_1} \cdot EN_{U_1}^{\max} \cdot d_s^{priv} = 1 .$$

Aus der Möglichkeit der unverzinslichen Kassenhaltung im Bewertungsansatz folgt, daß $d_0^{priv} \geq d_s^{priv} \; \forall \, s \in \{1, 2, \ldots, S\}$ ist. In Verbindung mit der zuletzt notierten Gleichung zeigt sich, daß d_0^{priv} positiv sein muß, so daß die endogenen Abzinsungsfaktoren $\rho_s^{priv} = \frac{d_s^{priv}}{d_0^{priv}}$ definiert sind. Mit dieser Definition ergibt sich die folgende Gleichung, aus welcher der *Kapitalwert des Unternehmens U_1 nach der Spaltung* hervorgeht:[75]

$$\sum_{s=0}^{S} \overline{w}_s^{U_1} \cdot EN_{U_1}^{\max} \cdot \rho_s^{priv} \cdot d_0^{P} = 1$$

$$\frac{1}{d_0^P} = \underbrace{\sum_{s=0}^{S} \overline{w}_s^{U_1} \cdot EN_{U_1}^{\max} \cdot \rho_s^{priv}}_{\substack{\text{Kapitalwert des Unternehmens } U_1 \\ \text{(nach der Spaltung)}}} \quad .$$

Im Optimum stimmen nach dem Dualitätstheorem der linearen Optimierung die Zielfunktionswerte von Primal- und Dualproblem überein.[76] Folglich gilt $\alpha^{\min} = Y^{\max}$ oder $\alpha_{U_f}^{\min h} = Y^{\max}$. Das bedeutet:

---

[74] Zum analogen Vorgehen im Rahmen der Unternehmensbewertung bei der Fusion vgl. *HERING*, Fusion (2004), S. 154–156; siehe außerdem *DANTZIG*, Lineare Programmierung (1966), S. 157 f.

[75] Zum Beweis dieser Definition vgl. *HERING*, Investitionstheorie (2003), S. 148. Zur Anwendung dieses Beweises vgl. *HERING*, Fusion (2004), S. 154, sowie *HERING*, Unternehmensbewertung (2006), S. 91.

[76] Vgl. *DANTZIG*, Lineare Programmierung (1966), S. 145.

$$\alpha_{U_1}^{\min h} = \sum_{s=0}^{S} \beta^h \cdot \overline{w}_s^{U_{UG}} \cdot EN_{U_{UG}}^{\max} \cdot d_s^{priv} - \sum_{s=0}^{S}\sum_{f=2}^{F} \overline{\alpha_{U_f}^h} \cdot \overline{w}_s^{U_f} \cdot EN_{U_f}^{\max} \cdot d_s^{priv} - \sum_{j=0}^{J^{priv}} x_j^{\max} \cdot u_j^{priv}.$$

Mit Hilfe der Definition des endogenen Abzinsungsfaktors $\rho_s^{priv} = \frac{d_s^{priv}}{d_0^{priv}}$ ergibt sich:

$$\alpha_{U_1}^{\min h} \cdot \frac{1}{d_0^P} = \underbrace{\sum_{s=0}^{S} \beta^h \cdot \overline{w}_s^{U_{UG}} \cdot EN_{U_{UG}}^{\max} \cdot \rho_s^{priv}}_{\substack{\text{Anteil des Gesellschafters h am}\\ \text{Kapitalwert der Ausschüttungen des}\\ \text{Ursprungsunternehmens } U_{UG}}} - \underbrace{\sum_{s=0}^{S}\sum_{f=2}^{F} \overline{\alpha_{U_f}^h} \cdot \overline{w}_s^{U_f} \cdot EN_{U_f}^{\max} \cdot \rho_s^{priv}}_{\substack{\text{Anteile des Gesellschafters h an den}\\ \text{Kapitalwerten der Ausschüttungen der}\\ f=(2,\ldots,F) \text{ Spaltungsunternehmens } U_f}} - \underbrace{\sum_{j=0}^{J^{priv}} x_j^{\max} \cdot \frac{u_j^{priv}}{d_0^{priv}}}_{\substack{\text{Kapitalwert aller Umstrukturierungs-}\\ \text{maßnahmen im Privatprogramm}\\ \text{des Eigners h}}}.$$

Wird $\frac{1}{d_0^P}$ durch die oben dargestellte Gleichung des *Kapitalwerts der Ausschüttungen des Unternehmens U_1 nach der Spaltung* ersetzt, ergibt sich folgender Ausdruck:

$$\alpha_{U_1}^{\min h} \cdot \underbrace{\sum_{s=0}^{S} \overline{w}_s^{U_1} \cdot EN_{U_1}^{\max} \cdot \rho_s^{priv}}_{\substack{\text{Kapitalwert der Ausschüttungen}\\ \text{des Unternehmens } U_1}} = \underbrace{\sum_{s=0}^{S} \beta^h \cdot \overline{w}_s^{U_{UG}} \cdot EN_{U_{UG}}^{\max} \cdot \rho_s^{priv}}_{\substack{\text{Anteil des Gesellschafters h am}\\ \text{Kapitalwert der Ausschüttungen des}\\ \text{Ursprungsunternehmens } U_{UG}}} - \underbrace{\sum_{s=0}^{S}\sum_{f=2}^{F} \overline{\alpha_{U_f}^h} \cdot \overline{w}_s^{U_f} \cdot EN_{U_f}^{\max} \cdot \rho_s^{priv}}_{\substack{\text{Anteile des Gesellschafters h an den}\\ \text{Kapitalwerten der Ausschüttungen der}\\ f=(2,\ldots,F) \text{ Spaltungsunternehmens } U_f}} - \underbrace{\sum_{j=0}^{J^{priv}} x_j^{\max} \cdot \frac{u_j^{priv}}{d_0^{priv}}}_{\substack{\text{Kapitalwert aller Umstrukturierungs-}\\ \text{maßnahmen im Privatprogramm}\\ \text{des Eigners h}}}.$$

Durch Umstellung der Formel ergibt sich folgende *komplexe Grenzquotenformel*:[77]

$$\alpha_{U_1}^{\min h} = \frac{\overbrace{\sum_{s=0}^{S}\beta^{h}\cdot\overline{w}_s^{U_{UG}}\cdot EN_{U_{UG}}^{\max}\cdot\rho_s^{priv}}^{\substack{\text{Anteil des Gesellschafters h am}\\ \text{Kapitalwert der Ausschüttungen des}\\ \text{Ursprungsunternehmens } U_{UG}}} - \overbrace{\sum_{s=0}^{S}\sum_{f=2}^{F}\overline{\alpha_{U_f}^{h}}\cdot\overline{w}_s^{U_f}\cdot EN_{U_f}^{\max}\cdot\rho_s^{priv}}^{\substack{\text{Anteile des Gesellschafters h an den}\\ \text{Kapitalwerten der Ausschüttungen der}\\ \text{f = (2, ..., F) Spaltungsunternehmens U}}}}{\underbrace{\sum_{s=0}^{S}\overline{w}_s^{U_1}\cdot EN_{U_1}^{\max}\cdot\rho_s^{priv}}_{\substack{\text{Kapitalwert der Ausschüttungen}\\ \text{des Unternehmens } U_1}}} - \frac{\overbrace{\sum_{j=0}^{J^{priv}} x_j^{\max}\cdot\frac{u_j^{priv}}{d_0^{priv}}}^{\substack{\text{Kapitalwert aller Umstrukturierungs-}\\ \text{maßnahmen im Privatprogramm}\\ \text{des Eigners h}}}}{\underbrace{\sum_{s=0}^{S}\overline{w}_s^{U_1}\cdot EN_{U_1}^{\max}\cdot\rho_s^{priv}}_{\substack{\text{Kapitalwert der Ausschüttungen}\\ \text{des Unternehmens } U_1}}}.$$

Die minimale Anteilsquote $\alpha_{U_1}^{\min h}$ ergibt sich aus obiger *Grenzquotenformel* als Quotient aus dem Zähler – dem Anteil β^h des Gesellschafters h am Kapitalwert der Ausschüttungen des Ursprungsunternehmens U_{UG} vermindert um seine Anteile an den Kapitalwerten der Ausschüttungen aller f = (2,…, F) Unternehmen U_f sowie vermindert um den Kapitalwert seiner privaten Umstrukturierungsgeschäfte – und dem Nenner – dem Ausschüttungskapitalwert des im Hinblick auf die Grenzquote $\alpha_{U_1}^{\min h}$ betrachteten Unternehmens U_1.

Eine *vereinfachte Grenzquotenformel* ergibt sich, wenn bei den Umschichtungen im Privatprogramm des Anteilseigners h kein Objekt an seine Obergrenze stößt, also nur Grenzobjekte mit einem Kapitalwert = 0 umstrukturiert werden, denn dann entfällt der Korrekturterm im Zähler der komplexen Bewertungsformel:

77 Vgl. zur Darstellung der *komplexen*, *vereinfachten* und *trivialen* Bewertungsformeln im Bewertungsfall der Fusion HERING, Fusion (2004), S. 155 f., und REICHERTER, Fusionsentscheidung (2000), S. 219 f.

$$\alpha_{U_1}^{\min h} = \frac{\overbrace{\sum_{s=0}^{S} \beta^h \cdot \overline{w_s}^{U_{UG}} \cdot EN_{U_{UG}}^{\max} \cdot \rho_s^{priv}}^{\substack{\text{Anteil des Gesellschafters h am} \\ \text{Kapitalwert der Ausschüttungen des} \\ \text{Ursprungsunternehmens } U_{UG}}} - \overbrace{\sum_{s=0}^{S} \sum_{f=2}^{F} \overline{\alpha_{U_f}^h} \cdot \overline{w_s}^{U_f} \cdot EN_{U_f}^{\max} \cdot \rho_s^{priv}}^{\substack{\text{Anteile des Gesellschafters h an den} \\ \text{Kapitalwerten der Ausschüttungen der} \\ f = (2, ..., F) \text{ Spaltungsunternehmens U}}}}{\underbrace{\sum_{s=0}^{S} \overline{w_s}^{U_1} \cdot EN_{U_1}^{\max} \cdot \rho_s^{priv}}_{\substack{\text{Kapitalwert derAusschüttungen} \\ \text{des Unternehmens } U_1}}}.$$

In der bereits im Abschnitt II.1.2.4.1 (S. 156–159) dieser Arbeit geschilderten Situation einer für alle Zeitpunkte gleichen Entnahmestruktur $\overline{w_s}^{U_{UG}} = \overline{w_s}^{U_f}$, kann aus der vereinfachten Grenzquotenformel schließlich die *einfache Grenzquotenformel* hergeleitet werden:

$$\alpha_{U_1}^{\min h} = \frac{\sum_{s=0}^{S} \beta^h \cdot \overline{w}_s \cdot EN_{U_{UG}}^{\max} \cdot \rho_s^{priv} - \sum_{s=0}^{S} \sum_{f=2}^{F} \overline{\alpha_{U_f}^h} \cdot \overline{w}_s \cdot EN_{U_f}^{\max} \cdot \rho_s^{priv}}{\sum_{s=0}^{S} \overline{w}_s \cdot EN_{U_1}^{\max} \cdot \rho_s^{priv}}.$$

$$\Rightarrow \alpha_{U_1}^{\min h} = \frac{\beta^h \cdot EN_{U_{UG}}^{\max} - \sum_{f=2}^{F} \overline{\alpha_{U_f}^h} \cdot EN_{U_f}^{\max}}{EN_{U_1}^{\max}}.$$

Aus dieser *einfachen Grenzquotenformel* läßt sich für den schon bei der einfachen Bewertung dargestellten Normalfall zweier gespaltener Unternehmen U_1 und U_2 wiederum eine anschauliche Gleichung aufstellen. Es ergibt sich folgender Entscheidungswert $\alpha_{U_1}^{\min h}$ in Form einer *Grenzquote der Beteiligung* für das Unternehmen U_1:

$$\alpha_{U_1}^{\min h} = \frac{\beta^h \cdot EN_{U_{UG}}^{\max} - \overline{\alpha_{U_2}^h} \cdot EN_{U_2}^{\max}}{EN_{U_1}^{\max}}.$$

1.2.5 Kritische Würdigung des allgemeinen Grenzquotenmodells

Nach der Darstellung des allgemeinen Grenzquotenmodells mit Hilfe eines dreistufigen Vorgehens und der Unterteilung der Spaltungsunternehmen in Unternehmen mit gleichbleibender und veränderter Entnahmestruktur soll dieses – vor dem Hintergrund der in Kapitel II.2.1 (S. 55 f.) formulierten Merkmale des Entscheidungswerts – kritisch gewürdigt werden, wobei die minimale Beteiligungsquote durch die vom Prinzip der Subjektivität geforderte Handlungs-, Zielsystem-, und Entscheidungsfeldbezogenheit sowie das Merkmal des Grenzwerts gekennzeichnet sind.[78]

➢ Merkmal des Grenzwerts oder der Konzessionsgrenze

Die zu ermittelnde minimale Beteiligungsquote $\alpha_{U_f}^{\min h}$ stellt eine kritische Größe dar, die es einem spezifischen Gesellschafter ermöglicht, mit Hilfe der entscheidungsorientierten, funktionalen Unternehmensbewertungstheorie einen Beschluß für oder gegen die Durchführung der Spaltung zu fällen. Liegen die in den Verhandlungen angebotenen Beteiligungsquoten im Bereich zumutbarer Konfliktlösungen, kann der Anteilseigner der Spaltung zustimmen (vgl. *Abbildung 30*). Mit dem beschriebenen Modell können folglich Entscheidungswerte als „äußerste Grenze der Konzessionsbereitschaft" ermittelt werden, die dem Merkmal des Grenzwerts gerecht werden.

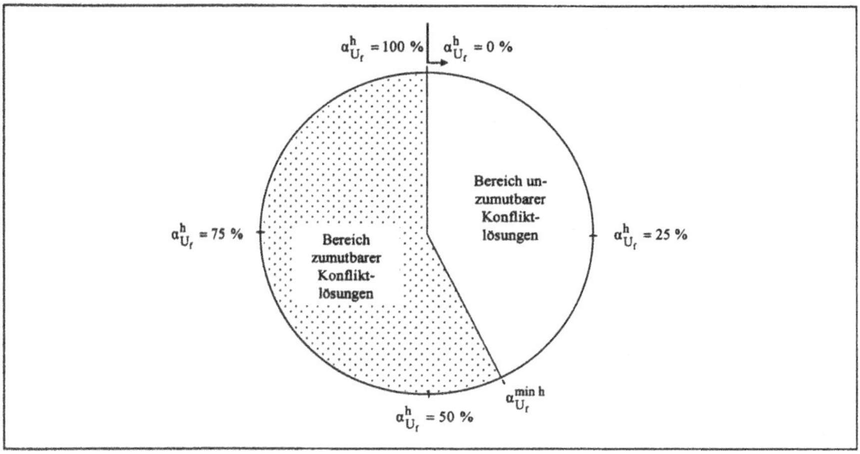

Abbildung 30: Darstellung des Entscheidungswerts im Rahmen der Spaltung in Form einer minimalen Beteiligungsquote

➢ Merkmal der Handlungsbezogenheit

Das allgemeine Grenzquotenmodell im Fall der Spaltung basiert auf dem von HERING für die Fusion entwickelten Zustands-Grenzquotenmodell, das jedoch – wie gezeigt wurde – modifiziert werden muß, um für das „Spiegelbild der Fusion", den Bewertungsanlaß der Spaltung, einen Grenzwert ermitteln zu können. Je nachdem, ob sich die Anteilseigner in bezug auf die Spaltungsunternehmen für eine gleichbleibende Dividendenpolitik oder eine vom Ursprungsunternehmen unterschiedliche Ausschüt-

[78] Zur kritischen Würdigung eines Totalmodells im Hinblick auf die Bewertung audiovisueller Medienrechte vgl. *BRÖSEL*, Medienrechtsbewertung (2002), S. 129–132.

tungspolitik entscheiden, kann mit diesem Totalmodell ein spezifisch auf die Konfliktsituation vom Typ der Spaltung bezogener Entscheidungswert ermittelt werden. Das bedeutet folglich, daß der Entscheidungswert im Rahmen der Spaltung unter Bezugnahme auf eine bestimmte Art der Spaltung – eine Aufspaltung, Abspaltung oder Ausgliederung – ermittelt wird. Das Merkmal der Handlungsbezogenheit ist somit erfüllt.

➢ **Merkmal der Subjekt- und Zielsystembezogenheit**

Auf einem unvollständigen Kapitalmarkt kann durch das dargestellte allgemeine Grenzquotenmodell der Entscheidungswert im Rahmen der Konfliktsituation der Spaltung unter expliziter Beachtung der Grundsätze der Gesamtbewertung, der Zukunftsbezogenheit und der Subjektivität als Grenzquote berechnet werden. Mit Hilfe einer entsprechenden Formulierung der Zielfunktion aus Sicht eines spezifischen Bewertungssubjekts ist unter Bezugnahme auf die Ergebnisdefinition(en) sowie die Präferenzen des Anteilseigners eine Berücksichtigung des Zielsystems möglich. Die Ermittlung einer minimalen Beteiligungsquote mit Hilfe des Grenzquotenmodells erfolgt demnach unter Beachtung des Merkmals der Subjekt- und Zielsystembezogenheit.[79]

➢ **Merkmal der Entscheidungsfeldbezogenheit**

Im allgemeinen Zustands-Grenzquotenmodell können die alternativen Investitions- und Finanzierungsmöglichkeiten sowie die finanziellen Objektinterdependenzen des Entscheidungsfelds simultan erfaßt und realitätsnah abgebildet werden. Die Gewährleistung der Zahlungsfähigkeit ist durch die Liquiditätsrestriktionen zu allen Zeitpunkten gesichert. Die Integration (weiterer) linear abbildbarer Restriktionen und Zahlungsströme in das Modell ist möglich.[80] Auch eventuelle, alternative Handlungsmöglichkeiten sind mit dem Modell kombinierbar. Der mit dem allgemeinen Grenzquotenmodell ermittelte Entscheidungswert ist folglich für ein konkretes, zum Bewertungssubjekt gehörendes Entscheidungsfeld und die daraus ableitbaren Handlungsmöglichkeiten gültig.[81]

Insgesamt läßt sich feststellen, daß es mit einem einfachen Totalmodell möglich ist, den Entscheidungswert bei der Spaltung in Form einer Grenzquote der Beteiligung unter Beachtung der Merkmale des Grenzwerts, der Handlungs-, Subjekt- und Zielsystem- sowie Entscheidungsfeldbezogenheit zu berechnen. Jedoch wird auch deutlich, daß es sich hierbei um einen eindimensionalen Entscheidungswert des letzten in den Spaltungsverhandlungen betrachteten Spaltungsunternehmens handelt. Deshalb werden in den nachfolgenden Ausführungen zusätzlich zur eindimensionalen Sichtweise auch mehrdimensionale sowie jungierte Konfliktsituationen vom Typ der Spaltung betrachtet.

---

79 Zu den bewertungsrelevanten Zielplan -und Entscheidungsfeldinformationen im Rahmen der Spaltung vgl. Abschnitt II.3.2.2.1.2 (S. 92–96) dieser Arbeit.

80 Vgl. *MATSCHKE*, Investitionsplanung (1993), S. 288.

81 Zur Beurteilung der investitionstheoretischen Unternehmensbewertung vgl. auch *HERING*, Konzeptionen der Unternehmensbewertung (2000), S. 440 f.

1.3 Besondere Aspekte der Entscheidungswertermittlung

1.3.1 Ermittlung unbedingter Entscheidungswerte

1.3.1.1 Darstellung der Konfliktsituation

Zur Veranschaulichung der im vorherigen Abschnitt III.1.2 (S. 146–167) dieser Arbeit dargestellten, allgemeinen Vorgehensweise zur Ermittlung eines Entscheidungswerts wird im folgenden für den Fall einer *nicht dominierten*, *disjungierten* und *eindimensionalen* Konfliktsituation vom Typ der Spaltung mit der kritischen Anteilsquote als einzigem konfliktlösungsrelevanten Sachverhalt anhand eines Beispiels erläutert. Dieser Entscheidungswert wird in Form einer Grenzquote auf Basis eines einfachen Totalmodells mit der finanziellen *Zielsetzung „Einkommensmaximierung"* ermittelt. Die Konfliktsituation wird überblicksartig in folgendem Konfliktwürfel der *Abbildung 31* verdeutlicht.[82]

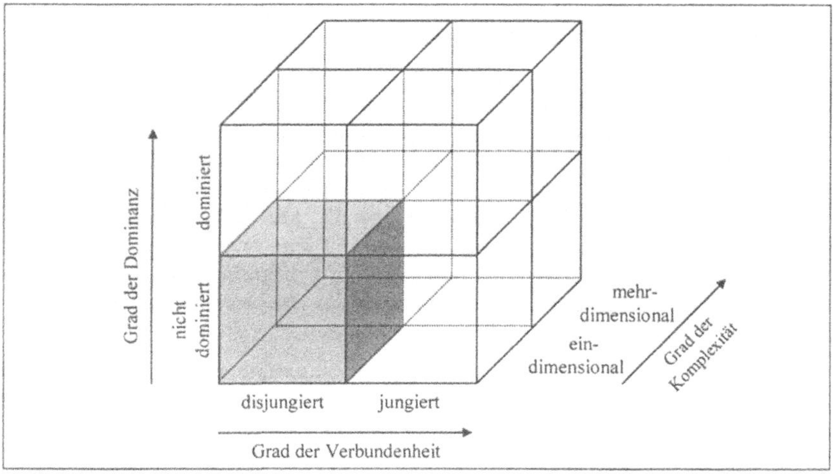

Abbildung 31: Konfliktwürfel für eine nicht dominierte, disjungierte und eindimensionale Konfliktsituation vom Typ der Spaltung

[82] Ein „unbedingter Entscheidungswert" wird in einer *nicht dominierten, disjungierten und eindimensionalen Konfliktsituation* ermittelt. Das bedeutet, daß alle Elemente des Entscheidungsfelds fest vorgegeben sind und sich nicht – bspw. aufgrund von Verhandlungsergebnissen in anderen Bewertungssituationen oder aufgrund von Modifikationen weiterer konfliktlösungsrelevanter Sachverhalte – verändern und folglich von keinen weiteren konfliktlösungsrelevanten Sachverhalten oder Bewertungssituationen abhängig sind.

Zur Darstellung einer Konfliktsituation mit Hilfe des Konfliktwürfels vgl. *REICHERTER*, Fusionsentscheidung (2000), S. 122.

Die *Abbildung 32* zeigt die in diesem Abschnitt unterstellte Konfliktsituation für die Anteilseigner X und Y, nämlich den speziellen Fall der *Eigentumsstrukturänderung*, bei dem sich das Ursprungsunternehmen U_{UG} in die Unternehmen U_1 und U_2 aufspaltet.[83] Die Anteilsverhältnisse vor der Spaltung müssen dabei nicht zwingend mit den Beteiligungsverhältnissen der Unternehmen nach der Spaltung übereinstimmen.[84]

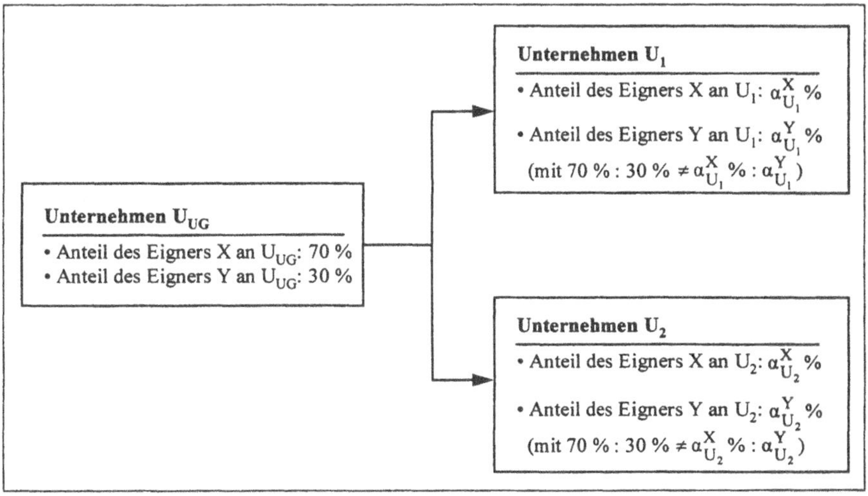

Abbildung 32: Spezieller Fall der Eigentumsstrukturänderung bei einer nicht-verhältniswahrenden Spaltung in zwei Unternehmen

Vor der Spaltung sind folgende Beispieldaten gegeben:[85] Der Planungshorizont beträgt vier Perioden, der Bewertungszeitpunkt, der gleichzeitig dem Spaltungszeitpunkt entsprechen soll, liegt in $t = 0$.[86] Der Anteilseigner X, hier das Bewertungssubjekt, und der Anteilseigner Y streben einen uniformen Einkommensstrom an, der in den Perioden $t = 1$ bis 3 die Entnahme $EN_{U_{UG}}$ vorsieht. Die letzte Ausschüttung $\overline{w}_4^{U_{UG}} \cdot EN_{U_{UG}}$ enthält zusätzlich zur normalen Ausschüttung $EN_{U_{UG}}$ den Barwert

[83] Dieser Fall entspricht der Aufspaltung zur Neugründung nach § 123 Abs. 1 UmwG. Zu den Arten der Spaltung nach dem Umwandlungsgesetz vgl. Abschnitt II.1.2.2 (S. 18–28), zur Deutung dieser Arten aus unternehmensbewertungsrelevanter Sicht siehe Abschnitt II.3.1.3 (S. 78–86) dieser Arbeit.

[84] Der spezielle Fall übereinstimmender Anteilsverhältnisse – die verhältniswahrende Spaltung – kann mit diesem Modell jedoch gleichermaßen abgedeckt werden.

[85] Vgl. hierzu und im folgenden BYSIKIEWICZ/MATSCHKE/BRÖSEL, Spaltung (2005), S. 21–35.

[86] Die in der Darstellung des allgemeinen Grenzquotenmodells verwendeten Zustände s = (0, 1, 2, …, S) werden in dieser beispielhaften Darstellung durch die Zeitpunkte t = (0, 1, 2, …, T) ersetzt.

einer ewigen Rente, um das Einkommen $EN_{U_{UG}}$ auch außerhalb des Planungszeitraums zu erhalten.[87]

Dem Unternehmen U_{UG} bieten sich zwei Investitionsmöglichkeiten I_1 und I_2 mit den Zahlungsreihen (–100 GE, 30 GE, 40 GE, 50 GE, 55 GE) und (–110 GE, 10 GE, 80 GE, 80 GE) und den Obergrenzen 30 und 25. Zur Finanzierung könnten Anleihen der Form A unter folgenden Voraussetzungen aufgenommen werden: Nennbetrag 100 GE, Laufzeit 4 Jahre, Ausgabekurs 99 %, Nominalzins 6 % p. a., Tilgung zu gleichen Teilen am Ende des dritten und vierten Jahres, Obergrenze: maximal 35. Weitere finanzielle Mittel KA_t stehen einjährig unbegrenzt zu einem kurzfristigen Sollzins von 10 % p. a. zur Verfügung. Einjährige Geldanlagen GA_t sind zu 5 % unbegrenzt möglich. Die festen Zahlungsüberschüsse b_t sind zu Planungsbeginn in t = 0 mit +133 GE positiv und für die weiteren Zeitpunkte jeweils negativ (–55 GE, –9 GE, –9 GE, –8 GE). Gesucht wird nunmehr die uniforme, maximal pro Periode erzielbare Entnahme $EN_{U_{UG}}$. Die Daten sind zusammengefaßt in *Tabelle 5* dargestellt.[88]

t	I_1	I_2	GA_0	GA_1	GA_2	GA_3	KA_0	KA_1	KA_2	KA_3	A	b_t
0	-100	-110	-1				1				99	133
1	30	10	1,05	-1			-1,1	1			-6	-55
2	40	80		1,05	-1			-1,1	1		-6	-9
3	50	80			1,05	-1			-1,1	1	-56	-9
4	55					1,05				-1,1	-53	-8
Grenze	30	25	∞	∞	∞	∞	∞	∞	∞	∞	35	1

Tabelle 5: Daten zur Ermittlung des Basisprogramms

Nach der Spaltung liegen aus Sicht des Bewertungssubjekts annahmegemäß folgende Beispieldaten vor: Das Unternehmen U_1 kann aufgrund der Spaltung die Investition I_1

---

[87] Für t > n wird an dieser Stelle der pauschal geschätzte Kalkulationszinsfuß in Höhe von i = 5 % berücksichtigt. Unter Anwendung der kaufmännischen Kapitalisierungsformel ergibt sich im Zeitpunkt T=4: $\overline{w}_T \cdot EN = EN + \frac{EN}{i} \Rightarrow \overline{w}_T = 1 + \frac{1}{i} = 1 + \frac{1}{0{,}05} = 21$. Vgl. *HERING*, Unternehmensbewertung (2006), S. 48.

[88] Da die minimal zu fordernde Beteiligungsquote (wie der Grenzpreis im Falle der Konfliktsituation vom Typ des Kaufs/Verkaufs) ein „Wert hinter vorgehaltener Hand" ist, ermittelt das Bewertungssubjekt, hier der Anteilseigner X, diesen Wert – auf Basis seiner im Vorfeld und während der Verhandlung eruierten eigenen Vorstellungen über die im Fall der Spaltung durchzuführenden Maßnahmen (Spaltungsstrategie) – eigenständig. Bei den in die drei Schritte zur Entscheidungswertermittlung eingehenden Daten handelt es sich somit um Daten aus „Sicht des Bewertungssubjekts X". Im Abschnitt III.2.3.4 (S. 312–323) wird auch die Sichtweise des Anteilseigners Y betrachtet.

und das Unternehmen U_2 die Investition I_2 durchführen. Dabei erhöhen sich – bspw. aufgrund positiver Spaltungseffekte – die Obergrenzen für die einzelnen Investitionen, weil etwa durch die Spaltungsunternehmen eine bessere Betreuung gewährleistet werden kann.[89] Für das Unternehmen U_1 ergibt sich für die Investition I_1 eine Obergrenze von 34. Die Obergrenze für die Investition I_2 des Unternehmens U_2 soll 28 betragen. Die Geldanlage- und Finanzierungsmöglichkeiten bleiben zu den Konditionen ohne Spaltung bestehen. Allerdings vermindern sich aufgrund der verringerten Größe der Unternehmen die Finanzierungsmöglichkeiten über die Ausgabe einer Anleihe, so daß die diesbezügliche Obergrenze für Unternehmen U_1 auf 18 und für die Gesellschaft U_2 auf 14 sinken. Der autonome Zahlungsstrom teilt sich in feste Zahlungen für die beiden Gesellschaften auf: Das Unternehmen U_1 erzielt im Planungszeitraum einen Innenfinanzierungsstrom von (73 GE, –30 GE, –5 GE, –5 GE, –4 GE), das Unternehmen U_2 hingegen die Zahlungsreihe (60 GE, –25 GE, –4 GE, –4 GE, –4 GE). Die schließlich vorliegenden Handlungsmöglichkeiten für die Unternehmen U_1 und U_2 sind in *Tabelle 6* sowie in *Tabelle 7* abgebildet.

t	I_1	GA_0	GA_1	GA_2	GA_3	KA_0	KA_1	KA_2	KA_3	A	$b_t^{U_1}$
0	-100	-1				1				99	73
1	30	1,05	-1			-1,1	1			-6	-30
2	40		1,05	-1			-1,1	1		-6	-5
3	50			1,05	-1			-1,1	1	-56	-5
4	55				1,05				-1,1	-53	-4
Grenze	34	∞	∞	∞	∞	∞	∞	∞	∞	18	1

Tabelle 6: Daten des Unternehmens U_1 zur Ermittlung des Spaltungsprogramms

[89] Es wäre auch denkbar, daß die gespaltenen Unternehmen beide Investitionen I_1 und I_2 durchführen könnten, wobei dann die Obergrenzen stark verringert wären. Ein praktisches Beispiel dafür wäre, wenn die Unternehmen die gleichen Produkte für unterschiedliche regionale Bereiche produzieren würden und deshalb beispielsweise Investitionen in die gleichen Maschinen erforderlich sind. Da der obige Fall eine allgemeine Situation darstellen soll, wird hier von einer Teilung der Investitionsmöglichkeiten ausgegangen.

t	I_2	GA_0	GA_1	GA_2	GA_3	KA_0	KA_1	KA_2	KA_3	A	$b_t^{U_2}$
0	-110	-1				1				99	60
1	10	1,05	-1			-1,1	1			-6	-25
2	80		1,05	-1			-1,1	1		-6	-4
3	80			1,05	-1			-1,1	1	-56	-4
4					1,05				-1,1	-53	-4
Grenze	28	∞	∞	∞	∞	∞	∞	∞	∞	14	1

Tabelle 7: Daten des Unternehmens U_2 zur Ermittlung des Spaltungsprogramms

Im Hinblick auf die Entnahmestruktur soll auch im Falle der Spaltung das Ziel der Einkommensmaximierung verfolgt werden. Es sei angenommen, daß sich die Konfliktparteien auf eine Struktur des Einkommensstroms einigen. Hierzu werden nachfolgend zwei Fälle unterschieden:

1) *Gleichbleibende Entnahmestruktur:* Die Konfliktparteien einigen sich jeweils für die Unternehmen U_1 und U_2 auf einen uniformen Einkommensstrom, welcher der Struktur des Unternehmens U_{UG} vor der Spaltung entspricht ($\overline{w}_0 : \overline{w}_1 : \overline{w}_2 : \overline{w}_3 : \overline{w}_4 = 0 : 1 : 1 : 1 : 21$).

2) *Veränderte Entnahmestruktur:* Die ursprüngliche Einkommensstruktur des Unternehmens U_{UG} mit ($\overline{w}_0^{U_{UG}} : \overline{w}_1^{U_{UG}} : \overline{w}_2^{U_{UG}} : \overline{w}_3^{U_{UG}} : \overline{w}_4^{U_{UG}} = 0 : 1 : 1 : 1 : 21$) wird nach der Spaltung nicht mehr verfolgt, die Spaltungsparteien entscheiden sich für steigende Entnahmestrukturen. Sie einigen sich für das Unternehmen U_1^{ve} auf die veränderte Einkommensstruktur ($\overline{w}_0^{U_1^{ve}} : \overline{w}_1^{U_1^{ve}} : \overline{w}_2^{U_1^{ve}} : \overline{w}_3^{U_1^{ve}} : \overline{w}_4^{U_1^{ve}} = 0 : 1 : 1{,}3 : 1{,}69 : 22{,}197$), welche in den ersten vier Jahren eine Steigerung der Entnahmen von jeweils 30 % beinhaltet, und für Unternehmen U_2^{ve} auf ($\overline{w}_0^{U_2^{ve}} : \overline{w}_1^{U_2^{ve}} : \overline{w}_2^{U_2^{ve}} : \overline{w}_3^{U_2^{ve}} : \overline{w}_4^{U_2^{ve}} = 0 : 1 : 1{,}15 : 1{,}3225 : 21{,}5209$), was in den ersten vier Jahren einer Steigerung von jeweils 15 % entspricht.

Da hier annahmegemäß eine *eindimensionale* Konfliktsituation vorliegt,[90] muß zudem der Anteil der Konfliktparteien an einem der Spaltungsunternehmen festgelegt werden. Deshalb wird unterstellt, daß sich die Konfliktparteien über die Anteile am Unternehmen U_2 geeinigt haben, so daß nur noch die minimale Beteiligungsquote für

90 Es sei also vereinfachend angenommen, daß nur noch die Quote für ein übernehmendes Unternehmen zu bestimmen ist, weil im Laufe der Spaltungsverhandlungen sowohl die Entnahmestrukturen der neu entstehenden Unternehmen als auch die Beteiligungsquoten für alle, bis auf das in Rede stehende Unternehmen festgelegt wurden.

die Anteilseigner am Unternehmen U_1 ermittelt werden muß, die sie dann als Entscheidungswert in den Spaltungsverhandlungen verwenden können. Die Gesellschafter X und Y teilen das Unternehmen U_2 folgendermaßen auf: X erhält den Anteil $\alpha_{U_2}^{X}$ = 55 %, Y bekommt die Beteiligung $\alpha_{U_2}^{Y} = 45$ %.

1.3.1.2 Basisansatz (Vor-Spaltungsansatz)

Der *erste Schritt* betrifft den *Basisansatz* (Vor-Spaltungsansatz) zur Bestimmung des Basisprogramms, in dem die Entnahmemöglichkeiten aus dem Unternehmen U_{UG} ohne Spaltung ermittelt werden. Hierzu ist die Lösung des folgenden linearen Optimierungsansatzes mit Hilfe des Simplexalgorithmus zu berechnen:

$$\max. \, Ent_{U_{UG}}; \; Ent_{U_{UG}} := EN_{U_{UG}}$$

unter den Nebenbedingungen:

$$100 \cdot I_1 + 110 \cdot I_2 + 1 \cdot GA_0 - 1 \cdot KA_0 - 99 \cdot A \leq 133$$

$$-30 \cdot I_1 - 10 \cdot I_2 - 1{,}05 \cdot GA_0 + 1 \cdot GA_1 + 1{,}1 \cdot KA_0 - 1 \cdot KA_1 + 6 \cdot A + 1 \cdot EN_{U_{UG}} \leq -55$$

$$-40 \cdot I_1 - 80 \cdot I_2 - 1{,}05 \cdot GA_1 + 1 \cdot GA_2 + 1{,}1 \cdot KA_1 - 1 \cdot KA_2 + 6 \cdot A + 1 \cdot EN_{U_{UG}} \leq -9$$

$$-50 \cdot I_1 - 80 \cdot I_2 - 1{,}05 \cdot GA_2 + 1 \cdot GA_3 + 1{,}1 \cdot KA_2 - 1 \cdot KA_3 + 56 \cdot A + 1 \cdot EN_{U_{UG}} \leq -9$$

$$-55 \cdot I_1 - 1{,}05 \cdot GA_3 + 1{,}1 \cdot KA_3 + 53 \cdot A + 21 \cdot EN_{U_{UG}} \leq -8$$

$$I_1, I_2, GA_t, KA_t, A, EN_{U_{UG}} \geq 0 \qquad \forall t$$

$$I_1 \leq 30$$

$$I_2 \leq 25$$

$$A \leq 35.$$

Dem Endtableau des Simplexalgorithmus ist das Basisprogramm zu entnehmen. Aus diesem Programm entspringt ein uniformer Einkommensstrom der Breite $EN_{U_{UG}}^{max}$ = 118,3474 GE. Das Guthaben zum Ende des Planungszeitraums über 2.366,9484 GE ist bei einem Zinssatz von 5 % Ursprung einer ewigen Rente in Höhe von $EN_{U_{UG}}^{max}$.[91] Im Basisprogramm werden weiterhin folgende Investitionen und Finanzierungen durchgeführt: Die Investitionen I_1 und I_2 sowie die Anleihe A erreichen die zu berücksichtigenden Obergrenzen. In den Zeitpunkten t = 0 und t = 1 wird jeweils auf einperiodige Kredite KA_t zurückgegriffen, in den beiden folgenden Zeit-

---

[91] Unter Anwendung der kaufmännischen Kapitalisierungsformel ergibt sich das Guthaben zum Ende des Planungszeitraums durch: 118,3474 GE · 1/0,05 = 2.366,9484 GE.

punkten werden Geldanlagen GA_t getätigt. Der vollständige Finanzplan des Basisprogramms ist in *Tabelle 8* dargestellt:

	t = 0	t = 1	t = 2	t = 3	t = 4
Investition I_1	-3.000	900	1.200	1.500	1.650
Investition I_2	-2.750	250	2.000	2.000	
Anleihe A	3.465	-210	-210	-1.960	-1.855
Autonome Zahlungen b_t	133	-55	-9	-9	-8
Betriebsmittelkredit KA_t	2.152	1.600,5474			
Geldanlage GA_t			-1.102,0505	-2.569,8055	
KA_t-, GA_t-Rückzahlung		-2.367,2000	-1.760,6021	1.157,1529	2.698,2958
Entnahme $EN_{U_{UG}}$	0	-118,3474	-118,3474	-118,3474	-118,3474
Zahlungssaldo	0	0	0	0	2.366,9484
Schuldenstand aus KA_t	2.152	1.600,5474			
Guthabenstand aus GA_t			1.102,0505	2.569,8055	
Endvermögen $EN_{U_{UG}}/0{,}05$					2.366,9484

Tabelle 8: Vollständiger Finanzplan des Basisprogramms

Da das Bewertungssubjekt X ohne Spaltung mit dem Anteil β^h = 70 % am Unternehmen U_{UG} beteiligt ist, ergibt sich für ihn aus dem Basisprogramm die in *Tabelle 9* dargestellte Ausschüttungshöhe, ohne daß es zu einer Änderung der Eigentumsverhältnisse kommen würde.

	t = 0	t = 1	t = 2	t = 3	t = 4
Entnahme $EN_{U_{UG}}$	0	-118,3474	-118,3474	-118,3474	-118,3474
Endvermögen $EN_{U_{UG}}/0{,}05$					2.366,9484
Anteil von X (70 %) an Entnahme $EN_{U_{UG}}$	0	-82,8432	-82,8432	-82,8432	-82,8432
Anteil von X (70 %) am Endvermögen $EN_{U_{UG}}/0{,}05$					1.656,8639

Tabelle 9: Anteil des X an der Ausschüttung aus dem Basisprogramm

1.3.1.3 Spaltungsansatz

1.3.1.3.1 Unveränderte Entnahmestruktur

Im zweiten Schritt, der Ermittlung des Spaltungsprogramms, wird zunächst der Fall der unveränderten und anschließend der Fall der veränderten Entnahmestruktur betrachtet. Für den Fall einer unveränderten Entnahmestruktur sind die Anteile der Gesellschafter X und Y an den maximalen Entnahmen $EN^{gl}_{U_1}$ und $EN^{gl}_{U_2}$ der Spaltungsunternehmen U^{gl}_1 und U^{gl}_2 zu berechnen.[92] Dabei ist nachfolgender Ansatz für das Unternehmen U^{gl}_1 zu lösen:

$\max.\ Entn_{U^{gl}_1};\ Entn_{U^{gl}_1} := EN_{U^{gl}_1}$

unter den Nebenbedingungen

$100 \cdot I_1 + 1 \cdot GA_0 - 1 \cdot KA_0 - 99 \cdot A \leq 73$

$-30 \cdot I_1 - 1{,}05 \cdot GA_0 + 1 \cdot GA_1 + 1{,}1 \cdot KA_0 - 1 \cdot KA_1 + 6 \cdot A + 1 \cdot EN_{U^{gl}_1} \leq -30$

$-40 \cdot I_1 - 1{,}05 \cdot GA_1 + 1 \cdot GA_2 + 1{,}1 \cdot KA_1 - 1 \cdot KA_2 + 6 \cdot A + 1 \cdot EN_{U^{gl}_1} \leq -5$

$-50 \cdot I_1 - 1{,}05 \cdot GA_2 + 1 \cdot GA_3 + 1{,}1 \cdot KA_2 - 1 \cdot KA_3 + 56 \cdot A + 1 \cdot EN_{U^{gl}_1} \leq -5$

$-55 \cdot I_1 - 1{,}05 \cdot GA_3 + 1{,}1 \cdot KA_3 + 53 \cdot A + 21 \cdot EN_{U^{gl}_1} \leq -4$

$I_1,\ GA_t,\ KA_t,\ A,\ EN_{U^{gl}_1} \geq 0 \quad \forall\ t$

$I_1 \leq 34$

$A \leq 18.$

Aus Sicht des Anteilseigners X entspringt aus dem Unternehmen U^{gl}_1 nach Spaltung gemäß Lösung des Ansatzes mit dem Simplexalgorithmus ein uniformer Einkommensstrom der Breite $EN^{max}_{U^{gl}_1} = 82{,}7713$ GE, der unter den Anteilseignern X und Y aufzuteilen wäre. Das Guthaben zum Ende des Planungszeitraums über 1.655,4268 GE ist bei einem Zinssatz von 5 % Ursprung einer ewigen Rente in Höhe von $EN^{max}_{U^{gl}_1}$.[93] Wie im Basisprogramm erreichen hier die Investition I_1 und die Anleihe A die jeweiligen Obergrenzen. Der vollständige Finanzplan des Spaltungsprogramms für das Unternehmen U^{gl}_1 gibt in *Tabelle 10* die Optimallösung detailliert wieder.

---

[92] Zur anschaulicheren Abgrenzung werden die Entnahmen bei unveränderter Entnahmestruktur mit dem Index „gl" (gleiche Entnahmestruktur) bezeichnet, die Entnahmen mit veränderter Entnahmestruktur erhalten im folgenden den Index „ve" (veränderte Entnahmestruktur).

[93] Unter Anwendung der kaufmännischen Kapitalisierungsformel ergibt sich das Guthaben zum Ende des Planungszeitraums durch: 85,0114 GE · 1/0,05 = 1.655,4268 GE.

	t = 0	t = 1	t = 2	t = 3	t = 4
Investition I_1	-3.400	1.020	1.360	1.700	1.870
Anleihe A	1.782	-108	-108	-1.008	-954
Autonome Zahlungen $b_t^{U_1}$	73	-30	-5	-5	-4
Betriebsmittelkredit KA_t	1.545	900,2713			
Geldanlage GA_t			-173,9302	-786,8554	
KA_t-, GA_t-Rückzahlung		-1.699,5000	-990,2985	182,6267	826,1981
Entnahme $EN_{U_1}^{gl}$	0	-82,7713	-82,7713	-82,7713	-82,7713
Zahlungssaldo	0	0	0	0	1.655,4268
Schuldenstand aus KA_t	1.545	900,2713			
Guthabenstand aus GA_t			173,9302	786,8554	
Endvermögen $EN_{U_1}^{gl}$ /0,05					1.655,4268

Tabelle 10: Vollständiger Finanzplan des Unternehmens U_1^{gl} im Spaltungsprogramm

Nunmehr ist zur Komplettierung des Spaltungsprogramms der maximale Einkommensstrom des Unternehmens U_2^{gl} zu ermitteln. Hierzu muß folgender linearer Optimierungsansatz gelöst werden:

$$\max.\ Entn_{U_2^{gl}};\ Entn_{U_2^{gl}} := EN_{U_2^{gl}}$$

unter den Nebenbedingungen:

$$110 \cdot I_2 + 1 \cdot GA_0 - 1 \cdot KA_0 - 99 \cdot A \leq 60$$
$$-10 \cdot I_2 - 1{,}05 \cdot GA_0 + 1 \cdot GA_1 + 1{,}1 \cdot KA_0 - 1 \cdot KA_1 + 6 \cdot A + 1 \cdot EN_{U_2^{gl}} \leq -25$$
$$-80 \cdot I_2 - 1{,}05 \cdot GA_1 + 1 \cdot GA_2 + 1{,}1 \cdot KA_1 - 1 \cdot KA_2 + 6 \cdot A + 1 \cdot EN_{U_2^{gl}} \leq -4$$
$$-80 \cdot I_2 - 1{,}05 \cdot GA_2 + 1 \cdot GA_3 + 1{,}1 \cdot KA_2 - 1 \cdot KA_3 + 56 \cdot A + 1 \cdot EN_{U_2^{gl}} \leq -4$$
$$-1{,}05 \cdot GA_3 + 1{,}1 \cdot KA_3 + 53 \cdot A + 21 \cdot EN_{U_2^{gl}} \leq -4$$
$$I_2,\ GA_t,\ KA_t,\ A,\ EN_{U_2^{gl}} \geq 0 \qquad \forall\, t$$
$$I_2 \leq 28$$
$$A \leq 14.$$

Das Unternehmen U_2^{gl} bringt schließlich, wenn die Investition I_2 im maximalen Umfang von 28 durchgeführt wird, einen gleichmäßigen Entnahmestrom in Höhe von $EN_{U_2^{gl}}^{max} = 48{,}3789$ GE hervor, an dem das Bewertungssubjekt X – wie in den bisherigen Spaltungsverhandlungen festgelegt – einen Anteil in Höhe von $\alpha_{U_2}^{X} = 55\ \%$ besitzt. Den vollständigen Finanzplan des optimalen Investitions- und Finanzierungsprogramms für das mit der Spaltung entstehende Unternehmen U_2^{gl} zeigt *Tabelle 11*.

	t = 0	t = 1	t = 2	t = 3	t = 4
Investition I_2	-3.080	280	2.240	2.240	
Anleihe A	1.386	-84	-84	-784	-742
Autonome Zahlungen $b_t^{U_2}$	60	-25	-4	-4	-4
Betriebsmittelkredit KA_t	1.634	1.674,7789			
Geldanlage GA_t			-261,3644	-1.678,0538	
KA_t-, GA_t-Rückzahlung		-1.797,4000	-1.842,2567	274,4327	1.761,9569
Entnahme EN_{U_2}	0	-48,3789	-48,3789	-48,3789	-48,3789
Zahlungssaldo	0	0	0	0	967,5780
Schuldenstand aus KA_t	1.634	1.674,7789			
Guthabenstand aus GA_t			261,3644	1.678,0538	
Endvermögen $EN_{U_2}/0{,}05$					967,5780
Anteil von X (55 %) an Entnahme EN_{U_2}	0	-26,6084	-26,6084	-26,6084	-26,6084
Anteil von X (55 %) am Endvermögen $EN_{U_2}/0{,}05$					532,1676

Tabelle 11: Vollständiger Finanzplan des Unternehmens U_2^{gl} im Spaltungsprogramm

1.3.1.3.2 Veränderte Entnahmestruktur

Für den Fall der *veränderten Entnahmestruktur* ist im *zweiten Schritt*, der Bestimmung des Spaltungsprogramms, mit dem folgenden linearen Optimierungsansatz die maximal mögliche Ausschüttung für das Unternehmen U_1^{ve} zu berechnen, in dem die für U_1^{ve} vereinbarte Entnahmestruktur $\overline{w}_0^{U_1^{ve}} : \overline{w}_1^{U_1^{ve}} : \overline{w}_2^{U_1^{ve}} : \overline{w}_3^{U_1^{ve}} : \overline{w}_4^{U_1^{ve}} = 0 : 1 : 1{,}3 : 1{,}69 : 22{,}197$ Berücksichtigung findet:

$$\max.\ Entn_{U_1^{ve}};\ Entn_{U_1^{ve}} := EN_{U_1^{ve}}$$

unter den Nebenbedingungen:

$100 \cdot I_1 + 1 \cdot GA_0 - 1 \cdot KA_0 - 99 \cdot A \leq 73$

$-30 \cdot I_1 - 1{,}05 \cdot GA_0 + 1 \cdot GA_1 + 1{,}1 \cdot KA_0 - 1 \cdot KA_1 + 6 \cdot A + 1 \cdot EN_{U_1^{ve}} \leq -30$

$-40 \cdot I_1 - 1{,}05 \cdot GA_1 + 1 \cdot GA_2 + 1{,}1 \cdot KA_1 - 1 \cdot KA_2 + 6 \cdot A + 1{,}3 \cdot EN_{U_1^{ve}} \leq -5$

$-50 \cdot I_1 - 1{,}05 \cdot GA_2 + 1 \cdot GA_3 + 1{,}1 \cdot KA_2 - 1 \cdot KA_3 + 56 \cdot A + 1{,}69 \cdot EN_{U_1^{ve}} \leq -5$

$-55 \cdot I_1 - 1{,}05 \cdot GA_3 + 1{,}1 \cdot KA_3 + 53 \cdot A + 22{,}197 \cdot EN_{U_1^{ve}} \leq -4$

$I_t,\ GA_t,\ KA_t,\ A,\ EN_{U_1^{ve}} \geq 0 \quad \forall\, t$

$I_1 \leq 34$

$A \leq 18.$

Aus diesem Spaltungsprogramm für das Unternehmen U_1^{ve} entspringt nach Lösung mit dem Simplexalgorithmus ein Einkommensstrom der Breite $EN_{U_1^{ve}}^{max}$ = 75,7676 GE, woraus sich unter Berücksichtigung der Entnahmestruktur die Ausschüttungen berechnen lassen. Zum Ende des Planungszeitraums ergibt sich zudem ein Vermögen von 1.515,3522 GE, das bei einem Zinssatz von 5 % Ursprung einer ewigen Rente in Höhe von $EN_{U_1^{ve}}^{max}$ ist. Der vollständige Finanzplan des Spaltungsprogramms in *Tabelle 12* gibt die Optimallösung für das Unternehmen U_1^{ve} für den Fall einer veränderten Entnahmestruktur nochmals wieder.

	t = 0	t = 1	t = 2	t = 3	t = 4
Investition I_1	-3.400	1.020	1.360	1.700	1.870
Anleihe A	1.782	-108	-108	-1.008	-954
Autonome Zahlungen $b_t^{U_1}$	73	-30	-5	-5	-4
Betriebsmittelkredit KA_t	1.545	893,2676			
Geldanlage GA_t			-165,9077	-733,1558	
KA_t-, GA_t-Rückzahlung		-1.699,5000	-982,5944	174,2031	769,8136
Entnahme $EN_{U_1^{ve}}$	0	-75,7676	-98,4979	-128,0473	-166,4614
Zahlungssaldo	0	0	0	0	1.515,3522
Schuldenstand aus KA_t	1.545	893,2676			
Guthabenstand aus GA_t			165,9077	733,1558	
Endvermögen $EN_{U_1^{ve}}/0{,}05$					1.515,3522

Tabelle 12: Vollständiger Finanzplan des Unternehmens U_1^{ve} im Spaltungsprogramm

Ebenso ist im Hinblick auf das Spaltungsprogramm für das Unternehmen U_2^{ve} ein linearer Ansatz zu formulieren und zu lösen, welcher jedoch die Entnahmestruktur $\overline{w}_0^{U_2^{ve}} : \overline{w}_1^{U_2^{ve}} : \overline{w}_2^{U_2^{ve}} : \overline{w}_3^{U_2^{ve}} : \overline{w}_4^{U_2^{ve}} = 0 : 1 : 1{,}15 : 1{,}3225 : 21{,}5209$ zu berücksichtigen hat:

$\max.\ \text{Entn}_{U_2^{ve}};\ \text{Entn}_{U_2^{ve}} := EN_{U_2^{ve}}$

unter den Nebenbedingungen:

$$110 \cdot I_2 + 1 \cdot GA_0 - 1 \cdot KA_0 - 99 \cdot A \leq 60$$

$$-10 \cdot I_2 - 1{,}05 \cdot GA_0 + 1 \cdot GA_1 + 1{,}1 \cdot KA_0 - 1 \cdot KA_1 + 6 \cdot A + 1 \cdot EN_{U_2^{ve}} \leq -25$$

$$-80 \cdot I_2 - 1{,}05 \cdot GA_1 + 1 \cdot GA_2 + 1{,}1 \cdot KA_1 - 1 \cdot KA_2 + 6 \cdot A + 1{,}15 \cdot EN_{U_2^{ve}} \leq -4$$

$$-80 \cdot I_2 - 1{,}05 \cdot GA_2 + 1 \cdot GA_3 + 1{,}1 \cdot KA_2 - 1 \cdot KA_3 + 56 \cdot A + 1{,}3225 \cdot EN_{U_2^{ve}} \leq -4$$

$$-1{,}05 \cdot GA_3 + 1{,}1 \cdot KA_3 + 53 \cdot A + 21{,}5209 \cdot EN_{U_2^{ve}} \leq -4$$

$$I_2,\ GA_t,\ KA_t,\ A,\ EN_{U_2^{ve}} \geq 0 \quad \forall\, t$$

$$I_2 \leq 28$$

$$A \leq 14.$$

Für das Unternehmen U_2^{ve} ergibt sich im Spaltungsfall mit veränderter Entnahmestruktur ein Zielfunktionswert in Höhe von $EN_{U_2^{ve}}^{max} = 46{,}4261$ GE, woran das Bewertungssubjekt X annahmegemäß mit dem Anteil von $\alpha_{U_2}^{X} = 55\ \%$ beteiligt ist. Den vollständigen, die entsprechende Entnahmestruktur berücksichtigenden Finanzplan des optimalen Investitions- und Finanzierungsprogramms für das mit der Spaltung entstehende Unternehmen U_2^{ve} für den Fall der veränderten Entnahmestruktur zeigt *Tabelle 13*.

	t = 0	t = 1	t = 2	t = 3	t = 4
Investition I_2	-3.080	280	2.240	2.240	
Anleihe A	1.386	-84	-84	-784	-742
Autonome Zahlungen $b_t^{U_2}$	60	-25	-4	-4	-4
Betriebsmittelkredit KA_t	1.634	1.673			
Geldanlage GA_t			-258,5013	-1.662,0279	
KA_t-, GA_t-Rückzahlung		-1.797,4000	-1.840,1087	271,4264	1.745,1293
Entnahme $EN_{U_2^{ve}}$	0	-46,4261	-53,3900	-61,3985	-70,6082
Zahlungssaldo	0	0	0	0	928,5211
Schuldenstand aus KA_t	1.634	1.672,8261			
Guthabenstand aus GA_t			258,5013	1.662,0279	
Endvermögen $EN_{U_2^{ve}}/0{,}05$					928,5211
Anteil von X (55 %) an Entnahme $EN_{U_2^{ve}}$	0	-25,5343	-29,3645	-33,7692	-38,8345
Anteil von X (55 %) am Endvermögen $EN_{U_2^{ve}}/0{,}05$					510,6859

Tabelle 13: Vollständiger Finanzplan des Unternehmens U_2^{ve} im Spaltungsprogramm

1.3.1.4 Bewertungsansatz

1.3.1.4.1 Unveränderte Entnahmestruktur

Im *dritten Schritt*, der Ermittlung des Bewertungsprogramms, ist für den Fall unveränderter Entnahmestrukturen der folgende Bewertungsansatz zu lösen:

$$\min. A; A := \alpha^X_{U_1^{gl}}$$

unter den Nebenbedingungen:

$$\alpha^X_{U_1^{gl}} \cdot EN^{max}_{U_1^{gl}} \geq \beta^X \cdot EN^{max}_{U_{UG}} - \overline{\alpha^X_{U_2^{gl}}} \cdot EN^{max}_{U_2^{gl}}$$

$$1 \geq \alpha^X_{U_f} \geq 0 \quad \forall f \in \{1, 2, \ldots, F\}.$$

Es ergibt sich die folgende *minimale Beteiligungsquote* des Eigners X für das Unternehmen U_1^{gl} bei einem zuvor festgelegten Anteil $\alpha^X_{U_2^{gl}}$ am Unternehmen U_2^{gl} in Höhe von 55 %:

$$\alpha_{U_1^{gl}}^{\min X} = \frac{\beta^X \cdot EN_{U_{UG}}^{\max} - \overline{\alpha_{U_2^{gl}}^{X}} \cdot EN_{U_2^{gl}}^{\max}}{EN_{U_1^{gl}}^{\max}}$$

$$\alpha_{U_1^{gl}}^{\min X} = \frac{0,7 \cdot 118,3474 - 0,55 \cdot 48,3789}{82,7713}$$

$$\alpha_{U_1^{gl}}^{\min X} = 0,679400 = 67,94\ \%.$$

	t = 0	t = 1	t = 2	t = 3	t = 4
Anteil von X (70 %) an Entnahme $EN_{U_{UG}}$	0	-82,8432	-82,8432	-82,8432	-82,8432
Anteil von X (70 %) am Endvermögen $EN_{U_{UG}}/0,05$					1.656,8639
Entnahme $EN_{U_1^{gl}}$	0	82,7713	82,7713	82,7713	82,7713
Endvermögen $EN_{U_1^{gl}}/0,05$					1.655,4268
Entnahme $EN_{U_2^{gl}}$	0	48,3789	48,3789	48,3789	48,3789
Endvermögen $EN_{U_2^{gl}}/0,05$					967,5780
Anteil von X (67,94 %) an Entnahme $EN_{U_1^{gl}}$	0	56,2348	56,2348	56,2348	56,2348
Anteil von X (67,94 %) am Endvermögen $EN_{U_1^{gl}}$					1.124,6963
Anteil von X (55,00 %) an Entnahme $EN_{U_2^{gl}}$	0	26,6084	26,6084	26,6084	26,6084
Anteil von X (55,00 %) am Endvermögen $EN_{U_2^{gl}}$					532,1676
Summe der Anteile von X an Entnahmen $EN_{U_1^{gl}}$ und $EN_{U_2^{gl}}$	0	-82,8432	-82,8432	-82,8432	-82,8432
Summe der Anteile von X am Endvermögen $(EN_{U_1^{gl}} + EN_{U_2^{gl}})/0,05$					1.656,8639

Tabelle 14: Vollständiger Finanzplan des Bewertungsprogramms des Anteilseigners X bei unveränderter Entnahmestruktur

Das bedeutet, daß der Gesellschafter X mit einem Anteil von 55 % am Unternehmen U_2^{gl} mindestens 67,94 % am Unternehmen U_1^{gl} erhalten muß, damit er genauso gut wie ohne Spaltung des Unternehmens U_{UG} gestellt ist (siehe *Tabelle 9*). Dieser Vergleich wird im vollständigen Finanzplan für das Bewertungssubjekt X (*Bewertungsprogramm)* für den Fall unveränderter Entnahmestrukturen in *Tabelle 14* aufgezeigt.

1.3.1.4.2 Veränderte Entnahmestruktur

Im Rahmen der Darstellung des allgemeinen Grenzquotenmodells wurde deutlich, daß für den Fall einer veränderten Entnahmestruktur der Spaltungsunternehmen die maximalen Entnahmen $EN_{U_1^{ve}}^{max}$ und $EN_{U_2^{ve}}^{max}$ weder einzeln noch kumuliert die bisher gewünschte, gleichförmige Ausschüttungsstruktur $\overline{w}_0^{U_{UG}} : \overline{w}_1^{U_{UG}} : \overline{w}_2^{U_{UG}} : \overline{w}_3^{U_{UG}} : \overline{w}_4^{U_{UG}} = 0 : 1 : 1 : 1 : 21$ des Ursprungsunternehmens U_{UG} besitzen. Damit ein finanzwirtschaftlicher Vergleich der gespaltenen Unternehmen mit dem Ursprungsunternehmen vorgenommen werden kann, muß das Bewertungssubjekt im dritten Schritt mit Hilfe von Vermögensumschichtungen in seinem privaten Entscheidungsfeld die Ausschüttungen der gespaltenen Unternehmen in die Struktur des (von ihm gewünschten) Ausschüttungsstroms des Unternehmens U_{UG} transformieren. Für das private Entscheidungsfeld des hier betrachteten Anteilseigners X sollen folgende Rahmenbedingungen gelten:[94] Das Bewertungssubjekt X kann überschüssige Gelder zu 2,5 % am Kapitalmarkt anlegen (GA_t^{priv}). Weiterhin besitzt es in allen Zeitpunkten jeweils 2,5-%-Geldanlagen, die um 2 GE reduziert werden können ($GA_{t,\,red}^{priv}$). Weitere Liquidität (KA_t^{priv}) erhält der Anteilseigner X zu einem Sollzins von 14 %.[95]

Basis der Transformation sind die vom Entscheidungssubjekt X erwarteten Ausschüttungen aus den beiden Spaltungsunternehmen, wobei die Ausschüttungen von U_1^{ve} die Struktur $\overline{w}_0^{U_1^{ve}} : \overline{w}_1^{U_1^{ve}} : \overline{w}_2^{U_1^{ve}} : \overline{w}_3^{U_1^{ve}} : \overline{w}_4^{U_1^{ve}} = 0 : 1 : 1{,}3 : 1{,}69 : 22{,}197$ und die Ausschüttungen von U_2^{ve} die Struktur $\overline{w}_0^{U_2^{ve}} : \overline{w}_1^{U_2^{ve}} : \overline{w}_2^{U_2^{ve}} : \overline{w}_3^{U_2^{ve}} : \overline{w}_4^{U_2^{ve}} = 0 : 1 : 1{,}15 : 1{,}3225 : 21{,}5209$ aufweisen. Die durch das Bewertungssubjekt X zu fordernde minimale Anteilsquote für das Unternehmen U_1^{ve} muß dabei gewährleisten, daß sich sowohl die Entnahmestruktur des Unternehmens U_{UG} – die Struktur $\overline{w}_0^{U_{UG}} : \overline{w}_1^{U_{UG}} : \overline{w}_2^{U_{UG}} : \overline{w}_3^{U_{UG}} : \overline{w}_4^{U_{UG}} = 0 : 1 : 1 : 1 : 21$ – als auch die Höhe der Ausschüttungen aus

94 Hier gelte wiederum der Index „priv" für das private Entscheidungsfeld.

95 Realistischerweise erhält der Anteilseigner X mit einer 14-%-igen Sollverzinsung und einem Habenzinssatz von 2,5 % als Privatperson ungünstigere Konditionen als die betrachteten Unternehmen.

dem Unternehmen U_{UG}, die das Entscheidungssubjekt X aus seinem Anteil $\beta^X = 0{,}7$ erhält, durch seine privaten Transaktionen nachbilden lassen. Hierzu muß das Entscheidungssubjekt den folgenden Optimierungsansatz zur Ermittlung der *minimal zu fordernden Anteilsquote* $\alpha_{U_1^{ve}}^{min\,X}$ lösen:

$$\text{min. } A;\; A := \alpha_{U_1^{ve}}^X$$

unter den Nebenbedingungen:

$$-1 \cdot GA_0^{priv} + 1 \cdot GA_{0,\,red}^{priv} + 1 \cdot KA_0^{priv} + \alpha_{U_1^{ve}}^X \cdot 0 \cdot 75{,}7676 + 0{,}55 \cdot 0 \cdot 46{,}4261 \geq 0 \cdot 0{,}7 \cdot 118{,}3474$$

$$1{,}025 \cdot GA_0^{priv} - 1{,}025 \cdot GA_{0,\,red}^{priv} - 1 \cdot GA_1^{priv} + 1 \cdot GA_{1,\,red}^{priv} - 1{,}14 \cdot KA_0^{priv} + 1 \cdot KA_1^{priv} + \alpha_{U_1^{ve}}^X \cdot 1 \cdot 75{,}7676 + 0{,}55 \cdot 1 \cdot 46{,}4261 \geq 1 \cdot 0{,}7 \cdot 118{,}3474$$

$$1{,}025 \cdot GA_1^{priv} - 1{,}025 \cdot GA_{1,\,red}^{priv} - 1 \cdot GA_2^{priv} + 1 \cdot GA_{2,\,red}^{priv} - 1{,}14 \cdot KA_1^{priv} + 1 \cdot KA_2^{priv} + \alpha_{U_1^{ve}}^X \cdot 1{,}3 \cdot 75{,}7676 + 0{,}55 \cdot 1{,}15 \cdot 46{,}4261 \geq 1 \cdot 0{,}7 \cdot 118{,}3474$$

$$1{,}025 \cdot GA_2^{priv} - 1{,}025 \cdot GA_{2,\,red}^{priv} - 1 \cdot GA_3^{priv} + 1 \cdot GA_{3,\,red}^{priv} - 1{,}14 \cdot KA_2^{priv} + 1 \cdot KA_3^{priv} + \alpha_{U_1^{ve}}^X \cdot 1{,}69 \cdot 75{,}7676 + 0{,}55 \cdot 1{,}3225 \cdot 46{,}4261 \geq 1 \cdot 0{,}7 \cdot 118{,}3474$$

$$1{,}025 \cdot GA_3^{priv} - 1{,}025 \cdot GA_{3,\,red}^{priv} - 1{,}14 \cdot KA_3^{priv} + \alpha_{U_1^{ve}}^X \cdot 22{,}197 \cdot 75{,}7676 + 0{,}55 \cdot 21{,}5209 \cdot 46{,}4261 \geq 21 \cdot 0{,}7 \cdot 118{,}3474$$

$$0 \geq -GA_{t,\,red}^{priv} \geq -2 \qquad \forall\, t$$

$$GA_t^{priv} \geq 0 \qquad \forall\, t$$

$$KA_t^{priv} \geq 0 \qquad \forall\, t$$

$$1 \geq \alpha_{U_1^{ve}}^X \geq 0.$$

Diese Nebenbedingungen lassen sich vereinfachen zu:

$$-1 \cdot GA_0^{priv} + 1 \cdot GA_{0,\,red}^{priv} + 1 \cdot KA_0^{priv} \geq 0$$

$$1{,}025 \cdot GA_0^{priv} - 1{,}025 \cdot GA_{0,\,red}^{priv} - 1 \cdot GA_1^{priv} + 1 \cdot GA_{1,\,red}^{priv} - 1{,}14 \cdot KA_0^{priv} + 1 \cdot KA_1^{priv} + \alpha_{U_1^{ve}}^X \cdot 1 \cdot 75{,}7676 \geq 57{,}3088$$

$$1{,}025 \cdot GA_1^{priv} - 1{,}025 \cdot GA_{1,red}^{priv} - 1 \cdot GA_2^{priv} + 1 \cdot GA_{2,red}^{priv} - 1{,}14 \cdot KA_1^{priv} + 1 \cdot KA_2^{priv} + \alpha_{U_1^{ve}}^{X} \cdot 1{,}3 \cdot 75{,}7676 \geq 53{,}4787$$

$$1{,}025 \cdot GA_2^{priv} - 1{,}025 \cdot GA_{2,red}^{priv} - 1 \cdot GA_3^{priv} + 1 \cdot GA_{3,red}^{priv} - 1{,}14 \cdot KA_2^{priv} + 1 \cdot KA_3^{priv} + \alpha_{U_1^{ve}}^{X} \cdot 1{,}69 \cdot 75{,}7676 \geq 49{,}0740$$

$$1{,}025 \cdot GA_3^{priv} - 1{,}025 \cdot GA_{3,red}^{priv} - 1{,}14 \cdot KA_3^{priv} + \alpha_{U_1^{ve}}^{X} \cdot 22{,}197 \cdot 75{,}7676 \geq 1.190{,}1845$$

$$0 \geq -GA_{t,red}^{priv} \geq -2 \qquad \forall t$$

$$GA_t^{priv} \geq 0 \qquad \forall t$$

$$KA_t^{priv} \geq 0 \qquad \forall t$$

$$1 \geq \alpha_{U_1^{ve}}^{X} \geq 0.$$

Aufgrund der im Verhältnis zu den Refinanzierungs- und Geldanlagemöglichkeiten der an der Spaltung beteiligten Unternehmen teureren Kreditaufnahmen und ungünstigeren Anlagezinssätzen des Bewertungssubjekts X ergibt sich durch Lösung des Ansatzes mit Hilfe des Simplexalgorithmus eine – im Vergleich zur Bewertung mit gleichbleibender Entnahmestruktur etwas höhere – minimal zu fordernde Beteiligungsquote $\alpha_{U_1^{ve}}^{\min X} = 0{,}680055 = 68{,}0055$ %.[96] Nur wenn diese Quote vereinbart wird, stellt sich das Bewertungssubjekt nicht schlechter als ohne Spaltung. Das bedeutet, daß der Gesellschafter X bei einer veränderten Entnahmestruktur der beiden Spaltungsunternehmen im Verhältnis zur Entnahmestruktur des Ursprungsunternehmens mit einem Anteil von 55 % am Unternehmen U_2^{ve} mindestens 68,0055 % am Unternehmen U_1^{ve} erhalten muß, damit er unter Rückgriff auf seine privaten Investitions- und Finanzierungsmöglichkeiten genauso gut wie ohne Spaltung des Unternehmens U_{UG} gestellt ist. Daß das Bewertungssubjekt unter Berücksichtigung des privaten Entscheidungsfelds mit dieser Quote die gewünschte zeitliche Entnahmestruktur und die Höhe seiner Ausschüttungen aus dem Unternehmen U_{UG} (vgl. *Tabelle 9*) nachbilden kann, zeigt der vollständige Finanzplan des Bewertungsprogramms des Anteilseigners X in der *Tabelle 15*.

96 Zum Ergebnis einer steigenden Anteilsquote im Fall veränderter Entnahmestrukturen im Verhältnis zu den Beteiligungsquoten in der unveränderten Situation gelangt auch *HERING*, Fusion (2004), S. 158 f., für den Konfliktfall der Fusion. Siehe auch *MATSCHKE/BRÖSEL*, Unternehmensbewertung (2007), S. 426, zu einem Spaltungsbeispiel mit geringfügig veränderten Werten.

	t = 0	t = 1	t = 2	t = 3	t = 4
Entnahme $EN_{U_1^{ve}}$	0	75,7676	98,4979	128,0473	166,4614
Endvermögen $EN_{U_1^{ve}}/0{,}05$					1.515,3522
Entnahme $EN_{U_2^{ve}}$	0	46,4261	53,3900	61,3985	70,6082
Endvermögen $EN_{U_2^{ve}}/0{,}05$					928,5211
Anteil von X (68,0055 %) an $EN_{U_1^{ve}}$	0	51,5261	66,9839	87,0791	113,2028
Anteil von X (68,0055 %) am Endvermögen $EN_{U_1^{ve}}/0{,}05$					1.030,5222
Anteil von X (55,00 %) an $EN_{U_2^{ve}}$	0	25,5343	29,3645	33,7692	38,8345
Anteil von X (55,00 %) an $EN_{U_2^{ve}}/0{,}05$					510,6859
Summe der Anteile von X an Entnahmen $EN_{U_1^{ve}}$ und $EN_{U_2^{ve}}$	0	77,0604	96,3484	120,8483	152,0373
Summe der Anteile von X am Endvermögen $(EN_{U_1^{ve}} + EN_{U_2^{ve}})/0{,}05$					1.541,2081
Einzahlung aus möglicher Reduktion privater Geldanlagen $GA_{t,\,red}^{priv}$		2			
Mindereinzahlung aufgrund der Reduktion privater Geldanlagen $GA_{t,\,red}^{priv}$			-2,05		
Private Kreditaufnahme KA_t^{priv}		3,7828			
Geldanlage GA_t^{priv}			-7,1429	-45,3265	
KA_t^{priv}-, GA_t^{priv}-Rückzahlung			-4,3123	7,3214	46,4617
Gewünschte Entnahme $EN_{U_{UG}}^{max}$	0	-82,8432	-82,8432	-82,8432	-82,8432
Zahlungssaldo	0	0	0	0	1.656,8639
Schuldenstand aus KA_t^{priv}		3,7828			
Guthabenstand aus GA_t^{priv}			7,1429	45,3265	
Gewünschtes Endvermögen $EN_{U_{UG}}^{max}/0{,}05$					1.656,8639

*Tabelle 15: **Vollständiger Finanzplan des Bewertungsprogramms des Anteilseigners X bei veränderter Entnahmestruktur***

1.3.1.5 Beurteilung der unbedingten Entscheidungswertermittlung

Die wirtschaftswissenschaftliche Literatur bietet bislang ungeachtet der großen Bedeutung von Unternehmensspaltungen in der Praxis keine modelltheoretischen Überlegungen zum Bewertungsfall der Spaltung. Vor diesem Hintergrund wurde der im Abschnitt III.1.2 (S. 146–167) dieser Arbeit dargestellte allgemeine Ansatz zur Ermittlung von Entscheidungswerten in Form einer minimalen Beteiligungsquote in den voranstehenden Abschnitten III.1.3.1.1 bis III.1.3.1.4 (S. 168–185) dieser Arbeit anhand eines Zahlenbeispiels verdeutlicht.

Die Entscheidungswertermittlung erfolgte dabei durch ein dreistufiges Verfahren, bestehend aus Basis-, Spaltungs- und Bewertungsansatz, wobei das Verfahren in die Fälle der unveränderten und der veränderten Entnahmestruktur unterschieden wurde. Dabei wird deutlich, daß es sich bei der Entscheidungswertermittlung im Rahmen der Spaltung mit Hilfe des Grenzquotenmodells um einen Ansatz zur Entscheidungsunterstützung in Spaltungsverhandlungen handelt, der sich grundsätzlich – wie im nächsten Abschnitt erläutert – als mehrdimensionale Konfliktsituation gestaltet. Aufgrund der gegenseitigen Abhängigkeiten der einzelnen Anteilsquoten ist nur unter bestimmten Voraussetzungen – der Festlegung aller konfliktlösungsrelevanten Sachverhalte bis auf die Verteilung der Anteilsquoten des letzten noch zu verhandelnden Spaltungsunternehmens – ein Entscheidungswert in Form *einer* kritischen Beteiligungsquote ermittelbar. Deshalb wird im nächsten Abschnitt aus der Bewertungs*formel* eine Bewertungs*funktion* abgeleitet, die auf unterschiedliche Voraussetzungen reagieren kann und somit bei unterschiedlichen Datenkonstellationen direkt – ohne zunächst einen neuen Rechenansatz aufstellen zu müssen – spezielle Ergebnisse liefert.

Im Zentrum der Verhandlungen stehen vor allem die Anteilsquoten der Eigner an den gespaltenen Unternehmen, die mit den Unternehmen verfolgten Ziele sowie die Strukturen der Ausschüttungsströme. Dabei sollte auch beachtet werden, daß in der Spaltungspraxis Konfliktsituationen auftreten können, in denen die Verteilung der Anteilsquoten nicht den wichtigsten und einzigen konfliktlösungsrelevanten Sachverhalt darstellt. Dies ist bspw. dann der Fall,

- ➢ wenn eine Spaltung verhältniswahrend durchgeführt wird.[97] In diesem Fall rükken andere konfliktlösungsrelevante Sachverhalte – wie bspw. die Besetzung der Führungspositionen der Spaltungsunternehmen, die Aufteilung des Vermögens und der Schulden auf die einzelnen Spaltungsunternehmen sowie die Verteilung der Kundenstämme oder der Geschäftsgebiete[98] – in den Vordergrund der Spaltungsverhandlungen. Dieses „Bündel" konfliktlösungsrelevanter Sachverhalte bildet einen mehrdimensionalen Entscheidungswert. Insbesondere im Fall der

---

97 Bei einer verhältniswahrenden Spaltung kann es auch zu einer Änderung der Eigentumsstruktur aufgrund veränderter Zukunftserfolge kommen. Dann wird wiederum eine Überprüfung der Anteilsverhältnisse notwendig, die mit Hilfe des Grenzquotenmodells durchgeführt werden kann. Zu den Arten der Spaltung vgl. Abschnitt II.1.2 (S. 10–31) dieser Arbeit.

98 Zur Darstellung verschiedener konfliktlösungsrelevanter Sachverhalte im Rahmen der Spaltung vgl. Abschnitt II.3.3 (S. 109–138) dieser Arbeit.

mehrdimensionalen Entscheidungswertermittlung wird deutlich, daß es im Rahmen der Unternehmensbewertung nicht ausschließlich um die Ermittlung der äußersten Grenze der Konzessionsbereitschaft geht (Entscheidungswert*ermittlung*), sondern daß vielmehr auch Modelle zur Entscheidungs*unterstützung* mittels geschickter Argumentation in den Vertragsverhandlungen benötigt werden;[99]

- wenn in großen, unter der Aufsicht von Kapitalmärkten stehenden Aktiengesellschaften eine Vielzahl von Anteilseignern über die Durchführung einer Spaltung abstimmen.[100] Die Anteilseigner entscheiden dabei über diejenigen konfliktlösungsrelevanten Sachverhalte, die durch die Unternehmensführung in die Spaltungsverhandlungen oder Gesellschafterversammlungen eingebracht werden. Die Unternehmensleitung wird dabei insbesondere solche konfliktlösungsrelevanten Sachverhalte auswählen, die bestimmte positive Spaltungseffekte versprechen, welche die (bei der Unternehmensbewertung i. d. R. nicht zu berücksichtigenden)[101] Kurswerte der Anteile der nach der Spaltung bestehenden Unternehmen in die Höhe treiben sollen;[102]
- wenn in großen Aktiengesellschaften die Spaltungsverhandlungen mit dem Vorstand, dem Aufsichtsrat, den wichtigsten Gläubigern und evtl. mit dem Betriebsrat durchgeführt werden und der Beschluß für die Durchführung der Spaltung von den Aktionären in der Hauptversammlung nur noch bestätigt oder abgelehnt werden kann;[103]
- wenn für die Anteilseigner grundsätzlich weitere konfliktlösungsrelevante Sachverhalte – wie die Besetzung der Führungspositionen oder die Verteilung der Arbeitnehmer – bei der Entscheidung für oder gegen eine Durchführung der Spaltung von Bedeutung sind;[104]

---

99 Die Argumentationsfunktion im Rahmen der Unternehmensbewertung vom Typ der Spaltung wird im Abschnitt III.2 (S. 255–324) dieser Arbeit dargestellt.

100 Die Anteilseigner sind in diesem Zusammenhang in Anteilseigner als Eigentümer von Einzelunternehmen oder Personenhandelsgesellschaften, in Großanteilseigner von Kapitalgesellschaften sowie in nicht an der Geschäftsführung beteiligte Anteilseigner von Kapitalgesellschaften zu unterscheiden, die als natürliche Personen und als Unternehmen auftreten können.

101 Zur Bedeutung des Börsenkurses bei der Unternehmensbewertung mit Hilfe von Paketzuschlägen oder Vergleichsunternehmen siehe *OLBRICH*, Bedeutung des Börsenkurses (2000), *HERING*, Unternehmensbewertung (2006), S. 153–159, m. w. N., *MATSCHKE/BRÖSEL*, Unternehmensbewertung (2007), S. 557–561 sowie S. 638–648.

102 Insbesondere in diesen Situationen ist es für den Anteilseigner von Bedeutung, daß dieser eine Entscheidungsunterstützung erhält, die es ihm ermöglicht, die in den Spaltungsverhandlungen angebotenen Sachverhalte zu beurteilen. Deshalb kann der folgenden Behauptung von *HARITZ/ASMUS*, Bewertung abgespaltener Beteiligungen (2003), S. 2054: „Letztlich kann und darf einer großen Anzahl von Kleinaktionären nicht zugemutet werden, selbst nach einem angemessenen Aufteilungsmaßstab zu suchen, weil die gesetzlichen Vorgaben hierfür unklar sind" nicht zugestimmt werden.

103 In diesen Fällen wären die Angebote der Unternehmensleitung „Argumentationswerte".

104 In diesen Fällen entsteht eine „mehrdimensionale" Konfliktsituation vom Typ der Spaltung.

- wenn der Grund für eine Spaltung nicht in betriebswirtschaftlich ermittelten positiven Spaltungseffekten, sondern in sog. metaökonomischen Motiven versteckt liegt.[105]

Für eine umfassende Darstellung der Spaltung ist es also erforderlich, daß zusätzlich zu der hier betrachteten *nicht dominierten*, *eindimensionalen* und *disjungierten* Konfliktsituation vom Typ der Spaltung folgende Fragen beantwortet werden:

- Wie gestaltet sich die – grundsätzlich immer wieder auf eine eindimensionale Bewertungssituation zurückführbare – Konfliktsituation der Spaltung, wenn mehrere konfliktlösungsrelevante Sachverhalte betrachtet werden [vgl. Abschnitt III.1.3.2.1 (S. 188–204) dieser Arbeit]?
- Wie gestaltet sich die Konfliktsituation der Spaltung, wenn gleichzeitig weitere Konfliktsituationen parallel zur Spaltung betrachtet werden [vgl. Abschnitt III.1.3.2.2 (S. 205–254) dieser Arbeit]?
- Wie werden die einzelnen konfliktlösungsrelevanten Sachverhalte (Argumente) in den Spaltungsverhandlungen verwendet [vgl. Abschnitt III.2 (S. 255–324) dieser Arbeit]?

1.3.2 Ermittlung bedingter Entscheidungswerte

1.3.2.1 Ermittlung mehrdimensionaler Entscheidungswerte

1.3.2.1.1 Darstellung der Konfliktsituation

„Als mehrdimensionaler Entscheidungswert ergibt sich die Menge derjenigen Vektoren konfliktlösungsrelevanter Sachverhalte, die das Entscheidungssubjekt als kennzeichnend für die Grenze seiner Konzessionsbereitschaft ansieht."[106] In den Spaltungsverhandlungen kristallisieren sich zwei Gruppen konfliktlösungsrelevanter Sachverhalte heraus: zur einen Gruppe zählen die Anteilsquoten an den nach der Spaltung entstehenden Unternehmen, zur anderen Gruppe zählen alle weiteren bewertungsrele-

---

[105] Zu den Motiven der Spaltung vgl. Abschnitt II.1.3 (S. 32–50) dieser Arbeit.

[106] *HERING*, Unternehmensbewertung (2006), S. 133, Hervorhebungen im Original. Zur Mehrdimensionalität konfliktlösungsrelevanter Sachverhalte siehe Abschnitt II.2.2 (S. 62). Zur Betrachtung mehrdimensionaler Konfliktsituationen im Fall des Kaufs/Verkaufs siehe *MATSCHKE*, Entscheidungswert (1975), S. 55–69 und S. 356–386, *HINTZE*, Vertragsgestaltung beim Unternehmenskauf (1992), *MATSCHKE*, Mehrdimensionale Entscheidungswerte (1993), *ULRICH*, Unternehmensbewertung (1995), *TILLMANN*, Unternehmensbewertung (1998), *OLBRICH*, Unternehmungswert (1999), S. 177–182, *BRÖSEL*, Medienrechtsbewertung (2002), S. 143–147, *HERING*, Unternehmensbewertung (2006), S. 132–134, sowie zum Konfliktfall der Fusion *REICHERTER*, Fusionsentscheidung (2000), S. 232–243.

„Bedingte" Entscheidungswerte „entstehen auf natürliche Weise, wenn außer [...] [der Beteiligungsquote] noch mindestens ein weiterer konfliktlösungsrelevanter Sachverhalt existiert, über den in der Verhandlung eine Einigung erzielt werden muß" [Quelle: *HERING*, Unternehmensbewertung (2006), S. 132].

vanten Sachverhalte wie bspw. der Unternehmensumfang oder die Besetzung der Unternehmensleitung der Spaltungsunternehmen.[107]

Die hauptsächlich interessierenden konfliktlösungsrelevanten Sachverhalte bei der verhältnisändernden Spaltung stellen die Anteilsquoten der Gesellschafter an den einzelnen, nach Durchführung der Spaltung entstehenden Unternehmen U_f dar.[108] Das bedeutet für den betrachteten Gesellschafter h im Fall der Spaltung eines Ursprungsunternehmens U_{UG} in F Unternehmen U_f, daß – nachdem sich die Anteilseigner bereits über alle Elemente (außer den Anteilsquoten) der konfliktlösungsrelevanten Sachverhalte wie bspw. den Unternehmensumfang der Spaltungsunternehmen bezogen auf einen Konfliktlösungsvektor geeinigt haben – eine Änderung einer Anteilsquote (und damit eine Änderung des dem Bewertungssubjekt zustehenden Anteils am Zukunftserfolgsstrom) für ein nach der Spaltung bestehendes Unternehmen schließlich eine Änderung der Grenzquoten der anderen Spaltungsunternehmen bei vorgegebenen Ausprägungen aller anderen konfliktlösungsrelevanten Sachverhalte nach sich zieht:

$$\alpha_{U_f}^{\min h} = f\left(\alpha_{U_1}^{h}, \alpha_{U_2}^{h}, ..., \alpha_{U_{f-1}}^{h}, \alpha_{U_{f+1}}^{h}, ..., \alpha_{U_F}^{h}\right).$$

Eine einzelne Grenzquote ergibt sich somit in Abhängigkeit von den anderen noch zu vereinbarenden Anteilsquoten. Es entsteht also eine *bedingte* Entscheidungssituation, in welcher der Entscheidungswert des betrachteten Spaltungsunternehmens U_f – die Grenzquote $\alpha_{U_f}^{\min h}$ – jeweils abhängig vom Verhandlungsergebnis über die Verteilung der Anteilsquoten der weiteren in Rede stehenden Spaltungsunternehmen ist. Würde eine Einigung über die Verteilung der Anteilsquoten an allen f = (1, 2, …, f–1, f+1, …, F) Spaltungsunternehmen erzielt, könnte die minimal zu fordernde Anteilsquote (im Sinne einer Grenzquote) für das augenblicklich betrachtete Spaltungsunternehmen U_f bestimmt werden. Dabei wirken die einzelnen Anteilsquoten unmittelbar entscheidungsfeldverändernd. Sie sind also den originären konfliktlösungsrelevanten Sachverhalten zuzuordnen. Damit es zu einer Änderung der Eigentumsverhältnisse kommt, ist es somit für die Spaltungsparteien erforderlich, sich über die Anteilsquotenverteilungen zu verständigen.[109]

Unter Bezugnahme auf die *einfache Grenzquotenformel* der *eindimensionalen Konfliktsituation* ergibt sich eine *Grenzquotenfunktion* in der *mehrdimensionalen Konfliktsituation*:[110]

---

[107] Zur Einteilung der konfliktlösungsrelevanten Sachverhalte im Verhandlungsprozeß vgl. Abschnitt III.2.2.3 (S. 290–295) dieser Arbeit.

[108] Im Verlauf der Spaltungsverhandlungen zeigt sich, daß der zuletzt zu verhandelnde konfliktlösungsrelevante Sachverhalt bei der verhältnisändernden Spaltung stets die Festlegung der Verteilung der Anteilsquoten an den Spaltungsunternehmen ist. Vgl. Abschnitt III.2.2.3.3 (S. 294 f.) dieser Arbeit.

[109] Die originären Sachverhalte „Anteilsquoten" stehen dabei in einem Komplementaritäts- oder Ergänzungsverhältnis zueinander. Vgl. *MATSCHKE/BRÖSEL*, Unternehmensbewertung (2007), S. 102.

[110] Diese *mehrdimensionale* Grenzquotenfunktion unterscheidet sich formal nur durch die abhängigen Parameter $\alpha_{U_f}^{h}$ von der *eindimensionalen* Darstellungsweise, in der alle f = (2, 3, …, F) Para-

$$\alpha_{U_1}^{\min h}\left(\alpha_{U_2}^{h}, \alpha_{U_3}^{h}, \ldots, \alpha_{U_F}^{h}\right) = \frac{\beta^{h} \cdot EN_{U_{UG}}^{\max} - \sum_{f=2}^{F} \alpha_{U_f}^{h} \cdot EN_{U_f}^{\max}}{EN_{U_1}^{\max}}.$$

Im einfachsten Fall der Spaltung eines Ursprungsunternehmens U_{UG} in zwei Spaltungsunternehmen U_1 und U_2 und unter der Voraussetzung einer für alle Zeitpunkte und Unternehmen gleichen Entnahmestruktur $\overline{w}_t^{U_{UG}} = \overline{w}_t^{U_1} = \overline{w}_t^{U_2}$ sowie nach Vereinbarung aller übrigen Vektoren konfliktlösungsrelevanter Sachverhalte außer der Verteilung der Anteilsquoten bedeutet das für den Gesellschafter h, daß der Anteil des Gesellschafters h am Unternehmen U_1 abhängig von seinem Anteil am Unternehmen U_2 ist und umgekehrt. Für den Fall der *einfachen* Bewertung mit dem Anteil $\alpha_{U_2}^{\min h}$ als Variable ergibt sich dann folgende *zweidimensionale Grenzquotenfunktion*:

$$\alpha_{U_1}^{\min h}\left(\alpha_{U_2}^{h}\right) = \frac{\beta^{h} \cdot EN_{U_{UG}}^{\max} - \alpha_{U_2}^{h} \cdot EN_{U_2}^{\max}}{EN_{U_1}^{\max}}.$$

Diese Grenzquotenfunktionen zeigen, daß der Entscheidungswert in Form einer Grenzquote der Beteiligung bei vorliegender Substituierbarkeit der Anteilsquoten durch eine Menge kritischer Anteilsquotenkombinationen determiniert wird. Demzufolge wird deutlich, daß es sich bei der Konfliktsituation der Spaltung um ein mehrdimensionales Entscheidungsproblem handelt, wobei die von der Art her gleichen, aber zu unterschiedlichen Spaltungsunternehmen gehörenden Anteilsquoten die konfliktlösungsrelevanten Sachverhalte darstellen. HERING bezeichnet daher den Fall der Spaltung auch als den „natürliche[n] Fall mehrdimensionaler Bewertung"[111]. Um in dieser Konfliktsituation einen Entscheidungswert für das zuletzt betrachtete Spaltungsunternehmen festlegen zu können und um dann schließlich zu einer Einigung zu gelangen, ist es – wie auch in anderen Konfliktsituationen – notwendig, einzelne konfliktlösungsrelevante Sachverhalte – bspw. in diesem Fall die Anteilsquoten an den F–1 Spaltungsunternehmen – sukzessive festzulegen.

Die *Abbildung 33* gibt die im folgenden betrachtete *nicht dominierte*, *disjungierte* und *mehrdimensionale* Konfliktsituation vom Typ der Spaltung wieder.

---

meter $\overline{\alpha_{U_f}^{h}}$ im Vorwege festgelegt wurden. Vgl. dazu die eindimensionale Grenzquotenformel im Abschnitt III.1.2.4.1 (S. 158) dieser Arbeit. Annahmegemäß sei die angestrebte Struktur $\overline{w}_s^{U_{UG}} = \overline{w}_s^{U_f}$ der Entnahmen bei allen Spaltungsunternehmen U_f gleich und entspreche zudem derjenigen der Ursprungsgesellschaft U_{UG}.

111 *HERING*, Unternehmensbewertung (2006), S. 132, Fn. 1, mit Hervorhebungen im Original. In dieser mehrdimensionalen Konfliktsituation werden die Anteilsquoten an den Spaltungsunternehmen betrachtet; alle weiteren Elemente des Entscheidungsfelds sowie alle weiteren konfliktlösungsrelevanten Sachverhalte werden als gegeben vorausgesetzt. Das Kapitel III.2 (S. 255–324) zeigt das Vorgehen unter Einbezug weiterer konfliktlösungsrelevanter Sachverhalte wie bspw. der Besetzung der Führungspositionen oder der Verteilung der Vermögenskomponenten.

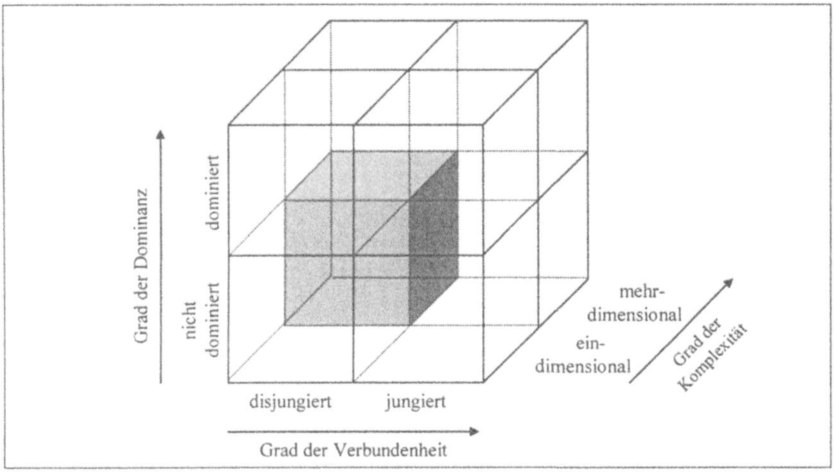

Abbildung 33: Konfliktwürfel für eine nicht dominierte, disjungierte und mehrdimensionale Konfliktsituation vom Typ der Spaltung

Zur Veranschaulichung dieser allgemein gehaltenen Konfliktsituation mit dem beispielhaften Anteilseigner h wird das Zahlenbeispiel des Abschnitts III.1.3.1 (S. 168–188) mit den betrachteten Anteilseignern X und Y dieses Kapitels herangezogen.[112]

Zusätzlich zu dem im eindimensionalen Beispiel betrachteten Bewertungssubjekt X, das ohne Spaltung mit dem Anteil $\beta^X = 70\ \%$ am Unternehmen U_{UG} beteiligt ist, sei hier außerdem die Spaltungspartei Y betrachtet, die einen Anteil von $\beta^Y = 30\ \%$ am Unternehmen U_{UG} besitzt. Es ergibt sich für die Konfliktparteien die in *Tabelle 16* dargestellte Ausschüttungshöhe, ohne daß es zu einer Änderung der Eigentumsverhältnisse kommen würde (Basisprogramm). Da die Anteilseigner X und Y beide Gesellschafter des Ursprungsunternehmens sind, haben sie auch dieselben Informationen über die zukünftigen Erfolge des Ausgangsunternehmens.[113]

---

[112] Zur Datensituation des Beispiels vgl. Abschnitt III.1.3.1.1 (S. 168–173) dieser Arbeit.

[113] An dieser Stelle wären auch unterschiedliche Sichtweisen der Anteilseigner denkbar. In diesem Fall wäre eine Einigung der Gesellschafter in den Spaltungsverhandlungen über einzelne konfliktlösungsrelevante Sachverhalte – wie bspw. die Prognose der zukünftigen Absatzmöglichkeiten oder der zukünftigen Zinssätze der Kreditaufnahme- und Geldanlagemöglichkeiten der Spaltungsunternehmen – sinnvoll. Hier wird jedoch davon ausgegangen, daß die Anteilseigner bei der Festlegung der zukünftigen Zahlungsströme des Ursprungsunternehmens gleicher Meinung sind.

	t = 0	t = 1	t = 2	t = 3	t = 4
Entnahme $EN_{U_{UG}}$		-118,3474	-118,3474	-118,3474	-118,3474
Endvermögen $EN_{U_{UG}}/0{,}05$					2.366,9484
Anteil von X (70 %) an der Entnahme $EN_{U_{UG}}$		-82,8432	-82,8432	-82,8432	-82,8432
Anteil von X (70 %) am Endvermögen $EN_{U_{UG}}/0{,}05$					1.656,8640
Anteil von Y (30 %) an der Entnahme $EN_{U_{UG}}$		-35,5042	-35,5042	-35,5042	-35,5042
Anteil von Y (30 %) am Endvermögen $EN_{U_{UG}}/0{,}05$					710,0844

Tabelle 16: *Anteile der Gesellschafter X und Y an der Ausschüttung aus dem Basisprogramm*

1.3.2.1.2 Ermittlung mehrdimensionaler Grenzquoten

Verfügen die Anteilseigner im Basisansatz noch über dieselben Informationen, so ist es gerade im Fall der verhältnisändernden Spaltung naheliegend, daß die Gesellschafter im Spaltungsansatz unterschiedliche Ansichten über die zukünftigen Ausprägungen der einzelnen konfliktlösungsrelevanten Sachverhalte der nach Spaltung bestehenden Unternehmen besitzen. Grundsätzlich können zwischen den Gesellschaftern unterschiedliche Auffassungen über alle konfliktlösungsrelevanten Sachverhalte der Spaltungsunternehmen bestehen. Um die Auswirkungen der Einigung über einzelne konfliktlösungsrelevante Sachverhalte auf den Entscheidungswert deutlich zu machen, werden im folgenden nur die beiden nachstehenden Situationen beispielhaft betrachtet:[114]

1. Vorläufige Bewertungssituation: Im Laufe der Spaltungsverhandlungen haben sich die Anteilseigner auf alle konfliktlösungsrelevanten Sachverhalte – außer auf die Bestimmung der Prognose der zukünftigen Absatzmöglichkeiten und die Verteilung der Anteilsquoten – geeinigt.
2. Endgültige Bewertungssituation: Zu diesem Verhandlungszeitpunkt haben sich die Gesellschafter bereits auf die Prognose der Absatzmöglichkeiten geeinigt. Der letzte noch zu verhandelnde konfliktlösungsrelevante Sachverhalt ist die Festlegung der Anteilsquoten an den Spaltungsunternehmen.[115]

---

[114] Voraussetzung, daß die Einigung über die konfliktlösungsrelevanten Sachverhalte Auswirkungen auf die Entscheidungswerte haben, ist, daß die Spaltungsparteien diese veränderten Sachverhalte auch in ihre Entscheidungsfelder aufnehmen. Diese Voraussetzung ist im folgenden gegeben.

[115] Es handelt sich hier also nur um die Veränderung *eines* konfliktlösungsrelevanten Sachverhalts, der Festlegung der Prognose der zukünftigen Absatzmöglichkeiten, dessen Auswirkungen auf den Entscheidungswert verdeutlicht werden sollen. Wie im Abschnitt III.2.3 (S. 303–324) gezeigt

In der *vorläufigen Bewertungssituation* werden zunächst die maximalen Entnahmen der Spaltungsunternehmen U_1^{vor} und U_2^{vor} aus Sicht des Anteilseigners X im Spaltungsansatz ermittelt. Anschließend wird im Bewertungsansatz die vorläufige Entscheidungswertefunktion des Gesellschafters X bestimmt.

Dazu seien zunächst die Handlungsmöglichkeiten der Spaltungsunternehmen aus der Sicht der beiden Anteilseigner dargestellt.[116] Wie bereits in Abschnitt III.1.3.1.1 (S. 170–172) dieser Arbeit beschrieben, werden die Investitionen I_1 und I_2 auf die beiden Spaltungsunternehmen verteilt. In der hier betrachteten Verhandlungssituation haben die Anteilseigner jedoch unterschiedliche Ansichten über die maximalen Absatzmöglichkeiten der mit diesen Investitionen hergestellten Produkte:[117] Der Anteilseigner X (der Gesellschafter Y) hält zunächst eine Obergrenze von 35 (32) Durchführungsmöglichkeiten für die Investition I_1 und eine maximale Auslastung von 30 (26) Durchführungsmöglichkeiten für die Investition I_2 für realistisch. Über die weiteren Handlungsmöglichkeiten der Spaltungsunternehmen haben die Gesellschafter in den Verhandlungen bereits Einigung erzielt: Der autonome Zahlungsstrom b_t des Ursprungsunternehmens spaltet sich aufgrund der Aufteilung des Vermögens und der Arbeitnehmer sowie der Besetzung der Führungspositionen in die Zahlungsströme für die Unternehmen U_1^{vor} und U_2^{vor} auf:[118] Das Unternehmen U_1^{vor} erzielt im Planungszeitraum einen Innenfinanzierungsstrom von (73 GE, –30 GE, –5 GE, –5 GE, –4 GE), das Unternehmen U_2^{vor} hingegen die Zahlungsreihe (60 GE, –25 GE, –4 GE, –4 GE, –4 GE). Die Konditionen der Geldanlage- und Kreditaufnahmemöglichkeiten entsprechen denen des Ursprungsunternehmens. Die Spaltungsunternehmen können auch weiterhin die Anleihe A auflegen, die Obergrenzen verringern sich jedoch auf 18 Plazierungsmöglichkeiten beim Spaltungsunternehmen U_1^{vor} und auf 14 Plazierungsmöglichkeiten bei der Gesellschaft U_2^{vor}. Die schließlich vorliegenden Handlungsmög-

---

wird, kann eine solche Veränderung nach Einigung über jeden bewertungsrelevanten Sachverhalt erfolgen. Zu den Auswirkungen der Veränderung konfliktlösungsrelevanter Sachverhalte auf den Entscheidungswert in der Konfliktsituation des Kaufs/Verkaufs vgl. *MATSCHKE/BRÖSEL*, Unternehmensbewertung (2007), S. 334–369.

116 Obwohl in diesem Abschnitt im folgenden nur die Sichtweise des Anteilseigners X betrachtet wird, ist an dieser Stelle auch die Sichtweise des Gesellschafters Y wiedergegeben, um einen möglichst umfassenden Überblick über die Konfliktsituation zu geben.

117 Üblicherweise haben die Spaltungsparteien im Fall der Spaltung – wie auch in anderen Konfliktsituationen – unterschiedliche Ansichten über die künftigen Zahlungsströme der zu bewertenden Unternehmen. In diesem Fall stellen die verschiedenen Ansichten über die Absatzmöglichkeiten der Spaltungsunternehmen konfliktlösungsrelevante Sachverhalte dar, die Gegenstand der Spaltungsverhandlungen sind. Um die Prognosen abschätzen zu können, fordern die Anteilseigner Markterhebungen und -prognosen über die zukünftigen Absatzmöglichkeiten an, die jedoch erst später im Verhandlungsprozeß zur Verfügung stehen.

118 Der Index „vor“ bezeichnet die Spaltungsunternehmen in der hier beschriebenen *vorläufigen Bewertungssituation.*

lichkeiten für die Unternehmen U_1^{vor} und U_2^{vor} aus Sicht der Anteilseigner X und Y sind in *Tabelle 17* und *Tabelle 18* abgebildet.

t	I_1	GA_0	GA_1	GA_2	GA_3	KA_0	KA_1	KA_2	KA_3	A	$b_t^{U_1^{vor}}$
0	-100	-1				1				99	73
1	30	1,05	-1			-1,1	1			-6	-30
2	40		1,05	-1			-1,1	1		-6	-5
3	50			1,05	-1			-1,1	1	-56	-5
4	55				1,05				-1,1	-53	-4
Grenze (X)	35	∞	∞	∞	∞	∞	∞	∞	∞	18	1
Grenze (Y)	32	∞	∞	∞	∞	∞	∞	∞	∞	18	1

Tabelle 17: *Vorläufige Daten des Unternehmens U_1^{vor} aus der Sicht der Anteilseigner X und Y*

t	I_2	GA_0	GA_1	GA_2	GA_3	KA_0	KA_1	KA_2	KA_3	A	$b_t^{U_2^{vor}}$
0	-110	-1				1				99	60
1	10	1,05	-1			-1,1	1			-6	-25
2	80		1,05	-1			-1,1	1		-6	-4
3	80			1,05	-1			-1,1	1	-56	-4
4					1,05				-1,1	-53	-4
Grenze (X)	30	∞	∞	∞	∞	∞	∞	∞	∞	14	1
Grenze (Y)	26	∞	∞	∞	∞	∞	∞	∞	∞	14	1

Tabelle 18: *Vorläufige Daten des Unternehmens U_2^{vor} aus der Sicht der Anteilseigner X und Y*

Im folgenden werden die maximalen Entnahmen $EN_{U_1}^{max\,X\,vor}$ und $EN_{U_2}^{max\,X\,vor}$ im vorläufigen Spaltungsansatz berechnet. Zur Ermittlung der maximalen Entnahmen

$EN_{U_1}^{max\ X\ vor}$ des Unternehmens $U_1^{X\ vor}$ aus der Sicht des Anteilseigners X ist nachfolgender vorläufiger Spaltungsansatz mit Hilfe des Simplexalgorithmus zu lösen:

$\max.\ Entn_{U_1}^{X\ vor};\ Entn_{U_1}^{X\ vor} := EN_{U_1}^{X\ vor}$

unter den Nebenbedingungen

$100 \cdot I_1 + 1 \cdot GA_0 - 1 \cdot KA_0 - 99 \cdot A \leq 73$

$-30 \cdot I_1 - 1{,}05 \cdot GA_0 + 1 \cdot GA_1 + 1{,}1 \cdot KA_0 - 1 \cdot KA_1 + 6 \cdot A + 1 \cdot EN_{U_1^{X\ vor}} \leq -30$

$-40 \cdot I_1 - 1{,}05 \cdot GA_1 + 1 \cdot GA_2 + 1{,}1 \cdot KA_1 - 1 \cdot KA_2 + 6 \cdot A + 1 \cdot EN_{U_1^{X\ vor}} \leq -5$

$-50 \cdot I_1 - 1{,}05 \cdot GA_2 + 1 \cdot GA_3 + 1{,}1 \cdot KA_2 - 1 \cdot KA_3 + 56 \cdot A + 1 \cdot EN_{U_1^{X\ vor}} \leq -5$

$-55 \cdot I_1 - 1{,}05 \cdot GA_3 + 1{,}1 \cdot KA_3 + 53 \cdot A + 21 \cdot EN_{U_1^{X\ vor}} \leq -4$

$I_1,\ GA_t,\ KA_t,\ A,\ EN_{U_1^{X\ vor}} \geq 0 \qquad \forall\ t$

$I_1 \leq 35$

$A \leq 18.$

Aus Sicht des Anteilseigners X entspringt aus dem Unternehmen $U_1^{X\ vor}$ nach Spaltung gemäß Lösung des Ansatzes mit dem Simplexalgorithmus ein uniformer Einkommensstrom der Breite $EN_{U_1}^{max\ X\ vor} = 85{,}0114$ GE. Den vollständigen Finanzplan zeigt die *Tabelle 19*.

	t = 0	t = 1	t = 2	t = 3	t = 4
Investition I_1	-3.500	1.050	1.400	1.750	1.925
Anleihe A	1.782	-108	-108	-1.008	-954
Autonome Zahlungen $b_t^{U_1^{vor}}$	73	-30	-5	-5	-4
Betriebsmittelkredit KA_t	1.645	982,5114			
Geldanlage GA_t			-121,2260	-779,2759	
KA_t-, GA_t-Rückzahlung		-1.809,5000	-1.080,7626	127,2873	818,2394
Entnahme $EN_{U_1^{X\ vor}}$	0	-85,0114	-85,0114	-85,0114	-85,0114
Zahlungssaldo	0	0	0	0	1.700,2280
Schuldenstand aus KA_t	1.645	982,5114			
Guthabenstand aus GA_t			121,2260	779,2759	
Endvermögen $EN_{U_1^{X\ vor}}/0{,}05$					1.700,2280

Tabelle 19: Vollständiger Finanzplan des Unternehmens $U_1^{X\ vor}$ im Spaltungsprogramm

Zur Vervollständigung des Spaltungsprogramms ist nun noch der maximale Einkommensstrom des Unternehmens $EN_{U_2}^{\max X \text{ vor}}$ zu ermitteln. Hierzu muß folgender linearer Optimierungsansatz gelöst werden:

$$\max.\ Entn_{U_2}^{X\text{ vor}};\ Entn_{U_2}^{X\text{ vor}} := EN_{U_2}^{X\text{ vor}}$$

unter den Nebenbedingungen:

$$110 \cdot I_2 + 1 \cdot GA_0 - 1 \cdot KA_0 - 99 \cdot A \leq 60$$
$$-10 \cdot I_2 - 1{,}05 \cdot GA_0 + 1 \cdot GA_1 + 1{,}1 \cdot KA_0 - 1 \cdot KA_1 + 6 \cdot A + 1 \cdot EN_{U_2^{X\text{ vor}}} \leq -25$$
$$-80 \cdot I_2 - 1{,}05 \cdot GA_1 + 1 \cdot GA_2 + 1{,}1 \cdot KA_1 - 1 \cdot KA_2 + 6 \cdot A + 1 \cdot EN_{U_2^{X\text{ vor}}} \leq -4$$
$$-80 \cdot I_2 - 1{,}05 \cdot GA_2 + 1 \cdot GA_3 + 1{,}1 \cdot KA_2 - 1 \cdot KA_3 + 56 \cdot A + 1 \cdot EN_{U_2^{X\text{ vor}}} \leq -4$$
$$-1{,}05 \cdot GA_3 + 1{,}1 \cdot KA_3 + 53 \cdot A + 21 \cdot EN_{U_2^{X\text{ vor}}} \leq -4$$
$$I_2,\ GA_t,\ KA_t,\ A,\ EN_{U_2^{X\text{ vor}}} \geq 0 \qquad \forall\, t$$
$$I_2 \leq 30$$
$$A \leq 14.$$

Das Unternehmen $U_2^{X\text{ vor}}$ bringt schließlich einen gleichmäßigen Entnahmestrom in Höhe von $EN_{U_2}^{\max X\text{ vor}} = 51{,}4640$ GE hervor (vgl. *Tabelle 20*).

	t = 0	t = 1	t = 2	t = 3	t = 4
Investition I_2	-3.300	300	2.400	2.400	0
Anleihe A	1.386	-84	-84	-784	-742
Autonome Zahlungen $b_t^{U_2^{vor}}$	60	-25	-4	-4	-4
Betriebsmittelkredit KA_t	1.854	1.899,8640			
Geldanlage GA_t			-170,6856	-1.739,7559	
KA_t-, GA_t-Rückzahlung		-2.039,4000	-2.089,8504	179,2199	1.826,7437
Entnahme $EN_{U_2^{X\text{ vor}}}$	0	-51,4640	-51,4640	-51,4640	-51,4640
Zahlungssaldo	0	0	0	0	1.029,2797
Schuldenstand aus KA_t	1.854	1.899,8640			
Guthabenstand aus GA_t			170,6856	1.739,7559	
Endvermögen $EN_{U_2^{X\text{ vor}}}/0{,}05$					1.029,2797

Tabelle 20: Vollständiger Finanzplan des Unternehmens $U_2^{X\text{ vor}}$ im Spaltungsprogramm

Während in der *eindimensionalen* Konfliktsituation im folgenden Schritt – dem Bewertungsansatz – die Anteilsquoten der gerade nicht betrachteten Unternehmen fest vorgegeben waren, wird in der *mehrdimensionalen* Bewertungssituation die jeweilige Grenzquote aus der Sicht des Anteilseigners X unter systematisch zu variierenden Ceteris-paribus-Bedingungen, also unter systematisch zu variierenden möglichen Anteilsquoten der anderen in Rede stehenden Spaltungsunternehmen, berechnet.

Ziel der Betrachtung ist es, Funktionen minimaler Beteiligungsquoten der beiden Spaltungsunternehmen für den Anteilseigner X zu ermitteln, die jeweils in Abhängigkeit der Anteilsquote der gerade nicht betrachteten Spaltungsgesellschaft dargestellt werden. Mit Hilfe dieser *Grenzquotenfunktionen* (Entscheidungswertefunktionen), welche die Grenze der Konzessionsbereitschaft angeben, kann der Gesellschafter X dann an den Spaltungsverhandlungen teilnehmen.[119]

Für den Anteilseigner X ergibt sich folgende *vorläufige Grenzquotenfunktion* $\alpha_{U_1}^{min\ X\ vor}\left(\alpha_{U_2}^{X\ vor}\right)$, wobei der Anteil $\alpha_{U_2}^{X\ vor}$ am Unternehmen $U_2^{X\ vor}$ als Variable dient:

$$\alpha_{U_1}^{\min X\ \mathrm{vor}}\left(\alpha_{U_2}^{X\ \mathrm{vor}}\right)=\frac{\beta^{X}\cdot EN_{U_{UG}}^{\max}-\alpha_{U_2}^{X\ \mathrm{vor}}\cdot EN_{U_2}^{\max X\ \mathrm{vor}}}{EN_{U_1}^{\max X\ \mathrm{vor}}}.$$

Mit den zuvor ermittelten Werten, ergibt sich dann folgende *vorläufige Grenzquotenfunktion* $\alpha_{U_1}^{min\ X\ vor}\left(\alpha_{U_2}^{X\ vor}\right)$ des Anteilseigners X:[120]

$$\alpha_{U_1}^{\min X\ \mathrm{vor}}\left(\alpha_{U_2}^{X\ \mathrm{vor}}\right)=\frac{0{,}7\cdot 118{,}3474-\alpha_{U_2}^{X\ \mathrm{vor}}\cdot 51{,}464}{85{,}0114}$$

$$\Leftrightarrow \alpha_{U_1}^{\min X\ \mathrm{vor}}\left(\alpha_{U_2}^{X\ \mathrm{vor}}\right)=0{,}9745-0{,}6054\cdot\alpha_{U_2}^{X\ \mathrm{vor}}.$$

Erhalten die Spaltungsparteien in der *endgültigen Bewertungssituation* über die Prognose der Absatzmöglichkeiten und somit über die Obergrenzen der Investitionen der Spaltungsunternehmen – bspw. aufgrund kürzlich veröffentlichter Daten einer Marktstudie – neue Informationen, können zunächst eindeutige Entnahmewerte für die Spaltungsgesellschaften ermittelt und anschließend die endgültigen Grenzquotenfunktionen berechnet werden. Nach Analyse der neu hinzugewonnenen Daten kann aus Sicht des Anteilseigners X die Investition I_1 maximal 34 Mal und die Investition I_2

---

119 Diese Grenzquotenfunktionen müßten spätestens vor der Verhandlung über die Anteilsquoten bereitgestellt werden. Um jedoch den Vergleich zwischen der vorläufigen und der endgültigen Verhandlungssituation aufzuzeigen, werden bereits an dieser Stelle vorläufige Entscheidungswertefunktionen für den Anteilseigner X berechnet.

120 Durch Umstellung der Formel ist entsprechend die vorläufige Beteiligungsquotenfunktion $\alpha_{U_2}^{\min X\ \mathrm{vor}}\left(\alpha_{U_1}^{X\ \mathrm{vor}}\right)$ ermittelbar.

höchstens 28 Mal durchgeführt werden. Aus dem Unternehmen U_1^X entsteht aus Sicht des Anteilseigners X gemäß Lösung des Ansatzes mit dem Simplexalgorithmus ein uniformer Einkommensstrom der Breite $EN_{U_1}^{max\ X} = 82{,}7713$ GE und aus dem Unternehmen U_2^X ein Einkommensstrom in Höhe von $EN_{U_2}^{max\ X} = 48{,}3789$ GE; [121] diese sind unter den Anteilseignern X und Y aufzuteilen.

Unter Verwendung dieser Werte ergibt sich für den Anteilseigner X folgende *spezielle endgültige Grenzquotenfunktion* $\alpha_{U_1}^{min\ X}\left(\alpha_{U_2}^X\right)$, wobei der Anteil $\alpha_{U_2}^X$ am Unternehmen U_2 als Variable dient:[122]

$$\alpha_{U_1}^{min\ X}\left(\alpha_{U_2}^X\right) = \frac{\beta^X \cdot EN_{U_{UG}}^{max} - \alpha_{U_2}^X \cdot EN_{U_2}^{max}}{EN_{U_1}^{max}}.$$

$$\alpha_{U_1}^{min\ X}\left(\alpha_{U_2}^X\right) = \frac{0{,}7 \cdot 118{,}3474 - \alpha_{U_2}^X \cdot 48{,}3789}{82{,}7713}$$

$$\Leftrightarrow \alpha_{U_1}^{min\ X}\left(\alpha_{U_2}^X\right) = 1{,}0009 - 0{,}5845 \cdot \alpha_{U_2}^X.$$ [123]

Die *spezielle vorläufige Grenzquotenfunktion sowie die spezielle endgültige Grenzquotenfunktion des Anteilseigners X* gibt die *Abbildung 34* wieder.

---

121 Vgl. dazu die bereits dargestellten Optimierungsansätze und vollständigen Finanzpläne in der eindimensionalen Betrachtung im Abschnitt III.1.3.1.3.1 (S. 175–177) dieser Arbeit. Die *endgültige Bewertungssituation* wird nicht explizit durch einen Index ausgedrückt, weil die Zahlungsströme der endgültigen, mehrdimensionalen Situation mit der eindimensionalen Situation übereinstimmen und die nachstehend dargestellten Formeln so besser vergleichbar sind. Da die endgültige Sichtweise des Anteilseigners Y in bezug auf die zukünftigen Zahlungsströme mit der Sichtweise des Gesellschafters X übereinstimmt, wird im folgenden auch auf den Index „X" bei den Entnahmen verzichtet.

122 Vgl. hierzu und im folgenden BYSIKIEWICZ/MATSCHKE/BRÖSEL, Unternehmensbewertung im Fall der Spaltung (2005), S. 725–728.

123 Wird der Anteil des Anteilseigners X am Unternehmen U_2 auf $\alpha_{U_2}^X = 0$ % festgelegt, zeigt sich, daß – wenn der Anteilseigner X nach der Spaltung mindestens genauso gut gestellt sein will wie vor der Spaltung – er dies nicht einmal mit einem Anteil von $\alpha_{U_1}^X = 100$ % schaffen könnte. Unter Berücksichtigung des Definitionsbereichs für $\alpha_{U_1}^X$ bedeutet dies, daß der Anteilseigner X immer einen Mindestanteil am Unternehmen U_2 fordern muß.

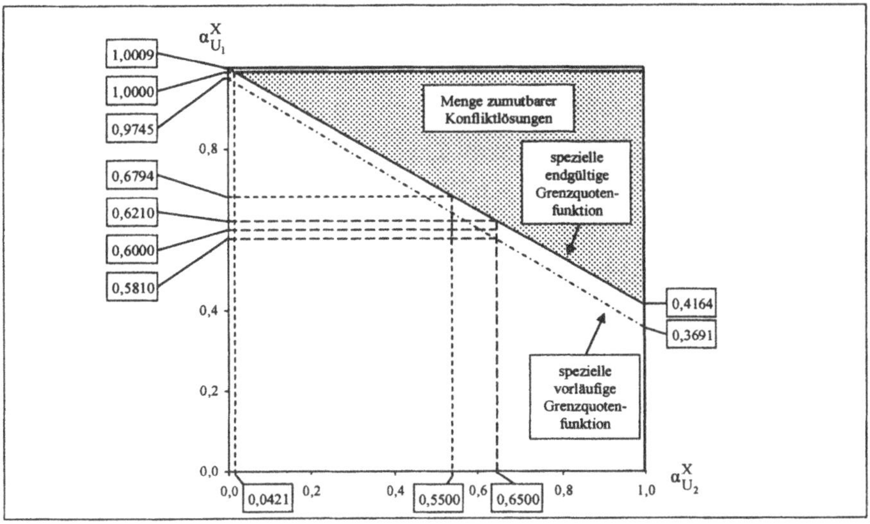

Abbildung 34: Spezielle Grenzquotenfunktionen des Anteilseigners X

Hiermit ist dem Anteilseigner X also eine Entscheidungshilfe gegeben, die es ihm ermöglicht, in den Spaltungsverhandlungen die *Menge zumutbarer Konfliktlösungen* und in Abhängigkeit der Festlegung des Anteils $\overline{\alpha^X_{U_2}}$ am Unternehmen U_2, seinen *Entscheidungswert* $\alpha^{min\,X}_{U_1}\left(\overline{\alpha^X_{U_2}}\right)$ für das Unternehmen U_1 zu ermitteln.[124] Dabei versucht der Gesellschafter X eine Kombination von Anteilsquoten zu erlangen, die möglichst weit weg vom Ursprung liegt.[125] Einigen sich die Gesellschafter in den Verhandlungen über den vorletzten konfliktlösungsrelevanten Sachverhalt, die Beteiligungsverhältnisse $\alpha^X_{U_2}$ und $\alpha^Y_{U_2}$ am Unternehmen U_2, so kann der Eigner X seinen Entscheidungswert $\alpha^{min\,X}_{U_1}$ direkt aus der Funktion ablesen. Vereinbaren die Konfliktparteien beispielsweise, daß der Eigner X 55 % (und folglich der Gesellschafter Y 45 %) am Unternehmen U_2 erhält, muß der Gesellschafter X mindestens 67,94 % am Unter-

---

124 „Für eine rationale Verhandlungsführung ist die Menge der zumutbaren Konfliktlösungen vielleicht noch bedeutsamer als der Entscheidungswert, weil sie nicht bloß die Grenze der Konzessionsbereitschaft angibt, sondern dem Entscheidungssubjekt auch Hinweise gibt, welche Konfliktlösungen angestrebt werden sollten“ [Quelle: MATSCHKE/BRÖSEL, Unternehmensbewertung (2007), S. 146].

125 Der Idealfall – dem allerdings der Gesellschafter Y bei rationaler Entscheidungsweise niemals zustimmen wird – wäre dann die Kombination $\left(\alpha^X_{U_1}; \alpha^X_{U_2}\right) = (1; 1)$, so daß der Eigner X 100 % der Anteile beider Unternehmen besitzt.

nehmen U_1 erhalten, damit er genauso gut wie ohne Spaltung des Unternehmens U_{UG} gestellt ist (vgl. *Abbildung 34*):[126]

$$\alpha_{U_1}^{\min X}\left(\alpha_{U_2}^{X}=0{,}55\right)=1{,}0009-0{,}5845\cdot\alpha_{U_2}^{X}$$
$$=1{,}0009-0{,}5845\cdot 0{,}55$$
$$=0{,}679425\ =\ 67{,}9425\ \%.$$

Dieser Sachverhalt wird im vollständigen Finanzplan für das Bewertungssubjekt X (Bewertungsprogramm) in der *Tabelle 21* dargestellt.

Im Vergleich der vorläufigen und der endgültigen Grenzquotenfunktion wird deutlich, daß der Anteilseigner X in der vorläufigen Bewertungssituation – vor Festlegung der Prognose der Absatzmöglichkeiten – auch Lösungen zugestimmt hätte, die nicht im (endgültigen) Bereich der Menge zumutbarer Konfliktlösungen liegen, weil die vorläufige Grenzquotenfunktion unterhalb der endgültigen Grenzquotenfunktion verläuft (vgl. *Abbildung 34*) und somit die Menge zumutbarer Konfliktlösungen in der vorläufigen Bewertungssituation zu weit gefaßt ist.[127] Einigen sich die Gesellschafter bspw. auf die Lösung $\alpha_{U_1}^{X}$ = 60 % und $\alpha_{U_2}^{X}$ = 65 %, dann hätte der Anteilseigner X in der vorläufigen Bewertungssituation bei einem Anteil von $\alpha_{U_2}^{X}$ = 65 % der Spaltung zugestimmt, weil dann der Anteil am Unternehmen U_1 in Höhe von $\alpha_{U_1}^{X}$ = 60 % über seinem vorläufigen Entscheidungswert in Höhe von $\alpha_{U_1}^{\min X\ vor}$ = 58,0990 % liegt:

$$\alpha_{U_1}^{\min X\ vor}\left(\alpha_{U_2}^{X\ vor}=0{,}65\right)=0{,}9745-0{,}6054\cdot\alpha_{U_2}^{X\ vor}$$
$$=0{,}9745-0{,}6054\cdot 0{,}65=0{,}580990.$$

In der endgültigen Bewertungssituation wird der Anteilseigner X der Spaltung jedoch nicht zustimmen, weil er sich somit schlechter stellt als vor der Spaltung. Der ihm angebotene Anteil am Unternehmen U_1 in Höhe von $\alpha_{U_1}^{X}$ = 60 % liegt unter seinem Entscheidungswert von $\alpha_{U_1}^{\min X}$ = 62,0975 %:

$$\alpha_{U_1}^{\min X}\left(\alpha_{U_2}^{X}=0{,}65\right)=1{,}0009-0{,}5845\cdot\alpha_{U_2}^{X}$$
$$=1{,}0009-0{,}5845\cdot 0{,}65=0{,}620975.$$

126 Vgl. auch *Tabelle 16* (S. 192) dieser Arbeit.

127 Werden die Auswirkungen aller konfliktlösungsrelevanten Sachverhalte auf den Verlauf der Grenzquotenfunktion betrachtet, ergibt sich durch Festlegung der einzelnen konfliktlösungsrelevanten Sachverhalte jeweils eine Änderung der Grenzquotenfunktion, was hier am Beispiel der Prognose der Absatzmöglichkeiten gezeigt wurde.

	t = 0	t = 1	t = 2	t = 3	t = 4
Anteil von X (70 %) an der Entnahme $EN_{U_{UG}}$	0	-82,8432	-82,8432	-82,8432	-82,8432
Anteil von X (70 %) am Endvermögen $EN_{U_{UG}}/0{,}05$					1.656,8639
Entnahme EN_{U_1}	0	82,7713	82,7713	82,7713	82,7713
Endvermögen $EN_{U_1}/0{,}05$					1.655,4268
Entnahme EN_{U_2}	0	48,3789	48,3789	48,3789	48,3789
Endvermögen $EN_{U_2}/0{,}05$					967,5780
Anteil von X (67,94 %) an der Entnahme EN_{U_1}	0	56,2348	56,2348	56,2348	56,2348
Anteil von X (67,94 %) am Endvermögen $EN_{U_1}/0{,}05$					1.124,6963
Anteil von X (55,00 %) an der Entnahme EN_{U_2}	0	26,6084	26,6084	26,6084	26,6084
Anteil von X (55,00 %) am Endvermögen $EN_{U_2}/0{,}05$					532,1676
Summe der Anteile von X an den Entnahmen EN_{U_1} und EN_{U_2}	0	82,8432	82,8432	82,8432	82,8432
Summe der Anteile von X am Endvermögen $(EN_{U_1} + EN_{U_2})/0{,}05$					1.656,8639

Tabelle 21: Vollständiger Finanzplan des Bewertungsprogramms des Anteilseigners X

1.3.2.1.3 Beurteilung der mehrdimensionalen Entscheidungswertermittlung

Die Ermittlung *eindimensionaler* Entscheidungswerte im Rahmen der Unternehmensbewertung bei der Spaltung ermöglicht es, dem Bewertungssubjekt eine kritische Beteiligungsquote bei gegebener Datenkonstellation zu präsentieren. Eine Erweiterung dieses Modells stellt die *mehrdimensionale* Entscheidungswertermittlung dar. Im Zentrum der Analyse stehen dabei – ebenso wie bei der eindimensionalen Entscheidungswertermittlung – die Anteilsquoten der Eigner an den gespaltenen Unternehmen, die mit den Unternehmen verfolgten Ziele sowie die Strukturen der Ausschüttungsströme. Bei der praxisrelevanten Spaltung in zwei Unternehmen ist zu beachten, daß die Anteilsquote des einen durch die Spaltung entstehenden Unternehmens die Beteiligungsquoten der anderen durch die Spaltung entstehenden Unternehmen determiniert. Der Nutzen der mehrdimensionalen Grenzquotenermittlung liegt für das Entscheidungssubjekt in der Wertefunktion, aus der bei Veränderung der Anteilsquote des einen gespaltenen Unternehmens ein Entscheidungswert in Form einer Grenzquote für das andere gespaltene Unternehmen resultiert. Graphisch ist diese Entscheidungshilfe anschaulich mit Hilfe einer *Grenzquotenfunktion* darstellbar, welche die möglichen Einigungslösungen in einen Bereich zumutbarer und einen Bereich unzumutbarer Konfliktlösungen unterteilt. Alle Konfliktlösungen, deren Punkte direkt auf der Grenzquotenfunktion liegen, stellen für den Anteilseigner die Grenze seiner Konzessionsbereitschaft dar: Ein Einigungspunkt auf der Grenzquotenfunktion [z. B. $\left(\alpha_{U_1}^{X} / \alpha_{U_2}^{X}\right)$ = (67,94 %/55 %), vgl. die spezielle Grenzquotenfunktion des Anteilseigners X in der *Abbildung 34*] bietet dem Anteilseigner keinen zusätzlichen Nutzen gegenüber der Situation ohne Spaltung. Die Grenzquotenfunktion ermöglicht es dem Anteilseigner demzufolge, auf Anteilsquotenforderungen in den Spaltungsverhandlungen zu reagieren und selbst Argumentationswerte zu liefern.

Des weiteren ist im Zuge der mehrdimensionalen Bewertung zu beachten, ob noch weitere konfliktlösungsrelevante Sachverhalte bewertungsrelevant sind und welche *Kombinationen* konfliktlösungsrelevanter Sachverhalte ggf. zu betrachten sind. Dabei kann eine beachtliche Anzahl möglicher Konfliktlösungen entstehen, weil neben der Fülle ohnehin bestehender, möglicher konfliktlösungsrelevanter Sachverhalte eines Spaltungsunternehmens, noch deren Kombinationsmöglichkeiten mit den anderen Nachfolgegesellschaften beachtet werden müssen. Diese bereits an dieser Stelle große Anzahl möglicher Konfliktlösungen wird noch um ein Vielfaches erhöht, wird beachtet, daß jeder einzelne konfliktlösungsrelevante Sachverhalt diverse Ausprägungen annehmen kann. Beispielsweise kann der Sachverhalt „Einigung über die Besetzung der Führungspositionen in den Spaltungsunternehmen" noch folgendermaßen spezifiziert werden: Es kann sich um *einen* oder um *mehrere* Mitglieder der Geschäftsleitung (GF) des zu betrachtenden Spaltungsunternehmens handeln. Weiterhin muß entschieden werden, ob es sich um einen oder mehrere der bereits im Ursprungsunternehmen tätigen Führungspersonen handeln soll oder ob einer oder mehrere externe Bewerber ($GF_{ext.}$) in Frage kommen. Werden diese Möglichkeiten miteinander kombiniert, ergibt sich bei nur einem betrachteten konfliktlösungsrelevanten Sachverhalt, der Einigung über die Besetzung der Führungspositionen in den Spaltungsunternehmen, schon bald eine sehr große Anzahl möglicher Konfliktlösungen (vgl. *Abbildung 35*).[128] Es zeigt sich, daß in den Spaltungsverhandlungen eine praktikable Vorgehensweise gewählt werden muß, um die mehrdimensionale Konfliktsituation vom Typ der Spaltung zu bewältigen.

---

128 Die Kombinationsmöglichkeiten wurden beschränkt, indem insgesamt nur Lösungen mit einem, zwei oder drei Mitgliedern der Geschäftsleitung möglich sind. Bei einem oder zwei Geschäftsleitungsmitgliedern besteht die Möglichkeit m externe Bewerber in Erwägung zu ziehen, bei drei Führungspersonen können insgesamt n externe Kandidaten beachtet werden. Um die Übersichtlichkeit in der *Abbildung 35* zu wahren, werden Kombinationen mit einer unterschiedlichen Anzahl von Geschäftsleitungsmitgliedern für die einzelnen Spaltungsunternehmen – wie z. B. ein Geschäftsführungsmitglied beim Unternehmen U_1 und drei Mitglieder der Geschäftsleitung beim Spaltungsunternehmen U_2 – nicht berücksichtigt. In der *Abbildung 35* wurde unterstellt, daß eine Führungsperson gleichzeitig bei zwei Spaltungsunternehmen in der Unternehmensleitung tätig sein kann, sofern die Geschäftsleitung mindestens zwei Mitglieder hat. Der Index „GF" steht zwar für den Ausdruck „Geschäftsführer", wird jedoch rechtsformunabhängig gebraucht.

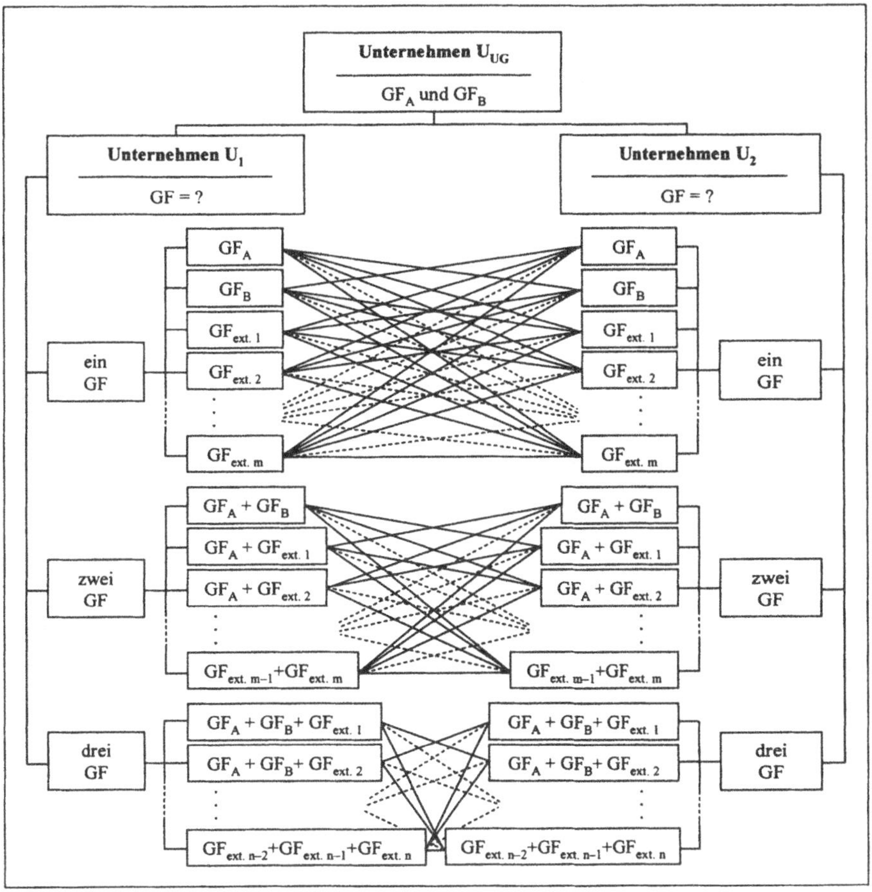

Abbildung 35. Kombinationsmöglichkeiten der Ausprägungen bei der Festlegung der Führungspositionen

In den Spaltungsverhandlungen sollte dementsprechend ein heuristisches Vorgehen gewählt werden, wobei folgende zwei Prinzipien zu berücksichtigen sind:

1. Es ist sinnvoll, die Verhandlungen in einzelne Themengebiete aufzuteilen, in denen sich jeweils über die Ausprägungen eines konfliktlösungsrelevanten Sachverhalts in den verschiedenen Spaltungsunternehmen geeinigt wird,[129] so daß ei-

[129] Es wäre bspw. nicht sinnvoll, in einer Verhandlungsrunde eine Einigung über die „Besetzung der Führungspositionen im Unternehmen U_1“ und über die „Zuteilung der Kundenstämme für das Unternehmen U_2“ erzielen zu wollen, weil in dem Fall einer Spaltung in zwei Unternehmen erstens die Einigung über einen konfliktlösungsrelevanten Sachverhalt in einem Unternehmen immer die Einigung über den gleichen Sachverhalt im anderen Unternehmen nach sich zieht, so-

ne *sukzessive Verhandlungsführung* entsteht,[130] deren Ergebnisse Teillösungen in bezug auf bestimmte konfliktlösungsrelevante Sachverhalte darstellen.

2. Die letzte Verhandlungsrunde sollte die Einigung über die Anteilsquoten der Gesellschafter an den Spaltungsunternehmen beinhalten, denn nur wenn vorher Einigung über die Verteilung des Unternehmensumfangs, über die Besetzung der Führungspositionen, über die Aufteilung der Kundenstämme und über weitere konfliktlösungsrelevante Sachverhalte erzielt worden ist, kann das Entscheidungssubjekt jeweils einen Wert für die einzelnen Spaltungsunternehmen bestimmen und so seine minimalen Anteilsquoten festlegen.[131]

Insgesamt ist zu erkennen, daß es sich bei der Bewertungssituation vom Typ der Spaltung um eine *mehrdimensionale* Konfliktsituation handelt. Zur Lösung dieses Entscheidungsproblems dient ein Modell, das es den Gesellschaftern des Unternehmens ermöglicht, im Verlauf der Spaltungsverhandlungen durch Festlegung einzelner konfliktlösungsrelevanter Sachverhalte einen Entscheidungswert in Form einer minimalen Grenzquote der Beteiligung oder mehrdimensionale Kombinationsmöglichkeiten minimaler Grenzquoten zu erhalten. Dieses Modell bietet – mit den notwendigen Daten gespeist und grafisch aufbereitet – eine transparente Entscheidungsunterstützung in den Spaltungsverhandlungen.[132]

---

wie zweitens, weil die einzelnen konfliktlösungsrelevanten Sachverhalte in *dieser* Art nicht kombinierbar sind.

130 Vergleiche hierzu MATSCHKE/BRÖSEL, Unternehmensbewertung (2007), S. 147.

131 In anderen Konfliktsituationen wird i. d. R. eine ähnliche Vorgehensweise gewählt: Zum Beispiel werden in der Konfliktsituation vom Typ des Kaufs/Verkaufs zunächst alle konfliktlösungsrelevanten Sachverhalte bis auf den Preis, der den letzten und entscheidenden konfliktlösungsrelevanten Sachverhalt darstellt, festgelegt.

132 Eine sich an dieser Stelle anschließende Betrachtung deutet auf die beiden weiteren Hauptfunktionen der *funktionalen* Unternehmensbewertungstheorie hin. Die Spaltungsparteien versuchen nun ein möglichst großes Stück des zu verteilenden „Kuchens" (vom *möglichen Einigungsbereich*) zu erhalten. Die Argumente und Argumentationsfaktoren, welche die Konfliktparteien dafür anbringen, dienen der Begründung eines *Argumentationswertes* im Rahmen der *Argumentationsfunktion der Unternehmensbewertung* [Abschnitt III.2 (S. 255–324)]. Bei Nichteinigung kann ein unparteiischer Gutachter einen *Arbitriumwert* (Schiedsspruchwert) im Rahmen der *Vermittlungsfunktion der Unternehmensbewertung* ermitteln [Abschnitt III.3 (S. 325–358)].

1.3.2.2 Ermittlung jungierter Entscheidungswerte

1.3.2.2.1 Darstellung der Konfliktsituation

Speziell in der Konfliktsituation vom Typ Spaltung – bspw. bei dem einfachen Fall der Spaltung von einem in zwei Unternehmen oder der Abspaltung eines Unternehmensteils – stellt sich die Frage, ob es zweckmäßig ist, nur diese Konfliktsituation allein für sich zu betrachten, oder ob es nicht sinnvoller wäre, eine weitere Handlungsmöglichkeit einzubeziehen.[133] Deshalb sollte im Falle einer Unternehmensspaltung die Aufnahme weiterer Konfliktsituationen in den Kalkül der Bewertungssubjekte geprüft werden. Die Ergebnisse dieser Handlungsmöglichkeiten könnten eventuell Auswirkungen auf die Konfliktsituation vom Typ Spaltung haben,[134] so daß sich das Bewertungssubjekt in einer *jungierten*[135] Bewertungssituation befindet.[136] Deshalb wird im folgenden die Möglichkeit des Verkaufs eines weiteren Unternehmensteils mit in die Bewertung der Spaltung von Unternehmen einbezogen.[137] Diese Betrachtung wird da-

---

133 In der bisherigen Literatur wurden solche weiteren Handlungsmöglichkeiten als *jungierte* Konfliktsituationen – in der Form mehrerer voneinander abhängiger Konfliktsituationen – als erstes von *MATSCHKE*, Entscheidungswert (1975), S. 34–38 und S. 336–356, der die Konfliktsituationen vom Typ „Kauf-Kauf“ und „Verkauf-Verkauf“ mit jeweils zwei Bewertungsobjekten, die uniforme und übereinstimmende Zahlungsströme generieren, betrachtet. Siehe auch *HERING*, Unternehmensbewertung (2006), S. 127–132, der den Bewertungsfall „Kauf-Verkauf“ untersucht, und *BRÖSEL*, Medienrechtsbewertung (2002), S. 98–106, der die Konfliktsituation „Kauf-Kauf“ betrachtet, bei der zwei Bewertungsobjekte mit periodenindividuellen und voneinander differierenden Zahlungsströmen berücksichtigt werden. Allen Betrachtungen gemein ist dabei, daß es sich um Konfliktsituationen handelt, bei denen der Preis den einzig konfliktlösungsrelevanten Sachverhalt darstellt. Vgl. auch *MATSCHKE/BRÖSEL*, Unternehmensbewertung (2007), S. 429–456.

134 „Es erweist sich dabei als zweckmäßig und notwendig, die Unternehmensaufspaltung in einen größeren Rahmen hineinzustellen und die nächsthöhere Stufe miteinzubeziehen: Die Unternehmensaufspaltung bildet eine unter verschiedenen Alternativen, die sich dem Unternehmer für die Umstrukturierung der Gesamtunternehmung […] anbieten“ [Quelle: *SCHNEIDER*, Unternehmensaufspaltung (1977), S. 27 (Hervorhebungen im Original)].

135 Vgl. zum Begriff der „jungierten Bewertungssituation“ Abschnitt II.2.2 (S. 63 f.) dieser Arbeit.

136 So prüft bspw. im Frühjahr 2007 der DAIMLERCHRYSLER-Vorstand ZETSCHE, ob eine Schließung, ein Verkauf, ein Börsengang oder eine Abspaltung der angeschlagenen amerikanischen Tochter CHRYSLER für das Mutterunternehmen vorteilhaft wäre. Vgl. *DALAN/SEIDLITZ*, Chrysler (2007), S. 15. Ende 2006 prüfte der Vorstand des Touristik- und Logistikkonzerns TUI, FRENZEL, welche Handlungsmöglichkeit – eine Abspaltung, ein Verkauf oder ein Börsengang der Schifffahrtssparte, der Reederei HAPAG LLOYD – am besten für den Konzern ist. Vgl. *GINTEN/NICOLAI*, Lahm auf beiden Beinen (2006), S. 16. Ebenso schwankt der niederländische *AKZO NOBEL*-Konzern, das Arzneimittelgeschäft abzuspalten oder zu verkaufen. Vgl. *O. VERF.*, Akzo Nobel wird zerschlagen (2006), S. 14.

137 Einen ersten Hinweis auf die verbundene Betrachtung von Spaltung und Verkauf gibt bereits *KOTTMANN*, Spaltung (1986), S. 9–11. Siehe auch *OETTER*, Spaltung im Konzern (2003), S. 32–35 sowie S. 307. Der Bewertungsfall der Spaltung scheint dem Bewertungsfall der Veräußerung eines Unternehmensteils ähnlich zu sein: In beiden Konfliktsituationen trennen sich die Entscheidungssubjekte zunächst von einem Teil ihres ursprünglichen Entscheidungsfelds, um dann im Fall der *Spaltung*, ein um positive Spaltungseffekte erweitertes Entscheidungsfeld zu erhalten und um im Fall des *Verkaufs* eines Unternehmensteils, den Anteil am Gegenwert des Unternehmens in Form des Kaufpreises als weitere Handlungsmöglichkeit in ihr Entscheidungsfeld mit aufzu-

durch komplex, daß auf der einen Seite minimale Beteiligungsquoten – im Fall der Spaltung von Unternehmen – und auf der anderen Seite Grenzpreise – im Fall des Verkaufs eines Unternehmensteils – parallel betrachtet werden.

Im folgenden wird zunächst eine jungierte Konfliktsituation in allgemeiner Form beschrieben, dann folgt eine Darstellung einer jungierten Konfliktsituation vom Typ Spaltung-Verkauf[138], und abschließend wird diese im nächsten Abschnitt an einem Beispiel verdeutlicht.

In der bisherigen Darstellung „wurde die Möglichkeit, daß das Entscheidungssubjekt [also eine Spaltungspartei] zur gleichen Zeit über den Kauf/Verkauf oder die Fusion [/Spaltung] mehrerer Unternehmungen mit verschiedenen Entscheidungssubjekten in Verhandlungen stehen könnte, ausgeschlossen. Diese Annahme wird im folgenden nicht mehr gemacht."[139] Das bedeutet, daß die Spaltungsparteien nun nicht mehr nur „unter sich" im Rahmen der Spaltung in Verhandlungen stehen, sondern daß auch noch von außen weitere Entscheidungssubjekte hinzukommen können. Die entsprechenden Entscheidungswerte lassen sich somit nicht mehr isoliert von weiteren Entscheidungsobjekten entwickeln. „In diesem Falle hängt nämlich die Konzessionsbereitschaft hinsichtlich eines bestimmten Bewertungsobjekts mit davon ab, welche Verhandlungsergebnisse in bezug auf die anderen Bewertungsobjekte erzielt werden. Die vorzunehmenden Bewertungen sind interdependent, weil der Grenzpreis [/die Grenzquote] jedes einzelnen Objekts vom maximalen Zielfunktionswert des zugehörigen Basisprogramms abhängt und dieser wiederum von den Verhandlungsergebnissen (Preisen [/Anteilsquoten]) der übrigen Bewertungsobjekte."[140] Solche Bewertungssituationen sind miteinander *verbunden*, so daß auch von *jungierten* Entscheidungssituationen gesprochen wird.[141]

„Aufgrund des [hierbei] auftretenden Lösungsdefekts bietet es sich an, den vorliegenden parametrischen Optimierungsansatz heuristisch zu lösen, indem der [..] [Entscheidungswert] unter systematisch zu variierenden Ceteris-paribus-Bedingungen wiederholt berechnet wird."[142] Auf diese Weise ergibt sich eine Funktion von Werten,

---

nehmen. Letztlich geht es den Bewertungssubjekten in beiden Bewertungssituationen um die Maximierung ihrer Zielfunktion. Eine ähnliche Interpretation gibt *HERING*, Grenzpreis für eine Beteiligung (2006), S. 223.

[138] Wird diese jungierte Konfliktsituation hier allgemein als Konfliktsituation vom Typ *Spaltung-Verkauf* bezeichnet, sind in dieser Betrachtung die beiden Sichtweisen der Spaltung in Abhängigkeit vom Verkauf (Ermittlung einer jungierten Grenzquote, nachfolgend als „erste Sichtweise" oder „Spaltung-Veräußerung" bezeichnet) als auch des Verkaufs in Abhängigkeit von der Spaltung (Ermittlung eines jungierten Grenzpreises, nachfolgend als „zweite Sichtweise" oder „Veräußerung-Spaltung" bezeichnet) enthalten. Vgl. dazu im folgenden die Abschnitte III.1.3.2.2.2 (S. 214–232) und III.1.3.2.2.3 (S. 232–242) dieser Arbeit.

[139] *MATSCHKE*, Entscheidungswert (1975), S. 336.

[140] *HERING*, Unternehmensbewertung (2006), S. 127.

[141] Zum Begriff der *jungierten* Konfliktsituation vgl. bereits Fn. 133 dieses Abschnitts.

[142] *BRÖSEL*, Medienrechtsbewertung (2002), S. 99. Vgl. auch *MATSCHKE*, Entscheidungswert (1975), S. 336–340, *HERING*, Unternehmensbewertung (2006), S. 127.

die in diskreten Schritten die Abhängigkeit des einen vom anderen Bewertungsobjekt beschreibt.[143]

Allgemein dargestellt befindet sich das Bewertungssubjekt in F jungierten Konfliktsituationen KS_1, KS_2, KS_3, …, KS_n, …, KS_F, in denen es um den Erwerb, die Veräußerung, die Fusion und/oder die Spaltung von F Unternehmen U_1, U_2, …, U_n, …, U_F geht. Aufgrund der vorhandenen Interdependenzen ist es erforderlich, nicht nur seinen eigenen Entscheidungswert beispielsweise für das Unternehmen U_1, sondern auch die Entscheidungswerte der weiteren (F–1) Konfliktsituationen zu bestimmen. Für die Entscheidungswerte EW_{U_f}, die von den noch zu bestimmenden Preisen P oder von den noch zu vereinbarenden Anteilsquoten Q an den Eigentumsrechten abhängig sind, gilt dementsprechend:[144]

$$EW_{U_f} = f\left(P \vee Q_{U_n \in \{\{U_1, U_2, ..., U_f, ..., U_n, ..., U_F\} \setminus \{U_f\}\}}\right)$$
$$\forall\, U_f \in \{U_1, U_2, ..., U_f, ..., U_n, ..., U_F\}.$$

Die Konfliktsituation vom Typ „Spaltung“ ist – wie bereits dargestellt – eine in sich *bedingte* (*mehrdimensionale*) Bewertungssituation,[145] bei der die Festlegung einer einzelnen Anteilsquote $\alpha_{U_f}^{h}$ des Anteilseigners h von der Einigung über die Anteilsquoten an den weiteren (F–1) gespaltenen Unternehmensteilen U_f abhängig ist:

$$\alpha_{U_f}^{\min\ h} = f\left(\alpha_{U_1}^{h}, \alpha_{U_2}^{h}, ..., \alpha_{U_{f-1}}^{h}, \alpha_{U_{f+1}}^{h}, ..., \alpha_{U_F}^{h}\right).$$

Unter Einbezug der allgemeinen Darstellung jungierter Konfliktsituationen wird deutlich, daß es sich bei einer jungierten Situation, bei der die Bewertungssituation vom Typ „Spaltung“ integriert ist, um eine *doppelt-abhängige* Konfliktsituation handelt:

1. Es besteht eine Abhängigkeit in der einzelnen *disjungierten*, *mehrdimensionalen* Konfliktsituation vom Typ der Spaltung im Hinblick auf die einzelnen Beteiligungsquoten an den durch die Spaltung entstandenen Unternehmen; die Entscheidungswerte werden hier durch minimale Beteiligungsquoten beschrieben.

2. Eine weitere Abhängigkeit besteht zwischen der Konfliktsituation vom Typ der Spaltung sowie der oder den weiterhin noch zusätzlich betrachteten Konfliktsituationen. In solch einer *jungierten* Konfliktsituation können die Anteilsquoten der bedingten Konfliktsituation vom Typ „Spaltung“ in ein Abhängigkeitsver-

---

143 Das beschriebene Vorgehen erläutert *HERING*, Unternehmensbewertung (2006), S. 128: „Mit Hilfe eines geeigneten EDV-Programms zur Sensitivitätsanalyse lassen sich die erforderlichen Variationen komfortabel und schnell durchführen, ohne jeweils die ganze Aufgabe mit den geänderten Daten von Anfang an neu eingeben und lösen zu müssen.“ Siehe auch *MATSCHKE/BRÖSEL*, Unternehmensbewertung (2007), S. 430.

144 Vgl. hierzu *MATSCHKE/BRÖSEL*, Unternehmensbewertung (2007), S. 429.

145 Zur mehrdimensionalen Konfliktsituation im Rahmen der Spaltung vgl. Abschnitt III.1.3.2.1 (S. 188–204) dieser Arbeit.

hältnis zu den Grenzpreisen – beim Kauf und Verkauf als weitere betrachtete Konfliktsituation – oder wiederum zu den Anteilsquoten – bei einer weiteren, anders gearteten Spaltung oder der Fusion als zusätzlich betrachtete Konfliktsituation – treten; die Entscheidungswerte werden so durch – von Preisen oder Anteilsquoten abhängige – minimale Beteiligungsquoten oder durch – wiederum von Preisen oder Beteiligungsquoten abhängige – Grenzpreise beschrieben.

Im folgenden wird von einer *nicht dominierten, jungierten* und *mehrdimensionalen* Konfliktsituation vom Typ „Spaltung-Verkauf" ausgegangen. Dieser Zusammenhang wird in *Abbildung 36* im entsprechenden Konfliktwürfel verdeutlicht.

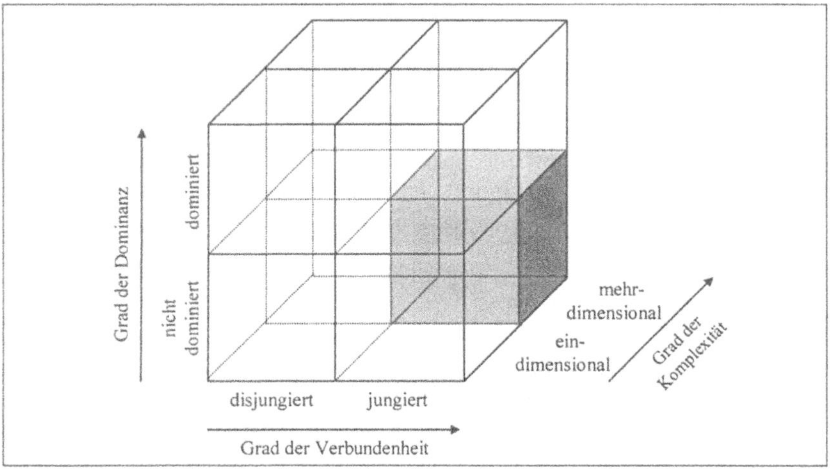

Abbildung 36: Konfliktwürfel vom Typ Spaltung-Verkauf für eine nicht dominierte, jungierte und mehrdimensionale Konfliktsituation

Diese *jungierte Konfliktsituation* kann dabei in zwei Sichtweisen unterteilt werden:

1. Sichtweise: Ermittlung eines *jungierten Entscheidungswerts (Grenzquote) für die (Ab-)Spaltung:* Die Abspaltung eines Unternehmensteils[146] wird in Abhängigkeit von der Möglichkeit des Verkaufs eines Unternehmensteils untersucht. Dabei wird das grundsätzliche Vorgehen der Bewertung im Fall der Spaltung mittels dreistufigen Ansatzes mit Basis-, Spaltungs- und Bewertungsprogramm angewendet.[147]

[146] Als Spaltungsvariante wird hier die *Abspaltung zur Neugründung* nach § 123 Abs. 2 Nr. 2 UmwG gewählt. Vgl. dazu Abschnitt II.1.2.2.2 (S. 23 f.) dieser Arbeit.

[147] Zur Ermittlung eines jungierten Entscheidungswerts (Grenzquote) für die Spaltung vgl. Abschnitt III.1.3.2.2.2 (S. 214–232) dieser Arbeit.

2. Sichtweise: Ermittlung eines *jungierten Entscheidungswerts (Grenzpreis) für den Verkauf:* Der Verkauf eines Unternehmensteils wird in Abhängigkeit von der Möglichkeit der Spaltung des Ursprungsunternehmens beurteilt. Dabei wird auf das grundsätzliche Vorgehen zur Bewertung in der Konfliktsituation vom Typ „Verkauf" mittels zweistufigen Ansatzes mit Basis- und Bewertungsprogramm zurückgegriffen.[148]

Für das Entscheidungssubjekt h ist es *erstens* erforderlich, neben der Bestimmung des Entscheidungswerts aus der ersten Sichtweise – in Form einer *minimalen Beteiligungsquote* $\alpha_{U_f}^{min\ h}$ – auch auf den Verkaufspreis P_{U_B} für das exemplarische Unternehmen U_B zu achten, und es ist *zweitens* notwendig, neben der Ermittlung des Entscheidungswerts aus der zweiten Sichtweise – dem *minimalen Verkaufspreis* $P_{U_B}^{min}$ – auch die Anteilsquoten $\alpha_{U_A}^{h}$ am beispielhaften Unternehmen U_A zu bestimmen, d. h., die Entscheidungswerte in jungierten Konfliktsituationen sind interdependent.[149] Für die Grenzquoten und Grenzpreise, die von dem im Entscheidungsfeld noch offenen Gestaltungsmöglichkeiten abhängig sind, gilt in der Konfliktsituation vom Typ „Spaltung-Verkauf" dementsprechend:

$$\alpha_{U_A}^{min\ h} = f\left(P_{U_B}\right) \wedge P_{U_B}^{min} = f\left(\alpha_{U_A}^{h}\right).$$

Im folgenden wird die jungierte Situation „Spaltung-Verkauf" auf Basis des Zustands-Grenzquotenmodells (ZGQM) im Fall der Spaltung in Kombination mit dem Zustands-Grenzpreismodell (ZGPM) für die Konfliktsituation des Verkaufs aus Sicht des Anteilseigners X an einem Beispiel mit mehrperiodigem Planungszeitraum (T = 4) erläutert. Das Bewertungssubjekt X steht im Zeitpunkt t = 0 vor der Entscheidung, von dem aus den drei Unternehmensteilen U_A, U_B und U_C bestehenden Ursprungsunternehmen U_{UG} das Teilunternehmen U_A abzuspalten und/oder die Teilgesellschaft U_B zu verkaufen.[150] Die Hauptgesellschaft U_C (als drittes Teilunternehmen der Ursprungsgesellschaft) verbleibt auf jeden Fall weiterhin im Ursprungsunternehmen U_{UG}.

148 Zur Ermittlung eines jungierten Entscheidungswerts (Grenzpreis) für den Verkauf vgl. Abschnitt III.1.3.2.2.3 (S. 32–242) dieser Arbeit.

149 Vgl. *MATSCHKE*, Entscheidungswert (1975), S. 336, *BRÖSEL*, Medienrechtsbewertung (2002), S. 99.

150 An dieser Stelle wäre auch die Fragestellung diskutierbar, ob eine Abspaltung von U_A oder eine Veräußerung des Teilunternehmens U_A sinnvoller wäre. Diese Aufgabe führt aber letztlich nur zu einer Unternehmensbewertung für das Unternehmen U_A; lediglich die Annahmen, die für dieses Unternehmen getroffen wird, nämlich ob die zukünftigen Entscheidungsfelder und Handlungsmöglichkeiten und Rahmenbedingungen für das Unternehmen U_A im Fall der Spaltung oder ob die voraussichtlichen Steigerungsmöglichkeiten der Gesellschaft U_A im Falle des Verkaufs günstiger sind, werden dann miteinander verglichen. Das bedeutet, daß ein Unternehmenswert $EN_{U_A}^{Sp}$ für das Teilunternehmen U_A im Falle der Spaltung und ein Unternehmenswert $EN_{U_A}^{Vk}$ im Falle des Verkaufs des Unternehmens U_A ermittelt werden müßte. Die Entscheidung für die (Ab-) Spaltung oder für die Veräußerung des Teilunternehmens U_A ist dann abhängig vom Vergleich

Jedes der drei Teilunternehmen übt eine bestimmte Investition aus, so daß drei verschiedene, voneinander unabhängige Investitionsmöglichkeiten I_A, I_B und I_C für die Ursprungsgesellschaft U_{UG}, an der die beiden Anteilseigner X und Y mit den Anteilsquoten $\beta^X = 60$ % und $\beta^Y = 40$ % beteiligt sind, zur Verfügung stehen. Die Investitionen können aufgrund der Gegebenheiten nur bis zu bestimmten Obergrenzen durchgeführt werden.[151] Die Zahlungsströme (in GE) und Obergrenzen der über drei oder vier Perioden laufenden Investitionen lauten für I_A: (–100 GE, 30 GE, 40 GE, 50 GE, 55 GE), Obergrenze: 30, für I_B: (–110 GE, 10 GE, 80 GE, 80 GE), Obergrenze: 25 und für I_C: (–120 GE, 40 GE, 60 GE, 80 GE, 80 GE), Obergrenze: 20. Aus dem Ursprungsunternehmen U_{UG} resultiert in jedem Zeitpunkt ein ewiger Einzahlungsüberschuß aus der Innenfinanzierung (IF) in Höhe von insgesamt 40 GE. Das Bewertungssubjekt plant nunmehr, das Unternehmen U_{UG} in das Mutterunternehmen U_M und die Spaltungsgesellschaft U_A zu spalten und/oder sich vom Teilunternehmen U_B durch Verkauf zu trennen. Aus dem eventuell abzuspaltenden Unternehmen U_A resultiert ein Zahlungsstrom von (0 GE, 9 GE, 9 GE, 9 GE, 9 GE) und darüber hinaus ab t = 5 eine ewige Rente in Höhe von 9 GE.[152] Das möglicherweise zu veräußernde Unternehmen U_B steuert im Planungszeitraum den Zahlungsstrom von (0 GE, 14 GE, 15 GE, 14 GE, 14 GE) und darüber hinaus ab t = 5 eine ewige Rente von 14 GE bei. Die verbleibenden Zahlungen aus der Innenfinanzierung ergeben sich aus dem in der Muttergesellschaft verbleibenden Unternehmen U_C: (40 GE, 17 GE, 16 GE, 17 GE, 17 GE) inklusive einer ab t = 5 geforderten ewigen Rente von 17 GE. Das Bewertungssubjekt verfolgt sowohl im Ursprungsunternehmen als auch in den zu spaltenden oder zu verkaufenden Unternehmen das Ziel der Einkommensmaximierung. Die gewünschte zeitliche Struktur der Entnahmen lautet: $\overline{w}_0 : \overline{w}_1 : \overline{w}_2 : \overline{w}_3 : \overline{w}_4 = 1 : 1 : 1 : 1 : 21$.

---

der Anteile der Entnahmewerte des Gesellschafters X: dabei wird *erstens* beim Verkauf des Unternehmens U_A der Anteil des Gesellschafters X am Unternehmenswert des weiterhin (ohne das verkaufte Unternehmen U_B) bestehenden Ursprungsunternehmens U_{UG} inklusive der Wertsteigerung aufgrund des zugeführten Verkaufserlöses P_{U_A} für das Unternehmen U_A mit *zweitens* der Summe seiner Anteile an dem nach der Spaltung verbleibenden Ursprungsunternehmen U_{UG} (ohne das abgespaltene Unternehmen U_A) und dem Unternehmen U_A, deren Unternehmenswerte durch positive Spaltungseffekte begünstigt werden, im Falle der Unternehmensspaltung verglichen. Somit entsteht also eine Bewertungssituation, die von den Unternehmenswerten für das Teilunternehmen U_A im Fall der Spaltung und im Fall des Verkaufs abhängig ist. Zur Verdeutlichung wird hier aber der Verkauf eines weiteren Teilunternehmens der Ursprungsgesellschaft U_{UG} – des Unternehmens U_B – gewählt, um die beiden relevanten zu spaltenden oder zu veräußernden Unternehmensteile anschaulicher voneinander abgrenzen zu können.

151 Hier wäre auch die Konstellation denkbar, daß das Ursprungsunternehmen U_{UG} nur eine Investition durchführt, bei der sich dann eine Obergrenze für das gesamte Ursprungsunternehmen aus der Summe der Einzelkapazitäten der einzelnen Teilunternehmen ergeben würde. Das hier gezeigte Beispiel bezieht sich bei der Entscheidungsfindung, ob die Spaltung oder die Veräußerung eines Teilunternehmens durchgeführt werden soll, auf die einen großen Praxisbereich abdeckende Aufteilung nach bestimmten Investitionsmöglichkeiten (und die damit einhergehende regionale Aufteilungsmöglichkeit) und nicht nur nach der maximalen Ausbringungsmenge.

152 Zur Berechnung der ewigen Rente mit Hilfe der Kapitalisierungsformel siehe Abschnitt III.1.3.1.2 (S. 173) dieser Arbeit.

Das übrige Entscheidungsfeld beinhaltet folgende Objekte: Im Entscheidungszeitpunkt stehen 10 GE als Eigenmittel (EM) zur Verfügung. Dem Ursprungsunternehmen U_{UG} stehen insgesamt drei Finanzierungsmöglichkeiten zur Verfügung. Die einzelnen Finanzierungen werden nach einer möglichen Spaltung oder einer Veräußerung den Investitionen der Teilunternehmen zugerechnet. So kann die Ursprungsgesellschaft U_{UG} – und nach einer möglichen Spaltung das Teilunternehmen U_A – im Zeitpunkt t = 0 eine Anleihe (Finanzierung F_A) zu 99 % auflegen. Die Anleihe wird nominal zu 6 % p. a. verzinst sowie in t = 3 und t = 4 je zur Hälfte zurückgezahlt. Für die Investition I_B steht dem Ursprungsunternehmen U_{UG} – und nach einem eventuellen Verkauf dem Unternehmen U_B – ein durch die Bank finanziertes endfälliges Darlehen (Finanzierung F_B) von 100 GE bei jährlich nachschüssig zu zahlenden Zinsen von 7 % p. a. mit einer Gesamtlaufzeit von 4 Perioden zur Verfügung. Weiterhin kann das Ursprungsunternehmen U_{UG} – und in der Weiterführung das Unternehmen U_C – eine Anleihe (Finanzierung F_C) von 100 GE auflegen, die während der Laufzeit von vier Perioden zu gleichen Teilen zu tilgen ist und mit 8 % p. a. verzinst wird, so daß die Finanzierung F_C zu folgendem Zahlungsstrom führt: (100 GE, –33 GE, –31 GE, –29 GE, –27 GE). Die Finanzierungen F_A, F_B und F_C können allesamt maximal 30 Mal in Anspruch genommen werden.

Weitere finanzielle Mittel können als Betriebsmitteldarlehen in der Höhe unbegrenzt zu einem kurzfristigen Sollzins von 10 % p. a. aufgenommen werden (Kapitalaufnahmen KA_t). Darüber hinaus sind in beliebiger Höhe Finanzinvestitionen (Geldanlagen GA_t) zu einem Habenzins von 5 % p. a. möglich. *Tabelle 22* faßt die Daten der Ausgangssituation zusammen.

t	I_A	I_B	I_C	F_A	F_B	F_C	GA_t	KA_t	EM	IF	davon		
											U_A	U_B	U_C
0	-100	-110	-120	99	100	100	-1	1	10	40	0	P = ?	40
1	30	10	40	-6	-7	-33	1,05	-1,1		40	9	14	17
2	40	80	60	-6	-7	-31	...	...		40	9	15	16
3	50	80	80	-56	-7	-29				40	9	14	17
4	55		80	-53	-107	-27				840	189	294	357
Grenze	30	25	20	30	30	30	∞	∞	1	1	1	1	1

Tabelle 22: Datensituation des Unternehmens U_{UG} im Basisprogramm

Durch die möglichen Bewertungsanlässe „Spaltung" und „Verkauf" können aus der Ursprungsgesellschaft U_{UG} insgesamt fünf in bezug auf den Unternehmensumfang unterschiedliche Unternehmen entstehen (vgl. *Abbildung 37*):

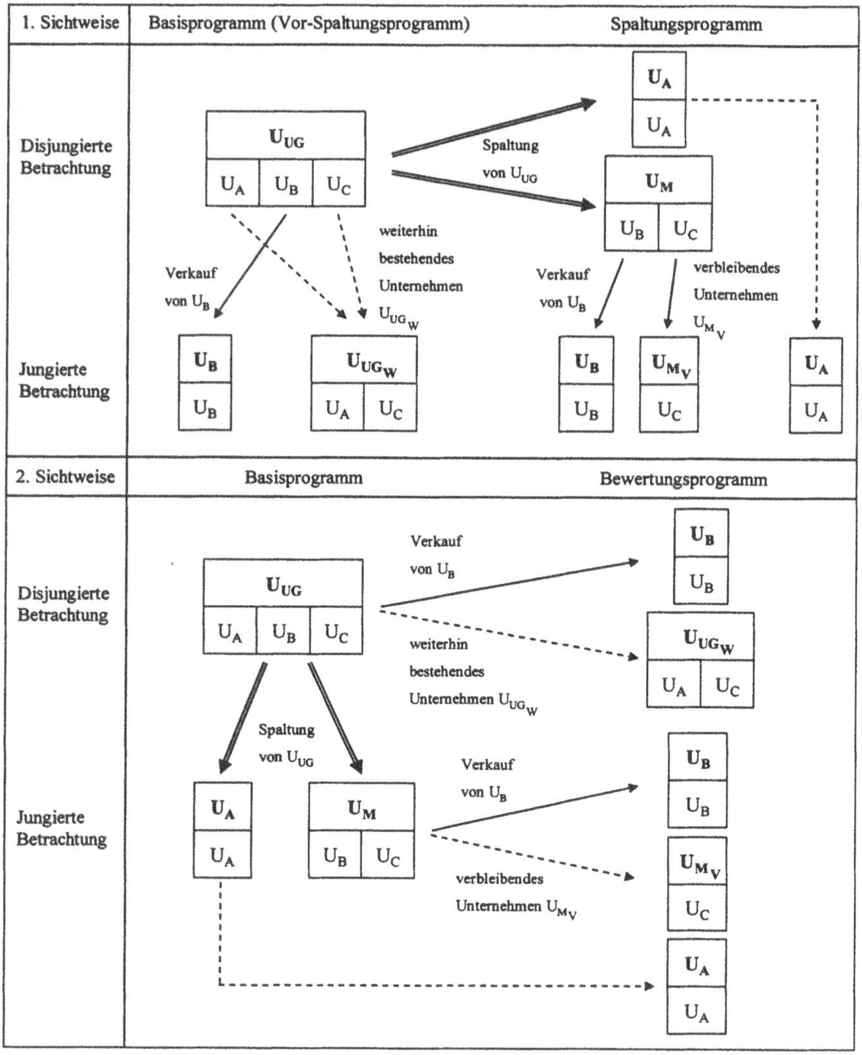

Abbildung 37: Darstellung der jungierten Konfliktsituation im Rahmen der Spaltung aus der ersten und zweiten Sichtweise

1. Sichtweise: Ermittlung eines *jungierten Entscheidungswerts (Grenzquote) für die Spaltung:* Zunächst kann das Ursprungsunternehmen U_{UG} in das Teilunternehmen U_A (Spaltungsunternehmen 1) und in das verbleibende Mutterunternehmen U_M (Spaltungsunternehmen 2) – das wiederum aus den Teilbereichen U_B und U_C besteht – gespalten werden (*disjungierte Betrachtung*). Unter Einbezug des Ver-

kaufs des Unternehmens U_B können dann im Basisansatz aus der Ursprungsgesellschaft U_{UG} die Unternehmen U_B (Verkaufsunternehmen 1) und das „weiterhin bestehende Unternehmen" U_{UG_W} (Verkaufsunternehmen 2) entstehen. Im Spaltungsansatz können aus dem Mutterunternehmen U_M noch das Unternehmen U_B (Verkaufsunternehmen 1) und das „verbleibende Unternehmen" U_{M_V} (Verkaufsunternehmen 3) – das aus dem Teilbereich U_C besteht – entstehen (*jungierte Betrachtung*).[153]

2. Sichtweise: Ermittlung eines *jungierten Entscheidungswerts (Grenzpreis) für den Verkauf*: Aus dem Ursprungsunternehmen U_{UG} können durch die Veräußerung des Unternehmens U_B das Unternehmen U_B (Verkaufsunternehmen 1) und das „weiterhin bestehende Unternehmen" U_{UG_W} (Verkaufsunternehmen 2) – das wiederum aus den Teilbereichen U_A und U_C besteht – entstehen (*disjungierte Betrachtung*). Wird die Ursprungsgesellschaft U_{UG} zusätzlich zum Verkauf noch gespalten (*jungierte Betrachtung*), so entstehen wiederum das Mutterunternehmen U_M (Spaltungsunternehmen 2) – bestehend aus den Unternehmen U_B und U_C – und das Unternehmen U_A (Spaltungsunternehmen 1). Das Unternehmen U_M läßt sich durch einen Verkauf des Unternehmens U_B in dieses Unternehmen U_B (Verkaufsunternehmen 1) und das „verbleibende Unternehmen" U_{M_V} (Verkaufsunternehmen 3) – das nur noch aus dem Unternehmen U_C besteht – teilen.[154]

In der jungierten Entscheidungssituation können überblicksartig zusammengefaßt aus der Ursprungsgesellschaft U_{UG} also folgende fünf Unternehmen entstehen:

- das Spaltungsunternehmen U_A (bestehend aus dem Teilunternehmen U_A),
- das Mutterunternehmen U_M (bestehend aus den Unternehmen U_B und U_C),
- das Unternehmen U_B (bestehend aus dem verkauften Teilbetrieb U_B),
- das „weiterhin bestehende Unternehmen" U_{UG_W} (bestehend aus den Gesellschaften U_A und U_C) und/oder
- das „verbleibende Unternehmen" U_{M_V} (bestehend aus dem Unternehmen U_C).

Die Datensituationen der einzelnen neu entstehenden Unternehmen werden im folgenden Kapitel näher beschrieben.

---

153 Siehe auch *Abbildung 38* im Abschnitt III.1.3.2.2.2 (S. 216) dieser Arbeit. Durch den Verkauf des Unternehmens U_B verringert sich lediglich der Umfang der Unternehmen U_{UG} und U_M, die rechtliche Selbständigkeit der Unternehmen bleibt durch den Verkauf unberührt. Um die Unternehmen U_{UG} und U_M vor und nach dem Verkauf der Gesellschaft U_B voneinander abgrenzen zu können, werden die Unternehmen nach dem Verkauf mit dem Index „W" (für „weiterhin bestehendes" Unternehmen) und mit dem Index „V" (für „verbleibendes" Unternehmen) versehen.

154 Vgl. *Abbildung 40* im Abschnitt III.1.3.2.2.3 (S. 234) dieser Arbeit.

1.3.2.2.2 Ermittlung einer jungierten Grenzquote

In der *ersten Sichtweise* der jungierten Konfliktsituation („Spaltung-Veräußerung") wird der Entscheidungswert des Gesellschafters X für die (Ab-)Spaltung des Unternehmensteils U_A – die Grenzquote $\alpha_{U_A}^{\min X}$ – in Abhängigkeit vom Verkaufspreis P_{U_B} für die Teilgesellschaft U_B bestimmt, so daß sich folgender funktionaler Zusammenhang für die *jungierte Grenzquote* ergibt: $\alpha_{U_A}^{\min X} = f\left(P_{U_B}\right)$.

Das Vorgehen zur Ermittlung der minimalen Beteiligungsquoten in dieser Situation erfolgt – wie schon im *disjungierten Fall* der Spaltung – in drei Schritten:[155]

1. *Ermittlung des Basisprogramms (Vor-Spaltungsprogramm) durch den Basisansatz (Vor-Spaltungsansatz):* Im Basisansatz wird noch keine Spaltung durchgeführt, es wird nur der Ursprungszustand bewertet. Weiterhin besteht in der jungierten Betrachtung die Möglichkeit, je nachdem, wie hoch der Verkaufspreis P_{U_B} ist, das Unternehmen U_B zu verkaufen. Dabei wird die maximale Entnahmemöglichkeit $EN_{U_{UG}}^{max}$ des Ursprungsunternehmens U_{UG} in Abhängigkeit von der Möglichkeit eines Verkaufs des Teilunternehmens U_B ermittelt, die abhängige Variable stellt somit der Verkaufspreis P_{U_B} für das Unternehmen U_B dar: $EN_{U_{UG}}^{max}\left(P_{U_B}\right)$.
2. *Ermittlung des Spaltungsprogramms durch den Spaltungsansatz:* Im Spaltungsansatz wird das Ursprungsunternehmen U_{UG} gespalten, so daß in der disjungierten Betrachtung zwei neu existierende Unternehmen U_A und U_M (bestehend aus den Teilunternehmen U_B und U_C) entstehen; in der jungierten Betrachtung besteht weiterhin die Möglichkeit, das Unternehmen U_B zu verkaufen, je nachdem, welcher Preis P_{U_B} für das Unternehmen U_B erzielt werden kann. Neben dem verkauften Unternehmen U_B besteht dann das verbleibende Unternehmen U_{M_V}. Bei letzterem wird die maximale Entnahmemöglichkeit wiederum in Abhängigkeit vom Verkaufspreis P_{U_B} für das Unternehmen U_B bestimmt: $EN_{U_M}^{max}\left(P_{U_B}\right)$.[156]

---

[155] Zum *disjungierten Fall* der Unternehmensspaltung vgl. Abschnitt III.1.3.1 (S. 168–188) dieser Arbeit.

[156] An dieser Stelle müßten die Entnahmen des Mutterunternehmens U_M noch mit den Entnahmen $EN_{U_M}\left(P_{U_B}\right)$ – für den Bereich, in dem das Unternehmen U_B nicht verkauft wird – und in die Entnahmen $EN_{U_{M_V}}\left(P_{U_B}\right)$ – für den Bereich, in dem das Unternehmen U_B aufgrund eines genügend hohen Preises verkauft wird – unterschiedlich bezeichnet werden. Aus Gründen der Übersichtlichkeit bei der Darstellung der Bewertungsformeln wird hier auf diese Unterscheidung verzichtet – zumal das Unternehmen U_M aus rechtlicher Sicht vor und nach dem Verkauf des

3 *Ermittlung des Bewertungsprogramms durch den Bewertungsansatz:* Im Bewertungsansatz werden diejenigen Anteile des Anteilseigners X an den Entnahmeströmen der einzelnen durch die Spaltung entstehenden Unternehmen ermittelt, mit denen er mindestens beteiligt werden muß, ohne daß er sich dabei schlechter stellt, als bei Unterlassung der Spaltung. In der jungierten Betrachtungsweise werden die minimalen Beteiligungsquoten auch hier wiederum in Abhängigkeit vom Verkaufspreis P_{U_B} für das Unternehmen U_B ermittelt: $\alpha_{U_A}^{\min X}\left(P_{U_B}\right)$.

Dieser Zusammenhang wird graphisch in *Abbildung 38* erläutert, wobei nochmals deutlich wird, daß die Grundsituation – die Spaltung der Ursprungsgesellschaft U_{UG} in die Unternehmen U_A und U_M – jeweils von dem Verkauf des Teilunternehmens U_B aus dem Ursprungsunternehmen U_{UG} – in der Basissituation – und/oder von dem Verkauf des Unternehmens U_B aus dem gespaltenen Mutterunternehmen U_M – im Spaltungsansatz – abhängig ist.

Bezogen auf das Beispiel ist zur Ermittlung der jungierten Entscheidungswerte $\alpha_{U_A}^{\min X}\left(P_{U_B}\right)$ in einem *ersten Schritt* der für das Unternehmen U_B angenommene Preis P_{U_B} schrittweise zu erhöhen und der maximale Zielfunktionswert $EN_{U_{UG}}^{\max}\left(P_{U_B}\right)$ zu ermitteln. Der nachfolgende beispielhafte *Basisansatz* dient zur Bestimmung des Basisprogramms, in dem zunächst die Entnahmemöglichkeiten aus dem Unternehmen U_{UG} ohne Spaltung bei einem Preis $P_{U_B} = 0$ ermittelt werden.[157]

Unternehmens U_B in der Außenwirkung das gleiche Unternehmen ist – und durchgängig die Bezeichnung U_M verwendet.

157 Das weitere Vorgehen besteht in der schrittweisen Erhöhung des Verkaufpreises P_{U_B}.

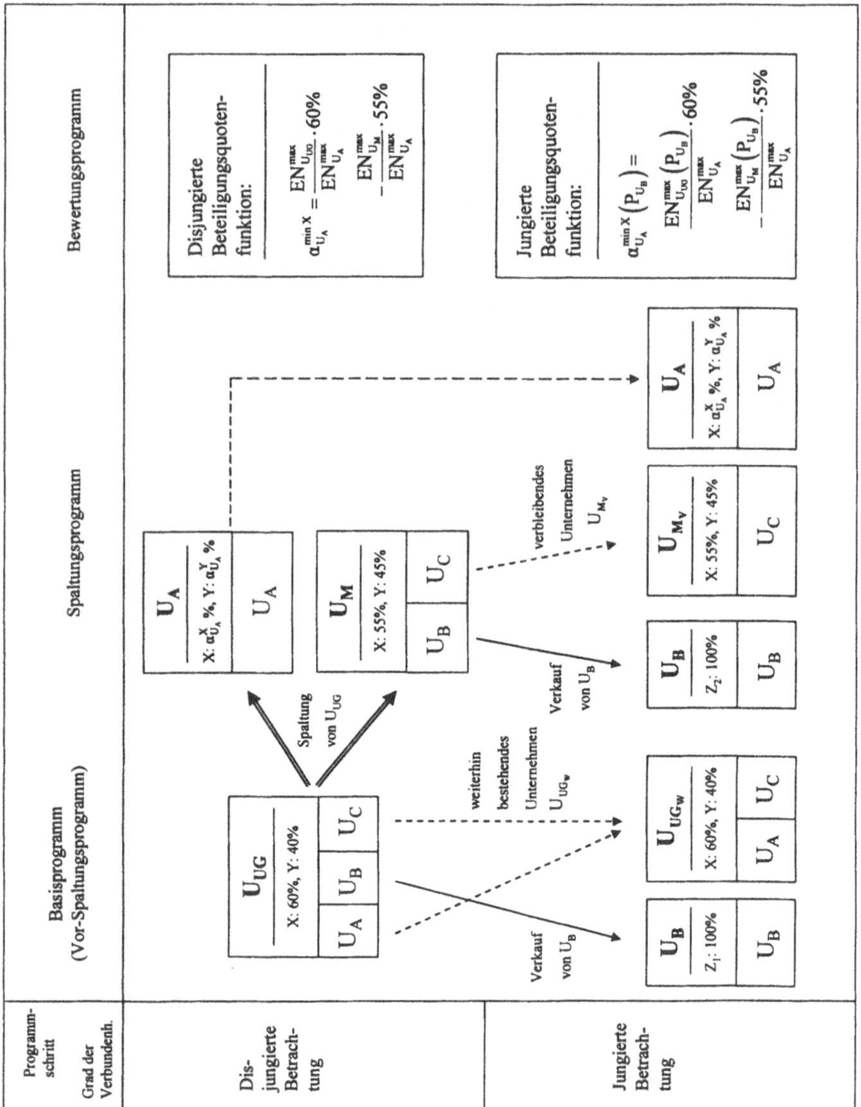

Abbildung 38: Darstellung der jungierten Konfliktsituation vom Typ „Spaltung-Veräußerung“: Erste Sichtweise

Hierzu ist die Lösung des folgenden linearen Optimierungsansatzes mit Hilfe des Simplexalgorithmusses zu berechnen:[158]

$$\text{max. Entn; Entn} := EN_{U_{UG}}\left(P_{U_B} = 0\right)$$

unter den Nebenbedingungen:

$$0 \cdot U_B + 100 \cdot I_A + 110 \cdot I_B + 120 \cdot I_C - 99 \cdot F_A - 100 \cdot F_B - 100 \cdot F_C + 1 \cdot GA_0 \\ - 1 \cdot KA_0 + 1 \cdot EN_{U_{UG}} \leq 50$$

$$14 \cdot U_B - 30 \cdot I_A - 10 \cdot I_B - 40 \cdot I_C + 6 \cdot F_A + 7 \cdot F_B + 33 \cdot F_C - 1{,}05 \cdot GA_0 + 1 \cdot GA_1 \\ + 1{,}1 \cdot KA_0 - 1 \cdot KA_1 + 1 \cdot EN_{U_{UG}} \leq 40$$

$$15 \cdot U_B - 40 \cdot I_A - 80 \cdot I_B - 60 \cdot I_C + 6 \cdot F_A + 7 \cdot F_B + 31 \cdot F_C - 1{,}05 \cdot GA_1 + 1 \cdot GA_2 + 1{,}1 \cdot KA_1 \\ - 1 \cdot KA_2 + 1 \cdot EN_{U_{UG}} \leq 40$$

$$14 \cdot U_B - 50 \cdot I_A - 80 \cdot I_B - 80 \cdot I_C + 56 \cdot F_A + 7 \cdot F_B + 29 \cdot F_C - 1{,}05 \cdot GA_2 + 1 \cdot GA_3 + 1{,}1 \cdot KA_2 \\ - 1 \cdot KA_3 + 1 \cdot EN_{U_{UG}} \leq 40$$

$$294 \cdot U_B - 55 \cdot I_A - 80 \cdot I_C + 53 \cdot F_A + 107 \cdot F_B + 27 \cdot F_C - 1{,}05 \cdot GA_3 + 1{,}1 \cdot KA_3 \\ + 21 \cdot EN_{U_{UG}} \leq 840$$

$$I_t,\ F_t,\ GA_t,\ KA_t,\ EN_{U_{UG}} \geq 0 \qquad \forall\, t$$

$$I_A \leq 30,\ I_B \leq 25,\ I_C \leq 20$$

$$F_A \leq 30,\ F_B \leq 30,\ F_C \leq 30$$

$$U_B \in \{0;1\}$$

wenn $U_B = 1$, gilt: $I_B = 0 \wedge F_B = 0$.

Dem Endtableau des Simplexalgorithmus ist das Basisprogramm zu entnehmen. Aus diesem Programm entspringt ein uniformer Einkommensstrom der Breite $EN_{U_{UG}}^{max}\left(P_{U_B} = 0\right) =$ 244,9563 GE. Im optimalen Investitions- und Finanzierungsprogramm des Ursprungsunternehmens U_{UG} ist das Unternehmen U_B weiterhin enthalten, weil es aufgrund des zu geringen Preises $P_{U_B} = 0$ nicht veräußert wird. Den vollständigen Finanzplan zeigt die *Tabelle 23*.

[158] Zur Datensituation des Unternehmens U_{UG} vgl. *Tabelle 22* im Abschnitt III.1.3.2.2.1 (S. 211) dieser Arbeit. Dabei wird die Ganzzahligkeit für die Variable U_B vorausgesetzt, die für die Durchführung oder Nichtdurchführung des Verkaufs von Unternehmen U_B steht: $U_B = 0$ zeigt den Verbleib im Unternehmen U_{UG} an, $U_B = 1$ bedeutet, daß das Unternehmen U_B verkauft wird.

	t = 0	t = 1	t = 2	t = 3	t = 4
Investition I_A	-3.000	900	1.200	1.500	1.650
Investition I_B	-2.750	250	2.000	2.000	0
Investition I_C	-2.400	800	1.200	1.600	1.600
Finanzierung F_A	2.970	-180	-180	-1.680	-1.590
Finanzierung F_B	3.000	-210	-210	-210	-3.210
Finanzierung F_C	1.632,9980	-538,8894	-506,2294	-473,5694	-440,9095
Innen-finanzierung	40	40	40	40	840
Eigenmittel	10				
Preis P_{U_B}	0				
Betriebsmittel-kredit KA_t	741,9583				
Geldanlage GA_t			-3.298,8143	-5.995,2293	
KA_t-, GA_t-Rückzahlung		-816,1543		3.463,7550	6.294,9918
Entnahme $EN_{U_{UG}}$	-244,9563	-244,9563	-244,9563	-244,9563	-244,9563
Zahlungssaldo	0	0	0	0	4.899,1260
Schuldenstand aus KA_t	741,9583				
Guthabenstand aus GA_t			3.298,8143	5.995,2293	
Endvermögen $EN_{U_{UG}}$ /0,05					4.899,1260

Tabelle 23: Vollständiger Finanzplan des Unternehmens U_{UG} (ohne Verkauf des Unternehmens U_B)

Da das Bewertungssubjekt X ohne Spaltung mit dem Anteil $\alpha_{U_{UG}}^X = 60\ \%$ am Unternehmen U_{UG} beteiligt ist, ergibt sich für X aus dem Basisprogramm die in *Tabelle 24* dargestellte Ausschüttungshöhe von $\alpha_{U_{UG}}^X \cdot EN_{U_{UG}}^{max} = 60\ \% \cdot 244,9563\ GE = 146,9738\ GE$, ohne daß es zu einer Änderung der Eigentumsverhältnisse kommen würde.

	t = 0	t = 1	t = 2	t = 3	t = 4
Entnahme $EN_{U_{UG}}$	-244,9563	-244,9563	-244,9563	-244,9563	-244,9563
Endvermögen $EN_{U_{UG}}$ /0,05					5.144,0823
Anteil von X (60 %) an der Entnahme $EN_{U_{UG}}$	-146,9738	-146,9738	-146,9738	-146,9738	-146,9738
Anteil von X (60 %) am Endvermögen $EN_{U_{UG}}$ /0,05					3.086,4494

Tabelle 24: Anteil des Anteilseigners X an der Ausschüttung aus dem Basisprogramm (ohne Verkauf des Unternehmens U_B)

Bei schrittweiser Erhöhung des Verkaufspreises P_{U_B} im linearen Optimierungsansatz zur Ermittlung des Basisprogramms ergibt sich, daß das Unternehmen U_B aufgrund des zu geringen Verkaufserlöses bis zu einem Preis von P_{U_B} = 1.038,7708 GE nicht verkauft wird. Ab einem Preis von P_{U_B} = 1.038,7709 GE liegt der Preis P_{U_B} jedoch über dem Wert, den das Unternehmen U_B für den Anteilseigner X im Basisansatz besitzt. Die Entnahmemöglichkeiten für das Unternehmen U_{UG}, die beim Grenzpreis von $P_{U_B}^{min}$ = 1.038,7708 GE bei $EN_{U_{UG}}^{max}\left(P_{U_B} = 1.038,7708\right)$ = 244,9563 GE liegen, steigen ab dieser Grenze kontinuierlich an, so daß sich z. B. bei einem Preis in Höhe von 2.000 GE ein Entnahmewert in Höhe von $EN_{U_{UG}}^{max}\left(P_{U_B} = 2.000\right)$ = 293,3613 GE ergibt.[159] Um diesen Sachverhalt zu verdeutlichen, zeigt der vollständige Finanzplan der *Tabelle 25* das optimale Investitions- und Finanzierungsprogramm, wenn das Unternehmen U_B zu einem Preis von P_{U_B} = 2.000 GE verkauft wird.

[159] Die Ergebnisse der weiteren Entnahmewerte bei kontinuierlicher Veränderung des Verkaufspreises P_{U_B} finden sich nachfolgend in der *Tabelle 32*, S. 229, Spalte (2), dieses Abschnitts. Aufgrund der Vielzahl der nachfolgend dargestellten Lösungen der linearen Optimierungsansätze wird im folgenden jeweils ein vollständiger Finanzplan *ohne* den Verkauf des Unternehmens U_B und ein vollständiger Finanzplan *mit* dem Verkauf der Gesellschaft U_B dargestellt.

	t = 0	t = 1	t = 2	t = 3	t = 4
Investition I_A	-3.000	900	1.200	1.500	1.650
Investition I_C	-2.400	800	1.200	1.600	1.600
Finanzierung F_A	2.970	-180	-180	-1.680	-1.590
Innen-finanzierung	40	26	25	26	546
Eigenmittel	10				
Preis P_{U_B}	2.000				
Betriebsmittel-kredit KA_t	673,3613				
Geldanlage GA_t		-511,9413	-2.489,1771	-3.766,2747	
KA_t-, GA_t-Rückzahlung		-740,6974	537,5384	2.613,6360	3.954,5873
Entnahme $EN_{U_{UG}}$	-293,3613	-293,3613	-293,3613	-293,3613	-293,3613
Zahlungssaldo	0	0	0	0	5.867,2260
Schuldenstand aus KA_t	673,3613				
Guthabenstand aus GA_t		511,9413	-2.489,1771	-3.766,2747	
Endvermögen $EN_{U_{UG}}$/0,05					5.867,2260

Tabelle 25: Vollständiger Finanzplan des Unternehmens U_{UG} (mit Verkauf des Unternehmens U_B)

Der *zweite Schritt* betrifft den *Spaltungsansatz* zur Bestimmung des Spaltungsprogramms, in dem das Unternehmen U_{UG} auf jeden Fall gespalten wird und weiterhin die Möglichkeit des Verkaufs des Unternehmens U_B zum Preis P_{U_B} besteht. Dabei werden die Entnahmemöglichkeiten aus den durch die Spaltung entstehenden Unternehmen U_A und U_M in zwei Berechnungsschritten ermittelt. Hierbei ist zu beachten, daß von den nach Spaltung voneinander getrennten Unternehmen U_A und U_M nur der Entnahmewert des Unternehmens U_M vom Verkaufspreis des Unternehmens U_B abhängig ist, denn das Unternehmen U_B ist nach der Spaltung im Unternehmen U_M integriert, das Unternehmen U_A besteht dagegen nur aus dem ursprünglichen Teilunternehmen

U_A, so daß es unabhängig vom Verkaufspreis P_{U_B} ist. Hierzu sind wiederum die Lösungen der Optimierungsansätze mit Hilfe des Simplexalgorithmus zu berechnen.

Im *ersten Berechnungsschritt* des Spaltungsprogramms ist zu beachten, daß durch die Spaltung im Unternehmen U_M Potentiale freigesetzt werden, die zu einer Anhebung der Obergrenzen der Investitions- und Finanzierungsmöglichkeiten im Geschäftsbereich des Hauptunternehmens U_M führen. Im Beispiel erhöht sich die Obergrenze für die Investition I_C von 20 auf 22, die maximalen Kreditaufnahmemöglichkeiten durch die Finanzierung F_C steigen von 30 auf 32.[160] *Tabelle 26* gibt die Datensituation des Unternehmens U_M wieder:

t	I_B	I_C	F_B	F_C	GA_t	KA_t	EM	IF	davon	
									U_B	U_C
0	-110	-120	100	100	-1	1	10	40	P?	40
1	10	40	-7	-33	1,05	-1,1		31	14	17
2	80	60	-7	-31	...	...		31	15	16
3	80	80	-7	-29				31	14	17
4		80	-107	-27				651	294	357
Grenze	25	22	30	32	∞	∞	1	1	1	1

Tabelle 26: Datensituation des Unternehmens U_M

Der Ansatz zur Ermittlung des Spaltungsprogramms für das sich ergebende Unternehmen U_M bei einem Preis $P_{U_B} = 0$ stellt sich somit wie folgt dar:

$$\text{max. Entn; Entn} := EN_{U_M}^{max}\left(P_{U_B} = 0\right)$$

unter den Nebenbedingungen:

$$0 \cdot U_B + 110 \cdot I_B + 120 \cdot I_C - 100 \cdot F_B - 100 \cdot F_C + 1 \cdot GA_0 - 1 \cdot KA_0 + 1 \cdot EN_{U_M} \leq 50$$

$$14 \cdot U_B - 10 \cdot I_B - 40 \cdot I_C + 7 \cdot F_B + 33 \cdot F_C - 1{,}05 \cdot GA_0 + 1 \cdot GA_1 + 1{,}1 \cdot KA_0 - 1 \cdot KA_1 + 1 \cdot EN_{U_M} \leq 31$$

[160] Hierbei wäre auch denkbar, daß sich die Obergrenzen des Teilunternehmens U_B erhöhen. Da das Unternehmen U_B in der jungierten Bewertungssituation verkauft werden soll, wird hier auf eine Erhöhung der Obergrenzen des Unternehmens U_B verzichtet, weil ansonsten – bei einer Erhöhung des Unternehmenswerts von U_B kein vordergründig ökonomisch sinnvolles Motiv für einen Verkauf geboten wäre.

$$15 \cdot U_B - 80 \cdot I_B - 60 \cdot I_C + 7 \cdot F_B + 31 \cdot F_C - 1{,}05 \cdot GA_1 + 1 \cdot GA_2 + 1{,}1 \cdot KA_1 - 1 \cdot KA_2 + 1 \cdot EN_{U_M} \leq 31$$

$$14 \cdot U_B - 80 \cdot I_B - 80 \cdot I_C + 7 \cdot F_B + 29 \cdot F_C - 1{,}05 \cdot GA_2 + 1 \cdot GA_3 + 1{,}1 \cdot KA_2 - 1 \cdot KA_3 + 1 \cdot EN_{U_M} \leq 31$$

$$294 \cdot U_B - 80 \cdot I_C + 107 \cdot F_B + 27 \cdot F_C - 1{,}05 \cdot GA_3 + 1{,}1 \cdot KA_3 + 21 \cdot EN_{U_M} \leq 651$$

$$I_t,\ F_t,\ GA_t,\ KA_t,\ EN_{U_M} \geq 0 \qquad \forall\, t$$

$I_B \leq 25$, $I_C \leq 22$
$F_B \leq 30$, $F_C \leq 32$
$U_B \in \{0;1\}$
wenn $U_B = 1$, dann $I_B = 0 \wedge F_B = 0$.

Dem Endtableau des Simplexalgorithmus ist das Spaltungsprogramm für das Unternehmen U_M zu entnehmen. Aus diesem Programm entspringt ein uniformer Einkommensstrom der Breite $EN_{U_M}^{max}\left(P_{U_B} = 0\right) = 175{,}0956$ GE. Im optimalen Investitions- und Finanzierungsprogramm des Spaltungsprogramms des Mutterunternehmens ist das Unternehmen U_B weiterhin enthalten, weil es aufgrund des zu geringen Preises $P_{U_B} = 0$ nicht veräußert wird (vgl. *Tabelle 27*).

	t = 0	t = 1	t = 2	t = 3	t = 4
Investition I_B	-2.750	250	2.000	2.000	0
Investition I_C	-2.640	880	1.320	1.760	1.760
Finanzierung F_B	3.000	-210	-210	-210	-3.210
Finanzierung F_C	2.515,0956	-829,9817	-779,6798	-729,3779	-679,0760
Innen-finanzierung	40	31	31	31	651
Eigenmittel	10				
Preis P_{U_B}	0				
Betriebsmittel-kredit KA_t		54,0773			
Geldanlage GA_t			-2.126,7396	-4.909,6031	
KA_t-, GA_t-Rückzahlung			-59,4850	2.233,0766	5.155,0836
Entnahme EN_{U_M}	-175,0956	-175,0956	-175,0956	-175,0956	-175,0956
Zahlungssaldo	0	0	0	0	3.501,9120
Schuldenstand aus KA_t		54,0773			
Guthabenstand aus GA_t			-2.216,7396	-4.909,6031	
Endvermögen EN_{U_M} /0,05					3.501,9120

Tabelle 27: Vollständiger Finanzplan des Unternehmens U_M (ohne Verkauf des Unternehmens U_B)

Im Zuge der ersten Spaltungsverhandlungen[161] einigen sich die Spaltungsparteien auf die Anteilsverteilungen $\alpha_{U_M}^X$ und $\alpha_{U_M}^Y$ am Unternehmen U_M, so daß für den Gesellschafter X die Beteiligungsquote $\alpha_{U_A}^X$ am Unternehmen U_A zur zu ermittelnden und

[161] Zur Darstellung der einzelnen Verhandlungsrunden vgl. Abschnitt III.2.2.3 (S. 290–295) dieser Arbeit.

vom Verkaufspreis P_{U_B} abhängigen Grenzquote der Beteiligung $\alpha_{U_A}^{\min X}(P_{U_B})$ wird. Dabei soll der Eigner Y mit einem gewichtigeren Anteil $\alpha_{U_M}^{Y}$ am Unternehmen U_M als am Ursprungsunternehmen U_{UG} bedacht werden. Der Anteil $\alpha_{U_M}^{Y}$ des Gesellschafters Y steigt von 40 % am Unternehmen U_{UG} auf 45 % am Unternehmen U_M, der Anteil des Gesellschafters X sinkt von 60 % am Unternehmen U_{UG} auf 55 % am Unternehmen U_M.

Für den betrachteten Anteilseigner X ergibt sich folgende in *Tabelle 28* dargestellte Ausschüttungshöhe von $\alpha_{U_M}^{X} \cdot EN_{U_M}^{max} = 55\,\% \cdot 175{,}0956 = 96{,}3026$ GE aus dem Spaltungsprogramm:

	t = 0	t = 1	t = 2	t = 3	t = 4
Entnahme EN_{U_M}	-175,0956	-175,0956	-175,0956	-175,0956	-175,0956
Endvermögen EN_{U_M} /0,05					3.677,0076
Anteil von X (55 %) an der Entnahme EN_{U_M}	-96,3026	-96,3026	-96,3026	-96,3026	-96,3026
Anteil von X (55 %) am Endvermögen EN_{U_M} /0,05					2.022,3542

Tabelle 28: Anteil des X an der Ausschüttung des Unternehmens U_M aus dem Spaltungsprogramm (ohne Verkauf des Unternehmens U_B)

Wird nun wiederum der Verkaufspreis P_{U_B} schrittweise erhöht, so ergibt sich, daß das Unternehmen U_B aufgrund des zu geringen Verkauferlöses bis zu einem Preis von P_{U_B} = 1.037,8287 GE nicht verkauft wird und daß es ab einem Preis von P_{U_B} = 1.037,8288 GE verkauft wird, da dieser Preis bereits über dem Wert, den das Unternehmen U_B für den Gesellschafter X besitzt, liegt. Die Entnahmemöglichkeiten für das Unternehmen U_M steigen dabei von $EN_{U_M}^{max}(P_{U_B} = 1.037{,}8287) = 175{,}0956$ GE kontinuierlich an, so daß sich bspw. bei einem Preis in Höhe von 2.000 GE ein Entnahmewert $EN_{U_M}^{max}(P_{U_B} = 2.000) = 224{,}1942$ GE ergibt.[162] Zur Verdeutlichung gibt die *Tabelle 29* das optimale Investitions- und Finanzierungsprogramm in einem vollständigen Finanzplan wieder.

[162] Die Ergebnisse der weiteren Entnahmewerte bei kontinuierlicher Veränderung des Verkaufspreises P_{U_B} finden sich nachfolgend in der *Tabelle 32* (S. 229), Spalte (3), dieses Abschnitts.

	t = 0	t = 1	t = 2	t = 3	t = 4
Investition I_C	-2.640	880	1.320	1.760	1.760
Finanzierung F_C	289,3608	-95,4891	-89,7018	-83,9146	-78,1274
Innen-finanzierung	40	17	16	17	357
Eigenmittel	10				
Preis P_{U_B}	2.000				
Betriebsmittel-kredit KA_t	524,8334				
Geldanlage GA_t			-1.022,1040	-2.542,1004	
KA_t-, GA_t-Rückzahlung		-577,3167		1.073,2092	2.669,2056
Entnahme EN_{U_M}	-224,1942	-224,1942	-224,1942	-224,1942	-224,1942
Zahlungssaldo	0	0	0	0	4.483,8840
Schuldenstand aus KA_t	524,8334				
Guthabenstand aus GA_t			-1.022,1040	-2.542,1004	
Endvermögen EN_{U_M} /0,05					4.483,8840

Tabelle 29: Vollständiger Finanzplan des Unternehmens U_M (mit Verkauf des Unternehmens U_B)

In einem *zweiten Berechnungsschritt* des Spaltungsprogramms wird wiederum in einem linearen Optimierungsansatz die Ermittlung der maximalen Entnahmemöglichkeiten des Unternehmens U_A, dessen Obergrenzen sich annahmegemäß aufgrund der positiven Spaltungseffekte enorm erhöht haben – die Investitionsmöglichkeiten für die Investition I_A steigen von 30 auf 40 Durchführungsmöglichkeiten und die Finanzierungsobergrenze für die Finanzierung F_A steigt von 30 auf 35 –, dargestellt. Die *Tabelle 30* gibt die Datensituation des Unternehmens U_A wieder.

t	I_A	F_A	GA_0	GA_1	GA_2	GA_3	KA_0	KA_1	KA_2	KA_3	IF
0	-100	99	-1				1				0
1	30	-6	1,05	-1			-1,1	1			9
2	40	-6		1,05	-1			-1,1	1		9
3	50	-56			1,05	-1			-1,1	1	9
4	55	-53				1,05				-1,1	189
Grenze	40	35	∞	∞	∞	∞	∞	∞	∞	∞	1

Tabelle 30: Datensituation des Unternehmens U_A im Spaltungsprogramm

Der von einem möglichen Verkauf des Unternehmens U_B unabhängige lineare Optimierungsansatz zur Bestimmung des zweiten Berechnungsschritts des Spaltungsprogramms lautet:

max. Entn; Entn $:= EN_{U_A}^{max}$

unter den Nebenbedingungen:

$$100 \cdot I_A - 99 \cdot F_A + 1 \cdot GA_0 - 1 \cdot KA_0 + 1 \cdot EN_{U_A} \leq 0$$

$$-30 \cdot I_A + 6 \cdot F_A - 1{,}05 \cdot GA_0 + 1 \cdot GA_1 + 1{,}1 \cdot KA_0 - 1 \cdot KA_1 + 1 \cdot EN_{U_A} \leq 9$$

$$-40 \cdot I_A + 6 \cdot F_A - 1{,}05 \cdot GA_1 + 1 \cdot GA_2 + 1{,}1 \cdot KA_1 - 1 \cdot KA_2 + 1 \cdot EN_{U_A} \leq 9$$

$$-50 \cdot I_A + 56 \cdot F_A - 1{,}05 \cdot GA_2 + 1 \cdot GA_3 + 1{,}1 \cdot KA_2 - 1 \cdot KA_3 + 1 \cdot EN_{U_A} \leq 9$$

$$-55 \cdot I_A + 53 \cdot F_A - 1{,}05 \cdot GA_3 + 1{,}1 \cdot KA_3 + 21 \cdot EN_{U_A} \leq 189$$

$$I_A, F_A, GA_t, KA_t, EN_{U_A} \geq 0 \quad \forall t$$

$$I_A \leq 40$$

$$F_A \leq 35.$$

Als optimale Lösung ergibt sich ein konstanter Zielfunktionswert $EN_{U_A}^{max}$ = 101,7473 GE, der unabhängig vom Verkaufspreis P_{U_B} ist. Die Lösung wird anhand eines vollständigen Finanzplans verdeutlicht (vgl. *Tabelle 31*).

	t = 0	t = 1	t = 2	t = 3	t = 4
Investition I_A	-4.000	1.200	1.600	2.000	2.200
Finanzierung F_A	3.465	-210	-210	-1.960	-1.855
Innen-finanzierung		9	9	9	189
Betriebsmittel-kredit KA_t	636,7473				
Geldanlage GA_t		-196,8307	-1.503,9249	-1.526,3788	
KA_t-, GA_t-Rückzahlung		-700,4220	206,6722	1.579,1211	1.602,6933
Entnahme EN_{U_A}	-101,7473	-101,7473	-101,7473	-101,7473	-101,7473
Zahlungssaldo	0	0	0	0	2.034,9460
Schuldenstand aus KA_t	636,7473				
Guthabenstand aus GA_t		-196,8307	-1.503,9249	-1.526,3788	
Endvermögen $EN_{U_A}/0{,}05$					2.034,9460

Tabelle 31: Vollständiger Finanzplan des Unternehmens U_A

Der *dritte Schritt* betrifft den *Bewertungsansatz* zur Bestimmung des Bewertungsprogramms, bei dem wiederum die einfache Grenzquotenformel zur Anwendung gelangt:[163]

$$\alpha_{U_A}^{\min X} = \frac{\alpha_{U_{UG}}^{X} \cdot EN_{U_{UG}}^{\max} - \alpha_{U_M}^{X} \cdot EN_{U_M}^{\max}}{EN_{U_A}^{\max}}.$$

[163] Aus Gründen der Übersichtlichkeit werden die Bezeichnungen der Entnahmen $EN_{U_{UG}}^{\max}(P_{U_B})$ – für den ersten Bereich, in dem das Unternehmen U_B nicht verkauft wird – und $EN_{U_{UG_W}}^{\max}(P_{U_B})$ – für den zweiten Bereich, in dem das Unternehmen U_B verkauft wird – nicht unterteilt, weil dies nur der Verdeutlichung dient, rechtlich das Unternehmen U_{UG} vor und nach Verkauf des Unternehmens U_B jedoch ein und dasselbe Unternehmen U_{UG} ist. Analog gilt im folgenden das gleiche für das Unternehmen U_M (ohne Verkauf des Teilunternehmens U_B) und U_{M_V} (mit Verkauf des Unternehmens U_B).

Im Fall der jungierten Konfliktsituation sind – wie bereits im Basis- und im Spaltungsansatz berechnet – die Entnahmen aus dem Ursprungsunternehmen U_{UG} und aus dem Mutterunternehmen U_M vom Verkaufspreis P_{U_B} des eventuell zu verkaufenden Unternehmens U_B abhängig, so daß sich folgende *allgemein* dargestellte *jungierte Beteiligungsquotenfunktion des Anteilseigners X* in Abhängigkeit vom Verkaufspreis P_{U_B} ergibt:

$$\alpha_{U_A}^{\min X}\left(P_{U_B}\right)=\frac{\alpha_{U_{UG}}^{X}\cdot EN_{U_{UG}}^{\max}\left(P_{U_B}\right)-\alpha_{U_M}^{X}\cdot EN_{U_M}^{\max}\left(P_{U_B}\right)}{EN_{U_A}^{\max}}.$$

Wie bereits geschildert, erhält der Anteilseigner X einen – im Vergleich zum Ursprungsunternehmen $\left(\beta^X=60\%\right)$ etwas geringeren – Anteil von $\alpha_{U_M}^X$ = 55 % am Unternehmen U_M. Aus dem Unternehmen U_A erhält er einen konstanten Entnahmestrom in Höhe von $EN_{U_A}^{\max}$ = 101,7473 GE. Für den Gesellschafter X ergibt sich somit folgende Beziehung:

$$\alpha_{U_A}^{\min X}\left(P_{U_B}\right)=\frac{0{,}6\cdot EN_{U_{UG}}^{\max}\left(P_{U_B}\right)-0{,}55\cdot EN_{U_M}^{\max}\left(P_{U_B}\right)}{101{,}7473}.$$

Die Ergebnisse dieser Funktion bei Veränderung des Preises P_{U_B} werden in der *Tabelle 32* in der Spalte 8 – in absoluten Geldeinheiten – und in der Spalte 9 – in prozentualen Geldeinheiten – dargestellt:[164]

[164] Die tabellarische Darstellung der Zwischen- und Endergebnisse beschränkt sich hier und im folgenden auf vier Nachkommastellen, die Berechnung erfolgt jedoch auf Basis der ungerundeten Werte. Aus Gründen der Übersichtlichkeit werden die Grenzzinsfüße des Basis- und Spaltungsprogramms nicht in der Tabelle, sondern an dieser Stelle wiedergegeben: Die Grenzzinsfüße des Basisprogramms im Bereich $0 \le P_{U_B} \le 1.485{,}7318$ lauten $(i_1^{Ba};i_2^{Ba};i_3^{Ba};i_4^{Ba})$ = (0,1; 0,1333; 0,05; 0,05), wobei der endogene Grenzzinsfuß i_2^{Ba} der Initialverzinsung des Grenzobjekts „Finanzierung F_C" dieser zweiten Periode entspricht. Vgl. zur Berechnung der Grenzzinsfüße eines Grenzobjekts mit Hilfe des Optimaltableaus der linearen Optimierung HERING, Investitionstheorie (2003), S. 160–165 und S. 182–185, und weiter zum Zusammenhang der endogenene Grenzzinsfüße und der Initialverzinsung des Grenzobjekts HERING, Investitionstheorie (2003), S. 210–212. Im zweiten Bereich $1.485{,}7319 \le P_{U_B} \le 2.000$ wird im ersten Zeitabschnitt auf einperiodige Kreditaufnahmen KA und in den weiteren Zeitpunkten auf einperiodige Geldanlagen GA zurückgegriffen, während auf die Finanzierung F_C in dieser Periode verzichtet wird, so daß in diesem Bereich folgende Grenzzinsfüße bestehen: (0,1; 0,05; 0,05; 0,05).

Das Unternehmen U_M kann im Spaltungsprogramm im Bereich $0 \le P_{U_B} \le 1.037{,}8287$ in der ersten Periode überschüssige Mittel zu einem Zins i_1^{Ba} = 8,55 % anlegen, denn die Obergrenze der Finanzierung F_C wird nicht ausgeschöpft. Diese entspricht damit dem Grenzobjekt, so daß sich insgesamt folgende Grenzzinssätze ergeben: $(i_1^{Sp\,U_M};i_2^{Sp\,U_M};i_3^{Sp\,U_M};i_4^{Sp\,U_M})$ = (0,0855; 0,1; 0,05; 0,05). Im Bereich $1.037{,}8288 \le P_{U_B} \le 2.000$ wird die Finanzierung F_C in der zweiten Periode

Basisprogramm		Spaltungsprogramm		Bewertungsprogramm			
(1)	(2)	(3)	(5)	(6)	(7)	(8)	(9)
P_{U_B}	$EN^{max}_{U_{UG}}(P_{U_B})$	$EN^{max}_{U_M}(P_{U_B})$	$EN^{max}_{U_A}$	$60\% \cdot EN^{max}_{U_{UG}}(P_{U_B})$	$55\% \cdot EN^{max}_{U_M}(P_{U_B})$	$\alpha^{min\ X}_{U_A}(P_{U_B}) \cdot EN^{max}_{U_A}$ [in GE]	$\alpha^{min\ X}_{U_A}(P_{U_B}) \cdot EN^{max}_{U_A}$ [in %]
0	244,9563	175,0956	101,7473	146,9738	96,3026	50,6712	49,8010
100	244,9563	175,0956	101,7473	146,9738	96,3026	50,6712	49,8010
200	244,9563	175,0956	101,7473	146,9738	96,3026	50,6712	49,8010
300	244,9563	175,0956	101,7473	146,9738	96,3026	50,6712	49,8010
400	244,9563	175,0956	101,7473	146,9738	96,3026	50,6712	49,8010
500	244,9563	175,0956	101,7473	146,9738	96,3026	50,6712	49,8010
600	244,9563	175,0956	101,7473	146,9738	96,3026	50,6712	49,8010
700	244,9563	175,0956	101,7473	146,9738	96,3026	50,6712	49,8010
800	244,9563	175,0956	101,7473	146,9738	96,3026	50,6712	49,8010
900	244,9563	175,0956	101,7473	146,9738	96,3026	50,6712	49,8010
1.000	244,9563	175,0956	101,7473	146,9738	96,3026	50,6712	49,8010
1.037,8287	244,9563	175,0956	101,7473	146,9738	96,3026	50,6712	49,8010
1.037,8288	244,9563	175,0957	101,7473	146,9738	96,3026	50,6711	49,8010
1.038,0	244,9563	175,1044	101,7473	146,9738	96,3074	50,6664	49,7963
1.038,2	244,9563	175,1146	101,7473	146,9738	96,3130	50,6608	49,7908
1.038,4	244,9563	175,1248	101,7473	146,9738	96,3186	50,6551	49,7852
1.038,6	244,9563	175,1350	101,7473	146,9738	96,3243	50,6495	49,7797
1.038,7708	244,9563	175,1437	101,7473	146,9738	96,3290	50,6447	49,7750
1.038,7709	244,9564	175,1437	101,7473	146,9738	96,3290	50,6448	49,7751
1.100	248,0808	178,2682	101,7473	148,8485	98,0475	50,8010	49,9286
1.200	253,1837	183,3711	101,7473	151,9102	100,8541	51,0561	50,1793
1.300	258,2866	188,4740	101,7473	154,9720	103,6607	51,3113	50,4301
1.400	263,3895	193,5769	101,7473	158,0337	106,4673	51,5664	50,6809
1.485,7318	267,7643	197,9516	101,7473	160,6586	108,8734	51,7852	50,8959
1.485,7319	267,7643	197,9517	101,7473	160,6586	108,8734	51,7851	50,8958
1.500	268,4745	198,6797	101,7473	161,0847	109,2738	51,8108	50,9211
1.600	273,4518	203,7826	101,7473	164,0711	112,0804	51,9907	51,0978
1.700	278,4292	208,8855	101,7473	167,0575	114,8870	52,1705	51,2746
1.800	283,4066	213,9884	101,7473	170,0440	117,6936	52,3503	51,4513
1.900	288,3840	219,0913	101,7473	173,0304	120,5002	52,5302	51,6281
2.000	293,3613	224,1942	101,7473	176,0168	123,3068	52,7100	51,8048

Tabelle 32: *Jungierte Entscheidungswerte (Grenzquoten) des Unternehmens U_A*

Die Betrachtung des Grenzquotenverlaufs – der Daten der Spalte (9) der *Tabelle 32* – zeigt, daß die Grenzquoten im Preisbereich $0 \leq P_{U_B} \leq 1.037{,}8287$ konstant bei $\alpha^{min\ X}_{U_A} = 49{,}8010$ % liegen, weil in diesem Bereich die Entnahmeströme sowohl im Basis- als auch im Spaltungsprogramm konstant sind, zumal der Preis P_{U_B} in diesem Bereich so gering ist, daß das Teilunternehmen U_B sowohl als Bestandteil des Ur-

---

zum Grenzobjekt, so daß folgende Zinssätze entstehen: $(i_1^{Sp\ U_M}; i_2^{Sp\ U_M}; i_3^{Sp\ U_M}; i_4^{Sp\ U_M}) = (0{,}1; 0{,}0793; 0{,}05; 0{,}05)$.

Die Grenzzinssätze des Unternehmens U_A im Spaltungsprogramm lauten einheitlich $(i_1^{Sp\ U_A}; i_2^{Sp\ U_A}; i_3^{Sp\ U_A}; i_4^{Sp\ U_A}) = (0{,}1; 0{,}05; 0{,}05; 0{,}05)$.

sprungsunternehmens U_{UG} als auch als Bestandteil des Mutterunternehmens U_M nach der Spaltung nicht veräußert wird, weil der Verkauf im Gegensatz zum „Nicht-Verkauf" unvorteilhaft ist.

Im Preisbereich $1.037{,}8288 \le P_{U_B} \le 1.038{,}7708$ sinkt die Grenzquote $\alpha_{U_A}^{\min X}$ dann bis auf $\alpha_{U_A}^{\min X} = 49{,}7750$ % und steigt ab einem Preis $P_{U_B} = 1.038{,}7709$ GE langsam kontinuierlich an, so daß die Grenzquote $\alpha_{U_A}^{\min X}$ bei einem Preis $P_{U_B} =$ 2.000 GE dann 51,8048 % beträgt. Im Bereich $1.037{,}8288 \text{ GE} \le P_{U_B} \le 1.038{,}7708$ GE wird das Unternehmen U_B im Spaltungsprogramm verkauft,[165] deshalb steigt der Entnahmestrom für das Unternehmen U_M von $EN_{U_M}^{\max}\left(P_{U_B} = 1.037{,}8288\right) = 175{,}0957$ GE bis auf $EN_{U_M}^{\max}\left(P_{U_B} = 1.038{,}7709\right) = 175{,}1437$ GE an. Da der Anteilseigner X im Bewertungsprogramm mit 55 % mehr als der Gesellschafter Y am Unternehmen U_M beteiligt ist, partizipiert er auch stärker an den Entnahmewertsteigerungen des Unternehmens U_M. Somit muß sein Anteil am Unternehmen U_A in diesem Bereich nicht mehr so stark ausfallen, um genauso gut gestellt zu sein wie ohne Durchführung der Spaltung in der Ausgangssituation. Die Grenzquote $\alpha_{U_A}^{\min X}$ nimmt folglich ab.

Ab einem Verkaufspreis von $P_{U_B} = 1.038{,}7709$ GE wird im Basisprogramm das Unternehmen U_B auch aus dem Ursprungsunternehmen U_{UG} herausgelöst und veräußert, weil der Preis P_{U_B} nun dem Wert des Unternehmens U_B aus Sicht des Anteilseigners X entspricht.[166] Die Entnahmen für das Unternehmen U_{UG} steigen von $EN_{U_{UG}}^{\max}\left(P_{U_B} = 1.038{,}7709\right) = 244{,}9564$ GE bis auf 293,3613 GE bei einem gewähl-

---

165 Ab einem Preis $P_{U_B} = 1.037{,}8288$ GE wird das Unternehmen U_B aufgrund der Höhe des Verkaufserlöses vom Unternehmen U_M verkauft. Dieser Preis entspricht gleichzeitig dem Grenzpreis des Unternehmens U_B unter der Annahme, daß im Falle einer disjungierten Konfliktsituation nur das Unternehmen U_B bewertet werden muß. Als Vergleichswert für die gewünschten Entnahmeströme des Bewertungsprogramms kann dabei ein fiktives Basisprogramm ermittelt werden, wofür die Innenfinanzierung sowie die Investitions- und Finanzierungsmöglichkeiten des Unternehmens U_M zur Verfügung stehen. Die Entnahme beträgt dann $EN_{U_M}^{\max} = 175{,}0956$ GE. Dieser Wert muß im Bewertungsprogramm nach einem Verkauf von U_B mindestens wieder erreicht werden, damit sich der Anteilseigner X genauso gut stellt wie im Basisprogramm. Das fiktive Bewertungsprogramm ermittelt einen Grenzpreis $P_{U_B} = 1.037{,}8288$ GE für das Unternehmen U_B, zu dem die Anteilseigner des Unternehmens U_M bereit sind, das Unternehmen U_B zu verkaufen.

166 Ab einem Preis $P_{U_B} = 1.038{,}7709$ GE wird das Unternehmen U_B aufgrund des genügend hohen Verkaufserlöses vom Unternehmen U_{UG} verkauft. Analog zum Vorgehen aus Fn. 165 kann auch dieser Grenzpreis durch einen fiktiven disjungierten Basis- und Bewertungsansatz ermittelt werden. Die Entnahme aus dem Basisprogramm beträgt dabei $EN_{U_{UG}}^{\max} = 244{,}9563$ GE.

ten Verkaufspreis von $P_{U_B} = 2.000$ GE. Der relative Anstieg der Entnahmeströme ist in diesem Bereich des Basisprogramms größer als der relative Anstieg der Entnahmen im Spaltungsprogramm des Unternehmens U_M im gleichen Preisbereich (bei gleichen Preisabständen). Da der Anteilseigner X mit 60 % am Zukunftserfolg des Unternehmens U_{UG} beteiligt ist, sein Anteil am Unternehmen U_M aber nur $\alpha_{U_M}^{X} = 55$ % beträgt, muß die stärkere Steigung an der Unternehmenswertentwicklung am Unternehmen U_{UG} durch die Anteile am Unternehmen U_A kompensiert werden, $\alpha_{U_A}^{\min X}$ steigt folglich wieder. Den relevanten Ausschnitt des Verlaufs der Grenzquoten $\alpha_{U_A}^{\min X}\left(P_{U_B}\right)$ in Abhängigkeit vom Verkaufspreis P_{U_B} gibt die *Abbildung 39* wieder.

In dem links von der Grenzquotenfunktion liegenden Bereich wird der Anteilseigner einer Spaltung nicht zustimmen, im gegenüberliegenden rechten Bereich stimmt der Gesellschafter X aufgrund einer genügend hohen Anteilsquote $\alpha_{U_A}^{\min X}\left(P_{U_B}\right)$ einer Spaltung zu.

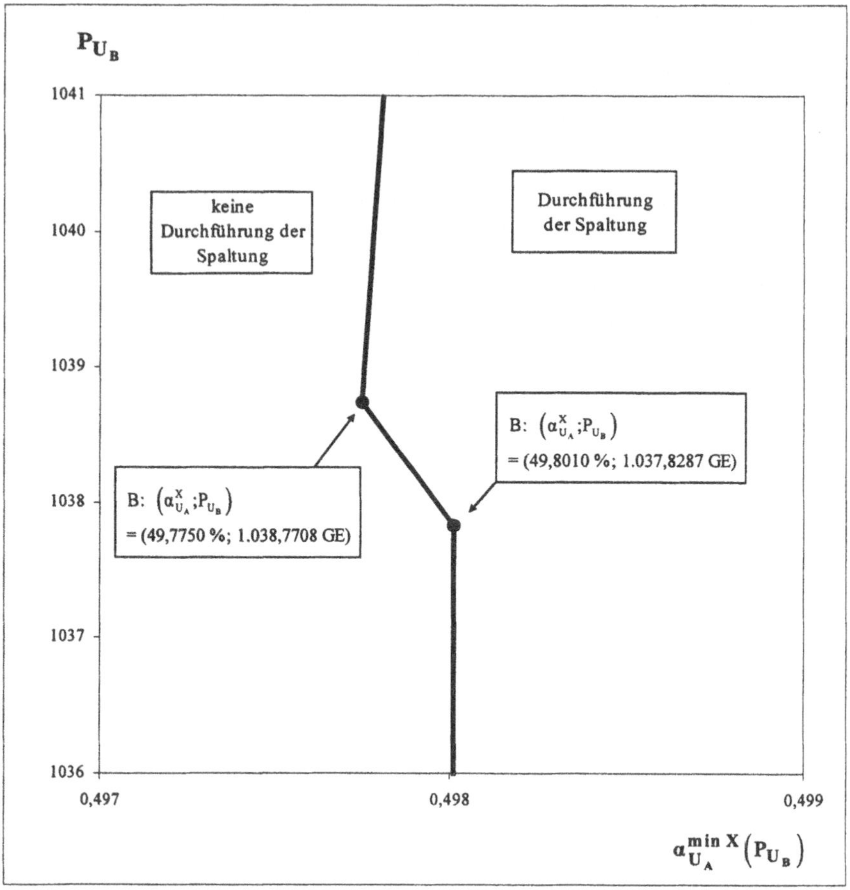

Abbildung 39: Jungierte Beteiligungsquotenfunktion des X in der Situation „Spaltung-Veräußerung": Erste Sichtweise (Ausschnitt)

1.3.2.2.3 Ermittlung eines jungierten Grenzpreises

In dieser Situation – der *zweiten Sichtweise* des jungierten Spaltungsfalls („Veräußerung-Spaltung") – wird die Veräußerung des Unternehmens U_B betrachtet, indem ein jungierter Grenzpreis ermittelt wird. Zusätzlich besteht in der jungierten Betrachtung die Möglichkeit, das Unternehmen U_{UG} zu spalten, indem der Unternehmensteil U_A von der Muttergesellschaft U_M getrennt wird. Für das Bewertungssubjekt X stellt sich die Frage, welche Mindestpreise es für das Unternehmen U_B fordern soll, ohne sich unter Berücksichtigung des Verhandlungsstandes in der Konfliktsituation der Spaltung zu verschlechtern. Es wird also aus Sicht des Gesellschafters X der Entscheidungswert für die Veräußerung des Unternehmensteils U_B – der minimale Verkaufspreis $P_{U_B}^{min}$ – in Abhängigkeit von der Beteiligungsquote $\alpha_{U_A}^{X}$ für die Teilgesellschaft U_A bestimmt. Dabei gilt für den jungierten Grenzpreis der folgende funktionale Zusammenhang: $P_{U_B}^{min} = f\left(\alpha_{U_A}^{X}\right)$.

Das Vorgehen zur Ermittlung des minimalen Verkaufspreises in dieser Situation erfolgt – wie auch im *disjungierten* Fall vom Typ Verkauf[167] – in zwei Schritten (vgl. *Abbildung 40*):

1. *Ermittlung des Basisprogramms durch den Basisansatz:* Im Basisansatz wird der ursprüngliche Zustand ohne einen Verkauf des Unternehmens U_B betrachtet. In der jungierten Betrachtungsweise besteht aber die Möglichkeit, das Ursprungsunternehmen U_{UG} zu spalten. Dabei wird es in die aus dem ersten Schritt bekannten Unternehmensteile U_M und U_A aufgeteilt. Es wird also die maximale Entnahmemöglichkeit des Ursprungsunternehmens U_{UG} in Abhängigkeit von der Möglichkeit einer Spaltung der Gesellschaft U_{UG} ermittelt, wobei die abhängige Variable die Anteilsquote $\alpha_{U_A}^{X}$ am gespaltenen Unternehmen U_A ist.

2. *Ermittlung des Bewertungsprogramms durch den Bewertungsansatz:* Im Bewertungsansatz wird diejenige Konfliktsituation betrachtet, in dem das Unternehmen U_B auf jeden Fall veräußert wird. Dabei wird nach dem minimalen Verkaufspreis $P_{U_B}^{min}$ gesucht, der den Anteilseigner X – bei Durchführung des Verkaufs des Unternehmens U_B – nicht schlechter stellt als ohne den Verkauf des Unternehmens U_B. In der jungierten Sichtweise wird der Verkauf des Unternehmens U_B in Abhängigkeit vom Ergebnis der Spaltung des Ursprungsunternehmens U_{UG} analysiert. Es wird also der minimale Verkaufspreis $P_{U_B}^{min}\left(\alpha_{U_A}^{X}\right)$ in Abhängigkeit von der zu variierenden Anteilsquote $\alpha_{U_A}^{X}$ für das Unternehmen U_A ermittelt.[168]

Bei der Ermittlung eines jungierten Grenzpreises (zweite Sichtweise) bleibt festzuhalten, daß im Basisprogramm der maximale Entnahmewert $EN_{U_{UG}}^{max}\left(\alpha_{U_A}^{X}\right)$ als auch

[167] Vgl. zum disjungierten Fall vom Typ des Kaufs/Verkaufs aus der Sicht eines Verkäufers *MATSCHKE*, Entscheidungswert (1975), S. 262 – 265, *SCHILDBACH*, Der Verkäufer und das Unternehmen (1995), *HERING*, Unternehmensbewertung (2006), S. 71–84, *BRÖSEL/MATSCHKE*, Sicht des präsumptiven Verkäufers (2003), *OLBRICH*, Unternehmensverkauf (2005), und zum *jungierten* Fall vom Typ „Verkauf-Verkauf" *MATSCHKE*, Entscheidungswert (1975), S. 344–356, zum Fall „Kauf-Verkauf" *HERING*, Unternehmensbewertung (2006), S. 127–132.

[168] Analog wäre auch eine Situation denkbar, in der zunächst bei der Spaltung die Anteile am Unternehmen U_A festgelegt werden und dann ein Preis $P_{U_B}^{min}\left(\alpha_{U_M}^{X}\right)$ in Abhängigkeit von der Beteiligungsquote am Unternehmen U_M ermittelt wird.

im Bewertungsprogramm der minimale Verkaufspreis $P_{U_B}^{min}\left(\alpha_{U_A}^{X}\right)$ jeweils in Abhängigkeit von der Anteilsquote $\alpha_{U_A}^{X}$ ermittelt werden sollte.

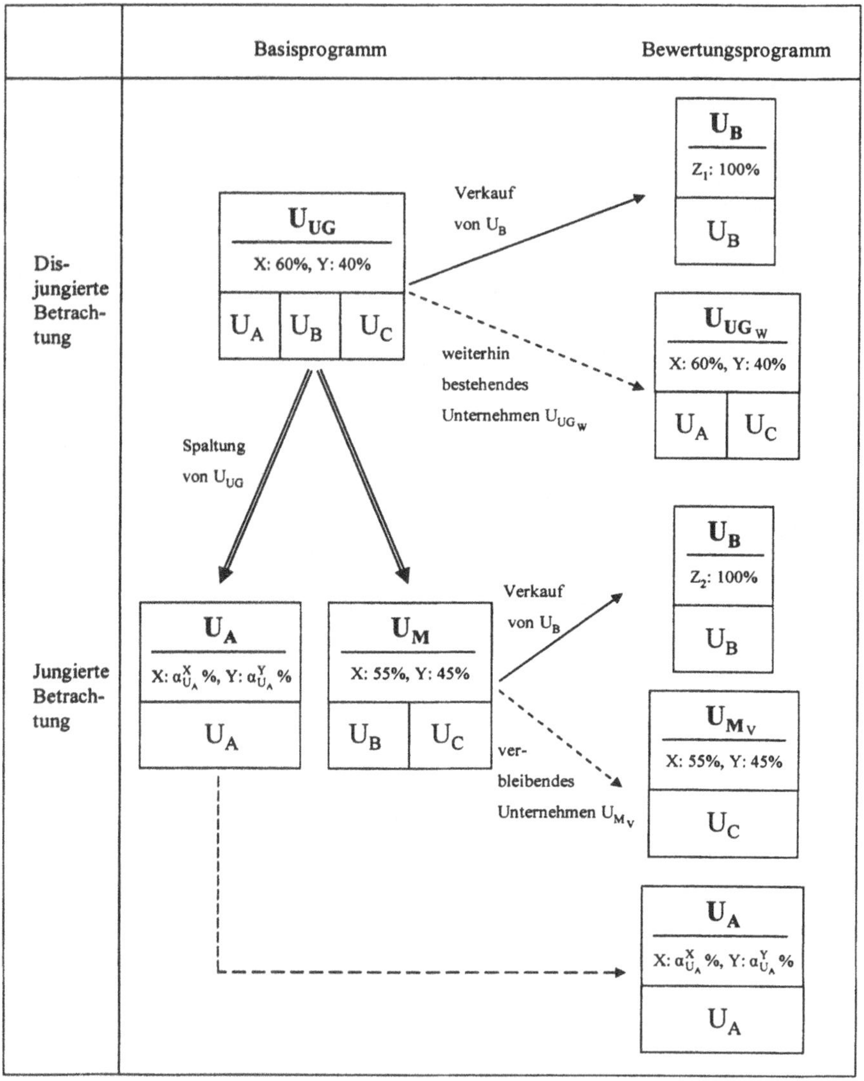

Abbildung 40: Darstellung der jungierten Konfliktsituation vom Typ „Veräußerung-Spaltung": Zweite Sichtweise

Der *erste Schritt* betrifft den *Basisansatz* zur Bestimmung des Basisprogramms, das in der jungierten Bewertungssituation aus zwei Teilen besteht. *Einerseits* werden die Entnahmewerte $EN_{U_{UG}}^{max}$ des Ursprungsunternehmens U_{UG} ermittelt. Hierbei ist die eigentliche Haupthandlung – der Verkauf des Unternehmens U_B – noch nicht vollzogen worden, das bedeutet, daß das Unternehmen U_{UG} noch aus den drei Teilunternehmen U_A, U_B und U_C besteht. In der jungierten Situation besteht *andererseits* im Basisansatz weiterhin die Möglichkeit, das Ursprungsunternehmen U_{UG} in die – aus der ersten Sichtweise bekannten – Unternehmen U_A und U_M zu spalten. Dabei stellt das Bewertungssubjekt die aus der disjungierten Situation der Spaltung bekannte Überlegung an: Übersteigen die Summen der Entnahmeströme von U_M und U_A – gewichtet mit den jeweiligen Anteilsquoten des Anteilseigners X – die Anteile an den Entnahmen aus dem Ursprungsunternehmen U_{UG}, dann stimmt das Bewertungssubjekt der Spaltung zu. Im Basisprogramm entsteht somit eine Alternativsituation: es müssen zusätzlich die Entnahmewerte $EN_{U_M}^{max}$ und $EN_{U_A}^{max}$ ermittelt werden, so daß letztlich zwei Bereiche für den Anteilseigner X im Basisansatz entstehen: Im Anteilsquotenbereich 0 % $\leq \alpha_{U_A}^{X} < \alpha_{U_A}^{\min X}$ (Bereich ohne Spaltung) wird der Anteil am Ursprungsunternehmen U_{UG} der Vergleichswert für X im Bewertungsprogramm sein (hier: $\alpha_{U_{UG}}^{X} \cdot EN_{U_{UG}}^{max}$), im Bereich zwischen der minimalen Anteilsquote $\alpha_{U_A}^{\min X}$ und der Alleinbeteiligung des Gesellschafters X ($\alpha_{U_A}^{X} = 100\ \%$) am Unternehmen U_A (Bereich der Spaltungsdurchführung: $\alpha_{U_A}^{\min X} \leq \alpha_{U_A}^{X} \leq 100\ \%$) wird die Summe der mit den jeweiligen Anteilen des X gewichteten Entnahmen an den Unternehmen U_A und U_M die Vergleichszahl für den Bewertungsansatz sein (hier: $\alpha_{U_A}^{X} \cdot EN_{U_A}^{max} + \alpha_{U_M}^{X} \cdot EN_{U_M}^{max}$). Zur Ermittlung der jungierten Entscheidungswerte $P_{U_B}^{min}\left(\alpha_{U_A}^{X}\right)$ im Bewertungsprogramm sind dann die für das Unternehmen U_A möglichen Anteilsquoten $\alpha_{U_A}^{X}$ schrittweise zu erhöhen, um über den unveränderten maximalen Zielfunktionswert $EN_{U_{UG}}^{max}$ im Bereich $\left(0\ \% \leq \alpha_{U_A}^{X} < \alpha_{U_A}^{\min X}\right)$ – bei Nichtspaltung – hinaus noch die sich durch die schrittweise Erhöhung der Anteilsquoten verändernde Summe der maximalen Zielfunktionswerte $EN_{U_A}^{max}$ und $EN_{U_M}^{max}$ im Bereich $\left(\alpha_{U_A}^{\min X} \leq \alpha_{U_A}^{X} \leq 100\ \%\right)$ – bei Spaltung – als Vergleichswerte für den Bewertungsansatz zu ermitteln.

Um die beiden oben dargestellten *relevanten* Bereiche voneinander abgrenzen zu können, muß folglich die Spaltungsgrenze – die Grenzquote der Konzessionsbereitschaft – ermittelt werden. Aus der allgemeinen Formel zur Ermittlung der Grenzquote der Beteiligung läßt sich diejenige Beteiligungsquote ermitteln, bei welcher der Anteilseigner X einer Spaltung gerade noch zustimmen würde:

$$\alpha_{U_A}^{\min X} = \frac{\alpha_{U_{UG}}^{X} \cdot EN_{U_{UG}}^{\max} - \alpha_{U_M}^{X} \cdot EN_{U_M}^{\max}}{EN_{U_A}^{\max}}.$$

Wie bereits in der ersten Sichtweise der jungierten Konfliktsituation gezeigt wurde,[169] resultiert aus dem Ursprungsunternehmen U_{UG} ein konstanter Entnahmestrom in Höhe von 244,9563 GE, aus dem gespaltenen Unternehmen U_M ergibt sich ein Entnahmewert von 175,0956 GE, und aus dem Unternehmen U_A entsteht ein Rückfluß von 101,7473 GE, so daß sich mit der festen Verteilung der Anteilsquoten am Ursprungsunternehmen U_{UG} ($\alpha_{U_{UG}}^{X}$ = 60 %, $\alpha_{U_{UG}}^{Y}$ = 40 %) und mit dem Ergebnis aus der vorletzten Verhandlungsrunde (der Anteil des Gesellschafters X am Unternehmen U_M wird auf 55 % und der für den Anteilseigner Y auf 45 % festgelegt) folgende *Grenzquote der Beteiligung* für das Unternehmen U_A aus der Sicht des X ergibt:[170]

$$\alpha_{U_A}^{\min X} = \frac{0{,}6 \cdot 244{,}9563 - 0{,}55 \cdot 175{,}0956}{101{,}7473}$$

$$\alpha_{U_A}^{\min X} = 49{,}8010\,\%.$$

Das bedeutet also, daß in dem Anteilsquotenbereich $0\,\% \leq \alpha_{U_A}^{\min X} \leq 49{,}8010\,\%$ der Anteilseigner X einer Spaltung des Ursprungsunternehmens U_{UG} nicht zustimmt, weil er mit seinem Anteil von 60 % am Ursprungsunternehmen U_{UG} besser gestellt ist, als mit der Summe seiner Anteile an den Spaltungsunternehmen. Der maximale Entnahmewert in diesem Bereich als Vergleichswert für das Bewertungsprogramm des Eigners X ergibt sich aus dem Basisprogramm für den soeben beschriebenen Bereich aus seinem Anteil $\alpha_{U_{UG}}^{X}$ am Entnahmestrom $EN_{U_{UG}}$ aus dem Ursprungsunternehmen U_{UG}: $\alpha_{U_{UG}}^{X} \cdot EN_{U_{UG}}^{\max}$ = 0,6 · 244,9563 GE = 146,9738 GE. Das bedeutet, daß unter der Bedingung, daß das Unternehmen U_{UG} nicht gespalten wird, der Anteilseigner X im Bewertungsprogramm – also im Fall des Verkaufs des Unternehmens U_B – diesen Entnahmeanteil mindestens wieder erreichen muß, um sich nicht schlechter zu stellen als ohne den Verkauf des Unternehmens U_B. Ist die Anteilsquote $\alpha_{U_A}^{X}$ größer als 49,8010 %, so stimmt der Anteilseigner X der Spaltung zu. Der ihm zuzuordnende Entnahmestrom ergibt sich nun aus dem Anteil $\alpha_{U_M}^{X}$ am Unternehmen U_M und aus

---

169 Vgl. dazu Abschnitt III.1.3.2.2.2 (S. 217–228) dieser Arbeit.

170 Diese Beteiligungsquote stimmt damit letztlich mit der gleichen Anteilsquote aus dem Basisansatz der ersten Sichtweise des jungierten Falls überein, ohne daß das Unternehmen U_B in dieser Situation verkauft wurde, was der Ursprungssituation der ersten Sichtweise ohne weitere Handlung (disjungierte Betrachtung) entspricht.

den zu variierenden Anteilen $\alpha^{X}_{U_A}$ am Unternehmen U_A.[171] Beispielhaft seien hier einmal die Anteile des Eigners X an den Entnahmen der Spaltungsunternehmen als Vergleichswert für das Bewertungsprogramm bei einem Anteil von $\alpha^{X}_{U_A} = 70\ \%$ am Unternehmen U_A wiedergegeben:

$$\underbrace{\alpha^{X}_{U_M} \cdot EN^{max}_{U_M} + \alpha^{X}_{U_A} \cdot EN^{max}_{U_A}}_{\substack{\text{Anteile des Eigners X an den} \\ \text{Entnahmen der Spaltungsunternehmen} \\ \text{(Vergleichswert nach der Spaltung)}}} \geq \underbrace{\beta^{X} \cdot EN^{max}_{U_{UG}}}_{\substack{\text{Anteil des Eigners X an den} \\ \text{Entnahmen des Ursprungsunternehmens} \\ \text{(Vergleichswert vor der Spaltung)}}}$$

$$0{,}55 \cdot 175{,}0956 + 0{,}7 \cdot 101{,}7473 \geq 0{,}6 \cdot 244{,}9563$$

$$96{,}3026 + 71{,}2231 \geq 146{,}9738$$

$$167{,}5257 \geq 146{,}9738.$$

Die *Tabelle 33* gibt zusammenfassend die Entnahmen aus dem Basisprogramm wieder, wobei die grau unterlegten Zahlen die Vergleichswerte des Gesellschafters X für das Bewertungsprogramm liefern.

---

[171] Der Entnahmewert für das Unternehmen U_A beträgt hier konstant $EN_{U_A} = 101{,}7473$ GE. Es wäre auch denkbar, daß Wert des Unternehmens bei steigendem Anteil des X am Unternehmen U_A bspw. aufgrund vermehrten Engagements des X als Geschäftsführer oder aufgrund einer erhöhten Eigenkapitalbeteiligung des X am Unternehmen U_A steigen könnte. Zur Lösung dieses Problems müßte ein linearer Optimierungsansatz aufgestellt werden, in dem die Anteilsquote $\alpha^{X}_{U_A}$ die schrittweise zu verändernde Variable darstellt. Somit ergäbe sich ein in Abhängigkeit von der Anteilsquote $\alpha^{X}_{U_A}$ verändernder Entnahmewert für das Unternehmen U_A.

In der Regel wird sich der Wert des Unternehmens U_A aber aufgrund positiver oder negativer Spaltungseffekte und nicht aufgrund der steigenden Beteiligung eines Anteilseigners verändern, so daß hier – in Abhängigkeit der Beteiligung des Gesellschafters X – von einem konstanten Entnahmewert $EN^{max}_{U_A}$ ausgegangen wird.

	ohne Spaltung	mit Spaltung		
$\alpha^{X}_{U_A}$ in %	$60\% \cdot EN^{max}_{U_{UG}}$	$55\% \cdot EN^{max}_{U_M}$	$\alpha^{X}_{U_A} \cdot EN^{max}_{U_A}$	$55\% \cdot EN^{max}_{U_M} + \alpha^{X}_{U_A} \cdot EN^{max}_{U_A}$
0	146,9738	96,3026	0	96,3026
10	146,9738	96,3026	10,1747	106,473
20	146,9738	96,3026	20,3495	116,6520
30	146,9738	96,3026	30,5242	126,8268
40	146,9738	96,3026	40,6989	137,0015
49,8010	146,9738	96,3026	50,6712	146,9738
49,8011	146,9738	96,3026	50,6713	146,9739
50	146,9738	96,3026	50,8737	147,1762
60	146,9738	96,3026	61,0484	157,3510
70	146,9738	96,3026	71,2231	167,5257
80	146,9738	96,3026	81,3978	177,7004
90	146,9738	96,3026	91,5726	187,8752
100	146,9738	96,3026	101,7473	198,0499

Tabelle 33: ***Anteil des Anteilseigners X an der Ausschüttung aus dem Basisprogramm***

Der *zweite Schritt* – der *Bewertungsansatz* zur Ermittlung des Bewertungsprogramms – betrachtet den Verkauf des Unternehmens U_B unter der Nebenbedingung, daß das Ursprungsunternehmen U_{UG} gespalten wurde.[172] Das Bewertungssubjekt X ermittelt den minimalen Verkaufspreis $P^{min}_{U_B}\left(\alpha^{X}_{U_A}\right)$ in Abhängigkeit von der zu variierenden Anteilsquote $\alpha^{X}_{U_A}$ am Unternehmen U_A. Bei genauer Betrachtung der zweiten Sichtweise der jungierten Bewertungssituation wird deutlich, daß das Unternehmen U_M, das die Gesellschaft U_B in der jungierten Situation verkaufen will, *direkt* völlig unabhängig vom Unternehmen U_A ist, weil dieses Unternehmen ein völlig selbständig arbeitendes und vom Unternehmen U_M getrenntes Unternehmen darstellt. Wird der Bewertungsansatz aber in den Zusammenhang mit der jungierten Situation gestellt, so wird deutlich, daß der Verkaufspreis für das Unternehmen U_B *indirekt* doch abhängig vom Unternehmen U_A ist, denn letztlich darf sich der Anteilseigner X im Bewertungsansatz nicht schlechter stellen als im Basisansatz. Das bedeutet, daß er im Fall der Spaltung mit der Summe seiner Anteile am Unternehmen U_A und U_M wieder mindestens seinen Anteil an den Entnahmewerten des Ursprungsunternehmens U_{UG} aus dem Basisprogramm erreichen muß. Erhält der Eigner X nur geringe Anteile am Unternehmen U_A, so kann er fehlende Anteile an dieser Gesellschaft U_A durch seinen Anteil am Unternehmen U_M kompensieren. Da sein *Anteil* am Unternehmen U_M mit 55 % am Anfang

[172] Der Verkauf des Unternehmens U_B in der disjungierten Betrachtung erfolgt an den fiktiven, potentiellen Käufer Z_1. Vgl. *Abbildung 40* dieses Abschnitts.

der Spaltungsverhandlungen festgelegt worden ist, besteht nur noch die Möglichkeit, den *Wert* des Unternehmens U_M zu steigern, indem beim Verkauf des Unternehmens U_B ein so hoher Verkaufspreis erzielt wird,[173] daß dieser den Entnahmewert $EN_{U_{M_V}}^{max}$ des Unternehmens U_{M_V} dermaßen erhöht, daß die Summe der anteilsgewichteten Entnahmen ($55\,\% \cdot EN_{U_{M_V}}^{max} + \alpha_{U_A}^{X} \cdot EN_{U_A}^{max}$) genau dem für den Gesellschafter X anteiligen Nutzen am Unternehmen U_{UG} aus dem Basisprogramm ($60\,\% \cdot EN_{U_{UG}}^{max}$) entspricht.

Die *Tabelle 34* gibt diesen soeben dargestellten Sachverhalt wieder und zeigt in der Spalte (7), welchen Entnahmewert das Unternehmen U_{M_V} erreichen muß, damit der Anteilseigner X mit der Summe seiner Anteile am Unternehmen U_{M_V} und am Unternehmen U_A genauso gut gestellt ist wie im Basisprogramm.[174]

Bei genauerer Betrachtung ist zu erkennen, daß in der Situation ohne Spaltung (oberer Teil der *Tabelle 34*) der Entnahmewert des Unternehmens U_M um so größer wird, je kleiner der Anteil am Unternehmen U_A wird. Im äußersten Fall – der Gesellschafter X wird nicht am Unternehmen U_A beteiligt ($\alpha_{U_A}^{X} = 0\,\%$) – muß für das Unternehmen U_B ein so hoher Verkaufspreis erzielt werden, daß für das Unternehmen U_M ein Entnahmewert von $EN_{U_M} = 267{,}2251$ entsteht, so daß sich für X mit seinem Anteil von 55 % am Unternehmen U_M ein Entnahmewert in Höhe von $\alpha_{U_M}^{X} \cdot EN_{U_M}^{max}\left(\alpha_{U_A}^{X}\right) = 0{,}55 \cdot 267{,}2251 = 146{,}9738$ GE ergibt. Ab einer Beteiligungsquote von $\alpha_{U_A}^{X} \geq 49{,}8011\,\%$ (unterer Teil der *Tabelle 34*) ergibt sich ein geforderter konstanter Entnahmewert für das Unternehmen U_M von $EN_{U_M}^{max}\left(\alpha_{U_A}^{X}\right) = 175{,}0957$ GE. Da der Anstieg der Entnahmen im Fall der Spaltung im Basisprogramm (Spalte 3) dem Anstieg der Anteile des X am Entnahmestrom $EN_{U_A}^{max}$ des Unternehmens U_A (Spalte 5) entspricht, verbleibt als Differenz für die Entnahmewerte $EN_{U_M}^{max}\left(\alpha_{U_A}^{X}\right)$ nur noch ein konstanter Wert $EN_{U_M}^{max}\left(\alpha_{U_A}^{X}\right) = 175{,}0957$ GE.

---

173 Der Verkauf des Unternehmens U_B in der jungierten Betrachtung erfolgt an einen fiktiven, potentiellen Käufer Z_2.

174 Auf die unterschiedliche Bezeichnungsweise der Entnahmen des Mutterunternehmens in $EN_{U_M}^{max}$ und $EN_{U_{M_V}}^{max}$ wird aus Gründen der Übersichtlichkeit in der folgenden *Tabelle 34* verzichtet. Siehe dazu auch Abschnitt III.1.3.2.2.2, insbesondere Fn. 153 (S. 213), dieser Arbeit.

	Basisprogramm		Bewertungsprogramm				
(1)	(2)	(3)	(4)	(5)	(6)	(7)	(8)
$\alpha^X_{U_A}$	$60\% \cdot EN^{max}_{U_{UG}}$	$55\% \cdot EN^{max}_{U_M} + \alpha^X_{U_A} \cdot EN^{max}_{U_A}$	$EN^{max}_{U_A}$	$\alpha^X_{U_A} \cdot EN^{max}_{U_A}$	(2) od. (3) $-$ (5) $= 55\% \cdot EN^{max}_{U_M}(\alpha^X_{U_A})$	$EN^{max}_{U_M}(\alpha^X_{U_A})$	$P^{min}_{U_B}(\alpha^X_{U_A})$
0	146,9738		101,7473	0	146,9738	267,2251	P ?
10	146,9738		101,7473	10,1747	136,7991	248,7256	P ?
20	146,9738		101,7473	20,3495	126,6243	230,2260	P ?
30	146,9738		101,7473	30,5242	116,4496	211,7265	P ?
40	146,9738		101,7473	40,6989	106,2749	193,2270	P ?
49,8010	146,9738		101,7473	50,6712	96,3026	175,0956	P ?
49,8011		146,9739	101,7473	50,6713	96,3026	175,0956	P ?
50		147,1762	101,7473	50,8736	96,3026	175,0956	P ?
60		157,3510	101,7473	61,0484	96,3026	175,0956	P ?
70		167,5257	101,7473	71,2231	96,3026	175,0956	P ?
80		177,7004	101,7473	81,3978	96,3026	175,0956	P ?
90		187,8752	101,7473	91,5725	96,3026	175,0956	P ?
100		198,0499	101,7473	101,747	96,3026	175,0956	P ?

Tabelle 34: ***Datensituation zur Ermittlung der jungierten Entscheidungswerte (Grenzpreise) des Unternehmens U_B***

Der folgende lineare Optimierungsansatz dient der Ermittlung des minimalen Verkaufspreises P_{U_B} für das Unternehmen U_B. Der Ansatz ergibt sich durch den Verkauf des Unternehmens U_B aus dem Unternehmen U_M, bei einem exemplarischen Anteil des Anteilseigners X von 0 % am Unternehmen U_A:[175]

$$\text{min. } U_B;\ U_B := P^{min}_{U_B}\left(\alpha^X_{U_A} = 0\,\%\right)$$

unter den Nebenbedingungen:

$$120 \cdot I_C - 100 \cdot F_C + 1 \cdot GA_0 - 1 \cdot KA_0 + 1 \cdot EN_{U_M} - P_{U_B} \le 50$$

$$-40 \cdot I_C + 33 \cdot F_C - 1{,}05 \cdot GA_0 + 1 \cdot GA_1 + 1{,}1 \cdot KA_0 - 1 \cdot KA_1 + 1 \cdot EN_{U_M} \le 17$$

$$-60 \cdot I_C + 31 \cdot F_C - 1{,}05 \cdot GA_1 + 1 \cdot GA_2 + 1{,}1 \cdot KA_1 - 1 \cdot KA_2 + 1 \cdot EN_{U_M} \le 16$$

---

175 Zur Datensituation des Mutterunternehmens U_M im Fall der Spaltung vgl. *Tabelle 26* (S. 221) im Abschnitt III.1.3.2.2.2 dieser Arbeit.

$-80 \cdot I_C + 29 \cdot F_C - 1{,}05 \cdot GA_2 + 1 \cdot GA_3 + 1{,}1 \cdot KA_2 - 1 \cdot KA_3 + 1 \cdot EN_{U_M} \leq 17$

$-80 \cdot I_C + 27 \cdot F_C - 1{,}05 \cdot GA_3 + 1{,}1 \cdot KA_3 + 21 \cdot EN_{U_M} \leq 357$

$I_C, F_C, GA_t, KA_t, P_{U_B} \geq 0 \quad \forall t$

$EN_{U_M} \geq 267{,}2251$

$I_C \leq 22$

$F_C \leq 32.$

Der Grenzpreis $P_{U_B}^{min}\left(\alpha_{U_A}^X\right)$ für das Unternehmen U_B beträgt bei einem Anteil $\alpha_{U_A}^X = 0\,\%$ am Unternehmen U_A unter den Vorgaben des Beispiels $P_{U_B}^{min}\left(\alpha_{U_A}^X = 0\,\%\right) = 2.858{,}9487$ GE. In der *Tabelle 35* sind die Ergebnisse aus den linearen Optimierungsansätzen mit den zu variierenden Anteilsquoten $\alpha_{U_A}^X$ am Unternehmen U_A, die Zielfunktionswerte $EN_{U_M}^{max}\left(\alpha_{U_A}^X\right)$ und die korrespondierenden Entscheidungswerte in Form der Grenzpreise $P_{U_B}^{min}\left(\alpha_{U_A}^X\right)$ für das Unternehmen U_B zusammenfassend dargestellt.

Zunächst ist auffallend, daß die aus dem Basisansatz bekannte Grenze von $\alpha_{U_A}^X = 49{,}8010\,\%$ im Bewertungsansatz nicht mehr existent ist, weil der Gesellschafter X auch unter dieser Quote einer Spaltung zustimmen wird. Schließlich wird der zum Vergleichswert aus dem Basisansatz fehlende Betrag durch den zu erhöhenden Wert des Unternehmens U_M kompensiert. Dennoch zeigt sich, daß das Bewertungsprogramm in zwei Bereiche unterteilt werden kann:

1. In dem Anteilsquotenbereich $0\,\% \leq \alpha_{U_A}^X \leq 49{,}8010\,\%$ fallen die Grenzpreise $P_{U_B}^{min}\left(\alpha_{U_A}^X\right)$ mit zunehmendem Anteil $\alpha_{U_A}^X$ des Gesellschafters X am Unternehmen U_A, weil mit steigender Beteiligungsquote $\alpha_{U_A}^X$ der Entnahmewert des Unternehmens U_M geringer ausfallen kann, um die Summe der mit den Anteilen des Gesellschafters X gewichteten Entnahmen der Unternehmen U_A und U_M mit seinem Anteil in der Basissituation vergleichbar zu machen.

2. Im Beteiligungsquotenbereich $49{,}8011\,\% \leq \alpha_{U_A}^X \leq 100\,\%$ liegen die Entscheidungswerte $P_{U_B}^{min}\left(\alpha_{U_A}^X\right)$ konstant bei $P_{U_B}^{min}\left(\alpha_{U_A}^X\right) = 1.037{,}8287$ GE, weil der geforderte Entnahmewert für das Unternehmen U_M in diesem Bereich konstant

bei $EN^{max}_{U_M}\left(\alpha^X_{U_A}\right)$ = 175,0956 GE liegt. Liegen die Verkaufspreise P_{U_B} unter dieser Grenze, dann wird das Unternehmen U_B nicht verkauft.

	Basisprogramm		Bewertungsprogramm				
(1)	(2)	(3)	(4)	(5)	(6)	(7)	(8)
$\alpha^X_{U_A}$	$60\% \cdot EN^{max}_{U_{UG}}$	$55\% \cdot EN^{max}_{U_M} + \alpha^X_{U_A} \cdot EN^{max}_{U_A}$	$EN^{max}_{U_A}$	$\alpha^X_{U_A} \cdot EN^{max}_{U_A}$	(2) od. (3) − (5) = $55\% \cdot EN^{max}_{U_M}\left(\alpha^X_{U_A}\right)$	$EN^{max}_{U_M}\left(\alpha^X_{U_A}\right)$	$P^{min}_{U_B}\left(\alpha^X_{U_A}\right)$
0	146,9738		101,7473	0	146,9738	267,2251	2.858,9487
0,0466	146,9738		101,7473	0,0474	146,9264	267,1389	2.857,1395
0,0467	146,9738		101,7473	0,0475	146,9263	267,1388	2.857,1375
10	146,9738		101,7473	10,1747	136,7991	248,7256	2.563,2920
17,0703	146,9738		101,7473	17,3685	129,6053	235,6459	2.224,4165
17,0703	146,9738		101,7473	17,3686	129,6052	235,6458	2.224,4145
20	146,9738		101,7473	20,3495	126,6243	230,2260	2.250,6602
30	146,9738		101,7473	30,5242	116,4496	211,7265	1.928,4387
40	146,9738		101,7473	40,6989	106,2749	193,2270	1.590,3193
49,8010	146,9738		101,7473	50,6712	96,3026	175,0956	1.037,8287
49,8011		146,9739	101,7473	50,6713	96,3026	175,0956	1.037,8287
50		147,1762	101,7473	50,8736	96,3026	175,0956	1.037,8287
60		157,3510	101,7473	61,0484	96,3026	175,0956	1.037,8287
70		167,5257	101,7473	71,2231	96,3026	175,0956	1.037,8287
80		177,7004	101,7473	81,3978	96,3026	175,0956	1.037,8287
90		187,8752	101,7473	91,5725	96,3026	175,0956	1.037,8287
100		198,0499	101,7473	101,747	96,3026	175,0956	1.037,8287

Tabelle 35: Jungierte Entscheidungswerte (Grenzpreise) des Unternehmens U_B [176]

176 Aus Gründen der Übersichtlichkeit erfolgt nicht in der Tabelle, sondern an dieser Stelle die Angabe der Grenzzinsfüße des Bewertungsprogramms: Im Bereich $0\,\% \le \alpha^X_{U_A} \le 0{,}0466\%$ wird ausschließlich auf einperiodige Geldanlagen GA als Grenzobjekte zurückgegriffen, die Grenzzinsfüße lauten $(i_1^{Be}; i_2^{Be}; i_3^{Be}; i_4^{Be})$ = (0,05; 0,05; 0,05; 0,05). Im Bereich $0{,}0467\,\% \le \alpha^X_{U_A} \le 17{,}0703\,\%$ wird im ersten Zeitabschnitt auf einperiodige Kreditaufnahmen KA zurückgegriffen: $(i_1^{Be}; i_2^{Be}; i_3^{Be}; i_4^{Be})$ = (0,1; 0,05; 0,05; 0,05), im Bereich $17{,}0703\,\% < \alpha^X_{U_A} \le 100\,\%$ wird die Finanzierung F_C in der zweiten Periode zum Grenzobjekt $(i_1^{Be}; i_2^{Be}; i_3^{Be}; i_4^{Be})$ = (0,1; 0,0793; 0,05; 0,05).

1.3.2.2.4 Beurteilung der jungierten Entscheidungswertermittlung

In den beiden vorstehenden Abschnitten wurden die zwei verschiedenen Sichtweisen bei der Ermittlung *jungierter* Entscheidungswerte in der Konfliktsituation vom Typ „Spaltung-Veräußerung" dargestellt; diese werden im folgenden miteinander kombiniert erläutert und mit bezug auf die *disjungierte* Entscheidungssituation der Spaltung interpretiert.

Zur Veranschaulichung der jungierten Konfliktsituation können die Tableaus des Beispiels in einem $\left[\alpha_{U_A}^{\min X}\left(P_{U_B}\right), P_{U_B}^{\min}\left(\alpha_{U_A}^{X}\right)\right]$-Koordinatensystem graphisch dargestellt werden. Dabei sind in der *Abbildung 41* vier verschiedene Bereiche zu erkennen, die im folgenden hinsichtlich ihrer Entscheidungsunterstützung erläutert werden. Jedes vorliegende Anteilsquoten- und Preispaar $\left[\left(\alpha_{U_A}^{\min X}; P_{U_B}\right), \left(P_{U_B}^{\min}, \alpha_{U_A}^{X}\right)\right]$ ist einem dieser Bereiche zuzuordnen.

Das Koordinatensystem kann dabei aus zwei – in den letzten beiden Abschnitten erläuterten – Blickrichtungen betrachtet werden:

1. Ermittlung eines jungierten Entscheidungswerts (Grenzquote) für die Spaltung in Abhängigkeit vom Verkaufspreis (erste Sichtweise, „Spaltung-Veräußerung"):[177] linksseitig des breit gezeichneten Graphen [im Anteilsquotenbereich 0 % ≤ $\alpha_{U_A}^{X}\left(P_{U_B}\right) \leq$ (49,7750 % variierend bis 49,8010 %)] wird der Anteilseigner X in keine Spaltung einwilligen, weil dieser durch eine Spaltung schlechter gestellt werden würde als im Basisprogramm (Ursprungssituation ohne Spaltung), rechtsseitig des Graphen wird einer Spaltung grundsätzlich zugestimmt.
2. Ermittlung eines jungierten Entscheidungswerts (Grenzpreis) für den Verkauf in Abhängigkeit von der Grenzquote (zweite Sichtweise, „Veräußerung-Spaltung"):[178] Im Bereich unter dem dünn gezeichneten Graphen [0 GE ≤ $P_{U_B}^{\min}\left(\alpha_{U_A}^{X}\right) \leq$ (1.037,8287 GE ansteigend bis auf – in der *Abbildung 41* nicht mehr dargestellten,[179] jedoch aus der *Tabelle 35* ersichtlichen – 2.858,9487 GE bei einer Anteilsquote von $\alpha_{U_A}^{X}$ = 0 %)] wird das Unternehmen U_B nicht

[177] Der breit gezeichnete Graph gibt die *erste Sichtweise* wieder. Vgl. dazu auch Abschnitt III.1.3.2.2.2 (S. 214–232), insbesondere *Abbildung 39* (S. 232), dieser Arbeit.

[178] Der dünn gezeichnete Graph gibt die *zweite Sichtweise* [vgl. Abschnitt III.1.3.2.2.3, (S. 232–242)] wieder, für die keine gesonderte Abbildung erstellt wurde.

[179] Um den relevanten Bereich der *Abbildung 41*, in dem sich die beiden Graphen kreuzen, präzise darzustellen, wurde an dieser Stelle ein kleiner Maßstab gewählt, so daß nur ein Ausschnitt der jungierten Beteiligungsquotenfunktion zu erkennen ist. Bei einem größeren Maßstab wäre zwar der Preis in Höhe von P_{U_B} = 2.858,9487 GE bei einer Anteilsquote von $\alpha_{U_A}^{X}$ = 0 % zu erkennen, würden jedoch die einzelnen Bereiche beim Aufeinandertreffen der Graphen nicht mehr detailliert zu erkennen sein.

verkauft, weil der Preis $P_{U_B}^{min}\left(\alpha_{U_A}^X\right)$ für das Unternehmen U_B zu gering ist; im Bereich über dem Graphen ist der Preis hoch genug, so daß einem Verkauf aus Sicht des Anteilseigners X zugestimmt werden kann.

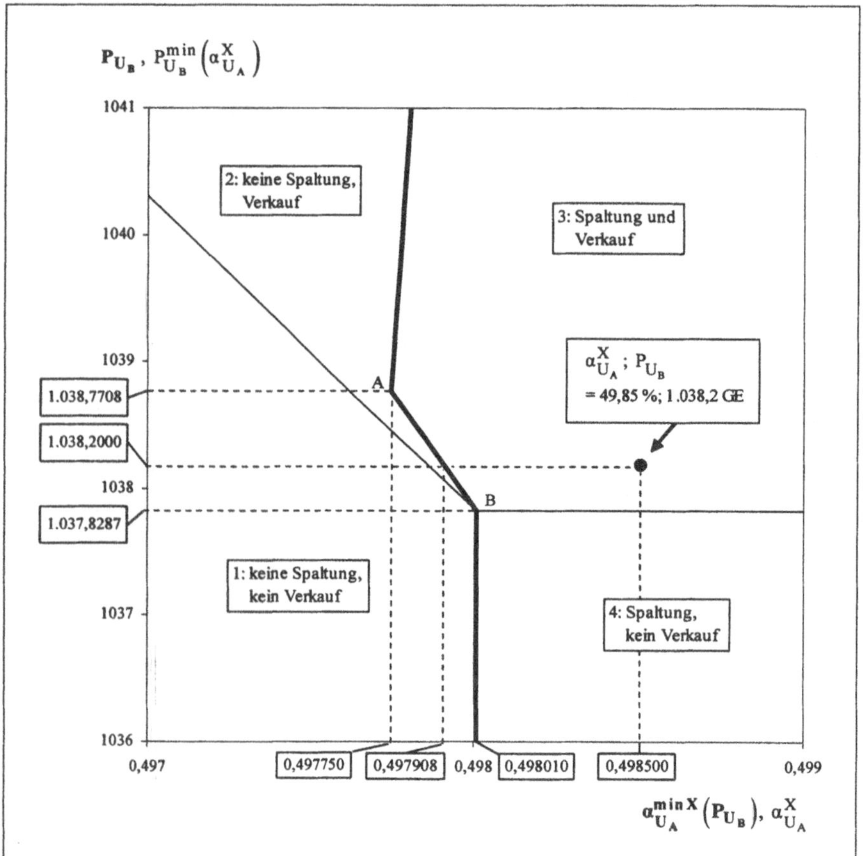

Abbildung 41: Jungierte Beteiligungsquotenfunktionen des Anteilseigners X: Erste und zweite Sichtweise (Ausschnitt)

Werden diese beiden Sichtweisen miteinander verbunden, entstehen vier – in der *Abbildung 41* dargestellte – Bereiche, die im folgenden interpretiert werden:[180]

1. keine Spaltung, kein Verkauf: In diesem Bereich existiert das Unternehmen U_{UG} weiterhin in seinem ursprünglichen Zustand (inklusive Unternehmen U_A, U_B und U_C); die Anteilsquote $\alpha^X_{U_A}\left(P_{U_B}\right)$ ist so gering, daß der Gesellschafter X einer Spaltung nicht zustimmt, die Preise $P_{U_B}\left(\alpha^X_{U_A}\right)$ sind so niedrig, daß das Unternehmen U_B nicht verkauft wird.
2. keine Spaltung, Verkauf: Handeln die Bewertungssubjekte rational, so gibt dieser Bereich des Koordinatensystems die Situation wieder, in der das weiterhin existierende Unternehmen U_{UG_W} – bestehend aus den Unternehmen U_A und U_C – und das – aufgrund des genügend hohen Preises $P_{U_B}\left(\alpha^X_{U_A}\right)$ – verkaufte Unternehmen U_B parallel nebeneinander existieren.
3. Spaltung und Verkauf: In dieser Situation ist zusätzlich zum zweiten Bereich die Anteilsquote $\alpha^X_{U_A}\left(P_{U_B}\right)$ des Eigners X so weit gestiegen, daß dieser einer Spaltung zustimmt. Bei der exemplarischen Kombination $\left(\alpha^X_{U_A}; P_{U_B}\right)$= (49,85 %; 1.038,2 GE) liegt die Anteilsquote von $\alpha^X_{U_A}$ = 49,85 % über der bei einem Preis P_{U_B} = 1.038,2 GE kritischen Beteiligungsquote von $\alpha^{\min X}_{U_A}\left(P_{U_B} = 1.038{,}2\right)$ = 49,7908 %, so daß der Gesellschafter X der Spaltung zustimmen wird. Außerdem liegt der Preis P_{U_B} = 1.038,2 GE über dem sich bei einer beispielhaften Beteiligungsquote von $\alpha^X_{U_A}$ = 49,85 % ergebenden Grenzpreis $P^{\min}_{U_B}\left(\alpha^X_{U_A} = 49{,}85\%\right)$ von 1.037,8287 GE. In diesem Bereich ergeben sich nach Durchführung der Transaktionen folgende Unternehmen: das verkaufte Unternehmen U_B, die durch die Spaltung entstandene Gesellschaft U_A und das ebenfalls durch die Spaltung entstandene Mutterunternehmen U_{M_V}, das aus dem Teilunternehmen U_C besteht.
4. Spaltung, kein Verkauf: In diesem Segment ist der Verkaufspreis $P_{U_B}\left(\alpha^X_{U_A}\right)$ für das Unternehmen U_B wiederum so weit gesunken, daß einem Verkauf des Unternehmens nicht zugestimmt werden kann, weil sich der Anteilseigner X im Vergleich zur Ausgangssituation schlechter stellen würde. In diesem Bereich existie-

[180] Die *Abbildung 41* stellt einen Ausschnitt der in der *Tabelle 32* (S. 229) und der *Tabelle 35* (S. 242) dieser Arbeit ermittelten Werte dar, der – wie im folgenden noch zu zeigen ist – den relevanten Bereich zur Interpretation der Bewertungssituation abbildet. Vgl. zur Art dieser graphischen Darstellungsmethode für die Konfliktsituation vom Typ „Kauf-Kauf" bereits *MATSCHKE*, Entscheidungswert (1975), S. 343.

ren somit das durch die Spaltung entstandene Unternehmen U_A und die Muttergesellschaft U_M, in der die Teilunternehmen U_B und U_C enthalten sind.

Um das Ergebnis der jungierten Darstellung zu überprüfen, ist zunächst zu beurteilen, wie sich die einzelnen Graphen aufgrund veränderter Ausgangsdaten verschieben und ob die Vierteilung des Koordinatensystems grundsätzlich bestehen bleibt. Als Hilfsmittel dient dabei die *Sensitivitätsanalyse*[181], mit der die Veränderungen der Bewertungsergebnisse bei Modifikation der Eingangsdaten untersucht werden. „Die Sensitivitätsanalyse der zweiten Art soll [..] die Frage beantworten, welche neue optimale Lösung sich aufgrund der Änderung eines oder mehrerer Koeffizienten ergibt. Die Analyse zielt somit auf die Ermittlung des Streubereichs der optimalen Lösung und gibt Auskunft darüber, wie sich alternative Datenkonstellationen auf die Struktur der Optimallösung der Planung auswirken."[182] Die Ausgangsdaten können für die jungierte Bewertungssituation vom Typ „Spaltung-Verkauf" auf zweierlei Weise variiert werden: *Erstens* können die Eingangsdaten derart modifiziert werden, daß sich letztlich die Entscheidungswerte ihrer Höhe nach verändern und somit das Verhältnis der einzelnen Unternehmenswerte zueinander variiert. *Zweitens* können die Anteilsquoten der Gesellschafter an den Unternehmen vor und nach Durchführung einer Handlung verändert werden.

Die *erste* Art der Veränderung der Bewertungsergebnisse zielt auf eine Veränderung der Unternehmenswerte ab, was durch Modifikation der Finanzierungs- und Investitionsmöglichkeiten sowie -obergrenzen, der Eigenmittel und der Überschüsse aus der Innenfinanzierung erreicht werden kann. Solch eine Veränderung hätte dabei nicht nur die direkte Auswirkung sich in der Höhe verändernder Werte, sondern auch die indirekte Folge der Verschiebung der Verhältnisse der einzelnen Unternehmenswerte zueinander. Letztlich bleibt jedoch die in *Abbildung 41* gezeigte Vierteilung der Bereiche bestehen.

Die *zweite* Art der Veränderung zielt auf eine Variation der in der letzten Runde der Spaltungsverhandlungen erzielten Ergebnisse: die Verteilung der Anteilsquoten. Variieren die relativen Anteile an einem Spaltungsunternehmen, verändern sich unter der Ceteris-paribus-Prämisse auch die relativen Anteile der Gesellschafter an den weiteren Spaltungsunternehmen. So können bspw. die Anteilsquotenverteilungen am Spaltungsunternehmens U_M (Ausgangssituation: $\alpha^{X}_{U_M} = 55\ \%$, $\alpha^{Y}_{U_M} = 45\ \%$) im vorletzten Verhandlungsschritt variiert werden. Im folgenden werden die grundsätzlichen Veränderungen aus den beiden dargestellten Sichtweisen der jungierten Bewertungssituation dargestellt:

---

[181] Vgl. hierzu *HERING*, Investitionstheorie (2003), S. 308–320, sowie die Ausführungen in Abschnitt III.1.1.1 (S. 141–143) dieser Arbeit.

[182] *MATSCHKE/BRÖSEL*, Unternehmensbewertung (2007), S. 227 f.

1. Erste Sichtweise („Spaltung-Veräußerung"):

Wenn die Beteiligungsquote des Gesellschafters X am Ursprungsunternehmen U_{UG} verändert wird, ergeben sich folgende Auswirkungen auf den Graphen:[183] Wird der Anteil $\alpha^{X}_{U_{UG}}$ am Unternehmen U_{UG} erhöht, verschiebt sich der gesamte Graph $\alpha^{\min X}_{U_A}(P_{U_B})$ nach rechts.[184] Besitzt der Gesellschafter X also einen höheren Anteil $\alpha^{X}_{U_{UG}}$ am Ursprungsunternehmen U_{UG} (z. B. $\beta^X = 70\,\%$), muß er – bei gleichbleibendem Anteil $\alpha^{X}_{U_M}$ am Unternehmen U_M (hier also: $\alpha^{X}_{U_M} = 55\,\%$) – auch einen höheren Anteil $\alpha^{X}_{U_A}$ am Unternehmen U_A verlangen, um genauso gut gestellt zu sein wie ohne Durchführung der Spaltung. Durch Einsetzen der veränderten Ausgangsbeteiligung in die jungierte Grenzquotenformel ergibt sich bei einem Preis $P_{U_B} = 0$ GE eine Beteiligungsquote $\alpha^{\min X}_{U_A}(P_{U_B} = 0) = 73{,}8760$ % und bei einem Preis $P_{U_B} = 2.000$ GE ein Anteil in Höhe von $\alpha^{\min X}_{U_A}(P_{U_B} = 2.000) = 80{,}6371\,\%$:

$$\alpha^{\min X}_{U_A}(P_{U_B} = 0) = \frac{0{,}7 \cdot EN^{\max}_{U_{UG}}(P_{U_B} = 0) - 0{,}55 \cdot EN^{\max}_{U_M}(P_{U_B} = 0)}{101{,}7473}$$
$$= \frac{0{,}7 \cdot 244{,}9563 - 0{,}55 \cdot 175{,}0956}{101{,}7473} = 0{,}738760\,,$$

$$\alpha^{\min X}_{U_A}(P_{U_B} = 2.000) = \frac{0{,}7 \cdot EN^{\max}_{U_{UG}}(P_{U_B} = 2.000) - 0{,}55 \cdot EN^{\max}_{U_M}(P_{U_B} = 2.000)}{101{,}7473}$$
$$= \frac{0{,}7 \cdot 293{,}3613 - 0{,}55 \cdot 224{,}1942}{101{,}7473} = 0{,}806371.$$ [185]

---

[183] Die Veränderungen werden nachfolgend in bezug zum breit gezeichneten Graphen $\alpha^{\min X}_{U_A}(P_{U_B})$ der *Abbildung 41* gesetzt.

[184] Dabei dürfen die natürlichen Grenzen der Definitionsbereiche nicht verletzt werden: Bei einem sehr hohen Anteil des Anteilseigners X am Ursprungsunternehmen (bspw. $\beta^X = 85\,\%$) darf die Beteiligung am Spaltungsunternehmen U_M nicht zu gering gewählt werden (z. B. 50 %), weil der Gesellschafter X dann im Fall der Spaltung selbst mit den gesamten 100 % des Spaltungsunternehmens U_A nicht mehr so gut gestellt werden kann wie vor der Spaltung.

[185] Bei Überprüfung aller weiteren Anteilsquoten in Abhängigkeit vom Preis (vgl. *Tabelle 32*) und unter Berücksichtigung der veränderten Ausgangsbeteiligung zeigt sich, daß sich der Graph $\alpha^{\min X}_{U_A}(P_{U_B})$ nach rechts verschiebt.

Äquivalent verschiebt sich der gesamte breit gezeichnete Graph bei Verringerung der Anteilsquote $\alpha_{U_{UG}}^{X}$ nach links.[186] Beispielsweise ergibt sich bei Verringerung der Ausgangsbeteiligung auf $\beta^{X} = 45\ \%$ eine Beteiligungsquote $\alpha_{U_A}^{\min X}\left(P_{U_B} = 0\right) = 13{,}6886\ \%$ bei einem Preis $P_{U_B} = 0$ GE sowie bei einem Verkaufspreis $P_{U_B} = 2.000$ GE ein Anteil von $\alpha_{U_A}^{\min X}\left(P_{U_B} = 2.000\right) = 8{,}5563$ %. Dabei bleibt die Dreiteilung des Graphen mit den zwei Knicken bestehen. Jedoch kann sich die Steigung des oberen Teils des Graphen verändern: In *Abbildung 41* steigt der Teil des Graphen ab dem Punkt A (49,7750 %, 1.038,7708 GE) sehr steil wieder an (das bedeutet, der Graph ist ein wenig nach rechts geneigt), weil der Gesellschafter X am Unternehmen U_M mit $\alpha_{U_M}^{X} = 55\ \%$ einen *geringeren relativen Anteil* erhält, als er mit $\alpha_{U_{UG}}^{X} = 60\ \%$ am Ursprungsunternehmen U_{UG} besessen hat, so daß der Anteil $\alpha_{U_A}^{X}$ am Unternehmen U_A steigen muß, damit der Gesellschafter genauso gut gestellt ist wie im Basisprogramm. Übersteigt der Spaltungsanteil $\alpha_{U_M}^{X}$ den ursprünglichen Anteil $\alpha_{U_{UG}}^{X}$, den der Anteilseigner X am Unternehmen U_{UG} hatte – der Gesellschafter X erhält also einen *größeren relativen Anteil* $\alpha_{U_M}^{X}$ am Unternehmen U_M als am Unternehmen U_{UG} –, schwankt der obere Teil des Graphen nach links, d. h. die Steigung des oberen Teils des Graphen $\alpha_{U_A}^{\min X}\left(P_{U_B}\right)$ fällt in den negativen Bereich, die Anteilsquote $\alpha_{U_A}^{X}$ sinkt mit zunehmendem Preis P_{U_B}. Dabei sinkt die Steigung des oberen Teils des Graphen jedoch nicht in solchem Maße, daß der Graph die Funktion $P_{U_B}^{\min}\left(\alpha_{U_A}^{X}\right)$ schneidet, so daß immer vier Bereiche bestehen bleiben.[187]

---

186 Auch hier dürfen die natürlichen Grenzen der Definitionsbereiche nicht verletzt werden: Besitzt der Gesellschafter X nur einen geringeren Anteil (von bspw. $\alpha_{U_{UG}}^{X} = 3\ \%$) am Unternehmen U_{UG} und wird sein Anteil $\alpha_{U_{M_V}}^{X}$ am Unternehmen U_{M_V} auf 6 % verdoppelt, kann er bei Konstanz aller übrigen Daten in den Spaltungsverhandlungen keinen sehr großen Anteil am Unternehmen U_A verlangen (bspw. $\alpha_{U_A}^{X} = 30\ \%$), denn dieser Anteil allein – bei genügend großem Unternehmensumfang des Unternehmens U_A – übersteigt schon bei weitem den Anteil, den er vor der Spaltung am Unternehmen U_{UG} besaß.

187 Diese Berechnungen sind mit Hilfe der Beteiligungsquotenfunktion und der Daten der *Tabelle 32* nachvollziehbar.

2. Zweite Sichtweise („Veräußerung-Spaltung"):

Auch dieser dünn gezeichnete Graph bleibt bei Variation der Anteilsquoten an den Unternehmen U_{UG} und U_M in seiner Art bestehen:[188] Der rechte Teil des Graphen verharrt konstant bei einem Preis $P_{U_B} = 1.037{,}8287$ GE, jedoch verschiebt sich der Punkt B beispielsweise bei einer Erhöhung der Ausgangsbeteiligung auf $\beta^X = 70\ \%$ nach rechts, so daß dem Punkt B dann die Koordinaten (73,8760 %; 1.037,8287 GE) zugeordnet werden können.[189] Der linke Rand des waagerechten Astes trifft die Funktion $\alpha_{U_A}^{\min X}\left(P_{U_B}\right)$ folglich immer in dem Punkt B, der gleichzeitig auch das obere Ende des senkrechten Teils des Graphen $\alpha_{U_A}^{\min X}\left(P_{U_B}\right)$ bildet. Die Steigung des linken Teils des Graphen $P_{U_B}^{\min}\left(\alpha_{U_A}^{X}\right)$ verändert sich zwar, jedoch wird die Steigung nie so groß wie die Steigung der Funktion $\alpha_{U_A}^{\min X}\left(P_{U_B}\right)$, so daß die vier Bereiche auch bei Variation der Ausgangsdaten bei dieser Sichtweise bestehen bleiben.

Es bleibt festzuhalten, daß unabhängig von der Veränderung der Ausgangsdaten die vier Koordinatenbereiche der *Abbildung 41* bestehen bleiben, die Funktion $\alpha_{U_A}^{\min X}\left(P_{U_B}\right)$ jeweils durch zwei Knicke in drei Bereiche eingeteilt werden kann sowie die Funktion $P_{U_B}^{\min}\left(\alpha_{U_A}^{X}\right)$ den Graphen $\alpha_{U_A}^{\min X}\left(P_{U_B}\right)$ immer im Punkt B trifft.[190]

Um den Aussagegehalt der in der jungierten Konfliktsituation gewonnenen Erkenntnisse zu prüfen, müssen diese mit den Ergebnissen aus den disjungierten Konfliktsituationen vom Typ der Spaltung und vom Typ des Verkaufs verglichen werden. Dabei wird im folgenden deutlich, daß eine isolierte Betrachtung disjungierter Konfliktsituationen keinesfalls zu sachgerechten Ergebnissen führen muß, wenn das Bewertungssubjekt in weiteren Konfliktsituationen steht.[191] Um die Aussage zu belegen, werden zunächst die *disjungierten* Entscheidungswerte der Konfliktsituationen vom Typ der Spaltung und vom Typ des Verkaufs dargestellt sowie dann mit den *jungierten* Werten verglichen:

---

188 Vgl. den Graphen $P_{U_B}^{\min}\left(\alpha_{U_A}^{X}\right)$ der *Abbildung 41*.

189 Bei einer Verringerung der Ausgangsbeteiligung des Gesellschafters X verlängert sich der waagerechte Ast des Graphen $\alpha_{U_A}^{\min X}\left(P_{U_B}\right)$ bis zum Punkt B, der sich bei äquivalentem Vorgehen nach links verschiebt.

190 Da die Berechnungen analog zu der oben beschriebenen Vorgehensweise erfolgen, wird hier auf eine Variation der Ausgangsdaten verzichtet; eine Veränderung der Basisdaten läßt sich jedoch anhand der aufgezeigten Optimierungsansätze und Formeln nachvollziehen.

191 Zu diesem Ergebnis kommt auch *BRÖSEL*, Medienrechtsbewertung (2002), S. 106, bspw. in der Konfliktsituation vom Typ „Kauf-Kauf", die dort als „Erwerb-Erwerb" bezeichnet wird.

Die *minimale Anteilsquote* $\alpha_{U_A}^{min\,X}$ in der disjungierten Konfliktsituation vom Typ „Spaltung" ergibt sich aus der Bedingung des schon bekannten Bewertungsansatzes,[192] daß die Summe der Anteile des X an den Entnahmen der gespaltenen Unternehmen U_A und U_M insgesamt größer sein muß als der Anteil $\alpha_{U_{UG}}^{X}$ des Gesellschafters X an den Entnahmen des Ursprungsunternehmens U_{UG}:

$$\alpha_{U_A}^{min\,X} \cdot EN_{U_A} + \alpha_{U_M}^{X} \cdot EN_{U_M} \geq \alpha_{U_{UG}}^{X} \cdot EN_{U_{UG}}$$

$$\alpha_{U_A}^{min\,X} \cdot 101{,}7473 + 0{,}55 \cdot 175{,}0956 \geq 0{,}6 \cdot 244{,}9563$$

$$\alpha_{U_A}^{min\,X} \geq 49{,}8010\%.$$

Das bedeutet für den *disjungierten* Fall, daß der Gesellschafter X einer Spaltung immer nur dann zustimmt, wenn sein Anteil $\alpha_{U_A}^{min\,X}$ am Unternehmen U_A – bei einem festgelegten Anteil $\alpha_{U_M}^{min\,X}$ = 55 % am Mutterunternehmen U_M – mindestens 49,8010 % beträgt.

Der *minimale Grenzpreis* $P_{U_B}^{min}$ für das Unternehmen U_B ergibt sich aus den – im vorigen Abschnitt bereits dargestellten – linearen Optimierungsansätzen.[193] Der maximale Zielfunktionswert $EN_{U_{UG}}^{max}$ für das Ursprungsunternehmen U_{UG} beträgt im Basisansatz – ohne den Verkauf des Unternehmens U_B – $EN_{U_{UG}}^{max} = 244{,}9563$. Wenn dieser Betrag als Vergleichswert für den Bewertungsansatz – mit Verkauf des Unternehmens U_B – dient, ergibt sich ein minimaler Grenzpreis in Höhe von $P_{U_B}^{min}$ = 1.038,7708 GE. Das bedeutet, daß der Anteilseigner X in der disjungierten Bewertungssituation bei Preisen $P_{U_B}^{min} \leq$ 1.037,7708 einem Verkauf nicht zustimmen wird, weil dieser für ihn unvorteilhaft wäre. Bei Preisen $P_{U_B}^{min} >$ 1.038,7708 wird der Gesellschafter X einem Verkauf zustimmen, weil der Verkaufserlös über dem Entscheidungswert für das Unternehmen U_B liegt.

Werden die Entscheidungswerte der disjungierten Konfliktsituation – die *minimale Anteilsquote* $\alpha_{U_A}^{min\,X}$ = 49,8010 % und der *minimale Grenzpreis* $P_{U_B}^{min}$ = 1.038,7708 GE – in die *Abbildung 41* eingefügt, werden sechs Bereiche deutlich, die bei gegebener Datenkonstellation zu unterschiedlichen Ergebnissen bei *disjungierter* und *jungierter* Betrachtung führen. Diese sechs Bereiche – in *Abbildung 42* als die

[192] Vgl. zu den im folgenden benutzten Unternehmens- oder Entnahmewerten die im Abschnitt III.1.3.2.2.2 (S. 217–227) dieser Arbeit ermittelten Beträge.

[193] Vgl. dazu die Ausführungen des Abschnitts III.1.3.2.2.3 (S. 232–242) dieser Arbeit.

Bereiche 5 bis 9 bezeichnet – und ein weiterer – aufgrund des Maßstabs in der Abbildung nicht dargestellter – Bereich 10 werden im folgenden beschrieben und anhand des – im vierten jungierten Bereich bereits erläuterten – Beispiels $\left(\alpha^{X}_{U_A}; P_{U_B}\right)$= (49,85 %; 1.038,2 GE) verdeutlicht:[194]

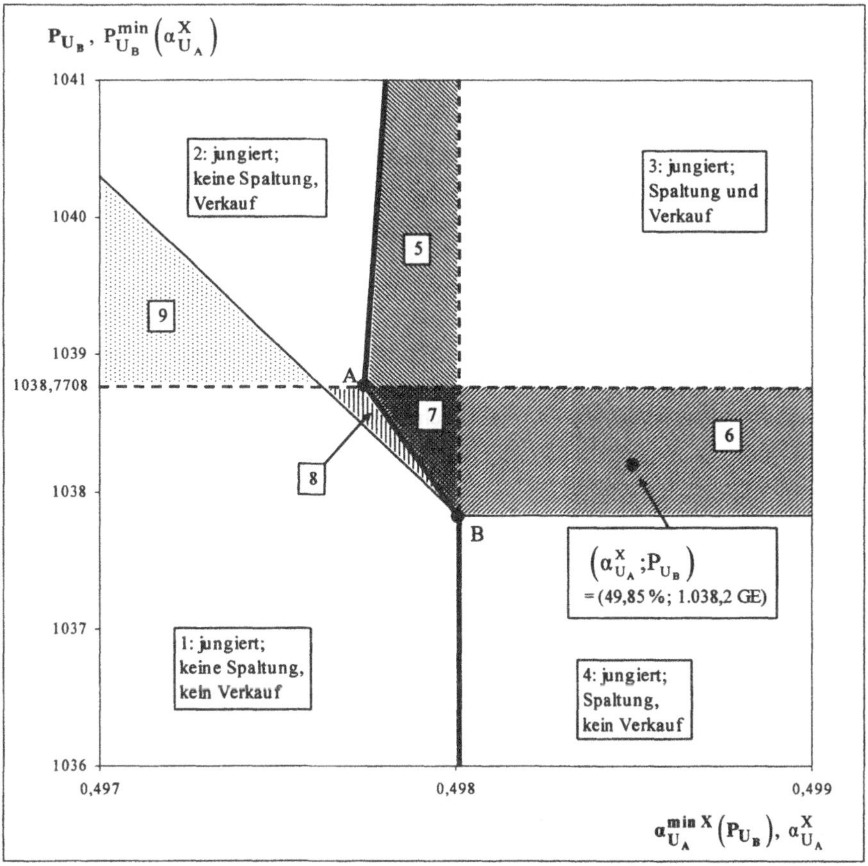

Abbildung 42: Vergleich der disjungierten und jungierten Beteiligungsquotenfunktionen des Anteilseigners X: Erste und zweite Sichtweise (Ausschnitt)

---

194 Die – hier als „jungiert" gekennzeichneten – Bereiche 1 bis 4 stellen die vier in der kombinierten ersten und zweiten Sichtweise (vgl. *Abbildung 41*) bereits erläuterten Felder dar. Die Felder 5 bis 9 sowie der Sektor 10 stellen Bereiche dar, die zu unterschiedlichen Handlungsempfehlungen einerseits in den disjungierten Konfliktsituationen vom Typ der Spaltung und vom Typ des Verkaufs sowie andererseits in der jungierten Konfliktsituation vom Typ „Spaltung-Verkauf" führen.

5. In der disjungierten Konfliktsituation vom Typ „Spaltung" würden alle vereinbarten Anteilsquoten $\alpha_{U_A}^{X}$, die kleiner als $\alpha_{U_A}^{\min X} = 49{,}8010\ \%$ sind, den Anteilseigner X schlechter stellen als ohne Spaltung. In der jungierten Situation kann der Gesellschafter X aber auch im fünften Bereich[195] der *Abbildung 42* einer Spaltung zustimmen, weil in diesem Bereich eine geringere Anteilsquote $\alpha_{U_A}^{\min}$ durch einen höheren Verkaufspreis P_{U_B} und damit einen gestiegenen Anteil am Unternehmen U_M ausgeglichen wird.
6. In der disjungierten Situation vom Typ „Verkauf" wird einer Veräußerung des Unternehmens U_B genau dann nicht zugestimmt, wenn der Verkaufspreis $P_{U_B}^{\min}$ weniger als 1.038,7708 GE beträgt. Durch die Berücksichtigung der Spaltung vergrößert sich auch hier der mögliche Einigungsbereich in der jungierten Betrachtungsweise. Im sechsten Bereich[196] der *Abbildung 42* würde der Gesellschafter X einem Verkauf des Unternehmens U_B zustimmen, weil hier ein niedrigerer Verkaufspreis $P_{U_B}^{\min}\left(\alpha_{U_A}^{X}\right)$ durch einen erhöhten Anteil $\alpha_{U_A}^{X}$ am Unternehmen U_A kompensiert wird. Das sei nochmals am Beispiel $\left(\alpha_{U_A}^{X}; P_{U_B}\right) =$ (49,85 %; 1.038,2 GE) des *jungierten* Falls, in dem sowohl der Verkauf als auch die Spaltung möglich sind, verdeutlicht. In der *disjungierten* Betrachtung liegt der Preis $P_{U_B} = 1.038{,}2$ GE unter dem Grenzpreis von $P_{U_B}^{\min} = 1.038{,}7708$ GE, so daß hier einem Verkauf nicht zugestimmt wird. Befindet sich das Bewertungssubjekt aber zusätzlich in der Konfliktsituation vom Typ der Spaltung (jungierte Betrachtung), könnte das Unternehmen zu einem Preis $P_{U_B} = 1.038{,}2$ GE noch verkauft werden. An dieser Stelle wird wiederum deutlich, daß sich die Handlungsempfehlungen bei *jungierter* und *disjungierter* Betrachtungsweise in diesem Bereich unterscheiden.
7. Im siebenten Bereich[197] der *Abbildung 42* stimmt der Anteilseigner X einer Spaltung in der disjungierten Situation wie auch zuvor im fünften Feld nicht zu. Der Preis ist in dieser Situation so niedrig $\left(P_{U_B} < 1.038{,}7708 \text{ GE}\right)$, daß der Gesellschafter X einem Verkauf ebenfalls nicht zustimmen würde. In der jungierten Situation lautet die Handlungsempfehlung für den Anteilseigner jedoch – wie auch

[195] Dieser Bereich ist in der *Abbildung 42* von links oben nach rechts unten grau schraffiert dargestellt.

[196] Dieser Bereich ist in der *Abbildung 42* von links unten nach rechts oben grau schraffiert dargestellt.

[197] Dieser Bereich ist in der *Abbildung 42* sowohl von links oben nach rechts unten als auch von links unten nach rechts oben grau schraffiert dargestellt.

bereits im fünften und sechsten Bereich –, einer Spaltung *und* einem Verkauf zuzustimmen.

8. Die disjungierte Betrachtung des achten Bereichs[198] entspricht der gleichen Sichtweise, die bereits im siebenten Feld vertreten wurde. Im Gegensatz zum Feld 7 sollte der Anteilseigner X im achten Bereich in der jungierten Situation jedoch keiner Spaltung zustimmen, weil sich sein Anteil am Unternehmen U_A bei einem Verkauf des Unternehmens U_B derart verringert hat, daß er sich bei Durchführung der Spaltung schlechter stellen würde als in der Ausgangssituation.

9. Der neunte Bereich[199] der *Abbildung 42* charakterisiert den Bereich, in dem in der disjungierten Situation ein Verkauf des Unternehmens U_B befürwortet wird, obwohl der Gesellschafter X unter Einbezug der Spaltung in der jungierten Situation einem Verkauf nicht zustimmen sollte, weil die – von der Anteilsquote $\alpha_{U_A}^{X}$ abhängigen – Verkaufspreise $P_{U_B}^{\min}\left(\alpha_{U_A}^{X}\right)$ in diesem Bereich zu niedrig sind.

10. Ein weiterer – in der *Abbildung 42* nicht dargestellter – zehnter Bereich kann noch zu einer weiteren unterschiedlichen Entscheidungsfindung zwischen jungierter und disjungierter Betrachtungsweise führen. Steigt – wie in diesem Beispiel – der obere Ast der Funktion $\alpha_{U_A}^{\min X}\left(P_{U_B}\right)$ ab dem Punkt A wieder an, d. h. erhöht sich ab diesem Punkt die Anteilsquote $\alpha_{U_A}^{X}$ mit zunehmendem Preis P_{U_B}, dann übersteigt diese ab einem Preis P_{U_B} = 1.037,8287 GE die – in der disjungierten Bewertungssituation ermittelte – Anteilsquote von $\alpha_{U_A}^{\min X}$ = 49,8010 %,[200] so daß dann rechtsseits der disjungierten Spaltungsgrenze noch ein nach unten spitz zulaufender Bereich zwischen disjungierter Spaltungsgrenze $\alpha_{U_A}^{\min X}$ und jungierter Beteiligungsquotenfunktion $\alpha_{U_A}^{\min X}\left(P_{U_B}\right)$ entsteht, in dem der Gesellschafter X in der disjungierten Bewertungssituation einer Spaltung zustimmen würde. Im Rahmen der jungierten Konfliktsituation würde der Gesellschafter X aber nicht mehr in diese Möglichkeit einwilligen, weil der Bereich links vom Graphen $\alpha_{U_A}^{\min X}\left(P_{U_B}\right)$, d. h. unter seiner Entscheidungsgrenze, liegt.

Die unterschiedlichen Handlungsempfehlungen (Zustimmung des Anteilseigners X: ja oder nein) in der jungierten Konfliktsituation vom Typ „Spaltung-Verkauf" und den disjungierten Konfliktsituationen vom Typ der Spaltung und vom Typ des Verkaufs sind in der *Tabelle 36* zusammenfassend dargestellt.

---

198 Dieser Bereich ist in der *Abbildung 42* senkrecht von oben nach unten grau schraffiert dargestellt.

199 Dieser Bereich ist in der *Abbildung 42* gepunktet markiert.

200 Vgl. *Tabelle 32* im Abschnitt III.1.3.2.2.2 (S. 229) dieser Arbeit.

Bereich	Disjungierte Sichtweise		Jungierte Sichtweise	
	Spaltung	Verkauf	Spaltung	Verkauf
5	nein	ja	ja	ja
6	ja	nein	ja	ja
7	nein	nein	ja	ja
8	nein	nein	nein	ja
9	nein	ja	nein	nein
10	ja	ja	nein	ja

Tabelle 36: Handlungsempfehlungen beim Vergleich der disjungierten und jungierten Beteiligungsquotenfunktionen

Am Beispiel der jungierten Konfliktsituation vom Typ „Spaltung-Verkauf" wurde gezeigt, daß es sinnvoll ist, außer der ursprünglichen Konfliktsituation weitere Konfliktsituationen mit in den Bewertungskalkül der Bewertungssubjekte einzubeziehen. Dabei ist die Grenzquote des einen Spaltungsunternehmens abhängig vom Grenzpreis des anderen Verkaufsobjekts. Der Grenzpreis des einen Bewertungsobjekts ist zugleich abhängig von der Grenzquote des Spaltungsunternehmens. Kompliziert wird die jungierte Bewertungssituation vom Typ „Spaltung-Verkauf" dadurch, daß bereits die disjungierte Konfliktsituation vom Typ „Spaltung" eine in sich abhängige Bewertungssituation (mehrdimensionale Betrachtung) darstellt, so daß es sich bei dieser jungierten Bewertungssituation um eine *zweifach bedingte Konfliktsituation* handelt. Gleichwohl wurden vier Bereiche aufgezeigt, die unterschiedliche Ergebnisse in der Entscheidungsunterstützung bei jungierter und disjungierter Betrachtung liefern. Ob diese – auf unsicheren Zahlungsströmen basierenden – Ergebnisse letztlich auch Beachtung in den Spaltungsverhandlungen finden sollten, wird im folgenden Kapitel „Argumentationswertermittlung bei der Spaltung" zu diskutieren sein.

2 Argumentationswertermittlung bei der Spaltung

2.1 Grundlagen

2.1.1 Bewertungsschritte im Rahmen der Argumentationsfunktion bei der Spaltung

Die zweite *Hauptfunktion* der Unternehmensbewertung, die Argumentationsfunktion, ermittelt einen *Argumentationswert*, der in Verhandlungen zur Begründung der eigenen Vorstellungen benutzt wird, um eine Lösung des Konflikts herbeizuführen. Dabei stellt sich der Argumentationswert nicht als einzelner Wert dar, sondern als Gesamtheit von Begründungen, den *Argumentationsfaktoren* und *Argumenten*. Mit diesen wird versucht, ein Verhandlungsergebnis zu erzielen, das möglichst weit entfernt vom eigenen Entscheidungswert und das möglichst nah an der vermuteten Konzessionsgrenze des Verhandlungspartners liegt, um einen möglichst großen Nutzen zu erzielen. Dabei dient der Argumentationswert als Instrument zur Beeinflussung des Verhandlungspartners.[1]

In *Tabelle 37* werden die in den drei Bewertungsschritten verwendeten Begriffe Entscheidungswert, Argumentationswert und Tauschwert für die Bewertungssituation der Spaltung aufgeführt und zur Verdeutlichung neben die Begriffe der Konfliktsituation vom Typ des Kaufs/Verkaufs gestellt. Diese Abgrenzung hilft im folgenden, die einzelnen Schritte im Rahmen der Argumentationsfunktion bei der Spaltung zu beschreiben. In der Konfliktsituation vom Typ der Spaltung (des Kaufs/Verkaufs) bildet die Verteilung der Beteiligungsquoten (der Kauf-/Verkaufspreis) meist den entscheidenden konfliktlösungsrelevanten Sachverhalt, der im Rahmen der Argumentationsfunktion auch als *Argumentationsfaktor* bezeichnet wird. Den eindimensionalen Entscheidungswert für einen einzelnen Anteilseigner (für den Käufer/Verkäufer) bildet dabei die minimale Grenzquote der Beteiligung an den Spaltungsunternehmen (der maximale zahlbare/der mindestens zu fordernde Kaufpreis). Im Rahmen erfolgreicher Spaltungsverhandlungen (Kaufpreisverhandlungen) verhandeln die Spaltungsparteien (Käufer und Verkäufer) so lange über Einigungs-(quoten)vorschläge (Preisvorschläge, -angebote), bis sie sich auf eine Einigungs-(quoten)lösung[2] (auf einen Preis) geeinigt haben.

---

1 Zu den Grundlagen der Argumentationswertermittlung vgl. die im Abschnitt II.2.1 (S. 56 f.) dieser Arbeit zitierte Literatur.

2 HEURUNG, Spaltung (1997), S. 1305, nennt diese Einigungsquotenlösung auch „Einigungs-Umtauschverhältnis“.

	Konfliktsituation vom Typ „Kauf/Verkauf“	Konfliktsituation vom Typ „Spaltung“
Eindimensionaler konfliktlösungs-relevanter Sachverhalt (Argumentationsfaktor)	Käufer: Kaufpreis Verkäufer: Verkaufspreis	Verteilung der Beteiligungsquoten
Entscheidungswert	Käufer: maximal zahlbarer Kaufpreis Verkäufer: minimal zu fordernder Verkaufspreis	Minimale Grenzquote der Beteiligung
Argumentationswert	Preisvorschlag, -angebot	Einigungs(quoten)vorschlag, Einigungs(quoten)angebot
Tauschwert (= Einigungswert)	Preis	Einigungs(quoten)lösung

Tabelle 37: ***Begriffsdefinitionen im Rahmen der Argumentationsfunktion in den Konfliktsituationen des Kaufs/Verkaufs und der Spaltung***

Die Zweiteilung in die Beurteilungsphase einerseits und in die Verhandlungs- und Entscheidungsphase andererseits spiegelt sich auch im Einsatz der Argumentationsfaktoren wider:[3] In der Beurteilungsphase, die mit der Ermittlung einer Vorstellung über eine anzustrebende Einigungslösung endet, werden vorwiegend *harte Argumentationsfaktoren* – wie Unternehmensbewertungsverfahren oder Bewertungsmodelle – eingesetzt. In der Verhandlungs- und Entscheidungsphase kommen zusätzlich *weiche Argumentationsfaktoren* – wie Verhandlungsgeschick oder Erfahrungen in Verhandlungen – zum Tragen. Harte Argumentationsfaktoren können entsprechend der Aufteilung der konfliktlösungsrelevanten Sachverhalte in *originäre* und in *derivative* Argumentationsfaktoren unterteilt werden, weiche Argumentationsfaktoren zielen auf die Unterstützung der Kommunikation zwischen den Verhandlungspartnern ab.[4]

Um den Argumentationswert als Instrument in den Spaltungsverhandlungen einsetzen zu können, bedarf es der nachfolgend beschriebenen Bewertungsschritte, die sich aus der Verknüpfung der „*Matrix der funktionalen Unternehmensbewertung*“

3 Zur Darstellung der Beurteilungsphase sowie der Verhandlungs- und Entscheidungsphase als Bestandteile des Bewertungsprozesses der Spaltung vgl. die Abschnitte II.3.2.2.1.3 (S. 96–104) und II.3.2.2.1.4 (S. 104–106) dieser Arbeit.

4 Zur Einteilung in originäre und derivative konfliktlösungsrelevante Sachverhalte vgl. Abschnitt II.3.3.1 (S. 110 f.) dieser Arbeit. Zur ausführlichen Beschreibung der weichen Argumentationsfaktoren vgl. *BRÖSEL/BURCHERT*, Akquisition (2004), S. 342–347, zur Beschreibung der harten und weichen Faktoren siehe *MATSCHKE/BRÖSEL*, Unternehmensbewertung (2007), S. 587–599.

nach MATSCHKE/BRÖSEL und der einzelnen Bewertungsphasen des sog. *Konvergenzmodells* von BARTHEL ergeben.[5]

Schritt 1: Der erste Schritt dient der Ermittlung des eigenen Entscheidungswerts (Grenzquoten) und der Abschätzung des vermutlichen Entscheidungswerts des Verhandlungsgegners (Grenzquoten).[6]

Schritt 2: Im zweiten Schritt werden die relevanten Argumentationsfaktoren ausgewählt. Es erfolgt eine Argumentationswertermittlung und eine Konkretisierung möglicher anzustrebender Einigungsquotenlösungen[7].

Schritt 3: Im dritten Schritt werden die in Schritt 2 ermittelten Argumentationswerte in den Spaltungsverhandlungen mittels Angebotsbegründung, Glaubwürdigkeitserlangung und Akzeptanzerreichung verwendet.

Die Bewertungsschritte im Rahmen der Argumentationsfunktion bei der Spaltung orientieren sich dabei an der grundsätzlichen Dreiteilung nach MATSCHKE/BRÖSEL, wobei die ersten beiden Schritte in die Beurteilungsphase des Bewertungsprozesses der Spaltung einzugliedern sind. Lediglich der dritte Schritt, die Verwendung des Argumentationswerts in den Spaltungsverhandlungen, betrifft direkt die Verhandlungsphase.[8] Bei der Integration des Konvergenzmodells von BARTHEL in die Bewertungsschritte im Rahmen der Argumentationsfunktion bei der Spaltung zeigt sich, daß dessen Bezeichnungen der ersten beiden Phasen in dem hier verstandenen Sinne nicht verwendet werden können.[9] So wird die Phase 1, die *Bewertungsphase* nach BARTHEL, vom Begriff her sachgerechterweise in die Beurteilungsphase der Spaltung gegliedert, der dahinterstehende Inhalt, die Fundierung von Angebotswerten gegenüber Bewertungsadressaten, ist jedoch Teil der Verhandlungsphase und somit zu Schritt 3 zu glie-

---

5 Vgl. die Darstellung der „Matrix der funktionalen Unternehmensbewertung" im Rahmen der Argumentationsfunktion bei *MATSCHKE/BRÖSEL*, Unternehmensbewertung (2007), S. 114–116 und S. 586–603, sowie die Darstellung des Konvergenzmodells bei *BARTHEL*, Argumentationsfunktion (2005), S. 37 f.

6 Die Ermittlung des eigenen Entscheidungswerts kann auch als „notwendiger (zwingender) Bewertungsschritt" bezeichnet werden, weil der eigene Entscheidungswert nach dem Merkmal der Parteienbezogenheit nicht verletzt werden darf. Vgl. *MATSCHKE*, Argumentationswert (1976), S. 521 f.

7 Die Spaltungsparteien sollten grundsätzliche Vorstellungen über realistische Einigungslösungen besitzen. Dabei ist der in Schritt 1 erfolgende Bewertungsschritt, die Abschätzung des gegnerischen Entscheidungswerts, also das Hineinversetzen in die Lage der gegnerischen Spaltungspartei, hilfreich, um eine Vorstellung über Aufteilungsmöglichkeiten des insgesamt zu verteilenden Spaltungsvorteils zu erhalten. Eine spieltheoretische Analyse der Sichtweisen der Verhandlungsparteien erfolgt nicht.

8 Zur Einordnung der Bewertungsphasen des Konvergenzmodells von BARTHEL in die „Matrix der Unternehmensbewertung" vgl. bereits *MATSCHKE/BRÖSEL*, Unternehmensbewertung (2007), S. 600–603.

9 Das dreiphasige „Konvergenzmodell" von BARTHEL – bestehend aus Bewertungsphase, Beurteilungsphase und Beeinflussungsphase – basiert auf der Annäherung (= Konvergenz) von Argumentationswerten, um im Rahmen eines Unternehmensbewertungsanlasses ein positives Verhandlungsergebnis zu erzielen. Vgl. dazu *BARTHEL*, Argumentationsfunktion (2005), S. 37 f.

dern. Genau umgekehrt verhält es sich mit dem Begriff der Phase 2, der Beurteilungsphase nach BARTHEL, dessen Bezeichnung nicht in dem hier benutzten Zusammenhang verwendet werden kann: Während der *Terminus* „Beurteilungsphase" nach BARTHEL dem Wortlaut nach in den zweiten Bewertungsschritt eingeordnet werden muß, ist der *Zweck* dieser Phase, die Erlangung von Glaubwürdigkeit, richtigerweise der Verhandlungsphase zuzuordnen.[10]

Der *erste Schritt* der Bewertung der Spaltung im Rahmen der Argumentationsfunktion, die Ermittlung des eigenen und gegnerischen Entscheidungswerts (vgl. *Tabelle 38*), berücksichtigt eine Ausprägung des Merkmals der Parteienbezogenheit, das Merkmal der Bezogenheit auf Entscheidungswerte.[11] Demnach dürfen sowohl der eigene als auch – möglichst – der gegnerische Entscheidungswert grundsätzlich nicht verletzt werden.[12] In einer eindimensionalen Konfliktsituation, in der die Verteilung der Gesellschaftsanteile an den Spaltungsunternehmen den einzigen konfliktlösungsrelevanten Sachverhalt darstellt, ergibt sich die im folgenden dargestellte Einigungssituation.[13] *Abbildung 43* zeigt den einfachen Fall der Spaltung eines Ursprungsunternehmens in zwei Unternehmen, denen die Unternehmenswerte U_1 und U_2 zugeordnet werden können. Nachdem in der letzten Runde der Spaltungsverhandlungen[14] die Anteile am Unternehmenswert U_2 zwischen den Spaltungsparteien aufgeteilt wurden, ergibt sich – unter der Voraussetzung eines vorhandenen Einigungsbereichs[15] – ein vermeintlich verteilbarer Vorteil V an den Unternehmensanteilen des Unternehmens U_1 in Höhe von $V = 100\,\% - \alpha_{U_1}^{\min X} - \alpha_{U_1}^{\min Y}$, wobei $\alpha_{U_1}^{\min X}$ und $\alpha_{U_1}^{\min Y}$ die Entscheidungswerte der beiden Spaltungsparteien X und Y am Unternehmen U_1 in Form minimaler Grenzquoten darstellen.[16]

---

[10] Zur Bewertungs- und Beurteilungsphase nach BARTHEL vgl. *BARTHEL*, Argumentationsfunktion (2005), S. 37.

[11] Zur Darstellung der Merkmale des Argumentationswerts vgl. bereits Abschnitt II.2.1 (S. 56 f.) dieser Arbeit. Der Entscheidungswert repräsentiert somit den zentralen Wert der Unternehmensbewertungstheorie, weil dieser nicht nur die Grundlage für den Argumentationswert, sondern – wie später im Abschnitt III.3 (S. 325–358) noch zu zeigen sein wird – auch unverzichtbares Element der Vermittlungsfunktion darstellt. Vgl. *SIEBEN*, Entscheidungswert (1976), S. 504.

[12] Daß der gegnerische Entscheidungswert am Anfang der Spaltungsverhandlungen zur Argumentation verletzt werden darf, zeigen die nachfolgenden Ausführungen; letztlich werden jedoch glaubhafte Argumentationswerte stets innerhalb der Entscheidungsgrenzen liegen.

[13] Zur Darstellung der Einigungssituation in der Konfliktsituation vom Typ Kauf/Verkauf vgl. *MATSCHKE/BRÖSEL*, Unternehmensbewertung (2007), S. 132.

[14] Zur Einteilung der Spaltungsverhandlungen in einzelne Verhandlungsrunden vgl. nachfolgend Abschnitt III.2.2.3 (S. 290–295) dieser Arbeit.

[15] Der Fall eines negativen Einigungsbereichs wird im Abschnitt III.2.1.3.1 (S. 268 f.) dieses Kapitels dargestellt.

[16] Voraussetzung für diesen (positiven) Einigungsbereich ist, daß sich die (Erwartungen der Verhandlungsgegner über die) Summe der Unternehmenswerte U_1 und U_2 aufgrund positiver Spaltungseffekte dermaßen erhöht hat, daß diese den Unternehmenswert U_{UG} des Ursprungsunternehmens übersteigt. Zur Darstellung positiver Effekte durch Unternehmensspaltungen vgl. Abschnitt II.3.2.2.1.3 (S. 101 f.) dieser Arbeit.

Bewertungsschritte	Matrix der „funktionalen Unternehmensbewertung“ nach MATSCHKE/BRÖSEL	Verhandlungsphasen im Konvergenzmodell von BARTHEL	Einordnung in den Bewertungsprozeß der Spaltung	Bewertungsschritte im Rahmen der Argumentationsfunktion bei der Spaltung	Einsatz der Argumentationsfaktoren
Schritt 1	Ermittlung des eigenen Entscheidungswerts, Abschätzung des gegnerischen Entscheidungswerts		Beurteilungsphase	Ermittlung des eigenen Entscheidungswerts (Grenzquoten), Ermittlung des gegnerischen Entscheidungswerts (Grenzquoten)	Einsatz vorwiegend harter Argumentationsfaktoren
Schritt 2	Auswahl der Argumentationsfaktoren, Argumentationswertermittlung, Vorstellung über das anzustrebende Verhandlungsresultat	Bewertungsphase (1): Fundierung von Angebotswerten gegenüber Bewertungsadressaten	Beurteilungsphase	Auswahl der relevanten Argumentationsfaktoren, Argumentationswertermittlung (Einigungsquotenvorschläge), Vorstellung über verschiedene anzustrebende Einigungslösungen	Einsatz vorwiegend harter Argumentationsfaktoren
Schritt 3	Verwendung des Argumentationswerts in den Spaltungsverhandlungen	Beurteilungsphase (2): Erlangung von Glaubwürdigkeit, Beeinflussungsphase (3): Erreichung von Akzeptanz	Verhandlungs- und Entscheidungsphase	Verhandlungsphase: Angebotsbegründung, Glaubwürdigkeitserlangung, Akzeptanzerreichung, Entscheidungsphase: Bestimmung einer Einigungsquotenlösung	Einsatz einer Kombination aus harten und weichen Argumentationsfaktoren

Tabelle 38: Herleitung der Bewertungsschritte im Rahmen der Argumentationsfunktion bei der Spaltung

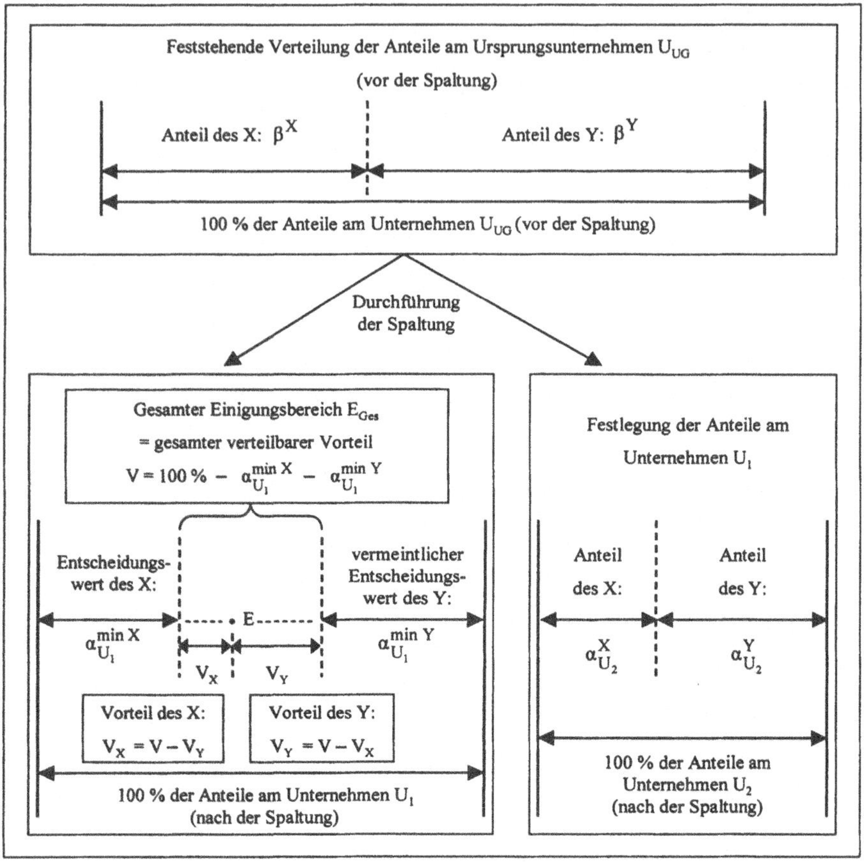

Abbildung 43: Darstellung einer Einigungssituation in der Konfliktsituation vom Typ der Spaltung

Die Durchführung der Spaltung ist für beide Seiten genau dann vorteilhaft, wenn es den Spaltungsparteien gelingt, sich auf einen im frei verteilbaren Einigungsbereich E_{Ges} liegenden Einigungswert E zu verständigen.[17] In einem solchen Fall erhalten beide Konfliktparteien einen zusätzlichen Nutzen, der Anteilseigner X erhält seinen Vor-

---

[17] Der Einigungswert E stellt hier eine Aufteilung des Unternehmens U_1 bspw. in der Form $[\alpha_{U_1}^X ; \alpha_{U_1}^Y] = [55\,\%$ (= Anteil des Eigners X am Unternehmen U_1); $45\,\%$ (= Anteil des Eigners Y am Unternehmen U_1)] dar.

teil V_X in Höhe von $V_X = V - V_Y$, der Gesellschafter Y erhält seinen Vorteil V_Y in Höhe von $V_Y = V - V_X$.

Erhöht sich der Vorteil des einen Gesellschafters, kann dies nur zu Lasten des anderen Anteilseigners geschehen. Der gesamte verteilbare Vorteil entfiele gänzlich auf eine Partei, wenn die Einigungsquotenverteilung mit der Grenzquote einer Partei übereinstimmte, also entweder E (in % der Unternehmensanteile) = $\alpha_{U_1}^{\min X}$ (gesamter verteilbarer Vorteil läge bei dem Anteilseigner Y) oder E (in % des Unternehmenswerts) = $\alpha_{U_1}^{\min Y}$ (gesamter verteilbarer Vorteil läge bei dem Gesellschafter X) wäre.

Der gesamte Einigungsbereich E_{Ges} stellt den maximal zu verteilenden Vorteil zwischen den Spaltungsparteien dar. Daß dieser Bereich i. d. R. nicht genau dem Argumentationsbereich entsprechen wird, zeigen die Abschnitte III.2.1.3.1 (S. 264–269) und III.2.1.3.2 (S. 270–274) dieser Arbeit.

Im *zweiten Schritt* – der Auswahl der relevanten Argumentationsfaktoren, der Argumentationswertermittlung sowie der Erlangung einer Vorstellung über anzustrebende Verhandlungslösungen – bedarf es sowohl eines Modells zur Argumentationswertermittlung als auch einer genauen Systematisierung und Auswahl der Argumentationsfaktoren.[18]

Bei der Argumentationsfunktion „handelt es sich um die theoretisch bisher (noch) am wenigsten durchdrungene, aber in der realen Welt (wohl) am häufigsten praktizierte Funktion“[19] der Unternehmensbewertung. Dies bezieht sich insbesondere auf den *dritten Schritt* im Rahmen der Argumentationsfunktion bei der Spaltung, die Verwendung des Argumentationswerts in den Spaltungsverhandlungen. Während die ersten beiden Schritte, sowohl die Ermittlung der Entscheidungs- und Argumentationswerte als auch die Auswahl der Argumentationsfaktoren, noch durch eine rationale Herangehensweise begründet und mit Bewertungsmodellen erklärt werden können, ist es im Rahmen einer (Spaltungs-)Verhandlung (fast) unmöglich, die Reaktionen der gegnerischen Verhandlungspartei vorherzusehen. Hier wird die bereits beschriebene Zweiteilung der Argumentationsfunktion deutlich: In den ersten beiden Schritten werden (hauptsächlich) anhand von harten Argumentationsfaktoren Entscheidungs- und Argumentationswerte ermittelt sowie denkbare Handlungsmöglichkeiten durchgespielt.

Im dritten Schritt gelangen diese zuvor ermittelten Daten zur Anwendung: Einigungsquotenvorschläge werden begründet, die Spaltungsparteien versuchen, Glaubwürdigkeit zu erlangen (oder zu behalten) und letztlich Akzeptanz zu erreichen. Es werden also Argumentationswerte in die Spaltungsverhandlung eingebracht, von denen eine Konfliktpartei i. d. R. nicht weiß, wie der Verhandlungspartner darauf reagiert. Deshalb ist es notwendig, einen möglichst gut strukturierten, für alle Spaltungs-

---

18 Zur Darstellung des Einigungsmodells im Rahmen der Spaltung vgl. Abschnitt III.2.2 (S. 280–303) dieser Arbeit.

19 *MATSCHKE/BRÖSEL*, Unternehmensbewertung (2007), S. 572.

parteien verbindlichen Verhandlungsablauf vorzubereiten. Dieser durch Beschluß aller Beteiligten fest vorgegebene Verhandlungsablauf ist Gegenstand des im Abschnitt III.2.2 (S. 280–303) dieser Arbeit beschriebenen Einigungsmodells und wird im Abschnitt III.2.3 (S. 303–324) dieser Arbeit an einem mehrdimensionalen Spaltungsbeispiel verdeutlicht.

2.1.2 Ausprägungen der Einsatzmöglichkeiten des Argumentationswerts

Die nachfolgende Darstellung erläutert die Einsatzmöglichkeiten des Argumentationswerts in den (Spaltungs-)Verhandlungen (vgl. *Abbildung 44*).[20] Im Vordergrund der argumentativen Nutzung von Unternehmensbewertungen in den Konfliktsituationen „Kauf", „Verkauf" und „Fusion" stehen regelmäßig die Verhandlungen mit *Unternehmensexternen* wie dem Käufer oder Verkäufer eines Unternehmens oder einem potentiellen Fusionspartner. Demgegenüber stehen im Rahmen der Unternehmensbewertung vom Typ „Spaltung" zunächst die Verhandlungen mit *Unternehmensinternen* – den einzelnen Anteilseignern des Ursprungsunternehmens – im Fokus der Betrachtung.[21] In den Konfliktsituationen vom Typ der *Spaltung durch Aufnahme*[22] können jedoch auch Bewertungssituationen im Rahmen der Spaltung mit *Unternehmensexternen* entstehen, weil bei dieser Spaltungsart zunächst eine Spaltung des Ursprungsunternehmens und dann eine Verschmelzung mit einem anderen Unternehmen erfolgt, so daß dabei auch Spaltungsverhandlungen mit den Anteilseignern des Kooperationsunternehmens erfolgen müssen.

In den Spaltungsverhandlungen können die Argumente wiederum auf die *eigene Konfliktpartei* – i. S. der Durchsetzung eigener Vorschläge in der eigenen Spaltungspartei – oder auf die *gegnerische Konfliktpartei* – i. S. der bestmöglichen Lösung des interpersonalen Konflikts – bezogen sein.

---

20 Argumentationswerte gelangen in den Verhandlungen zum Einsatz. GORNY, Unternehmensbewertung (2002), S. 98, macht diese unzweifelhafte Aussage explizit deutlich: „Die für die Behandlung der Argumentationsfunktion relevante Konfliktlösungsstrategie ist also die Verhandlung."

21 Die Anteilseigner des Unternehmens werden hier als Eigentümer zur Kategorie der *Unternehmensinternen* gezählt, weil diese letztlich als Entscheidungsinstanz in den Spaltungsverhandlungen auftreten. Unabhängig hiervon werden die Gesellschafter als *Unternehmensexterne* im Rahmen der Finanzierung eines Unternehmens bezeichnet (externe Eigenfinanzierung), weil diese Kapital von einem Standpunkt, der außerhalb des Unternehmens liegt, zuführen. Vgl. MATSCHKE, Finanzierung (1991), S. 14–22, WÖHE/DÖRING, Betriebswirtschaftslehre (2005), S. 659–709.

22 Zu den Arten der Spaltung nach dem Umwandlungsgesetz vgl. Abschnitt II.1.2.2 (S. 18–28) dieser Arbeit.

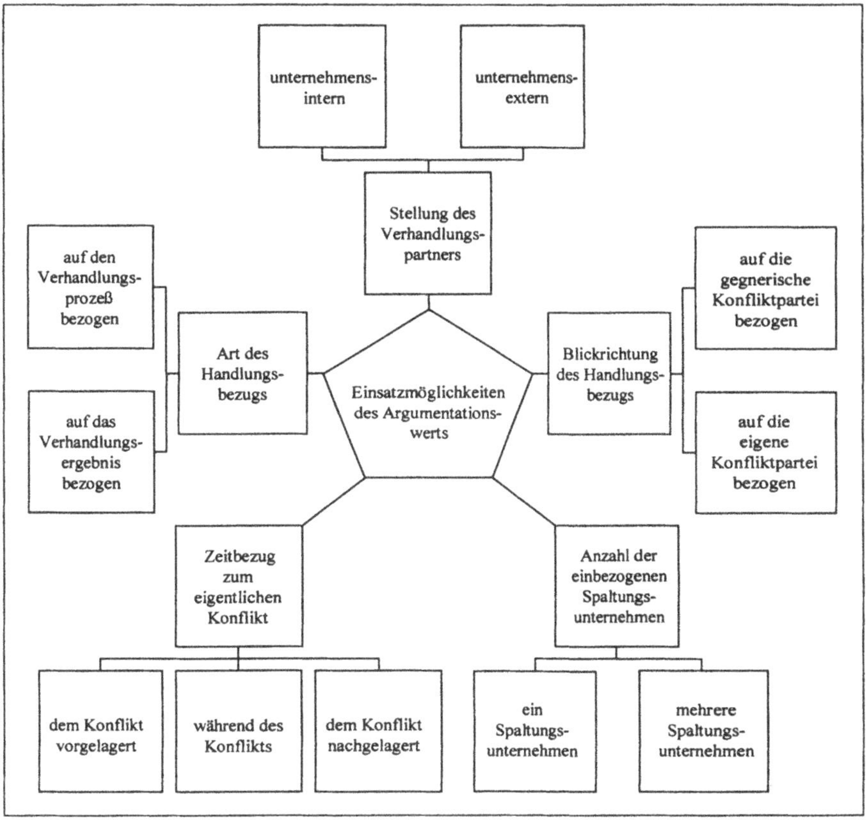

Abbildung 44: Einsatzmöglichkeiten des Argumentationswerts

Die Argumentationswerte lassen sich weiterhin nach der Anzahl der einbezogenen Spaltungsunternehmen unterscheiden:

1. *Argumentationswerte, die sich nur auf ein Spaltungsunternehmen beziehen können*: Für diese Argumentationsfaktoren – wie bspw. die Festlegung der Firma oder des Standorts eines Spaltungsunternehmens – sind Argumentationswerte möglich, die sich nur auf ein spezielles Spaltungsunternehmen beziehen.

2. *Argumentationswerte, die sich nur auf mehrere Spaltungsunternehmen zusammen beziehen können*: Diese Argumentationsfaktoren – wie z. B. der Umfang der Spaltungsunternehmen oder die Verteilung der Arbeitnehmer auf die Spaltungsunternehmen – können nur gemeinsam verhandelt werden, weil ein vorgegebener Argumentationswert für ein Spaltungsunternehmen – bspw. 60 % der Vermögensgegenstände des Ursprungsunternehmens oder 200 von ursprünglich 600 Ar-

beitnehmern – direkt den verbleibenden Argumentationsbereich – in diesem Fall 40 % der Vermögensgegenstände des Ursprungsunternehmens sowie 400 Arbeitnehmer – für die übrigen Spaltungsunternehmen festlegt.

Der Gebrauch von Argumentationswerten ist nicht nur auf die *eigentliche Verhandlung* beschränkt, sondern kann auch in *vorgelagerten* – bspw. zur Entscheidungsbeeinflussung oder zur Abgrenzung von Verantwortlichkeiten – oder *nachgelagerten Verhandlungen* – z. B. zur Rechtfertigung nach dem externen oder internen Konflikt – genutzt werden.

In der eigentlichen Verhandlung können die Argumente direkt auf das Verhandlungsergebnis – in Form von Preis- oder Anteilsquotenzugeständnissen – oder allgemeiner auf den Verhandlungsprozeß – durch Modifikation der Verhandlungsführung, Entkräften von Argumenten oder durch die Beeinflussung mittels gezielter Informationsbekanntgabe – bezogen sein.

2.1.3 Darstellung der Verhandlungssituation im Rahmen der Spaltung

2.1.3.1 Darstellung des Einigungsbereichs

Argumentationswerte dienen dazu,

1. einen möglichst großen Anteil an dem insgesamt zu verteilenden Vorteil zu erlangen und/oder
2. den vermuteten Einigungsbereich insgesamt zu vergrößern, indem versucht wird, der gegnerischen Spaltungspartei neue Informationen bereitzustellen.[23] Ziel ist dabei, den Entscheidungswert des anderen Anteilseigners zu verringern, also die minimale Grenzquote der Beteiligung der gegnerischen Spaltungspartei zu vermindern, so daß sich der insgesamt zu verteilende Spaltungsvorteil vergrößert.[24]

Bei Betrachtung dieser Zwecksetzung der Argumentationswerte in Verhandlungssituationen im Rahmen der Spaltung stellen sich somit folgende Fragen:

1. Wie groß ist der Bereich zwischen den Entscheidungswerten der Spaltungsparteien (Einigungsbereich)?
2. In welchem Bereich können die Konfliktparteien Argumentationswerte abgeben (Argumentationsbereich)?
3. Können (idealtypische) Verhandlungsverläufe aus den abgegebenen Argumentationswerten abgeleitet werden?

---

[23] In Ausnahmefällen könnte die Vergrößerung des Einigungsbereichs auch durch gezieltes Vorenthalten von Informationen erfolgen.

[24] Vgl. dazu für die Konfliktsituation vom Typ des Kaufs/Verkaufs *MATSCHKE*, Argumentationsfunktion (1977), S. 97–99, sowie *MATSCHKE/BRÖSEL*, Unternehmensbewertung (2007), S. 510. Zur Art der Beeinflussung in manipulativer und kooperativer Hinsicht vgl. *MATSCHKE/BRÖSEL*, Unternehmensbewertung (2007), S. 581 f.

Die Ausgangssituation zur Untersuchung der folgenden Ausführungen ist eine *nicht dominierte*, *disjungierte* und *eindimensionale Konfliktsituation vom Typ der Spaltung* (vgl. *Abbildung 45*).

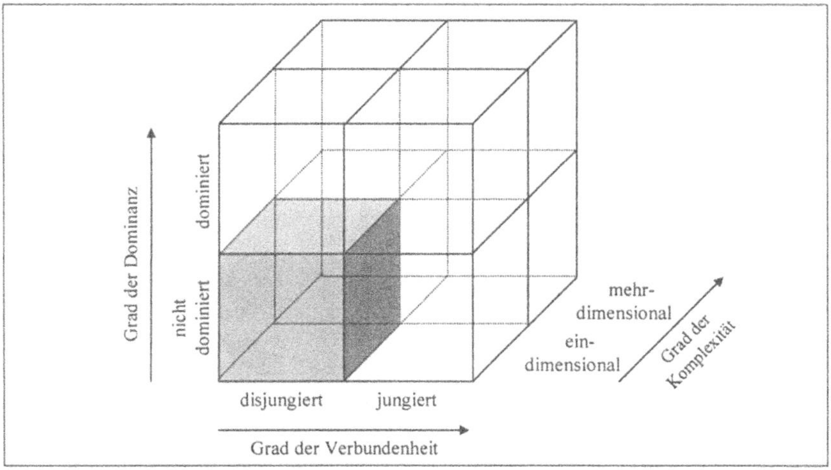

Abbildung 45: Konfliktwürfel für eine nicht dominierte, disjungierte und eindimensionale Konfliktsituation vom Typ der Spaltung

In dieser Konfliktsituation geht es – wie in *Abbildung 46* dargestellt – um die Spaltung des Ursprungsunternehmens U_{UG} in die Unternehmen U_1 und U_2, wobei die Verteilung der Beteiligungsquoten am Unternehmen U_1 zwischen den beiden Anteilseignern X und Y den letzten zu verhandelnden Argumentationsfaktor darstellt.

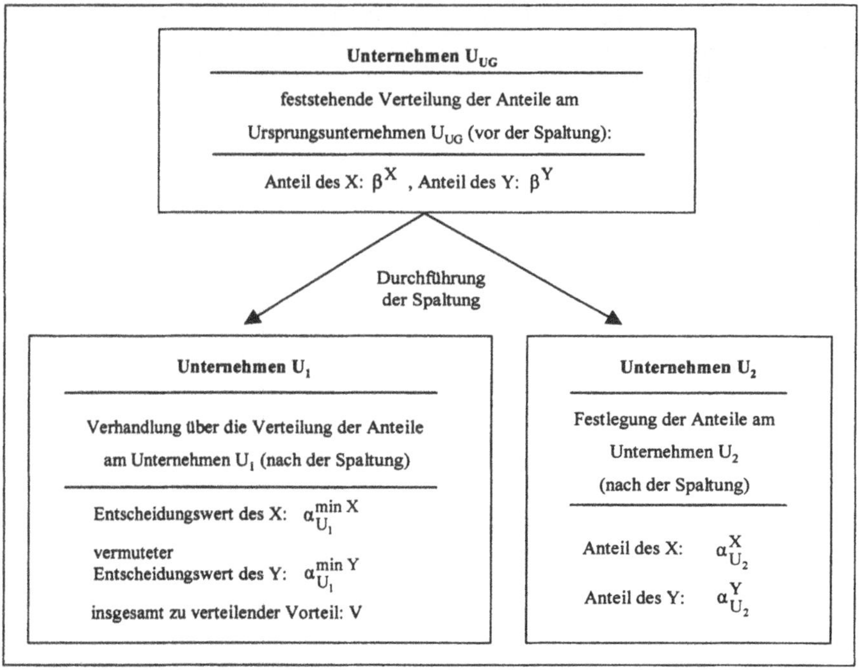

Abbildung 46: Ausgangssituation zur Einigungs- und Argumentationsbereichsdarstellung

Der durch den Anteilseigner X vermutete Einigungsbereich, also der insgesamt zu verteilende Vorteil, kann bei einer solchen Einigungssituation drei verschiedene Ausprägungen annehmen:

1. Es gibt einen positiven Einigungsbereich.
2. Es gibt lediglich einen Einigungspunkt.
3. Es gibt einen negativen Einigungsbereich.

Ein *positiver Einigungsbereich* entsteht, wenn die minimalen Beteiligungsquoten der beiden Anteilseigner in der Summe weniger als 100 % des Unternehmens U_1 ergeben. Durch positive Spaltungseffekte ergibt sich ein tatsächlich zu verteilender Vorteil V, der bei Zustimmung der Spaltungsparteien gemeinsam realisiert werden kann. *Abbildung 47* verdeutlicht diesen Einigungsbereich.[25]

---

[25] Diese und folgende Darstellungen bilden jeweils nur noch das Unternehmen U_1 ab, also den linken unteren Ausschnitt aus der *Abbildung 46*. Zur Darstellung eines positiven Einigungsbereichs in der Konfliktsituation vom Typ des Kaufs/Verkaufs vgl. *MATSCHKE*, Argumentationsfunktion (1977), S. 97–99, *GORNY*, Unternehmensbewertung (2002), S. 12.

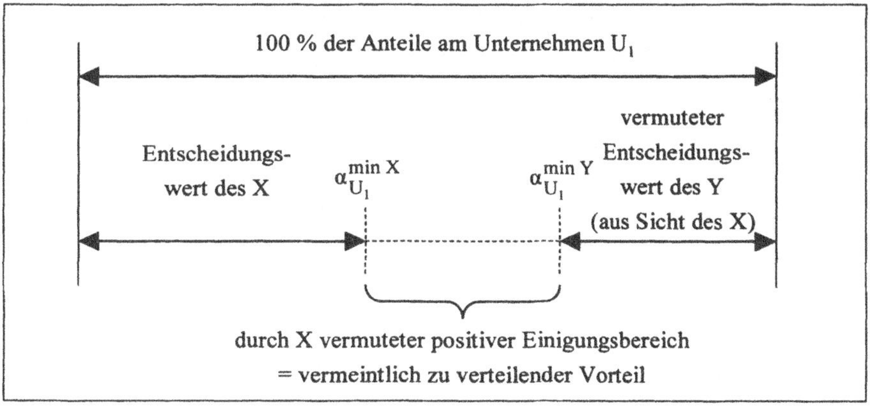

Abbildung 47: Positiver Einigungsbereich

Ergeben die Grenzquoten der Spaltungsparteien zusammen genau 100 %, also $\alpha_{U_1}^{\min X} + \alpha_{U_1}^{\min Y} = 100\ \%$, schrumpft der Einigungs*bereich* in der zugrundegelegten Konfliktsituation auf einen einzigen *Einigungspunkt E* zusammen (vgl. *Abbildung 48*). Auch in einer solchen Situation ist eine Einigung zu den jeweiligen Grenzquoten noch möglich, allerdings kann sich keine der Parteien hierbei gegenüber der Situation ohne Spaltung verbessern.[26]

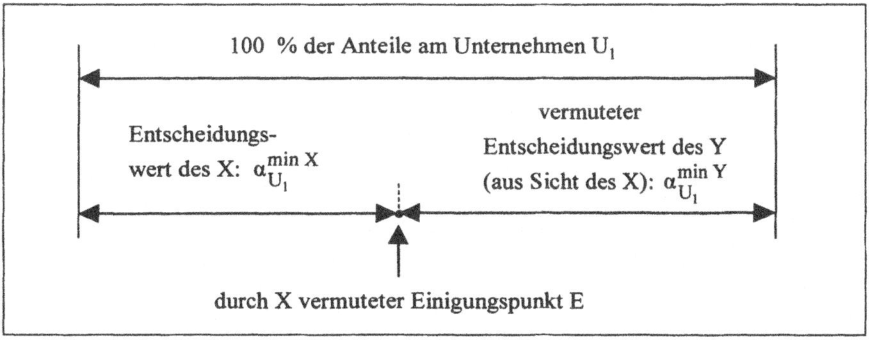

Abbildung 48: Einigungspunkt

[26] Zur Beschreibung dieser Einigungssituation in der Konfliktsituation vom Typ „Kauf/Verkauf" vgl. *MATSCHKE/BRÖSEL*, Unternehmensbewertung (2007), S. 133.

Überschneiden sich die minimalen Anteilsforderungen der Spaltungsparteien, entsteht ein *negativer Einigungsbereich* (vgl. *Abbildung 49*).[27]

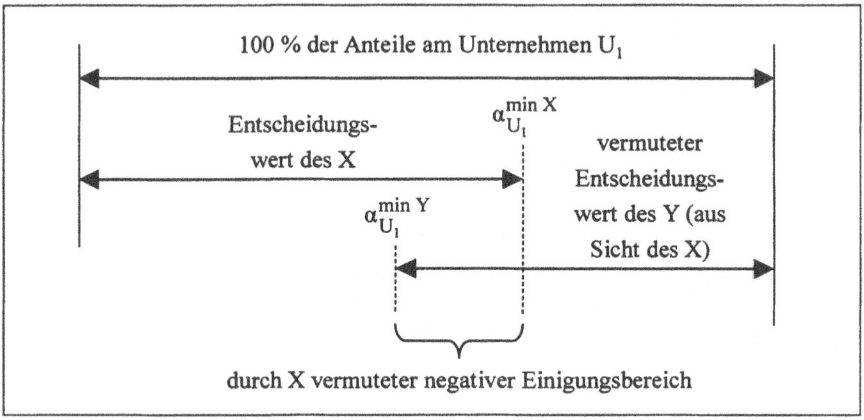

Abbildung 49: Negativer Einigungsbereich

Voraussetzung für eine Einigung ist jedoch mindestens ein Einigungspunkt, besser noch ein positiver Einigungsbereich. In der Situation des negativen Einigungsbereichs ergeben sich deshalb zwei Handlungsmöglichkeiten:

1. Die Spaltungsparteien brechen die Verhandlungen voraussichtlich ab.
2. Die Anteilseigner überprüfen nochmals ihre Entscheidungswerte und mindestens ein Gesellschafter verändert daraufhin seine minimale Anteilsforderung, so daß ein positiver Einigungsbereich entsteht.

Wird diese eindimensionale Bewertungssituation, in der es lediglich um die Verteilung der Anteilsquoten geht, noch um weitere konfliktlösungsrelevante Sachverhalte erweitert, entsteht eine mehrdimensionale Konfliktsituation, die in *Abbildung 50* dargestellt ist.[28]

Dabei werden die nicht beteiligungsbezogenen konfliktlösungsrelevanten Sachverhalte zu verschiedenen Kombinationen auf der Abszisse nominal zusammengefaßt, wodurch die minimalen Anteilsforderungen der Spaltungsparteien X und Y auf der Ordinate als bedingte Grenzquoten zu interpretieren sind. Beispielsweise ist der be-

---

[27] Da auch bei einem „negativen Einigungsbereich" immer noch ein Lösungsweg besteht, wird die Beschreibung „es gibt *keinen* Einigungsbereich" vermieden und statt dessen die Bezeichnung des „negativen Einigungsbereichs" gewählt.

[28] Zur Beschreibung der mehrdimensionalen Konfliktsituation im Rahmen der Entscheidungswertermittlung bei der Spaltung vgl. Abschnitt III.1.3.2.1 (S. 188–204) dieser Arbeit.

dingte Entscheidungswert $\alpha_{U_1}^{\min X}(K_1)$ des Anteilseigners X bei der Sachverhaltskombination K_1 sehr gering, jedoch bei der Kombination nichtbeteiligungsrelevanter Sachverhalte K_5 sehr hoch $\alpha_{U_1}^{\min X}(K_5)$, weil die weiteren Sachverhalte bei der Kombination K_5 einen geringeren Wert für den Gesellschafter X besitzen, als bei der Kombination K_1. In diesem Beispiel ergibt sich ein potentieller (positiver) Einigungsbereich bei den Kombinationen K_3, K_4, K_5 und K_6. Bei der Sachverhaltskombination K_7 entsprechen sich die minimalen Anteilsforderungen der Spaltungsparteien. In diesem Fall wäre eine Einigung noch zu den Grenzquoten möglich. Jedoch ist es in dieser Situation eher unwahrscheinlich, daß die Spaltungsparteien den potentiellen Einigungspunkt entdecken. Ebenso ist eine Einigung in den negativen, gestrichelt eingezeichneten Einigungsbereichen eines neutralen Vermittlers i. d. R. nicht möglich.[29]

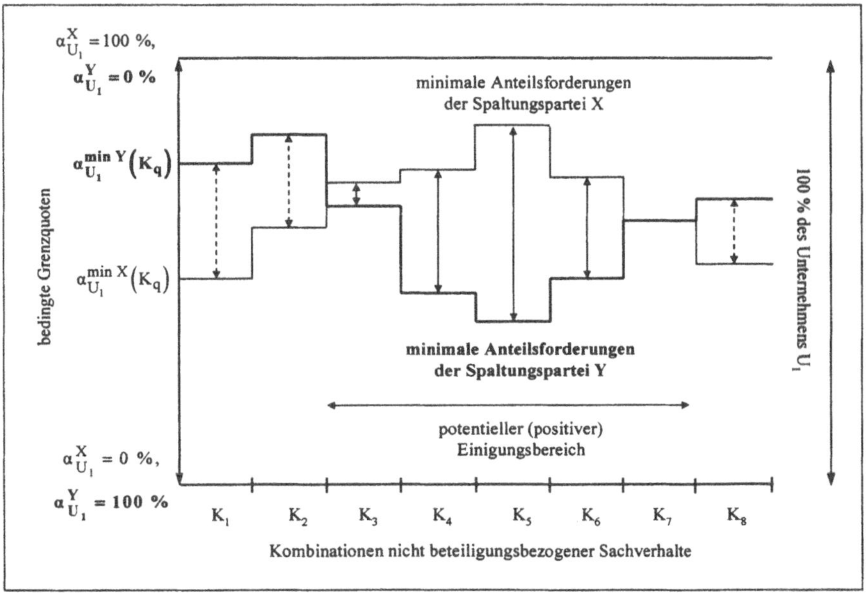

Abbildung 50: Einigungsbereich in der mehrdimensionalen Konfliktsituation vom Typ der Spaltung[30]

---

[29] Vgl. dazu auch Abschnitt III.3.2.1 (S. 332–336) dieser Arbeit.

[30] In Anlehnung an *MATSCHKE/BRÖSEL*, Unternehmensbewertung (2007), S. 133, die eine mehrdimensionale Konfliktsituation vom Typ des Kaufs/Verkaufs darstellen.

2.1.3.2 Darstellung des Argumentationsbereichs

Der Argumentationsbereich – der Bereich, in dem die Anteilseigner ihre Argumentationswerte im Verhandlungsprozeß plazieren – besteht aus zwei verschieden Arten von Argumentationsbereichen:[31]

1. *Geheimer Argumentationsbereich*: In den Grenzen des geheimen Argumentationsbereichs liegen Argumentationswerte, die aus Sicht eines Anteilseigners akzeptabel sind, so daß der Gesellschafter aus diesem Bereich seine Argumentationswerte wählen wird.

2. *Öffentlicher Argumentationsbereich*: Im Laufe der Spaltungsverhandlungen werden Argumentationswerte in den Verhandlungsprozeß eingebracht, so daß ein offensichtlicher Argumentationsbereich entsteht. Dieser öffentliche Argumentationsbereich kann sich auf zwei verschiedene Weisen bilden:

   a) *Durch Argumentationswerte begründeter, öffentlicher Argumentationsbereich*: Geben die Anteilseigner gleichzeitig oder aufeinanderfolgend unterschiedliche Argumentationswerte ab, entstehen für alle Spaltungsparteien ersichtliche Argumentationsbereiche. Dabei können – ähnlich wie bei der Darstellung der Einigungsbereiche – offensichtlich positive oder insbesondere auch am Anfang der Verhandlungen vermeintlich negative Argumentationsbereiche entstehen.[32]

   b) *Durch festgelegte maximale oder minimale Einigungsgrenzen festgelegter, öffentlicher Argumentationsbereich*: Die Konfliktparteien legen vor Verhandlung des in Rede stehenden Argumentationsfaktors oder Argumentationswerts Bereiche fest, die von bestimmten Anteilseignern nicht über- oder unterschritten werden dürfen.

Der *geheime Argumentationsbereich* zeigt dem Anteilseigner an, welche Argumentationswerte für ihn und/oder vermeintlich für den Spaltungsgegner akzeptabel sind. Auf der *einen Seite* begrenzt der eigene Entscheidungswert diesen Argumentationsbereich. Diese Begrenzung stellt für den Anteilseigner X – gemäß dem Merkmal des Grenzwerts – eine Konzessionsgrenze dar, zu der noch eine Einigung möglich wäre, die jedoch niemals unterschritten werden darf. Da es sich beim Entscheidungswert um einen Wert hinter „vorgehaltener Hand" handelt, wird der Anteilseigner diese Grenze des Argumentationsbereichs niemals preisgeben. Auf der *anderen Seite* wird der geheime Argumentationsbereich aus Sicht des Anteilseigners X durch einen Grenzbereich aus dem vermuteten und dem vermeintlichen Entscheidungswert des gegnerischen Anteilseigners beschränkt (vgl. *Abbildung 51*).

---

[31] Im folgenden werden die Argumentationsbereiche aus Sicht des Anteilseigners X dargestellt. Analog läßt sich diese Sicht auch für den Gesellschafter Y darstellen.

[32] Die Möglichkeit eines „Argumentationspunkts", bei dem sich die Argumentationswerte der Spaltungsparteien schon am Anfang der Verhandlungen entsprechen, wird hier aufgrund der Realitätsferne nicht weiter dargestellt.

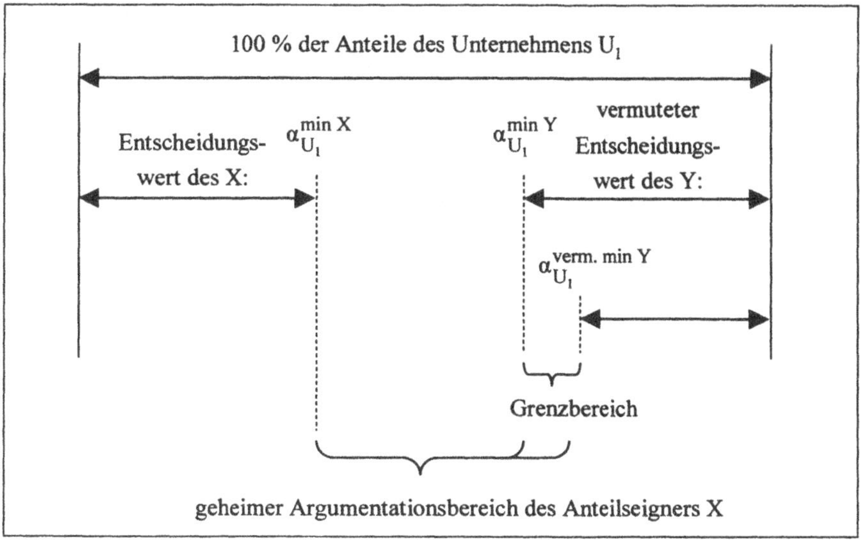

Abbildung 51: Geheimer Argumentationsbereich aus Sicht des Anteilseigners X

Die Vorstellungen des Gesellschafters X über die Konzessionsgrenze des Eigners Y bilden den *vermuteten* gegnerischen *Entscheidungswert.* Entscheidet sich der Anteilseigner X sogar dazu, den vermuteten Entscheidungswert des Gesellschafters Y (nur) zur Argumentation zu verletzten, argumentiert er mit dem *vermeintlichen Entscheidungswert* $\alpha_{U_1}^{verm.\ min\ Y}$ des Eigners Y.[33] Durch dieses Vorgehen besteht schon am Anfang der Verhandlung ein bestimmter Entscheidungsspielraum, dessen Verzicht für den Eigner X kein tatsächliches Zugeständnis bedeutet, weil er den vermeintlichen Argumentationswert bewußt zu hoch angesetzt hat. Somit hat der Gesellschafter X schon – bevor es um die tatsächliche Einigungslösung geht – Anteilsquotenzugeständnisse getätigt, auf die er sich im weiteren Verlauf der Verhandlungen beziehen kann.

---

[33] GORNY bezeichnet die Verletzung des vermuteten gegnerischen Entscheidungswerts in der Konfliktsituation vom Typ „Kauf/Verkauf" als *kurzfristige Argumentationsstrategie* und die Berücksichtigung des vermuteten Argumentationsbereichs als *langfristige Argumentationsstrategie* der Parteien. Dem kann entsprochen werden, wenn die kurzfristige Argumentationsstrategie als diejenige Strategie bezeichnet wird, die am Anfang der Spaltungsverhandlungen benutzt wird. Diese Argumentationswerte dieser Strategie liegen dann im vorgetäuschten Argumentationsbereich. Die letztliche Einigung über die Beteiligungsquoten wird im tatsächlichen Argumentationsbereich liegen; aufgrund der vorangeschrittenen Verhandlungsdauer könnten die dann vorgeschlagenen Argumentationswerte einer langfristigen Argumentationsstrategie zugeordnet werden. Vgl. *GORNY*, Unternehmensbewertung (2002), S. 17 f. Zur manipulativen Veränderung des Einigungsbereichs in der Konfliktsituation vom Typ „Kauf/Verkauf" vgl. *MATSCHKE*, Argumentationsfunktion (1977), S. 98 f.

Außerdem möchte der Anteilseigner X verhindern, daß die von ihm angekündigte Argumentationsgrenze den Gesellschafter Y bereits besser stellen würde als der von ihm selbst in Betracht gezogene Argumentationswert.[34] Jedoch dürfen keine „Mondwerte", also Argumentationswerte, die wesentlich jenseits jedes realistischen Einigungswerts liegen, gefordert werden.[35]

Nennen die Anteilseigner die ersten Argumentationswerte in den Spaltungsverhandlungen, wird dadurch automatisch der Argumentationsbereich begrenzt.[36] Diese Begrenzung des Argumentationsbereichs besitzt eine enorme Bedeutung für die Spaltungsparteien. Denn je weiter die Grenze vom Entscheidungswert des Anteilseigners X entfernt liegt und je dichter die andere Seite des Argumentationsbereichs am Entscheidungswert der gegnerischen Spaltungspartei liegt, desto mehr erhält der Anteilseigner X vom insgesamt zu verteilenden Vorteil.[37]

Werden die gleichzeitig oder kurz nacheinander abgegebenen Argumentationswerte der einzelnen Spaltungsparteien so gewählt, daß die addierten Anteilsquotengebote zusammen weniger als 100 % der in Rede stehenden Unternehmensanteile ergeben, dann entsteht ein *offensichtlich positiver Argumentationsbereich* (vgl. *Abbildung 52*). In den weiteren Spaltungsverhandlungen geht es dann um die Aufteilung des noch zu vergebenden Argumentationsbereichs.

---

34 Vgl. dazu auch *SEMANN*, Preisverhandlungen (1970), S. 47 f., *WAGENHOFER*, Argumentationspreise (1988), S. 344, *GORNY*, Unternehmensbewertung (2002), S. 17.

35 Vgl. *MATSCHKE/BRÖSEL*, Unternehmensbewertung (2007), S. 581, mit Verweis auf *BORN*, Unternehmensbewertung (2003), S. 25. Siehe auch *WAGENHOFER*, Argumentationspreise (1988), S. 344, der diese Werte als „Extremwerte" bezeichnet.

36 Vgl. *BRÖSEL/HAUTTMANN*, Unternehmensbewertungsverfahren (2007), S. 303 f.

37 Zur Darstellung des insgesamt zu verteilenden Vorteils vgl. *Abbildung 46*.

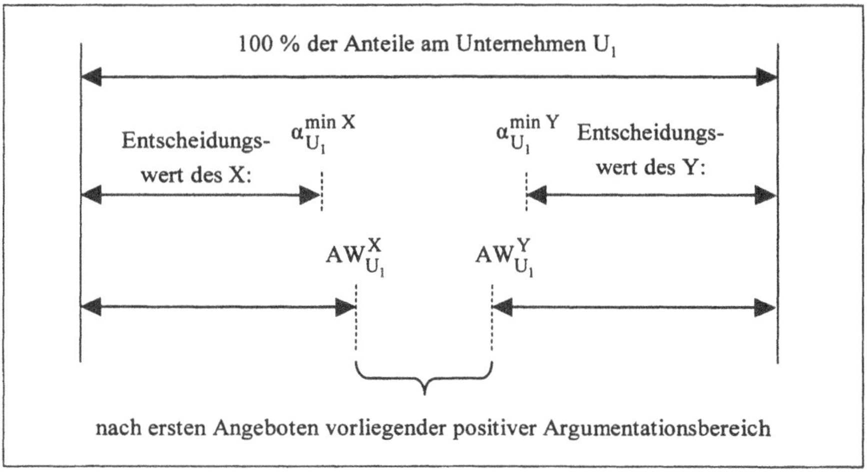

Abbildung 52: Offensichtlich positiver Argumentationsbereich

Außerdem kann nach Abgabe der ersten Argumentationswerte ein *vermeintlich negativer Argumentationsbereich* entstehen (vgl. *Abbildung 53*).[38] Das bedeutet, daß die zuerst abgegebenen Argumentationswerte in der Summe 100 % der Unternehmensanteile der betrachteten Gesellschaft übersteigen.[39] Im weiteren Verlauf der Verhandlungen geht es für die Anteilseigner also nicht darum, einen offensichtlich frei verteilbaren Vorteil aufzuteilen, sondern ihre Argumentationswerte so zu verringern, daß am Ende der Spaltungsverhandlungen eine Einigung erzielt werden kann.

[38] Dieser – in der Praxis wohl häufig auftretende – vermeintlich negative Argumentationsbereich ist nicht mit dem negativen Einigungsbereich zu verwechseln. Voraussetzung bei einem negativen Argumentationsbereich ist – wie bereits bei der Darstellung der Einigungsbereiche beschrieben – ein mindestens vorhandener Einigungspunkt, besser noch ein positiver Einigungsbereich.

[39] Dabei können die in *Abbildung 53* dargestellten Argumentationswerte auch (kurzfristig) die Entscheidungswerte verletzten. Der sich im Anschluß an die ersten Argumentationswerte herausstellende Argumentationsbereich wird dann aber innerhalb der Entscheidungswerte der Spaltungsparteien liegen.

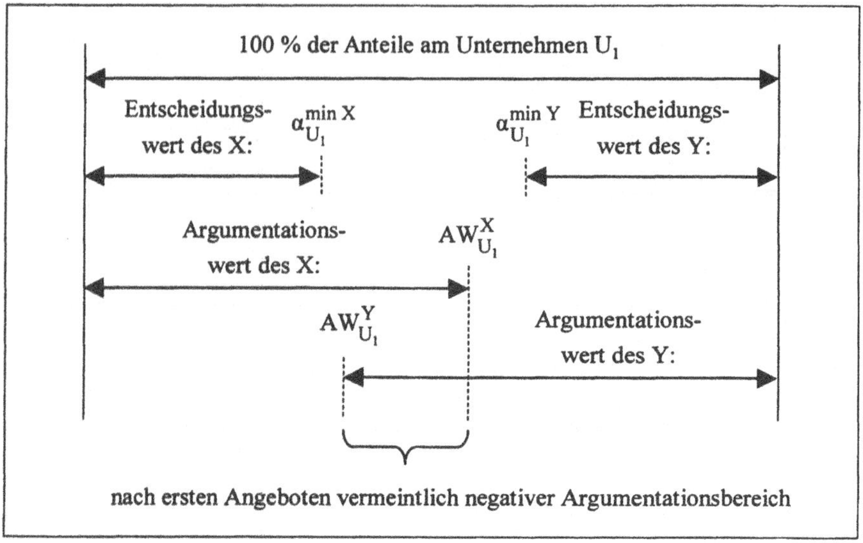

Abbildung 53: Vermeintlich negativer Argumentationsbereich

Erfolgt die erste Eingrenzung des Argumentationsbereichs nicht durch von den Anteilseignern abgegebene Argumentationswerte, sondern durch im Vorwege festgelegte Einigungsgrenzen, entsteht ein *festgelegter, öffentlicher Argumentationsbereich*, in dem die Spaltungsparteien ihre Argumentationswerte plazieren werden.[40] Somit existiert auch in dieser Konfliktsituation – wie bereits in *Abbildung 52* dargestellt – ein positiver Argumentationsbereich.[41]

2.1.3.3 Darstellung des Verhandlungsverlaufs

Nachdem die Einigungs- und Argumentationsbereiche dargestellt wurden, wird im folgenden gezeigt, wie sich – ausgehend von den ersten Argumentationswerten – die Anteilsforderungen im Verhandlungsablauf gestalten. „Eine Unternehmensbewertung als Argumentationshilfe wäre in solchen Verhandlungen entbehrlich, wenn die Parteien ihre jeweiligen Preisangebote unbegründet in den Raum stellen würden und eine

---

[40] So legen die Gesellschafter im Beispiel des Abschnitts III.2.3.4 (S. 320 f.) fest, daß der Anteilseigner Y mit weniger als 25 % am Unternehmen U_1 beteiligt werden soll, um so die Mitspracherechte auf eine Minderheitsbeteiligung zu beschränken.

[41] Geben die Anteilseigner allerdings in diesem festgelegten Argumentationsbereich ihre Argumentationswerte derart ab, daß sich die Argumentationswerte überschneiden (vgl. *Abbildung 53*), kann auch innerhalb dieser festen Argumentationsgrenzen ein negativer Argumentationsbereich entstehen.

Einigung über eine bloße Abfolge von Preiszugeständnissen beider Seiten schließlich zustande kommen würde. In einem solchen Fall genügt es für eine rationale Verhandlungsführung der Parteien, wenn sie ihren jeweiligen Entscheidungswert kennen."[42] Diese von MATSCHKE für die Konfliktsituation vom Typ des Kaufs/Verkaufs als Art des „orientalischen Teppichhandels"[43] beschriebene Verhandlungssituation wird in der nachfolgenden *Abbildung 54* für die Konfliktsituation vom Typ der Spaltung dargestellt. In der grafischen Darstellung sind auf der Abszisse die Verhandlungsdauer und auf der Ordinate das Verhandlungsresultat – mit fallenden Anteilsforderungen des Anteilseigners X von oben nach unten und mit fallenden Beteiligungsquotenansprüchen des Gesellschafters Y von unten nach oben – dargestellt.

In der Darstellung der *Abbildung 54* wurden den beiden Spaltungsparteien mit zunehmender Verhandlungsdauer sinkende Verhandlungszugeständnisse unterstellt (degressiver Verhandlungsverlauf). Ausgangspunkt des Verhandlungsprozesses sind die ersten im Zeitpunkt t = 0 abgegebenen Argumentationswerte $AW_{U_1}^{X, t_0}$ des Anteilseigners X und $AW_{U_1}^{Y, t_0}$ des Gesellschafters Y.[44] Die Anteilsforderungen beider Gesellschafter werden mit zunehmender Verhandlungsdauer geringer, wobei die absoluten Zugeständnisse beider Seiten am Anfang des Verhandlungsprozesses größer sind als kurz vor Ende der Verhandlungsdauer. Haben sich die Eigner nach einer bestimmten Verhandlungsdauer auf eine Kombination bestimmter Anteilsforderungen geeinigt, ist diese Lösung für beide Seiten genau dann akzeptabel, wenn keine der Grenzquoten(linien) mißachtet wird.

42 *MATSCHKE*, Argumentationsfunktion (1977), S. 95 f.

43 *MATSCHKE*, Argumentationsfunktion (1977), S. 96. MATSCHKE/BRÖSEL beschreiben die Einigungssituation auch als „basarmäßige Konfrontation der Parteien". Siehe dazu *MATSCHKE/ BRÖSEL*, Unternehmensbewertung (2007), S. 155 und S. 580. Vgl. auch *MATSCHKE*, Grundsätze (2003), S. 12–14.

44 Die Gesellschafter geben jeweils Anteilsquotenvorschläge ab, die sich nur auf ihre Beteiligung beziehen. Bei zwei Anteilseignern ist jedoch der Anteil der gegnerischen Spaltungspartei einfach zu berechnen. Beispielsweise bedeutet der vom Anteilseigner X in der *Abbildung 54* vorgeschlagene Argumentationswert $AW_{U_1}^{X, t_0}$, daß er im Zeitpunkt t = 0 für sich einen Anteil in Höhe von $\alpha_{U_1}^{X\ Angebot\ t_0}$ vorschlägt. Rechnerisch ergibt sich daraus auch die Beteiligung für den Gesellschafter Y in Höhe von (100 % der Anteile am Unternehmen U_1 – $\alpha_{U_1}^{X\ Angebot\ t_0}$).

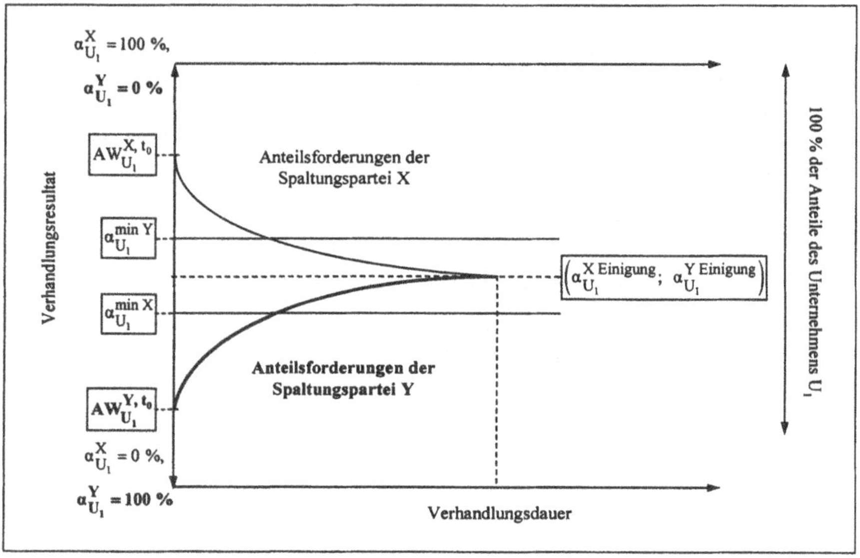

Abbildung 54: Darstellung eines kontinuierlichen Verhandlungsverlaufs in der Konfliktsituation vom Typ der Spaltung[45]

Neben dem degressiven Verhandlungsverlauf sind auch noch andere Verhandlungsabläufe denkbar, die zum gleichen Verhandlungsergebnis führen können. Zusammengefaßt lassen sich – wie in *Abbildung 55* dargestellt – folgende idealtypische Verhandlungsabläufe unterscheiden:[46]

(a) Die Verhandlungszugeständnisse sinken mit zunehmender Verhandlungsdauer: $\left|AW_{U_1}^{X,\,t+1} - AW_{U_1}^{X,\,t}\right| < \left|AW_{U_1}^{X,\,t} - AW_{U_1}^{X,\,t-1}\right|$ (degressiver Verlauf).

(b) Der Verhandlungsverlauf unterstellt, daß die Spaltungsparteien die absolute Höhe ihrer Verhandlungszugeständnisse während der gesamten Verhandlungsdauer nicht variieren: $\left|AW_{U_1}^{X,\,t+1} - AW_{U_1}^{X,\,t}\right| = \left|AW_{U_1}^{X,\,t} - AW_{U_1}^{X,\,t-1}\right|$ (linearer Verlauf).

(c) Die Verhandlungszugeständnisse steigen mit zunehmender Verhandlungsdauer: $\left|AW_{U_1}^{X,\,t+1} - AW_{U_1}^{X,\,t}\right| > \left|AW_{U_1}^{X,\,t} - AW_{U_1}^{X,\,t-1}\right|$ (progressiver Verlauf).

---

45 In Anlehnung an *MATSCHKE*, Argumentationsfunktion (1977), S. 96. Siehe auch *GORNY*, Unternehmensbewertung (2002), S. 100.

46 Vgl. dazu für den Bewertungsfall des Kaufs/Verkaufs *GORNY*, Unternehmensbewertung (2002), S. 106 f.

Natürlich sind (auch) alle möglichen Kombinationen der idealtypischen Verhandlungsabläufe sowie ein Umschwenken von der einen zur anderen Art der Verhandlungsführung denkbar: So kann es durchaus vorkommen, daß die Spaltungspartei X dem Verhandlungsverlauf von Typ (a) folgt und der Gesellschafter Y mit der Verhandlungsstrategie (b) beginnt, jedoch nach Ablauf einer gewissen Verhandlungszeit größere Verhandlungszugeständnisse erklärt, also zum Verhandlungsverlauf (c) wechselt. Die Wahl der Verhandlungsführung hängt dabei von der jeweiligen individuellen Einstellung und der Verhandlungsstrategie der Spaltungspartei sowie von den Reaktionen der Gegenpartei auf die eigenen Verhandlungszugeständnisse ab.[47]

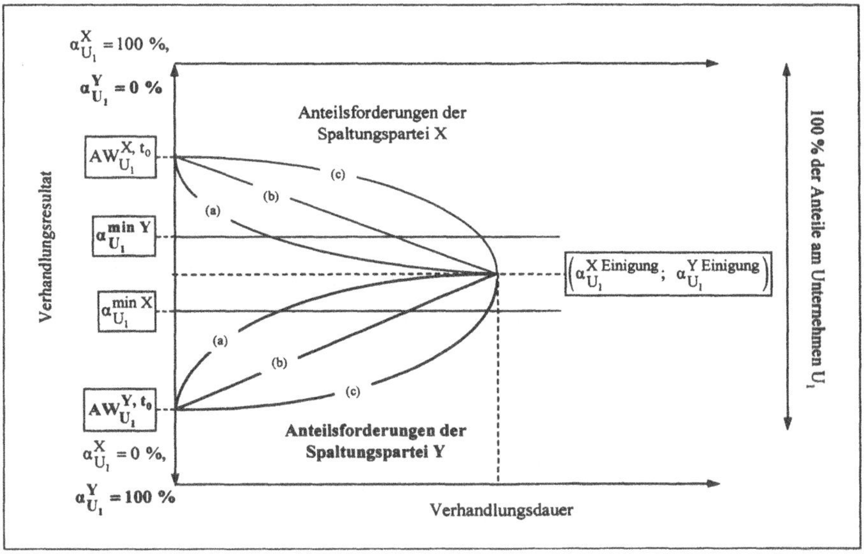

Abbildung 55: Idealtypische Verhandlungsabläufe[48]

Ist die Verhandlungsdauer aufgrund eigener oder äußerer Vorgaben zeitlich begrenzt (Verhandlungsdauer VD_{max}) und einigen sich die Spaltungsparteien in diesem Zeitraum auf keine Einigungsquotenlösung, muß der Verhandlungsprozeß ohne Einigung an dieser

[47] Die Ergebnisse der empirischen Verhandlungsforschung über Zugeständnisse der Konfliktparteien unter Berücksichtigung der gegnerischen Reaktion sind widersprüchlich. Somit wird deutlich, daß keine Vorhersage der Reaktion der Gegenpartei auf die eigenen Verhandlungszugeständnisse vor Verhandlungsbeginn möglich ist. Einen Überblick über die unterschiedlichen Verhaltenshypothesen gibt *GORNY*, Unternehmensbewertung (2002), S. 107 f.

[48] In Anlehnung an *GORNY*, Unternehmensbewertung (2002), S. 106, der die idealtypischen Verhandlungsabläufe für die Konfliktsituation vom Typ Kauf/Verkauf darstellt. Siehe auch *MATSCHKE/BRÖSEL*, Unternehmensbewertung (2007), S. 579 f.

Stelle abgebrochen werden, weil immer noch ein zu verteilender Vorteil V = 100 % – $AW_{U_1}^{X, t_{VD_{max}}} - AW_{U_1}^{Y, t_{VD_{max}}}$ besteht (vgl. *Abbildung 56*). Haben sich die Gesellschafter bis zum Ende der angesetzten Verhandlungszeit noch nicht über die Verteilung der Anteilsquoten geeinigt, könnte – neben der Alternative des Verhandlungsabbruchs – ein neutraler Gutachter zu den Spaltungsverhandlungen hinzugezogen werden.[49]

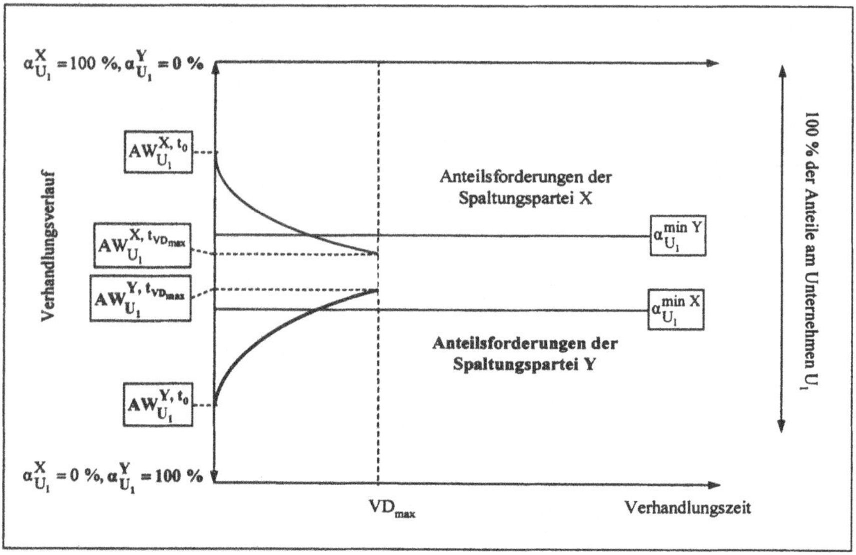

Abbildung 56: Verhandlungsverlauf bei begrenzter Verhandlungsdauer

Die soeben dargestellten Verhandlungsverläufe stellen kontinuierliche Verhandlungszugeständnisse dar. Die zeitliche Abgabe von Argumentationswerten in der Konfliktsituation vom Typ der Spaltung verläuft jedoch nicht fließend, sondern in diskreten Zeitschritten, die – wie im Abschnitt III.2.2 (S. 280–303) noch gezeigt wird – auch aus verschiedenen Spaltungsverhandlungsrunden bestehen können. Schließlich geben die Parteien ihre Argumentationswerte i. d. R. nicht gleichzeitig ab, sondern abwechselnd werden unterschiedliche Einigungsquotenvorschläge als Reaktion auf das unmittelbar vorhergehende Einigungsquotenangebot in den Verhandlungsprozeß eingebracht.[50] In der *Ab-*

[49] Vgl. dazu Abschnitt III.3 (S. 325–358) dieser Arbeit.

[50] „Die Frage, welche Partei zu welchem Zeitpunkt ein Angebot abgeben darf, kann unter Umständen entscheidenden Einfluß auf den Verlauf des Verhandlungsprozesses und das aus dem Prozeß resultierende Verhandlungsergebnis haben“ [Quelle: *GORNY*, Unternehmensbewertung (2002), S. 110, m. w. N.].

bildung 57 werden diese abwechselnden Einigungsquotenvorschläge dadurch abgebildet, daß diejenige Partei, welche mit der Angebotsabgabe beginnt, in Verhandlungsperioden oder -runden mit geradem Zeitindex (t = 0, 2, 4, ...) Einigungsquotenvorschläge einbringt, während die andere Partei ihre Angebote in Perioden mit ungeradem Zeitindex (t = 1, 3, 5, ...) äußert, so daß jede Partei lediglich in jeder zweiten Verhandlungsrunde einen Einigungsquotenvorschlag einbringt.

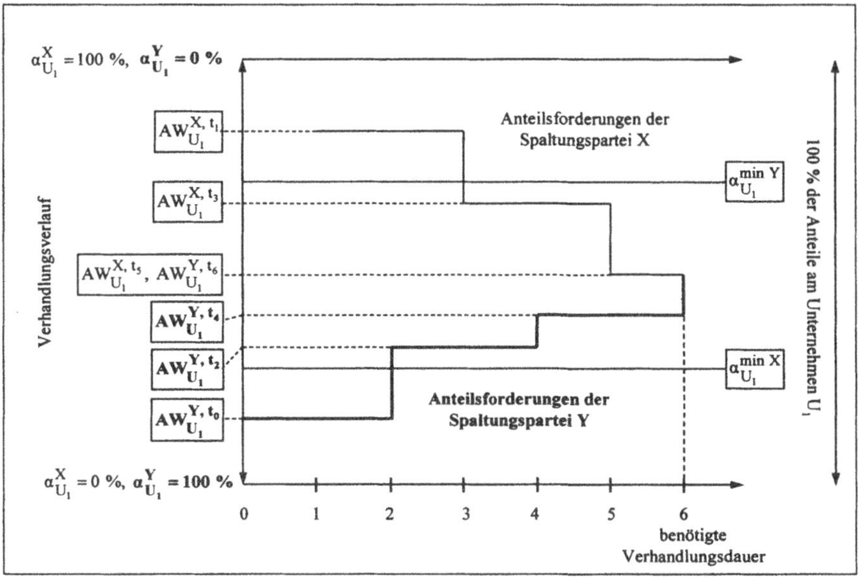

Abbildung 57: Darstellung eines diskreten Verhandlungsverlaufs in der Konfliktsituation vom Typ der Spaltung[51]

In dem hier dargestellten Verhandlungsverlauf zeigt die Konfliktpartei Y im Zeitpunkt t = 0 dem Anteilseigner X mit einem ersten Argumentationswert $AW_{U_1}^{Y, t_0}$ an, welchen Anteil der Gesellschafter Y am Unternehmen U_1 erhalten möchte. Der sich daraus ergebende Anteil des Anteilseigners X liegt jedoch noch unterhalb seiner Entscheidungsgrenze $\alpha_{U_1}^{min\ X}$, so daß der Entscheidungswert des Eigners X verletzt wird. Daraufhin reagiert der Gesellschafter X im folgenden Zeitpunkt t = 1 mit seinem ersten Anteilsquotengebot $AW_{U_1}^{X, t_1}$. Der sich daraus ergebende Anteil für den Gesellschafter

---

51 In Anlehnung an *GORNY*, Unternehmensbewertung (2002), S. 109–111, der einen diskreten Verhandlungsprozeß für die Konfliktsituation vom Typ „Kauf/Verkauf" darstellt.

Y verletzt ebenfalls dessen Entscheidungswert $\alpha_{U_1}^{\min Y}$. Ziel der Verhandlungsparteien muß es im folgenden sein, glaubwürdige Anteilsquotengebote abzugeben, die im Einigungsbereich der beiden Konfliktparteien liegen. Die folgenden Einigungsquotengebote $AW_{U_1}^{Y, t_2}$ und $AW_{U_1}^{X, t_3}$ erfüllen diesen Anspruch; die Gebote liegen im Einigungsbereich der Spaltungsparteien. Innerhalb dieser Anteilsquotenverteilung ist je nach Verhandlungsstärke der Spaltungsparteien eine Einigungsquotenlösung möglich. Im weiteren Verhandlungsverlauf werden – wie in Abschnitt III.2.2.3.2 (S. 294 f.) näher beschrieben – noch weitere Anteilsquotengebote $AW_{U_1}^{Y, t_4}$ und $AW_{U_1}^{X, t_5}$ in den Verhandlungsverlauf gegeben, wobei der zuletzt in die Verhandlung gebrachte Argumentationswert $AW_{U_1}^{X, t_5}$ des Gesellschafters X im Zeitpunkt t = 5 im nächsten Verhandlungszeitpunkt t = 6 vom Anteilseigner Y akzeptiert wird, so daß sich eine Einigungsquotenlösung $AW_{U_1}^{X, t_5} = AW_{U_1}^{Y, t_6}$ ergibt.

2.2 Darstellung des Einigungsmodells im Rahmen der Spaltung

2.2.1 Darstellung der Konfliktsituation

Zugrunde gelegt sei im folgenden eine *nicht dominierte*, *disjungierte* und *mehrdimensionale* Konfliktsituation vom *Typ der Spaltung im Sinne einer Aufspaltung durch Neugründung*[52], in der im Bewertungszeitpunkt neben der Höhe der (nicht gleichbleibenden) Beteiligungsquoten an den nach der Aufspaltung neuen Unternehmen (*Fall der Eigentumsstrukturänderung bei einer verhältnisändernden oder nicht-verhältniswahrenden Spaltung aufgrund veränderter Beteiligungsquoten*)[53] weitere konfliktlösungsrelevante Sachverhalte – wie bspw. der Unternehmensumfang, die Besetzung der Geschäftsleitung oder die Festlegung der Ausschüttungsstruktur der Spaltungsunternehmen[54] – für die Spaltungsparteien relevant sind (*mehrdimensionale* Konfliktsituation), weil im Rahmen der Argumentationswertermittlung bei der Spaltung der mehrdimensionale Bewertungsfall die Realität am ehesten widerspiegelt.

Nicht dominiert bedeutet, daß kein Eigentümer eine Spaltung durch einseitige Handlungen herbeiführen kann. Eine Eigentumsänderung wird demnach nur durchgeführt, wenn alle Parteien Vorteile aus der Spaltung gewinnen. Das bedeutet wiederum, daß aus Sicht jeder einzelnen Spaltungspartei die Summe der Einzelwerte der gespal-

52 Vgl. dazu Fall (5) im Abschnitt II.3.1.3.2 (S. 80 f.) dieser Arbeit.

53 Voraussetzung bei diesem Bewertungsfall ist, daß die Spaltung verhältnisändernd erfolgt, weil im verhältniswahrenden Spaltungsfall die Verteilung der Anteilsquoten aufgrund des Fortbestands der Beteiligungsverhältnisse keinen konfliktlösungsrelevanter Sachverhalt mehr darstellt.

54 Zur Darstellung der konfliktlösungsrelevanten Sachverhalte im Rahmen der Spaltung vgl. Abschnitt II.3.3 (S. 109–138) dieser Arbeit.

tenen Unternehmen mehr wert ist, als das Ursprungsunternehmen als Ganzes. Es existiert somit zumindest ein Einigungspunkt, gewöhnlich sogar ein positiver Einigungsbereich.[55] *Disjungiert* bedeutet, daß sich die Spaltungsparteien in keiner weiteren Konfliktsituation vom Typ des Kaufs/Verkaufs oder der Fusion befinden. Die im folgenden dargestellte Bewertungssituation wird nochmals im Konfliktwürfel in *Abbildung 58* dargestellt.

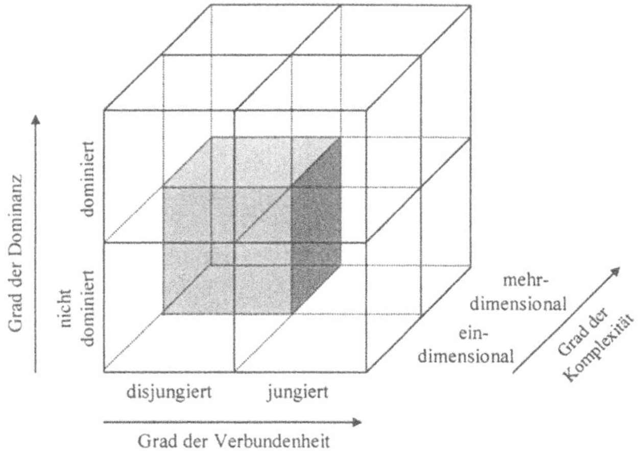

Abbildung 58: Konfliktwürfel für eine nicht dominierte, disjungierte und mehrdimensionale Konfliktsituation vom Typ der Spaltung

Die allgemeine Ausgangssituation bei der Darstellung des Einigungsmodells im Rahmen der Spaltung basiert auf dem in *Abbildung 59* dargestellten Spaltungsfall, in dem sich das Ursprungsunternehmen U_{UG} vor der Spaltung in F übernehmende Unternehmen (Spaltungsunternehmen) U_f aufteilt. Vor und nach der Spaltung soll die Anzahl der Eigner auf H Gesellschafter festgelegt sein, wobei der Anteilseigner h vor der Spaltung einen Anteil β^h am Unternehmen U_{UG} besitzt, der nicht der jeweiligen Höhe der Anteile $\alpha^h_{U_f}$ an den Spaltungsunternehmen U_f nach der Spaltung entsprechen muß (nichtverhältniswahrende Spaltung). Die Anzahl der für die Anteilseigner am Ursprungsunternehmen und an den Spaltungsunternehmen konfliktlösungsrelevanten Sachverhalte KSV in der Konfliktsituation der Spaltung beträgt n bewertungsrelevante Sachverhalte (Argumentationsfaktoren).

55 Zu den positiven Spaltungseffekten vgl. Abschnitt II.3.2.2.1.3 (S. 101 f.) sowie zur Darstellung des Einigungsbereiches bei der Argumentationswertermittlung Abschnitt III.2.1.3.1 (S. 264–269) dieser Arbeit.

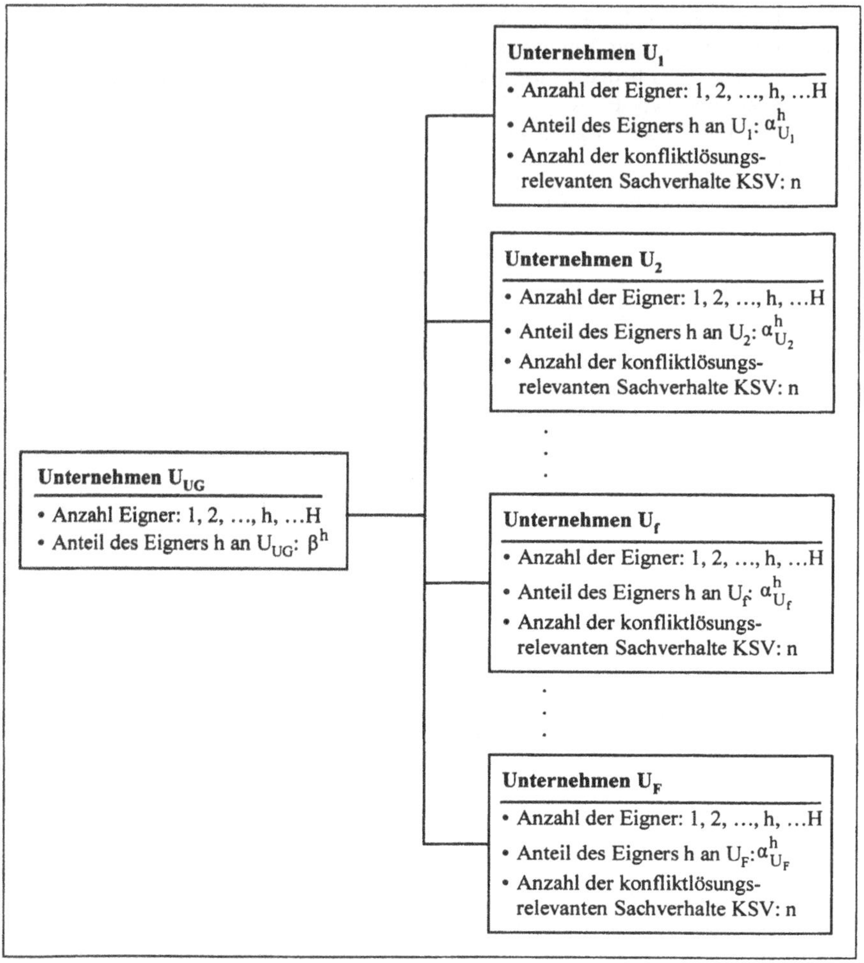

Abbildung 59: Ausgangssituation zur Einigungslösungsermittlung

An der Fülle der in der Konfliktsituation der Spaltung möglichen bewertungsrelevanten Sachverhalte, unter Beachtung der Vielschichtigkeit dieser Sachverhalte sowie unter Beachtung der Möglichkeit der unterschiedlichen Ausprägung bei den verschiedenen Spaltungsunternehmen und unter Berücksichtigung der Tatsache, daß jeder Sachverhalt für jedes Spaltungsunternehmen wiederum eine bestimmte Menge an Ausprägungen annehmen kann, läßt sich erkennen, daß eine *gleichzeitige* Verhandlung über alle relevanten Sachverhalte nicht möglich ist.[56] Es ist daher zwingend eine Systematisierung des Verhandlungsprozesses im Rahmen der Spaltung in einem praxisrelevanten Szenario notwendig, die durch eine sukzessive Ermittlung einer Einigungslösung mittels Einteilung des Verhandlungsprozesses in einzelne Verhandlungsrunden erfolgt.

Das Vorgehen zur Ermittlung einer Einigungslösung im Rahmen der Unternehmensbewertung bei der Spaltung kann dabei in drei Verhandlungsphasen unterteilt werden (vgl. *Abbildung 60*):

Phase 1: *Festlegung der Rahmenbedingungen*: Zu Beginn der Spaltungsverhandlungen werden zunächst die interessierenden Sachverhalte festgelegt. Außerdem wird eine Rangfolge bestimmt, nach der über die einzelnen konfliktlösungsrelevanten Sachverhalte verhandelt werden soll und die bindend für alle Spaltungsparteien ist. Abschließend werden diese Sachverhalte auf einzelne Verhandlungsrunden, in denen über einzelne Sachverhalte diskutiert und sich geeinigt werden soll, aufgeteilt.[57]

Phase 2: *Verhandlung über nichtbeteiligungsbezogene Sachverhalte*: In dieser Phase werden diejenigen Verhandlungsrunden durchgeführt, in denen über alle konfliktlösungsrelevanten Sachverhalte außer über die Verteilung der Beteiligungsquoten entschieden werden soll.

Phase 3: *Verhandlung über die Verteilung der Anteilsquoten*: In dieser letzten Verhandlungsrunde wird über die Verteilung der Beteiligungsquoten an den einzelnen Spaltungsunternehmen entschieden.

Folgen die Anteilseigner dieser Vorgehensweise, müssen die Gesellschafter jeweils eine *individuelle Konfliktlösungsstrategie* entwickeln, die sich an dem hier dargestellten Einigungsmodell bei der Spaltung orientieren sollte.

---

[56] Zwar ließen sich im Zuge computergestützter Berechnungen für alle Ausprägungen der einzelnen Sachverhalte Szenarien darstellen, die für die Spaltungsparteien noch akzeptabel wären, jedoch wären diese Tabellen dann im Rahmen von Spaltungsverhandlungen kaum noch praktisch handhabbar. Wird bspw. der konfliktlösungsrelevante Sachverhalt „Kalkulationszins" bei der Berechnung eines Barwerts einer gleichbleibenden Rente in Abhängigkeit von der Laufzeit betrachtet, ergeben sich bei einem Zinssatz zwischen 5 % und 10 % und einer Laufzeit von einem bis zu 10 Jahren Rentenbarwertfaktoren zwischen 0,9524 und 6,1446 (vgl. dazu *MATSCHKE/BRÖSEL*, Unternehmensbewertung (2007), S. 590 f.). Werden die dazwischenliegenden Werte jeweils mit weiteren konfliktlösungsrelevanten Sachverhalten kombiniert, ergeben sich Bündel akzeptabler konfliktlösungsrelevanter Sachverhalte. Diese sind jedoch derart komplex, daß der praktische Einsatz dieser Werte in Spaltungsverhandlungen angezweifelt werden muß.

[57] Zur Einteilung des Verhandlungsprozesses in einzelne Verhandlungsrunden im Rahmen von Unternehmensbewertungen und Grundstückskontaminationen vgl. *TILLMANN*, Unternehmensbewertung (1998), S. 235–272.

> **Einteilung in Verhandlungsphasen:**
>
> Phase 1: Festlegung der Rahmenbedingungen
>
> Phase 2: Verhandlung über nicht beteiligungsbezogene Sachverhalte
>
> Phase 3: Verhandlung über die Verteilung der Anteilsquoten

↓

> **Vorgehensweise in einer Verhandlungsrunde:**
>
> - nicht teilbare Verhandlungsrunde:
>   zu betrachtender Zeitraum: eine Verhandlungsrunde
> - teilbare Verhandlungsrunde:
>   zu betrachtende Zeiträume: mehrere Verhandlungsschritte

↓

> **Vorgehensweise in einem Verhandlungsschritt:**
>
> Stufe 1: Begründung einer Konzession
>
> Stufe 2: Erlangung von Glaubwürdigkeit
>
> Stufe 3: Erreichung der Akzeptanz
>
> Stufe 4: Einigung über den zur Verhandlung stehenden Sachverhalt

Abbildung 60: Heuristisches Vorgehen im Rahmen der Verhandlung um die Spaltung

2.2.2 Komplexitätsreduktion

Bevor im nächsten Abschnitt die einzelnen Verhandlungsphasen des Einigungsmodells der Spaltung erläutert werden, wird in formeller und beispielhafter Weise gezeigt, wie im Bewertungsfall der Spaltung der mehrdimensionale Argumentationswert durch Komplexitätsreduktion auf einzelne Bewertungsparameter aufgeteilt werden kann.

Wie bereits bei der Darstellung der Grundlagen der Unternehmensbewertung in Abschnitt II.2.2 (S. 62) dieser Arbeit erläutert, lassen sich nach MATSCHKE die *konfliktlösungsrelevanten Sachverhalte* in *originäre Sachverhalte* – wie z. B. der Unternehmensumfang oder die Anteilsquotenverteilung – und *derivative Sachverhalte* – wie bspw. die Aufteilung der Vermögensgegenstände und Verbindlichkeiten sowie die anzuwendenden Unternehmensbewertungsverfahren – unterteilen.[58] Diese grundsätzli-

[58] Vgl. auch Abschnitt II.3.3.1 (S. 110 f.) dieser Arbeit. Zur Problemdekomposition durch Entschärfung des Interessenkonflikts durch Aufspaltung eines originären Sachverhalts in mehrere derivative konfliktlösungsrelevante Sachverhalte vgl. *MATSCHKE*, Entscheidungswert (1975), S. 57–69, *MATSCHKE*, Argumentationswert (1976), S. 522 f., *MATSCHKE*, Argumentationsfunktion (1977), S. 100.

che Komplexitätsreduktion findet auch im Bewertungsfall der Spaltung Anwendung, wobei – wie im nachfolgenden Abschnitt erläutert – der gesamte Verhandlungsprozeß zusätzlich noch in einzelne Verhandlungsrunden unterteilt werden soll.[59]

Werden die konfliktlösungsrelevanten Sachverhalte, die unabhängig von der zu lösenden Hauptfunktion der Unternehmensbewertung grundsätzlich so bezeichnet werden, in den Spaltungsverhandlungen gebraucht, werden sie *Argumentationsfaktoren* genannt. Diese lassen sich wiederum in harte und weiche Argumentationsfaktoren unterteilen. *Harte* Argumentationsfaktoren können – entsprechend der Unterteilung der konfliktlösungsrelevanten Sachverhalte – in *originäre* und *derivative Argumentationsfaktoren* aufgeteilt werden. *Weiche* Argumentationsfaktoren dienen der Unterstützung der Kommunikation zwischen den Verhandlungspartnern.[60]

Derivative Argumentationsfaktoren werden durch Argumente begründet und dienen der Substitution originärer Argumentationsfaktoren. Bringen die Spaltungsparteien bestimmte Ausprägungen von Argumentationsfaktoren in den Verhandlungsprozeß ein, werden diese „Angebotsausprägungen" genannt. Die Gesamtheit der Ausprägungen aller originären Argumentationsfaktoren (Gesamtheit der originären Angebotswerte in der Verhandlung) bildet den Argumentationswert (vgl. *Tabelle 39*).

---

59 GORNY bezweifelt dieses von MATSCHKE vorgeschlagene Vorgehen der Komplexitätsreduktion durch Zerlegung eines originären in mehrere derivative konfliktlösungsrelevante Sachverhalte. Vgl. *GORNY*, Unternehmensbewertung (2002), S. 67–70. Daß dieses Vorgehen jedoch möglich ist, sei an einem einfachen Preisfindungsbeispiel beim Autokauf, das unproblematisch auf die Unternehmensbewertung angewendet werden kann, erläutert. Der Autoverkäufer setzt i. d. R. einen Argumentationswert in Form eines Angebotspreises auf Verhandlungsbasis – als originären konfliktlösungsrelevanten Sachverhalt – fest. Der potentielle Käufer dieses Wagens wird regelmäßig nicht nur einen Argumentationswert in Form eines niedrigeren Angebotspreises entgegnen, denn dann besteht nur eine geringe Chance, daß der Verkäufer zu diesem Gegenangebot einwilligen wird, sondern er wird den originären Sachverhalt in mehrere derivative Sachverhalte – wie bspw. die Zugabe von Winterreifen, den Anbau einer Anhängerkupplung oder den Nachweis einer regelmäßigen Wartung – aufteilen. Der Verkäufer geht nicht selten auf diese Verhandlungsführung ein und bringt eventuell weitere derivative Sachverhalte – wie z. B. eine zinslose Finanzierung, die Bezahlung der Autoversicherung oder die kostenlose Durchsicht für die nächsten Jahre – in den Verhandlungsprozeß ein, um so den Kunden langfristig an sich zu binden und um eine zusätzliche Provision vom Hersteller oder einer Versicherung zu erlangen. Einigen sich Käufer und Verkäufer über die in den Verhandlungsprozeß eingebrachten derivativen Sachverhalte, hat sich häufig der Preiseinigungsbereich so sehr verringert, daß danach eine Einigung sehr schnell erzielt werden kann.

60 Zur Darstellung „harter" und „weicher" Faktoren vgl. ausführlich *BURCHERT*, Faktoren (1998), S. 9–23, *BRÖSEL/BURCHERT*, Akquisition (2004), S. 342–347, m. w. N.

Begriff	Definition
Konfliktlösungsrelevanter Sachverhalt	Interessierender, bewertungsrelevanter Sachverhalt, der in originäre und derivative Sachverhalte unterteilt werden kann
Argumente	Sachverhalte zur argumentativen Unterstützung eines (derivativen) konfliktlösungsrelevanten Sachverhalts
Argumentationsfaktor	Harte (konfliktlösungsrelevante) Sachverhalte und weiche (kommunikationsunterstützende) Aspekte, die in Verhandlungen eingesetzt werden
Angebotsausprägung	Ausprägung eines derivativen oder originären Argumentationsfaktors in Verhandlungen
Argumentationswert	Gesamtheit aller originären Angebotswerte

Tabelle 39: Begriffsdefinitionen im Rahmen der (Spaltungs-)Verhandlungen

Im folgenden werden drei Ebenen beschrieben, die auf der jeweiligen Verhandlungsstufe zu einer *Komplexitätsreduktion* führen, wobei jede Ebene erstens in allgemeiner Form, zweitens in spezieller Form während der Verhandlungen und drittens in Form eines Einigungswertes am Ende eines Verhandlungsschritts beschrieben wird (vgl. *Abbildung 61*):[61]

Erste Ebene: *Derivative Argumentationsfaktoren* werden im Verhandlungsprozeß durch Argumente unterstützt (Funktion von Argumenten).

Zweite Ebene: *Originäre Argumentationsfaktoren* werden durch derivative Argumentationsfaktoren substituiert (Funktion derivativer Sachverhalte).

Dritte Ebene: Der *Argumentationswert* wird durch die Gesamtheit originärer Argumentationsfaktoren bestimmt (Funktion originärer Sachverhalte).

Die *erste Ebene* der Komplexitätsreduktion in den Spaltungsverhandlungen ist die Einigung über einen derivativen Argumentationsfaktor. Der *derivative Argumentationsfaktor* AF_k^{deri} kann *allgemein* als Funktion von v Argumenten ARG dargestellt werden:[62]

$$AF_k^{deri} = f\left(ARG_1, ARG_2, \ldots, ARG_v\right).$$

So kann bspw. der derivative Argumentationsfaktor „Auswahl des Unternehmensbewertungsverfahrens" durch mehrere Argumente – wie etwa die „Theoriebasis

[61] Diese drei Ebenen werden nicht stringent nacheinander durchlaufen, sondern während der Verhandlungen findet ein ständiger Wechsel zwischen der ersten und zweiten Ebene statt. Am Ende einer Verhandlungsrunde gelangt die dritte Ebene zum Einsatz.

[62] Der Index „deri" bezeichnet einen „derivativen" Argumentationsfaktor, der Index „k" deutet auf einen unbestimmten beispielhaften Argumentationsfaktor hin.

(investitions- oder finanzierungstheoretische Verfahren)" oder die „Akzeptanz bei den Spaltungsparteien" – beschrieben werden, die es der Spaltungspartei erleichtern soll, den Argumentationsfaktor in den Spaltungsverhandlungen zu begründen.[63]

1. Ebene: Funktion von Argumenten
Einigung über derivative Argumentationsfaktoren:

allgemein: $AF_k^{deri} = f(ARG_1, ARG_2, ..., ARG_v)$

speziell: $ANG_k^{h,\,deri,\,t} = f\left(ARG_1^{h,\,t}, ARG_2^{h,\,t}, ..., ARG_v^{h,\,t}\right)$

Einigung: $AF_k^{deri,\,Einigung} = f\left(ARG_1^{Einigung}, ARG_2^{Einigung}, ..., ARG_v^{Einigung}\right)$

2. Ebene: Funktion derivativer Sachverhalte
Einigung über originäre Argumentationsfaktoren:

allgemein: $AF_s^{orig} = f\left(AF_1^{deri}, AF_2^{deri}, ..., AF_m^{deri}\right)$

speziell: $ANG_s^{h,\,orig,\,t} = f\left(AF_1^{h,\,deri,\,t}, AF_2^{h,\,deri,\,t}, ..., AF_m^{h,\,deri,\,t}\right)$

Einigung: $AF_s^{orig,\,Einigung} = f\left(AF_1^{deri,\,Einigung}, AF_2^{deri,\,Einigung}, ..., AF_m^{deri,\,Einigung}\right)$

3. Ebene: Funktion originärer Sachverhalte
Einigung über den Argumentationswert:

allgemein: $AW_{U_f} = f\left(AF_1^{orig}, AF_2^{orig}, ..., AF_n^{orig}\right)$

speziell: $AW_{U_f}^{h,\,t} = f\left(AF_1^{h,\,orig,\,t}, AF_2^{h,\,orig,\,t}, ..., AF_n^{h,\,orig,\,t}\right)$

Einigung: $E_{U_f} = f\left(AF_1^{orig,\,Einigung}, AF_2^{orig,\,Einigung}, ..., AF_n^{orig,\,Einigung}\right)$

Abbildung 61: Komplexitätsreduktion im Rahmen der Spaltung

Begründet der beispielhafte Anteilseigner h im Zeitpunkt t der Spaltungsverhandlungen eine *spezielle Angebotsausprägung* $ANG_k^{h,\,deri,\,t}$ (als Ausprägung eines derivati-

[63] Die Argumente können – unter Beachtung des Unterordungsverhältnisses der derivativen Aspekte – auch als „derivative Argumentationsfaktoren von derivativen Argumentationsfaktoren" bezeichnet werden. Zur Verdeutlichung und Abgrenzung wird hier deshalb der Begriff „Argumente" verwendet.

ven Argumentationsfaktors), kann diese als Funktion mehrerer Argumente ARG beschrieben werden:[64]

$$ANG_k^{h,\,deri,\,t} = f\left(ARG_1^{h,\,t},\; ARG_2^{h,\,t},\; \ldots,\; ARG_v^{h,\,t}\right).$$

Einigen sich die Spaltungsparteien im weiteren Verhandlungsverlauf[65] auf eine *Einigungslösung* $AF_k^{deri,\,Einigung}$ über den derivativen Argumentationsfaktor AF_k^{deri}, stellt sich diese Einigungslösung als Funktion von Einigungsargumenten dar:[66]

$$AF_k^{deri,\,Einigung} = f\left(ARG_1^{Einigung},\; ARG_2^{Einigung},\; \ldots,\; ARG_v^{Einigung}\right).$$

Beispielsweise könnte die Einigung des derivativen Argumentationsfaktors „Unternehmensbewertungsverfahren" folgendermaßen lauten:[67] Die Spaltungsparteien haben sich auf das Zustands-Grenzpreismodell geeinigt, weil es sich um ein investitionstheoretisch begründetes Verfahren handelt, das von allen Spaltungsparteien akzeptiert wird.

Die *zweite Ebene* der Komplexitätsreduktion in den Spaltungsverhandlungen ist die Einigung über einen originären Argumentationsfaktor. Ein *originärer Argumentationsfaktor* AF_s^{orig} wird dabei *allgemein* als Funktion von m derivativen Argumentationsfaktoren dargestellt:[68]

$$AF_s^{orig} = f\left(AF_1^{deri},\; AF_2^{deri},\; \ldots,\; AF_m^{deri}\right).$$

Der originäre Argumentationsfaktor „Festlegung einer Spaltungsstrategie" kann z. B. durch mehrere derivative Argumentationsfaktoren – wie die Ausweitung des Absatzmarktes oder die Besetzung der Führungspositionen der Teilunternehmen – be-

---

64 Im folgenden werden die weichen Argumentationsfaktoren eines speziellen Anteilseigners – also bspw. das Verhandlungsgeschick, die Darstellungsweise der Argumentationsfaktoren oder die Verhandlungserfahrung – in einer Summe durch den jeweiligen Gesellschafterindex (hier: h) dargestellt. In den Verhandlungen wird letztlich nur eine Einigung über die harten, nicht über die weichen Argumentationsfaktoren angestrebt.

65 Zur Beschreibung eines Verhandlungsverlaufs und zur Begründung der Gebote vgl. die Abschnitte III.2.2.3 (S. 290–295) und III.2.2.4 (S. 295–298) dieser Arbeit.

66 Für alle drei *Funktionsebenen* gilt: Die *allgemeinen Betrachtungen* geben die grundsätzlichen Zusammenhänge wieder und sind deshalb unabhängig von einzelnen Zeitpunkten dargestellt. Die *speziellen Funktionen* geben die Sichtweise eines bestimmten Anteilseigners h zu einem festgelegten Zeitpunkt t wieder. Die abschließende *Einigung* stellt das Ergebnis der Verhandlung über einen Argumentationsfaktor oder einen Argumentationswert dar und ist aufgrund des verbindlichen Charakters unabhängig vom Zeitpunkt oder einer bestimmten Eignersichtweise dargestellt.

67 Die Einigung über einen derivativen konfliktlösungsrelevanten Sachverhalt ist nicht *zwingend* erforderlich. Vereinbaren die Konfliktparteien jedoch, die Abstimmung über einen originären Sachverhalt von der Einigung über mehrere derivative konfliktlösungsrelevante Sachverhalte abhängig zu machen, sollte möglichst eine Einigung über die derivativen Sachverhalte erfolgen.

68 Der Index „orig" bezeichnet einen „originären" Argumentationsfaktor, der Index „s" deutet auf einen unbestimmten Argumentationsfaktor hin.

schrieben werden.[69] „Der Vorteil einer Substitution von einem originären Sachverhalt [...] durch mehrere derivative Sachverhalte [...] ist vor allem darin zu sehen, daß die Parteien bei einzelnen derivativen Sachverhalten nachgeben können, ohne notwendigerweise eine Verschlechterung ihrer Position im Falle deiner Einigung befürchten zu müssen."[70]

In den Spaltungsverhandlungen begründet der Anteilseigner h mit Hilfe der derivativen Argumentationsfaktoren eine *spezielle Angebotsausprägung* $ANG_s^{h,\, orig,\, t}$ für den Argumentationsfaktor s im Zeitpunkt t, die als Funktion von m derivativen Argumentationsfaktoren darstellbar ist:

$$ANG_s^{h,\, orig,\, t} = f\left(AF_1^{h,\, deri,\, t},\ AF_2^{h,\, deri,\, t},\ \ldots,\ AF_m^{h,\, deri,\, t}\right).$$

Die *Einigungslösung* über den originären Argumentationsfaktor AF_s^{orig} stellt sich als Funktion von m vereinbarten derivativen Argumentationsfaktoren dar:

$$AF_s^{orig,\, Einigung} = f\left(AF_1^{deri,\, Einigung},\ AF_2^{deri,\, Einigung},\ \ldots,\ AF_m^{deri,\, Einigung}\right).$$

Beispielsweise könnte die Einigung des originären Argumentationsfaktors „Festlegung einer Spaltungsstrategie" folgendermaßen lauten: Die Ausrichtung des Absatzmarktes wird internationalisiert und die Führungspositionen des Ursprungsunternehmens werden entsprechend ihrem vorherigen Tätigkeitsumfeld auf die Spaltungsunternehmen aufgeteilt.

Die *dritte Ebene* der Komplexitätsreduktion in den Spaltungsverhandlungen ist die Zusammenführung der einzelnen originären Argumentationsfaktoren zum mehrdimensionalen *Argumentationswert.*[71] Der *Argumentationswert* AW_{U_f} für das exemplarische Spaltungsunternehmen U_f stellt somit eine Funktion von n originären Argumentationsfaktoren AF_f^{orig} dar:

$$AW_{U_f} = f\left(AF_1^{orig},\ AF_2^{orig},\ \ldots,\ AF_n^{orig}\right).$$

Der mehrdimensionale Argumentationswert ergibt sich somit als Funktion mehrerer originärer Argumentationsfaktoren wie z. B. die „Anteilsquotenverteilung", die „Festlegung des Unternehmensumfangs" und die „steuerliche Behandlung".

---

69 *SAUTER*, Spaltungen (2000), S. 112 f., empfiehlt zur Problemdekomposition des Unternehmensumfangs, das Vermögen der Gesamt-Schlußbilanz des Ursprungsunternehmens auf mehrere Teil-Schlußbilanzen aufzuteilen, um so die Entscheidung der beteiligten Parteien, eine Spaltung durchzuführen, zu erleichtern.

70 *MATSCHKE/BRÖSEL*, Unternehmensbewertung (2007), S. 596.

71 Der Begriff „Argumentationswert" als Bündel aller originären Argumentationsfaktoren wird häufig auch für die Bezeichnung eines (eindimensionalen) Anteilsquotengebots – unter der Voraussetzung, daß bereits eine Einigung über alle weiteren originären Sachverhalte erfolgt ist – gebraucht.

Begründet der Anteilseigner h in den Spaltungsverhandlungen seinen Argumentationswert, nehmen die originären Argumentationsfaktoren bestimmte Ausprägungen an, die der Anteilseigner h im Verhandlungszeitpunkt t vorschlägt (Funktion mehrerer originärer Argumentationsfaktoren):

$$AW_{U_f}^{h,\,t} = f\left(AF_1^{h,\,orig,\,t},\ AF_2^{h,\,orig,\,t},\ \ldots,\ AF_n^{h,\,orig,\,t}\right).$$

Die Einigungslösung E der durchzuführenden Spaltung stellt sich als Funktion originärer Argumentationsfaktoren, über die sich die Spaltungsparteien in den Spaltungsverhandlungen geeinigt haben, dar:

$$E_{U_f} = f\left(AF_1^{orig,\,Einigung},\ AF_2^{orig,\,Einigung},\ \ldots,\ AF_n^{orig,\,Einigung}\right).$$

Das Ergebnis zur Spaltung zwischen zwei Gesellschaftern könnte bspw. folgendermaßen lauten: Die Spaltungsparteien haben sich geeinigt, daß die Spaltung durchgeführt wird; die Gesellschafter teilen die Anteile je zur Hälfte untereinander auf, das Vermögen wird gemäß den Vermögenspositionen der Teilbetriebe aufgeteilt und die Spaltung wird steuerneutral durchgeführt.

2.2.3 Darstellung der Verhandlungsphasen

2.2.3.1 Festlegung der Rahmenbedingungen

Die *erste Phase* der Spaltungsverhandlungen, die *Festlegung der Rahmenbedingungen,* teilt sich in drei Schritte (vgl. *Abbildung 62*): In einem ersten Schritt werden die konfliktlösungsrelevanten Sachverhalte festgelegt. In dem zweiten Schritt wird die Rangfolge bestimmt, nach der über die einzelnen konfliktlösungsrelevanten Sachverhalte verhandelt werden soll. Schließlich werden diese Sachverhalte in einem dritten Schritt auf einzelne Verhandlungsrunden verteilt.

Phase 1 der Spaltungsverhandlungen: Festlegung der Rahmenbedingungen

Schritt 1: Festlegung der konfliktlösungsrelevanten Sachverhalte
Schritt 2: Erstellung einer Rangfolge
Schritt 3: Einteilung der konfliktlösungsrelevanten Sachverhalte in Verhandlungsrunden

Abbildung 62: Festlegung der Rahmenbedingungen

Der *erste Schritt,* die *Festlegung der konfliktlösungsrelevanten Sachverhalte,* ist von besonderer Bedeutung, weil in diesem Verhandlungsschritt die Spaltungsparteien sämtliche konfliktlösungsrelevante Sachverhalte benennen können, die das Entscheidungsfeld der Anteilseigner in bezug auf die Spaltungsunternehmen beeinflussen. Die relevanten Sachverhalte legen somit die mehrdimensionalen Entscheidungswerte als Grenze der Konzessionsbereitschaft fest und bilden gleichzeitig die Grundlage zur Bestimmung von Argumentationswerten. Dabei sollten auch diejenigen konfliktlösungsrelevanten Sachverhalte – wie bspw. die Standorte und die Firmen der Spaltungsunternehmen – genannt werden, von denen angenommen werden könnte, daß diese Verhandlungsparameter für alle Spaltungsparteien eindeutig und daher unstrittig sind. Solche Sachverhalte werden i. d. R. aufgrund gesetzlicher Anforderungen im Spaltungsvertrag festgehalten, zudem kann der Anteilseigner insbesondere bei für ihn nicht so bedeutenden Sachverhalten Zugeständnisse machen, so daß er sich im weiteren Verlauf der Spaltungsverhandlungen auf seine bei diesen Sachverhalten gezeigten Konzessionen berufen kann.

Der *zweite Schritt*, die *Erstellung einer Rangfolge* der in den Spaltungsverhandlungen zur Diskussion stehenden Sachverhalte, kann für sich genommen auch einen Argumentationsfaktor darstellen: Denn je geschickter der Verhandlungsablauf geplant ist, desto wahrscheinlicher ist es, ein Verhandlungsresultat zu erlangen, das den eigenen Vorstellungen am ehesten entspricht. Um für den Anteilseigner ein möglichst günstiges Ergebnis zu erreichen, ist folgende Vorgehensweise bei der Erstellung einer Rangfolge zu empfehlen:

1. *Punktueller Einigungsbereich*: Zuerst werden diejenigen konfliktlösungsrelevanten Sachverhalte in den Spaltungsverhandlungen erörtert, deren Festlegung für alle Spaltungsparteien offensichtlich ist. Soll bspw. eine Ursprungsgesellschaft, die aus zwei Teilbetrieben besteht, aufgrund regional unterschiedlicher Produktionsstandorte und Absatzmärkte gespalten werden, dann kann das Ergebnis der Standortwahl, z. B. die Beibehaltung der bisherigen Standorte, für alle Beteiligten bereits vor den Spaltungsverhandlungen schon feststehen. Hierbei gibt es (wenig) Verhandlungsspielraum, weil die Menge der Einigungslösungen annähernd einen Einigungspunkt bildet und aus Sicht aller Spaltungsparteien gleich ist.

2. *Geringer Einigungsbereich*: Danach werden diejenigen konfliktlösungsrelevanten Sachverhalte zur Sprache gebracht, bei denen die Spaltungsparteien von einem geringen Einigungsbereich ausgehen, bei denen also aufgrund der wenigen Einigungsmöglichkeiten schnell eine Lösung gefunden werden kann. Wird bspw. die Aufteilung der Vermögensgegenstände des aus zwei Teilbetrieben bestehenden Ursprungsunternehmens auf die Spaltungsunternehmen gemäß der Abgrenzung der Teilbetriebe vollzogen, besteht nur noch ein relativ geringer Spielraum für eine spezielle Zuordnung einzelner Vermögensgegenstände wie z. B. der Aufteilung des neutralen Vermögens.

3. *Großer Einigungsbereich*: Die nächsten konfliktlösungsrelevanten Sachverhalte bei der Erstellung einer Rangfolge sind diejenigen Bewertungsparameter, bei denen ein großer Einigungsbereich hinsichtlich der Übereinkunft über einen konfliktlösungsrelevanten Sachverhalt besteht. Bei diesen Argumentationsfaktoren

können sich also intensivere Verhandlungen ergeben. Bei den Sachverhalten mit größerem Einigungsbereich ist die Rangfolgebestimmung wiederum nach folgendem Kriterium zu wählen:

a) *Konfliktlösungsrelevante Sachverhalte mit geringem Einfluß auf das eigene Entscheidungsfeld*: Bei diesen Sachverhalten kann sich der Anteilseigner schon frühzeitig in den Spaltungsverhandlungen auf Kompromisse einlassen, so daß er später auf diese Zugeständnisse verweisen kann.

b) *Konfliktlösungsrelevante Sachverhalte mit bedeutendem Einfluß auf das eigene Entscheidungsfeld*: Bei diesen Parametern versucht der Anteilseigner einen möglichst großen Teil des zu verteilenden Einigungsbereichs in den Spaltungsverhandlungen für sich zu gewinnen.

4. *Einigungsbereich der Anteilsquotenverteilung*: Der letzte in den Spaltungsverhandlungen zu diskutierende konfliktlösungsrelevante Sachverhalt ist die Verteilung der Beteiligungsquoten an den Nachfolgeunternehmen auf die Spaltungsparteien.[72] Dieser Sachverhalt stellt – wie bereits im Abschnitt III.1 (S. 139–254) erläutert – denjenigen Sachverhalt dar, mit dem letztlich über die Durchführung der Spaltung entschieden wird. Stimmen die Anteilseigner der Anteilsquotenverteilung (nicht) zu, wird die Spaltung (nicht) durchgeführt.[73]

Der *dritte Schritt*, die *Einteilung der konfliktlösungsrelevanten Sachverhalte in Verhandlungsrunden*, teilt die im ersten Schritt ermittelten und im zweiten Schritt in eine Rangfolge gebrachten konfliktlösungsrelevanten Sachverhalte in Verhandlungsrunden ein, wobei mit den am Anfang der Rangfolge stehenden Sachverhalten begonnen und mit der Verteilung der Anteilsquoten geendet wird. Werden mehrere Sachverhalte in einer Verhandlungsrunde zusammengefaßt, läßt sich eine Verhandlungsrunde nochmals in einzelne Verhandlungsschritte unterteilen. Dabei ist der Grundsatz zu be-

---

72 Ausgeschlossen von dem hier dargestellten Vorgehen zur Argumentationswertermittlung sind die *verhältniswahrenden* Konfliktsituationen vom Typ Spaltung (vgl. dazu die Darstellung der Konfliktsituation im vorigen Abschnitt), denn hierbei ist die Verteilung der Anteilsquoten dadurch geregelt, daß sich die Beteiligungsquotenverhältnisse vor und nach der Spaltung nicht ändern. Somit stellt dieser Sachverhalt nicht mehr den zuletzt zu verhandelnden Sachverhalt, der das entscheidende Kriterium für oder gegen eine Spaltung bildet, dar. Ebenso wird die hier gezeigte Vorgehensweise nicht beim Spaltungsfall der *Eigentumstrennung* angewendet, denn auch bei dieser Form der Spaltung sollten die Einigungsparteien bereits am Anfang der Verhandlungen über die beteiligungsmäßige Trennung entschieden haben. Diese Form der Gesellschaftertrennung wird i. d. R. jedoch bereits am Anfang der Verhandlungen feststehen, weil die Eigentumstrennung ein *Motiv* für eine Spaltung darstellt und somit der Auslöser für diese Spaltung ist.

73 Sowohl für diesen als auch für die anderen konfliktlösungsrelevanten Sachverhalte bei einem negativen Einigungsbereich gilt, daß letztlich immer noch die Möglichkeit der Hilfestellung durch die Arbitriumwertfunktion gegeben ist. Vgl. dazu Kapitel III.3 (S. 139–254) dieser Arbeit.

Auch wenn die Anteilsquotenverteilung den letzten zu verhandelnden Sachverhalt des Verhandlungsprozesses darstellt, sollten die Spaltungsparteien bereits am Anfang der Spaltungsverhandlungen eine grobe Vorstellung über die Verteilung der Anteilsquoten besitzen, um eine ungefähre Vorstellung von den Anteilsverhältnissen zu erlangen. Diese Information ist wichtig, um Auswirkungen der verhandelten weiteren Sachverhalte auf das eigene Entscheidungsfeld zu bestimmen.

rücksichtigen, daß je Verhandlungsschritt immer nur mit den gleichen Sachverhalten in bezug auf sämtliche Spaltungsunternehmen zu argumentieren ist. Teilt sich ein Unternehmen bspw. in die Spaltungsunternehmen U_1 und U_2 auf, sollten immer die einzelnen konfliktlösungsrelevanten Sachverhalte an beiden Spaltungsunternehmen gemeinsam verhandelt werden. Das bedeutet also, daß in einem bestimmten Verhandlungsschritt nicht gleichzeitig über die Zuordnung der Vermögensgegenstände des Spaltungsunternehmens U_1 und die Verteilung der Arbeitnehmer des Nachfolgeunternehmens U_2 entschieden werden kann, sondern daß sich ein Verhandlungsschritt mit der Zuordnung der Vermögensgegenstände auf die Spaltungsunternehmen U_1 und U_2 sowie sich ein weiterer Verhandlungsschritt mit der Zuordnung der Arbeitnehmer beider Spaltungsunternehmen befaßt.[74]

Dabei kann auch der Fall eintreten, daß in einer Verhandlungsrunde über zwei Verhandlungsschritte gleichzeitig diskutiert wird, weil die konfliktlösungsrelevanten Sachverhalte direkt etwas miteinander verbindet.[75] So wäre es in einem Produktionsbetrieb z. B. denkbar, daß gleichzeitig über den Umfang der Spaltungsunternehmen – also die Zuordnung der Vermögensgegenstände und Schulden – als auch über die Aufteilung der Arbeitnehmer auf die Spaltungsunternehmen verhandelt wird, weil die Vermögensgegenstände in Form von Maschinen durch die Arbeitnehmer bedient werden müssen.

2.2.3.2 Verhandlung über nicht beteiligungsbezogene Sachverhalte

Die *zweite Phase* der Spaltungsverhandlungen, die *Verhandlung über nicht beteiligungsbezogene Sachverhalte*, und die dritte Phase der Verhandlungen, die Verhandlung über die Verteilung der Anteilsquoten, spiegeln die realen Spaltungsverhandlungen wider, denn in diesen Verhandlungsrunden wird über die jeweiligen Argumentationsfaktoren diskutiert und am Ende einer jeden Verhandlungsrunde eine Entscheidung gefällt.

Die Verhandlungsrunden über nicht beteiligungsbezogene Sachverhalte lassen sich unterteilen in *nicht-teilbare Verhandlungsrunden*, in denen lediglich über einen originären konfliktlösungsrelevanten Sachverhalt, wie bspw. die Firma der Spaltungsunternehmen, der nicht weiter in derivative Sachverhalte aufgeteilt werden kann, diskutiert wird, und in *teilbare Verhandlungsrunden*, in denen über originäre konfliktlö-

---

74 Zwar wäre es möglich, Sachverhalte, die sich – wie bspw. die Festlegung der Firma – nur auf ein Spaltungsunternehmen beziehen, einzeln zu verhandeln; jedoch ergibt sich kein Vorteil, mehrere unterschiedliche – noch nicht festgelegte – Sachverhalte dieser Art – wie z.B. die Festlegung der Firma von Unternehmen U_1 und den Standort des Unternehmens U_2 – in einem Verhandlungsschritt zusammenzufassen.

75 Dabei sollten allerdings maximal zwei konfliktlösungsrelevante Sachverhalte gleichzeitig diskutiert werden, weil es sich bei zwei Spaltungsunternehmen dann schon um vier Ausprägungen handelt. Kommen gleichzeitig noch weitere Sachverhalte hinzu oder werden diese Sachverhalte darüber hinaus auf derivative Sachverhalte aufgeteilt, wird die Verhandlungssituation nur unübersichtlicher.

sungsrelevante Sachverhalte, wie z. B. die Spaltungsstrategie, diskutiert werden kann, die auch durch mehrere derivative konfliktlösungsrelevante Sachverhalte – wie die Ausweitung des Absatzmarktes nach der Spaltung sowie die Besetzung der Führungspositionen der Teilunternehmen – dargestellt werden können. Lassen sich derivative konfliktlösungsrelevante Sachverhalte finden, wird ein derivativer Sachverhalt jeweils für sich in einem einzelnen *Bewertungsschritt* verhandelt (vgl. *Abbildung 60*). Die Spaltungspartei kann somit eine individuelle *Kompromißstrategie* verfolgen, bei der sie hinsichtlich wenig entscheidungsrelevanter Sachverhalte nachgeben und hinsichtlich entscheidungsrelevanter Sachverhalte auf ihrem Standpunkt beharren kann. Die Vorgehensweise innerhalb einer solchen Verhandlungsrunde wird im Abschnitt II.2.2.4 (S. 295–298) dieser Arbeit dargestellt.

2.2.3.3 Verhandlung über die Verteilung der Anteilsquoten

Die wichtigste Verhandlungsrunde, die *dritte Phase* der Spaltungsverhandlungen, die *Diskussion und Einigung über die Verteilung der Anteilsquoten*, erfolgt am Ende der Verhandlung über die Spaltung des Ursprungsunternehmens. In dieser letzten Verhandlungsrunde wird über die Verteilung der Beteiligungsquoten an den einzelnen Spaltungsunternehmen entschieden. Ist in den zuvor erfolgten Verhandlungsrunden über alle anderen konfliktlösungsrelevanten Sachverhalte eine Einigung erzielt worden, stehen die Entscheidungsfelder der Anteilseigner fest,[76] und folglich können die Anteilseigner nun ihre Argumentationswerte unter Berücksichtigung der Entscheidungswerte ermitteln.[77]

Der letzte konfliktlösungsrelevante Sachverhalt, die Verteilung der Anteilsquoten, kann schließlich auch noch in verschiedene Verhandlungs*schritte* aufgeteilt werden, in denen sich über weitere originäre Sachverhalte – bspw. den Zeitpunkt der Gewinnbeteiligung und die Einigungsquotenlösung – oder derivative Sachverhalte – z. B. das anzuwendende Bewertungsverfahren[78] und der dabei betrachtete Zeithorizont –

---

76 Zu den Auswirkungen der konfliktlösungsrelevanten Sachverhalte auf die Entscheidungsfelder und damit auf die Entscheidungswerte der Anteilseigner vgl. Abschnitt II.3.2.2.1.2 (S. 92–96) dieser Arbeit sowie *HINTZE*, Vertragsgestaltung beim Unternehmenskauf (1992), S. 38, *MATSCHKE/BRÖSEL*, Unternehmensbewertung (2007), S. 343–369.

77 Eine Unternehmensbewertung im Rahmen der in diesem Abschnitt betrachteten Konfliktsituation ergibt nach Einigung über die konfliktlösungsrelevanten Sachverhalte der vorhergehenden Phasen letztlich immer eine Verhandlung über die Verteilung der Beteiligungsquoten, die bei Verhandlungen über mehrere Spaltungsunternehmen immer noch eine *mehrdimensionale* Konfliktsituation darstellt [vgl. Abschnitt III.1.3.2.1 (S. 188–204) dieser Arbeit] und die erst nach Festlegung der Beteiligungsquoten des vorletzten zu verhandelnden Spaltungsunternehmens zu einer *eindimensionalen* Konfliktsituation führt [vgl. Abschnitt III.1.3.1 (S. 168–188) dieser Arbeit].

78 Vgl. dazu auch *HAFNER*, Unternehmensbewertung als Instrumente (1993), S. 80 f., sowie *MATSCHKE/BRÖSEL*, Unternehmensbewertung (2007), S. 604–637. Anderer Ansicht ist *GORNY*, der die klassischen Bewertungs*methoden* zur Lösung der Argumentationsfunktion ablehnt. Vgl. *GORNY*, Unternehmensbewertung (2002), S. 63–70 sowie S. 156. Daß die Bewertungsverfahren zur Argumentation verwendet werden können, zeigt das Zitat von ODENTHAL, welcher der DCF-Bewertungsmethode (unbeabsichtigt) eine Argumentationsfunktion unterstellt: „Die DCF-

geeinigt wird. Den Abschluß dieser dritten Phase bilden die Einigungs(quoten)lösungen, die jedem Anteilseigner seine jeweiligen Anteile an den Spaltungsunternehmen zusichert, die Einigung über die Durchführung der Spaltung besiegelt und die mehrdimensionale Einigungslösung, in der neben der Verteilung der Anteile noch die zuvor verhandelten konfliktlösungsrelevanten Sachverhalte enthalten sind, vertraglich festhält.

2.2.4 Vorgehensweise innerhalb einer Verhandlungsrunde

2.2.4.1 Verhandlungsrunde über nicht beteiligungsbezogene Sachverhalte

Die Vorgehensweise innerhalb einer Verhandlungsrunde oder eines Verhandlungsschritts über beteiligungsbezogene und nicht beteiligungsbezogene Sachverhalte orientiert sich an der Vorgehensweise des sog. *Konvergenzmodells* von BARTHEL.[79] Während BARTHEL jedoch den gesamten – eher als eindimensional betrachteten – Verhandlungsprozeß in drei Phasen einteilt, wird im Einigungsmodell der Spaltung jede einzelne Verhandlungsrunde – und ggf. sogar jeder einzelne Verhandlungsschritt – in die vier im folgenden dargestellten *Verhandlungsstufen*[80] eingeteilt (vgl. *Abbildung 60*),[81] sofern pro Argumentationsfaktor mindestens ein geringer Einigungsbereich vorhanden ist:[82]

1. Verhandlungsstufe: *Begründung einer Konzession*: Auf dieser Stufe werden zunächst Angebote und Konzessionen begründet.

Methode ist es, die es ermöglicht, die Betrachtung der Marktwirkungen von Unternehmensteilungen vorzunehmen. Unter den Gesichtspunkten des Shareholder Value läßt sich sowohl mit ihr als auch mit dem Market Value Added und dem Economic Value Added argumentieren" [Quelle: *ODENTHAL*, Unternehmensteilungen (1999), S. 255.]

79 Zum Konvergenzmodell vgl. *BARTHEL*, Argumentationsfunktion (2005), S. 37 f., sowie die Ausführungen in Abschnitt III.2.1.1 (S. 257–259) dieser Arbeit.

80 BARTHEL wählt den Begriff der *Verhandlungsphasen* und unterteilt diese in drei Phasen. Vgl. *BARTHEL*, Argumentationsfunktion (2005), S. 37 f. Um jedoch die im Rahmen der Unternehmensbewertung bei der Spaltung aufgestellten Verhandlungsphasen, die Verhandlungsschritte und die einzelnen Teilziele auf dem Weg zur Einigungslösung voneinander abgrenzen zu können, wird hier der Ausdruck *Verhandlungsstufen* für die einzelnen Teilziele gewählt. Das Modell wird zusätzlich noch um eine vierte Stufe erweitert, um die Bedeutung der *Einigung* in diesem Zusammenhang hervorzuheben.

81 „Um hier theoriegeleitet zu pragmatischen Lösungen und Hilfestellungen zu kommen, wird nachfolgend von einem [..] [vier-stufigen] Konvergenzmodell ausgegangen, welches wegen sich ergebender Überlappungen und Iteration didaktisch ausgerichtet ist und keinesfalls eine strenge Reihenfolge im zeitlichen Ablauf aufzeigen will" [Quelle: *BARTHEL*, Argumentationsfunktion (2005), S. 37].

82 Bei einem punktuellen Einigungsbereich müssen diese verschiedenen Verhandlungsstufen nicht notwendigerweise durchlaufen werden, wenn die Einigungslösung in bezug auf den relevanten Argumentationsfaktor offensichtlich und eindeutig ist.

2. Verhandlungsstufe: *Erlangung von Glaubwürdigkeit*: Auf dieser Stufe wird versucht, mit sachlichen Argumenten Glaubwürdigkeit zu erlangen.

3. Verhandlungsstufe: *Erreichung der Akzeptanz*: Das Ziel dieser Stufe ist die Erreichung der Akzeptanz auf nicht-sachlicher Ebene.

4. Verhandlungsstufe: *Einigung über den zur Verhandlung stehenden konfliktlösungsrelevanten Sachverhalt*: Den Abschluß der Verhandlungsrunde bildet die Einigung über den zur Verhandlung stehenden konfliktlösungsrelevanten Sachverhalt.[83]

Nach dem Konvergenzmodell ergibt sich ein positives Verhandlungsergebnis im Rahmen einer Konfliktsituation nur bei übereinstimmenden Meinungen (Konvergenz) der Konfliktparteien hinsichtlich der originären konfliktlösungsrelevanten Sachverhalte. Die am Anfang der Konfliktsituation unterschiedlichen Meinungen gleichen sich im Verlaufe der Verhandlungen an, d. h., sie konvergieren. BARTHEL unterstellt zudem, daß, wenn sich keine Übereinstimmungen ergeben und dieser Zustand von einer Konfliktpartei als endgültig angesehen wird, bis zum Zeitpunkt der Vertragsabschlüsse jederzeit ein Verhandlungsabbruch möglich ist.[84]

Auf der *ersten Verhandlungsstufe*, der *Begründung einer Konzession*, werden von den Spaltungsparteien Anfangsgebote in Form von Angebotsausprägungen und Argumentationswerten gezielt in den Verhandlungsprozeß eingebracht, „welche zumeist in Form von vermeintlichen Entscheidungswerten oder in Gestalt von scheinbar unparteiischen Arbitriumwerten präsentiert werden."[85] Die Spaltungsparteien wählen dabei i. d. R. Argumentationswerte, die zunächst zu hoch angesetzt sind und somit noch keine Glaubwürdigkeit beim Spaltungsgegner hervorrufen, die jedoch im Zeitablauf reduziert werden.[86]

Wie diese Argumentationswerte im einzelnen gewählt werden, ist Aufgabe der jeweiligen Spaltungspartei. „Die Ermittlung solcher ‚Argumentationswerte' erscheint, im Gegensatz zur Bestimmung von Grenzpreisen und Schiedswerten, einer rationalen, über die angeführten allgemeinen Überlegungen hinausgehenden Analyse kaum zugänglich."[87] Dieser Aussage kann nicht zugestimmt werden, weil die Unternehmensbewertungstheorie immerhin ein Gerüst vorzugeben vermag, in dessen Rahmen sich die Spaltungsverhandlungen bewegen können.[88] In bezug auf die Wahl der einzelnen

---

83 Diese vier „Verhandlungsstufen" betrachten nur jeweils nur eine „Verhandlungsrunde" oder ggf. sogar nur einen „Verhandlungsschritt". Werden diese Verhandlungsrunden und -schritte für alle weiteren konfliktlösungsrelevanten Sachverhalte durchgeführt, ergibt sich eine mehrdimensionale Konfliktsituation.

84 Vgl. *BARTHEL*, Argumentationsfunktion (2005), S. 37.

85 *MATSCHKE/BRÖSEL*, Unternehmensbewertung (2007), S. 575.

86 Vgl. *BARTHEL*, Argumentationsfunktion (2005), S. 37.

87 *DRUKARCZYK/SCHÜLER*, Unternehmensbewertung (2007), S. 105.

88 Die Meinung von *MANDL/RABEL*, Unternehmensbewertung (1997), S. 22, die der Ansicht sind, daß sich für „die Bestimmung der Argumentationswerte [...] kaum allgemeine Regeln ableiten"

Argumentationswerte kann dieser Behauptung nur insofern zugestimmt werden, weil die Wahl nicht nur von der konkreten Bewertungssituation, sondern auch von den persönlichen Entscheidungsfeldern der Anteilseigner, deren Risikopräferenzen bei Unsicherheit sowie von deren Verhandlungsstärke, Verhandlungserfahrung und Verhandlungsgeschick abhängig ist und die Festlegung eines Argumentationswerts somit individuell zu entscheiden ist.[89]

Auf der *zweiten Verhandlungsstufe*, der *Erlangung von Glaubwürdigkeit*, wird davon ausgegangen, daß mindestens eine Spaltungspartei von der Glaubwürdigkeit eines von der Gegenseite präsentierten Werts überzeugt ist, was jedoch nicht bedeutet, daß die für glaubwürdig befundenen Werte auch akzeptiert werden.[90] Es wird versucht, mit sachlichen Argumenten Glaubwürdigkeit zu erlangen. Demnach werden überwiegend harte Argumentationsfaktoren zur Erlangung von Glaubwürdigkeit zum Einsatz gelangen.[91] Die Spaltungsparteien können dabei auf verschiedene Weise versuchen, ihre Verhandlungsposition zu stärken:[92]

1. Eine Spaltungspartei kann Argumente liefern, die den Verhandlungspartner zu Zugeständnissen oder zur Zustimmung zu einem bestimmten angestrebten Verhandlungsresultat bewegen.
2. Eine Spaltungspartei kann aber auch Informationen erhalten, mit denen
   a) sie die Argumente der anderen Verhandlungsseite entkräftet,
   b) sie die Verhandlungsangebote der Gegenpartei mit einsichtigen Gründen zurückweisen kann oder
   c) sie deren Angebote in einem für die eigene Verhandlungsführung günstigen Sinne modifizieren kann.

Auf der *dritten Verhandlungsstufe*, der *Erreichung der Akzeptanz*, geht es annahmegemäß nicht (mehr) um die Erlangung der Glaubwürdigkeit präsentierter Werte, sondern es wird versucht, die Akzeptanz auf nicht-sachlicher Ebene zu erreichen.

lassen, ist zu überdenken, zumal eine intensive Beschäftigung mit dieser Funktion in der Literatur soeben erst begonnen hat. Vgl. dazu auch *MATSCHKE/BRÖSEL*, Unternehmensbewertung (2007), S. 574.

89 Einen Überblick über die Möglichkeiten der Darstellung von – formallogisch spieltheoretischen, ökonomisch motivierten oder verhaltenstheoretisch orientierten – Verhandlungsmodellen und deren Kritik findet sich bei *GORNY*, Unternehmensbewertung (2002), S. 116–123. Doch auch das Modell GORNYs, das auf der Theorie der diskreten dynamischen Systeme beruht, kann kritisiert werden, weil dort wiederum nur in Ausnahmefällen zutreffende Annahmen – wie bspw. gleich hohe Preiszugeständnisse oder gleich hohe Reaktionen einer Partei auf Preiszugeständnisse der Gegenpartei – getroffen werden. Vgl. *GORNY*, Unternehmensbewertung (2002), S. 124–140.

90 „Hier können weitere Umweltbedingungen, Mitwirkungsrechte, emotionale Eindrücke usw. akzeptanzverhindernd wirken" [Quelle: *BARTHEL*, Argumentationsfunktion (2005), S. 37].

91 Natürlich kann die Darstellung der harten Argumentationsfaktoren durch den Einsatz weicher Argumentationsfaktoren – wie bspw. Verhandlungsgeschick und gute Präsentationstechniken – unterstützt werden.

92 Vgl. *MATSCHKE/BRÖSEL*, Unternehmensbewertung (2007), S. 575.

Hierbei gelangen überwiegend weiche Argumentationsfaktoren zum Einsatz, mit deren Hilfe die harten Faktoren dem Spaltungsgegner präsentiert werden, um dessen Akzeptanz zu erlangen.[93]

Auf der *vierten Verhandlungsstufe*, der *Einigung über den zur Verhandlung stehenden konfliktlösungsrelevanten Sachverhalt*, wird der Abschluß des Verhandlungsschritts durch Einigung über den zur Verhandlung stehenden Argumentationsfaktor gebildet.

2.2.4.2 Verhandlungsrunde über die Verteilung der Anteilsquoten

Wurden alle nicht beteiligungsbezogenen, konfliktlösungsrelevanten Sachverhalte – also alle Sachverhalte außer der Verteilung der Beteiligungsquoten – in den vorhergehenden Verhandlungsrunden erörtert und konnte eine Einigung über diese Sachverhalte erzielt werden, ist es vor allem für den weiteren Verlauf des Verhandlungsprozesses in der Verhandlungsrunde über die Verteilung der Anteilsquoten charakteristisch, daß[94]

- die Spaltungsparteien ihre Einigungsquotenangebote begründen und dabei auf Unternehmensbewertungsergebnisse zurückgreifen,
- die Einigung weniger über direkte Anteilszugeständnisse als über eine kooperative Suche nach den „richtigen" Parametern einer Unternehmensbewertung im Rahmen eines bestimmten Unternehmensbewertungsverfahrens, auf dessen Anwendung sich die Parteien am Anfang dieser Verhandlungsrunde verständigen, erreicht wird und
- sich die Zugeständnisse der Spaltungsparteien insbesondere auf die Bewertungsparameter – also die derivativen konfliktlösungsrelevanten Sachverhalte – beziehen.

In der hier betrachteten letzten Verhandlungsrunde geht es demnach um die Verteilung der Anteilsquoten für die Spaltungsparteien an den aus der Spaltung entstandenen Unternehmen. Die Argumentationswerte, die in den Verhandlungsprozeß gegeben werden, können sich dabei nur auf alle Spaltungsunternehmen *gemeinsam* beziehen.[95] Im folgenden wird deshalb so vorgegangen, daß sich die Spaltungsparteien nacheinander über die Verteilung der Anteilsquoten an den einzelnen Spaltungsunternehmen

---

93 Zur Darstellung weicher Argumentationsfaktoren vgl. MATSCHKE/BRÖSEL, Unternehmensbewertung (2007), S. 587 und S. 598 f., sowie Abschnitt III.2.2.2 (S. 285) dieser Arbeit.

94 Vgl. hierzu für die Konfliktsituation vom Typ Kauf/Verkauf MATSCHKE, Argumentationsfunktion (1977), S. 95–99, sowie MATSCHKE/BRÖSEL, Unternehmensbewertung (2007), S. 579 f.

95 Vgl. dazu die Ausprägungen der Einsatzmöglichkeiten des Argumentationswerts in Abschnitt III.2.1.2 (S. 262–264) dieses Kapitels. Das bedeutet, daß der in diese Verhandlungsrunde eingebrachte Argumentationswert die Form eines Anteilsquotengebots in Abhängigkeit aller vorher beschlossenen originären Argumentationsfaktoren besitzt.

einigen,[96] so daß sich die allgemeine Ausgangssituation aus *Abbildung 59* in dieser letzten Verhandlungsrunde auf die bereits bekannte Darstellung, die Verteilung der Anteilsquoten des Unternehmens U_1 zwischen den beiden Anteilseignern X und Y, reduzieren läßt (vgl. *Abbildung 46*).

Die Vorgehensweise innerhalb der Verhandlungsrunde über die Verteilung der Anteilsquoten orientiert sich an der im Rahmen der Darstellung der nicht beteiligungsbezogenen Verhandlungsrunden vorgestellten Vorgehensweise des vierstufigen Verhandlungsprozesses. Auch diese Verhandlungsrunde kann folglich in nachstehend beschriebene vier Verhandlungsstufen unterteilt werden (vgl. *Abbildung 63*).

---

[96] Die Anteilsquotenverteilung an einem zu verhandelnden Unternehmen bedingt rein rechnerisch die Beteilungsquotenverteilung der anderen Spaltungsunternehmen. Die Festlegung einer Anteilsquote legt die Verteilung der weiteren Beteiligungsquoten jedoch nicht unweigerlich fest, weil durch die Spaltung die Unternehmenswerte der Spaltungsunternehmen insgesamt den Unternehmenswert des Ursprungsunternehmens aufgrund positiver Spaltungseffekte übersteigen können. Dadurch kann der Fall eintreten, daß ein Anteilseigner mehr Anteile als vor der Spaltung und ein Anteilseigner weniger Anteile als vor der Spaltung besitzt, weil die Spaltungsparteien in unterschiedlicher Weise an den zukünftigen Ertragschancen der Nachfolgeunternehmen beteiligt sind (verhältnisändernde Spaltung).

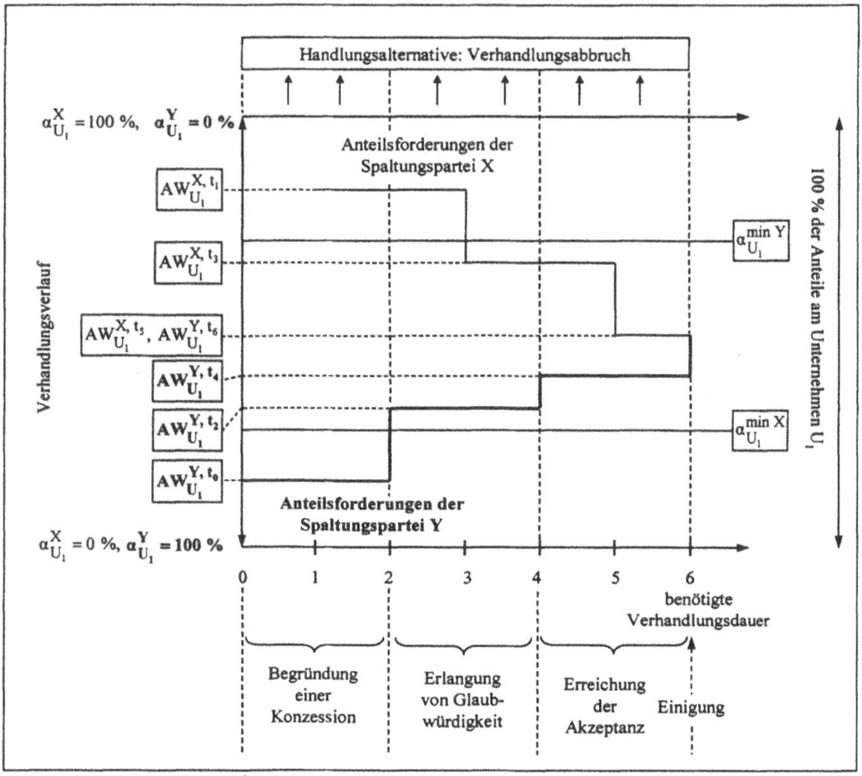

Abbildung 63: Darstellung der Verhandlungsrunde über die Verteilung der Anteilsquoten

Ziel der *ersten Verhandlungsstufe* innerhalb dieser Verhandlungsrunde ist die Begründung der Gebote und Konzessionen. Dabei beginnt in diesem Fall die Spaltungspartei Y im Zeitpunkt t = 0 mit dem Eröffnungsanteilsquotengebot $AW_{U_1}^{Y, t_0}$, das außerhalb des Einigungsbereichs $\alpha_{U_1}^{\min X}$ des Anteilseigners X liegt und somit für die Konfliktpartei X nicht glaubwürdig erscheint.[97] Deshalb reagiert der Gesellschafter X mit sei-

[97] Der Argumentationswert $AW_{U_1}^{Y, t_0}$ (oder in Form eines Anteilsquotengebots $\alpha_{U_1}^{Y, \text{Angebot}, t_0}$) wird gewissermaßen als *bedingter Argumentationswert* in Abhängigkeit aller bisher vereinbarten Argumentationsfaktoren $\left(AF_1^{\text{orig, Einigung}}, AF_2^{\text{orig, Einigung}}, ..., AF_{n-1}^{\text{orig, Einigung}}\right)$ in den Verhandlungsprozeß eingebracht. Der hier als „Punktwert" angegebene Argumentationswert könnte auch als „Bandbreite" angegeben werden. Eine Umfrage von *BRÖSEL/HAUTTMANN* belegt, daß über die Hälfte der Bewertungssubjekte einen Argumentationswert in Form einer Bandbreite präferieren.

nem ersten Anteilsquotengebot $AW_{U_1}^{X,\,t_1}$, das ebenfalls den Entscheidungswert $\alpha_{U_1}^{\min Y}$ des Anteilseigners Y verletzt und somit bei diesem ebenfalls keine Glaubwürdigkeit hervorruft.[98]

Bestreben innerhalb der *zweiten Verhandlungsstufe* ist die Erlangung von Glaubwürdigkeit beim Verhandlungspartner. Mit Hilfe weiterer vorgeschlagener Anteilsquotengebote wird versucht, den Spaltungsgegner vorrangig auf *sachlicher Ebene* zu überzeugen. Voraussetzung dabei ist, daß die weiteren Angebote die Entscheidungswerte der Spaltungsparteien nicht mehr verletzten. In der *Abbildung 63* wird der erste vom Anteilseigner X (Gesellschafter Y) als glaubwürdig anerkannte Wert durch das vom Gesellschafter Y (Anteilseigner X) eingebrachte Anteilsquotengebot $AW_{U_1}^{Y,\,t_2}$ $\left(AW_{U_1}^{X,\,t_3}\right)$ dargestellt. Somit ergibt sich eine Wertbandbreite zwischen $AW_{U_1}^{Y,\,t_2}$ und $AW_{U_1}^{X,\,t_3}$, innerhalb der jede Anteilsquotenverteilung je nach Verhandlungsstärke der Spaltungsparteien als akzeptierte Einigungsquotenlösung möglich und zulässig ist.[99] Wird eine Einigung in bezug auf die Spaltung angestrebt, ist der „Fall, dass zu einem bestimmten Zeitpunkt sogar beide Parteien den von der Gegenseite präsentierten Wert als ‚glaubwürdig' beurteilen, [..] nicht gerade selten"[100].

Auf der *dritten Verhandlungsstufe* verlassen die Spaltungsparteien die sachliche Ebene, weil es hier nicht mehr um die Erlangung von Glaubwürdigkeit präsentierter Werte geht, sondern um die *Erreichung von Akzeptanz* beim Verhandlungspartner im Hinblick auf die in die Verhandlung eingebrachten Argumentationswerte.[101] Mit dem Ziel, diese Akzeptanz zu erreichen, schlägt der Anteilseigner Y einen weiteren Argumentationswert, das Anteilsquotengebot $AW_{U_1}^{Y,\,t_4}$, vor (vgl. *Abbildung 63*). Der Gesellschafter X antwortet nach weiteren Diskussionen mit dem Anteilsquotenvorschlag $AW_{U_1}^{X,\,t_5}$.

Mit Abschluß der dritten Stufe beginnt die *vierte Verhandlungsstufe*, in der eine Verhandlungspartei das von der gegnerischen Spaltungspartei zuletzt in den Verhandlungsprozeß eingebrachte Beteiligungsquotenangebot akzeptiert. Das bedeutet in diesem Fall, daß der Anteilseigner Y das zuvor vom Gesellschafter Y unterbreitete Ange-

---

Um die Übersichtlichkeit zu wahren und um zielführend auf eine Einigungslösung zu lenken, wird hier jedoch die Darstellung mit Hilfe eines „Punktwerts" gewählt. Vgl. *BRÖSEL/HAUTTMANN*, Unternehmensbewertungsverfahren (2007), S. 302–305.

98 In der ersten Verhandlungsstufe könnten nun noch weitere Angebote abgegeben werden, die jedoch alle als nicht glaubwürdig angesehen werden. Der Übersichtlichkeit halber, beschränkt sich deshalb die Grafik auf ein Angebot je Anteilseigner in dieser Verhandlungsstufe.

99 Vgl. auch *BARTHEL*, Argumentationsfunktion (2005), S. 37.

100 *BARTHEL*, Argumentationsfunktion (2005), S. 37.

101 Siehe auch *BARTHEL*, Argumentationsfunktion (2005), S. 38.

bot annimmt $\left(AW_{U_1}^{X,\,t_5} = AW_{U_1}^{Y,\,t_6}\right)$, so daß eine *Einigung über den zur Verhandlung stehenden konfliktlösungsrelevanten Sachverhalt*, die Verteilung der Beteiligungsquoten, erreicht wird.

2.2.5 Kritische Würdigung des Einigungsmodells im Rahmen der Spaltung

Nach der Darstellung des Einigungsmodells im Rahmen der Spaltung mit Hilfe eines aus mehreren Verhandlungsschritten bestehenden, heuristischen Vorgehens soll dieses Modell – vor dem Hintergrund der in Kapitel II.2.1 (S. 56 f.) formulierten Merkmale des Argumentationswerts – kritisch gewürdigt werden.

➢ **Merkmal der Tarnung:**

Das Einigungsmodell im Rahmen der Spaltung entspricht dem Grundsatz einer rationalen Verhandlungsführung: In jedem einzelnen Verhandlungsschritt wird über die einzelnen konfliktlösungsrelevanten Sachverhalte in vier Verhandlungsstufen, die sich am Konvergenzmodell von BARTHEL orientieren, eine Einigung erzielt. Zu diesem Zweck werden in den einzelnen Stufen Angebote und Konzessionen begründet und es wird versucht, Glaubwürdigkeit und Akzeptanz zu erlangen, ohne jedoch der gegnerischen Konfliktpartei den eigenen Entscheidungswert preiszugeben. Die Verschleierung des eigenen Entscheidungswerts im Rahmen der Argumentationswertermittlung bei der Spaltung zeigt, daß das Merkmal der Tarnung Berücksichtigung findet.

➢ **Merkmal der Parteienbezogenheit**

Das Merkmal der Parteienbezogenheit wird durch die Beachtung des Entscheidungswerts der eigenen Partei als äußerste Rückzugsgrenze für den Argumentationswert und durch die Ausrichtung des Argumentationswerts auf den Entscheidungswert der gegnerischen Partei erfüllt, um im unmittelbaren Umfeld des gegnerischen Entscheidungsfelds ein erstes Argumentationsangebot zu begründen (Merkmal der Bezogenheit auf Entscheidungswerte). Dabei werden die Argumentationswerte derart gestaltet, daß sich das Angebot direkt auf eine konkrete Verhandlungspartei bezieht, die durch den Argumentationswert beeinflußt werden soll (Merkmal der Beeinflussung). Mit dem beschriebenen Modell können folglich Argumentationswerte ermittelt werden, die dem Merkmal der Parteienbezogenheit gerecht werden.

➢ **Merkmal der Konfliktlösungsorientierung**

Zur Lösung des interpersonalen Konflikts vom Typ der Spaltung ist es besonders wichtig, daß sich die Konfliktparteien über das vorgeschlagene, heuristische Vorgehen im Rahmen der Spaltungsverhandlungen einig sind, um durch Abstimmung über bestimmte konfliktlösungsrelevante Sachverhalte letztlich einer Spaltung zuzustimmen. Dabei kommt der ersten Phase, der Festlegung der Rahmenbedingungen eine besondere Bedeutung zu, weil in diesem Stadium alle relevanten Sachverhalte bestimmt werden, eine Verhandlungsrangfolge festgelegt wird und die konfliktlösungsrelevanten Sachverhalte in Verhandlungsrunden zusammengefaßt werden. Hierbei ist es aufgrund der Fülle zu verhandelnder konfliktlösungsrelevanter Sachverhalte notwendig, umfangreiche Komplexitätsreduktionen durchzuführen, indem die konfliktlösungsrelevanten Sachverhalte auf drei Ebenen von derivativen und originären Argumentationsfaktoren sowie von Argumentationswerten verteilt wird.

In diesem Zusammenhang versuchen die Verhandlungsparteien ihre Argumentationsfaktoren und Argumentationswerte mit bestimmten, ausgesuchten Informationen zu begründen und somit Glaubwürdigkeit und Akzeptanz zu erreichen (Merkmal der Information). Die so begründeten Argumentationswerte besitzen die Fähigkeit, neue Informationen und Zwischenergebnisse aus Verhandlungen zu berücksichtigen und diese im Rahmen der Unternehmensbewertungsverfahren anzuwenden (Merkmal der Flexibilität). Mit Hilfe des Einigungsmodells im Rahmen der Spaltung werden die auf dem vermeintlichen Entscheidungswert der Gegenpartei basierenden Argumentationswerte zwar ggf. bewußt diesen gegnerischen Entscheidungswert verletzten, jedoch werden keine „Mondwerte" angeboten: Es werden also wenig angreifbare, aus Sicht der gegnerischen Partei realistische Werte vorgeschlagen (Merkmal der Glaubwürdigkeit). Das Merkmal der Konfliktlösungsorientierung ist somit erfüllt.

Insgesamt läßt sich feststellen, daß das Einigungsmodell im Rahmen der Spaltung als Argumentationshilfe und Entscheidungsunterstützung dient, um unter Berücksichtigung der Merkmale der Tarnung, der Parteienbezogenheit sowie der Konfliktlösungsorientierung Argumentationswerte zu finden und zu begründen, mit diesen Argumentationswerten Glaubwürdigkeit und Akzeptanz zu erreichen sowie eine Einigung über die Durchführung der Spaltung zu erzielen. Die durchweg als praxisrelevante Konfliktsituation zu betrachtende Verhandlungssituation des Bewertungsanlasses der Spaltung im Rahmen der Argumentationsfunktion verdeutlicht deshalb im folgenden anhand eines mehrdimensionalen Beispiels, daß das Einigungsmodell unter Berücksichtigung sich verändernder Rahmenbedingungen und neu gewonnener Informationen zur Lösung der interpersonalen, konfliktären Bewertungssituation vom Typ der Spaltung beiträgt.

2.3 Besondere Aspekte der Argumentationswertermittlung

2.3.1 Darstellung der Konfliktsituation

Zur Veranschaulichung wird im folgenden für den Fall einer *nicht dominierten, disjungierten* und *mehrdimensionalen* Konfliktsituation vom Typ der Spaltung eine Verhandlungssituation dargestellt. Dabei geht es im einzelnen nicht darum, wie die jeweiligen Angebotsausprägungen begründet werden, sondern um die Darstellung des Verhandlungsablaufs in der Konfliktsituation der Spaltung anhand eines Beispiels. Die Konfliktsituation wird überblicksartig im folgenden Konfliktwürfel der *Abbildung 64* verdeutlicht.

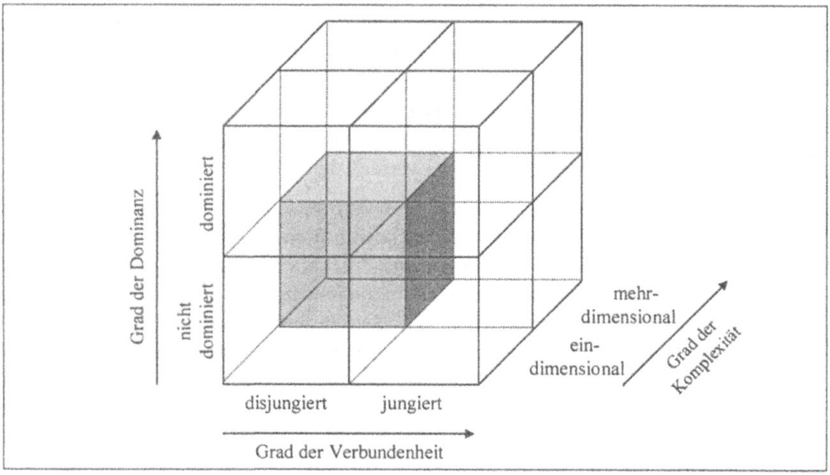

Abbildung 64: Konfliktwürfel für eine nicht dominierte, disjungierte und mehrdimensionale Konfliktsituation vom Typ der Spaltung

Ausgangspunkt dieser Darstellung ist das *eindimensionale* Beispiel der Entscheidungswertermittlung aus Abschnitt II.1.3.1.1 (S. 168–173) dieser Arbeit, in dem es sich für die Anteilseigner X und Y um die nicht-verhältniswahrende Verteilung der Anteilsquoten des Ursprungsunternehmens U_{UG} auf die Unternehmen U_1 und U_2 handelt. Dieses Beispiel wird – in Anlehnung an eine realistische Konfliktsituation – zu einem *mehrdimensionalen* Bewertungsfall erweitert, in dem die Spaltungsparteien zusätzlich noch über weitere (n–1) konfliktlösungsrelevante Sachverhalte verhandeln (vgl. *Abbildung 65*). Dabei sind sich die Spaltungsparteien einig, daß die im vorigen Abschnitt beschriebene Vorgehensweise zur Ermittlung einer Einigungslösung zur Anwendung gelangen soll.

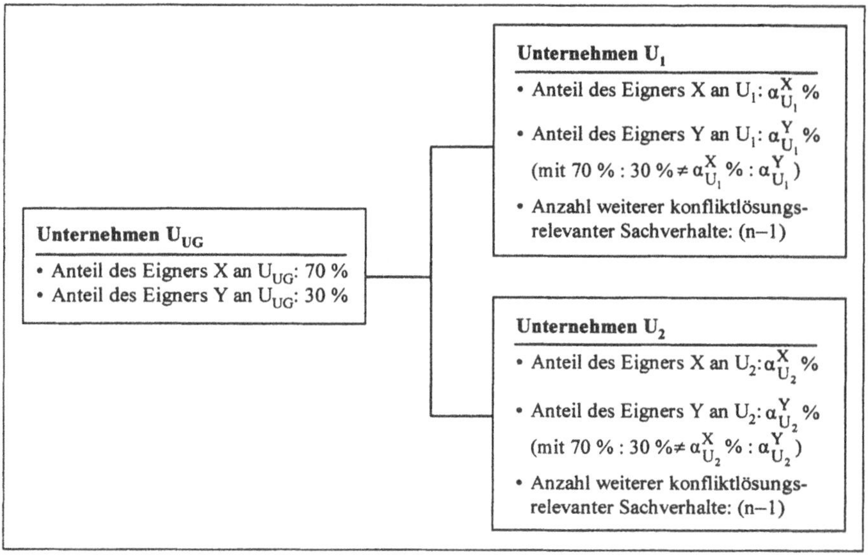

Abbildung 65: Ausgangssituation der Verhandlungssituation

Für das Unternehmen U_{UG} gelten die Beispieldaten des Ausgangsbeispiels, die in *Tabelle 40* wiederholt zusammengefaßt sind.[102]

t	I_1	I_2	GA_0	GA_1	GA_2	GA_3	KA_0	KA_1	KA_2	KA_3	A	b_t
0	-100	-110	-1				1				99	133
1	30	10	1,05	-1			-1,1	1			-6	-55
2	40	80		1,05	-1			-1,1	1		-6	-9
3	50	80			1,05	-1			-1,1	1	-56	-9
4	55					1,05				-1,1	-53	-8
Grenze	30	25	∞	∞	∞	∞	∞	∞	∞	∞	35	1

Tabelle 40: Daten des Ausgangsbeispiels zur Ermittlung des Basisprogramms

102 Zu den Daten vgl. Abschnitt II.1.3.1.1 (S. 170) dieser Arbeit.

2.3.2 Festlegung der Rahmenbedingungen

Der *erste Schritt* der Festlegung der Rahmenbedingungen, die *Festlegung der konfliktlösungsrelevanten Sachverhalte*, besteht lediglich aus der Erfassung der einzelnen konfliktlösungsrelevanten Sachverhalte, ohne daß es zu diesem Zeitpunkt zu einer Diskussion zwischen den Spaltungsparteien kommt.[103] Nach Aufnahme aller Parameter ergibt sich folgender in *Abbildung 66* dargestellter Katalog interessierender Sachverhalte:[104]

> ➢ Verteilung der Anteilsquoten
> ➢ Festlegung des Unternehmensumfangs
> ➢ Festlegung der Dividendenpolitik
> ➢ Festlegung der Spaltungsstrategien
> ➢ Prognose der Absatzmöglichkeiten
> ➢ Art und Anzahl der Bankverbindungen
> ➢ Gesetzliche Mindestinhalte des Spaltungsvertrags
> ➢ Festlegung der Führungspositionen
> ➢ Aufteilung der Arbeitnehmer
> ➢ Steuerliche Behandlung auf Ebene der Gesellschaft und auf Ebene der Gesellschafter
> ➢ Zeitpunkt der Gewinnbeteiligung
> ➢ Festlegung von Unternehmensphilosophien

Abbildung 66: Katalog konfliktlösungsrelevanter Sachverhalte

Der *zweite Schritt* der Festlegung der Rahmenbedingungen, die *Erstellung einer Rangfolge* der in der Spaltungsverhandlung interessierenden Sachverhalte, stellt bereits den ersten zu verhandelnden Sachverhalt dar. Können sich die Spaltungsparteien bereits zu diesem frühen Zeitpunkt über keine Reihenfolge einigen, werden die weiteren Verhandlungen um so schwieriger für die Anteilseigner werden, weil sich nach jedem Verhandlungsschritt zuerst über den Inhalt des nächsten Schritts geeinigt werden muß.[105] Da es sich in diesem Fall nur um zwei Anteilseigner handelt und diese grund-

---

103 Zur allgemeinen Darstellung der Festlegung der Rahmenbedingungen siehe Abschnitt III.2.2.3.1 (S. 290–293) dieser Arbeit.

104 Vgl. dazu die Darstellung der konfliktlösungsrelevanten Sachverhalte in Abschnitt II.3.3 (S. 109–138) dieser Arbeit.

105 Zu diesem Zeitpunkt sollen jedoch noch keine „Verhandlungsaspekte“ offengelegt werden. Eine Festlegung der Rangfolge dient der übersichtlicheren Verhandlungsführung, sie ist jedoch kein zwingender Bestandteil der Verhandlungen.

sätzlich eine Durchführung der Spaltung anstreben, könnte sich nach kurzer Verhandlungszeit folgende Reihenfolge der relevanten Sachverhalte ergeben, die nach den Vorgaben gebildet wurde, zunächst diejenigen Sachverhalte zu verhandeln, die einen punktuellen Einigungsbereich besitzen, danach diejenigen Sachverhalte mit geringem und schließlich die mit großem Einigungsbereich. Den Abschluß bildet der Einigungsbereich der Anteilsquotenverteilung (vgl. *Abbildung 67*).[106]

Punktueller Einigungsbereich
- Festlegung von Unternehmensphilosophien
- Gesetzliche Mindestinhalte des Spaltungsvertrags

Geringer Einigungsbereich
- Festlegung des Unternehmensumfangs
- Festlegung der Führungspositionen
- Steuerliche Behandlung auf Ebene der Gesellschaft und auf Ebene der Gesellschafter
- Aufteilung der Arbeitnehmer

Großer Einigungsbereich
- Festlegung der Dividendenpolitik
- Prognose der Absatzmöglichkeiten
- Feststellung der Bankverbindungen
- Festlegung der Spaltungsstrategien

Einigungsbereich der Anteilsquotenverteilung
- Verteilung der Anteilsquoten
- Zeitpunkt der Gewinnbeteiligung

Abbildung 67: Rangfolge der konfliktlösungsrelevanten Sachverhalte

Der *dritte Schritt* der Festlegung der Rahmenbedingungen, die *Einteilung der konfliktlösungsrelevanten Sachverhalte in Verhandlungsrunden*, gibt den zukünftigen Verhandlungsablauf wieder.[107] Die Spaltungsparteien entscheiden sich, den Verhandlungsablauf an der Reihenfolgeeinteilung nach Einigungsbereichen zu orientieren. Es entstehen somit vier Verhandlungsrunden, die sich jedoch wiederum in mehrere Verhandlungsschritte unterteilen lassen (vgl. *Abbildung 68*).

[106] Die folgenden Ausführungen zeigen, warum die Anteilseigner sich für diese Rangfolgebestimmung entschieden haben.

[107] Bei diesen Sachverhalten handelt es sich hauptsächlich um originäre konfliktlösungsrelevante Sachverhalte. In den Spaltungsverhandlungen kann die Diskussion somit auch noch um weitere derivative konfliktlösungsrelevante Sachverhalte erweitert werden.

Erste Verhandlungsrunde
- Schritt 1: Gesetzliche Mindestinhalte des Spaltungsvertrags
- Schritt 2: Festlegung von Unternehmensphilosophien

Zweite Verhandlungsrunde
- Schritt 1: Festlegung des Unternehmensumfangs
- Schritt 2: Steuerliche Behandlung auf Ebene der Gesellschaft und auf Ebene der Gesellschafter
- Schritt 3: Aufteilung der Arbeitnehmer
- Schritt 4: Festlegung der Führungspositionen

Dritte Verhandlungsrunde
- Schritt 1: Festlegung der Dividendenpolitik
- Schritt 2: Feststellung der Bankverbindungen
- Schritt 3: Prognose der Absatzmöglichkeiten
- Schritt 4: Festlegung der Spaltungsstrategien

Vierte Verhandlungsrunde
- Zeitpunkt der Gewinnbeteiligung
- Verteilung der Anteilsquoten

Abbildung 68: Einteilung der konfliktlösungsrelevanten Sachverhalte in Verhandlungsrunden

2.3.3 Verhandlung über nicht beteiligungsbezogene Sachverhalte

2.3.3.1 Erste Verhandlungsrunde

In der *ersten Verhandlungsrunde* werden diejenigen Sachverhalte festgelegt, bei denen die Spaltungsparteien davon ausgehen, daß alle Anteilseigner mit den eingebrachten Vorschlägen weitestgehend einverstanden sind.

Im *ersten Schritt* werden die gesetzlichen Mindestinhalte des Spaltungsvertrags festgehalten, soweit sie nicht – wie bspw. die Anteilsquotenverteilung – in späteren Verhandlungsrunden genauer diskutiert werden. Die Spaltungsparteien einigen sich folglich z. B. über die Firma und die jeweiligen Geschäftssitze der Spaltungsunternehmen sowie den Spaltungsstichtag.

Auch im *zweiten Schritt*, der Festlegung der Unternehmensphilosophien für die Nachfolgeunternehmen, versuchen die Anteilseigner, eine möglichst praktikable Lösung zu finden. In dieser Spaltungssituation entscheiden sich die Gesellschafter für eine Orientierung an der Unternehmensphilosophie der Ursprungsgesellschaft.

2.3.3.2 Zweite Verhandlungsrunde

In der *zweiten Verhandlungsrunde* ist ein wenig größerer Einigungsbereich als in der ersten Verhandlungsrunde vorhanden, so daß sich die Anteilseigner nun zwischen unterschiedlichen Einigungsvorschlägen entscheiden müssen. Ab diesem geringen Einigungsbereich gelangen die vier Verhandlungsstufen nach BARTHEL zur Anwendung.[108]

Im Zuge der Verhandlung des *ersten Schritts* der zweiten Verhandlungsrunde bringt der Anteilseigner X bspw. den Vorschlag ein, die originären Sachverhalte des ersten und *zweiten Schritts* zusammen zu verhandeln, weil die steuerliche Behandlung unweigerlich mit der Übertragung ganzer Teilbetriebe zusammenhängt. Der Gesellschafter Y erklärt sich mit dieser Vorgehensweise einverstanden, weil – wie sich nun herausstellt – beide Parteien für die Durchführung einer steuerneutralen Spaltung stimmen. Das bedeutet auch, daß sich der Umfang der Spaltungsunternehmen nach der Größe der Teilbetriebe bemißt.

Der *dritte Schritt*, die Aufteilung der Arbeitnehmer, orientiert sich im wesentlichen an der Aufteilung der Teilbetriebe. Für Mitarbeiter der Stabspositionen – wie bspw. die Mitarbeiter der Controlling- oder der Personalabteilung – werden – unter Einbezug der betroffenen Mitarbeiter – gesonderte Regelungen derart getroffen, daß die Funktionsweise jeder Abteilung in jedem der Spaltungsunternehmen auch nach der Spaltung gewährleistet ist.

Im *vierten Schritt*, der Festlegung der Führungspositionen, geben die Spaltungsparteien verdeckt und unabhängig voneinander zunächst ihre Wunschkandidaten für die Besetzung der ersten und zweiten Führungsebene preis, wobei es sich nur um die Geschäftsführungspositionen (erste Führungsebene) handelt, weil die Abteilungsleiterpositionen (zweite Führungsebene) i. d. R. mit den Abteilungsleitern der bisherigen Teilbetriebe besetzt werden. Der Anteilseigner X strebt jeweils eine Neubesetzung der Führungspositionen an, der Anteilseigner Y spricht sich für eine Aufteilung der bisherigen beiden Vorstände auf die Spaltungsunternehmen aus.

Wenn sich die Anteilseigner schwer über einen Lösungsweg einigen können, weiten sie die Diskussion auf derivative Sachverhalte – wie bspw. das Lebensalter, die Eignung und die Visionen der neuen Führungspersonen sowie die Akzeptanz einer Entscheidung unter den Mitarbeitern – aus. Nachdem die ersten drei Verhandlungsstufen des Konvergenzmodells nach BARTHEL – Begründung von Konzessionen, Erlangung von Glaubwürdigkeit und Akzeptanz – in bezug auf den Argumentationsfaktor „Festlegung der Führungspositionen“ erklommen wurden, erklärt sich der Anteilseigner X – aufgrund der bedeutenden Stellung der Vorstände im Unternehmen sowie der guten Beziehung der Führungspersonen zu den Mitarbeitern im Unternehmen und zu den Kunden – schließlich damit einverstanden, die beiden bisherigen Vorstände auf die Spaltungsunternehmen aufzuteilen.

---

108 Vgl. Abschnitt III.2.2.4.1 (S. 295–298) dieser Arbeit.

2.3.3.3 Dritte Verhandlungsrunde

In der *dritten Verhandlungsrunde* besteht ein noch größerer Einigungsbereich als in den bisherigen beiden Verhandlungsrunden. Außerdem beeinflussen diese konfliktlösungsrelevanten Sachverhalte in nicht unerheblicher Weise die Entscheidungsfelder und somit die Entscheidungswerte der Spaltungsparteien.

Der *erste Schritt*, die Festlegung der Dividendenpolitik (Bestimmung der Entnahmestromgewichtung)[109], ist für die Anteilseigner besonders wichtig, weil sie mit der Festlegung der Dividendenpolitik eine wichtige Variable ihres Entscheidungsfelds, die Verteilung ihrer Rückflüsse aus den Spaltungsunternehmen im Zeitablauf, bestimmen. Der Anteilseigner X bevorzugt eine gleichbleibende oder evtl. langsam steigende Entnahmestromgewichtung; der Gesellschafter Y spricht sich für eine fallende Gewichtung aus, weil er in naher Zukunft zunächst hohe Entnahmen aus den Spaltungsunternehmen generieren möchte (1. Verhandlungsstufe: *Begründung* einer Konzession). Auf der zweiten Verhandlungsstufe des Konvergenzmodells kann der Anteilseigner X zwar *Glaubwürdigkeit* beim Gesellschafter Y erlangen. So läßt sich der Anteilseigner Y davon überzeugen, daß direkt nach Durchführung der Spaltung keine zu hohen Entnahmen aus den Spaltungsunternehmen herausgezogen werden sollten. Endgültige *Akzeptanz* erreicht der Anteilseigner X jedoch aufgrund der Tatsache, daß der Anteilseigner X in der vorherigen Verhandlungsrunde bei der Festlegung der Führungspositionen nachgegeben hat. Die Spaltungsparteien *entscheiden* sich somit für eine gleichbleibende Entnahmestromgewichtung.

Der *zweite Schritt*, die Feststellung der Bankverbindungen, beeinflußt die Entscheidungsfelder der Spaltungsparteien gleich in zweifacher Weise: Je nachdem für welche Kreditinstitute sich die Gesellschafter entscheiden, werden dadurch sowohl die Geldanlage- als auch die Kreditaufnahmemöglichkeiten beschränkt, indem sich die Höhe der Soll- und Habenzinssätze sowie die Obergrenzen der maximalen Kreditaufnahme- und Geldanlagemöglichkeiten unterscheiden können. Nachdem beide Parteien versucht haben, weitere Bankverbindungen in den Verhandlungsprozeß einzubringen, die zu teilweise besseren Habenzins- und teilweise schlechteren Sollzinskonditionen und umgekehrt führen, einigen sich die Spaltungsparteien auf die Beibehaltung der bisherigen Bankverbindung. Die Geldanlage- und Finanzierungsmöglichkeiten bleiben also zu den Konditionen vor der Spaltung bestehen. Allerdings vermindern sich aufgrund der verringerten Größe der Spaltungsunternehmen die Finanzierungsmöglichkeiten über die Ausgabe einer Anleihe, die Obergrenzen sinken nach Rücksprache mit dem Kreditinstitut für Unternehmen U_1 auf 18 und für die Gesellschaft U_2 auf 14 Plazierungsmöglichkeiten.

Die Absatzmöglichkeiten und deren Prognose stellen häufig das Hauptthema unternehmerischen Handelns dar. Auch hier bildet der *dritte Schritt*, die Prognose der Absatzmöglichkeiten, aufgrund der Unsicherheit der zukünftigen Erfolgsströme eine

---

[109] Vgl. dazu die Darstellung unterschiedlicher Entnahmestromgewichtungen in Abschnitt III.1.3.1.1 (S. 172) dieser Arbeit.

der schwierigsten Aufgaben bei der Feststellung eines Unternehmenswerts.[110] Deshalb gelingt es den beiden Spaltungsparteien auch nicht, sich zunächst auf feste Erfolgsströme für die Zukunft zu einigen. Eindeutig ist nur, daß das Unternehmen U_1 die Investitionen I_1 des Ursprungsunternehmens weiterführen wird und daß das Unternehmen U_2 die Investitionen I_2 durchführen wird. Dabei erhöhen sich annahmegemäß aufgrund positiver Spaltungseffekte die Obergrenzen für die einzelnen Investitionen, weil durch die gespaltenen Unternehmen eine bessere Betreuung der Kunden gewährleistet werden kann. Wie sich die Obergrenzen ändern, bestimmt sich nach den individuellen, subjektiven Sichtweisen der Anteilseigner, wobei der Anteilseigner X eine eher positive Sichtweise und der Gesellschafter Y eine eher pessimistische Sichtweise vertreten: Der Eigner X hält eine Obergrenze von 35 (30) Plazierungsmöglichkeiten für die Durchführung der Investition I_1 (I_2) des Unternehmens U_1 (U_2) für realistisch, der Gesellschafter Y glaubt, daß die Investition I_1 (I_2) nur 32 (26) Mal durch das Unternehmen U_1 (U_2) am Markt plaziert werden kann. Da sich die Gesellschafter zwischen diesen Werten zunächst auf keinen Einzelwert einigen können, beschließen die beiden Parteien, eine Einigung über diesen Argumentationsfaktor in der letzten Verhandlungsrunde, der Verhandlung über die Verteilung der Anteilsquoten, herbeizuführen.

Zur Lösung des *vierten Schritts*, der Festlegung der Spaltungsstrategie, wurden bereits im Vorfeld der Spaltungsverhandlungen Maßnahmen getroffen. Dazu wurde eine *Spaltungsstrategie* erarbeitet, die Ausführungen zur betriebswirtschaftlichen Gestaltung und organisatorischen Handhabung des Geschäftsbetriebs der aus der Spaltung entstehenden Unternehmen enthält. Diese Spaltungsstrategie wird durch die bisher erreichten Ergebnisse ergänzt und geändert sowie von den Anteilseignern beschlossen.

2.3.4 Verhandlung über die Verteilung der Anteilsquoten

Die *vierte* und letzte *Verhandlungsrunde* entscheidet letztlich über die Durchführung der Spaltung. Einigen sich die Anteilseigner über die Verteilung der Anteilsquoten, wird die Spaltung durchgeführt, einigen sich die Gesellschafter nicht, bestehen nur noch die Möglichkeiten des Verhandlungsabbruchs oder der Hilfestellung durch einen neutralen, von allen Seiten anerkannten Vermittler.

Neben der Verteilung der Anteilsquoten und der aus der vorherigen Verhandlungsrunde übernommenen, noch festzulegenden Prognose der Absatzmöglichkeiten, gibt es einen weiteren originären Sachverhalt, die *Festlegung des Zeitpunkts der Gewinnbeteiligung*, der in dieser vierten Verhandlungsrunde mitverhandelt wird. Da sich die Spaltungsparteien für eine möglichst einfach zu handhabende Spaltung aussprechen, wird der Zeitpunkt der Gewinnbeteiligung mit dem Spaltungsstichtag gleichge-

[110] Dieser „Problemkomplex steht nicht im Mittelpunkt der Theorie der Unternehmensbewertung, sondern ist vielmehr von der Bewertungspraxis am jeweils gegebenen Einzelfall in Angriff zu nehmen" [Quelle: HERING, Unternehmensbewertung (2006), S. 4]. Im folgenden wird deshalb auch nur dargestellt, daß es bei der Einigung über diesen Argumentationsfaktor zu Problemen kommen kann. Auf ein praxisrelevantes Szenario mit einer Herleitung und Begründung der einzelnen zukünftigen Zahlungsströme wird hier verzichtet.

setzt, so daß dieser Sachverhalt später keine Möglichkeit zum Ausgleich von Spitzenbeträgen darstellt.[111]

Durch die ersten drei Verhandlungsrunden sind Veränderungen – bspw. durch die Festlegung der Bankverbindung oder die Festlegung der Führungspositionen – in den ursprünglich für die beiden Spaltungsunternehmen ermittelten Entscheidungsfeldern entstanden, die während des Verhandlungsverlaufs auch zu einer Veränderung der im Vorwege ermittelten Entscheidungswerte – oder bei einer mehrdimensionalen Betrachtung zu einer Veränderung der Entscheidungswertefunktionen – führen. Deshalb werden im folgenden die vor und nach der Prognose der Absatzmöglichkeiten bestehenden Entscheidungswertefunktionen dargestellt, deren Bestimmung bereits im Abschnitt III.1.3.2.1.2 (S. 197–201) dieser Arbeit im Rahmen der mehrdimensionalen Entscheidungswertermittlung dargestellt wurde. Die Ermittlung der Entscheidungswertefunktionen[112] erfolgte bisher jedoch nur aus Sicht des Anteilseigners X. Im Rahmen der Argumentationswertermittlung sollte nach dem Postulat der parteienbezogenen Angemessenheit[113] jedoch auch die Sichtweise der gegnerischen Spaltungspartei in der Angebotsfindung Berücksichtigung finden.

Bevor sich die Spaltungsparteien über die Prognose der Absatzmöglichkeiten geeinigt haben, wurde für den Anteilseigner X folgende *vorläufige Entscheidungswertefunktion* für den jeweiligen Anteil am Unternehmen U_1 in Abhängigkeit von der Festsetzung des Anteils am Unternehmen U_2 ermittelt:

$$\alpha_{U_1}^{\min\ X\,vor}\left(\alpha_{U_2}^{X\,vor}\right) = 0{,}9745 - 0{,}6054 \cdot \alpha_{U_2}^{X\,vor}.$$

Damit der Anteilseigner X den Bereich möglicher Einigungslösungen abschätzen kann, muß er sich zunächst in die Lage des Gesellschafters Y versetzen. Das bedeutet, daß der Anteilseigner X zunächst die *vorläufige vom Gesellschafter X vermutete Entscheidungswertefunktion* des Gesellschafters Y ermitteln sollte. Dazu werden im folgenden die maximalen Entnahmen $EN_{U_1}^{\max\ Y\ vor}$ und $EN_{U_2}^{\max\ Y\ vor}$ im vorläufigen Spaltungsansatz berechnet. Zur Ermittlung der maximalen Entnahmen $EN_{U_1}^{\max\ Y\ vor}$ des Unternehmens $U_1^{Y\ vor}$ ist nachfolgender vorläufiger Spaltungsansatz mit Hilfe des Simplexalgorithmus zu lösen:

$$\max.\ Entn_{U_1}^{Y\ vor};\ Entn_{U_1}^{Y\ vor} := EN_{U_1}^{Y\ vor}$$

unter den Nebenbedingungen

$$100 \cdot I_1 + 1 \cdot GA_0 - 1 \cdot KA_0 - 99 \cdot A \le 73$$

---

111 Vgl. Abschnitt II.3.3.2.1.1 (S. 116) dieser Arbeit.

112 Zur Darstellung der Entscheidungswertermittlung im Rahmen der Spaltung siehe Abschnitt III.1 (S. 139–254) dieser Arbeit.

113 Zur allgemeinen Darstellung der Merkmale des Argumentationswerts vgl. Abschnitt II.2.1 (S. 56 f.) dieser Arbeit.

$-30 \cdot I_1 - 1{,}05 \cdot GA_0 + 1 \cdot GA_1 + 1{,}1 \cdot KA_0 - 1 \cdot KA_1 + 6 \cdot A + 1 \cdot EN_{U_1^{Y\,vor}} \leq -30$

$-40 \cdot I_1 - 1{,}05 \cdot GA_1 + 1 \cdot GA_2 + 1{,}1 \cdot KA_1 - 1 \cdot KA_2 + 6 \cdot A + 1 \cdot EN_{U_1^{Y\,vor}} \leq -5$

$-50 \cdot I_1 - 1{,}05 \cdot GA_2 + 1 \cdot GA_3 + 1{,}1 \cdot KA_2 - 1 \cdot KA_3 + 56 \cdot A + 1 \cdot EN_{U_1^{Y\,vor}} \leq -5$

$-55 \cdot I_1 - 1{,}05 \cdot GA_3 + 1{,}1 \cdot KA_3 + 53 \cdot A + 21 \cdot EN_{U_1^{Y\,vor}} \leq -4$

$I_1,\ GA_t,\ KA_t,\ A,\ EN_{U_1^{Y\,vor}} \geq 0 \quad \forall\, t$

$I_1 \leq 32$

$A \leq 18.$

Nach den Erkenntnissen des Gesellschafters X entspringen für den Anteilseigner Y aus dem Unternehmen $U_1^{Y\,vor}$ nach Spaltung gemäß Lösung des Ansatzes mit dem Simplexalgorithmus ein uniformer Einkommensstrom der Breite $EN_{U_1}^{max\,Y\,vor} =$ 78,2912 GE. Den vollständigen Finanzplan zeigt die *Tabelle 41*.

	t = 0	t = 1	t = 2	t = 3	t = 4
Investition I_1	-3.200	960	1.280	1.600	1.760
Anleihe A	1.782	-108	-108	-1.008	-954
Autonome Zahlungen $b_t^{U_1^{vor}}$	73	-30	-5	-5	-4
Betriebsmittelkredit KA_t	1.345	735,7912			
Geldanlage GA_t			-279,3385	-802,0142	
KA_t-, GA_t-Rückzahlung		-1.479,5000	-809,3703	293,3054	842,1149
Entnahme $EN_{U_1^{Y\,vor}}$	0	-78,2912	-78,2912	-78,2912	-78,2912
Zahlungssaldo	0	0	0	0	1.565,8237
Schuldenstand aus KA_t	1.345	735,7912			
Guthabenstand aus GA_t			279,3385	802,0142	
Endvermögen $EN_{U_1^{Y\,vor}}/0{,}05$					1.565,8237

Tabelle 41: Vollständiger Finanzplan des Unternehmens $U_1^{Y\,vor}$ im vorläufigen Spaltungsprogramm nach den Erkenntnissen des Anteilseigners X

Zur Vervollständigung des Spaltungsprogramms ist nun noch der nach den Erkenntnissen des Anteilseigners X für den Gesellschafter Y maximale Einkommensstrom des Unternehmens $EN_{U_2}^{max\, Y\, vor}$ zu ermitteln. Hierzu muß folgender linearer Optimierungsansatz gelöst werden:

$$\max.\ Entn_{U_2}^{Y\, vor};\ Entn_{U_2}^{Y\, vor} := EN_{U_2}^{Y\, vor}$$

unter den Nebenbedingungen:

$$110 \cdot I_2 + 1 \cdot GA_0 - 1 \cdot KA_0 - 99 \cdot A \leq 60$$
$$-10 \cdot I_2 - 1{,}05 \cdot GA_0 + 1 \cdot GA_1 + 1{,}1 \cdot KA_0 - 1 \cdot KA_1 + 6 \cdot A + 1 \cdot EN_{U_2^{Y\, vor}} \leq -25$$
$$-80 \cdot I_2 - 1{,}05 \cdot GA_1 + 1 \cdot GA_2 + 1{,}1 \cdot KA_1 - 1 \cdot KA_2 + 6 \cdot A + 1 \cdot EN_{U_2^{Y\, vor}} \leq -4$$
$$-80 \cdot I_2 - 1{,}05 \cdot GA_2 + 1 \cdot GA_3 + 1{,}1 \cdot KA_2 - 1 \cdot KA_3 + 56 \cdot A + 1 \cdot EN_{U_2^{Y\, vor}} \leq -4$$
$$-1{,}05 \cdot GA_3 + 1{,}1 \cdot KA_3 + 53 \cdot A + 21 \cdot EN_{U_2^{Y\, vor}} \leq -4$$
$$I_2,\ GA_t,\ KA_t,\ A,\ EN_{U_2^{Y\, vor}} \geq 0 \qquad \forall\, t$$
$$I_2 \leq 26$$
$$A \leq 14.$$

Das Unternehmen $U_2^{Y\, vor}$ bringt schließlich einen gleichmäßigen Entnahmestrom in Höhe von $EN_{U_2}^{max\, Y\, vor} = 45{,}2938$ GE hervor. Das optimale Investitions- und Finanzierungsprogramm des Unternehmens $U_2^{Y\, vor}$ zeigt *Tabelle 42.*

	t = 0	t = 1	t = 2	t = 3	t = 4
Investition I_2	-2.860	260	2.080	2.080	0
Anleihe A	1.386	-84	-84	-784	-742
Autonome Zahlungen $b_t^{U_2^{vor}}$	60	-25	-4	-4	-4
Betriebsmittel-kredit KA_t	1.414	1.449,6938			
Geldanlage GA_t			-352,0431	-1.616,3515	
KA_t-, GA_t-Rückzahlung		-1.555,4000	-1.594,6631	369,6453	1.697,1691
Entnahme $EN_{U_2^{Y\,vor}}$	0	-45,2938	-45,2938	-45,2938	-45,2938
Zahlungssaldo	0	0	0	0	905,8753
Schuldenstand aus KA_t	1.414	1.449,6938			
Guthabenstand aus GA_t			352,0431	1.616,3515	
Endvermögen $EN_{U_2^{Y\,vor}}/0{,}05$					905,8753

Tabelle 42: Vollständiger Finanzplan des Unternehmens $U_2^{Y\ vor}$ im vorläufigen Spaltungsprogramm nach den Erkenntnissen des Anteilseigners X

Durch Einsetzen der im vorläufigen Spaltungsansatz ermittelten Werte ergibt sich für den Gesellschafter Y folgende *vorläufige vom Gesellschafter X vermutete Grenzquotenfunktion* $\alpha_{U_1}^{min\ Y\ vor}\left(\alpha_{U_2}^{Y\ vor}\right)$, wobei der Anteil $\alpha_{U_2}^{Y\ vor}$ am Unternehmen $U_2^{Y\ vor}$ als Variable dient:[114]

$$\alpha_{U_1}^{\min\ Y\ vor}\left(\alpha_{U_2}^{Y\ vor}\right) = \frac{\beta^{Y} \cdot EN_{U_{UG}}^{\max} - \alpha_{U_2}^{Y\ vor} \cdot EN_{U_2}^{\max\ Y\ vor}}{EN_{U_1}^{\max\ Y\ vor}}.$$

[114] Durch Umstellung der Formel ist entsprechend die spezielle Beteiligungsquotenfunktion $\alpha_{U_2}^{\min\ Y\ vor}\left(\alpha_{U_1}^{Y\ vor}\right)$ ermittelbar.

$$\alpha_{U_1}^{\min\ Y\ vor}\left(\alpha_{U_2}^{Y\ vor}\right) = \frac{0{,}3 \cdot 118{,}3474 - \alpha_{U_2}^{Y\ vor} \cdot 45{,}2938}{78{,}2912}$$

$$\Leftrightarrow \alpha_{U_1}^{\min\ Y\ vor}\left(\alpha_{U_2}^{Y\ vor}\right) = 0{,}4535 - 0{,}5785 \cdot \alpha_{U_2}^{Y\ vor}.$$

Während des Durchlaufens der einzelnen Verhandlungsstufen bei der Verhandlung über die Prognose der Absatzmöglichkeiten – der Begründung von Geboten, der Erlangung von Glaubwürdigkeit und der Erreichung von Akzeptanz – erhalten die Spaltungsparteien noch weitere, bisher nicht zugängliche Informationen, die zu einer eindeutigen Prognose führen. Die Anteilseigner einigen sich auf eine gemäßigte Sichtweise der Absatzmöglichkeiten: Die Investition I_1, die im Unternehmen U_1 durchgeführt wird, kann nach Ansicht der Anteilseigner X und Y maximal 34 Mal am Markt plaziert werden, die Investition I_2 des Unternehmens U_2 kann höchstens 28 Mal am Markt plaziert werden.[115]

Nach dem *Merkmal der Flexibilität* berücksichtigen Argumentationswerte neue Informationen und Zwischenergebnisse aus Verhandlungen. Deshalb werden aus den *vorläufigen* Entscheidungswerten unter Berücksichtigung der neu gewonnenen Informationen *endgültige* Beteiligungsquotenfunktionen ermittelt.[116] Nachdem sich also die Anteilseigner über die Prognose der Absatzmöglichkeiten geeinigt haben, entspringt aus dem Unternehmen U_1 nach Spaltung aus Sicht der beiden Anteilseigner gemäß Lösung des Ansatzes mit dem Simplexalgorithmus ein uniformer Einkommensstrom der Breite $EN_{U_1}^{max} = 82{,}7713$ GE und aus dem Unternehmen U_2 ein Einkommensstrom $EN_{U_2}^{max} = 48{,}3789$ GE.[117]

Die – bereits im Abschnitt III.1.3.2.1.2 (S. 198–201) hergeleitete und erläuterte – *endgültige Entscheidungswertefunktion* des Anteilseigners X für den jeweiligen Anteil am Unternehmen U_1 in Abhängigkeit der Festlegung des Anteils am Unternehmen U_2 lautet:

$$\alpha_{U_1}^{\min\ X}\left(\alpha_{U_2}^{X}\right) = 1{,}0009 - 0{,}5845 \cdot \alpha_{U_2}^{X}.$$

Für den Anteilseigner Y ergibt sich nach den Erkenntnissen des Gesellschafters X folgende *endgültige Funktion von Beteiligungsquoten* $\alpha_{U_1}^{min\ Y}\left(\alpha_{U_2}^{Y}\right)$, wobei der Anteil $\alpha_{U_2}^{Y}$ am Unternehmen U_2 als Variable dient:

---

115 Diese Informationen dienen nicht nur der Einigung über die Absatzmöglichkeiten in den Verhandlungen, sondern beide Spaltungsparteien sind auch von diesen Absatzmöglichkeiten überzeugt, so daß diese Werte in die Entscheidungsfelder der Anteilseigner eingehen und somit die Entscheidungswerte verändern.

116 Zu den Merkmalen des Argumentationswerts vgl. Abschnitt II.2.1 (S. 56 f.) dieser Arbeit.

117 Vgl. dazu die bereits dargestellten Optimierungsansätze in der eindimensionalen Betrachtung im Abschnitt III.1.3.1.3.1 (S. 175–177) dieser Arbeit.

$$\alpha_{U_1}^{\min Y}\left(\alpha_{U_2}^{Y}\right)=\frac{\beta^{Y}\cdot EN_{U_{UG}}^{\max}-\alpha_{U_2}^{Y}\cdot EN_{U_2}^{\max}}{EN_{U_1}^{\max}}.$$

Mit den zuvor ermittelten Werten, ergibt sich dann nach den Erkenntnissen des Gesellschafters X folgende *spezielle Grenzquotenfunktion* $\alpha_{U_1}^{min\ Y}\left(\alpha_{U_2}^{Y}\right)$ des Gesellschafters Y:

$$\alpha_{U_1}^{\min Y}\left(\alpha_{U_2}^{Y}\right)=\frac{0{,}3\cdot 118{,}3474-\alpha_{U_2}^{Y}\cdot 48{,}3789}{82{,}7713}$$

$$\Leftrightarrow \alpha_{U_1}^{\min Y}\left(\alpha_{U_2}^{Y}\right)=0{,}4289-0{,}5845\cdot\alpha_{U_2}^{Y}.$$

Die *spezielle Grenzquotenfunktion des Anteilseigners Y* gibt die *Abbildung 69* wieder:

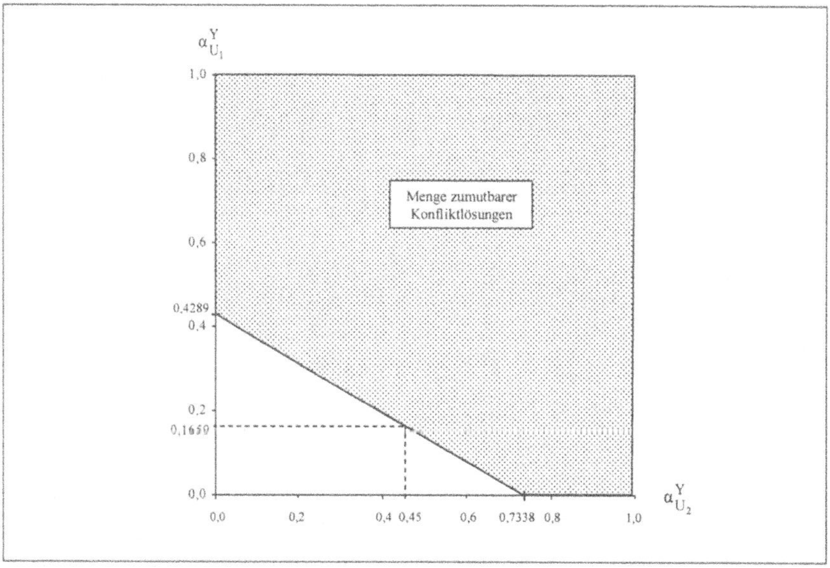

Abbildung 69: Spezielle Grenzquotenfunktion des Anteilseigners Y

Mit Hilfe dieser vom Anteilseigner X vermuteten Grenzquotenfunktion des Gesellschafters Y ist dem Anteilseigner X eine Entscheidungshilfe gegeben, die es ihm ermöglicht, in den Spaltungsverhandlungen in Abhängigkeit der Festlegung des Anteils am Unternehmen U_2 seinen Entscheidungswert für das Unternehmen U_1 zu ermitteln. Einigen sich die Gesellschafter in den Verhandlungen bspw. auf die bereits im Abschnitt III.1.3.2.1.2 (S. 199–201) erwähnten Beteiligungsverhältnisse ($\alpha_{U_2}^{X}$ =55 %, $\alpha_{U_2}^{Y}$ = 45 %), so muß der Gesellschafter Y mindestens 16,59 % am Unternehmen U_1 erhalten, damit er genauso gut wie ohne Spaltung des Unternehmens U_{UG} gestellt ist:

$$\alpha_{U_1}^{\min Y}\left(\alpha_{U_2}^{Y}=0,45\right)=0,4289-0,5845\cdot\alpha_{U_2}^{Y}$$
$$=0,4289-0,5845\cdot 0,45$$
$$=0,165875 = 16,5875\ \%.$$

Dieser Sachverhalt wird im vollständigen Finanzplan für das Bewertungssubjekt Y (Bewertungsprogramm) in der *Tabelle 43* dargestellt.

	t = 0	t = 1	t = 2	t = 3	t = 4
Anteil von Y (30 %) an der Entnahme $EN_{U_{UG}}$		-35,5042	-35,5042	-35,5042	-35,5042
Anteil von Y (30 %) am Endvermögen $EN_{U_{UG}}/0,05$					-710,0844
Entnahme EN_{U_1}		82,7713	82,7713	82,7713	82,7713
Endvermögen $EN_{U_1}/0,05$					1.655,4268
Entnahme EN_{U_2}		48,3789	48,3789	48,3789	48,3789
Endvermögen $EN_{U_2}/0,05$					967,5780
Anteil von Y (16,59 %) an der Entnahme EN_{U_1}		13,7337	13,7337	13,7337	13,7337
Anteil von Y (16,59 %) am Endvermögen $EN_{U_1}/0,05$					274,6743
Anteil von Y (45,00 %) an der Entnahme EN_{U_2}		21,7705	21,7705	21,7705	21,7705
Anteil von Y (45,00 %) am Endvermögen $EN_{U_2}/0,05$					435,4101
Summe der Anteile von Y an den Entnahmen EN_{U_1} und EN_{U_2}		-35,5042	-35,5042	-35,5042	-35,5042
Summe der Anteile von Y am Endvermögen $(EN_{U_1}+EN_{U_2})/0,05$					-710,0844

Tabelle 43: ***Vollständiger Finanzplan des Bewertungsprogramms des Anteilseigners Y nach den Erkenntnissen des Anteilseigners X***

Die Möglichkeiten der Einigung über die einzelnen Anteile an den gespaltenen Unternehmen können grafisch anschaulich in einer EDGEWORTH-Box dargestellt werden. Die *Abbildung 70* gibt dabei eine Synthese der *Abbildung 34* (S. 199) und einer 180-Grad-Drehung der *Abbildung 69* (S. 317) wieder. Hierbei gibt es zwei Ursprünge der Koordinatensysteme: Der Ursprung für das Koordinatensystem des Anteilseigners X liegt in der linken unteren Ecke, der Ursprung für das Koordinatensystem des Anteilseigners Y in der rechten oberen Ecke.

Die Entscheidungswertefunktion von X gibt die Grenze seiner Konzessionsbereitschaft, also diejenigen Kombinationen kritischer Entscheidungswerte für den Anteilseigner X wieder, die ihn genauso gut stellen wie im Basisprogramm. Je weiter rechts oben im Koordinatensystem eine Einigungskombination ($\alpha^X_{U_1}$, $\alpha^X_{U_2}$) liegt, desto größer sind die Anteile, die X an den beiden Unternehmen U_1 und U_2 erhält. Der Eigner X wird in den Spaltungsverhandlungen also versuchen, eine Anteilsquotenkombination möglichst weit weg von seinem Ursprung zu erreichen. Äquivalent gilt das gleiche für den Anteilseigner Y: Dieser versucht, in den Verhandlungen eine Position zu erlangen, die über seiner Entscheidungswertefunktion und möglichst weit weg von seinem Ursprung liegt.[118] Der *mögliche Einigungsbereich* liegt also im Korridor zwischen den Beteiligungsquotenfunktionen (markierte Fläche).[119]

---

[118] Die Entscheidungswertefunktionen von X und Y verlaufen hier parallel, weil im Beispiel von übereinstimmenden zukünftigen Erwartungen ausgegangen wird. Unterschiedliche Erwartungen führen zu unterschiedlichen Verhandlungsspielräumen bezüglich der Beteiligungskombinationen. Die EDGEWORTH-Box würde für diesen Fall verdeutlichen, in welcher Beteiligungskombination der größte Verhandlungsspielraum besteht.

[119] Probleme bei der grafischen Aufbereitung entstehen, wenn sich das Ursprungsunternehmen in mehr als zwei Spaltungsunternehmen teilt: Bei drei Spaltungsunternehmen wäre noch eine Darstellung im dreidimensionalen Raum möglich, ab vier Spaltungsunternehmen scheitert jedoch die grafische Darstellungsmöglichkeit.

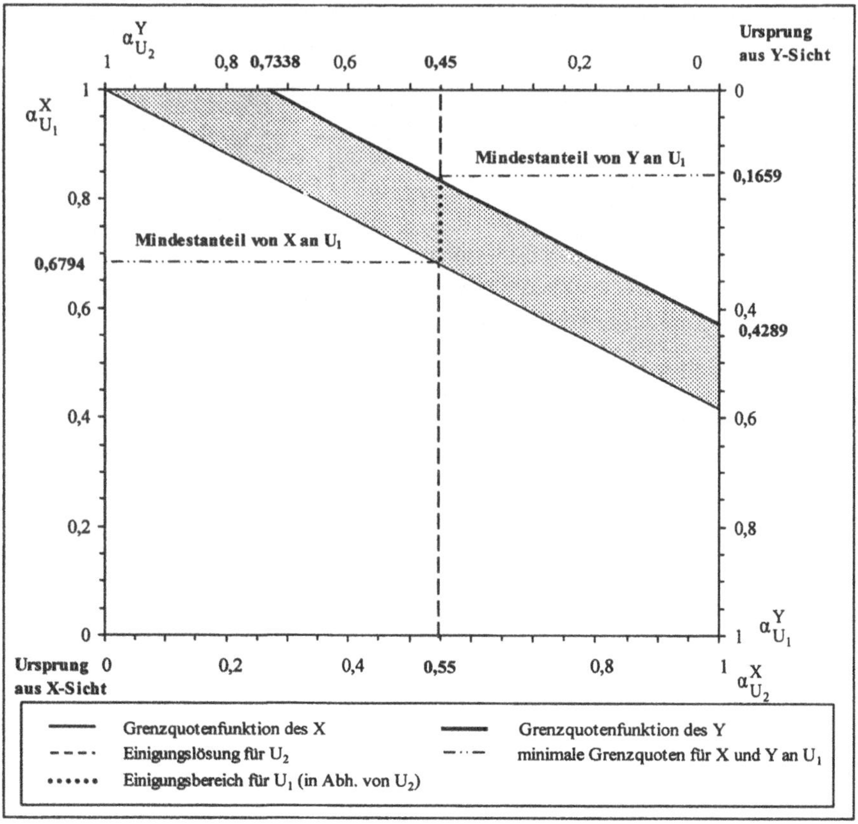

Abbildung 70: Bereich möglicher Einigungslösungen

Der letzte Schritt in dieser Verhandlungsrunde, die tatsächliche Festlegung der Anteilsquoten an den beiden Spaltungsunternehmen, wird wiederum in zwei Teile geteilt: Die Gesellschafter einigen sich darauf, daß zunächst der Anteil der Eigner am Unternehmen U_2 festgelegt wird, weil der Anteilseigner Y stärker an diesem Unternehmen beteiligt sein möchte als vor der Spaltung, und daß abschließend eine Einigung über die Verteilung der Anteile am Unternehmen U_1 erfolgen soll.

Im *ersten Teil* des letzten Verhandlungsschritts einigen sich die Konfliktparteien auf folgende – bereits zuvor in der Beispielrechung angenommene – Verteilung der Anteilsquoten am Unternehmen U_2: der Gesellschafter Y erhält mit $\alpha^Y_{U_2} = 45\ \%$ einen prozentual erheblich höheren Anteil als vor der Spaltung, Anteilseigner X wird somit nur mit 55 % an diesem Spaltungsunternehmen beteiligt. Im Gegenzug einigen sich die beiden Spaltungsparteien bereits zu diesem Zeitpunkt darauf, daß der Anteilseigner Y weniger als 25 % am Unternehmen U_1 erhalten wird, um so seine Mitspracherechte auf eine *Minderheitsbeteiligung* zu beschränken.

Im Rahmen der Einigung über die Verteilung der Beteiligungsquoten am Unternehmen U_1 ergeben sich nach Festlegung der Anteilsquoten für das Unternehmen U_2 folgende Entscheidungswerte (Grenzquoten) für die Anteilseigner X und Y:

$$\alpha_{U_1}^{\min X}\left(\alpha_{U_2}^{X} = 55\%\right) = 1{,}0009 - 0{,}5845 \cdot 0{,}55 = 0{,}6794,$$

$$\alpha_{U_1}^{\min Y}\left(\alpha_{U_2}^{Y} = 0{,}45\%\right) = 0{,}4289 - 0{,}5845 \cdot 0{,}45 = 0{,}1659.$$

Das bedeutet, daß der Anteilseigner X mit mindestens 67,94 % am Unternehmen U_1 beteiligt werden muß und daß der Gesellschafter Y wenigstens einen Anteil in Höhe von 16,59 % erhalten muß, damit beide Konfliktparteien nicht schlechter gestellt sind als vor der Spaltung.[120]

Im *zweiten Teil* des letzten Verhandlungsschritts begründen die Spaltungsparteien ihre Argumentationswerte in Form von Beteiligungsquotengeboten für das Unternehmen U_1, indem sich die Konfliktparteien noch über die *derivativen Argumentationsfaktoren* zum originären Sachverhalt „Ermittlung der Unternehmenswerte" – wie bspw. die Festlegung des Zustands-Grenzquotenmodells als das anzuwendende Unternehmensbewertungsverfahren oder die Einigung über den Planungshorizont –, die in diesen Berechnungen stets vorausgesetzt wurden, einigen. Dabei könnte sich bspw. folgender, in *Abbildung 71* dargestellter Verhandlungsverlauf über die Verteilung der Anteilsquoten am Unternehmen U_1 ergeben,[121] wobei die Argumentationswerte in Form von Einigungsquotenvorschlägen AW_{U_1} = (Anteil des Eigners X am Unternehmen U_1/Anteil des Eigners Y am Unternehmen U_1) gegeben werden.

---

120 Würden die Spaltungsparteien den – nach Ansicht des Anteilseigners X bestehenden – zu verteilenden Vorteil V = 100 % – 67,94 % – 16,59 % = 15,47 % bspw. nach dem Prinzip der absolut gleichen Teilung aufspalten, so könnte die Einigungslösung folgendermaßen lauten: $\alpha_{U_1}^{X,\text{Einigung}} = 0{,}6794 + 0{,}5 \cdot 0{,}1547 = 75{,}6750$ sowie $\alpha_{U_1}^{Y,\text{Einigung}} = 0{,}1659 + 0{,}5 \cdot 0{,}1547 = 24{,}3250$. Zur Darstellung der Aufteilungsprinzipien eines zu verteilenden Vorteils vgl. Abschnitt III.3.1.1 (S. 326–330).

121 Auch wenn dieser Verlauf auf den ersten Blick einer „basarmäßigen Situation" ähnelt, entsteht doch eine ganz andere Verhandlungssituation, weil alle Argumentationswerte mit den entsprechenden harten und weichen Argumentationsfaktoren begründet werden.

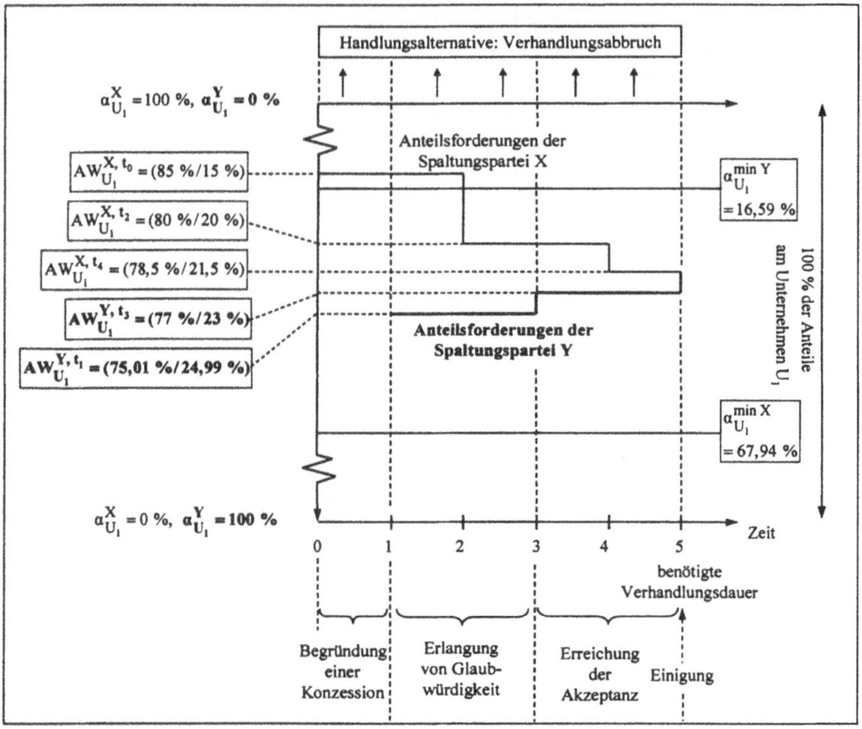

Abbildung 71: Verhandlungsverlauf über die Verteilung der Anteilsquoten am Unternehmen U_1

Da sich der Anteilseigner Y mit einem hohen Anteil am Unternehmen U_2 durchsetzen konnte, beginnt der Anteilseigner X in der *ersten Verhandlungsstufe* (Begründung einer Konzession) mit der Begründung des ersten Argumentationswerts $AW_{U_1}^{X,t_0} = (85\ \%/15\ \%)$[122], der außerhalb des Einigungsbereichs $\alpha_{U_1}^{\min Y}$ des Anteilseigners Y liegt und somit für diesen nicht glaubwürdig erscheint.[123] Deshalb reagiert der Gesellschafter Y mit der Begründung seines ersten Anteilsquotengebots $AW_{U_1}^{Y,t_1} =$ $(75{,}01\ \%/24{,}99\ \%)$, das über der bei der Festlegung der Anteilsquoten des Unter-

[122] Obwohl in der bisherigen Darstellung der Argumentationswert bisher nur die Anteilsquote desjenigen Gesellschafters wiedergegeben hat, der gerade ein Beteiligungsquotengebot abgibt, wird im folgenden zur Verdeutlichung zusätzlich noch der rechnerisch zu ermittelnde Anteil des gegnerischen Anteilseigners hinzugefügt.

[123] Der Zeitpunkt t = 0 bezieht sich auf den Anfang des zweiten Teils der letzten Verhandlungsrunde.

nehmens U_2 vereinbarten Anteilsquotengrenze von $\alpha_{U_1}^{Y} \geq 75\ \%$ liegt und somit den Entscheidungswert $\alpha_{U_1}^{\min X}$ des Anteilseigners X nicht verletzt und deshalb beim Eigner X Glaubwürdigkeit hervorrufen könnte. Dieser reagiert jedoch umgehend mit einem weiteren Argumentationswert, der zwar für den Anteilseigner X niedriger ausfällt ($AW_{U_1}^{X,t_2} = (80\ \%/20\ \%)$, der dem Anteilseigner Y jedoch auch deutlich machen soll, daß dessen Vorschlag nicht auf Zustimmung beim Eigner X führt. Am Ende der *zweiten Verhandlungsstufe* (Erlangung von Glaubwürdigkeit) ergibt sich somit eine Wertbandbreite zwischen $(80\ \%/20\ \%) \leq \alpha_{U_1}^{X,\,Einigung}/\alpha_{U_1}^{Y,\,Einigung} \leq (75{,}01\ \%/24{,}99\ \%)$, innerhalb welcher jede Anteilsquotenverteilung je nach Verhandlungsstärke der Spaltungsparteien als akzeptierte Einigungsquotenlösung möglich und zulässig ist.[124]

Auf der *dritten Verhandlungsstufe* verlassen die Spaltungsparteien die sachliche Ebene, weil es nur noch um die *Erreichung von Akzeptanz* beim Verhandlungspartner im Hinblick auf die in die Verhandlung eingebrachten Argumentationswerte geht. Mit dem Ziel, diese Akzeptanz zu erreichen, begründet der Anteilseigner Y einen weiteren Argumentationswert, das Anteilsquotenangebot $AW_{U_1}^{Y,t_3} = (77\ \%/23\ \%)$. Nach weiterer Diskussion unterbreitet der Gesellschafter X schließlich den Argumentationswert $AW_{U_1}^{X,t_4} = (78{,}5\ \%/21{,}5\ \%)$, der letztlich zur vierten Stufe des Verhandlungsablaufs führt: Der Gesellschafter Y akzeptiert den zuletzt eingebrachten Argumentationswert. Das bedeutet in diesem Fall also eine *Einigung über den zur Verhandlung stehenden Argumentationsfaktor*, die Verteilung der Beteiligungsquoten, zur Einigungslösung $\left(\alpha_{U_1}^{X,\,Einigung}/\alpha_{U_1}^{Y,\,Einigung}\right) = (78{,}5\ \%/21{,}5\ \%)$.

Abschließend kann also festgehalten werden, daß sich die beiden Spaltungsparteien zu der in *Abbildung 72* dargestellten mehrdimensionalen Einigungslösung für die Durchführung einer Spaltung entschlossen haben.

124 Auch beim Bewertungsanlaß der Spaltung ergibt sich letztlich eine Situation, in der sich die Spaltungsparteien gegenüber stehen, Argumentationswerte abgeben und schließlich ein Verhandlungsergebnis erzielen müssen. Der Verhandlungsprozeß läßt sich im Einigungsmodell demnach zwar in mehrere Bewertungsphasen und -schritte unterteilen, eine konkrete Verhandlungssituation kann aber auch durch ein Modell nicht ersetzt werden. Das wesentliche Merkmal einer (Spaltungs-)Verhandlung „als prozessualem Phänomen ist hiernach im sequentiellen Austausch von Angeboten und Gegenangeboten zu sehen, die der Beeinflussung der jeweiligen Gegenpartei dienen und diese zu einem konvergenten Angebotsverhalten (Angebotsfolge Zug um Zug) motivieren. Kommunikation und die wechselseitige Beeinflussung der Parteien sind die zentralen Merkmale des Verhandlungsprozesses“ [Quelle: *BARTHEL*, Argumentationsfunktion (2005), S. 32].

Ergebnisse der ersten Verhandlungsrunde

➢ Schritt 1: Gesetzliche Mindestinhalte des Spaltungsvertrags:
Firma und Sitz der jeweiligen Unternehmen sowie Spaltungsstichtag

➢ Schritt 2: Festlegung von Unternehmensphilosophien:
Orientierung am Ursprungsunternehmen

Ergebnisse der zweiten Verhandlungsrunde

➢ Schritt 1: Festlegung des Unternehmensumfangs: Spaltung nach Teilbetrieben

➢ Schritt 2: Durchführung einer steuerneutralen Spaltung

➢ Schritt 3: Aufteilung der Arbeitnehmer entsprechend der Aufteilung der Teilbetriebe, gesonderte Regelungen

➢ Schritt 4: Verteilung der bisherigen Unternehmensleitung auf die Teilbetriebe

Ergebnisse der dritten Verhandlungsrunde

➢ Schritt 1: Gleichbleibende Dividendenpolitik

➢ Schritt 2: Bankverbindungen bleiben bestehen

➢ Schritt 3: Prognose der Absatzmöglichkeiten wird auf die nächste Verhandlungsrunde verlagert

➢ Schritt 4: Festlegung der Spaltungsstrategien

Ergebnisse der vierten Verhandlungsrunde

➢ Zeitpunkt der Gewinnbeteiligung = Spaltungsstichtag

➢ Prognose der Absatzmöglichkeiten:
max. Durchführung von Investition I_1: 34 Mal, Investition I_2: 28 Mal

➢ Verteilung der Anteilsquoten:

$$\left(\alpha_{U_1}^{X,\ \text{Einigung}} / \alpha_{U_1}^{Y,\ \text{Einigung}}\right) = (78{,}5\ \% / 21{,}5\ \%)$$

$$\left(\alpha_{U_2}^{X,\ \text{Einigung}} / \alpha_{U_2}^{Y,\ \text{Einigung}}\right) = (55\ \% / 45\ \%)$$

Abbildung 72: Mehrdimensionale Einigungslösung

3 Arbitriumwertermittlung bei der Spaltung

3.1 Grundlagen

3.1.1 Bewertungsschritte im Rahmen der Arbitriumfunktion bei der Spaltung

In der nunmehr zu analysierenden *dritten Hauptfunktion* der funktionalen Unternehmensbewertung, der Vermittlungsfunktion, wird ein *Arbitriumwert*, der auch *Schiedsspruch-* oder *Vermittlungswert* genannt wird, bestimmt. Gewöhnlich versuchen die Spaltungsparteien mit Hilfe einer Unternehmensspaltung positive Effekte zu generieren. Sollten sich die Anteilseigner nach Feststellung der Spaltungsfähigkeit sowie nach Aufdekkung der Vorteile und Chancen, die sich aus der Spaltung ergeben können, nicht über eine Spaltung einigen können oder sind sich die Spaltungsparteien darüber einig, daß sie in den Spaltungsverhandlungen Hilfe von einer dritten, *unabhängigen* Instanz benötigen, ist der Einsatz eines Vermittlers notwendig. Bei der Ermittlung von Arbitriumwerten im Rahmen der Spaltung ist es Aufgabe des Vermittlers[1], aus dem – durch die vermeintlichen Entscheidungsquoten der Anteilseigner begrenzten – Intervall von Anteilsquoten einen Vermittlungswert zu finden, der die wirtschaftlichen Vorteile der Unternehmensspaltung möglichst *gerecht* auf die Konfliktparteien verteilt. Neben den Spaltungsparteien soll dieser als unparteiischer Gutachter auftretende Vermittler eine (Kompromiß-)Lösung finden, die für alle Parteien zumutbar ist und deren Interessen angemessen wahrt.[2]

Im Rahmen der Spaltungsverhandlungen in einer *nicht dominierten* – und im folgenden näher betrachteten[3] – Konfliktsituation bedarf es der nachstehend erläuterten,

---

[1] Der Vermittler wird auch als (Schieds-)Gutachter bezeichnet. Die in der Bewertungspraxis teilweise mit unterschiedlichen Inhalten belegten Begriffe werden hier synonym gebraucht. Die Spaltungsparteien beauftragen den Gutachter gemeinsam, einen Arbitriumwert zu ermitteln. Es liegt folglich kein einseitiger Beratungsauftrag vor, dessen Ergebnis dann als Argumentationswert genutzt werden könnte.

[2] Zu den Grundlagen der Arbitriumwertermittlung siehe die im Abschnitt II.2.1 (S. 57–59) dieser Arbeit zitierte Literatur. Nach § 125 i. V. m. § 12 Abs. 2 UmwG hat der Gutachter im Rahmen eines Prüfungsberichts zusätzlich noch die Aufgabe, über die „Angemessenheit des Umtauschverhältnisses" zu befinden. Vgl. dazu auch *GANSKE*, Wirtschaftsprüfer (1994), S. 158–161, *HEURUNG*, Spaltung (1997), S. 1303 f. Es bestehen jedoch keinerlei gesetzliche Spezifikationen, was als „angemessen" betrachtet werden darf. „Aus der gesetzlichen Forderung, dass das Umtauschverhältnis (lediglich) angemessen sein muss, folgt zwangsläufig, dass es ein bestimmtes ‚gerechtes' Umtauschverhältnis der Anteile nicht gibt" [Quelle: *BRAUERS*, Spaltung von Kapitalgesellschaften (2004), S. 41]. *BULA/SCHLÖSSER*, Umtauschverhältnis (2002), S. 156, folgern weiter: „Der Gesetzgeber gibt damit der Erkenntnis nach, daß es einen einzig richtigen Unternehmenswert nicht gibt".

[3] Kann sich eine Spaltungspartei in einer *dominierten Konfliktsituation* vom Typ der Spaltung durchsetzen und gegen den erklärten Willen der anderen Spaltungspartei die Durchführung der Spaltung beschließen, wird eine Anfechtung dieser Spaltung i. d. R. (zusätzlich zu den bereits zugesprochenen Anteilen an den Spaltungsunternehmen) zu einer Barabfindung für die dominierte Spaltungspartei führen. Dieser Bewertungsanlaß ist jedoch der Konfliktsituation des Verkaufs zu-

auf der „*Matrix der funktionalen Unternehmensbewertung*" nach MATSCHKE/BRÖSEL basierenden drei Bewertungsschritte, damit der Gutachter den Spaltungsparteien einen zumutbaren, die unterschiedlichen Interessen der Konfliktparteien wahrenden Arbitriumwert ermitteln kann:[4]

Schritt 1: Der erste Schritt dient der Ermittlung des Arbitriumbereichs, also der Menge der zumutbaren Konfliktlösungen aus Sicht der einzelnen Spaltungsparteien sowie der Menge möglicher Einigungslösungen durch den Gutachter.

Schritt 2: Im zweiten Schritt ermittelt der Gutachter einen Arbitriumwert als zumutbare und angemessene Konfliktlösung.

Schritt 3: Im dritten Schritt wird der in Schritt 2 ermittelte Arbitriumwert von den Konfliktparteien in den Spaltungsverhandlungen verwendet.

Im *ersten Schritt* der Arbitriumwertermittlung im Rahmen der Spaltung hat der Gutachter den Arbitriumbereich zu bestimmen, in welchem der Vermittlungswert liegen muß. Dabei sollte der Gutachter das *Merkmal der Rationalität des Handelns* berücksichtigen, indem er die Entscheidungswerte in Form minimaler Grenzquoten der einzelnen Spaltungsparteien nicht verletzt.[5] Zwar stellen die Entscheidungssubjekte eigene Überlegungen hinsichtlich ihrer Grenze der Konzessionsbereitschaft an, jedoch bleiben diese Entscheidungswerte i. d. R. gegenüber dem Schiedsgutachter Werte „hinter vorgehaltener Hand". Deshalb muß der Vermittler begründete und für Dritte nachvollziehbare Vermutungen über die Entscheidungsgrenzen der Spaltungsparteien aufstellen, wobei der Gutachter die jeweils subjektive Sichtweise der einzelnen Konfliktparteien einzunehmen hat.

Ermittelt der Gutachter im *zweiten Schritt* einen Arbitriumwert, hat er das *Merkmal der parteienbezogenen Angemessenheit* zu berücksichtigen. Demnach hat der Vermittler aus dem Arbitriumbereich, also aus dem Bereich zumutbarer Konfliktlösungen, einen auf einem bestimmten Gerechtigkeitspostulat basierenden Schiedsspruchwert zu bestimmen, dessen Ermittlung auf einem von allen Spaltungsparteien als „fair" empfundenen Aufteilungsprinzip beruht.[6]

---

zuordnen. Da nach § 128 UmwG im Falle einer nicht-verhältniswahrenden Spaltung alle Anteilseigner einer Spaltung zustimmen müssen, kann in einer verhältnisändernden Konfliktsituation nicht gleichzeitig eine dominierte Konfliktsituation entstehen. Im folgenden werden deshalb nur *nicht dominierte Konfliktsituationen* im Fall der Spaltung betrachtet.

4 Vgl. die Darstellung der „Matrix der funktionalen Unternehmensbewertung" im Rahmen der Argumentationsfunktion bei *MATSCHKE/BRÖSEL*, Unternehmensbewertung (2007), S. 114–116 und S. 471–484.

5 Zu den Grundsätzen der Arbitriumwertermittlung vgl. Abschnitt II.2.1 (S. 58 f.).

6 Vgl. *MATSCHKE*, Arbitrium- oder Schiedsspruchwert (1971), S. 510, *RIBBERT*, Schiedsgutachter (1978), S. 2087. Dieser Schiedsspruchwert ist nicht zu verwechseln mit dem „objektiven" oder „objektivierten" Unternehmenswert, weil der Gutachter nicht in dem Sinne „unparteiisch" vorzugehen hat, daß er einen Wert für „jedermann" bestimmt. „Gerade zur Wahrung der Objektivität im Sinne der Unparteilichkeit des Gutachters erscheint es vielmehr geboten, parteispezifische Verhältnisse angemessen zu berücksichtigen. In sich widersprüchlich ist es daher, wenn in Stellungnahmen der Bewertungspraxis die Funktion des Bewerters als ‚neutraler Gutachter' mit der

Dabei bieten sich dem Gutachter in der Konfliktsituation der Spaltung bspw. die Regel der absolut gleichen Teilung (Verteilung nach Köpfen)[7] oder die Regel der Verteilung gemäß der Ursprungsbeteiligung (verhältniswahrende Verteilung), die auch in der Praxis zur Anwendung gelangen, an.[8] Es handelt sich hierbei „um einfach anzuwendende und eingängige Regeln ‚gerechter' Teilung"[9], bei denen der Gutachter eine Kompromißlösung findet, die von allen Spaltungsparteien anerkannt wird. Die Darstellung der beiden Gerechtigkeitspostulate wird im folgenden an einem eindimensionalen Fall einer Spaltung eines Ursprungsunternehmens U_{UG} in zwei Spaltungsunternehmen U_1 und U_2 betrachtet, wobei die Anteile der Gesellschafter am Spaltungsunternehmen U_2 bereits festgelegt worden sind. Der Vermittlungswert teilt in dieser Konfliktsituation den insgesamt noch zu verteilenden Arbitriumbereich A_{U_1} des Unternehmens U_1 auf die beiden Anteilseigner X und Y gemäß dem vom Vermittler festgelegten Gerechtigkeitspostulat auf (vgl. *Abbildung 73*).[10]

Ermittlung eines ‚objektivierten' Unternehmenswerts verknüpft wird" [Quelle: *MANDL/RABEL*, Unternehmensbewertung (1997), S. 395]. Vgl. zur Konzeption der „objektiven Unternehmensbewertung" Abschnitt II.2.3 (S. 66) dieser Arbeit.

7 Dieser Aufteilungsmaßstab wird auch als „hälftige Teilung" bezeichnet. Vgl. *HEURUNG*, Spaltung (1997), S. 1308. Diese Begriffswahl trifft jedoch nur im Fall einer Spaltung mit zwei Konfliktparteien zu. Deshalb wird an dieser Stelle die allgemeinere Bezeichnung der „Regel der absolut gleichen Teilung" gewählt.

8 In der Literatur werden für den Fall der Fusion verschiedene Verfahren zur Aufteilung der Verschmelzungseffekte diskutiert. Da die Spaltung weitgehend als „Spiegelbild der Verschmelzung" anzusehen ist, können diese Verfahren auch zur Aufteilung der Spaltungseffekte herangezogen werden. Vgl. *HEURUNG*, Spaltung (1997), S. 1306 und S. 1308. Zu den Möglichkeiten der Verteilung eines Einigungsvorteils bei der Arbitriumwertermittlung im Rahmen der Konfliktsituationen vom Typ des Kaufs/Verkaufs und vom Typ der Fusion vgl. *OSSADNIK*, Verschmelzungen (1995), S. 76, *OSSADNIK*, Synergieeffekte (1995), S. 54–107, *ANGERMAYER/OSER*, Synergieeffekte (2005), S. 774–776, *MATSCHKE/BRÖSEL*, Unternehmensbewertung (2007), S. 482–484.

9 *MATSCHKE/BRÖSEL*, Unternehmensbewertung (2007), S. 482.

10 Bei dieser Darstellungsweise wird der insgesamt vorhandene *Arbitriumbereich* aufgeteilt. Die Gerechtigkeitspostulate können ebenso auf die Verteilung des insgesamt vorhandenen *Spaltungsvorteils* SV^{max}, der sich – unter Berücksichtigung der Entnahmestruktur – aus der Differenz der Entnahmewerte des Ursprungsunternehmens sowie der Summe der Entnahmewerte der Spaltungsunternehmen ergibt, angewendet werden. Zur Vorgehensweise der Aufteilung des Spaltungsvorteils siehe im folgenden Abschnitt III.3.2 (S. 332–342) dieser Arbeit.

Im weiteren wird unterstellt, daß keine Abweichungen zwischen den vom unparteiischen Gutachter vermuteten und den tatsächlichen Entscheidungswerten der Parteien bestehen. Deshalb stimmen in diesem Abschnitt die Symbole für den vermuteten und den tatsächlichen Entscheidungswert überein. Bezüglich der Informationsprobleme, die sich bei der Bestimmung des vermuteten Entscheidungswerts ergeben können, vgl. *MATSCHKE*, Arbitriumwert (1979), S. 113–125.

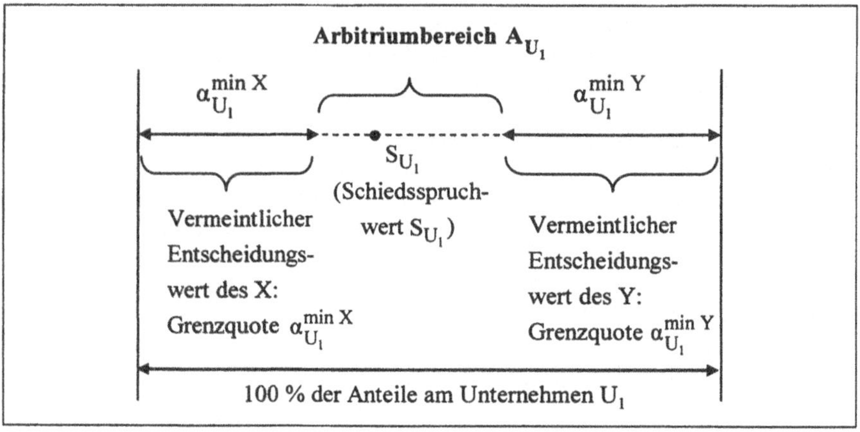

Abbildung 73: Darstellung des Arbitriumbereichs in einer eindimensionalen Konfliktsituation vom Typ der Spaltung

Nach der *Regel der absolut gleichen Teilung* wird der Arbitriumbereich $A_{U_1} = 100\ \% - \alpha_{U_1}^{\min X} - \alpha_{U_1}^{\min Y}$ gleichmäßig auf die beiden Anteilseigner X und Y verteilt. Für den Anteilseigner X ergibt sich nach dem Postulat der absolut gleichen Teilung folgender allgemeiner Schiedsspruchwert $S_{U_1}^{X}$:

$$\begin{aligned} S_{U_1}^{X} &= \alpha_{U_1}^{\min X} + 0{,}5 \cdot A_{U_1} \\ &= \alpha_{U_1}^{\min X} + 0{,}5 \cdot \left(100\% - \alpha_{U_1}^{\min X} - \alpha_{U_1}^{\min Y}\right) \\ &= 0{,}5 \cdot \alpha_{U_1}^{\min X} + 50\% - 0{,}5 \cdot \alpha_{U_1}^{\min Y} \\ &= 0{,}5 \cdot \left(100\ \% + \alpha_{U_1}^{\min X} - \alpha_{U_1}^{\min Y}\right). \end{aligned}$$

Der allgemeine Arbitriumwert für den Gesellschafter Y lautet äquivalent:

$$S_{U_1}^{Y} = 0{,}5 \cdot \left(100\ \% + \alpha_{U_1}^{\min Y} - \alpha_{U_1}^{\min X}\right).$$

Ermittelt der Gutachter für den Anteilseigner X eine Grenzquote in Höhe von $\alpha_{U_1}^{\min X} = 40\ \%$ und für den Gesellschafter Y eine minimale Beteiligungsquote von $\alpha_{U_1}^{\min Y} = 30\ \%$, ergeben sich folgende beispielhafte Schiedsspruchwerte:

$$S_{U_1}^{X} = 0{,}5 \cdot \left(100\ \% + \alpha_{U_1}^{\min X} - \alpha_{U_1}^{\min Y}\right)$$

$$= 0{,}5 \cdot (100\ \% + 40\ \% - 30\%) = 0{,}5 \cdot 110\ \% = 55\ \%.$$

$$S_{U_1}^{Y} = 0{,}5 \cdot \left(100\ \% + \alpha_{U_1}^{\min Y} - \alpha_{U_1}^{\min X}\right)$$

$$= 0{,}5 \cdot (100\ \% + 30\ \% - 40\ \%) = 0{,}5 \cdot 90\ \% = 45\ \%.$$

Nach der *Regel der Verteilung gemäß der Ursprungsbeteiligung* wird der Arbitriumbereich entsprechend der Verteilung der Anteile β^h am Ursprungsunternehmen U_{UG} auf die Spaltungsparteien aufgeteilt. Für die Anteilseigner X und Y ergeben sich demnach folgende allgemeine Schiedsspruchwerte:

$$S_{U_1}^{X} = \alpha_{U_1}^{\min X} + \beta^X \cdot A_{U_1}$$

$$S_{U_1}^{Y} = \alpha_{U_1}^{\min Y} + \beta^Y \cdot A_{U_1}.$$

Bezogen auf das Zahlenbeispiel resultieren hieraus bei einer Verteilung der Anteile am Ursprungsunternehmen von $\left(\beta^X, \beta^Y\right)$ = (60 %, 40 %) nachstehende Arbitriumwerte:

$$S_{U_1}^{X} = \alpha_{U_1}^{\min X} + \beta^X \cdot A_{U_1} = \alpha_{U_1}^{\min X} + \beta^X \cdot \left(100\ \% - \alpha_{U_1}^{\min X} - \alpha_{U_1}^{\min X}\right)$$

$$= 40\ \% + 60\ \% \cdot (100\ \% - 40\ \% - 30\ \%)$$

$$= 40\ \% + 60\ \% \cdot 30\ \% = 40\ \% + 18\ \% = 58\ \%.$$

$$S_{U_1}^{Y} = \alpha_{U_1}^{\min Y} + \beta^Y \cdot A_{U_1} = \alpha_{U_1}^{\min Y} + \beta^Y \cdot \left(100\ \% - \alpha_{U_1}^{\min X} - \alpha_{U_1}^{\min Y}\right)$$

$$= 30\ \% + 40\ \% \cdot (100\ \% - 40\ \% - 30\ \%)$$

$$= 30\ \% + 40\ \% \cdot 30\ \% = 30\ \% + 12\ \% = 42\ \%.$$

Nach der Regel der Verteilung gemäß der Ursprungsbeteiligung teilt der Gutachter dem Anteilseigner X in diesem Zahlenbeispiel einen etwas höheren Anteil am Spaltungsunternehmen U_1 zu, weil nach diesem Gerechtigkeitspostulat der Arbitriumbereich nicht nach Köpfen (also jeweils zu gleichen Teilen), sondern nach dem Verhältnis der Beteiligung am Ursprungsunternehmen verteilt wird.

Im dritten Schritt werden die im ersten und zweiten Schritt ermittelten Arbitriumwerte in den Spaltungsverhandlungen verwendet. Unter Beachtung der *Zwecksetzung der Inanspruchnahme eines Gutachters*, besitzen die von einem Gutachter ermittelten Arbitriumwerte unterschiedliche Relevanz für den weiteren Verlauf der Konfliktsituation:[11]

1. Der Arbitriumwert kann als Empfehlung gelten.

---

[11] Vgl. *MATSCHKE*, Arbitriumwert (1979), S. 44, *SIEBEN*, Funktionen der Bewertung (1983), S. 541.

2. Der Arbitriumwert kann für die Parteien aufgrund vorheriger Festlegung bindend wirken.
3. Der Arbitriumwert kann Ausgangspunkt weiterer Verhandlungen sein.

Nach der Darstellung einer allgemeinen Vermittlungssituation im Rahmen der Spaltung im nächsten Abschnitt dieser Arbeit wird ein Vermittlungsmodell im Rahmen der Arbitriumfunktion bei der Spaltung aufgestellt, das sich an den soeben erläuterten ersten beiden Schritten orientiert. Der dritte Schritt wird in diesem Modell nicht weiter vertieft, weil es in diesem Schritt lediglich um die Verwendung des in den ersten beiden Schritten ermittelten Werts geht. Gilt der Arbitriumwert als Empfehlung oder als Ausgangspunkt für weitere Verhandlungen, dient der durch ein Gutachten präsentierte Vermittlungswert im allgemeinen als Argumentationswert. In diesem Fall finden sich die Spaltungsparteien in der im Abschnitt III.2 (S. 255–324) dieser Arbeit dargestellten Konfliktsituation im Rahmen der Argumentationswertermittlung bei der Spaltung wieder. Wird der Schiedswert als von allen Spaltungsparteien verbindlich angesehen, stellt dieser die endgültige Aufteilung der Anteile an den Spaltungsunternehmen dar, so daß an dieser Stelle die Bewertung im Rahmen der Arbitriumwertermittlung beendet ist.

3.1.2 Darstellung der Vermittlungssituation im Rahmen der Spaltung

Nach dem *Merkmal der Rationalität des Handelns* ist es für den Schiedswertermittler unabdingbar, daß er die jeweiligen vermeintlichen Entscheidungswerte der Konfliktparteien ermittelt und in die Arbitriumwertberechnung einbezieht, um die Grenzen der Konzessionsbereitschaft der Beteiligten nicht zu verletzen. In der Konfliktsituation vom Typ der Spaltung existiert ein Arbitriumbereich im einfachen Fall der Aufspaltung eines Ursprungsunternehmens in zwei neu zu gründende Unternehmen unter der Annahme, daß nur die Anteilsquoten für die Konfliktlösung relevant sind, genau dann, wenn die Summen der geforderten Anteile (Summe der vermeintlichen Entscheidungswerte) der Spaltungsparteien an den Spaltungsunternehmen insgesamt kleiner sind als die jeweils nur zu verteilenden (100 % der) Anteile an den durch Spaltung entstehenden Unternehmen (vgl. *Abbildung 74*). In dieser Situation existiert also ein (positiver) Arbitriumbereich A_{U_f}, in dem letztlich der vom Gutachter vorgeschlagene Arbitriumwert S_{U_f} in Form von Beteiligungsquoten $\left(\alpha_{U_f}^{X\,\text{Vermittlung}} / \alpha_{U_f}^{Y\,\text{Vermittlung}}\right)$ für das beispielhafte Unternehmen U_f liegen muß.[12] Nach dem *Merkmal der parteienbe-*

[12] Ist diese Voraussetzung nicht erfüllt und ändern die Spaltungsparteien ihre Ansprüche auch auf Nachfrage des Gutachters nicht, sind die Spaltungsverhandlungen abzubrechen. Vgl. dazu für die Konfliktsituation vom Typ „Kauf/Verkauf" *MATSCHKE*, Arbitrium- oder Schiedsspruchwert (1971), S. 516 f., *RIBBERT*, Schiedsgutachter (1978), S. 2087, und für die Konfliktsituation vom Typ der Fusion *NONNENMACHER*, Verschmelzung (1982), S. 156 f. Lediglich im Falle dominierter Konfliktsituationen kann bei einem „negativen Arbitriumbereich" noch ein Vermittlungswert, der sich an den Interessen der schutzwürdigen Partei orientieren sollte, durch den Gutachter festgelegt

zogenen Angemessenheit sollte der Gutachter dabei keine subjektive, sondern eine auf einem bestimmten Gerechtigkeitspostulat basierende Sichtweise einnehmen.[13]

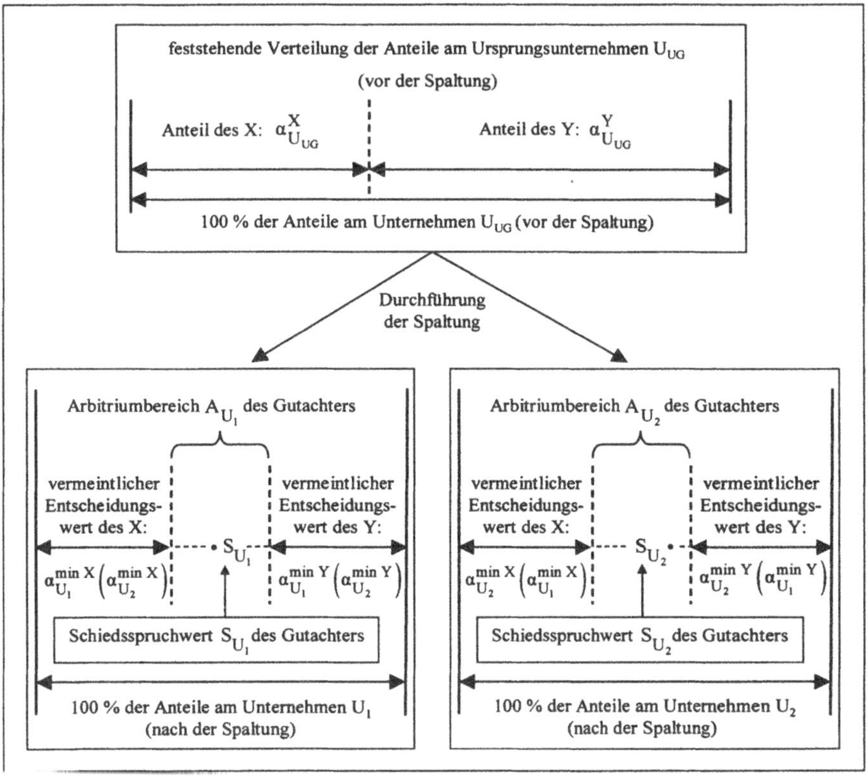

Abbildung 74: Darstellung einer Vermittlungssituation in der Konfliktsituation vom Typ der Spaltung

---

werden. Vgl. *MATSCHKE*, Arbitriumwert (1979), S. 49 sowie S. 72–80, *SIEBEN*, Funktionen der Bewertung (1983), S. 541.

13 Der Gutachter darf deshalb „auch nicht die subjektiven Entscheidungswerte korrigieren, sondern muß sie bei seinen Ermittlungen, sofern die Werte rechnerisch richtig sind, als Daten hinnehmen. Nur so kann verhindert werden, daß die persönliche Einstellung des Gutachters einen Einfluß auf den" Arbitriumwert ausübt [Quelle: *MATSCHKE*, Kompromiß (1969), S. 66].

3.2 Darstellung des Vermittlungsmodells im Rahmen der Spaltung

3.2.1 Darstellung der Konfliktsituation

In der zugrundeliegenden *nicht dominierten, disjungierten* und *mehrdimensionalen Konfliktsituation* der Spaltung (vgl. *Abbildung 75*) besteht die Aufgabe für den unparteiischen Gutachter darin, den einzelnen Anteilseignern h = (1, 2, ..., H) der Ursprungsgesellschaft U_{UG} Anteile an den f = (1, 2, ..., F) Spaltungsgesellschaften U_f zuzusprechen.

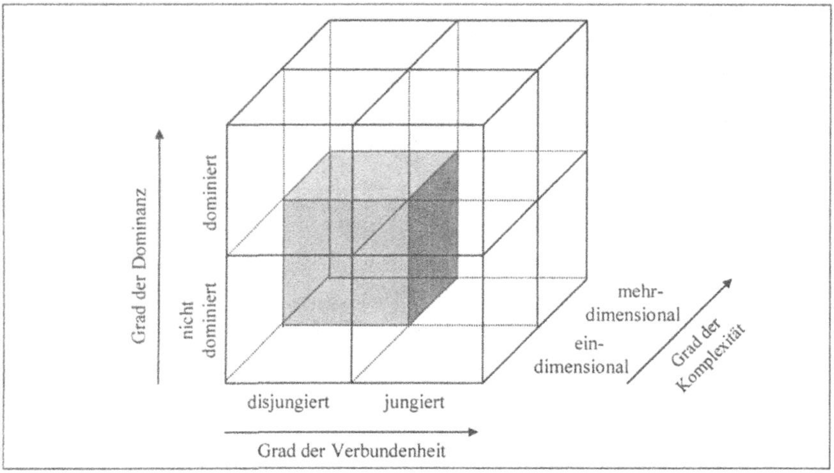

Abbildung 75: Konfliktwürfel für eine nicht dominierte, disjungierte und mehrdimensionale Konfliktsituation vom Typ der Spaltung

Im Vorwege der Gutachtertätigkeit haben sich die Konfliktparteien über alle weiteren konfliktlösungsrelevanten Sachverhalte – außer über die Verteilung der Anteilsquoten an den nach der Spaltung bestehenden Unternehmen – bereits geeinigt. Zu diesen konfliktlösungsrelevanten Sachverhalten gehören bspw. die Aufteilung des Vermögens und der Schulden oder die Besetzung der Führungspositionen der Spaltungsgesellschaften.[14]

Im Rahmen der Schiedsspruchwertermittlung bei der Spaltung hat der Gutachter zu unterschieden zwischen:

---

[14] Natürlich kann der Gutachter auch bei der Lösung dieser weiteren konfliktlösungsrelevanten Sachverhalte beteiligt sein. Vorschläge zur Besetzung der Führungspositionen oder die Verteilung des Vermögens und der Schulden sind jedoch rein unternehmerisch-betriebswirtschaftlicher Natur und werden deshalb an dieser Stelle nicht weiter betrachtet.

- den *Entscheidungswerten* (minimale Beteiligungsquoten), die von jedem einzelnen Bewertungssubjekt selbständig zu berechnen sind und die durch die Lösung des Vermittlers nicht verletzt werden dürfen,
- den *Argumentationswerten* (in Form vorgegebener minimaler Beteiligungsquoten), die die Anteilseigner dem Gutachter übermitteln sowie
- den *Vermittlungs-* oder *Arbitriumwerten*, die der Schiedswertermittler den Spaltungsparteien am Ende des Begutachtungsprozesses vorschlägt.

Die Konfliktsituation vom Typ der Spaltung wird bereits in der einfachsten Betrachtungsweise – der Spaltung eines Ursprungsunternehmens in zwei Spaltungsunternehmen – komplex, weil aus einer eindimensionalen Ursprungssituation (Basisansatz), die durch die gegebene Verteilung der Anteilsquoten am Ausgangsunternehmen U_{UG} gekennzeichnet ist, eine *mehrdimensionale Konfliktsituation* (Spaltungsansatz) wird, in der es um die Verteilung der Anteilsquoten an mehreren durch die Spaltung entstehenden Unternehmen geht. In dieser mehrdimensionalen Bewertungssituation geht es für den Gutachter darum, unter Einhaltung der Entscheidungswerte der Konfliktparteien und gegebenenfalls unter Beachtung der Argumentationswerte der Gesellschafter einen Vermittlungswert zu ermitteln.[15]

Dabei zeigt sich, daß die Änderung einer Anteilsquote (und damit eine Änderung des einem Bewertungssubjekt zustehenden Anteils am Zukunftserfolgsstrom) an einem Spaltungsunternehmen schließlich eine Änderung der Beteiligungsquoten der anderen Spaltungsunternehmen nach sich zieht:

$$\alpha_{U_f}^{h\,\text{Vermittlung}} = f\left(\alpha_{U_1}^{h}, \alpha_{U_2}^{h}, ..., \alpha_{U_{f-1}}^{h}, \alpha_{U_{f+1}}^{h}, ..., \alpha_{U_F}^{h}\right).$$

Die Vermittlungsquote $\alpha_{U_f}^{h\,\text{Vermittlung}}$ des Anteilseigners h am Spaltungsunternehmen U_f ergibt sich somit in Abhängigkeit von den anderen noch zu vereinbarenden Anteilsquoten an den (F–1) Spaltungsunternehmen. Es entsteht also eine bedingte Vermittlungssituation, in welcher der Arbitriumwert des betrachteten Spaltungsunternehmens U_f – die Vermittlungsquote $\alpha_{U_f}^{h\,\text{Vermittlung}}$ – jeweils abhängig von der Festlegung der Anteilsquoten an den weiteren in Rede stehenden Spaltungsunternehmen ist.[16]

Im Rahmen der Arbitriumwertermittlung übermitteln die Anteilseigner dem Gutachter ihre vermeintlichen Entscheidungswerte an den einzelnen Spaltungsunternehmen, wobei grundsätzlich zwei Arten von Entscheidungswerten möglich sind:[17]

---

15 Vgl. hierzu und im folgenden auch BYSIKIEWICZ/MATSCHKE/FREBEL, Schiedsgutachter? (2007).

16 Zur mehrdimensionalen Sichtweise im Rahmen der Entscheidungswertermittlung bei der Spaltung siehe Abschnitt III.1.3.2.1 (S. 188–204) dieser Arbeit.

17 Die übermittelten Werte werden hier als „Entscheidungswerte" bezeichnet, weil diese die äußerste Grenze der Konzessionsbereitschaft darstellen sollen. Übersteigt bei einer Konfliktpartei die Summe der minimal geforderten Entnahmen an allen Spaltungsunternehmen die anteiligen Entnahmen aus der Ursprungsgesellschaft, ist womöglich davon auszugehen, daß diese aus opportunistischen Beweggründen nicht ihre Entscheidungsquotenkombination, sondern eine Argumenta-

a) Die Spaltungsparteien können *vollständige Einigungsquotenvorschläge*, in denen Angebote für *alle* festzulegenden Spaltungsunternehmen enthalten sind, unterbreiten. Für den beispielhaften Anteilseigner h könnte ein solcher Vorschlag bei der Spaltung eines Ursprungsunternehmens in drei Spaltungsunternehmen beispielsweise lauten: $\left(\alpha_{U_1}^{\min h}, \alpha_{U_2}^{\min h}, \alpha_{U_3}^{\min h}\right) = (65\ \%, 45\ \%, 55\ \%)$. Damit hat der Gesellschafter h einen mehrdimensionalen Entscheidungswert in Form minimaler Beteiligungsquoten abgegeben, der mindestens einzuhalten ist, will der Anteilseigner h mit seinen Anteilen an den Spaltungsunternehmen nicht schlechter gestellt sein, als vor der Spaltung.[18]

b) Außerdem können die Spaltungsparteien *für bestimmte Spaltungsunternehmen Entscheidungsgrenzen* abgeben, um bestimmte Mitspracherechte an den Spaltungsunternehmen nicht zu verlieren. Diese Grenze darf ebenfalls nicht unterschritten werden.[19] Jedoch gelten diese Grenzen nur für *ein* Spaltungsunternehmen und sind losgelöst von den anderen Spaltungsunternehmen zu betrachten. Beispielsweise könnte der Anteilseigner h an dem Spaltungsunternehmen U_1 mindestens eine Beteiligung von 50 % fordern, um zukünftig einen beherrschenden Einfluß auf das Spaltungsunternehmen ausüben zu können. Ist für den Gesellschafter h

---

tionsquotenkombination angibt, welche dazu dienen soll, einen vermeintlichen Entscheidungswert zu präsentieren, um einen höheren Anteil am Spaltungsvorteil für sich zu separieren. Da die Höchstgrenze der Anteile an den Spaltungsunternehmen – wie noch zu zeigen sein wird – durch den Vermittler jedoch bereits vor Abgabe der Entscheidungsgrenzen an ihn festgelegt wird, kann den Anteilseignern deutlich gemacht werden, daß sich deren Anteilshöhe an den Spaltungsunternehmen insgesamt nicht mehr verändern kann; lediglich auf die Verteilung der Anteile der einzelnen Spaltungsunternehmen können die Anteilseigner im Rahmen der Arbitriumwertermittlung noch Einfluß ausüben. Ob die Spaltungsparteien dem Vermittler nun ihre tatsächlichen Entscheidungswerte oder aber Argumentationswerte in Form vermeintlicher Entscheidungswerte, die aus der Entscheidungsgrenze und einem Aufschlag berechnet werden, übermitteln, kann durch den Vermittler nicht überprüft werden. Da der Entscheidungswert jedoch einen „Wert hinter vorgehaltener Hand" darstellt, wird der dem Vermittler übermittelte Wert i. d. R ein Argumentationswert sein. Um die abgegebenen und für den Vermittler als bindend geltenden Anteilsquoten – sei es als tatsächliche Entscheidungswerte oder sei es als vorgegebene Argumentationswerte – begrifflich zusammenzufassen, werden die Vorschläge der Gesellschafter im folgenden als „Mindestforderungen" bezeichnet. Die Höhe der „Aufschläge" zwischen Entscheidungs- und Argumentationswert wird grundsätzlich bei der Übermittlung gegenüber dem Vermittler nicht so hoch ausfallen wie in den normalen Spaltungsverhandlungen, in denen es auch auf das Verhandlungsgeschick der Spaltungsparteien ankommt, wie hoch der jeweilige Anteil am Spaltungsunternehmen ausfallen wird.

18 Jedoch muß den Gesellschaftern auch klar sein, daß eine opportunistisch veranlaßte, überhöhte Aufstockung ihrer Forderungen den Vermittler zu einem Abbruch der Spaltungsverhandlungen zwingt, wenn die gesamten Anteilsforderungen aller Gesellschafter die zu verteilenden Anteile von 100 % je Spaltungsunternehmen übersteigen.

19 Besitzt bspw. ein Anteilseigner einer Aktiengesellschaft mindestens 95 % der Anteile seiner Gesellschaft, kann er nach § 327a Abs. 1 Aktiengesetz die Übertragung der restlichen Anteile auf ihn gegen Gewährung einer angemessenen Barabfindung verlangen (sog. Squeeze Out). Vgl. weiterführend zum Squeeze Out im Verhältnis zur Spaltung *O. VERF.*, Squeeze-out (1998), S. 654, *BACHNER*, Spaltung (2000), S. 360–365, *AUBEL/WEBER*, Eingliederung und Squeeze Out (2004), S. 857–866.

die Verteilung der Anteilsquoten an den verbleibenden zwei Unternehmen jedoch unerheblich, ergibt sich die folgende Mindestforderung: $\left(\alpha_{U_1}^{\min h}, \alpha_{U_2}^{h}, \alpha_{U_3}^{h}\right)$ = (50 %, – %, – %). Das bedeutet nicht, daß der Anteilseigner h mit einer Beteiligung von jeweils 0 % an den Spaltungsunternehmen U_2 und U_3 zufrieden wäre, denn grundsätzlich muß die Entscheidungsgrundlage $\sum_{f=1}^{3} \alpha_{U_f}^{h} \cdot EN_{U_f}^{max} \geq \beta_h \cdot EN_{U_{UG}}^{max}$ für den Gesellschafter h erfüllt sein. Die Art der Aufteilung seiner restlichen Anteile auf die Spaltungsunternehmen U_2 und U_3 ist für den Gesellschafter h jedoch nicht relevant.[20]

Diese teilweise nur für einzelne und teilweise für alle Spaltungsunternehmen geltenden Entscheidungsgrenzen werden im folgenden im Rahmen der Arbitriumwertermittlung zusammenfassend *Mindestforderungen* genannt.[21]

Dem Vermittler liegen alle Informationen über das Ursprungsunternehmen und die Spaltungsunternehmen vor.[22] Dazu gehören bspw. die bereits getroffenen Vereinbarungen über die Aufteilung von Vermögen und Schulden, die Verteilung der Arbeitnehmer auf die Spaltungsunternehmen, die Höhe der Beteiligungen der einzelnen Parteien an der Ursprungsgesellschaft sowie Informationen über eventuell bereits beschlossene Einigungsquoten einzelner Spaltungsunternehmen.[23] Aufgabe des Vermittlers ist es, aus diesen Informationen die zukünftigen, maximalen Entnahmen der Spaltungsgesellschaften und der Ursprungsgesellschaft zu berechnen. Aus der Differenz zwischen der Summe der maximal aus den Spaltungsgesellschaften zu erzielenden Entnahmen und der maximalen Entnahme der Ursprungsgesellschaft ergibt sich dann,

---

20 So könnte es beispielsweise passieren, daß der Anteilseigner h am zweiten Spaltungsunternehmen mit 100 % und am dritten Unternehmen gar nicht beteiligt wird. Dann wäre er mit der Einigungslösung $\left(\alpha_{U_1}^{h\ \text{Vermittlung}}, \alpha_{U_2}^{h\ \text{Vermittlung}}, \alpha_{U_3}^{h\ \text{Vermittlung}}\right)$ = (50 %, 100 %, 0 %) einverstanden.

21 Nur auf Grundlage dieser Mindestforderungen – die an einem Spaltungsunternehmen auch teilweise die Ausgangsbeteiligung am Ursprungsunternehmen übersteigen kann und die teilweise auch in den bisherigen Spaltungsverhandlungen von allen Spaltungsparteien akzeptiert worden sein kann – besteht überhaupt der Grund für eine *verhältnisändernde* Spaltung, weil der Vermittler die Anteile ansonsten ohne Mühe entsprechend der Ursprungsbeteiligung verteilen könnte.

22 Grundsätzlich ermittelt der Vermittler die Entnahmewerte der Unternehmen vor und nach der Spaltung aus Sicht der Spaltungsparteien. Vereinfachend sei hier davon ausgegangen, daß die Spaltungsparteien dieselben Informationen und Vorstellungen über die Spaltungsunternehmen besitzen und auch der Gutachter über diese Informationen verfügt.

23 Wird der Vermittler während der laufenden Spaltungsverhandlungen mit der Vermittlung beauftragt, muß er eventuell bereits feststehende Beteiligungsverhältnisse berücksichtigen. Zu Problemen kann es jedoch kommen, wenn bereits Einigungsquoten gefunden wurden, die einzelnen Parteien mehr Entnahmen zubilligen als ihnen laut gewähltem Gerechtigkeitspostulat und Ausgangsbeteiligung zustehen. Der Gutachter muß dann die zu viel verteilten Entnahmen denjenigen Konfliktparteien als Einbuße auf ihren anteiligen Spaltungsvorteil anrechnen, die noch nicht an ihre Entnahmeobergrenze gestoßen sind.

in welcher Höhe sich ein Entnahmezuwachs oder Spaltungsvorteil SV^{max} aus allen Spaltungsgesellschaften zusammen erzielen läßt:

$$SV^{max} = \sum_{f=1}^{F} EN_{U_f}^{max} - EN_{U_{UG}}^{max}.$$

Dabei ist unterstellt worden, daß die Spaltung positive Effekte hervorruft. Die Spaltungsparteien werden folglich nur dann einer Aufnahme von Spaltungsverhandlungen oder einer Prüfung der Spaltungsmöglichkeiten zustimmen, wenn die Anteilseigner davon ausgehen, daß die Zahlungsüberschüsse aus allen Spaltungsunternehmen mindestens den Zahlungsüberschüssen aus der Ursprungsgesellschaft entsprechen:

$$\sum_{f=1}^{F} EN_{U_f}^{max} \geq EN_{U_{UG}}^{max}.$$

Für den Vermittler ergibt sich dadurch folgende Situation:

- Die Entscheidungswerte im Rahmen der Spaltung stellen sich als mehrdimensionale Konzessionsgrenzen dar. Demnach ist die Festlegung der Anteilsquote an einem Spaltungsunternehmen von der Festlegung der verbleibenden Anteilsquoten abhängig.
- Auch das Ergebnis eines Vermittlungsvorschlags durch den Schiedsgutachter stellt demnach eine mehrdimensionale Einigungslösung dar.
- Der insgesamt durch die Teilung des Ursprungsunternehmens entstehende Spaltungsvorteil SV^{max} kann als Differenz der Entnahmewerte aus der Summe der Spaltungsunternehmen abzüglich der Entnahmewerte des Ursprungsunternehmens ermittelt werden.
- Eine Separation und Aufteilung des Spaltungsvorteils auf die einzelnen durch die Spaltung entstehenden Unternehmen ist jedoch nicht möglich, weil der insgesamt zu erzielende Spaltungsvorteil nur in einem Betrag festgestellt werden kann und als Vergleich lediglich ein (Ursprungs-)Unternehmen zur Verfügung steht. Dies erschwert bei einer verhältnisändernden Spaltung eine Verteilung des Spaltungsvorteils auf die einzelnen Anteilseigner.

3.2.2 Darstellung des Vermittlungsprozesses

3.2.2.1 Ermittlung zumutbarer Konfliktlösungen

Das Vermittlungsmodell im Rahmen der Spaltung wird in zwei Bewertungsschritte unterteilt (vgl. *Abbildung 76*). In einem *ersten Schritt*, der Ermittlung der zumutbaren Konfliktlösungen, prüft der Vermittler die ihm von den Gesellschaftern mitgeteilten Mindestforderungen (Berücksichtigung der Untergrenze), um festzustellen, ob nach Abgabe aller Beteiligungswünsche ein positiver Einigungsbereich besteht, und legt einen Verteilungsmaßstab fest, nach dem der Spaltungsvorteil verteilt werden soll (Berücksichtigung der Obergrenze). In einem *zweiten Schritt* erfolgt die Ermittlung der Arbitriumquoten (Schiedsspruchquoten) durch den Vermittler, indem dieser zunächst eine Reihenfolge der zu betrachtenden Spaltungsunternehmen festlegt und anschließend die Anteile an den Spaltungsunternehmen nach Maßgabe der Mindestforderungen und des gewählten Verteilungsmaßstabs aufteilt.

Schritt 1: Ermittlung der zumutbaren Konfliktlösungen

- Ermittlung der Entnahmemöglichkeiten aus dem Ursprungsunternehmen und aus den Spaltungsunternehmen
- Berücksichtigung des Merkmals der Rationalität des Handelns (Untergrenze)
- Festlegung eines auf einem Gerechtigkeitspostulat basierenden Verteilungsmaßstabs
- Berücksichtigung des Merkmals der parteienbezogenen Angemessenheit (Obergrenze)

Schritt 2: Ermittlung der Schiedsspruchquoten

- Festlegung einer Reihenfolge der zu betrachtenden Spaltungsunternehmen
- Verteilung der Anteile gemäß folgendem Prinzip:
  - Verteilung gemäß der Mindestforderungen
  - Verteilung der übrigen Anteile gemäß festgelegtem Verteilungsmaßstab

Abbildung 76: Darstellung des Vermittlungsmodells

Um im *ersten Schritt* die zumutbaren Konfliktlösungen zu ermitteln, muß der Gutachter zunächst die Entnahmewerte der zu betrachtenden Unternehmen berechnen. Die Arbitriumwertermittlung im Rahmen der Spaltung orientiert sich dabei an dem grundsätzlichen Vorgehen zur Ermittlung von Entscheidungswerten in der Konfliktsituation der Spaltung.[24]

Diese von den Bewertungssubjekten ermittelten Entscheidungswerte bilden dann den Ausgangspunkt für die Verhandlung über die Einigungslösungen, weil diese entweder unverändert oder aber mit einem Aufschlag als Argumentationswerte dem Gutachter übermittelt werden.[25] Dieser hat dann die Aufgabe, die Mindestforderungen auf die Einhaltung des Definitionsbereichs dahingehend zu überprüfen, daß er eine Untergrenze und eine Obergrenze der Summe aller Anteilsforderungen festlegt, die von den Mindestforderungen nicht verletzt werden dürfen.

Die *Untergrenze* ergibt sich aus dem „Merkmal der Rationalität des Handelns“, welches besagt, daß die Entscheidungswerte der Anteilseigner nicht verletzt werden

---

[24] Vgl. zur allgemeinen Darstellung der Entscheidungswertermittlung im Rahmen der Spaltung Abschnitt III.1.2 (S. 146–167) dieser Arbeit.

[25] Im folgenden werden diese dem Vermittler übermittelten Werte zusammengefaßt als „Mindestforderungen“ bezeichnet.

dürfen. Diese Entscheidungsgrenze fordert, daß die anteiligen Entnahmewerte des Anteilseigners h aus dem Ursprungsunternehmen nach der Spaltung mindestens wieder erreicht werden müssen:

$$\sum_{f=1}^{F} \alpha_{U_f}^{h} \cdot EN_{U_f}^{max} \geq \beta_h \cdot EN_{U_{UG}}^{max} .$$

Die *Obergrenze* wird durch das „Merkmal der parteienbezogenen Angemessenheit“ bestimmt. Demnach soll der Arbitriumwert auf der Grundlage eines vom Vermittler gewählten Gerechtigkeitspostulats bemessen werden.[26] Gewöhnlich wird dabei die verhältniswahrende Verteilung zu wählen sein, weil dieser Aufteilungsmaßstab im Rahmen der Spaltung am „gerechtesten“ erscheint; denn durch diese Verteilung werden die Anteilseigner in demselben Verhältnis an den Chancen und Risiken der Spaltungsunternehmen beteiligt, wie diese es vor der Spaltung waren. Deshalb sollte auch ihr Anteil am Spaltungsvorteil und an den Spaltungsunternehmen entsprechend ihres Anteils am Ursprungsunternehmen ausfallen.[27] Bei Anwendung des Gerechtigkeitspostulats der Verteilung gemäß der Ausgangsbeteiligung ergibt sich folgende Obergrenze, die jeder Spaltungspartei ihren (maximalen) Anteil an den Spaltungsunternehmen in einer Summe anzeigt:[28]

$$\sum_{f=1}^{F} \alpha_{U_f}^{h} \cdot EN_{U_f}^{max} = \beta^{h} \cdot \sum_{f=1}^{F} EN_{U_f}^{max}.$$

Das bedeutet, daß die Höhe der Summe der Anteile $\alpha_{U_f}^{h}$ an den Entnahmen $EN_{U_f}^{max}$ der Spaltungsunternehmen der Ausgangsbeteiligung β^{h} an der Summe der Entnahmen $EN_{U_f}^{max}$ der Spaltungsunternehmen entspricht. Der (absolute) Definitionsbereich für mögliche Konfliktlösungen ergibt sich somit als:

$$\beta^{h} \cdot EN_{U_{UG}}^{max} \leq \sum_{f=1}^{F} \alpha_{U_f}^{h} \cdot EN_{U_f}^{max} \leq \beta^{h} \cdot \sum_{f=1}^{F} EN_{U_f}^{max}.$$

---

26 Vgl. *MATSCHKE*, Arbitrium- oder Schiedsspruchwert (1971), S. 519.

27 Das bedeutet nicht, daß die Spaltung verhältniswahrend durchgeführt wird, denn die Anteilseigner können an einigen Spaltungsunternehmen auch Anteilsquoten fordern, die über ihrer ursprünglichen Beteiligung liegen. Somit kann es in diesem relevanten und hier zu betrachtenden Fall nicht ausschließlich zu einer verhältniswahrenden Spaltung kommen. Es lassen sich jedoch auch Gründe für eine Verteilung nach Köpfen – also für eine gleichmäßige Verteilung des Spaltungsvorteils unabhängig von der Kapitalbeteiligung der Anteilseigner – finden, bspw., wenn die Unternehmensgründer gleichmäßig durch ihren Arbeitseinsatz bis zum Zeitpunkt der Spaltung am Ursprungsunternehmen beteiligt waren.

28 Diese Obergrenze ist nicht nur „maximal“ zu erreichen, sondern bildet den zu erlangenden Entnahmeanteil nach der Spaltung, weil der Vermittler nach dem Postulat der Ursprungsbeteiligung jedem Anteilseigner diese Obergrenze zuzuteilen hat.

Zusätzlich ist noch zu überprüfen, ob die Mindestforderungen $\alpha_{U_f}^{h\,MF}$ der Anteilseigner deren Obergrenze nicht überschreiten:[29]

$$\sum_{f=1}^{F} \alpha_{U_f}^{h\,MF} \cdot EN_{U_f}^{max} \leq \beta^h \cdot \sum_{f=1}^{F} EN_{U_f}^{max}.$$

Die Menge der zumutbaren Konfliktlösungen M_h ergibt sich, indem der Vermittler zusätzlich noch die Mindestforderungen der Anteilseigner h dahingehend überprüft, ob deren kumulierte Anteilsforderungen die maximal zu vergebenden Anteile von 100 % eines Spaltungsunternehmens nicht überschreiten:

$$\sum_{h=1}^{H} \alpha_{U_f}^{h\,MF} \leq 1 \quad \forall f.$$ [30]

Unter Beachtung dieser Restriktionen kann der Vermittler einen *Bereich zumutbarer Konfliktlösungen* bestimmen, in dem mögliche Vermittlungslösungen liegen werden. In diesem Bereich gibt es unendlich viele mögliche Kombinationen, die für die Spaltungsparteien h zu zumutbaren Konfliktlösungen führen. Dabei ergibt sich die jeweilige Untergrenze aus den Mindestforderungen $\alpha_{U_f}^{h\,MF}$ der Anteilseigner und die Obergrenze $OG_{U_f}^{h}$ aus 100 % der Anteile am Unternehmen abzüglich der abgegebenen Mindestforderungen der anderen Gesellschafter:

$$OG_{U_f}^{h} = 1 - \left(\alpha_{U_f}^{1} + \alpha_{U_f}^{2} + \ldots + \alpha_{U_f}^{h-1} + \alpha_{U_f}^{h+1} + \ldots + \alpha_{U_f}^{H} \right).$$

Hieraus resultiert für den Anteilseigner h folgende Menge M_h zumutbarer Konfliktlösungen:

$$M_h = \left\{ \alpha_{U_1}^{h\,MF} \leq \alpha_{U_1}^{h} < OG_{U_1}^{h};\ \alpha_{U_2}^{h\,MF} \leq \alpha_{U_2}^{h} < OG_{U_2}^{h};\ \ldots;\ \alpha_{U_F}^{h\,MF} < \alpha_{U_F}^{h} \leq OG_{U_F}^{h} \right\}.$$

---

[29] Um zu überprüfen, ob die Obergrenze nicht verletzt wird, wird statt des „="-Zeichens ein „≤"-Zeichen eingefügt. Im Fall der Überschreitung der anteilseignerspezifischen Obergrenze muß der Vermittler den Gesellschaftern ihre Mindestforderungen mit der Aufforderung um Reduzierung der Ansprüche zurückmelden, weil nur bei Einhaltung dieser Restriktion eine Arbitriumwertermittlung durch den Gutachter möglich ist.

[30] Werden durch die Spaltungsparteien an einem Unternehmen mehr Anteile gefordert als zur Verfügung stehen, liegt kein Einigungsbereich vor. In diesem Fall muß der Vermittler die Parteien hierauf verweisen und die Spaltungsparteien dazu auffordern, ihre vermeintlich als Entscheidungswerte abgegebenen Argumentationswerte zu überprüfen. Sollte sich danach immer noch kein positiver Einigungsbereich ergeben, ist nach dem Grundsatz der Berücksichtigung der Entscheidungswerte (Merkmal der Rationalität des Handelns) keine Einigung möglich. Sollten sich die Konfliktparteien darauf einigen, daß Mindestforderungen an einzelnen Spaltungsunternehmen durch den Vermittler verletzt werden dürfen, so lange in der Summe die anteiligen Entnahmewerte am Ursprungsunternehmen nicht unterschritten werden, kann der Vermittler mögliche Verletzungen der Entscheidungsgrenzen an einzelnen Spaltungsunternehmen mit erhöhten Anteilen an den übrigen Spaltungsunternehmen kompensieren.

3.2.2.2 Ermittlung der Arbitriumquoten

Nach der Ermittlung der zumutbaren Konfliktlösungen folgt in einem *zweiten Schritt* die Ermittlung der Arbitriumquoten durch den Vermittler. Nach der bereits erfolgten Festlegung des Verteilungsmaßstabs entscheidet sich der Vermittler, in welcher Reihenfolge er die Spaltungsunternehmen aufteilt. Dabei sollte er zunächst diejenigen Unternehmen aufteilen, bei denen ein möglichst geringer Vermittlungsspielraum besteht, bei denen also durch die Summe der Mindestforderungen ein Großteil der Anteile bereits verteilt ist.[31]

Die eigentliche Ermittlung der Schiedsspruchquoten erfolgt, indem der Vermittler zunächst eine Verteilung nach Maßgabe der Mindestforderungen für alle Spaltungsunternehmen vornimmt. Die übrigen Anteile des gerade betrachteten Spaltungsunternehmens werden entsprechend des zuvor festgelegten Gerechtigkeitspostulats verteilt. Bei dieser Zuordnung muß der Vermittler jedoch stets darauf achten, daß die Beteiligungsobergrenze der einzelnen Spaltungsparteien, die sich aus ihrer Beteiligung am Ursprungsunternehmen und der Summe der Entnahmen der Spaltungsunternehmen ergibt, nicht überschritten (oder genau erreicht) wird:

$$\sum_{f=1}^{F} \alpha_{U_f}^{h} \cdot EN_{U_f}^{max} = \beta^{h} \cdot \sum_{f=1}^{F} EN_{U_f}^{max}.$$

3.2.3 Kritische Würdigung des Vermittlungsmodells im Rahmen der Spaltung

Nach der Darstellung des aus zwei Schritten bestehenden Vermittlungsmodells soll dieses Modell unter Berücksichtigung der in Kapitel II.2.1 (S. 58 f.) formulierten Merkmale des Arbitriumwerts, den Merkmalen der Rationalität des Handelns, der parteienbezogenen Angemessenheit, der Nachprüfbarkeit sowie der rechtlichen Vorgaben, kritisch gewürdigt werden.

➢ **Merkmal der Rationalität des Handelns**

Das Vermittlungsmodell im Rahmen der Spaltung veranlaßt den Vermittler, in einem ersten Schritt unter Beachtung der Mindestforderungen der Anteilseigner die jeweiligen Entscheidungswerte der Konfliktparteien zu ermitteln, um die Grenzen der Konzessionsbereitschaft der Beteiligten nicht zu verletzen. Mit Hilfe dieser vermeintlichen Entscheidungswerte kann er die Menge der für die Konfliktparteien zumutbaren Konfliktlösungen bestimmen und – in einem zweiten Schritt – die Schiedsspruchquoten ermitteln. Gemäß dem Merkmal der Rationalität des Handelns müssen die Gesell-

[31] Sollte sich – bspw. weil keine Mindestforderungen abgegeben werden – keine Rangfolge ergeben, erübrigt sich eine Festlegung einer Reihenfolge, weil der Vermittler dann aufgrund fehlender Mindestforderungen die Spaltung z. B. nach dem festgelegten Postulat des Verhältnisses der Ursprungsbeteiligung verhältniswahrend durchführen würde. Mit Blick auf die jeweiligen Lösungsschritte wird sich der Vermittler bei den Beteiligten durch Rücksprache absichern.

schafter die anteiligen Entnahmewerte aus dem Ursprungsunternehmen durch ihre Beteiligungen an den nach der Spaltung bestehenden Unternehmen mindestens wieder erreichen. Mit dem beschriebenen Modell können folglich Arbitriumwerte als „Untergrenze" ermittelt werden, die dem Merkmals der Rationalität des Handelns gerecht werden.

➢ **Merkmal der parteienbezogenen Angemessenheit**

Die „Obergrenze" bei der Ermittlung von Vermittlungswerten im Rahmen der Spaltung wird durch das „Merkmal der parteienbezogenen Angemessenheit" beachtet: Das Vermittlungsmodell ist auf alle Konfliktparteien ausgerichtet, wobei der Vermittler keine subjektive, sondern eine auf einem bestimmten Gerechtigkeitspostulat basierende Sichtweise einnimmt. Je nach Ausgestaltung der Bewertungssituation im Fall der Spaltung kann bspw. die „Regel der absolut gleichen Teilung" oder die „Regel gemäß der Ursprungsbeteiligung" als zumutbar für die Spaltungsparteien angesehen werden. Das Vermittlungsmodell ermöglicht es dem Vermittler folglich, einen auf dem Merkmal der parteienbezogenen Angemessenheit basierenden Arbitriumwert zu ermitteln.

➢ **Merkmal der Nachprüfbarkeit**

Aufgrund der unparteiischen, unabhängigen Stellung des Vermittlers ist es diesem möglich, im Rahmen des Vermittlungsmodells einen Arbitriumwert zu ermitteln, bei dem die einer Bewertung zugrundegelegten Informationen und die aus diesen Informationen gezogenen Schlüsse überprüfbar sind. Somit kann etwaigen Manipulationsmöglichkeiten aus der Informationspolitik der Parteien und/oder aus einer parteilichen Ausnutzung des Bewerterermessens vorgebeugt werden. Der mit dem Vermittlungsmodell ermittelte Schiedsspruchwert ist somit nachprüfbar.

➢ **Merkmal der Berücksichtigung rechtlicher Vorgaben**

Nach § 126 Abs. 1 Nr. 3 UmwG ist das Umtauschverhältnis im Spaltungsvertrag zwingend anzugeben. Eine rechtlich vorgeschriebene Methode zur Bewertung von Unternehmen im Rahmen der Schiedsspruchwertermittlung bei der Spaltung existiert bisher jedoch nicht. Deshalb ist es Aufgabe der entscheidungsorientierten, funktionalen Unternehmensbewertungstheorie, Vorgaben für die Bewertung im Rahmen der Arbitriumwertermittlung bei der Spaltung zu entwickeln.

Insgesamt läßt sich feststellen, daß das Vermittlungsmodell im Rahmen der Spaltung einem unparteiischen Vermittler ermöglicht, Arbitriumwerte unter Berücksichtigung der Merkmale der Rationalität des Handelns, der parteienbezogenen Angemessenheit sowie der Nachprüfbarkeit zu ermitteln. Rechtliche Vorgaben existieren dabei nicht. Die nachfolgenden Ausführungen zeigen eine die Merkmale des Arbitriumwerts berücksichtigende mehrdimensionale Vermittlungssituation vom Typ der Spaltung.

3.3 Besondere Aspekte der Arbitriumwertermittlung

3.3.1 Darstellung der Konfliktsituation

Zur Veranschaulichung wird im folgenden eine *nicht dominierte, disjungierte* und *mehrdimensionale Konfliktsituation vom Typ der Spaltung* im Sinne einer Aufspaltung durch Neugründung[32] betrachtet (vgl. *Abbildung 77*), bei der es um die Spaltung einer Ursprungsgesellschaft U_{UG} in drei Spaltungsgesellschaften U_A, U_B und U_C geht.

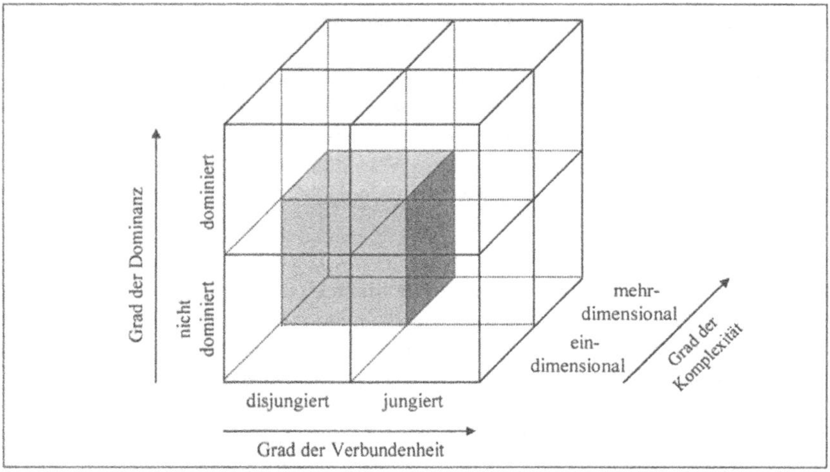

Abbildung 77: Konfliktwürfel für eine nicht dominierte, disjungierte und mehrdimensionale Konfliktsituation vom Typ der Spaltung

An der Ausgangsgesellschaft sind die drei Anteilseigner X, Y und Z mit den Ursprungsbeteiligungen $\beta^X = 60\ \%$, $\beta^Y = 30\ \%$ und $\beta^Z = 10\ \%$ beteiligt (vgl. *Abbildung 78*). Die Bewertung im Rahmen der beispielhaften Arbitriumwertermittlung bei der Spaltung erfolgt auf Basis des allgemeinen Grenzquotenmodells mit der finanziellen Zielsetzung „Einkommensmaximierung".[33]

---

32 Zur „Aufspaltung durch Neugründung" vgl. Abschnitt II.1.2.2.1 (S. 21) dieser Arbeit.

33 Zur Darstellung des allgemeinen Grenzquotenmodells im Rahmen der Spaltung vgl. Abschnitt III.1.2 (S. 150 f.) dieser Arbeit.

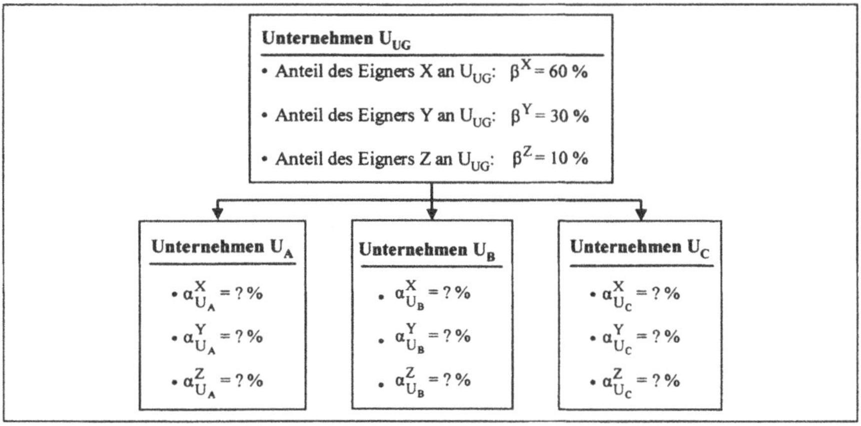

Abbildung 78: Ausgangssituation zur beispielhaften Arbitriumwertermittlung

Der Zielplan und das Entscheidungsfeld des Ursprungsunternehmens U_{UG} stimmen mit den bereits aus der jungierten Entscheidungswertermittlung bekannten Beispieldaten überein.[34] Im Gegensatz zur jungierten Konfliktsituation, in der das Teilunternehmen U_B eventuell verkauft werden sollte, erfolgt in diesem Beispielfall jedoch eine Aufspaltung zur Neugründung, so daß aus den ursprünglich drei bestehenden Teilunternehmen durch die Spaltung insgesamt drei Spaltungsunternehmen entstehen.

Die aus der Spaltung hervorgehenden Gesellschaften U_A, U_B und U_C weisen die gleiche Entnahmepräferenz wie vor der Spaltung auf; auch die Sicherung der Ausschüttung über den Planungshorizont hinweg wird beibehalten. Nach der Spaltung unterscheiden sich jedoch die Investitions- und Finanzierungsmöglichkeiten der Spaltungsunternehmen von denen der Ursprungsgesellschaft. Die speziellen Daten des Spaltungsunternehmens U_A sind bereits in der jungierten Entscheidungssituation erläutert worden.[35] Deshalb werden im folgenden lediglich die Beispieldaten der Spaltungsunternehmen U_B und U_C dargestellt.

Dem *Spaltungsunternehmen U_B* stehen sowohl die Investitionsmöglichkeit I_B als auch die Finanzierungsmöglichkeit F_B ohne Veränderung der Obergrenzen im Verhältnis zur Ursprungsgesellschaft zur Verfügung. Das Unternehmen kann zu 5 % p. a. einperiodig Geld anlegen und zu 10 % p. a. Kapital in unbeschränkter Höhe für eine Periode aufnehmen. Weiterhin resultiert aus dem Spaltungsunternehmen U_B ein feststehender Zahlungsstrom aus der Innenfinanzierung in Höhe von (0 GE; 14 GE; 15 GE; 14 GE; 294 GE). Eine Zusammenfassung der Daten zeigt die *Tabelle 44*.

---

[34] Siehe Abschnitt III.1.3.2.2.1 (S. 209–211) dieser Arbeit.

[35] Vgl. Abschnitt III.1.3.2.2.2 (S. 225–227) dieser Arbeit.

t	I_B	F_B	GA_0	GA_1	GA_2	GA_3	KA_0	KA_1	KA_2	KA_3	IF
0	-110	100	-1				1				0
1	10	-7	1,05	-1			-1,1	1			14
2	80	-7		1,05	-1			-1,1	1		15
3	80	-7			1,05	-1			-1,1	1	14
4		-107				1,05				-1,1	294
Grenze	25	30	∞	∞	∞	∞	∞	∞	∞	∞	1

Tabelle 44: Datensituation des Spaltungsunternehmens U_B

Beim *Spaltungsunternehmen U_C* erhöhen sich die maximalen Durchführungsmöglichkeiten der Investition I_C und der Finanzierung F_C im Verhältnis zum Ursprungsunternehmen um jeweils 2 GE auf Obergrenzen von 22 GE (Investition I_C) sowie von 32 GE (Finanzierung F_C). Einperiodige Geldanlagen und Kreditaufnahmen sind unter den gleichen Konditionen wie bei den anderen Spaltungsunternehmen möglich. Neben Eigenmitteln in Höhe von 10 GE im Zeitpunkt $t = 0$ besteht folgender fester auf die Innenfinanzierung des Spaltungsunternehmens zurückzuführender Zahlungsstrom: (40 GE, 17 GE, 16 GE, 17 GE, 357 GE). Die Daten des Spaltungsunternehmens U_C sind zusammenfassend in der *Tabelle 45* dargestellt.

t	I_C	F_C	GA_0	GA_1	GA_2	GA_3	KA_0	KA_1	KA_2	KA_3	EM	IF
0	-120	100	-1				1				10	40
1	40	-33	1,05	-1			-1,1	1				17
2	60	-31		1,05	-1			-1,1	1			16
3	80	-29			1,05	-1			-1,1	1		17
4	80	-27				1,05				-1,1		357
Grenze	22	32	∞	∞	∞	∞	∞	∞	∞	∞	1	1

Tabelle 45: Datensituation des Spaltungsunternehmens U_C

Der Vermittler erhält am Anfang seines Vermittlungsauftrags folgende Mindestforderungen von den drei Anteilseignern übermittelt: Nach der Spaltung möchte der Gesellschafter X am Spaltungsunternehmen U_A mindestens 50 % der Anteile und am Spaltungsunternehmen U_C sogar mindestens 70 % der Anteile erhalten, um zu verhindern, daß sich andere Anteilseigner bei diesen beiden Unternehmen einen beherrschenden Einfluß sichern. Beim Spaltungsunternehmen U_B hat er keine Mindestforderungen. Der Gesellschafter Y hat dem Vermittler nur eine Mindestforderung übergeben: Er möchte am Spaltungsunternehmen U_A zu mindestens 20 % beteiligt werden. Der Gesellschafter Z befürchtet aufgrund seiner geringen Ausgangsbeteiligung, daß er nach der Spaltung bei einem der Spaltungsunternehmen durch einen Squeeze Out zum Austritt aus einem Unternehmen gezwungen werden könnte; deshalb verlangt er eine Mindestbeteiligung an jedem Spaltungsunternehmen von mindestens 6 %.[36] Grundsätzlich gilt außerdem für jeden Gesellschafter, daß deren Anteile an den Entnahmen der Spaltungsunternehmen in der Summe mindestens so groß sein müssen, wie deren Anteil an den Entnahmen des Ursprungsunternehmens.

3.3.2 Beispielhafte Darstellung des Vermittlungsmodells

3.3.2.1 Ermittlung zumutbarer Konfliktlösungen

Um die zumutbaren Konfliktlösungen zu ermitteln, muß der Vermittler zunächst die Entnahmewerte des Ursprungsunternehmens und der Spaltungsunternehmen berechnen und anschließend überprüfen, ob die Mindestforderungen der Gesellschafter erfüllt werden können.

Im *ersten Schritt* der Ermittlung der zumutbaren Konfliktlösungen werden zunächst im Basisansatz (Vor-Spaltungsansatz) die Entnahmemöglichkeiten aus dem Ursprungsunternehmen U_{UG} ohne Spaltung ermittelt. Die Lösung des im Abschnitt III.1.3.2.2.2 (S. 217–220) dieser Arbeit beschriebenen Basisansatzes der jungierten Konfliktsituation[37] ergibt mit Hilfe des Simplexalgorithmus einen uniformen Einkommensstrom der Breite $EN_{U_{UG}}^{max} = 244{,}9563$ GE.[38]

Für die Gesellschafter der Ursprungsgesellschaft entsprechen die folgenden in *Tabelle 46* dargestellten Anteile am Ursprungsunternehmen U_{UG} demjenigen Anteil, den sie nach der Spaltung mindestens wieder erreichen müssen.

Anteilseigner h	X	Y	Z	Summe
relative Beteiligung β_h an $EN_{U_{UG}}^{max}$ in Prozent	60	30	10	100
absolute Beteiligung β_h an $EN_{U_{UG}}^{max}$ in GE	146,9738	73,4869	24,4956	244,9563

Tabelle 46: Anteile der Gesellschafter an der Ursprungsgesellschaft

36 Will ein Anteilseigner die Ausschlußgefahr des „Squeeze Out" umgehen, so muß er mehr als 5 % des Grundkapitals besitzen. Vgl. dazu die in Fn. 19 (S. 334) dieses Kapitels zitierte Literatur.

37 Die jungierte Konfliktsituation bei einem Preis $P_{U_B} = 0$ entspricht der disjungierten Konfliktsituation, weil in diesem Fall das Unternehmen U_B nicht verkauft wird.

38 Die in der jungierten Konfliktsituation ermittelten Entnahmewerte aus Sicht des Anteilseigners X sollen hier aus Vereinfachungsgründen der Sichtweise des Vermittlers entsprechen.

Nach der Berechnung der Entnahmewerte des Ursprungsunternehmens erfolgt die Berechnung der maximalen Entnahmen $EN_{U_f}^{max}$ der drei Spaltungsunternehmen (Spaltungsansatz).

Für das *Spaltungsunternehmen U_A* wird an dieser Stelle nur das Ergebnis wiedergegeben, das bereits im Abschnitt III.1.3.2.2.2 (S. 225–227) dieser Arbeit ermittelt wurde: Demnach entspringt aus dem Spaltungsunternehmen U_A ein uniformer Einkommensstrom der Breite $EN_{U_A}^{max} = 101{,}7473$ GE.

Der maximale Entnahmestrom des *Spaltungsunternehmens U_B* ist mit folgendem linearen Optimierungsansatz zu lösen:[39]

$$\text{max. Entn; Entn} = EN_{U_B}^{max}$$

$$110 \cdot I_B - 100 \cdot F_B + 1 \cdot GA_0 - 1 \cdot KA_0 + 1 \cdot EN_{U_B} \leq 0$$

$$-10 \cdot I_B + 7 \cdot F_B - 1{,}05 \cdot GA_0 + 1 \cdot GA_1 + 1{,}1 \cdot KA_0 - 1 \cdot KA_1 + 1 \cdot EN_{U_B} \leq 14$$

$$-80 \cdot I_B + 7 \cdot F_B - 1{,}05 \cdot GA_1 + 1 \cdot GA_2 + 1{,}1 \cdot KA_1 - 1 \cdot KA_2 + 1 \cdot EN_{U_B} \leq 15$$

$$-80 \cdot I_B + 7 \cdot F_B - 1{,}05 \cdot GA_2 + 1 \cdot GA_3 + 1{,}1 \cdot KA_2 - 1 \cdot KA_3 + 1 \cdot EN_{U_B} \leq 14$$

$$107 \cdot F_B - 1{,}05 \cdot GA_3 + 1{,}1 \cdot KA_3 + 21 \cdot EN_{U_B} \leq 294$$

$$I_B,\ F_B,\ GA_t,\ KA_t,\ EN_{U_B} \geq 0 \qquad \forall\, t$$

$$I_B \leq 25$$

$$F_B \leq 30.$$

Gemäß Lösung dieses Ansatzes mit Hilfe des Simplexalgorithmus entspringt aus dem Spaltungsunternehmen U_B, wenn die Investition I_B im maximalen Umfang von 25 Mal durchgeführt wird, ein uniformer Einkommensstrom der Breite $EN_{U_B}^{max}$ = 52,9661 GE. Das Guthaben zum Ende des Planungszeitraums über 1.059,3219 GE ist bei einem Zinssatz von 5 % Ursprung einer ewigen Rente in Höhe von $EN_{U_B}^{max}$. Den vollständigen Finanzplan des optimalen Investitions- und Finanzierungsprogramms für das mit der Spaltung entstehende Unternehmen U_B zeigt die *Tabelle 47*.

Schließlich ist für das *Spaltungsunternehmen U_C* noch der folgende Ansatz mit Hilfe des Simplexalgorithmus zu lösen:

$$\text{max. Entn; Entn} = EN_{U_C}^{max}$$

---

39 Da die linearen Optimierungsansätze in der jungierten Konfliktsituation für die Unternehmen U_B und U_C nicht dargestellt werden, erfolgt an dieser Stelle eine ausführliche Beschreibung.

$$120 \cdot I_C - 100 \cdot F_C + 1 \cdot GA_0 - 1 \cdot KA_0 + 1 \cdot EN_{U_C} \leq 50$$

$$-40 \cdot I_C + 33 \cdot F_C - 1{,}05 \cdot GA_0 + 1 \cdot GA_1 + 1{,}1 \cdot KA_0 - 1 \cdot KA_1 + 1 \cdot EN_{U_C} \leq 17$$

$$-60 \cdot I_C + 31 \cdot F_C - 1{,}05 \cdot GA_1 + 1 \cdot GA_2 + 1{,}1 \cdot KA_1 - 1 \cdot KA_2 + 1 \cdot EN_{U_C} \leq 16$$

$$-80 \cdot I_C + 29 \cdot F_C - 1{,}05 \cdot GA_2 + 1 \cdot GA_3 + 1{,}1 \cdot KA_2 - 1 \cdot KA_3 + 1 \cdot EN_{U_C} \leq 17$$

$$-80 \cdot I_C + 27 \cdot F_C - 1{,}05 \cdot GA_3 + 1{,}1 \cdot KA_3 + 21 \cdot EN_{U_C} \leq 357$$

$$I_C,\ F_C,\ GA_t,\ KA_t,\ EN_{U_C} \geq 0 \quad \forall\, t$$

$$I_C \leq 22$$
$$F_C \leq 32.$$

	t = 0	t = 1	t = 2	t = 3	t = 4
Investition I_B	-2.750	250	2.000	2.000	
Finanzierung F_B	2.788,5720	-195,2000	-195,2000	-195,2000	-2.983,7720
Autonome Zahlungen $b_t^{U_B}$	0	14	15	14	294
Betriebsmittel-kredit KA_t	14,3941				
Geldanlage GA_t			-1.766,8339	-3.621,0095	
KA_t-, GA_t-Rückzahlung		-15,8339		1.855,1756	3.802,0600
Entnahme $EN_{U_B}^{max}$	-52,9661	-52,9661	-52,9661	-52,9661	-52,9661
Zahlungssaldo	0	0	0	0	1.059,3219
Schuldenstand aus KA_t	14,3941				
Guthabenstand aus GA_t			1.766,8339	3.621,0095	
Endvermögen $EN_{U_B}^{max}/0{,}05$					1.059,3219

Tabelle 47: Vollständiger Finanzplan des Unternehmens U_B im Spaltungsprogramm

Gemäß Lösung dieses Ansatzes mit Hilfe des Simplexalgorithmus entspringt aus dem Spaltungsunternehmen U_C ein uniformer Einkommensstrom der Breite $EN_{U_C}^{max}$ = 122,0298 GE. Das Guthaben zum Ende des Planungszeitraums über 2.440,5965 GE ist bei einem Zinssatz von 5 % Ursprung einer ewigen Rente in Höhe von $EN_{U_C}^{max}$. Die Investition I_C erreicht die gesetzte Obergrenze, die Finanzierung F_C wird nur im Umfang von 27,1203 Mal in Anspruch genommen. Der vollständige Finanzplan des Spaltungsunternehmens U_C gibt in *Tabelle 48* die Optimallösung detailliert wieder:

	t = 0	t = 1	t = 2	t = 3	t = 4
Investition I_C	-2.640	880	1.320	1.760	1.760
Finanzierung F_C	2.712,0298	-894,9698	-840,7292	-786,4886	-732,2480
Autonome Zahlungen $b_t^{U_C}$	40	17	16	17	357
Eigenmittel	10				
Betriebsmittelkredit KA_t		119,9996			
Geldanlage GA_t			-241,2414	-1.121,7851	
KA_t-, GA_t-Rückzahlung			-131,9996	253,3035	1.177,8743
Entnahme $EN_{U_C}^{max}$	-122,0298	-122,0298	-122,0298	-122,0298	-122,0298
Zahlungssaldo	0	0	0	0	2.440,5965
Schuldenstand aus KA_t		119,9996			
Guthabenstand aus GA_t			241,2414	1.121,7851	
Endvermögen $EN_{U_C}^{max}/0{,}05$					2.440,5965

Tabelle 48: Vollständiger Finanzplan des Unternehmens U_C im Spaltungsprogramm

In der *Tabelle 49* sind die maximalen Entnahmen der drei Spaltungsunternehmen zusammenfassend dargestellt.

Spaltungsunternehmung U_f	U_A	U_B	U_C
maximale Entnahme $EN_{U_f}^{max}$	101,7473 GE	52,9661 GE	122,0298 GE

Tabelle 49: Überblick über die maximalen Entnahmen der Spaltungsunternehmen

Im *zweiten Schritt* der Ermittlung der zumutbaren Konfliktlösungen legt der Vermittler zunächst den Definitionsbereich der möglichen Vermittlungslösungen fest, indem die Unter- und Obergrenze berechnet werden:

$$\beta^h \cdot EN_{U_{UG}}^{max} \leq \sum_{f=1}^{3} \alpha_{U_f}^h \cdot EN_{U_f}^{max} = \beta^h \cdot \sum_{f=1}^{3} EN_{U_f}^{max}.$$

Für den *Anteilseigner X* ergibt sich folgender Zusammenhang:

$$\beta^X \cdot EN_{U_{UG}}^{max} \leq \alpha_{U_A}^X \cdot EN_{U_A}^{max} + \alpha_{U_B}^X \cdot EN_{U_B}^{max} + \alpha_{U_C}^X \cdot EN_{U_C}^{max} = \beta^X \cdot \sum_{f=1}^{3} EN_{U_f}^{max}$$

$$0{,}6 \cdot 244{,}9563 \leq \alpha_{U_A}^X \cdot 101{,}7473 + \alpha_{U_B}^X \cdot 52{,}9661 + \alpha_{U_C}^X \cdot 122{,}0298 = 0{,}6 \cdot 276{,}7432$$

$$146{,}9738 \leq \alpha_{U_A}^X \cdot 101{,}7473 + \alpha_{U_B}^X \cdot 52{,}9661 + \alpha_{U_C}^X \cdot 122{,}0298 = 166{,}0459.$$ [40]

Die *Untergrenze*, die nach dem Grundsatz der Rationalität des Handelns nach der Spaltung mindestens wieder erreicht werden muß, ergibt sich aus dem Anteil des Eigners X am Ursprungsunternehmen U_{UG}. Die *Obergrenze*, die nach dem Merkmal der parteienbezogenen Angemessenheit aufgrund des gewählten Gerechtigkeitspostulats den Anteilseignern genau zugeteilt wird, ergibt sich aus der Beteiligungsquote β^X an der Summe der Entnahmewerte aus den drei Spaltungsunternehmen.[41] Der Vermittler wird also eine Kombination von Arbitriumquoten $\left(\alpha_{U_A}^{X\ Vermittlung}; \alpha_{U_B}^{X\ Vermittlung}; \alpha_{U_C}^{X\ Vermittlung}\right)$ festgelegen, die – multipliziert mit den Entnahmewerten der Spaltungsunternehmen – in der Summe genau die Obergrenze ergeben. Wird das Gerechtigkeitspostulat der Verteilung nach den ursprünglichen Beteiligungsverhältnissen gewählt, wird durch die Zuordnung der Anteile gemäß der Obergrenze gleichzeitig auch die Forderung nach Überschreitung der Untergrenze beachtet:

---

[40] Aus der Differenz von Ober- und Untergrenze kann bereits an dieser Stelle der Anteil des Anteilseigners X am maximalen Spaltungsvorteil ermittelt werden: 166,0459 GE – 146,9738 GE = 19,0721 GE.

[41] Diese Obergrenze orientiert sich an der Ausgangsbeteiligungsquote, weil der Gutachter nach Berücksichtigung der Mindestforderungen die übrigen Anteile an den Spaltungsunternehmen inklusive des darin enthaltenen Spaltungsvorteils nach dem Verhältnis der Ursprungsbeteiligung verteilt, um den Anteilseignern die Chancen und Risiken gemäß ihrer Beteiligung am Ursprungsunternehmen zuzuweisen.

$$\beta^{X} \cdot EN_{U_{UG}}^{max} = 0,6 \cdot 244,9563 = 146,9738 \leq 166,0459 = 0,6 \cdot 276,7432 = \beta^{X} \cdot \sum_{f=1}^{3} EN_{U_f}^{max}.$$

Bezieht der Vermittler die Mindestforderungen des Gesellschafters X in die Berechnung der Anteilsquotenkombinationen mit ein, muß der Vermittler überprüfen, ob die vom Anteilseigner X genannten Mindestforderungen in der Summe die Obergrenze nicht verletzen:[42]

$$\alpha_{U_A}^{X\,MF} \cdot 101,7473 + \alpha_{U_B}^{X\,MF} \cdot 52,9661 + \alpha_{U_C}^{X\,MF} \cdot 122,0298 \leq 166,0459$$

$$0,5 \cdot 101,7473 + 0 \cdot 52,9661 + 0,7 \cdot 122,0298 = 136,2945 \leq 166,0459.$$

Unter der im folgenden noch zu prüfenden Voraussetzung, daß die Summe der Forderungen aller Anteilseigner in bezug auf die einzelnen Unternehmen die insgesamt zu vergebenden Anteile von 100 % je Spaltungsunternehmen nicht übersteigt, bedeutet dies, daß die Mindestforderungen des Anteilseigners X erfüllt werden können.

Analog gilt für den *Anteilseigner Y*:

$$\beta^{Y} \cdot EN_{U_{UG}}^{max} \leq \alpha_{U_A}^{Y} \cdot EN_{U_A}^{max} + \alpha_{U_B}^{Y} \cdot EN_{U_B}^{max} + \alpha_{U_C}^{Y} \cdot EN_{U_C}^{max} = \beta^{Y} \cdot \sum_{f=1}^{3} EN_{U_f}^{max}$$

$$0,3 \cdot 244,9563 \leq \alpha_{U_A}^{Y} \cdot 101,7473 + \alpha_{U_B}^{Y} \cdot 52,9661 + \alpha_{U_C}^{Y} \cdot 122,0298 = 0,3 \cdot 276,7432$$

$$73,4869 \leq \alpha_{U_A}^{Y} \cdot 101,7473 + \alpha_{U_B}^{Y} \cdot 52,9661 + \alpha_{U_C}^{Y} \cdot 122,0298 = 83,0230.$$ [43]

Bevor der Vermittler eine Vermittlungsquotenkombination $\left(\alpha_{U_A}^{Y\,Vermittlung}; \alpha_{U_B}^{Y\,Vermittlung}; \alpha_{U_C}^{Y\,Vermittlung}\right)$ festlegt, ist wiederum die Einhaltung der Obergrenze durch die Mindestanteilsforderungen zu prüfen.

$$\alpha_{U_A}^{Y\,MF} \cdot 101,7473 + \alpha_{U_B}^{Y\,MF} \cdot 52,9661 + \alpha_{U_C}^{Y\,MF} \cdot 122,0298 \leq 83,0230$$

$$0,2 \cdot 101,7473 + 0 \cdot 52,9661 + 0 \cdot 122,0298 = 20,3494 \leq 83,0230.$$

Für den *Anteilseigner Z* ergibt sich folgender Zusammenhang:

$$\beta^{Z} \cdot EN_{U_{UG}}^{max} \leq \alpha_{U_A}^{Z} \cdot EN_{U_A}^{max} + \alpha_{U_B}^{Z} \cdot EN_{U_B}^{max} + \alpha_{U_C}^{Z} \cdot EN_{U_C}^{max} = \beta^{Z} \cdot \sum_{f=1}^{3} EN_{U_f}^{max}$$

---

42 Die Mindestforderungen bei denjenigen Unternehmen, bei denen keine Forderung gestellt wurde, wird auf 0 % festgesetzt.

43 Auch für den Anteilseigner Y kann aus der Differenz von Ober- und Untergrenze bereits an dieser Stelle der Anteil am maximalen Spaltungsvorteil des Anteilseigners Y ermittelt werden: 83,0230 GE – 73,4869 GE = 9,5361 GE.

$$0{,}1\cdot 244{,}9563 \le \alpha_{U_A}^{Z}\cdot 101{,}7473+\alpha_{U_B}^{Z}\cdot 52{,}9661+\alpha_{U_C}^{Z}\cdot 122{,}0298=0{,}1\cdot 276{,}7432$$

$$24{,}4956 \le \alpha_{U_A}^{Z}\cdot 101{,}7473+\alpha_{U_B}^{Z}\cdot 52{,}9661+\alpha_{U_C}^{Z}\cdot 122{,}0298=27{,}6743.$$[44]

Der Vermittler muß also einen Vermittlungsvorschlag $\left(\alpha_{U_A}^{Z\ Vermittlung};\ \alpha_{U_B}^{Z\ Vermittlung};\ \alpha_{U_C}^{Z\ Vermittlung}\right)$ für den Anteilseigner Z finden, der – multipliziert mit den Entnahmewerten der Spaltungsunternehmen – genau die Obergrenze erfüllt. Auch der Anteilseigner Z hält die Beteiligungsobergrenze mit seinen Mindestforderungen ein:

$$\alpha_{U_A}^{Z\ MF}\cdot 101{,}7473+\alpha_{U_B}^{Z\ MF}\cdot 52{,}9661+\alpha_{U_C}^{Z\ MF}\cdot 122{,}0298 \le 27{,}6743$$

$$0{,}06\cdot 101{,}7473+0{,}06\cdot 52{,}9661+0{,}06\cdot 122{,}0298=16{,}6046 \le 27{,}6743.$$

Bevor der Vermittler die zumutbaren Konfliktlösungen bestimmen kann, muß er nun noch überprüfen, ob die Summe aller von den Anteilseignern gewünschten Mindestanteilsforderungen noch im möglichen Definitionsbereich $\left(\sum_{h=1}^{3}\alpha_{U_f}^{h\ MF} \le 1\ \forall\ f\right)$ jedes einzelnen Spaltungsunternehmens liegen. Für das Spaltungsunternehmen U_A ergibt sich folgende Summe minimaler Anteilsforderungen:

$$\alpha_{U_A}^{X\ MF}+\alpha_{U_A}^{Y\ MF}+\alpha_{U_A}^{Z\ MF}=0{,}5+0{,}2+0{,}06=0{,}76 \le 1.$$

Entsprechend ergeben sich die Daten für das Spaltungsunternehmen U_B:

$$\alpha_{U_B}^{X\ MF}+\alpha_{U_B}^{Y\ MF}+\alpha_{U_B}^{Z\ MF}=0+0+0{,}06=0{,}06 \le 1.$$

Für Unternehmen U_C sind die Mindestforderungen ebenfalls erfüllbar:

$$\alpha_{U_C}^{X\ MF}+\alpha_{U_C}^{Y\ MF}+\alpha_{U_C}^{Z\ MF}=0{,}7+0+0{,}06=0{,}76 \le 1.$$

Da die Definitionsbereiche allesamt eingehalten wurden, ermittelt der Gutachter – jeweils unter Beachtung der Mindestforderungen der anderen Gesellschafter – die folgende Menge zumutbarer Konfliktlösungen M_h für die Anteilseigner X, Y und Z:

$$M_X=\left\{0{,}5 \le \alpha_{U_A}^{X} < 0{,}74;\ 0 \le \alpha_{U_B}^{X} < 0{,}94;\ 0{,}7 \le \alpha_{U_C}^{X} < 0{,}94\right\},$$

$$M_Y=\left\{0{,}2 \le \alpha_{U_A}^{Y} < 0{,}44;\ 0 \le \alpha_{U_B}^{Y} < 0{,}94;\ 0 \le \alpha_{U_C}^{Y} < 0{,}24\right\},$$

---

44 Analog zu den Gesellschaftern X und Y ergibt sich aus der Differenz von Ober- und Untergrenze für den Anteilseigners Z ein Anteil am maximalen Spaltungsvorteil in Höhe von 27,6743 GE – 24,4956 GE = 3,1787 GE.

$$M_Z = \left\{0{,}06 \le \alpha^Z_{U_A} < 0{,}3;\; 0{,}06 \le \alpha^Z_{U_B} \le 1;\; 0{,}06 \le \alpha^Z_{U_C} < 0{,}3\right\}.$$

Exemplarisch ist die Menge zumutbarer Konfliktlösungen M_Z für den Anteilseigner Z in der *Abbildung 79* dargestellt. Dabei wird deutlich, daß eine zumutbare Konfliktlösung nur in dem grau unterlegten Bereich liegen darf, um die Mindestforderungen des Gesellschafters Z und die für diesen geltenden Restriktionen der anderen Anteilseigner nicht zu verletzten.

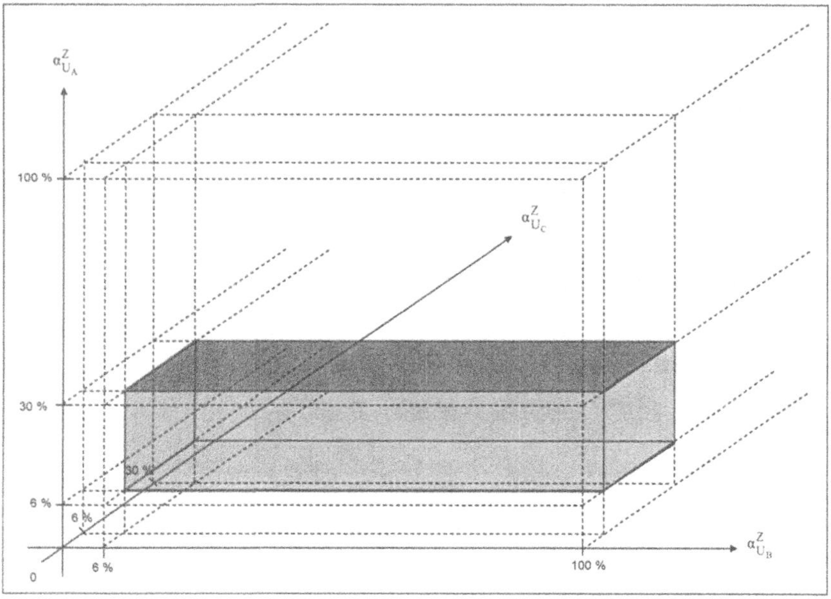

Abbildung 79: Menge zumutbarer Konfliktlösungen für den Anteilseigner Z

3.3.2.2 Ermittlung der Arbitriumquoten

Um die Schiedsspruchquoten ermitteln zu können, muß der Vermittler zunächst einen Verteilungsmaßstab festlegen und eine Rangfolge der zu verteilenden Spaltungsunternehmen bestimmen. Der Vermittler entscheidet sich für den Verteilungsmaßstab nach der Ursprungsbeteiligung (verhältniswahrende Verteilung[45]) und beginnt mit demjenigen Unternehmen, bei dem ein möglichst geringer Vermittlungsspielraum besteht. Zu-

[45] Diese verhältniswahrende Verteilung gilt nicht für die gesamten Anteile, sondern nur für die verbleibenden – von den Mindestforderungen nicht berührten – Anteile, in denen auch die anteiligen Spaltungsvorteile enthalten sind.

nächst ermittelt der Vermittler die noch zu verteilenden Anteile an den Spaltungsunternehmen:

U_A: $100\,\% - \alpha_{U_A}^{X\,MF} + \alpha_{U_A}^{Y\,MF} + \alpha_{U_A}^{Z\,MF} = 100\,\% - 50\,\% - 20\,\% - 6\,\% = 24\,\%$,

U_B: $100\,\% - \alpha_{U_B}^{X\,MF} + \alpha_{U_B}^{Y\,MF} + \alpha_{U_B}^{Z\,MF} = 100\,\% - 0\,\% - 0\,\% - 6\,\% = 94\,\%$,

U_C: $100\,\% - \alpha_{U_C}^{X\,MF} + \alpha_{U_C}^{Y\,MF} + \alpha_{U_C}^{Z\,MF} = 100\,\% - 70\,\% - 0\,\% - 6\,\% = 24\,\%$.

Der Vermittler entscheidet sich entsprechend dem Kriterium des geringsten Vermittlungsspielraums für die Aufteilung der Spaltungsunternehmen gemäß der Reihenfolge U_A, U_C, U_B.[46]

Im ersten Schritt der Anteilsverteilung erfolgt eine Zuteilung der Mindestforderungen der Anteilseigner (vgl. *Tabelle 50*).

Unternehmen	U_A		U_B		U_C		Summe
	in %	in GE	in %	in GE	in %	in GE	in GE
Entnahmen EN_{U_r}	100	101,7473	100	52,9661	100	122,0298	276,7432
Eigner X	50	50,8736	0	0	70	85,4209	136,2945
Eigner Y	20	20,3495	0	0	0	0	20,3495
Eigner Z	6	6,1048	6	3,1780	6	7,3218	16,6046
Summe	76	77,3279	6	3,1780	76	92,7427	173,2486
Noch zu verteilen	24	24,4194	94	49,7881	24	29,2871	103,4946

Tabelle 50: Zuordnung der Mindestforderungen der Anteilseigner

Die Verteilung der Anteilsquoten des Unternehmens U_A erfolgt – wie bereits berechnet – zunächst durch Berücksichtigung der Mindestforderungen (MF) der Gesellschafter. Die nach Abzug der Summe der Mindestforderungen von insgesamt 76 % (oder 77,3279 GE) verbleibenden 24 % (oder auch 24,4194 GE) werden nach dem Verhältnis der Beteiligungen an der Ursprungsgesellschaft verteilt. Trägt auch die Spaltungsgesellschaft U_A dazu bei, daß sich durch die Spaltung insgesamt positive Effekte erge-

[46] Da bei den Unternehmen U_A und U_C jeweils noch 24 % zu verteilen sind, entscheidet sich der Gutachter dafür, zunächst die Anteile des Unternehmens U_A zu verteilen, weil bei diesem Spaltungsunternehmen die absoluten, noch zu verteilenden Anteile (24,4194 GE) geringer sind, als beim Unternehmen U_C (29,2872 GE).

ben,[47] ist der dann in den Entnahmen enthaltene – und nicht einzeln separierbare – Spaltungsvorteil, den das Spaltungsunternehmen U_A bewirkt hat, bereits in dieser Verteilung enthalten. Der gegebenenfalls bestehende anteilige Spaltungsvorteil wird dann gemäß der Beteiligung der Gesellschafter an den Chancen und Risiken des Ursprungsunternehmens (Ausgangsbeteiligung) auf die Anteilseigner verteilt.[48] Die Aufteilung des Spaltungsunternehmens U_A ist in *Tabelle 51* wiedergegeben.

$EN_{U_A}^{max}$ = 101,7473	relative MF in %	absolute MF in GE	restliche Anteile (relativ in %)	restliche Anteile (absolut in GE)	Summe (relative Anteile in %)	Summe (absolute Anteile in GE)
Eigner X	50	50,8736	14,4	14,6516	64,4	65,5252
Eigner Y	20	20,3495	7,2	7,3258	27,2	27,6753
Eigner Z	6	6,1048	2,4	2,4420	8,4	8,5468
Summe	76	77,3279	24	24,4194	100	101,7473

Tabelle 51: Verteilung der Anteile am Spaltungsunternehmen U_A

Das nächste zu verteilende Spaltungsunternehmen ist das Unternehmen U_C. Auch hier wird zunächst ein Anteil in Höhe von 76 % (oder 92,7427 GE) gemäß der Mindestforderungen der Gesellschafter verteilt. Die übrigen zu verteilenden 24 % (respektive 29,2871 GE) werden nach dem Verhältnis der Beteiligungen an der Ursprungsgesellschaft verteilt. Eventuelle Spaltungsvorteile sind in dieser Berechnung wiederum bereits enthalten. Bei jeder Anteilsquotenverteilung muß der Vermittler prüfen, wie groß die Summe der einzelnen Anteile der Gesellschafter ist, weil die Obergrenze $\beta_h \cdot \sum_{f=1}^{3} EN_{U_f}^{max}$ je Anteilseigner nicht überschritten werden darf.[49]

Für den Anteilseigner X ergibt sich die Obergrenze $\beta_X \cdot \sum_{f=1}^{3} EN_{U_f}^{max} = 0{,}6 \cdot 276{,}7432$ GE = 166,0459 GE. Die Summe $\alpha_{U_A}^{X} \cdot EN_{U_A}^{max} + \alpha_{U_C}^{X\,MF} \cdot EN_{U_C}^{max}$ seiner bis-

[47] Insgesamt wird durch die Spaltung ein positiver Gesamteffekt erzielt. Dieser kann jedoch den Spaltungsunternehmen nicht einzeln zugerechnet werden. So könnten bei einzelnen Spaltungsunternehmen auch negative Effekte auftreten, die dann jedoch durch die positiven Auswirkungen der anderen Spaltungsunternehmen überkompensiert werden.

[48] Zur Verteilung des Spaltungsvorteils auf die einzelnen Gesellschafter vgl. im folgenden die *Tabelle 55*.

[49] Diese Prüfung sollte bereits vor der Verteilung der Anteile des ersten Unternehmens erfolgen; da beim Unternehmen U_A jedoch keine Grenzen durch die Verteilung verletzt werden, wird hier die Prüfung zum ersten Mal durchgeführt.

herigen Anteile am Unternehmen U_A und seiner Mindestforderung am Unternehmen U_C beträgt 65,5252 GE + 85,4209 GE = 150,9461 GE, so daß der Anteilseigner X bis zur Erreichung seiner Obergrenze noch Anteile in Höhe von 166,0459 GE – 150,9461 GE = 15,0998 GE am Spaltungsunternehmen U_B erhalten kann. Das bedeutet für den Anteilseigner X, daß er am den die Mindestforderungen übersteigenden Anteil des Unternehmens U_C nicht im Verhältnis der Ursprungsbeteiligung ($0{,}6 \cdot 29{,}2871$ GE = 17,5723 GE), sondern lediglich mit demjenigen Anteil, der ihm noch zur Erreichung seiner Obergrenze fehlt (15,0998 GE), bedacht wird.

Analog ergibt sich für den Gesellschafter Y bei einer Obergrenze von $\beta_Y \cdot \sum_{f=1}^{3} EN_{U_f}^{max} = 0{,}3 \cdot 276{,}7430$ GE = 83,0230 GE abzüglich der Summe seiner bisherigen Anteile $\alpha_{U_A}^{Y} \cdot EN_{U_A}^{max} + \alpha_{U_C}^{Y\,MF} \cdot EN_{U_C}^{max}$ in Höhe von 27,6753 GE + 0 GE = 27,6753 GE ein noch zu erreichender Anteil von 83,0230 GE – 27,6753 GE = 55,3477 GE an den Spaltungsunternehmen U_C und U_B. Nach Abzug des restlichen Anteils des Gesellschafters X (15,0998 GE) vom restlichen zu verteilenden Anteil des Unternehmens U_C ergibt sich ein noch auf die beiden Anteilseigner Y und Z zu verteilender, restlicher Anteil in Höhe von 29,2871 GE – 15,0998 GE = 14,1873 GE, der im Verhältnis der Beteiligungen der verbleibenden Anteilseigner auf das Spaltungsunternehmen U_C aufgeteilt wird (30 : 10 für das Verhältnis der Eigner Y : Z). Demnach entfallen auf den Anteilseigner Y: $14{,}1873 \text{ GE} \cdot \frac{3}{4} = 10{,}6405$ GE.

Für den Anteilseigner Z ergibt sich bei einer Obergrenze von $\beta_Z \cdot \sum_{f=1}^{3} EN_{U_f}^{max} = 0{,}1 \cdot 276{,}7432$ GE = 27,6743 GE abzüglich der Summe seiner bisherigen Anteile $\alpha_{U_A}^{Z} \cdot EN_{U_A}^{max} + \alpha_{U_C}^{Z\,MF} \cdot EN_{U_C}^{max}$ in Höhe von 8,5468 GE + 7,3218 GE = 15,8686 GE ein noch zu erreichender Anteil von 27,6743 GE – 15,8686 GE = 11,8057 GE an den Spaltungsunternehmen U_C und U_B. Vom noch zu verteilenden, restlichen Anteil am Unternehmen U_C entfällt auf den Anteilseigner Z: $14{,}1873 \text{ GE} \cdot \frac{1}{4}$ = 14,1873 GE – 10,6405 GE = 3,5468 GE.

Unter Berücksichtigung dieser Werte ergibt sich – wie in *Tabelle 52* dargestellt – die Verteilung des Spaltungsunternehmens U_C.

$EN_{U_C}^{max} =$ 122,0298	relative MF in %	absolute MF in GE	restliche Anteile (relativ in %)	restliche Anteile (absolut in GE)	Summe (relative Anteile in %)	Summe (absolute Anteile in GE)
Eigner X	70	85,4209	12,3739	15,0998	82,3739	100,5207
Eigner Y	0	0	8,7196	10,6405	8,7196	10,6405
Eigner Z	6	7,3218	2,9065	3,5468	8,9065	10,8686
Summe	76	92,7427	24	29,2871	100	122,0298

Tabelle 52: Verteilung der Anteile am Spaltungsunternehmen U_C

Abschließend verteilt der Vermittler die Anteile am Spaltungsunternehmen U_B nur noch auf die Anteilseigner Y und Z, weil der Gesellschafter X bereits mit seinen Anteilen an den ersten beiden Unternehmen seine Obergrenze erreicht hat. Dabei teilt der Vermittler die Anteile derart auf, daß jeder Anteilseigner seine gesetzte Obergrenze erreicht. Es ergibt sich folgende, in *Tabelle 53* dargestellte Verteilung für das Unternehmen U_B:

$EN_{U_B}^{max} =$ 52,9661	relative MF in %	absolute MF in GE	restliche Anteile (relativ in %)	restliche Anteile (absolut in GE)	Summe (relative Anteile in %)	Summe (absolute Anteile in GE)
Eigner X	0	0	0	0	0	0
Eigner Y	0	0	84,4072	44,7072	84,4072	44,7072
Eigner Z	6	3,1780	9,5928	5,0809	15,5928	8,2589
Summe	6	3,1780	94	49,7881	100	52,9661

Tabelle 53: Verteilung der Anteile am Spaltungsunternehmen U_B

Somit hat der Gutachter die Anteile aller drei Spaltungsunternehmen auf die Gesellschafter nach dem Gerechtigkeitspostulat der Ursprungsbeteiligung verteilt. Zusammenfassend dargestellt ergibt sich folgende Schiedsspruchlösung (vgl. *Tabelle 54*):

Anteils-eigner	absolute Anteile der Anteilseigner an den Spaltungsunternehmen (in GE)				relative Anteile an den Spaltungsunternehmen (in %)		
	$\alpha^h_{U_A} \cdot EN^{max}_{U_A}$	$\alpha^h_{U_B} \cdot EN^{max}_{U_B}$	$\alpha^h_{U_C} \cdot EN^{max}_{U_C}$	Summe	$\alpha^h_{U_A}$	$\alpha^h_{U_B}$	$\alpha^h_{U_C}$
Eigner X	65,5252	0	100,5207	166,0459	64,4	0	82,4
Eigner Y	27,6753	44,7072	10,6405	83,0230	27,2	84,4	8,7
Eigner Z	8,5468	8,2589	10,8686	27,6743	8,4	15,6	8,9
Summe	101,7473	52,9661	122,0298	276,7432	100	100	100

Tabelle 54: Darstellung der Schiedsspruchlösung

Bei einem Vergleich dieser Schiedsspruchlösung mit der Ursprungssituation, wird deutlich, daß die Anteilseigner zusätzlich zu ihrem Ursprungsanteil am Ausgangsunternehmen U_{UG} jeweils einen Anteil am gesamten Spaltungsvorteil SV^{max} in Höhe ihrer relativen Ursprungsbeteiligung erhalten. Der gesamte Spaltungsvorteil SV^{max} in Höhe von:

$$SV^{max} = \sum_{f=1}^{F} EN^{max}_{U_f} - EN^{max}_{U_{UG}} = 276{,}7432 \text{ GE} - 244{,}9563 \text{ GE} = 31{,}7867 \text{ GE}$$

wird auf die Spaltungsparteien X, Y und Z – wie in *Tabelle 55* dargestellt – verteilt. Demnach erhält der Anteilseigner X entsprechend seiner Ausgangsbeteiligung von 60 % einen Anteil am Spaltungsvorteil in Höhe von 19,0721 GE, der Gesellschafter Y bekommt einen Anteil in Höhe von 9,5361 GE, der einem Anteil von 30 % am Spaltungsvorteil entspricht, und Eigner Z erhält – entsprechend seiner Ausgangsbeteiligung von 10 % – einen Anteil von 3,1785 GE am Spaltungsvorteil.

Anteils-eigner	Summe der Anteile an den Spaltungs-unternehmen je Anteilseigner: $\sum_{f=1}^{3} \alpha_{U_f}^{h} \cdot EN_{U_f}^{max}$ (nach der Spaltung)	Anteil am Ursprungs-unternehmen je Anteilseigner $\beta^h \cdot EN_{U_{UG}}^{max}$ (vor der Spaltung)	relativer Anteil β^h am Ursprungs-unternehmen je Anteilseigner (vor der Spaltung)	anteiliger Spaltungs-vorteil je Anteilseigner $\beta^h \cdot SV^{max}$
Eigner X	166,0459 GE	146,9738 GE	60 %	19,0721 GE
Eigner Y	83,0230 GE	73,4869 GE	30 %	9,5361 GE
Eigner Z	27,6743 GE	24,4956 GE	10 %	3,1785 GE
Summe	276,7432 GE	244,9563 GE	100 %	31,7867 GE

Tabelle 55: Aufteilung des Spaltungsvorteils durch die Schiedsspruchlösung

IV Zusammenfassung

Vor dem Hintergrund steigender praktischer Bedeutung von Unternehmensspaltungen und einer bisher ungenügenden theoretischen Auseinandersetzung mit einer in diesen Fällen notwendigen Unternehmensbewertung war es das *Ziel der Arbeit*, ein theoretisch fundiertes Konzept zur Unternehmensbewertung einer Spaltung als Entscheidungsunterstützung für die Gesellschafter eines zu spaltenden Unternehmens zu entwikkeln. Dieses Modell sollte aus Sicht eines Gesellschafters des Ursprungsunternehmens die Frage nach den mindestens nach einer Spaltung wieder zu erreichenden Anteilen an den Spaltungsunternehmen beantworten (Entscheidung). Außerdem sollte dem Gesellschafter ein Hilfsmittel an die Hand gegeben werden, welches ihm die Begründung und Rechtfertigung von Anteilsforderungen in den Spaltungsverhandlungen erleichtert (Argumentation). Darüber hinaus sollte ein Modell entwickelt werden, daß einem neutralen Gutachter ermöglicht, die Verteilung der Anteile an den Spaltungsunternehmen in einer angemessenen und von allen Spaltungsparteien akzeptierten Weise durchzuführen (Vermittlung).

Zu diesem Zweck wurde im *zweiten Kapitel* zunächst einleitend der Begriff der Spaltung definiert. Dabei wurde deutlich, daß sich weder in der Literatur noch in der Rechtsprechung eine allgemeingültige Definition findet. Das herkömmliche Verständnis einer Spaltung besteht gleichwohl darin, daß ein vor der Unternehmensumstrukturierung einheitliches ganzes Unternehmen in mindestens zwei Nachfolgegesellschaften aufgespalten wird, an denen die Anteilseigner des Ursprungsunternehmens verhältniswahrend oder verhältnisändernd beteiligt werden. Um Klarheit über die Definition der in der Literatur unterschiedlich gebrauchten Arten der Spaltung zu schaffen, erfolgte eine Systematisierung der Arten der Spaltung anhand unterschiedlicher Kriterien. Nach dem Systematisierungskriterium des Umwandlungsgesetzes lassen sich die drei folgenden Arten der Spaltung unterscheiden:

1. Aufspaltung: Unter der *Aufspaltung* eines Unternehmens versteht das Umwandlungsgesetz die Übertragung des gesamten Vermögens einer aufzuspaltenden Gesellschaft auf mindestens zwei bestehende oder neu zu gründende Unternehmen durch Gewährung von Anteilen an den Nachfolgeunternehmen, welche die Gesellschafter des untergehenden Unternehmens erhalten.

2. Abspaltung: Bei der *Abspaltung* eines Unternehmensteils bleibt das ursprüngliche Unternehmen mit einem Teil des Vermögens bestehen und die übrigen Teile werden auf ein oder mehrere bestehende oder im Rahmen der Spaltung gegründete Unternehmen übertragen. Die Anteile an dem oder den übernehmenden oder neu gegründeten Unternehmen erhalten die Anteilseigner der übertragenden Gesellschaft.

3. Ausgliederung: Bei der *Ausgliederung* bleibt das zu spaltende Unternehmen wie bei der Abspaltung bestehen und nur ein Teil des Vermögens wird auf ein oder mehrere bestehende oder neu zu gründende Unternehmen übertragen. Die Anteile an dem oder den neuen Spaltungsunternehmen erhält jedoch die übertragende Gesellschaft selbst. Die Position der Anteilseigner der Ursprungsgesellschaft

bleibt unberührt, die Gesellschafter bleiben unverändert am übertragenden Unternehmen beteiligt und werden somit mittelbar Anteilseigner an der übernehmenden Gesellschaft.

Die drei umwandlungsgesetzlich geregelten Arten der Spaltung können jeweils noch in fünf Ausprägungen – zur Aufnahme auf Schwestergesellschaften, zur Aufnahme „nach unten", zur Aufnahme mit Dritten, zur Aufnahme „nach oben" sowie zur Neugründung – unterteilt werden. Um eine begriffliche Basis zu schaffen, wurden die in der Praxis vielfach verwendeten und mit den Spaltungsbegriffen verwandten Begriffe „Teilung", „Realteilung", „Betriebsaufspaltung", „Outsourcing", „Split-Up", „Split-Off" und „Spin-Off" abgegrenzt und den Arten der Spaltung nach dem Umwandlungsgesetz zugeordnet.

Die Systematisierung der Motive der Spaltung zeigt, daß eine Vielzahl an betriebswirtschaftlichen (strategischen oder finanzwirtschaftlichen) Motiven, persönlichen Gründen (Nachfolgeregelung, Trennung verfeindete Gesellschafterstämme, metaökonomische Motive) sowie gesetzlichen Motiven (Rückgängigmachung unzulässiger Transaktionen, Spaltung unvereinbare Bereiche, Vermeidung von Gesetzesgrenzen) bestehen. Die große Bedeutung von Unternehmensspaltungen in der Praxis wurde durch dieses breite Spektrum an Motiven sowie durch die Darstellung zahlreicher Praxisbeispiele belegt.

Da bei einer Spaltung aus finanzwirtschaftlicher Sicht der unsichere, zukünftige Zahlungsstrom, der sich aus dem zu spaltenden Unternehmen ergibt, mit den unsicheren, zukünftigen Zahlungsströmen der aus der Spaltung entstehenden Unternehmen substituiert werden muß, ist bei der Bewertung der Spaltung die Anwendung der Erkenntnisse der *funktionalen Unternehmensbewertungstheorie* unter Beachtung der modelltheoretischen Besonderheiten geboten. Der Wert des Ursprungsunternehmens oder der Spaltungsgesellschaften muß entsprechend der funktionalen Bewertungstheorie mit Bezugnahme auf die Vorstellungen und Planungen des konkreten Anteilseigners unter expliziter Berücksichtigung der verfolgten Aufgabenstellung der Bewertung ermittelt werden.

Dabei wird deutlich, daß neben den Anlässen der Unternehmensbewertung wie bspw. den klassischen Bewertungsanlässen „Kauf", „Verkauf" und „Fusion" sowie deren Ausprägungen nach dem Grad der Komplexität, der Verbundenheit und der Dominanz betriebswirtschaftliche, persönliche und gesetzliche Motive – wie bereits für die Spaltung beschrieben – für jeden einzelnen Bewertungsanlaß bestehen. Entgegen der in der Literatur zur Unternehmensbewertung üblichen Konzentration der Darstellung auf eine Hauptfunktion – zumeist die Entscheidungsfunktion – der funktionalen Unternehmensbewertungstheorie bezog sich die vorliegende Untersuchung auf alle drei Hauptfunktionen: die Entscheidungs-, die Argumentations- und die Vermittlungsfunktion.

Mit der Darstellung der Grundlagen der Unternehmensbewertung wurde ein begrifflich-konzeptioneller Rahmen erarbeitet und die theoretische Basis gelegt, die anschließend mit dem Begriff der „Spaltung" verknüpft werden mußte. Dabei wurde herausgestellt, daß die Spaltung aufgrund der Änderung der Eigentumsverhältnisse und der Eigentumsstrukturen, wegen des Bestehens einer Konfliktsituation sowie aufgrund des Bedarfs der Einigung über die Eigentumsanteile und weitere interessierende Sachverhalte neben den klassischen Bewertungsanlässen ebenfalls einen Anlaß im Sinne einer *entscheidungsorientierten Konfliktsituation vom Typ der Spaltung der funktionalen Unternehmensbewertung* darstellt. Bei der entscheidungsorientierten Untersuchung der Arten der Spaltung nach dem Umwandlungsgesetz wurde im weiteren deutlich, daß nur die Spaltungsausprägungen „zur Neugründung" bewertungsrelevante Fälle vom Typ der klassischen Spaltung darstellen, für die in dieser Arbeit Bewertungsmodelle entwickelt wurden, um den einzelnen Anteilseigner bei der Entscheidungsfindung zu unterstützen. Alle weiteren Spaltungsfälle „zur Aufnahme" stellen hingegen eine Kombination aus den – bei den Fällen „zur Neugründung" untersuchten – Spaltungsfällen und aus – in dieser Arbeit nicht näher untersuchten – Fusionskomponenten dar.

Die Analyse der Spaltung im Rahmen des Bewertungsprozesses zeigt, daß die entscheidungsorientierte Investitionstheorie das theoretische Fundament für die Unternehmensbewertung vom Typ der Spaltung bildet. Die Darstellung der einzelnen Phasen des Bewertungsprozesses veranschaulicht, daß die Spaltung Teil eines klassischen Investitionsprozesses ist, der in die Phase der Willensbildung und die sich anschließende Phase der Willensdurchsetzung zu untergliedern ist. Die „Unternehmensbewertung bei der Spaltung" ist dabei Teil der ersten Phase, der Willensbildung. Dabei sollte sich der einzelne Anteilseigner Klarheit über das von ihm „Gewollte" (Zielplaninformationen) sowie über das für ihn „Mögliche" (Entscheidungsfeldinformationen) verschaffen. Es erfolgte eine Systematisierung ausgewählter Ausprägungen der Auswirkungen der Spaltung nach der Art der Entstehung, nach der Meßbarkeit, nach dem Ausmaß sowie nach dem Ort der Auswirkung, um dem Bewerter einen Überblick über alle möglichen, zu berücksichtigen Konsequenzen zu geben.[1]

Den Abschluß der Willensbildung stellt die Verhandlungs- und Entscheidungsphase dar, in der die Spaltungsparteien unter Berücksichtigung ihrer Entscheidungswerte über die Verteilung der Anteile an den Spaltungsunternehmen sowie weitere konfliktlösungsrelevante Sachverhalte mit Hilfe von Argumentations- und Arbitriumwerten verhandeln und über die Durchführung der Spaltung entscheiden.

Da bei der Spaltung nicht ganze Unternehmen gekauft, verkauft oder fusioniert werden, sondern ganze Unternehmen in Teilbereiche aufgespalten, abgespalten oder ausgegliedert werden, besteht ein besonderer Verhandlungsbedarf, weil z. B. sämtliche Vermögensbestandteile, Schulden, Arbeitnehmer oder Kundenstämme auf die Nachfolgeunternehmen verteilt werden müssen. Deshalb besitzt die Darstellung derjenigen Einigungsbedingungen, die den „Schlüssel zur Lösung" des Konflikts bilden, die konfliktlösungsrelevanten Sachverhalte, eine besondere Bedeutung. Eine Systematisie-

---

1 Unter Beachtung der großen Anzahl von Unternehmensakquisitionen und Fusionen, aber auch unter Berücksichtigung der steigenden Bedeutung von Unternehmensspaltungen in der Praxis, läßt sich dem Verwaltungsratsvorsitzenden REDSTONE des amerikanischen Medienkonzerns VIACOM zustimmen, der mit bezug auf die Aufspaltung seines Konzerns artikulierte: „Manchmal ist Scheidung besser als Heirat" [Quelle: *O. VERF.*, Viacom spaltet sich auf (2005), S. 11].

rung und die Darstellung der Arten konfliktlösungsrelevanter Sachverhalte im Rahmen der Spaltung hinsichtlich des Personenbezugs unter Berücksichtigung der Merkmale der Entscheidungsfeldveränderung sowie der gesetzlichen Vorgabe machten deutlich, daß ein breites Spektrum konfliktlösungsrelevanter Sachverhalte im Rahmen der Spaltung berücksichtigt werden muß. Personenbezogene konfliktlösungsrelevante Sachverhalte lassen sich in gesellschafterbezogene Sachverhalte (Festlegung des Umtauschverhältnisses oder des Zeitpunkts der Gewinnbeteiligung) sowie in nichtgesellschafterbezogene, personenbezogene Sachverhalte (Benennung der Führungspositionen, Aufteilung der Arbeitnehmer oder Haftungsregelung der Gläubiger) unterteilen. Nicht direkt personenbezogene konfliktlösungsrelevante Sachverhalte beziehen sich auf Parameter wie den Unternehmensumfang der Spaltungsunternehmen (Aufteilung der Vermögensbestandteile und Schulden), die Spaltungsstrategie, den Spaltungsplan oder den Spaltungsvertrag sowie die steuerliche Behandlung der Spaltung.

Der Hauptteil der Arbeit, die Unternehmenswertermittlung bei der Spaltung, wurde im *dritten Kapitel* dieser Arbeit dargestellt. Die Vorgehensweise zur Lösung der Entscheidungs-, Argumentations- sowie Vermittlungsprobleme im Rahmen der entscheidungsorientierten funktionalen Unternehmensbewertung bei der Spaltung zeigt *Tabelle 56.*

Vorgehens-weise	Entscheidungswert-ermittlung (Kapitel III.1)	Argumentationswert-ermittlung (Kapitel III.2)	Arbitriumwert-ermittlung (Kapitel III.3)
Grundlagen	• Bewertungsschritte • allgemeines Modell des Entscheidungswerts (Kapitel III.1.1)	• Bewertungsschritte • Ausprägungen der Einsatzmöglichkeiten • Verhandlungs-situation (Kapitel III.2.1)	• Bewertungsschritte • Vermittlungs-situation (Kapitel III.3.1)
allgemeine Modell-darstellung	• Grenzquotenmodell (Kapitel III.1.2)	• Einigungsmodell (Kapitel III.2.2)	• Vermittlungsmodell (Kapitel III.3.2)
Betrachtung besonderer Aspekte	• Ermittlung unbedingter Entscheidungswerte • Ermittlung bedingter Entscheidungswerte (mehrdimensional, jungiert) (Kapitel III.1.3)	• Ermittlung mehrdimensionaler Argumentationswerte (Kapitel III.2.3)	• Ermittlung mehrdimensionaler Arbitriumwerte (Kapitel III.3.3)

Tabelle 56: Vorgehensweise der Unternehmensbewertung bei einer Spaltung

Im Mittelpunkt dieser Arbeit steht die *Entscheidungswertermittlung*, die auf dem Fundament des von HERING für den Konfliktfall der Fusion entwickelten Zustands-Grenzquotenmodells, das wiederum auf dem Grundkonzept des Entscheidungswerts nach MATSCHKE basiert, erfolgt. Das *Zustands-Grenzquotenmodell* im Fall der Spaltung ermittelt die einzelnen minimalen Beteiligungsquoten, welche die Eigentümer an den durch Spaltung entstehenden neuen Unternehmen erwerben müssen, wenn sie ihre wirtschaftliche Position durch die Spaltung der Ursprungsgesellschaft nicht verschlechtern wollen. Das Vorgehen zur Ermittlung der minimalen Beteiligungsquoten kann dabei in drei Schritte unterteilt werden; bei diesem Verfahren sind die folgenden Fragen zu beantworten:

1. Basisprogramm (*Vor-Spaltungsprogramm*): Welchen Nutzen – im Sinne des Anteils eines Gesellschafters am Ursprungsunternehmen – kann das Bewertungssubjekt bei Verzicht auf die Spaltung in der Konfliktsituation maximal aus dem Ausgangsunternehmen ziehen? Dieser Erfolg ist nach der Spaltung aus der Summe der Anteile an den Einzelerfolgen der Spaltungsunternehmen wieder zu erreichen, so daß sich das Bewertungssubjekt nicht schlechter stellt als ohne Spaltung.
2. *Spaltungsprogramm*: Welchen maximal möglichen Nutzen können alle Konfliktparteien aus den Spaltungsunternehmen ziehen?
3. *Bewertungsprogramm*: Mit welchem Anteil muß das Bewertungssubjekt an den einzelnen durch die Spaltung entstehenden Unternehmen mindestens beteiligt werden, ohne daß es sich hierbei schlechter stellt als bei Unterlassung dieser Handlung (also ohne Spaltung)?

Die Entscheidungswertermittlung auf Basis des Zustands-Grenzquotenmodells wurde dabei für eine eindimensionale, disjungierte und nicht dominierte Konfliktsituation vom Typ der Spaltung, eine mehrdimensionale, disjungierte und nicht dominierte Konfliktsituation vom Typ der Spaltung sowie eine mehrdimensionale, jungierte und nicht dominierte Konfliktsituation vom Typ der Spaltung veranschaulicht.

In der *eindimensionale Konfliktsituation* vom Typ der Spaltung erhält der Anteilseigner eine Entscheidungsunterstützung, mit der er im letzten Schritt der Spaltungsverhandlungen feststellen kann, ob der zur Abstimmung vorliegende Argumentationswert seinen Anforderungen – nach der Spaltung mindestens genauso gut gestellt zu sein, wie vor der Spaltung – entspricht. Aufgrund der gegenseitigen Abhängigkeit der Anteilsquoten eines Anteilseigners an den Spaltungsunternehmen ist nur unter bestimmten Voraussetzungen – der Festlegung aller konfliktlösungsrelevanten Sachverhalte bis auf die Verteilung der Anteilsquoten des letzten noch zu verhandelnden Spaltungsunternehmens – ein Entscheidungswert in Form *einer* kritischen Beteiligungsquote ermittelbar.

Die Abhängigkeit der konfliktlösungsrelevanten Sachverhalte eines Spaltungsunternehmens von den interessierenden Sachverhalten der übrigen Spaltungsunternehmen zeigt, daß die Umstrukturierungsmaßnahme der Spaltung grundsätzlich eine *mehrdimensionale Konfliktsituation* darstellt. In dieser Betrachtungsweise steht dem Anteilseigner eine *Bewertungsfunktion* zur Verfügung, die auf unterschiedliche Voraussetzungen reagieren kann und somit bei unterschiedlichen Datenkonstellationen direkt – ohne zunächst einen neuen Rechenansatz aufstellen zu müssen – spezielle Ergebnisse liefert.

Die *jungierte Konfliktsituation vom Typ „Spaltung-Verkauf"* kombiniert erstmalig minimale Beteiligungsquoten – im Fall der Spaltung von Unternehmen – und Grenzpreise – im Fall des Verkaufs eines Unternehmensteils – miteinander und zeigt dadurch, daß insbesondere im Fall der Spaltung weitere Handlungsmöglichkeiten in die Umstrukturierungsplanungen einbezogen werden sollten.

Unmittelbar mit der Entscheidungswertermittlung verbunden ist die *Argumentationswertermittlung*, weil die im Vorwege der Spaltungsverhandlungen ermittelten Entscheidungswerte die Grundlage für die Ermittlung von Argumentationswerten bilden. Ziel der entsprechenden Ausführungen sollte es nicht sein, die bisher theoretisch nicht endgültig gelöste Argumentationsfunktion zu entschlüsseln, sondern den Anteilseignern eine Argumentationshilfe zu unterbreiten, mit der die komplexe Konfliktsituation vom Typ Spaltung praktikabel lösbar wird. Das *Einigungsmodell* im Fall der Spaltung zeigt ein *heuristisches Vorgehen*, das den gesamten Verhandlungsprozeß in drei Verhandlungsphasen – die Festlegung der Rahmenbedingungen, die Verhandlung über nicht beteiligungsbezogene Sachverhalte sowie die Verteilung der Anteilsquoten – einteilt. Das Einigungsmodell und das anschließend erläuterte Beispiel machen in anschaulicher Weise deutlich, daß die Verhandlungen des Bewertungsfalls der Spaltung grundsätzlich mehrdimensionale Konfliktsituationen mit unterschiedlichen Arten konfliktlösungsrelevanter Sachverhalte darstellen und sowohl auf sachlicher (harte Argumentationsfaktoren, wie Bewertungsverfahren) als auch auf nichtsachlicher (weiche Argumentationsfaktoren, wie Verhandlungsgeschick) Ebene geführt werden.[2]

Können sich die Spaltungsparteien nicht über die konfliktlösungsrelevanten Sachverhalte und damit über die Durchführung oder Ablehnung der Spaltung einigen oder rufen die Gesellschafter aus anderen Gründen freiwillig einen Vermittler an, ist es dessen Aufgabe im Rahmen der *Arbitriumwertermittlung* bei der Spaltung, aus dem durch die vermeintlichen Entscheidungsquoten der Anteilseigner begrenzten Intervall von Anteilsquoten einen Vermittlungswert zu finden, der die wirtschaftlichen Vorteile

---

2 Dem Sinnspruch „Es ist leichter aus drei Eiern ein Omelett zu machen, als umgekehrt" [Quelle: WIDMANN auf einer Münchner Tagung im Jahre 1993, zitiert in: WOCHINGER, Nichtverhältniswahrende Spaltung (2000), S. 640] kann uneingeschränkt entsprochen werden. Im Laufe der Untersuchung hat sich gezeigt, daß es sich im Konfliktfall der Spaltung um eine Konfliktsituation handelt, die an Komplexität im Falle der Bewertung derjenigen der Fusion mindestens ebenbürtig ist. „Es gerät bei aller Mergermania leicht in Vergessenheit, dass die Kunst des strategischen Managements heute nicht allein in erster Linie im Zusammenfügen liegt, sondern gerade im Zerlegen besteht" [Quelle: BECKER, Kick (1999), S. 1]. Probleme, die sich bei der Fusion durch Vereinigung zweier Unternehmen(sphilosophien) ergeben, entstehen im Fall der Spaltung dadurch, daß sämtliche konfliktlösungsrelevanten Sachverhalte, wie Vermögensbestandteile, Verbindlichkeiten sowie sämtliche Arbeitnehmer und Führungskräfte, auf die nach der Spaltung bestehenden Unternehmen aufgeteilt werden müssen, während im Fall der Fusion lediglich ganze Unternehmen zusammengefügt werden.

der Unternehmensspaltung möglichst gerecht auf die Konfliktparteien verteilt und der für alle Parteien zumutbar ist und ihre Interessen angemessen wahrt.

Dem Vermittler stellt sich insbesondere bei der verhältnisändernden Spaltung das Problem, daß der insgesamt durch die Teilung des Ursprungsunternehmens entstehende Spaltungsvorteil nicht auf die einzelnen durch die Spaltung entstehenden Unternehmen aufgeteilt werden kann, weil der insgesamt zu erzielende Spaltungsvorteil nur in einem Betrag festgestellt werden kann und als Vergleich lediglich das Ausgangsunternehmen zur Verfügung steht. Das *Vermittlungsmodell* im Rahmen der Spaltung teilt die Schiedsspruchwertermittlung deshalb in zwei Schritte, wobei in einem ersten Schritt unter Berücksichtigung der Konzessionsgrenzen der Anteilseigner die zumutbaren Konfliktlösungen ermittelt und in einem zweiten Schritt die Anteile zunächst nach den Mindestforderungen der Anteilseigner und schließlich basierend auf dem Merkmal der parteienbezogenen Angemessenheit nach der Regel der Verteilung gemäß der Ursprungsbeteiligung aufgeteilt werden.

Eine sachgerechte Bewertung vorzunehmen, „kann nicht heißen, die der Bewertung zugrundeliegenden zukünftigen Erfolge genau vorauszusehen, sondern muß vielmehr bedeuten, die Erfolgsschätzungen und die sich anschließende Wertermittlung auf einem theoretisch schlüssigen Fundament vorzunehmen“[3]. Die vorliegende Arbeit legt einen Grundstein für die Unternehmensbewertung im Fall der Spaltung und reduziert damit eine der noch bestehenden Lücken der klassischen Bewertungsanlässe der modernen funktionalen Unternehmensbewertungstheorie. Die gewonnenen theoretischen Erkenntnisse können in der Praxis als Grundlage für Entscheidungsprobleme, Argumentationsangelegenheiten sowie Vermittlungsaufgaben im Rahmen der Spaltung dienen.

---

3 *OLBRICH*, Unternehmungswert (1999), S. 188.

Literaturverzeichnis

A

ABEL, B. (Informationsverhalten), Problemorientiertes Informationsverhalten, Individuelle und organisatorische Gestaltungsbedingungen innovativer Entscheidungssituationen, Darmstadt 1977.

ACHLEITNER, A.-K./BASSEN, A./WAHL, S. (Instrumente des Corporate Restructuring): Corporate Restructuring: Instrumente und deren Anwendung in Deutschland, in: FB, 5. Jg. (2003), S. 432–447.

ACHLEITNER, A.-K./WAHL, S. (Corporate Restructuring): Corporate Restructuring in Deutschland, Sternenfels 2003.

ADAM, D. (Planung und Entscheidung): Planung und Entscheidung, 4. Aufl., Wiesbaden 1996.

ADAM, D. (Investitionscontrolling): Investitionscontrolling, 3. Aufl., München, Wien 2000.

ALTROGGE, G. (Investition): Investition, 4. Aufl., München, Wien 1996.

ANGERMAYER, B./OSER, P. (Synergieeffekte): Die Berücksichtigung von Synergieeffekten in der Unternehmensbewertung, in: *PEEMÖLLER, V. H.* (Hrsg.), Praxishandbuch der Unternehmensbewertung, Herne, Berlin 2005, S. 763–777.

ARBEITSKREIS DIE UNTERNEHMUNG IM MARKT (ARBEITSKREIS HAX) (Synergie): Synergie als Bestimmungsfaktor des Tätigkeitsbereiches (Geschäftsfelder und Funktionen) von Unternehmungen, in: ZfbF, 44. Jg. (1992), S. 963–973.

ATZLER, E. (CSFB): CSFB stößt ihre beiden größten Hedge-Fonds ab, in: FTD vom 9. Dezember 2004, S. 23.

AUBEL, S./WEBER, C. (Eingliederung und Squeeze Out): Ausgewählte Probleme bei Eingliederung und Squeeze Out während eines laufenden Spruchverfahrens, in: WM, 58. Jg. (2004), S. 857–866.

B

BACHNER, T. (Spaltung): Squeeze-out durch Spaltung, in: Ecolex, 11. Jg. (2000), S. 360–365.

BAETGE, J./KRUMBHOLZ, M. (Unternehmensbewertung): Überblick über Akquisition und Unternehmensbewertung, in: *BAETGE, J.* (Hrsg.), Akquisition und Unternehmensbewertung, Düsseldorf 1991, S. 1–30.

BALLWIESER, W. (Komplexitätsreduktion): Unternehmensbewertung und Komplexitätsreduktion, 3. Aufl., Wiesbaden 1990.

BALLWIESER, W. (Discounted Cash Flow-Verfahren): Unternehmensbewertung mit Discounted Cash Flow-Verfahren, in: WPg, 51. Jg. (1998), S. 81–92.

Ballwieser, W. (Unternehmensbewertung): Unternehmensbewertung, 2. Aufl., Stuttgart 2007.

Balser, M. (Infineon): Infineon prüft Börsengang der Speicherchip-Sparte, in: SZ vom 24. Juni 2005, S. 19.

Barthel, C. W. (Argumentationsfunktion): Unternehmenswert: Dominanz der Argumentationsfunktion, in: FB, 7. Jg. (2005), S. 32–38.

Barz, C. H. (Verschmelzung): Rechtliche Fragen zur Verschmelzung von Unternehmungen, in: AG, 17. Jg. (1972), S. 1–7.

Bauernschmitt, I./Blöchle, D. (Umwandlung): SEStEG: Umwandlung unerwünscht!, in: BB, 62. Jg. (2007), S. 743–751.

Baums, T. (Tracking Stock): Spartenorganisation, „Tracking Stock" und deutsches Aktienrecht, in: *Ebenroth, C. T./Hesselberger, D./Rinn, M. E.* (Hrsg.), Festschrift für K. Boujong, München 1996, S. 19–35.

Bayer, W./Wirth, G. (Spaltung): Eintragung der Spaltung und Eintragung der neuen Rechtsträger – oder Pfadsuche im Verweisdschungel des neuen Umwandlungsrechts, in: ZIP, 17. Jg. (1996), S. 817–825.

Becht, B. (Spaltung): Fusion und Spaltung von Kapitalgesellschaften im europäischen Binnenmarkt, Stuttgart 1996.

Becker, S. (Teilung): Teilung von Betrieben, Wiesbaden 1994.

Becker, W. (Kick): Solo-Auftritte mit Kick, in: Börsen-Zeitung vom 19. November 1999, S. 1.

Bein, H.-W. (Aktionäre wollen Bayer ganz): Aktionäre wollen Bayer ganz behalten, in: FTD vom 30. April 2001, S. 8.

Berens, W./Mertes, M./Strauch, J. (Unternehmensakquisitionen): Unternehmensakquisitionen, in: *Berens, W./Brauner, H. U./Strauch, J.* (Hrsg.), Due Diligence bei Unternehmensakquisitionen, 4. Aufl., Stuttgart 2005, S. 27–74.

Binz, H.-B./Hagedorn, F. (Spaltung): „Spaltung" einer Kapitalgesellschaft – einmal anders, in: DB, 60. Jg. (2007), S. 765–769.

Bitz, M. (Investition): Investition, in: *Bitz, M./Dellmann, K./Domsch, M./Wagner, F. W.* (Hrsg.), Vahlens Kompendium der Betriebswirtschaftslehre, Band 1, 4. Aufl., München 1998, S. 107–173.

Bleicher, K. (Restrukturierung): Restrukturierung in der Rezession, in: ZfO, 51. Jg. (1982), S. 313–319.

Blumers, W. (Spaltung): Ausgliederung und Spaltung und wesentliche Betriebsgrundlagen, in: DB, 48. Jg. (1995), S. 496–500.

Blumers, W. (Demerger): Demerger – Die Spaltung börsennotierter Gesellschaften (national und international), in: DB, 53. Jg. (2000), S. 589–594.

Blumers, W. (Teilbetriebe): Die Teilbetriebe des Umwandlungssteuerrechts, in: DB, 54. Jg. (2001), S. 722–726.

BLUMERS, W./KRAMER, A. (Ausgliederung und Spaltung): Ausgliederung und Spaltung mit Teilbetrieben, in: DB, 46. Jg. (1993), S. 852–857.

BLUMERS, W./MARQUARDT, M. (Anteilserwerb): Unternehmenskäufe durch Anteilserwerb nach neuem Umwandlungs(-steuer)recht, in: DStR, 31. Jg. (1994), S. 1869–1924.

BLUMERS, W./SIEGELS, J. (Zuordnung von Wirtschaftsgütern): Ausgliederung und Spaltung und Zuordnung von Wirtschaftsgütern, in: DB, 49. Jg. 1996, S. 7–11.

BÖSCHEN, M. (Jenoptiks Zerschlagung): Aktionäre ebnen Weg für Jenoptiks Zerschlagung, in: FTD vom 8. Juni 2005, S. 3.

BOHNENBLUST, P. (Spin-off): Der Spin-off: Ein unattraktives Instrument?, in: *SIEGWART, H./MAHARI, J. I./CAYTAS, I. G./RUMPF, B.-M.* (Hrsg.), Meilensteine im Management, Frankfurt/Main, Stuttgart 1990, S. 293–297.

BORN, K. (Unternehmensbewertung): Unternehmensanalyse und Unternehmensbewertung, 2. Aufl., Stuttgart 2003.

BRANDES, D. (Konsequent): Konsequent einfach, 4. Aufl., Frankfurt/Main, New York 1999.

BRANDES, D. (Geheimnisse): Die 11 Geheimnisse des Aldi-Erfolgs, Frankfurt/Main 2003.

BRAUER, U. G. H. (Tracking Stocks): Die Zulässigkeit der Ausgabe von sog. „Tracking Stocks“ durch Aktiengesellschaften nach deutschem Aktienrecht, in: AG, 38. Jg. (1993), S. 324–334.

BRAUERS, T. (Spaltung von Kapitalgesellschaften): Steuerliche Gestaltungsmöglichkeiten bei der rechtsformwahrenden und rechtsformwechselnden Spaltung von Kapitalgesellschaften, Münster 2004.

BREUNINGER, G. E./SCHADE, D. (Spaltung): Umwandlung: Buchwertfortführung bei Spaltung von Unternehmen, in: GmbHR, 97. Jg. (2006), S. 218–220.

BRÖSEL, G. (Medienrechtsbewertung): Medienrechtsbewertung, Der Wert audiovisueller Medienrechte im dualen Rundfunksystem, Wiesbaden 2002.

BRÖSEL, G. (Argumentationsfunktion): Die Argumentationsfunktion in der Unternehmensbewertung – „Rotes Tuch“ oder „Blaues Band“ für Wirtschaftsprüfer?, in: *BRÖSEL, G./KASPERZAK, R.* (Hrsg.), Internationale Rechnungslegung, Prüfung und Analyse, München, Wien 2004, S. 515–523.

BRÖSEL, G. (Nebenfunktionen): Eine Systematisierung der Nebenfunktionen der funktionalen Unternehmensbewertungstheorie, in: BFuP, 58. Jg. (2006), S. 128–143.

BRÖSEL, G./BURCHERT, H. (Akquisition): Die Akquisition von Unternehmen in Osteuropa und die Bedeutung der weichen Faktoren, in: *MEYER, J. A.* (Hrsg.), Kooperationen von kleinen und mittleren Unternehmen in Europa, Lohmar, Köln 2004, S. 331–363.

BRÖSEL, G./DECHANT, H. (Bewertung von Telekommunikationsunternehmungen): Ein Ansatz zur Bewertung von Telekommunikationsunternehmungen und von deren abgrenzbaren Unternehmungsteilen, in: *KEUPER, F.* (Hrsg.), E-Business, M-Business und T-Business, Wiesbaden 2003, S. 133–166.

BRÖSEL, G./HAUTTMANN, R. (Unternehmensbewertungsverfahren): Einsatz von Unternehmensbewertungsverfahren zur Bestimmung von Konzessionsgrenzen sowie in Verhandlungssituationen, in: FB, 9. Jg. (2007), S. 223–238 (Teil I) und S. 293–309 (Teil II).

BRÖSEL, G./KEUPER, F. (Unternehmensakquisitionen): Zur Bedeutung der funktionalen Unternehmensbewertung bei Unternehmensakquisitionen, in: *BOROWICZ, F./MITTERMAIR, K.* (Hrsg.), Strategisches Management von Mergers & Acquisitions, Wiesbaden 2006, S. 145–162.

BRÖSEL, G./MATSCHKE, M. J. (Sicht des präsumtiven Verkäufers): Einflüsse von „Basel II" auf den Wert kleiner und mittelgroßer Unternehmen – Eine Analyse aus Sicht des präsumtiven Verkäufers, in: DStR, 41. Jg. (2003), S. 2176–2180 (Teil I) und S. 2241–2244 (Teil II).

BRÖSEL, G./MATSCHKE, M. J. (Ermittlung des Entscheidungswertes): Zur Ermittlung des Entscheidungswertes kleiner und mittlerer Unternehmen, in: IGA, 52. Jg. (2004), S. 49–67.

BRÜGGERHOFF, J. (Desinvestitionen): Management von Desinvestitionen, Wiesbaden 1992.

BRUSKI, J. (Gründungsphase bei der Spaltung): Die Gründungsphase der Aktiengesellschaft bei der Spaltung zur Neugründung, in: AG, 42. Jg. (1997), S. 17–26.

BUCHNA, J. (Fragen): Ausgewählte Fragen zum Umwandlungsgesetz und Umwandlungssteuergesetz 1995, in: DStZ, 83. Jg. (1995), S. 449–462.

BUCHTER, H. (American Express): American Express spaltet Beratung für Vermögende ab, in: FTD vom 2. Februar 2005, S. 17.

BUDZINSKI, O./KERBER, W. (Megafusionen): Megafusionen, Wettbewerb und Globalisierung, Stuttgart 2003.

BÜHNER, R. (Realteilung): Marktwert und Realteilung, in: ZfB, 54. Jg. (1984), S. 947–963.

BÜHNER, R. (Unternehmensspaltung): Unternehmensspaltung – Motive und Aktienmarktreaktionen, in: ZfbF, 50. Jg. (1998), S. 809–840.

BÜHNER, R./SPINDLER, H.-J. (Synergieerwartungen): Synergieerwartungen bei Unternehmenszusammenschlüssen, in: DB, 39. Jg. (1986), S. 601–606.

BULA, T./SCHLÖSSER, J. (Umtauschverhältnis): Umtauschverhältnis der Anteile/Mitgliedschaften und bare Zuzahlungen, § 5 I Nr. 3 UmwG, in: *SAGASSER, B./BULA, T./ BRÜNGER, T.* (Hrsg.): Umwandlungen: Verschmelzung – Spaltung – Formwechsel – Vermögensübertragung, 3. Aufl., München 2002, S. 155–170.

BURCHERT, H. (Transformation): Die Transformation der ehemals volkseigenen Betriebe, Aachen 1996.

BURCHERT, H. (Faktoren): Die weichen Faktoren – Symbole im Osteuropageschäft, in: ZfB, 68. Jg. (1998), S. 9–23.

BUSSE VON COLBE, W. (Zukunftserfolg): Der Zukunftserfolg, Die Ermittlung des künftigen Unternehmungserfolges und seine Bedeutung für die Bewertung von Industrieunternehmen, Wiesbaden 1957.

BYSIKIEWICZ, M./KEUPER, F. (Motive): Die Spaltung als Spiegelbild der Verschmelzung – Motive einer Unternehmensspaltung im Lichte des M&A-Managements, in: *KEUPER, F./HÄFNER, M./VON GLAHN, C.* (Hrsg.), Der M&A-Prozess, Wiesbaden 2006, S. 301–335.

BYSIKIEWICZ, M./MATSCHKE, M. J./BRÖSEL, G. (Spaltung): Einige grundsätzliche Bemerkungen zur Entscheidungswertermittlung im Rahmen der Konfliktsituation vom Typ der Spaltung, Wirtschaftswissenschaftliches Diskussionspapier 2/2005 der Rechts- und Staatswissenschaftlichen Fakultät der Ernst-Moritz-Arndt-Universität Greifswald, Greifswald 2005.

BYSIKIEWICZ, M./MATSCHKE, M. J./BRÖSEL, G. (Unternehmensbewertung im Fall der Spaltung): Unternehmensbewertung im Fall der Spaltung, in: FB, 7. Jg. (2005), S. 718–728.

BYSIKIEWICZ, M./MATSCHKE, M. J./FREBEL, M. (Schiedsgutachter?): Unternehmensbewertung bei der Spaltung – Ein Fall für den Schiedsgutachter?, erscheint in: *KEUPER, F./NEUMANN, F.* (Hrsg.), „Finance Transformation and Treasury – Die strategiekonforme Finanzwelt", Wiesbaden 2007.

C

CHARIFZADEH, M. (Corporate Restructuring): Corporate Restructuring: ein wertorientiertes Entscheidungsmodell, Lohmar, Köln 2002.

CLARK, T. (Investor zerpflückt Time Warner): Investor Icahn zerpflückt Time Warner, in: FTD vom 8. Februar 2006, S. 5.

CLARK, T./VAN DUYN, A. (Zerschlagung von Time Warner): Icahn plant Zerschlagung von Time Warner, in: FTD vom 2. Dezember 2005, S. 5.

CLAUSEN, S. (Streit zwischen den Eignern): Tschibos neuer Chef verschärft Streit zwischen den Eignern, in: FTD vom 19. Februar 2003, S. 1.

CLAUSEN, S. (Familienfehde): Tchibo-Eigentümer beenden Familienfehde um Kaffeeröster, in: FTD vom 24. Juni 2003, S. 1.

COASE, R. H. (Nature of the firm): Nature of the firm, in: Economica, 4. Jg. (1937), S. 386–405.

COENENBERG, A. G. (Monte-Carlo-Simulation): Unternehmungsbewertung mit Hilfe der Monte-Carlo-Simulation, in: ZfB, 40. Jg. (1970), S. 793–804.

COENENBERG, A. G./SAUTTER, M. T. (Unternehmensakquisitionen): Strategische und finanzielle Bewertung von Unternehmensakquisitionen, in: DBW, 48. Jg. (1988), S. 691–710.

COLLATZ, L./WETTERLING, W. (Optimierungsaufgaben): Optimierungsaufgaben, 2. Aufl., Berlin, Heidelberg, New York 1971.

CROLLY, H./WETZEL, D. (Zerschlagung): Energiekonzernen droht Zerschlagung, in: Die Welt vom 4. Januar 2007, S. 10.

D

DALAN, M. (Scheidung): Scheidung nach neun Jahren, in: Die Welt vom 15. Mai 2007, S. 3.

DALAN, M./SEIDLITZ, M. (Chrysler): Chrysler rennt die Zeit davon, in: Die Welt vom 16. Februar 2007, S. 15.

DAMAS, J.-P. (Umwandlungssteuerrecht): Einführung in das neue Umwandlungssteuerrecht, in: DStZ, 95. Jg. (2007), S. 129–141.

DANTZIG, G. B. (Lineare Programmierung): Lineare Programmierung und Erweiterungen, Berlin, Heidelberg, New York 1966.

DEHMER, H. (Umwandlungssteuergesetz I): Das Umwandlungssteuergesetz 1994, in: DStR, 32. Jg. (1994), S. 1713–1722.

DEHMER, H. (Umwandlungssteuergesetz II): Das Umwandlungssteuergesetz 1994, in: DStR, 32. Jg. (1994), S. 1753–1762.

DEHMER, H. (Umwandlungsgesetz): Umwandlungsgesetz, Umwandlungssteuergesetz, München 1996.

DE PAOLI, N./CLAUSEN, S./FISCHER, O. (Familienstreit): Tchibo-Eigner lösen Familienstreit mit 4,6 Mrd. Euro, in: FTD vom 19. August 2003, S. 3.

DE PAOLI, N./FISCHER, O. (Tchibo-Familie): Tchibo-Familie strebt Ende des Streits an, in: FTD vom 18. August 2003, S. 7.

DIECKHAUS, O.-T. (Desinvestitionsprozeß): Desinvestitionsprozeß von Unternehmensbeteiligungen, in: *SIERKE, B. R. A./ALBE, F.* (Hrsg.), Branchenübergreifende Faktoren, Wiesbaden 1995, S. 327–344.

DIERIG, C. (Übernahmekandidaten): Lanxess sucht Übernahmekandidaten, in: Die Welt vom 15. September 2006, S. 15.

DIETERLEN, J./GOLÜCKE, M. (Veräußerung nach Spaltung): Veräußerung aller Anteile nach Spaltung einer Kapitalgesellschaft, Gleichzeitig Besprechung des Urteils des FG Düsseldorf vom 27.4.2004 – 6 K 5068/01, in: GmbHR, 95. Jg. (2004), S. 1264–1268.

DINKELBACH, W. (Parametrische Programmierung): Sensitivitätsanalysen und parametrische Programmierung, Berlin, Heidelberg, New York 1969.

DINKELBACH, W. (Sensitivitätsanalysen): Sensitivitätsanalysen, in: *BECKMANN, J./ MENGES, G./SELTEN, R.* (Hrsg.), Handwörterbuch der mathematischen Wirtschaftswissenschaften, Bd. 3, Wiesbaden 1979, S. 243–247.

DIRUF, G. (Risikoanalyse): Die quantitative Risikoanalyse, in: ZfB, 42. Jg. (1972), S. 821–832.

DÖTSCH, E. (Umwandlungssteuerrecht): Das neue Umwandlungssteuerrecht ab 1995, Stuttgart 1995.

DÖTSCH, E. (Vermögensübertragung): Verschmelzung oder Vermögensübertragung (Vollübertragung) auf eine andere Körperschaft, in: *DÖTSCH, E./PATT, J./PUNG, A./JOST, W.* (Hrsg.): Umwandlungssteuerrecht, 5. Aufl., Stuttgart 2003, S. 331–452.

DÖTSCH, E. (Aufspaltung und Abspaltung): Aufspaltung, Abspaltung und Vermögensübertragung (Teilübertragung), in: *DÖTSCH, E./PATT, J./PUNG, A./JOST, W.* (Hrsg.): Umwandlungssteuerrecht, 5. Aufl., Stuttgart 2003, S. 465–541.

DÖTSCH, E./PUNG, A. (Änderungen des UmwStG): SEStEG: Die Änderungen des UmwStG (Teil I und II), in: DB, 59. Jg. (2006), S. 2704–2714 (Teil I) und S. 2763–2773 (Teil II).

DOLL, N. (Bahn-Börsengang): Bis Sommer Fahrplan für Bahn-Börsengang, in: Die Welt vom 18. Januar 2006, S. 10.

DOLL, N. (Zurück auf Start): Zurück auf Start, in: Die Welt vom 11. Mai 2006, S. 11.

DOLL, N. (Aufspaltung der Bahn): Koalition gegen Aufspaltung der Bahn, in: Die Welt vom 27. Juni 2006, S. 10.

DOLL, N./FRÜHBRODT, L. (Bahn soll sich trennen): Bahn soll sich von Schienennetz trennen, in: Die Welt vom 11. Mai 2006, S. 11.

DOMSCHKE, W./DREXL, A. (Operations Research): Einführung in Operations Research, 7. Aufl., Berlin, Heidelberg, New York 2007.

DOWIDEIT, M. (Time Warner unter Druck): Time Warner unter Druck, in: Die Welt vom 1. Dezember 2005, S. 14.

DOWIDEIT, M. (Time Warner): US-Milliardär knöpft sich Time Warner vor, in: Die Welt vom 9. Februar 2006, S. 14.

DOWIDEIT, A. (Chrysler an die Spitze): Cerberus will Chrysler an die Spitze führen, in: Die Welt vom 15. Mai 2007, S. 9.

DRUKARCZYK, J./SCHÜLER, A. (Unternehmensbewertung): Unternehmensbewertung, 5. Aufl., München 2007.

DRYGALA, T. (Betriebsaufspaltung): Der Gläubigerschutz bei der typischen Betriebsaufspaltung, Köln 1991.

DUDEN, K./SCHILLING, W. (Spaltung), Die Spaltung von Gesellschaften, in: AG, 19. Jg. (1974), S. 202–212.

DUVINAGE, P. (Spaltung): Die Spaltung von Personengesellschaften, Köln et al. 1984.

E

Ebel, T. (Ausgliederung und Spaltung): Besteuerung bei der Ausgliederung und Spaltung bei Unternehmensumstrukturierungen, Bielefeld 1998.

Eckert, D./Zschäpitz, H. (Dax-Chefs): Dax-Chefs steht harmonischere Hauptversammlungssaison bevor, in: Die Welt vom 12. April 2006, S. 17.

Eder, F. (Börsenpläne): Fiat verschiebt Börsenpläne für Ferrari, in: FTD vom 6. Februar 2006, S. 7.

Ehrensberger, W. (Perspektive): Eine echte Perspektive bietet er nicht, in: Die Welt vom 19. November 2005, S. 18.

Ehrensberger, W. (Siemens trennt sich endgültig): Siemens trennt sich endgültig von Infineon, in: Die Welt vom 25. März 2006, S. 14.

Ehrensberger, W. (Ableger): Schwächliche Ableger, in: Die Welt vom 28. März 2006, S. 15.

Ehrensberger, W. (Infineon an die Börse): Infineon will Speicherchips in USA an die Börse bringen, in: Die Welt vom 31. März 2006, S. 13.

Ehrensberger, W. (Infineon überrascht mit Zwischenhoch): Infineon überrascht mit Zwischenhoch, in: Die Welt vom 27. April 2006, S. 13.

Ehrensberger, W. (Infineon): Infineon kommt nicht aus den roten Zahlen, in: Die Welt vom 22. Juli 2006, S. 14.

Ehrensberger, W./Keidel, S. (Infineon prüft Aufspaltung): Infineon prüft eigene Aufspaltung, in: Die Welt vom 24. Juni 2005, S. 14.

Ehrensberger, W./Keidel, S. (Mitsprache beim Konzernumbau): Infineon-Aktionäre fordern Mitsprache beim Konzernumbau, in: Die Welt vom 17. Februar 2006, S. 14.

Ehrensberger, W./Wüpper, G. (Sparprogramm): Airbus bekommt sein Sparprogramm nicht fertig, in: Die Welt vom 20. Februar 2007, S. 11.

Eilers, S./Rödding, A. (Steuerrecht): Teil V: Steuerrecht, in: *Picot, G.* (Hrsg.), Unternehmenskauf und Restrukturierung, 3. Aufl., München 2004, S. 675–772.

Eisele, W./Renner, W. (Grundzüge): Grundzüge des neuen Umwandlungsrechts und Umwandlungssteuerrechts, Teil I, in: WiSt, 25. Jg. (1996), S. 170–174.

Eisele, W./Renner, W. (Umwandlungsbilanzierung): Ausgewählte Fälle zur Umwandlungsbilanzierung, in: WiSt, 25. Jg. (1996), S. 269–272.

Engelmeyer, C. (Spaltung): Die Spaltung von Aktiengesellschaften nach dem neuen Umwandlungsrecht, Köln 1995.

Engels, W. (Bewertungslehre): Betriebswirtschaftliche Bewertungslehre im Lichte der Entscheidungstheorie, Köln 1962.

Erhart, G./Ostermayer, F. (Spaltungs-Praxis), Spaltungs-Praxis, in: GmbH-StP, 15. Jg. (2005), S. 46–52.

Ernst & Young (Transaktionen scheitern): Handeln wider besseres Wissen – Warum viele Transaktionen scheitern, ohne es zu müssen (2006), abrufbar im Internet unter www.ey.com/global/content.nsf/Germany/Downloadformulat_Handeln_ wider _besseren_Wissens_-_2006.

F

Fassbender, E./Killat, G. (Demerger): Demerger-Durchführung, in: *Wirtz, B. W.* (Hrsg.), Handbuch Mergers & Acquisitions Management, Wiesbaden 2006, S. 1239–1259.

Fey, A./Neyer, W. (Spaltung eines Konzerns): Zweifelsfragen bei der Spaltung eines internationalen Konzerns: Trennung von Gesellschafterstämmen, Veräußerung an außenstehende Personen, in: IStR, 7. Jg. (1998), S. 161–165.

Fey, A./Neyer, W. (Steuerneutrale Spaltung): Veränderungssperre für Konzernstrukturen nach steuerneutraler Spaltung?, in: GmbHR, 90. Jg. (1999), S. 274–278.

Fischer, H. (Nestlé): Nestlé bereitet möglichen Verkauf der Wassermarke Perrier vor, in: FTD vom 16. September 2004, S. 8.

Fischer, H. (Hoffnung bei Perrier): Hoffnung bei Perrier, in: FTD vom 18. Oktober 2004, S. 7.

Fischer, U. (Teilung): Die Teilung von Kapitalgesellschaften im Lichte neuerer Entwicklungen des Unternehmensrechts, Frankfurt/Main 1983.

Fischer-Winkelmann, W. F. (Unternehmensbewertung): „Weiterentwicklung" der Grundsätze ordnungsmäßiger Unternehmensbewertung IDW S 1 = IDW ES 1 n. F.?, in: BFuP, 58. Jg., (2006), S. 158–179.

Franck, E./Meister, U. (Unternehmenszusammenschlüsse): Vertikale und horizontale Unternehmenszusammenschlüsse, in: *Wirtz, B. W.* (Hrsg.), Handbuch Mergers & Acquisitions Management, Wiesbaden 2006, S. 79–107.

Franke, G./Hax, H. (Finanzwirtschaft): Finanzwirtschaft des Unternehmens und Kapitalmarkt, 5. Aufl., Berlin et al. 2004.

Freitag, A. (Spaltungen): Der Einfluß von § 4 BertAVG auf Spaltungen nach dem neuen Umwandlungsgesetz – zugleich ein Beitrag zu § 132 UmwG, München 1998.

Friedl, B. (Controlling): Controlling, Stuttgart 2003.

Fritz, M. (Spaltung): Die Spaltung von Kapitalgesellschaften, Köln 1991.

Fromm, T. (Fiat-Autosparte): Entscheidung über Fiat-Autosparte steht bevor, in: FTD vom 16. Januar 2003, S. 3.

Fromm, T. (Zerschlagung des Konzerns): Fiat-Präsident unterstützt Zerschlagung des Konzerns, in: FTD vom 21. Januar 2003, S. 3.

Fromm, T. (Jenoptik): Jenoptik kommt geplatzter Börsengang teuer zu stehen, in: FTD vom 15. November 2005, S. 4.

Fromm, T. (Chip-Chi): Wo das Chip-Chi fließt, in: FTD vom 3. April 2006, S. 4.

FROMMANN, H. (Finanzierung): Die Finanzierung von Management Buy-Outs, in: *LÜTJEN, G.* (Hrsg.), Management Buy-Out, Firmenübernahme durch Management und Belegschaft, Frankfurt/Main, Wiesbaden 1992, S. 105–134.

FRÜHBRODT, L. (Tochter kehrt zur Mutter zurück): Die Tochter kehrt zur Mutter zurück, T-Online feiert zehnjähriges Bestehen – und verliert die Eigenständigkeit, in: Die Welt vom 29. September 2005, S. 15.

FRÜHBRODT, L. (Teilung der Bahn): Gutachter empfehlen Teilung der Bahn, in: Die Welt vom 17. Januar 2006, S. 11.

FRÜHBRODT, L. (Was der Telekom droht): Was der Telekom droht, in: Die Welt vom 21. Mai 2007, S. 14.

FRÜHBRODT, L. (Telekom hart getroffen): Streik hat Telekom hart getroffen, in: Die Welt vom 13. Juni 2007, S. 13.

FUHRMANN, L./SIMON, S. (Ausgliederung): Praktische Probleme der umwandlungsrechtlichen Ausgliederung, in: AG, 45. Jg. (2000), S. 49–58.

G

GÄBELEIN, W. (Unternehmensspaltung): Die Unternehmensspaltung, in: BB, 44. Jg. (1989), S. 1420–1423.

GANSKE, J. (Spaltung): Spaltung der Treuhandunternehmen, in: DB, 51. Jg (1991), S. 791–797.

GANSKE, J. (Wirtschaftsprüfer): Berufsrelevante Regelungen für Wirtschaftsprüfer im neuen Umwandlungsrecht, in: WPg, 47. Jg. (1994), S. 157–162.

GANSKE, J. (Umwandlungsrecht): Umwandlungsrecht, 2.A., Düsseldorf 1995.

GASSMANN, M. (BP): Deutsche BP baut den Vorstand um, in: FTD vom 11. April 2005, S. 7.

GECK, R. (Spaltung): Die Spaltung von Unternehmen nach dem neuen Umwandlungsrecht, in: DStR, 33. Jg. (1995), S. 416–424.

GEILINGER, U. W. (Spin-off): Spin-off: Neue unternehmerische Chance für Angestellte, in : IOM, 60. Jg. (1991), S. 95–98.

GINTEN, E. A./NICOLAI, B. (Lahm auf beiden Beinen): Lahm auf beiden Beinen, in: Die Welt vom 16. Februar 2006, S. 16.

GOETZKE, W./SIEBEN, G. (Hrsg.) (Moderne Unternehmungsbewertung): Moderne Unternehmungsbewertung und Grundsätze ihrer ordnungsmäßigen Durchführung, Köln 1977.

GOLDENBAUM, G./STRUNK, G. (UmwStG): Zusammenwirken von UmwStG 1995 und Mitunternehmererlaß, in: DStR, 33. Jg. (1995), S. 1773–1778.

GORNY, C. (Unternehmensbewertung): Unternehmensbewertung in Verhandlungsprozessen, Ansätze zur Lösung der Argumentationsfunktion, Wiesbaden 2002.

GRABITZ, I. (Tarifkonflikt bei der Bahn): Tarifkonflikt bei der Bahn eskaliert, in: Die Welt vom 14. September 2006, S. 13.

H

HABECK, M. M./KRÖGER, F./TRÄM, M. (Fusionsfieber): Wi(e)der das Fusionsfieber, Die sieben Schlüsselfaktoren erfolgreicher Fusionen, 2. Aufl., Wiesbaden 2002.

HAFNER, R. (Unternehmensbewertung): Unternehmensbewertung bei mehrfacher Zielsetzung, in: BFuP, 40. Jg. (1988), S. 485–504.

HAFNER, R. (Unternehmensbewertungen als Instrumente): Unternehmensbewertungen als Instrumente zur Durchsetzung von Verhandlungspositionen, in: BFuP, 45. Jg. (1993), S. 79–89.

HAHN, H. (Spaltungsgeborene Anteile): Die Veräußerung spaltungsgeborener Anteile, Überlegungen zu BFH v. 3.8.2005 und zur Spaltungsregelung nach SEStEG, in: GmbHR, 97. Jg. (2006), S. 462–465.

HAMMER, B. M. (Teilung): Die Teilung der Aktiengesellschaft unter Berücksichtigung der steuerlichen Folgen, Zürich 1978.

HARITZ, D. (Langlebigkeit einbringungsgeborener Anteile): Die Langlebigkeit einbringungsgeborener Anteile, in: GmbHR, 98. Jg. (2007), S. 169–188.

HARITZ, D./ASMUS, T. (Bewertung abgespaltener Beteiligungen): Bewertung abgespaltener Beteiligungen börsennotierter Kapitalgesellschaften auf der Ebene der Anteilseigner, in: DStR, 41. Jg. (2003), S. 2052–2055.

HARITZ, D./WISNIEWSKI, T. (Abspaltung): Abspaltung von Kapitalgesellschaftsbeteiligungen – Entschärfung der Missbrauchsvorschriften in § 15 Abs. 3 UmwStG, in: FR, 85. Jg. (2003), S. 549–552.

HARTMANN, B. (Spaltung): Die Spaltung von Kapitalgesellschaften nach neuem UmwStG in ertragsteuerrechtlicher und betriebswirtschaftlicher Sicht, Frankfurt am Main 1997.

HAX, H. (Lineare Programmierung): Investitions- und Finanzplanung mit Hilfe der linearen Programmierung, in: ZfbF, 16. Jg. (1964), S. 430–446.

HAX, H. (Investitionstheorie): Investitionstheorie, 5. Aufl., Würzburg, Wien 1985.

HEGMANN, G. (Boing): Boing steuert mit High-Tech die Börse an, in: FTD vom 19. November 2000, S. 3.

HEGMANN, G. (HVB-Immobilienkonzern): HVB-Immobilienkonzern Real Estate stürzt in die Verlustzone, in: FTD vom 10. März 2003, S. 18.

HEGMANN, G. (Hypo Real Estate): Hypo Real Estate gibt kaum noch neue Darlehen, in: FTD vom 27. Mai 2003, S. 17.

HEGMANN, G. (Hypo Real Estate verkauft Immobilientochter): Hypo Real Estate verkauft Immobilientochter, in: FTD vom 24. Juli 2003, S. 16.

HEGMANN, G. (Münchener Rück): Münchener Rück stößt Bank-Paket ab, in: FTD vom 6. Oktober 2003, S. 17.

HEGMANN, G./HÖLLER, C. (Verkauf von Kreditinstitut): HVB steht Verkauf von Kreditinstitut, in: FTD vom 12. Januar 2004, S. 17.

HEGMANN, G./MAIER, A. (HVB): HVB startet Deutschlandgeschäft neu, in: FTD vom 25. Februar 2005, S. 20.

HEGMANN, G./REPPERT, I. (HypoVereinsbank wirft Ballast ab): HypoVereinsbank wirft Ballast ab, in: FTD vom 22. April 2003, S. 17.

HEIDENHAIN, M. (Sonderrechtsnachfolge bei der Spaltung): Sonderrechtsnachfolge bei der Spaltung, in: ZIP, 16. Jg. (1995), S. 801–805.

HEINEN, E. (Betriebswirtschaftslehre): Einführung in die Betriebswirtschaftslehre, 9. Aufl., Wiesbaden 1985.

HEISS, M. M. (Spaltung): Die Spaltung von Unternehmen im Deutschen Gesellschaftsrecht, Berlin 1995.

HEISMANN, G. (Rampl spaltet HypoVereinsbank auf): Rampl spaltet HypoVereinsbank auf, in: FTD vom 24. Oktober 2002, S. 19.

HELBLING, C. (Unternehmensbewertung): Unternehmensbewertung und Steuern, 9. Aufl., Düsseldorf 1998.

HENNRICHS, J. (Spaltung): Zum Formwechsel und zur Spaltung nach dem neuen Umwandlungsgesetz, in: ZIP, 16. Jg. (1995), S. 794–801.

HENSELMANN, K. (Unternehmensbewertung): Gründe und Formen typisierender Unternehmensbewertung, in: BFuP, 58. Jg. (2006), S. 144–157.

HERING, T. (Finanzwirtschaftliche Unternehmensbewertung): Finanzwirtschaftliche Unternehmensbewertung, Wiesbaden 1999.

HERING, T. (Konzeptionen der Unternehmensbewertung): Konzeptionen der Unternehmensbewertung und ihre Eignung für mittelständische Unternehmen, in: BFuP, 52. Jg. (2000), S. 433–453.

HERING, T. (Zustands-Grenzpreismodell): Das allgemeine Zustands-Grenzpreismodell zur Bewertung von Unternehmen und anderen unsicheren Zahlungsströmen, in: DBW, 60. Jg. (2000), S. 362–378.

HERING, T. (Investition und Unternehmensbewertung): Investition und Unternehmensbewertung, in: *KRAG, J.* (Hrsg.), Betriebswirtschaft, Wirtschaftsprüfer-Kompendium, Band 2, Bielefeld 2002, Kennzahlen 2500 (S. 1–86) und 2950 (S. 1–2).

HERING, T. (Produktionsfaktoren): Bewertung von Produktionsfaktoren, in: *KEUPER, F.* (Hrsg.), Produktion und Controlling, FS für M. Layer, Wiesbaden 2002, S. 57–81.

HERING, T. (Investitionstheorie): Investitionstheorie, 2. Aufl., München, Wien 2003.

HERING, T. (Fusion): Der Entscheidungswert bei der Fusion, in: BFuP, 56. Jg. (2004), S. 148–165.

HERING, T. (Bewertungstheorie): Quo vadis Bewertungstheorie?, in: *BURKHARDT, T./KÖRNERT, J./WALTHER, U.* (Hrsg.), Banken, Finanzierung und Unternehmensführung, FS für K. Lohmann, Berlin 2004, S. 105–122.

HERING, T. (IDW-S1): Unternehmensbewertung mit DCF-Verfahren gemäß IDW-S1, in: *BRÖSEL, G./KASPERZAK, R.* (Hrsg.), Internationale Rechnungslegung, Prüfung und Analyse, München, Wien 2004, S. 510–514.

HERING, T. (Atmende Finanzierung): Betriebswirtschaftliche Anmerkungen zur „Unternehmensbewertung bei atmender Finanzierung und Insolvenzrisiko", in: DBW, 65. Jg. (2005), S. 197–199.

HERING, T. (Grenzpreis für eine Beteiligung): Ermittlung des Grenzpreises für die Einräumung einer Beteiligung, in: *KEUPER, F./HÄFNER, M./VON GLAHN, C.* (Hrsg.), Der M&A-Prozess, Wiesbaden 2006, S. 221–240.

HERING, T. (Unternehmensbewertung): Unternehmensbewertung, 2. Aufl., München, Wien 2006.

HERING, T./BRÖSEL, G. (Argumentationswert): Der Argumentationswert als „blinder Passagier" im IDW S 1 – Kritik und Abhilfe –, in: WPg, 57. Jg. (2004), S. 936–942.

HERING, T./OLBRICH, M. (Bewertung von Mehrstimmrechten): Zur Bewertung von Mehrstimmrechten, in: ZfbF, 53. Jg. (2001), S. 20–38.

HERING, T./OLBRICH, M. (Börsengang junger Unternehmen): Einige grundsätzliche Bemerkungen zum Bewertungsproblem beim Börsengang junger Unternehmen, in: ZfB, 72. Jg. (2002), EH 5, S. 147–161.

HERING, T./OLBRICH, M. (Unsicherheitsproblem bei der Entschädigung): Bewertung von Mehrstimmrechten: Zum Unsicherheitsproblem bei der Entschädigung nach § 5 EGAktG, in: DStR, 41. Jg. (2003), S. 1579–1582.

HERING, T./OLBRICH, M. (Unternehmensnachfolge): Unternehmensnachfolge, München, Wien 2003.

HERKENHOFF, P./STOCKER, F. (Übernahmefieber): Übernahmefieber lässt Anleger auf weitere Kursgewinne hoffen, in: Die Welt vom 19. Mai 2007, S. 17.

HERNLER, J. (Spaltung), Spaltung im Konzern, in: DB, 53. Jg. (1993), S. 299–303.

HERTZ, D. B. (Risk Analysis): Risk Analysis in Capital Investment, in: Harvard Business Review, 42. Jg. (1964), S. 95–106.

HERZIG, N. (Realteilung): Die Realteilung von Kapitalgesellschaften im Ertragssteuerrecht, in: DB, 39. Jg. (1986), S. 1401–1412.

HERZIG, N. (Grenzüberschreitende Spaltung): Besteuerung der grenzüberschreitenden Spaltung von Kapitalgesellschaften, in: *FISCHER, L.* (Hrsg.), Besteuerung internationaler Konzerne, Köln 1993, S.67–87.

Herzig, N./Förster, G. (Spaltung): Grenzüberschreitende Spaltung von Kapitalgesellschaften, in: BB, 47. Jg. (1992), S. 1251–1259.

Herzig, N./Förster, G. (Problembereiche): Problembereiche bei der Auf- und Abspaltung von Kapitalgesellschaften nach neuem Umwandlungssteuerrecht, in: DB, 48. Jg. (1995), S. 338–349.

Herzig, N./Momen, L. (Spaltung I): Die Spaltung von Kapitalgesellschaften im neuen Umwandlungssteuergesetz (Teil I), in: DB, 47. Jg. (1994), S. 2157–2162.

Herzig, N./Momen, L. (Spaltung II): Die Spaltung von Kapitalgesellschaften im neuen Umwandlungssteuergesetz (Teil II), in: DB, 47. Jg. (1994), S. 2210–2214.

Hetzel, H. (Philips gliedert Chip-Sparte aus): Philips gliedert Chip-Sparte aus, in: Die Welt vom 16. Dezember 2005, S. 14.

Heurung, R. (Spaltung): Zur Unternehmensbewertung bei Umtauschverhältnissen im Rahmen der Spaltung, in: DStR, 35. Jg. (1997), S. 1302–1308 (Teil I) und S. 1341–1344 (Teil II).

Heurung, R. (Unternehmensbewertung bei Spaltungsprozessen): Zur Unternehmensbewertung bei Spaltungsprozessen mit Kapitalstrukturproblemen, in: WPg, 51. Jg. (1998), S. 201–215.

Heuzeroth, T. (Telekom-Arbeitskampf): Beamte geraten beim Telekom-Arbeitskampf zwischen die Fronten, in: Die Welt vom 14. Mai 2007, S. 11.

Hierstetter, F./Schwarz, M. (Übertragung durch Spaltung): Übertragung einer verlustbehafteten KG-Beteiligung zwischen Kapitalgesellschaften durch Verschmelzung oder Spaltung, in: DB, 55. Jg. (2002), S. 1963–1978.

Himmelreich, R. (Unternehmensteilung): Unternehmensteilung durch partielle Universalsukzession, Bergisch Gladbach, Köln 1987.

Hintze, S. (Vertragsgestaltung beim Unternehmenskauf): Paretooptimale Vertragsgestaltung beim Unternehmenskauf, Hamburg 1992.

Hirshleifer, J. (Investment Decision): On the Theory of Optimal Investment Decision, in: Journal of Political Economy, 66. Jg. (1958), S. 329–352.

Hörger, H. (Spaltung): Spaltung von Kapitalgesellschaften, in: FR, 76. Jg. (1994), S. 765–770.

Höller, C./Hegmann, G./Wanner, C. (Bank Austria hilft HVB): Bank Austria hilft HVB, in: FTD vom 9. Juli 2003, S. 18.

Hoffmann, F. (Organisationsforschung), Entwicklung der Organisationsforschung, 2. Aufl., Wiesbaden 1976.

Hohlfeldt, M. (Gesamtrechtsnachfolge): Gesellschaftsrechtliche Gesamtrechtsnachfolge in Versorgungszusagen aus betrieblicher Altersversorgung im Wege der Verschmelzung und Spaltung, Augsburg 1998.

Hornung, K./Wullenkord, A. (Equity Carve-Outs): Equity Carve-Outs von Tochterunternehmen, in: ZfbF, 53. Jg. (2001), S. 57–76.

HOMBURG, C./STEPHAN, J./WEISS, M. (Unternehmensbewertung): Unternehmensbewertung bei atmender Finanzierung und Insolvenzrisiko, in: DBW, 64. Jg. (2004), S. 276–295.

HOMBURG, C./STEPHAN, J./WEISS, M. (DCF-Bewertungen): Zur Bedeutung des Insolvenzrisikos im Rahmen von DCF-Bewertungen: Replik auf die Stellungnahme von Thomas Hering zum Beitrag -Unternehmensbewertung bei atmender Finanzierung und Insolvenzrisiko-, in: DBW, 65. Jg. (2005), S. 199–203.

HOMMELHOFF, P. (Spaltungen): Gläubigerschutz und Anteilseigner-Information bei Spaltungen, in: *LUTTER, M.* (Hrsg.), Kölner Umwandlungsrechtstage: Verschmelzung, Spaltung, Formwechsel nach neuem Umwandlungsrecht und Umwandlungssteuerrecht, Köln 1995, S. 117–139.

HOMMELHOFF, P./SCHWAB, M. (Gläubiger): Schutz der Gläubiger und der Inhaber von Sonderrechten, in: *LUTTER, M./WINTER, M.* (Hrsg.), Umwandlungsgesetz, Kommentar, 3. Aufl., Köln 2004, S. 1501–1586.

HUBER, M. (Anteilsgewährpflicht im Umwandlungsrecht): Anteilsgewährpflicht im Umwandlungsrecht, Bielefeld 2005.

I

IHRIG, H.-C. (Spaltung), Zum Inhalt der Haftung bei der Spaltung, in: *HABERSACK, M./KOCH, U./WINTER, M.* (Hrsg.): Die Spaltung im neuen Umwandlungsrecht und ihre Rechtsfolgen, Heidelberg 1999, S. 80–95.

IRLE, M. (Entscheidungen), Macht und Entscheidungen in Organisationen, Frankfurt am Main 1971.

J

JAENSCH, G. (Unternehmungsbewertung): Ein einfaches Modell der Unternehmungsbewertung ohne Kapitalisierungszinsfuß, in: ZfbF, 18. Jg. (1966), S. 660–679.

JAENSCH, G. (Wert und Preis): Wert und Preis der ganzen Unternehmung, Köln, Opladen 1966.

JANSEN, A. (Desinvestitionen), Desinvestitionen: Ursachen, Probleme und Gestaltungsmöglichkeiten, Frankfurt am Main 1986.

JANSEN, S. A. (Mergers), Mergers & Acquisitions : Unternehmensakquisitionen und -kooperationen, 4. Aufl., Wiesbaden 2001.

JESCH, V. (Abspaltung): Höchstpersönliche Rechte und Abspaltung, in: *HABERSACK, M./KOCH, U./ WINTER, M.* (Hrsg.), Die Spaltung im neuen Umwandlungsrecht und ihre Rechtsfolgen, Heidelberg 1999, S. 148–164.

K

KÄFER, K. (Bewertung der Unternehmung): Zur Bewertung der Unternehmung, Nachdruck von Aufsätzen Karl Käfers aus den Jahren 1946 bis 1973 zum 98. Geburtstag des Autors, hrsg. von *C. HELBLING*, Zürich 1996.

KALLMEYER, H. (Umwandlungsgesetz): Das neue Umwandlungsgesetz, in: ZIP, 15. Jg. (1994), S. 1746–1751.

KALLMEYER, H. (Kombination von Spaltungsarten): Kombination von Spaltungsarten nach dem neuen Umwandlungsgesetz, in: DB, 48. Jg. (1995), S. 81–83.

KALLMEYER, H. (Spaltung von Familienunternehmen): Der Einsatz von Spaltung und Formwechsel nach dem UmwG 1995 für die Zukunftssicherung von Familienunternehmen, in: DB, 49. Jg. (1996), S. 28–30.

KALLMEYER, H. (Grenzüberschreitende Spaltungen): Grenzüberschreitende Verschmelzungen und Spaltungen?, in: ZIP, 17. Jg. (1996), S. 535–537.

KALLMEYER, H. (Spaltung: § 132 UmwG): Spaltung: Wie man mit § 132 UmwG 1995 leben kann, in: GmbHR, 87. Jg. (1996), S. 242–244.

KALLMEYER, H. (Umwandlung): Umwandlung nach UmwG und Unternehmensakquisition, in: DB, 53. Jg. (2002), S. 568–572.

KALLMEYER, H. (Umwandlungen): Umwandlungen, in: *KALLMEYER, H.* (Hrsg.) Umwandlungsgesetz, Kommentar, 3. Aufl., Köln 2006, S. 1–18.

KALLMEYER, H. (Spaltung): Drittes Buch: Spaltung, in: *KALLMEYER, H.* (Hrsg.) Umwandlungsgesetz, Kommentar, 3. Aufl., Köln 2006, S. 583–658.

KALLMEYER, H./KAPPES, S. (Spaltungen): Grenzüberschreitende Verschmelzungen und Spaltungen nach SEVIC Systems und der EU-Verschmelzungsrichtlinie, in: AG, 51. Jg. (2006), S. 224–238.

KAROLLUS, M. (Ausgliederung): Ausgliederung, in: *LUTTER, M.* (Hrsg.): Kölner Umwandlungsrechtstage: Verschmelzung, Spaltung, Formwechsel nach neuem Umwandlungsrecht und Umwandlungssteuerrecht, Köln 1995, S. 157–199.

KASERER, C. (Unternehmensspaltungen): Unternehmensspaltungen als Wertsteigerungsinstrument, Skript zum Vortrag im Rahmen des 56. Deutschen Betriebswirtschafter-Tags in Frankfurt am Main am 23./24. September 2002, München 2002.

KEIDEL, S. (Erfolg): Erster Erfolg für Ziebart, in: Die Welt vom 27. April 2006, S. 13.

KEIDEL, S. (Siemens-Lebenslauf): Gastarbeiter mit Siemens-Lebenslauf, in: Die Welt vom 9. August 2006, S. 13.

KERN, E. (Aufspaltung), Die Aufspaltung mittelständischer Unternehmen in ein Besitz- und Betriebsunternehmen, Bergisch Gladbach, Köln 1987.

KEUPER, F./BRÖSEL, G. (Controlling-Instrumente): Controlling-Instrumente in der TIME-Branche, Anforderungen und Gestaltungsempfehlungen im Spannungsfeld von Effektivität, Komplexität und Effizienz, in: ZfCM, 49. Jg. (2005), Sonderheft 2, S. 16–27.

KLEINE, A. (Principal-Agent-Theorie): Entscheidungstheoretische Aspekte der Principal-Agent-Theorie, Heidelberg 1995.

KLIMM, L./OTTOMEIER, M./LAUBE, H. (Grenzen): Die Trauer hält sich in Grenzen, in: FTD vom 10. Februar 2005, S. 4.

KLINGELHÖFER, H. E. (Investitionsbewertung): Investitionsbewertung auf unvollkommenen Kapitalmärkten unter Unsicherheit, in: BFuP, 55. Jg. (2003), S. 279–305.

KLINGELHÖFER, H. E. (Umweltschutzinvestitionen): Finanzwirtschaftliche Bewertung von Umweltschutzinvestitionen, Wiesbaden 2004.

KNOP, W.-N./KÜTING, K. (Anschaffungskosten): Anschaffungskosten im Umwandlungsrecht, in: BB, 50. Jg. (1995), S. 1023–1030.

KOCH, W./WEGMANN, J. (Due Diligence): Praktiker-Handbuch Due Diligence, 2. Aufl., Stuttgart 2002.

KÖNIG, W. (Vermittlungsfunktion): Die Vermittlungsfunktion der Unternehmensbewertung, in: *GOETZKE, W./SIEBEN, G.* (Hrsg.), Moderne Unternehmungsbewertung und Grundsätze ihrer ordnungsmäßigen Durchführung, Köln 1977, S. 73–89.

KÖPPEN, J. (Synergieermittlung): Synergieermittlung im Vorfeld von Unternehmenszusammenschlüssen, Wiesbaden 2004.

KÖSTER, B.-K./PRINZ, U. (Verlustverwertung durch Spaltung): Verlustverwertung durch Spaltung von Kapitalgesellschaften, in: GmbHR, 88. Jg. (1997), S. 336–343.

KOPP, M. (Airbus verzichtet auf Kahlschlag): Airbus verzichtet auf Kahlschlag in Hamburg, in: Die Welt vom 19. Februar 2007, S. 9.

KOTTMANN, B. (Spaltung): Die Spaltung einer Aktiengesellschaft, München 1986.

KRAG, J./KASPERZAK, R. (Unternehmensbewertung): Grundzüge der Unternehmensbewertung, München 2000.

KREBS, H.-J. (Veräußerung nach der Spaltung): Zur Veräußerung von Anteilen an ei ner Kapitalgesellschaft nach der Spaltung, in: BB, 52. Jg. (1997), S. 1817–1820.

KREBS, H.-J. (Berücksichtigung von Verlusten): Steuerorientierte Umstrukturierung, Berücksichtigung von Verlusten, in: BB, 53. Jg. (1998), S. 1921–1925.

KREBS, H.-J. (Zweifelsfragen zur Spaltung): Steuerorientierte Umstrukturierung, Zweifelsfragen zur Spaltung, in: BB, 53. Jg. (1998), S. 2082–2083.

KRÖGER, F. (Demerger): Demerger im Industrie-Endgame, in: *WIRTZ, B. W.* (Hrsg.), Handbuch Mergers & Acquisitions Management, Wiesbaden 2006, S. 1209–1220.

KRÜMPEL, M. (Jenoptik verspricht Wende): Jenoptik verspricht die Wende, in: FTD vom 12. April 2006, S. 4.

KRÜMPEL, M. (Jenoptik spaltet Tochter ab): Jenoptik spaltet Tochter M+W Zander ab, in: FTD vom 17. Mai 2006, S. 4.

KRUSCHWITZ, L. (Risikoanalyse aus theoretischer Sicht): Bemerkungen zur Risikoanalyse aus theoretischer Sicht, in: ZfB, 50. Jg. (1980), S. 800–808.

KRUSCHWITZ, L. (Investitionsrechnung): Investitionsrechnung, 11. Aufl., München 2007.

KÜBLBÖCK, H. (Spaltung): Die Spaltung von Kapitalgesellschaften, Frankfurt am Main 1989.

KÜTING, K. (Verbundeffekte): Zur Bedeutung und Analyse von Verbundeffekten im Rahmen der Unternehmensbewertung, in: BFuP, 33. Jg. (1981), S. 175–188.

KUHNER, C./MALTRY, H. (Unternehmensbewertung): Unternehmensbewertung, Berlin et al. 2006.

KUPFER, C. (Spaltung): Das Teilbetriebserfordernis als Voraussetzung steuerrechtlicher und zivilrechtlicher Privilegierung bei der Spaltung von Kapitalgesellschaften, Stuttgart 2000.

KUSSEROW, B./PRÜM, T. (Gesamtrechtsnachfolge): Gesamtrechtsnachfolge bei Umwandlungen mit Auslandsbezug, in: WM, 59. Jg. (2005), S. 633–641.

KUSSMAUL, H. (Gesamtbewertung): Gesamtbewertung von Unternehmen als spezieller Anwendungsfall der Investitionsrechnung, in: StB, 47. Jg. (1996), S. 262–268 (Teil I), S. 303–312 (Teil II), S. 350–358 (Teil III) und S. 395–402 (Teil IV).

KUSSMAUL, H./ZABEL, M. (Unternehmensumstrukturierungen): Unternehmensumstrukturierungen im Zivil- und Steuerrecht, in: FB, 6. Jg. (2004), S. 485–493.

L

LACKMANN, F. (Unternehmungsbewertung): Theorien und Verfahren der Unternehmungsbewertung, 2. Aufl., Berlin 1962.

LANGOHR-PLATO, U. (Unternehmensspaltung): Betriebliche Altersversorgung im Falle der Unternehmensspaltung, in: INF, 55. Jg. (2001), S. 593–596.

LARSEN, P. T. (Abspaltung von American Online): Ted Turner plädiert für Abspaltung von American Online, in: FTD vom 19. März 2003, S. 6.

LAUBE, H. (Aufspaltung): Neuer HP-Chef wehrt Fragen nach Aufspaltung ab, in: FTD vom 31. März 2005, S. 4.

LAUBE, H. (Konzernstrategie): Neuer HP-Chef dreht Konzernstrategie, in: FTD vom 15. Juni 2005, S. 5.

LAUBE, H./LIEBERT, N. (Motorola): Ohne Chips hofft Motorola auf solidere Geschäfte, in: FTD vom 7. Oktober 2003, S. 4.

LEUTHIER, R. (Interdependenzproblem): Das Interdependenzproblem bei der Unternehmensbewertung, Frankfurt am Main et al. 1988.

LIEBERMANN, B. (Ertragswert): Der Ertragswert der Unternehmung, Diss. Frankfurt am Main 1923.

LINDSTÄDT, H. (Motive für Unternehmenszusammenschlüsse): Ziele, Motive und Kriterien für Unternehmenszusammenschlüsse, in: *WIRTZ, B. W.* (Hrsg.), Handbuch Mergers & Acquisitions Management, Wiesbaden 2006, S. 57–78.

LÖFFLER, Y. (Desinvestitionen): Desinvestitionen durch Verkäufe und Börseneinführungen von Tochterunternehmen, Lohmar 2001.

LOHSE, D. (Restrukturierung): Restrukturierung von Krisenunternehmen, in: Die Bank, 94. Jg. (1994), S. 409–413.

LÜCKE, W. (Investitionsrechnungen): Investitionsrechnungen auf der Grundlage von Ausgaben oder Kosten?, in: ZfhF, Neue Folge, 7. Jg. (1955), S. 310–324.

LUIPPOLD, T. L. (Buy-Outs): Management Buy-Outs - Evaluation ihrer Einsatzmöglichkeiten in Deutschland, Bern, Stuttgart 1991.

LUTTER, M. (Umwandlungsrecht): Einleitung, A. Umwandlungsrecht, in: *LUTTER, M./WINTER, M.* (Hrsg.): Umwandlungsgesetz, Kommentar, 3. Aufl., Köln 2004, S. 85–122.

M

MADL, R. (Umwandlungssteuerrecht): Umwandlungssteuerrecht, 3. Aufl., Stuttgart 2005.

MAIER, A. (Jenoptik speckt ab): Jenoptik speckt ab für mehr Marge, in: FTD vom 20. Dezember 2005, S. 4.

MAIER, A./SCHMID, F. (HypoVereinsbank): HypoVereinsbank treibt Markt für faule Kredite voran, in: FTD vom 25. Januar 2005, S. 19.

MANDL, G./RABEL, K. (Unternehmensbewertung): Unternehmensbewertung, Eine praxisorientierte Einführung, Wien, Frankfurt am Main 1997.

MARSCH-BARNER, R./MACKENTHUN, T. (Schicksal gespeicherter Daten), Das Schicksal gespeicherter Daten bei Verschmelzung und Spaltung von Unternehmen, in: ZHR, 165. Jg. (2001), S. 426–439.

MARTIN, J. D./SAYRAK, A. (Corporate diversification), Corporate diversification and shareholder value: a survey of recent literature, in: JCF, 9. Jg. (2003), S. 37–57.

MATSCHKE, M. J. (Bewertung aus entscheidungstheoretischer Sicht): Die Bewertung der Unternehmung aus entscheidungstheoretischer Sicht, unveröffentlichte Diplomarbeit, Köln 1967/68.

MATSCHKE, M. J. (Kompromiß): Der Kompromiß als betriebswirtschaftliches Problem bei der Preisfestsetzung eines Gutachters im Rahmen der Unternehmensbewertung, in: ZfbF, 21. Jg. (1969), S. 57–77.

MATSCHKE, M. J. (Arbitrium- oder Schiedsspruchwert): Der Arbitrium- oder Schiedsspruchwert der Unternehmung- Zur Vermittlerfunktion eines unparteiischen Gutachters bei der Unternehmensbewertung, in: BFuP, 23. Jg. (1971), S. 508–520.

MATSCHKE, M. J. (Gesamtwert als Entscheidungswert): Der Gesamtwert der Unternehmung als Entscheidungswert, in: BFuP, 24. Jg. (1972), S.146–171.

MATSCHKE, M. J. (Entscheidungswert): Der Entscheidungswert der Unternehmung, Wiesbaden 1975.

MATSCHKE, M. J. (Mitbestimmung auf Unternehmungsebene): Mitbestimmung auf Unternehmungsebene – Geltende und vorgesehene Regelungen zur Mitbestimmung der Arbeitnehmer in der gewerblichen Wirtschaft, in: BFuP, 27. Jg. (1975), S. 1–13.

MATSCHKE, M. J. (Argumentationswert): Der Argumentationswert der Unternehmung – Unternehmensbewertung als Instrument der Beeinflussung in der Verhandlung, in: BFuP, 28. Jg. (1976), S. 517–524.

MATSCHKE, M. J. (Argumentationsbasis): Traditionelle Unternehmungsbewertungsverfahren als Argumentationsbasis für Verhandlungen über den Preis einer Unternehmung, in: *GOETZKE, W./SIEBEN, G.* (Hrsg.), Moderne Unternehmungsbewertung und Grundsätze ihrer ordnungsmäßigen Durchführung, Köln 1977, S. 158–174.

MATSCHKE, M. J. (Argumentationsfunktion): Die Argumentationsfunktion der Unternehmungsbewertung, in: *GOETZKE, W./SIEBEN, G.* (Hrsg.), Moderne Unternehmungsbewertung und Grundsätze ihrer ordnungsmäßigen Durchführung, Köln 1977, S. 91–103.

MATSCHKE, M. J. (Arbitriumwert): Funktionale Unternehmensbewertung, Band II: Der Arbitriumwert der Unternehmung, Wiesbaden 1979.

MATSCHKE, M. J. (Unternehmensbewertung in dominierten Konfliktsituationen): Unternehmensbewertung in dominierten Konfliktsituationen am Beispiel der Bestimmung der angemessenen Barabfindung für den ausgeschlossenen oder ausscheidungsberechtigten Minderheits-Kapitalgesellschafter, in: BFuP, 33. Jg. (1981), S. 115–129.

MATSCHKE, M. J. (Bewertung ertragsschwacher Unternehmungen): Bewertung ertragsschwacher Unternehmungen bei der Fusion, in BFuP, 36. Jg. (1984), S. 544–565.

MATSCHKE, M. J. (Finanzierung): Finanzierung der Unternehmung, Herne, Berlin 1991.

MATSCHKE, M. J. (Mehrdimensionale Entscheidungswerte): Einige grundsätzliche Bemerkungen zur Ermittlung mehrdimensionaler Entscheidungswerte der Unternehmung, in BFuP, 45. Jg. (1993), S. 1–23.

MATSCHKE, M. J. unter Mitwirkung von *MATSCHKE, X.* (Investitionsplanung): Investitionsplanung und Investitionskontrolle, Herne, Berlin 1993.

MATSCHKE, M. J. (Lenkungspreise): Lenkungspreise, in: *WITTMANN, W./ ET AL.* (Hrsg.), Handwörterbuch der Betriebswirtschaft – Teilband 2, 5. Aufl., Stuttgart 1993, Sp. 2581–2594.

MATSCHKE, M. J. (Anlässe und Konzeptionen): Unternehmensbewertung: Anlässe und Konzeptionen, in: *CORSTEN, H.* (Hrsg.), Lexikon der Betriebswirtschaftslehre, 4. Aufl., München, Wien 2000, S. 971–974.

MATSCHKE, M. J. (Wertarten): Unternehmensbewertung: Wertarten nach der Art ihrer Ermittlung, in: *CORSTEN, H.* (Hrsg.), Lexikon der Betriebswirtschaftslehre, 4. Aufl., München, Wien 2000, S. 974–979.

MATSCHKE, M. J. (Wertarten nach ihrer Aufgabenstellung): Unternehmungsbewertung: Wertarten nach ihrer Aufgabenstellung, in: *CORSTEN, H.* (Hrsg.), Lexikon der Betriebswirtschaftslehre, 4. Aufl., München, Wien 2000, S. 979–981.

MATSCHKE, M. J. (Grundsätze): Grundsätze ordnungsgemäßer Unternehmensbewertung, Skript zum Vortrag im Rahmen der EUROFORUM-Jahrestagung in Mainz am 12. März 2003, Greifswald 2003.

MATSCHKE, M. J. (Ertragswert): Ertragswert, in: *LÜCK, W.* (Hrsg.), Lexikon der Betriebswirtschaft, 6. Aufl., München, Wien 2004, S. 187–188.

MATSCHKE, M. J. (Substanzwert): Substanzwert in der Unternehmensbewertung, in: *LÜCK, W.* (Hrsg.), Lexikon der Betriebswirtschaft, 6. Aufl., München, Wien 2004, S. 648–650.

MATSCHKE, M. J. (Unternehmensbewertung): Unternehmensbewertung, Konzeptionen der, in: *LÜCK, W.* (Hrsg.), Lexikon der Betriebswirtschaft, 6. Aufl., München, Wien 2004, S. 682–684.

MATSCHKE, M. J./BRÖSEL, G. (Bewertung kleiner und mittlerer Unternehmungen): Die Bewertung kleiner und mittlerer Unternehmungen mit dem Zustands-Grenzpreismodell unter besonderer Berücksichtigung möglicher Folgen von „Basel II" in: *MEYER, J. A.* (Hrsg.), Unternehmensbewertung und Basel II in kleinen und mittleren Unternehmen, Lohmar, Köln 2003, S. 157–181.

MATSCHKE, M. J./BRÖSEL, G. (Unternehmensbewertung): Unternehmensbewertung, Funktionen – Methoden – Grundsätze, 3. Aufl., Wiesbaden 2007.

MATSCHKE, M. J./BRÖSEL, G./BYSIKIEWICZ, M. (Finanzierungsalternativen): Finanzierungsalternativen beim Aufbruch von kleinen und mittleren Unternehmen in neue technologieorientierte Märkte: *MEYER, J. A.* (Hrsg.), Kleine und mittlere Unternehmen in neuen Märkten, Lohmar, Köln 2006, S. 403–428.

MATSCHKE, M. J./HERING, T./KLINGELHÖFER, H. E. (Finanzanalyse): Finanzanalyse und Finanzplanung, München, Wien 2002.

MATSCHKE, M. J./WITT, C. (Entscheidungswertermittlung bei der Vereinigung): Entscheidungswertermittlung bei der Vereinigung öffentlich-rechtlicher Sparkassen, in: *BURKHARDT, T./KÖRNERT, J./WALTHER, U.* (Hrsg.), Banken, Finanzierung und Unternehmensführung, FS für K. Lohmann, Berlin 2004, S. 249–271.

MAYER, D. (Spaltung): Zweifelsfragen bei der Spaltung von Treuhandunternehmen, in: DB, 44. Jg. (1991), S.1609–1616.

MAYER, D. (Zweifelsfragen): Erste Zweifelsfragen bei der Unternehmensspaltung, in: DB, 48. Jg. (1995), S.861–866.

MAYER, D. (Umstrukturierung): Die Umstrukturierung von Bundesligavereinen zur Vorbereitung des Börsengangs, in: *WASSERMEYER, F./MAYER, D./RIEGER, N.* (Hrsg.), Umwandlungen im Zivil- und Steuerrecht, FS für S. Widmann, Bonn 2000, S. 67–86.

MEICHELBECK, A. (Unternehmensbewertung): Unternehmensbewertung im Konzern, in: *PEEMÖLLER, V. H.* (Hrsg.), Praxishandbuch der Unternehmensbewertung, Herne, Berlin 2005, S. 437–457.

MEINHÖVEL, H. (Principal-Agent-Theorie): Defizite der Principal-Agent-Theorie, Lohmar, Köln 1999.

MEISTER, N. (Unternehmensverträge bei der Spaltung): Übergang von Unternehmensverträgen bei der Spaltung der herrschenden Gesellschaft, in: DStR, 37. Jg. (1999), S. 1741–1743.

MELLEROWICZ, K. (Wert der Unternehmung): Der Wert der Unternehmung als Ganzes, Essen 1952.

MENNER, S./BROER, F. (Alternativen zur Spaltung): Steuerliche Gestaltungsmöglichkeiten bei Umstrukturierungen im Konzern – Alternativen zur Spaltung von Kapitalgesellschaften unter besonderer Berücksichtigung von Sachdividenden, in: DB, 56. Jg. (2003), S. 1075–1080.

MENSCHING, H. (Desinvestitionen): Desinvestitionen von Unternehmungsteilen, Frankfurt am Main 1986.

MICHAELS, A. (Chef): Bei PwC verkauft der Chef jetzt selbst, in: FTD vom 31. Juli 2000, S. 17.

MIRSCHEL, S./KLINGELHÖFER, H. E./LERM, M. (Bewertung): Bewertung von Stimmrechtsänderungen, Wirtschaftswissenschaftliches Diskussionspapier 03/2004 der Rechts- und Staatswissenschaftlichen Fakultät der Ernst-Moritz-Arndt-Universität Greifswald, Greifswald 2004.

MITTNACHT, J. (Desinvestitionen): Die Kapitalmarktbewertung von Desinvestitionen, Sternenfels 2006.

MOMEN, L. (Spaltung von Kapitalgesellschaften): Aufteilung des verwendbaren Eigenkapitals bei der grenzüberschreitenden Spaltung von Kapitalgesellschaften, in: DB, 46. Jg. (1993), S. 2089–2095.

MOMEN, L. (Veräußerung durch Spaltung): Veräußerung durch Spaltung: Die Missbrauchsklausel des § 15 Abs. 3 Satz 2 UmwStG auf dem Prüfstand, in: DStR, 35. Jg. (1997), S. 355–357.

MOXTER, A. (Konzernunternehmen): Offene Probleme der Rechnungslegung bei Konzernunternehmen, in: ZfhF, 13. Jg. (1961), S. 641–653.

MOXTER, A. (Grundsätze): Die Bedeutung der Grundsätze ordnungsmäßiger Unternehmensbewertung, in: ZfbF, 32. Jg. (1980), S. 454–459.

MOXTER, A. (Unternehmensbewertung): Grundsätze ordnungsmäßiger Unternehmensbewertung, 2.Aufl., Wiesbaden 1983.

MÜLLER, H. (Demerger-Management): Demerger-Management, in: *WIRTZ, B. W.* (Hrsg.), Handbuch Mergers & Acquisitions Management, Wiesbaden 2006, S. 1187–1207.

MÜLLER, K. (Haftung bei der Spaltung): Die gesamtschuldnerische Haftung bei der Spaltung nach §§ 133, 134 UmwG, in: DB, 54. Jg. (2001), S. 2637–2640.

MÜLLER, R. (Tracking Stock): „Tracking Stock" und seine Realisierbarkeit im deutschen Gesellschaftsrecht, in: WiB, 4. Jg. (1997), S. 57–65.

MÜLLER-MERBACH, H. (Operations Research): Operations Research, 3. Aufl., München 1973.

MÜNSTERMANN, H. (Wert und Bewertung): Wert und Bewertung der Unternehmung, Wiesbaden 1966.

N

NADIG, L. (Spin Offs): Spin Offs mittels Management Buyout, Stuttgart, Wien, 1992.

NAGEL, C./THIES, B. (Nicht verhältniswahrende Abspaltung): Die nicht verhältniswahrende Abspaltung als Gestaltungsinstrument im Rahmen von Unternehmenszusammenschlüssen, in: GmbHR, 95. Jg. (2004), S. 83–88.

NAGL, R. (Spaltung): Die Spaltung durch Einzelrechtsnachfolge und nach neuem Umwandlungsrecht, in: DB, 49. Jg. (1996), S. 1221–1225.

NARASCHEWSKI, A. (Haftung bei der Spaltung): Haftung bei der Spaltung von Kommanditgesellschaften, in: DB, 48. Jg. (1995), S. 1265–1268.

NARASCHEWSKI, A. (Kapitalherabsetzung bei der Spaltung): Die vereinfachte Kapitalherabsetzung bei der Spaltung einer GmbH, in: GmbHR, 86. Jg. (1995), S. 697–703.

NATUSCH, I. (Neue Wege der Beteiligungsfinanzierung): Neue Wege der Beteiligungsfinanzierung deutscher Unternehmen durch die Ausgabe von „Tracking Stocks"?, in: DB, 50. Jg. (1997), S. 1141–1148.

NATUSCH, I. (Tracking Stocks): „Tracking Stocks" aus Sicht des US-Steuerrechts, in: IStR, 6. Jg. (1997), S. 609–617.

NEYE, H.-W. (Umwandlungsgesetz): Umwandlungsgesetz, Umwandlungssteuergesetz, 2. Aufl., Köln 1995.

NEYER W. (Steuerneutrale Spaltung): Veräußerungssperre nach steuerneutraler Spaltung, in: DStR, 40. Jg. (2002), S. 2200–2204.

NICOLAI, B./EHRENSBERGER, W. (Ausgliederung von Werken): Rezept zur Rettung: Ausgliederung von Werken, in: Die Welt vom 20. Februar 2007, S. 16.

NICOLAI, B./ET AL. (Blindflug): Im Blindflug aus der Krise, in: Die Welt vom 20. Februar 2007, S. 16.

NIEHUES, K. (Unternehmensbewertung): Unternehmensbewertung bei Unternehmenstransaktionen, in: BB, 48. Jg. (1993), S. 2241–2250.

NONNENMACHER, R. (Verschmelzung): Das Umtauschverhältnis bei der Verschmelzung von Kapitalgesellschaften, in: AG, 27. Jg. (1982), S. 153–158.

O

ODENTHAL, S. (Unternehmensteilungen): Unternehmensteilungen, Wiesbaden 1999.

OETTER, J. (Strukturveränderung durch Spaltung): Strukturveränderung im Konzern durch Spaltung – Eine Studie zur Spaltung der Hoechst AG, Frankfurt am Main 2003.

OHO, W./REMMEL, M. (Abspaltung eines Teilbetriebes): Die Abspaltung eines mit Verlusten behafteten Teilbetriebes bei anschließender Anteilsveräußerung im Bank-Konzern, in: BB, 58. Jg. (2003), S. 2539–2544.

OLBRICH, M. (Unternehmungswert): Unternehmungskultur und Unternehmungswert, Wiesbaden 1999.

OLBRICH, M. (Bedeutung des Börsenkurses): Zur Bedeutung des Börsenkurses für die Bewertung von Unternehmungen und Unternehmungsanteilen, in: BFuP, 52. Jg. (2000), S. 454–465.

OLBRICH, M. (Kauf mit Verlustvortrag): Zum Kauf der Mantelgesellschaft mit ertragsteuerlichem Verlustvortrag vor dem Hintergrund des Steuersenkungsgesetzes, in: WPg, 54. Jg. (2001), S. 1326–1331.

OLBRICH, M. (Unternehmungsnachfolge): Zur Unternehmungsnachfolge im elektronischen Geschäft, in: *KEUPER, F.* (Hrsg.), Electronic Business und Mobile Business, Wiesbaden 2002, S. 677–708.

OLBRICH, M. (Unternehmungsverkauf): Unternehmungsnachfolge durch Unternehmungsverkauf, Wiesbaden 2005.

OLBRICH, M. (Scheidung): Zur Unternehmensbewertung bei Scheidung des Unternehmers, in: DBW, 65. Jg. (2005), S. 411–426.

OLDAG, A. (Ende der Giganten): Das Ende der Giganten, Viele Megafusionen haben nicht funktioniert/Jetzt ziehen amerikanische Konzerne Konsequenzen, in: SZ vom 23. Juni 2005, S. 26.

OPITZ, M. (Desinvestitionen): Desinvestitionen: Organisation und Durchführung, in: BFuP, 45. Jg. (1993), S. 325–342.

OSSADNIK, W. (Verschmelzungen): Die Aufteilung von Synergieeffekten bei Verschmelzungen, in: ZfB, 65. Jg. (1995), S. 69–85.

OSSADNIK, W. (Synergieeffekte): Die Aufteilung von Synergieeffekten bei Fusionen, Stuttgart 1995.

OSSADNIK, W./MAUS, S. (Verschmelzung): Die Verschmelzung im neuen Umwandlungsrecht aus betriebswirtschaftlicher Sicht, in: DB, 48. Jg. (1995), S. 105–109.

OTT, H. (Aufspaltung und Abspaltung I): Aufspaltung und Abspaltung von Kapitalgesellschaften – Teil I, in: INF, 50. Jg. (1996), S. 46–51.

OTT, H. (Aufspaltung und Abspaltung II): Aufspaltung und Abspaltung von Kapitalgesellschaften – Teil II, in: INF, 50. Jg. (1996), S. 76–83.

OTT, H. (Umwandlung): Umwandlung einer Personengesellschaft in eine Kapitalgesellschaft – Teil I, in: INF, 50. Jg. (1996), S. 173–177.

OTT, H. (Umwandlungs- und Umwandlungssteuerrecht): Das neue Umwandlungs- und Umwandlungssteuerrecht, Leitfaden für die Beratungspraxis, Freiburg i. Br. 1996.

O. VERF. (Holding-Konzept): Mehr Übersicht durch Holding-Konzept, in: Handelsblatt vom 12./13. Juli 1996, S. 18.

O. VERF. (Squeeze-out), Squeeze-out durch Spaltung?, in: RdW, 16. Jg. (1998), S. 654.

O. VERF. (Arbeitsplätze): Dividende und Arbeitsplätze für Siemens-Mitarbeiter, in: SZ vom 18. Februar 1999, S. 27.

O. VERF. (Ausgliederung): Siemens-Mitarbeiter gegen Ausgliederung, in: SZ vom 18. Februar 1999, S. L 1.

O. VERF. (Protestaktionen): Erneut Protestaktionen an mehreren Siemensstandorten, in: SZ vom 18. Februar 1999, S. 27.

O. VERF. (Betriebsrat): Siemens und Betriebsrat einig über Halbleiter, in: SZ vom 10. März 1999, S. 28.

O. VERF. (Halbleiter-Ausgliederung perfekt): Halbleiter-Ausgliederung perfekt, Der defizitäre Siemens-Bereich wird zum 1. April zur „Infineon Technologies AG“, in: SZ vom 18. März 1999, S. 18.

O. VERF. (Geschäftsbericht Gehe AG): Geschäftsbericht Gehe AG 1999, Stuttgart 1999.

O. VERF. (Familienzwist): Familienzwist bei Tchibo um Firmenstrategie, in: FTD vom 2. Juli 2001, S. 7.

O. VERF. (BearingPoint): KPMG Consulting ist jetzt BearingPoint, Pressemitteilung des Beratungsunternehmens BearingPoint vom 2. Oktober 2002, Frankfurt/Main 2002.

O. VERF. (Wegfall der Buchwertverknüpfung bei Spaltung): Umwandlung: Rückwirkender Wegfall der Buchwertverknüpfung bei Spaltung und Veräußerung an denselben Erwerber, in: GmbHR, 95. Jg. (2004), S. 1292–1294.

O. VERF. (Milliarden-Mandat): Milliarden-Mandat für Aareal, in: FTD vom 23. Februar 2005, S. 18.

o. Verf. (ARAG): ARAG widersteht Outsourcing-Versuchung, in: CW vom 11. März 2005, S. 60 f.

o. Verf. (Lanxess): Lanxess bereitet Verkauf vor, in: FTD vom 23. März 2005, S. 10.

o. Verf. (Infineon gliedert Sparte aus): Infineon gliedert Sparte aus, in: Süddeutsche Zeitung vom 25./26. Mai 2005, S. 28.

o. Verf. (Viacom-Konzern spaltet sich in zwei Teile): Viacom-Konzern spaltet sich in zwei Teile, in: Die Welt vom 16. Juni 2005, S. 7.

o. Verf. (Viacom spaltet sich auf): Medienkonzern Viacom spaltet sich auf, in: HB vom 16. Juni 2005, S. 11.

o. Verf. (Jenoptik will Konzern aufspalten): Jenoptik will Konzern aufspalten, in: Handelsblatt vom 11. August 2005, S. 11.

o. Verf. (Akzo Nobel wird zerschlagen): Akzo Nobel wird zerschlagen, in: Die Welt vom 8. Februar 2006, S. 14.

o. Verf. (Siemens zieht sich zurück): Siemens zieht sich auch bei Epcos vollständig zurück, in: Die Welt vom 28. März 2006, S. 15.

o. Verf. (Börsengang der Chemietochter): Altana will bald über Börsengang der Chemietochter entscheiden, in: Die Welt vom 3. Mai 2006, S. 13.

o. Verf. (Verschmelzung): Verschmelzung der T-Online International AG auf die Deutsche Telekom AG vollzogen, Pressemitteilung der Deutschen Telekom AG vom 6. Juni 2006, Bonn 2006.

o. Verf. (Infineon-Aufspaltung): Infineon-Aufspaltung ist rechtens, in: SZ vom 9. Juni 2006, S. 22.

o. Verf. (Rekordjahr für Unternehmensfusionen): Rekordjahr für Unternehmensfusionen, in: Die Welt vom 31. Juli 2006, S. 1.

o. Verf. (Chipsparte): Chipsparte bringt Philips 6,4 Milliarden Euro, in: SZ vom 5. August 2006, S. 15.

o. Verf. (Beschäftigungspakt): Tiefensee will bei der Bahn Beschäftigungspakt erhalten, in: Die Welt vom 26. September 2006, S. 12.

o. Verf. (Infineon-Ableger): Infineon-Ableger Qimonda mit Gewinnsprung, in: Die Welt vom 16. November 2006, S. 15.

o. Verf. (Aufspaltung von Altana): Aufspaltung von Altana ist besiegelt, in: Die Welt vom 21. Dezember 2006, S. 13.

o. Verf. (Energiekonzern gliedert Netzgeschäft aus): Energiekonzern E.on gliedert Netzgeschäft vollständig aus, in: Die Welt vom 3. Januar 2007, S. 15.

o. Verf. (EU will Energiekonzerne aufspalten): EU will Energiekonzerne aufspalten, in: Die Welt vom 11. Januar 2007, S. 1.

o. Verf. (Streit eskaliert): Streit zwischen Telekom und Ver.di eskaliert, in: Die Welt vom 11. Mai 2007, S. 11.

O. VERF. (Verkauf von Service-Sparten): Telekom-Chef droht mit Verkauf von Service-Sparten, in: Die Welt vom 14. Mai 2007, S. 11.

O. VERF. (Daimler befreit sich von Chrysler): Daimler befreit sich von Chrysler, in: Die Welt vom 15. Mai 2007, S. 1.

O. VERF. (Verhandlungstisch): Telekom und Ver.di wieder am Verhandlungstisch, in: Die Welt vom 14. Juni 2007, S. 13.

P

PATERAK, J./PELDA, K. (Post): UPS und FedEx intervenieren gegen die Post, in: FTD vom 25. Januar 2001, S. 9.

PATT, J. (Betriebsaufspaltung): Errichtung einer Betriebsaufspaltung durch Umwandlung eines Einzelunternehmens, in: DStR, 32. Jg. (1994), S. 1383–1385.

PEEMÖLLER, V. H. (Anlässe): Anlässe der Unternehmensbewertung, in: *PEEMÖLLER, V. H.* (Hrsg.), Praxishandbuch der Unternehmensbewertung, Herne, Berlin 2005, S. 15–25.

PEEMÖLLER, V. H. (Wert): Wert und Werttheorien, in: *PEEMÖLLER, V. H.* (Hrsg.), Praxishandbuch der Unternehmensbewertung, Herne, Berlin 2005, S. 1–14.

PFAFF, D./PFEIFFER, T./GATHGE, D. (Zustands-Grenzpreismodelle): Unternehmensbewertung und Zustands-Grenzpreismodelle, in: BFuP, 54. Jg. (2002), S. 198–210.

PICKHARDT, N. (Kernproblem der Spaltung): Die Abgrenzung des spaltungsrelevanten Vermögensteils als Kernproblem der Spaltung, in: DB, 52. Jg. (1999), S. 729–733.

PICOT, G./MÜLLER-EISING, K. (Gesellschaftsrecht): Teil II: Gesellschaftsrecht, in: *PICOT, G.* (Hrsg.), Unternehmenskauf und Restrukturierung, 3. Aufl., München 2004, S. 258–499.

PIETSCH, R./HOTTMANN, J./FANCK, B. (Besteuerung): Die Besteuerung von Gesellschaften, 10. Aufl., Achim 2004.

PRIESTER, H.-J. (Spaltungsvertrag): Spaltungsvertrag/ Spaltungsplan, in: *LUTTER, M.* (Hrsg.), Kölner Umwandlungsrechtstage: Verschmelzung, Spaltung, Formwechsel nach neuem Umwandlungsrecht und Umwandlungssteuerrecht, Köln 1995, S. 99–116.

PRIESTER, H.-J. (Spaltungs- und Übernahmevertrag): § 126 Inhalt des Spaltungs- und Übernahmevertrags, in: *LUTTER, M./WINTER, M.* (Hrsg.), Umwandlungsgesetz, Kommentar, 3. Aufl., Köln 2004, S. 1389–1424.

PRINZ, U. (Tracking Stock-Strukturen): Verbesserte steuerliche Rahmenbedingungen für Tracking Stock-Strukturen nach der Unternehmenssteuerreform 2001, in: FR, 3. Jg. (2001), S. 285–288.

R

RAISER, T./VEIL, R. (Kapitalgesellschaften): Recht der Kapitalgesellschaften, 4. Aufl., München 2006.

REICHERT, J. (Ausgliederungsvoraussetzungen): Ausstrahlungswirkungen der Ausgliederungsvoraussetzungen nach UmwG auf andere Strukturänderungen, in: *HABERSACK, M./KOCH, U./ WINTER, M.* (Hrsg.), Die Spaltung im neuen Umwandlungsrecht und ihre Rechtsfolgen, Heidelberg 1999, S. 25–76.

REICHERTER, M. (Fusionsentscheidung): Fusionsentscheidung und Wert der Kreditgenossenschaft, Wiesbaden 2000.

REPPERT, I./RONKE, C./FROMME, H. (Wiedereingliederung): Metro droht Wiedereingliederung von Altlasten, in: FTD vom 20. November 2005, S. 7.

RIBBERT, B. (Schiedsgutachter): Unternehmensbewertung durch einen Schiedsgutachter, in: DB, 31. Jg. (1978), S. 2085–2087.

RIEBLE, V. (Spaltung und Schuldverhältnisse): Verschmelzung und Spaltung von Unternehmen und ihre Folgen für Schuldverhältnisse mit Dritten, in: ZIP, 18. Jg. (1997), S. 301–314.

RIESENHUBER, F./WALTER, A./AUER, M. (Akademische Spin-Offs): Akademische Spin-Offs: Eine empirische Untersuchung zum Umgang mit technischer Unsicherheit und der Steigerung des Wachstums, in: ZfB, 76. Jg. (2006), S. 117–139.

RÖDDER, T. (Umstrukturierungen bei Personengesellschaften): Steuerorientierte Gestaltung von Umstrukturierungen bei Personengesellschaften, in: *HERZIG, N.* (Hrsg., im Auftrag des Fachinstituts der Steuerberater), Steuerberater-Jahrbuch 1994/95 – zugleich ein Bericht über den 46. Fachkongress, Köln 1995.

RÖDDER, T. (Erfolgsneutrale Betriebsaufspaltung): Erfolgsneutrale Übertragung von Wirtschaftsgütern im Rahmen einer kapitalistischen Betriebsaufspaltung, in: DStR, 34. Jg. (1996), S. 414–415.

RÖDDER, T./SCHUMACHER, A. (SEStEG): Das kommende SEStEG – Teil I und II: Das geplante neue Umwandlungssteuergesetz, in: DStR, 44. Jg. (2006), S. 1481–1494 (Teil I) und S. 1525–1542 (Teil II).

RÖDDER, T./SCHUMACHER, A. (Das SEStEG): Das SEStEG – Überblick über die endgültige Fassung und die Änderungen gegenüber dem Regierungsentwurf, in: DStR, 45. Jg. (2007), S. 369–412.

RÖSSING, S. (Beratung): PricewaterhouseCoopers trennt sich in Deutschland von Beratung, in: FTD vom 17. Mai 2000, S. 22.

RÖSSING, S. (Abspaltung): PwC hält an Abspaltung der Beratung fest, in: FTD vom 5. Dezember 2000, S. 21.

RÖSSING, S. (Kritik): Prüfer kritisiert schärfere Regulierung, in: FTD vom 22. November 2002, S. 23.

RÖSSING, S. (Zwist): Süß-salziger Zwist, in: FTD vom 21. Juli 2005, S. 2.

RÖSSING, S./HEGMANN, G./GASSMANN, M. (HVB stoppt Verkauf): HVB stoppt Brau-und-Brunnen-Verkauf, in: FTD vom 2. Dezember 2003, S. 3.

ROHDE, S. (Teile und herrsche): Teile und herrsche, in: AiB, 26. Jg. (2005), S. 22–25.

ROLLBERG, R. (Simultane Planung): Simultane Investitions-, Finanz- und Produktionsprogrammplanung, in: *BURCHERT, H./HERING, T.* (Hrsg.): Betriebliche Finanzwirtschaft, München, Wien 1999.

ROLLBERG, R. (Unternehmensplanung): Integrierte Unternehmensplanung, Wiesbaden 2001.

RONKE, C./HÜLSEN, I. (Altlasten): Altlasten kommen Metro teuer zu stehen, in: FTD vom 23. Januar 2004, S. 3.

ROTHE, C. (Simulative Risikoanalyse): Wirtschaftlichkeitsuntersuchung kommunaler Wohngebietserschließungen anhand einer simulativen Risikoanalyse, in: *BURCHERT, H./HERING, T.* (Hrsg.), Betriebliche Finanzwirtschaft, München, Wien 1999, S. 280–287.

RUCH, M. (Continental): Continental erwägt Preiserhöhungen wegen steigender Stahlkosten, in: FTD vom 4. November 2004, S. 17.

RÜCKLE, D./HENCKEL, N.-F. (Unternehmensumwandlungen): Unternehmensumwandlungen, in: WISU, 34. Jg. (2005), Studienblatt Oktober 2005.

S

SAGASSER, B./FAHRENBERG, J. (Steuerliche Regelungen): Steuerliche Regelungen, in: *SAGASSER, B./BULA, T./ BRÜNGER, T.* (Hrsg.): Umwandlungen: Verschmelzung – Spaltung – Formwechsel – Vermögensübertragung, 3. Aufl., München 2002, S. 618–680.

SAGASSER, B./KÖDDERITZSCH, L. (Beweggründe für die Verschmelzung): Beweggründe für die Verschmelzung, in: *SAGASSER, B./BULA, T./ BRÜNGER, T.* (Hrsg.): Umwandlungen: Verschmelzung – Spaltung – Formwechsel – Vermögensübertragung, 3. Aufl., München 2002, S. 131–135.

SAGASSER, B./SICKINGER, M. (Spaltungsrechtliche Regelungen): Spaltungsrechtliche Regelungen, in: *SAGASSER, B./BULA, T./ BRÜNGER, T.* (Hrsg.): Umwandlungen: Verschmelzung – Spaltung – Formwechsel – Vermögensübertragung, 3. Aufl., München 2002, S. 466–533.

SANCHANTA, M. (Xerox): Xerox kappt Geschäft mit Privatkunden, in: FTD vom 15. Juni 2001, S. 4.

SAUTER, T. (Spaltungen): Schlußbilanzen bei Spaltungen, in: *WASSERMEYER, F./MAYER, D./RIEGER, N.* (Hrsg.), Umwandlungen im Zivil- und Steuerrecht, FS für S. Widmann, Bonn 2000, S. 99–116.

SCHÄFER, C. (Aufspaltung): Höchstpersönliche Rechte (Gegenstände) in der Aufspaltung, in: *HABERSACK, M./KOCH, U./ WINTER, M.* (Hrsg.), Die Spaltung im neuen Umwandlungsrecht und ihre Rechtsfolgen, Heidelberg 1999, S. 114–147.

SCHALL, A./HORN, M. (Spaltung): Der Übergang öffentlich-rechtlicher Pflichten in der Spaltung am Beispiel der abstrakten Polizeipflicht, in: ZIP, 24. Jg. (2003), S. 327–350.

SCHAUMBURG, H./RÖDDER, T. (UmwG): UmwG, UmwStG, Köln 1995.

SCHERRER, G. (Spaltung): Bilanzierung der Spaltung beim übertragenden Rechtsträger, in: *KLEINEIDAM, H.-J.* (Hrsg.), Unternehmenspolitik und internationale Besteuerung, FS für L. Fischer, Berlin 1999, S. 391–417.

SCHIERECK, D./STIENEMANN, M. (Desinvestitionen): Wertsteigerung durch Desinvestitionen bei großen deutschen Konzernen, in: KuK, 37. Jg. (2004), S. 353–381.

SCHIESSL, H. (Ausgliederung): Die Ausgliederung von Abteilungen aus Idealvereinen auf Kapitalgesellschaften – Umwandlungssteuerrechtliche und gemeinnützigkeitsrechtliche Fragen, in: DStZ, 95. Jg. (2007), S. 494–503.

SCHILDBACH, T. (Gutachter): Der Wirtschaftsprüfer als Gutachter in Fragen der Unternehmensbewertung: Möglichkeiten und Grenzen aus der Sicht der Berufspflichten des Wirtschaftsprüfers, in: WPg, 34. Jg. (1981), S. 193–201.

SCHILDBACH, T. (Der Verkäufer und das Unternehmen): Der Verkäufer und das Unternehmen „wie es steht und liegt“, in: ZfbF, 47. Jg. (1995), S. 620–632.

SCHILDBACH, T. (Discounted Cash-Flow-Verfahren): Ist die Kölner Funktionenlehre der Unternehmensbewertung durch die Discounted Cash-flow-Verfahren überholt?, *MATSCHKE, M. J./SCHILDBACH, T.* (Hrsg.): Unternehmensberatung und Wirtschaftsprüfung, Festschrift für G. Sieben, Stuttgart 1998, S. 301–322.

SCHISCHKOFF, G./SCHMIDT, H. (Wörterbuch): Philosophisches Wörterbuch, 21. Aufl., Stuttgart 1982.

SCHMALENBACH, E. (Verrechnungspreise): Über Verrechnungspreise, in: ZfhF, 2. Jg. (1908), S. 165–184.

SCHMALENBACH, E. (Werte von Unternehmungen): Die Werte von Anlagen und Unternehmungen in der Schätztechnik, in: ZfhF, 12. Jg. (1917/18), S. 1–20.

SCHMIDT, H. (Ausgliederung): Die Ausgliederung als Unterfall der Spaltung nach neuem Umwandlungsrecht, in: *HABERSACK, M./KOCH, U./ WINTER, M.* (Hrsg.), Die Spaltung im neuen Umwandlungsrecht und ihre Rechtsfolgen, Heidelberg 1999, S. 10–24.

SCHMIDT, J. G. (Discounted Cash-flow-Methode): Die Discounted Cash-flow-Methode – nur eine kleine Abwandlung der Ertragswertmethode?, in: ZfbF, 47. Jg. (1995), S. 1088–1118.

SCHMIDT, K. (Gläubigerschutz): Gläubigerschutz bei Umstrukturierungen, in: ZGR, 22. Jg. (1993), S. 366–395.

SCHNEELOCH, D. (Betriebsaufspaltung): Die Betriebsaufspaltung, Eine vorteilhafte unternehmenspolitische Gestaltungsmaßnahme?, in: *KLEINEIDAM, H.-J.* (Hrsg.), Unternehmenspolitik und internationale Besteuerung, FS für L. Fischer, Berlin 1999, S. 437–462.

SCHNEIDER, D. (Klumpfuß): Marktwertorientierte Unternehmensrechnung: Pegasus mit Klumpfuß, in: DB, 51. Jg. (1998), S. 1473–1478.

SCHNEIDER, P. (Unternehmungsaufspaltung): Die Unternehmungsaufspaltung in betriebswirtschaftlicher, handelsrechtlicher und steuerrechtlicher/steuerwirtschaftlicher Sicht, Zürich 1977.

SCHÖNE, T. (Spaltung): Die Spaltung unter Beteiligung von GmbH gem. §§ 123 ff. UmwG, Grundlagen, Anteilsgewährung, Beschlußfassung, Informationspflichten, Köln 1998.

SCHULTZE, W. (Unternehmensbewertung): Methoden der Unternehmensbewertung, 2. Aufl., Düsseldorf 2003.

SCHULZE-OSTERLOH, J. (Probleme einer Spaltung): Probleme einer Spaltung von Personengesellschaften, in: ZHR, 149. Jg. (1985), S. 614–627.

SCHULZE ZUR WIESCHE, D. (GmbH & Co. KG im neuen Umwandlungssteuerrecht): Die GmbH & Co. KG im neuen Umwandlungssteuerrecht, in: DB, 49. Jg. (1996), S. 1539–1556.

SCHULZE ZUR WIESCHE, D. (Betriebsaufspaltung): Betriebsaufspaltung: Einstimmigkeitsprinzip und Regelung der Geschäftsführung als Kriterien für die personelle Verflechtung, in: WPg, 57. Jg. (2004), S. 751–756.

SCHULZE ZUR WIESCHE, D. (Spaltungs- und Ausgliederungsvorgänge): Die steuerliche Behandlung von Spaltungs- und Ausgliederungsvorgängen im Rahmen von Personengesellschaften, in: DStZ, 92. Jg. (2004), S. 366–372.

SCHWARZER, U./STUDENT, D. (Erben): Quandt-Dynastie, Erben ohne Fortune, in: MM, Ausgabe 4/2006, S. 36.

SCHWEDHELM, R. (Unternehmensumwandlung): Die Unternehmensumwandlung, 5. Aufl., Köln 2006.

SCHWEDHELM, R./OLBING, K./BINNEWIES, B. (Aktuelles rund um die GmbH): Aktuelles zum Jahreswechsel 2006/2007 rund um die GmbH, in: GmbHR, 97. Jg. (2006), S. 1225–1239.

SCHWEDHELM, R./STRECK, M./MACK, A. (Spaltung I): Die Spaltung der GmbH nach neuem Umwandlungsrecht (I), in: GmbHR, 86. Jg. (1995), S. 7–15.

SCHWEDHELM, R./STRECK, M./MACK, A. (Spaltung II): Die Spaltung der GmbH nach neuem Umwandlungsrecht (II), in: GmbHR, 86. Jg. (1995), S. 100–108.

SCHWENZER, S. (Spaltungen): Unechte Verschmelzungen und unechte Spaltungen, Frankfurt am Main 2003.

SEIBEL, K. (Übernahmewelle): Übernahmewelle erreicht Rekordniveau, in: Die Welt vom 3. Mai 2007, S. 11.

SEIBOLD, M. (Spaltung): Die Spaltung von Aktiengesellschaften nach dem Umwandlungsgesetz, Bayreuth 2001.

SEIDLITZ, F. (Kapitalmärkte): Ex-Liebling der Kapitalmärkte, in: Die Welt vom 2. Juni 2006, S. 13.

SEMANN, N. (Preisverhandlungen): Preisverhandlungen beim Wechsel des Unternehmungseigners, Die gegenseitige Beeinflussung der Parteien im Verhandlungsprozess, Köln 1970.

SIEBEN, G. (Substanzwert): Der Substanzwert der Unternehmung, Wiesbaden 1963.

SIEBEN, G. (Bewertungsmodelle): Bewertungs- und Investitionsmodelle mit und ohne Kapitalisierungszinsfuß, Ein Beitrag zur Bewertung von Erfolgseinheiten, in: ZfB, 37. Jg. (1967), S. 126–147.

SIEBEN, G. (Erfolgseinheiten): Bewertung von Erfolgseinheiten, unveröffentlichte Habilitationsschrift, Univ. Köln, 1968.

SIEBEN, G. (Entscheidungswert): Der Entscheidungswert in der Funktionenlehre der Unternehmensbewertung, in: BFuP, 28. Jg. (1976), S. 491–504.

SIEBEN, G. (Funktionen der Bewertung): Funktionen der Bewertung ganzer Unternehmen und von Unternehmensteilen, in: WISU, 12. Jg. (1983), S. 539–542.

SIEBEN, G. (Unternehmensstrategien): Unternehmensstrategien und Kaufpreisbestimmung, in: FS 40 Jahre Der Betrieb, Stuttgart 1988, S. 81–91.

SIEBEN, G. (Unternehmensbewertung): Unternehmensbewertung, in: *WITTMANN, W. ET AL.* (Hrsg.), Handwörterbuch der Betriebswirtschaft, Teilband 3, 5. Aufl., Stuttgart 1993, Sp. 4315–4331.

SIEBEN, G. (Discounted Cash Flow-Verfahren): Unternehmensbewertung: Discounted Cash Flow-Verfahren und Ertragswertverfahren – Zwei völlig unterschiedliche Ansätze?, in: *LANFERMANN, J.* (Hrsg.), Internationale Wirtschaftsprüfung, FS für H. Havermann, Düsseldorf 1995, S. 713–737.

SIEBEN, G./LÖCHERBACH, G./MATSCHKE, M. J. (Bewertungstheorie): Bewertungstheorie, in: *GROCHLA, E./WITTMANN, W.* (Hrsg.), Handwörterbuch der Betriebswirtschaft, Bd. 1, 4. Aufl., Stuttgart 1974, Sp. 839–851.

SIEBEN, G./SCHILDBACH, T. (Bewertung ganzer Unternehmungen): Zum Stand der Entwicklung der Lehre von der Bewertung ganzer Unternehmungen, in: DStR, 17. Jg. (1979), S. 455–461.

SIEBEN, G./SCHILDBACH, T. (Entscheidungstheorie): Betriebswirtschaftliche Entscheidungstheorie, 4. Aufl., Düsseldorf, 1994.

SIEGEL, T. (Unsicherheit und Komplexitätsreduktion): Unternehmensbewertung, Unsicherheit und Komplexitätsreduktion, in: BFuP, 46. Jg. (1994), S. 457–476.

SIEGER, J. J./HASSELBACH, K. (Tracking Stock im deutschen Aktienrecht): „Tracking Stock" im deutschen Aktienrecht, in: BB, 54. Jg. (1999), S. 1277–1284.

SIEGER, J. J./HASSELBACH, K. (Tracking Stock): „Tracking Stock" im deutschen Aktien- und Kapitalmarktrecht, in: AG, 46. Jg. (2001), S. 391–399.

SIEPE, G. (Unternehmensbewertung): Die Unternehmensbewertung, in: *INSTITUT DER WIRTSCHAFTSPRÜFER* (Hrsg.), Wirtschaftsprüfer-Handbuch 2002, Bd. II, 12. Aufl., Düsseldorf 2002, S. 1–149.

SMOLKA, K. M./FISCHER, H. (Total): Total tauft Chemietochter „Arkema“, in: FTD vom 6. Oktober 2004, S. 8.

SÖFFING, G. (Betriebsaufspaltung): Aktuelles zur Betriebsaufspaltung, in: BB, 58. Jg. (2006), S. 1529–1533.

SPIROLKE, M. (Umwandlungsgesetz): Der Betriebsübergang nach § 613a BGB im neuen Umwandlungsgesetz, Bonn 1998.

SPREMANN, K. (Unternehmensbewertung): Finanzanalyse und Unternehmensbewertung, München, Wien 2002.

STEDING, R. (Ausgliederung): Ausgliederung – originelle Spaltungsvariante insbesondere für GmbH und eG, in: BuW, 8. Jg. (2002), S. 31–35.

STIENEMANN, M. (Desinvestitionen): Wertsteigerung durch Desinvestitionen, Göttingen 2003.

SZYPERSKI, N./ WINAND, U. (Entscheidungstheorie): Entscheidungstheorie, Stuttgart 1974.

T

TEICHMANN, A. (Spaltung): Die Spaltung einer Aktiengesellschaft als gesetzgeberische Aufgabe, in: AG, 35. Jg. (1980), S. 85–93.

TEICHMANN, A. (Spaltungsvorschriften im UmwG): Die Bedeutung der Spaltungsvorschriften im UmwG, in: *LUTTER, M.* (Hrsg.): Kölner Umwandlungsrechtstage: Verschmelzung, Spaltung, Formwechsel nach neuem Umwandlungsrecht und Umwandlungssteuerrecht, Köln 1995, S. 91–98.

TEICHMANN, A. (Wirkungen der Spaltung): Die Wirkungen der Spaltung (§ 131 f. UmwG), in: *LUTTER, M.* (Hrsg.): Kölner Umwandlungsrechtstage: Verschmelzung, Spaltung, Formwechsel nach neuem Umwandlungsrecht und Umwandlungssteuerrecht, Köln 1995, S. 140–148.

TEICHMANN, A. (Möglichkeit der Spaltung): Möglichkeit der Spaltung, in: *LUTTER, M./WINTER, M.* (Hrsg.): Umwandlungsgesetz, Kommentar, 3. Aufl., Köln 2004, S. 1357–1388.

THIEL, J. (Spaltung I): Die Spaltung (Teilverschmelzung) im Umwandlungsgesetz und im Umwandlungssteuergesetz – neue Möglichkeiten zur erfolgsneutralen Umstrukturierung von Kapitalgesellschaften (Teil I), in: DStR, 33. Jg. (1995), S. 237–242.

THIEL, J. (Spaltung II): Die Spaltung (Teilverschmelzung) im Umwandlungsgesetz und im Umwandlungssteuergesetz – neue Möglichkeiten zur erfolgsneutralen Umstrukturierung von Kapitalgesellschaften (Teil II), in: DStR, 33. Jg. (1995), S. 276–280.

THIES, A. (Spaltung): Spaltung eines international tätigen, börsennotierten Konzerns und die „schädliche Veräußerung“ i. S. von § 15 Abs. 3 Sätze 2 bis 5 UmwStG, in: DB, 52. Jg. (1999), S. 2179–2183.

Tillmann, A. (Unternehmensbewertung): Unternehmensbewertung und Grundstückskontaminationen, Wiesbaden 1998.

Tries, H.-J. (Haftung): gesamtschuldnerische Haftung und Bilanzausweis, in: *Habersack, M./Koch, U./ Winter, M.* (Hrsg.), Die Spaltung im neuen Umwandlungsrecht und ihre Rechtsfolgen, Heidelberg 1999, S. 96–109.

U

Ulrich, H. (Unternehmung): Die Unternehmung als produktives soziales System, 2. Aufl., Bern und Stuttgart 1970.

Ulrich, R. (Unternehmensbewertung): Das Ungewißheitsproblem bei der Unternehmensbewertung in den neuen Bundesländern, München 1995.

V

Veil, R. (Ausgliederungsrecht): Aktuelle Probleme im Ausgliederungsrecht, in: ZIP, 19. Jg. (1998), S. 361–369.

Viel, J. (Unternehmungsbewertung): Theorie und Praxis der Unternehmungsbewertung, in: Der Wirtschaftstreuhänder, 4. Jg. (1955), S. 57–59.

Virtel, M./Wilhofszki, O. (Hewlett-Packard): Hewlett-Packard baut radikal um, in: FTD vom 20. Juli 2005, S. 1.

Vossius, O. (Umwandlung): Gründung und Umwandlung der deutschen Europäischen Gesellschaft (SE), in: ZIP, 26. Jg. (2005), S. 741–749.

W

Wagenhofer, A. (Argumentationspreise): Die Bestimmung von Argumentationspreisen in der Unternehmensbewertung, in: ZfbF, 40. Jg. (1988), S. 340–359.

von Wahl, S. (Bewertung): Die Bewertung von Bergwerks-Unternehmungen auf der Grundlage der Investitionsrechnung, Köln u. a. 1966.

Waldecker, P. (Unternehmensentwicklung): Strategische Alternativen in der Unternehmensentwicklung, Interne Entwicklung und Unternehmensakquisition, Wiesbaden 1995.

von Waldow, H./Pols, B.-H. (Steuerneutrale Spaltung einer Kreditgenossenschaft): Die steuerneutrale Spaltung einer gemischt-wirtschaftlichen Kreditgenossenschaft, in: DB, 54. Jg. (2001), S. 1334–1337.

Wameling, H. (Unternehmensbewertung): Die Berücksichtigung von Steuern im Rahmen der Unternehmensbewertung, Wiesbaden 2004.

Wanner, C./Hegmann, G. (HypoVereinsbank stößt Tochter ab): HypoVereinsbank stößt Schweizer Tochter ab, in: FTD vom 10. Oktober 2003, S. 19.

Wanner, C./Hegmann, G. (HVB verkauft mit Gewinn): HVB verkauft Bethmann Maffei mit Gewinn, in: FTD vom 11. Dezember 2005, S. 21.

WASSENER, B./RONKE, C. (Metro): Metro erwartet steigende Konsumnachfrage, in: FTD vom 4. März 2005, S. 3.

WASSERMEYER, F. (Spaltung bei der Unternehmensnachfolge): Spaltung von Kapitalgesellschaften als steuerliches Gestaltungsinstrument bei der Unternehmensnachfolge, in: DStR, 31. Jg. (1993), S. 591–594.

WEBER, E. (Synergieeffekte): Berücksichtigung von Synergieeffekten bei der Unternehmensbewertung, in: *BAETGE, J.* (Hrsg.), Akquisition und Unternehmensbewertung, Düsseldorf 1991, S. 79–115.

WEGENER, W. (Spaltung): Die Spaltung von Kapitalgesellschaften im Umwandlungs(steuer)recht, Analyse der Voraussetzungen und Auswirkungen, Stuttgart 1998.

WEINGARTNER, H. M. (Mathematical Programming): Mathematical Programming and the Analysis of Capital Budgeting Problems, Englewood Cliffs (New Jersey), 1963.

WEISER, M. F./UŽIK, M./RÖHRIG, I. (Equity Carve-Outs and Spin-Offs): Capital Market Reactions to the Announcement of Equity Carve-Outs and Spin-Offs – The Key to increase Shareholder Value?, in: FB, 7. Jg. (2005), S. 571–581.

WELTER, R. (Spaltung): Spaltung von Treuhandunternehmen, in: DWiR, 2. Jg. (1992), S. 265–272.

WETZEL, D.. (Fusions- und Übernahmefieber): Fusions- und Übernahmefieber steigt, in: Die Welt vom 31. Juli 2006, S. 9.

WIESE, T. (Spaltung): Umwandlungssteuerrechtliche Fragen bei der Trennung von Gesellschaftern – Zur nicht-verhältniswahrenden Spaltung bei unentgeltlichem Beteiligungserwerb innerhalb von fünf Jahren vor dem Übertragungsstichtag, in: GmbHR, 88. Jg. (1997), S. 60–63.

WIHOFSZKI, O. (Motorola): Motorola legt Auftragspolster für UMTS-Ära an, in: FTD vom 3. September 2004, S. 4.

WIHOFSZKI, O./NUTTALL, C. (Kaufziel): HP siebt Kaufziel unter Europas IT-Dienstleistern aus, in: FTD vom 5. November 2003, S. 4.

WILKEN, O. (Gründungsphase bei der Spaltung): Zur Gründungsphase bei der Spaltung zur Neugründung, in: DStR, 37. Jg. (1999), S. 677–680.

WIRTH, G. (Spaltungen): Spaltungen einer eingetragenen Genossenschaft, Stuttgart u. a. 1998.

WIRTZ, B. W./WECKER, R. M. (Demerger-Management): Struktur und Ablauf des Demerger-Managements, in: *WIRTZ, B. W.* (Hrsg.), Handbuch Mergers & Acquisitions Management, Wiesbaden 2006, S. 1167–1185.

WITT, C. (Bewertung): Bewertung von öffentlich-rechtlichen Sparkassen im Rahmen einer Privatisierungsentscheidung, Wiesbaden 2006.

WOCHINGER, P. (Realteilung): Realteilung (Spaltung) von Kapitalgesellschaften, in: DB, 45. Jg. (1992), S. 163–177.

WOCHINGER, P. (Nichtverhältniswahrende Spaltung): Nichtverhältniswahrende Spaltung, in: *WASSERMEYER, F./MAYER, D./RIEGER, N.* (Hrsg.), Umwandlungen im Zivil- und Steuerrecht, FS für S. Widmann, Bonn 2000, S. 639–653.

WÖHE, G./DÖRING, U. (Betriebswirtschaftslehre): Einführung in die Allgemeine Betriebswirtschaftslehre, 22. Aufl., München 2005.

WÜPPER, G./EHRENSBERGER, W. (Wahrheit für Airbus): Woche der Wahrheit für Airbus, in: Die Welt vom 19. Februar 2007, S. 12.

WUNSCH, I. (Spaltung): Die Verschmelzung und Spaltung von Kapitalgesellschaften, Bielefeld 2003.

Z

ZAPF, B. (Unternehmensbewertung): Der Stand der Diskussion um die Unternehmensbewertung aus der Sicht der Wirtschaft, in: *GOETZKE, W./SIEBEN, G.* (Hrsg.), Moderne Unternehmungsbewertung und Grundsätze ihrer ordnungsmäßigen Durchführung, Köln 1977, S. 33–42.

ZELEWSKI, S. (Grundlagen): Grundlagen, in: *CORSTEN, H./REISS, M.* (Hrsg.), Betriebswirtschaftslehre, 3. Aufl., München, Wien 1999, S. 1–125.

ZIMMERER, C. (Unternehmensakquisitionen): Beratung bei Unternehmensakquisitionen, in: *BAETGE, J.* (Hrsg.), Akquisition und Unternehmensbewertung, Düsseldorf 1991, S. 45–58.

ZSCHÄPITZ, H. (Rekord bei Fusionen): Rekord bei Fusionen und Übernehmen, in: FTD vom 21. November 2006, S. 19.

Rechtsquellenverzeichnis

AKTIENGESETZ (AktG) vom 6. September 1965 (BGBl. I, S. 1089), zuletzt geändert durch Art. 3 des zweiten Gesetzes zur Änderung des Umwandlungsgesetzes vom 19. April 2007 (BGBl. I, S. 542).

BEWERTUNGSGESETZ (BewG) in der Fassung der Bekanntmachung vom 1. Februar 1991 (BGBl. I, S. 230), zuletzt geändert durch Art. 13a Nr. 1 des Gesetzes zur Umsetzung der Richtlinie über Märkte für Finanzinstrumente und der Durchführungsrichtlinie der Kommission (Finanzmarktrichtlinie-Umsetzungsgesetz) vom 16. Juli 2007 (BGBl. I, S. 1330).

EINKOMMENSTEUERGESETZ (EStG) in der Fassung der Bekanntmachung vom 19. Oktober 2002 (BGBl. I, S. 4210, ber. 2003 BGBl. I, S. 179), zuletzt geändert durch Art. 13 Nr. 2 des Gesetzes zur Umsetzung der Richtlinie über Märkte für Finanzinstrumente und der Durchführungsrichtlinie der Kommission (Finanzmarktrichtlinie-Umsetzungsgesetz) vom 16. Juli 2007 (BGBl. I, S. 1330).

GESETZ ÜBER DIE BEAUFSICHTIGUNG DER VERSICHERUNGSUNTERNEHMEN (VAG) in der Fassung der Bekanntmachung vom 17. Dezember 1992 (BGBl. 1993 I, S. 2), zuletzt geändert durch Art. 1 und 6 der Bekanntmachung der Neufassung des Versicherungsaufsichtsgesetzes vom 28. Mai 2007 (BGBl. I, S. 923).

GESETZ ÜBER EINE BERUFSORDNUNG DER WIRTSCHAFTSPRÜFER (WiPrO), in der Fassung der Bekanntmachung vom 5. November 1975 (BGBl. I, S. 2803), zuletzt geändert durch Art. 26 des zweiten Gesetzes zur Modernisierung der Justiz (2. Justizmodernisierungsgesetz) vom 22. Dezember 2006 (BGBl. I, S. 3416).

GESETZ ZUR ÄNDERUNG DES UMWANDLUNGSGESETZES, DES PARTNERSCHAFTSGESELLSCHAFTSGESETZES UND ANDERER GESETZE vom 22. Juli 1998 (BGBl. I, S. 1878).

HANDELSGESETZBUCH (HGB) in der im Bundesgesetzblatt Teil III, Gliederungsnummer 4100-1, veröffentlichten bereinigten Fassung, zuletzt geändert durch Art. 5 des Gesetzes zur Umsetzung der Richtlinie 2004/109/EG des Europäischen Parlaments und des Rats vom 15. Dezember 2004 zur Harmonisierung der Transparenzanforderungen in Bezug auf Informationen über Emittenten, deren Wertpapiere zum Handel auf einem geregelten Markt zugelassen sind, und zur Änderung der Richtlinie 2001/34/EG (Transformationsrichtlinie-Umsetzungsgesetz-TUG) vom 5. Januar 2007 (BGBl. I, S. 10).

INTERNATIONAL FINANCIAL REPORTING STANDARDS (IFRS) veröffentlicht durch die Verordnungen der Europäischen Gemeinschaft Nr. 1725/2003 der Kommission vom 29. September 2003 (ABl. EG 2003, Nr. L 261, S. 1–2), Nr. 707/2004 der Kommission vom 6. April 2004 (ABl. EG 2004, Nr. L 111, S. 3–17), Nr. 2086/2004 der Kommission vom 19. November 2004 (ABl. EG 2004, Nr. L 363, S. 1–3), Nr. 2236/2004 der Kommission vom 29. Dezember 2004 (ABl. EG 2004, Nr. L392, S. 1–82), Nr. 2237/2004 der Kommission vom 29. Dezember 2004 (ABl. EG 2004, Nr. L 393, S. 1–2) und Nr. 211/2005 der Kommission vom 4. Februar 2005 (ABl. EG 2005, Nr. L 41, S. 1–27), Nr. 708/2006 der Kommission vom 8. Mai 2006 (ABl. EG 2006, Nr. L 122, S. 19–23) und Nr. 1329/2006 der Kommission vom 8. September 2006 (ABl. EG 2006, Nr. L 247 S. 3–8).

UMWANDLUNGSGESETZ (UmwG) vom 28. Oktober 1994 (BGBl. I, S. 3210, ber. 1995 BGBl. I, S. 428), zuletzt geändert durch Art. 1 des zweiten Gesetzes zur Änderung des Umwandlungsgesetzes (UmwGÄndG) vom 19. April 2007 (BGBl. I, S. 542).

UMWANDLUNGSSTEUERGESETZ (UmwStG 1994) vom 28. Oktober 1994 (BGBl. I 1994, S. 3267, ber. 2002 BGBl. I, S. 4133), zuletzt geändert durch Art. 3 des Gesetztes zum Abbau von Steuervergünstigungen und Ausnahmeregelungen (Steuervergünstigungsabbaugesetz) vom 16. Mai 2003 (BGBl. I, S. 660).

UMWANDLUNGSSTEUERGESETZ (UmwStG 2006) vom 7. Dezember 2006 (BGBl. I 2006, S. 2791) veröffentlicht durch Artikel 6 des Gesetzes über steuerliche Begleitmaßnahmen zur Einführung der Europäischen Gesellschaft und zur Änderung weiterer steuerrechtlicher Vorschriften (SEStEG, (BGBl. I 2006, S. 2782).

Verzeichnis der Rechtsprechung

BMF: Umwandlungssteuergesetz (UmwStG); Zweifels- und Auslegungsfragen, BMF-Schreiben vom 25.03.1998, BStBl. I 1998, S. 267–344.